普通高等教育"十二五"规划教材

人工智能技术及应用

张清华　主编

中国石化出版社

图书在版编目（CIP）数据

人工智能技术及应用/张清华主编. —北京：中国石化出版社，2011.12（2020.9 重印）
ISBN 978-7-5114-1268-3

Ⅰ. ①人… Ⅱ. ①张… Ⅲ. ①人工智能 Ⅳ. ①TP18

中国版本图书馆 CIP 数据核字（2011）第 224540 号

中国石化出版社出版发行
地址:北京市东城区安定门外大街 58 号
邮编:100011　电话:(010)57512500
发行部电话:(010)57512575
http://www.sinopec-press.com
E-mail:press@sinopec.com
北京科信印刷有限公司印刷
全国各地新华书店经销
*
787×1092 毫米 16 开本 8.5 印张 206 千字
2012 年 1 月第 1 版　2020 年 9 月第 2 次印刷
定价:22.00 元

前　言

自1956年“人工智能”的概念提出以来，人工智能技术的推广和应用获得了极大的成功，并逐渐成为一种极其重要的工程技术，目前在控制工程、自动化技术、计算机网络、电子技术、信息工程、通信工程等各个领域中都有着极其广泛的应用。当今要想成为一名高层次的专业IT工程师，必须熟练掌握人工智能的基本理论，具备一定的人工智能技术的工程应用能力。本书正是为了帮助同学们快速掌握基本的人工智能理论和应用技术而编写的。

目前适用于应用型高等学校教学特点的人工智能教材很少，特别是紧密结合石化产业应用且理论联系实际的教材更少。本教材在总结编者多年的教学及科研经验的基础上编写完成，充分考虑到人工智能这门课程的教学及先修课程的特点，组织部分高校中多年从事人工智能研究和应用的老师，通力合作，力求编写出实践特色突出、适合人工智能学习及应用的教材。

本书通过精心组织和安排，共六章内容：第1章为绪论，第2章为模糊逻辑和专家系统，第3章为人工神经网络，第4章为遗传算法，第5章为人工免疫系统，第6章为人工智能的研究现状和发展趋势。每章前面都有知识结构，目标要求，并依据教学特点精心编排，方便读者根据自己的需要进行选择；每章后面都有小结，并给出了习题，帮助读者巩固本章所学知识。本书作为高等学校IT类专业的教材，内容丰富，通俗易懂，便于自学。本书建议学时数40~60。

本书由张清华负责策划、部分书稿编写与统稿工作。其中第1、2、3章由彭志平、刘美编写，第4、5、6章由张清华、陈政石、孙国玺编写。同时参与本书编写的人员还有陈晓龙、邵龙秋、崔得龙等，在此一并表示感谢。

除了本书列出的文献，编者还参阅了国内外大量的书籍、Internet上公布的相关资料，及其他未署名的技术文献，这些文献主要来源于大学、研究所、公司及一些研究者本人，在此，谨代表本书的广大读者对他们为人工智能技术的推广及应用所做出的贡献，表示衷心的谢意。

由于编者水平有限且工作任务繁重，书中不足之处，敬请批评指正。

目　　录

第 1 章　绪论 ……………………………………………………………… 1
1.1　人工智能的发展过程 ………………………………………………… 1
1.1.1　萌芽期(*1956* 年以前) …………………………………………… 1
1.1.2　形成时期(*1956*～*1961* 年) ………………………………………… 2
1.1.3　发展时期(*1961* 年以后) ………………………………………… 3
1.1.4　人工智能的研究热点与展望 ……………………………………… 4
1.2　人工智能研究的内容 ………………………………………………… 5
1.2.1　知识表示 …………………………………………………………… 5
1.2.2　自动推理 …………………………………………………………… 5
1.2.3　机器学习 …………………………………………………………… 6
1.3　人工智能研究的意义和目标 ………………………………………… 6
1.3.1　人工智能研究的意义 ……………………………………………… 6
1.3.2　人工智能研究的目标 ……………………………………………… 7
1.4　智能化信息技术在石油化工行业的应用 …………………………… 7
1.4.1　石油化工行业的信息化 …………………………………………… 7
1.4.2　智能化信息技术在石油化工行业的应用 ………………………… 11
第 2 章　模糊逻辑和专家系统 …………………………………………… 15
2.1　模糊数学基础 ………………………………………………………… 16
2.1.1　模糊集合 …………………………………………………………… 16
2.1.2　模糊关系 …………………………………………………………… 21
2.1.3　模糊推理 …………………………………………………………… 24
2.2　模糊控制器结构及原理 ……………………………………………… 25
2.2.1　模糊控制器的结构 ………………………………………………… 25
2.2.2　模糊控制器的设计 ………………………………………………… 27
2.2.3　模糊控制器的特点 ………………………………………………… 31
2.3　基于规则推理的专家系统 …………………………………………… 32
2.3.1　专家系统的定义与分类 …………………………………………… 32
2.3.2　专家系统的结构 …………………………………………………… 34
2.3.3　基于规则推理的专家系统 ………………………………………… 35
2.4　应用实例 ……………………………………………………………… 38
2.4.1　电气传动系统：直流调速系统的模糊控制器设计 ……………… 38
2.4.2　*DCS* 故障诊断专家系统 …………………………………………… 40
参考文献 ………………………………………………………………… 44
第 3 章　人工神经网络 …………………………………………………… 45
3.1　人工神经网络的基本概念 …………………………………………… 45

3.1.1 人工神经网络简介 …… 45
3.1.2 生物神经元模型 …… 46
3.1.3 人工神经网络的模型 …… 47
3.1.4 人工神经网络的分类 …… 49
3.1.5 神经网络的学习方式 …… 50
3.2 BP人工神经网络结构及学习 …… 51
3.2.1 BP人工神经网络结构 …… 51
3.2.2 BP人工神经网络学习法 …… 51
3.3 常用人工神经网络简介 …… 57
3.3.1 径向基函数(RBF)网络 …… 57
3.3.2 Hopfield网络 …… 58
3.4 人工神经网络在石化行业中的应用实例 …… 59
3.4.1 BP学习算法的改进 …… 59
3.4.2 神经网络在石油化工过程故障诊断中的应用 …… 60
参考文献 …… 63
第4章 遗传算法 …… 64
4.1 遗传算法的基本原理 …… 65
4.1.1 遗传算法的相关知识 …… 65
4.1.2 遗传算法的基本思想和一般结构 …… 66
4.2 遗传算法的应用技术基础 …… 67
4.2.1 选用遗传算法的原因 …… 67
4.2.2 遗传算法的应用性能评价 …… 68
4.2.3 遗传算法的具体实现方法 …… 69
4.3 几种重要的改进遗传算法 …… 74
4.3.1 小生境技术遗传算法 …… 75
4.3.2 混合遗传算法 …… 76
4.3.3 并行遗传算法 …… 78
4.4 遗传算法的应用实例 …… 79
4.4.1 遗传算法在石化企业生产调度中的应用 …… 79
4.4.2 遗传算法在石化多效并流蒸发器设计中的应用 …… 80
4.5* 多变异拟子基因共同进化算法(3MGCA) …… 81
参考文献 …… 85
第5章 人工免疫系统 …… 86
5.1 人工免疫系统的基本概念 …… 87
5.1.1 生物免疫系统 …… 87
5.1.2 人工免疫系统的仿生机理 …… 89
5.2 阴性选择算法 …… 93
5.2.1 人工免疫算法的基本思想和一般结构 …… 93
5.2.2 阴性选择算法 …… 94

5.3 人工免疫系统应用实例1——故障检测 …… 97
5.3.1 应用背景和问题的提出 …… 97
5.3.2 振动诊断系统设计 …… 98
5.3.3 故障诊断策略 …… 101
5.4 人工免疫系统应用实例2——计算机病毒检测 …… 103
5.4.1 应用背景和问题的提出 …… 103
5.4.2 检测数据的选取 …… 104
5.4.3 基于人工免疫算法的计算机病毒检测模型 …… 105
5.4.4 病毒检测系统的工作流程 …… 105
5.4.5 实验结果分析 …… 108
参考文献 …… 111
第6章 人工智能的研究现状和发展趋势 …… 112
6.1 人工智能技术的研究现状及展望 …… 112
6.1.1 模糊控制技术研究现状及展望 …… 112
6.1.2 神经网络技术研究现状及展望 …… 116
6.1.3 遗传算法研究现状及展望 …… 120
6.1.4 免疫算法研究现状及展望 …… 122
6.2 人工智能技术在石化工业应用的现状 …… 123
6.2.1 数据采集、处理、软测量技术 …… 123
6.2.2 石油化工复杂生产过程建模 …… 123
6.2.3 故障诊断 …… 124
6.2.4 优化控制 …… 124
参考文献 …… 125

第1章 绪 论

【本章知识架构】

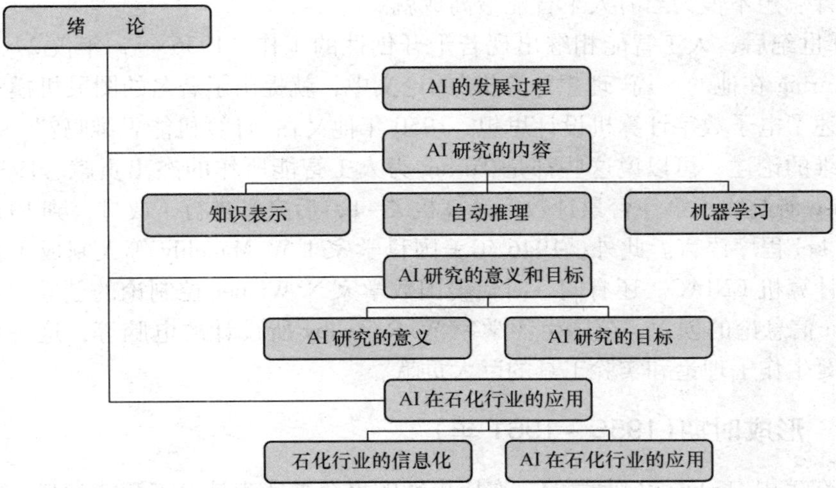

【本章教学目标与要求】

了解人工智能的发展过程

掌握人工智能的主要研究内容

了解人工智能研究的意义和目标

熟悉人工智能在石化行业中的应用

人工智能(Artificial Intelligence，AI)主要研究用人工的方法和技术，模仿、延伸和扩展人的智能，实现机器智能。人工智能的长期目标是实现人类水平的人工智能。自1956年人工智能诞生以来，取得了许多令人振奋的成果，在石油化工行业得到广泛的应用。本章对人工智能学科作简要的介绍，包括发展历史、研究内容及智能信息化技术在石油化工行业的应用。

1.1 人工智能的发展过程

1.1.1 萌芽期(1956年以前)

自古以来，人类就力图根据认识水平和当时的技术条件，企图用机器来代替人的部分脑力劳动，以提高征服自然的能力。公元850年，古希腊就有制造机器人帮助人们劳动的神话传说。公元前900多年，我国就有歌舞机器人传说的记载，这说明古代人已有人工智能的幻想。

随着历史的发展，到12世纪末至13世纪初年间，西班牙的神学家和逻辑学家Romen

Luee 试图制造能解决各种问题的通用逻辑机。17 世纪法国物理学家和数学家 B. Pascal 制成了世界上第一台会演算的机械加法器并获得实际应用。随后德国数学家和哲学家 G. W. Leibniz 在这台加法器的基础上发展并制成了进行全部四则运算的计算器。他还提出了逻辑机的设计思想，即通过符号体系，对对象的特征进行推理，这种“万能符号”和“推理计算”的思想是现代化“思考”机器的萌芽，因而他曾被后人誉为数理逻辑的第一个奠基人。19 世纪英国数学和力学家 C. Babbage 致力于差分机和分析机的研究，虽因条件限制未能完全实现，但其设计思想不愧为当时人工智能最高成就。

进入 20 世纪后，人工智能相继出现若干开创性的工作。1936 年，年仅 24 岁的英国数学家 A. M. Turing 在他的一篇“理想计算机”的论文中，就提出了著名的图灵机模型，1945 年他进一步论述了电子数字计算机设计思想，1950 年他又在“计算机能思维吗?”一文中提出了机器能够思维的论述，可以说这些都是 Turing 为人工智能所作的杰出贡献。1938 年德国青年工程师 Zuse 研制成了第一台累计数字计算机 Z－1，后来又进行了改进，到 1945 年他又发明了 Planka. kel 程序语言。此外，1946 年美国科学家 J. W. Mauchly 等人制成了世界上第一台电子数字计算机 ENIAC。还有同一时代美国数学家 N. Wiener 控制论的创立，美国数学家 C. E. Shannon 信息论的创立，英国生物学家 W. R. Ashby 所设计的电脑等，这一切都为人工智能学科的诞生作了理论和实验工具的巨大贡献。

1.1.2 形成时期(1956 ~1961 年)

1956 年在美国 Dartmouth 大学的一次历史性的聚会被认为是人工智能学科正式诞生的标志，从此在美国开始形成了以人工智能为研究目标的几个研究组：如 Newell 和 Simon 的 Carnegie－RAND 协作组；Samuel 和 Gelernter 的 IBM 公司工程课题研究组；Minsky 和 McCarthy 的 MIT 研究组等，这一时期人工智能的研究工作主要在下述几个方面。

1957 年 A. Newell、J. Shaw 和 H. Simon 等人的心理学小组编制出一个称为逻辑理论机 LT (The Logic Theory Machine) 的数学定理证明程序，当时该程序证明了 B. A. W. Russell 和 A. N. Whitehead 的“数学原理”一书第二章中的 38 个定理(1963 年修订的程序在大机器上终于证完了该章中全部 52 个定理)。后来他们又揭示了人在解题时的思维过程大致可归结为三个阶段：

① 先想出大致的解题计划；

② 根据记忆中的公理、定理和推理规则组织解题过程；

③ 进行方法和目的分析，修正解题计划。

这种思维活动不仅解数学题时如此，解决其他问题时也大致如此。基于这一思想，他们于 1960 年又编制了能解十种类型不同课题的通用问题求解程序 GPS (General Problem Solving)。另外，他们还发明了编程的表处理技术和 NSS 国际象棋机。和这些工作有联系的 Newell 关于自适应象棋机的论文和 Simon 关于问题求解和决策过程中合理选择和环境影响的行为理论的论文，也是当时信息处理研究方面的巨大成就。后来他们的学生还做了许多工作，如人的口语学习和记忆的 EPAM 模型(1959 年)、早期自然语言理解程序 SAD－SAM 等。此外他们还对启发式求解方法进行了探讨。

1956 年 Samuel 研究的具有自学习、自组织、自适应能力的西洋跳棋程序是 IBM 小组有影响的工作，这个程序可以像一个优秀棋手那样，向前看几步来下棋。它还能学习棋谱，在分析大约 175000 幅不同棋局后，可猜测出书上所有推荐的走步，准确度达 48%，这是机器模拟人类学习过程卓有成就的探索。1959 年这个程序曾战胜设计者本人，1962 年还击败了美国一个州的跳棋大师。

在 MIT 小组，1959 年 McCarthy 发明的表(符号)处理语言 LISP，成为人工智能程序设计的主要语言，至今仍被广泛采用。1958 年 McCarthy 建立的行动计划咨询系统以及 1960 年 Minsky 的论文“走向人工智能的步骤”，对人工智能的发展都起了积极的作用。

此外，1956 年 N. Chomsky 的文法体系，1958 年 Selfridge 等人的模式识别系统程序等，都对人工智能的研究产生了有益的影响。这些早期成果，充分表明人工智能作为一门新兴学科正在茁壮成长。

1.1.3 发展时期(1961 年以后)

20 世纪 60 年代以来，人工智能的研究活动越来越受到重视。为了揭示智能的有关原理，研究者们相继对问题求解、博弈、定理证明、程序设计、机器视觉、自然语言理解等领域的课题进行了深入的研究。几十年来，不仅使研究课题有所扩展和深入，而且还逐渐搞清了这些课题共同的基本核心问题以及它们和其他学科间的相互关系。1974 年 N. J. Nillson 对发展时期的一些工作写过一篇综述论文，他把人工智能的研究归纳为四个核心课题和八个应用课题，并分别对它们进行论述。

这一时期中某些课题曾出现一些较有代表性的工作，1965 年 J. A. Robinson 提出了归结(消解)原理，推动了自动定理证明这一课题的发展。70 年代初，T. Winograd、R. C. Schank 和 R. F. Simmon 等人在自然语言理解方面做了许多发展工作，较重要的成就是 Winograd 提出的积木世界中理解自然语言的程序。关于知识表示技术有 C. Green(1996 年)的一阶谓词演算语句，M. R. Quillian(1996 年)的语义记忆的网络结构，R. F. Simmon(1973 年)等人的语义网结构，R. C. Schank(1972 年)的概念网结构，M. Minsky(1974 年)的框架系统的分层组织结构等。关于专家系统自 1965 年研制 DENDRAL 系统以来，一直受到人们的重视，这是人工智能走向实际应用最引人注目的课题。1977 年 E. A. Feigenbaum 提出了知识工程(Knowledge Engineering)的研究方向，导致了专家系统和知识库系统更深入的研究和开发工作。此外智能机器人、自然语言理解和自动程序设计等课题，也是这一时期较集中的研究课题，也取得不少成果。

从 80 年代中期开始，经历了 10 多年的低潮之后，有关人工神经元网络的研究取得了突破性的进展。1982 年生物物理学家 Hopfield 提出了一种新的全互联的神经元网络模型，被称为 Hopfield 模型。利用该模型的能量单调下降特性，可用于求解优化问题的近似计算。1985 年 Hopfield 利用这种模型成功地求解了“旅行商(TSP)”问题。1986 年 Rumelhart 提出了反向传播(back propagation - BP)学习算法，解决了多层人工神经元网络的学习问题，成为广泛应用的神经元网络学习算法。从此，掀起了新的人工神经元网络的研究热潮，提出了很多新的神经元网络模型，并被广泛的应用于模式识别、故障诊断、预测和智能控制等多个领域。

1997 年 5 月，IBM 公司研制的“深蓝”计算机，以 3. 5∶2. 5 的比分，首次在正式比赛中战胜了人类国际象棋世界冠军卡斯帕罗夫，在世界范围内引起了轰动。这标志着在某些领域，经过努力，人工智能系统可以达到人类的最高水平。

这一时期学术交流的发展对人工智能的研究有很大推动作用。1969 年国际人工智能联合会成立，并举行第一次学术会议 IJCAI - 69(International Joint Conference on Artificial Intelligence)，以后每两年召开一次。随着人工智能研究的发展，1974 年又成立了欧洲人工智能学会，并召开第一次会议 ECAI(European Conference on Artificial Intelligence)，随后也是相隔两年召开一次。此外，许多国家也都有本国的人工智能学术团体。在人工智能刊物方面，1970 年创办了《Artificial Intelligence》国际性期刊，爱丁堡大学还不定期出版《Machine Intelligence》杂志，还有 IJCAI 会议文集、ECAI 会议文集等。此外 ACM、AFIPS 和 IEEE 等刊物也刊载人工智能的论著。

美国是人工智能的发源地，随着人工智能的发展，世界各国有关学者也都相继加入这一行列，英国在 60 年代就起步人工智能的研究，到 70 年代，在爱丁堡大学还成立了人工智能系。日本和西欧一些国家虽起步较晚，但发展都较快，前苏联对人工智能研究也开始予以重视。我国是从 1978 年才开始人工智能课题的研究，主要在定理证明、汉语自然语言理解、机器人及专家系统方面设立课题，并取得一些初步成果。我国也先后成立中国人工智能学会、中国计算机学会人工智能和模式识别专业委员会和中国自动化学会模式识别与机器智能专业委员会等学术团体，开展这方面的学术交流。此外，我国还着手兴建了若干个与人工智能研究有关的国家重点实验室，这些都将促进我国人工智能的研究，为这一学科的发展作出贡献。

1.1.4 人工智能的研究热点与展望

目前人工智能研究的三个热点是：智能接口、数据挖掘、主体及多主体系统。

智能接口技术是研究如何使人们能够方便自然地与计算机交流。为了实现这一目标，要求计算机能够看懂文字、听懂语言、说话表达，甚至能够进行不同语言之间的翻译，而这些功能的实现又依赖于知识表示方法的研究。因此，智能接口技术的研究既有巨大的应用价值，又有基础的理论意义。目前，智能接口技术已经取得了显著成果，文字识别、语音识别、语音合成、图像识别、机器翻译以及自然语言理解等技术已经开始实用化。

数据挖掘就是从大量的、不完全的、有噪声的、模糊的、随机的实际应用数据中提取隐含在其中的、人们事先不知道的、但又是潜在有用的信息和知识的过程。数据挖掘和知识发现的研究目前已经形成了三个强大的技术支柱：数据库、人工智能和数理统计。

主体是具有信念、愿望、意图、能力、选择、承诺等心智状态的实体，比对象的粒度更大，智能性更高，而且具有一定的自主性。主体试图自治地、独立地完成任务，而且可以和环境交互，与其他主体通信，通过规划达到目标。多主体系统主要研究在逻辑上或物理上分离的多个主体之间进行协调智能行为，最终实现问题求解。多主体系统试图用主体来模拟人的理性行为，主要应用在对现实世界和社会的模拟、机器人以及智能机械等领域。目前对主体和多主体系统的研究主要集中在主体和多主体理论、主体的体系结构和组织、主体语言、主体之间的协作和协调、通信和交互技术、多主体学习以及多主体系统应用等方面。技术的发展总是超乎人们的想象，要准确地预测人工智能的未来是不可能的。但是，从目前的一些前瞻性研究可以看出未来人工智能可能会向以下几个方面发展：模糊处理、并行化、神经网络和机器情感。

目前，人工智能的推理功能已获突破，学习及联想功能正在研究之中，下一步就是模仿人类右脑的模糊处理功能和整个大脑的并行化处理功能。人工神经网络是未来人工智能应用的新领域，未来智能计算机的构成，可能就是作为主机的冯·诺依曼型机与作为智能外围的人工神经网络的结合。研究表明：情感是智能的一部分，而不是与智能相分离的，因此人工智能领域的下一个突破可能在于赋予计算机情感能力。情感能力对于计算机与人的自然交往至关重要。

人工智能一直处于计算机技术的前沿，人工智能研究的理论和发现在很大程度上将决定计算机技术的发展方向。今天，已经有很多人工智能研究的成果进入人们的日常生活。将来，人工智能技术的发展将会给人们的生活、工作和教育等带来更大的影响。

1.2 人工智能研究的内容

人工智能的研究涉及广泛的领域，如各种知识表示模式、不同的智能搜索技术、求解数据和知识不确定问题的各种方法、机器学习的不同模式等。人工智能的应用领域包括专家系统、博弈、定理证明、自然语言理解、图像理解、机器人等。人工智能也是一门综合性的学科，它是在控制论、信息论和系统论的基础上诞生的，涉及哲学、心理学、认知科学、计算机科学、数学以及各种工程学方法，这些学科为人工智能的研究提供了丰富的知识和研究方法。

1.2.1 知识表示

人类的智能活动过程主要是一个获得并运用知识的过程，知识是智能的基础。人们通过实践，认识到客观世界的规律性，经过加工整理、解释、挑选和改造而形成知识。为了使计算机具有智能，使它模拟人类的智能行为，就必须使它具有适当形式表示的知识。

所谓知识表示实际上是对知识的一种描述，或者是一组约定，一种计算机可以接受的用于描述知识的数据结构。知识表示是研究机器表示知识的可行的、有效的、通用的原则和方法。知识表示问题一直是人工智能研究中最活跃的部分之一。目前，常用的知识表示方法有逻辑表示、产生式系统、框架、语义网络、状态空间、面向对象、链接主义等。

1.2.2 自动推理

从一个或几个已知的判断(前提)逻辑地推论出一个新的判断(结论)的思维形式称为推理，这是事物的客观联系在意识中的反映。自动推理是知识的使用过程，人类解决问题就是利用以往的知识，通过推理得出结论。自动推理是人工智能研究的核心问题之一。人工智能理论研究的一个很强的推动力就是要设法寻找更为一般的、统一的推理算法。

按照新的判断推出的途径划分，自动推理可分为演绎推理、归纳推理、反演绎推理。演绎推理就是一种从一般到个体的推理过程。演绎推理是人工智能中的一种重要的推理方式，目前研制成功的智能系统中，大多是用演绎推理实现的。

与演绎推理相反，归纳推理是一种从个别到一般的推理过程。归纳推理是机器学习和知识发现的重要基础，是人类思维活动中最基本、最常用的一种推理形式。

反演绎推理就是由结论倒推原因。在反演绎推理中，我给出规则 $p \to q$ 和 q 的合理信念，然后我们希望在某种解释下得到谓词 p 为真。反演绎推理是不可靠的，但因为 q 的原因，它又被称为最佳解释推理。

推理过程中推出的结论是否单调增加，推理又分为单调推理和非单调推理。其单调含义指已知为真的命题数目随推理的进行而严格地增加。在单调逻辑中，新的命题可以加入系统，新的定义可以被证明，并且这种加入和证明绝不会导致前面已知的命题或已证明的命题变成无效。在本质上人类的思维及推理活动并不是单调的。人们对周围世界中的事物的认识、信念和观点，总是处于不断的调整之中。例如，根据某些前提推出某一结论，但当人们又获得另外一些事实后，却又取消了这一结论。在这种情况下，结论并不随着条件的增加而增加，这种推理过程称为非单调推理。

在现实世界中存在大量不确定问题。不确定性来自人类的主观认识和客观实际之间的差异。事物发生的随机性，人类知识的不完全、不可靠、不精确和不一致，自然语言中存在的模糊性和歧义性都反映了这种差异，都会带来不确定性。针对不同的不确定性的起因，人们提出不同的理论和推理方法。在人工智能中，有代表性的不确定性理论和推理方法有 Bayes 理论、Dempster－Shafer 证据理论和模糊理论等。

搜索是人工智能的一种问题求解方法，搜索策略决定着问题求解的一个推理步骤中知识被使用的优先关系。可分为无信息导引的盲目搜索和利用经验知识导引的启发式搜索。启发式知识常由启发式函数来表示，启发式知识利用得越充分，求解问题的搜索空间就越小，解题效率越高。典型的启发式搜索方法有 A^*、AO^* 算法等。

1.2.3 机器学习

机器学习是研究计算机怎样模拟和实现人类的学习行为，以获取新的知识或技能，重新组织已有的知识结构使之不断改善自身的性能。只有让计算机系统具有类似人的学习能力，才有可能实现人类水平的人工智能。机器学习是人工智能研究的核心问题之一，是当前人工智能理论研究和实际应用的非常活跃的研究领域。

常见的机器学习方法有归纳学习、类比学习、分析学习、强化学习、遗传算法、连接学习等。机器学习的研究尚需大力加强，只有机器学习的研究取得进展，人工智能和知识工程才会取得重大突破。

1.3 人工智能研究的意义和目标

1.3.1 人工智能研究的意义

我们知道，计算机是迄今为止最有效的信息处理工具，以至于人们称它为“电脑”。但是，现在的普遍计算机系统的智能还相当低，譬如缺乏自适应、自学习、自优化等能力，也缺乏社会常识或专业知识，而只能是被动地按照人们为它事先安排好的工作步骤进行工作。因而它的功能和作用就受到很大的限制，难以满足越来越复杂和越来越广泛的社会需求。既然计算机和人脑一样都可进行信息处理，那么是否能让计算机同人脑一样也具有智能呢？这正是人们研究人工智能的初衷。

事实上，如果计算机自身也具有一定智能的话，那么它的功效将发生质的飞跃，成为名副其实的电“脑”。这样的电脑将人脑更为有效的扩大和延伸，也是人类智能的扩大。智能机器人的出现，标志着人类社会进入一个新的时代。

研究人工智能也是当前信息化社会的迫切要求。我们知道，人类社会现在已经进入了信息化时代。信息化的进一步发展，就必须有智能技术的支持。例如，当前迅速发展着的互联网(Internet)、万维网(WWW)和网格(Grid)就强烈地需要智能技术的支持。也就是说，人工智能技术在 Internet、WWW 和 Grid 上将发挥重要的作用。

智能化也是自动化发展的趋势。自动化发展到一定水平，再向前发展就必然是智能化。

事实上，智能化将是继机械化、自动化之后，人类生产和生活中的又一个技术特征。

另外，研究人工智能，对于探索人类自身智能的奥秘也可提供有益的帮助。因为我们可以通过电脑进行模拟，从而揭示人脑的工作原理，发现自然智能的渊源。事实上，现在有一门称为“计算神经科学”的学科正在迅速崛起，它从整体水平、细胞水平和分子水平对大脑进行模拟研究，以揭示其智能活动的机理和规律。

1.3.2 人工智能研究的目标

人工智能作为一门学科，其研究目标就是制造智能机器和智能系统，实现智能化社会。具体来说，就是要使计算机不仅具有脑智能和群智能，还要具有看、听、说、写等感知和交流能力。简言之，就是要使计算机具有自主发现规律、解决问题和发明创造的能力，从而大大扩展和延伸人的智能，实现人类社会的全面智能化。

1.4 智能化信息技术在石油化工行业的应用

化学工业包括石油化工、煤化工、盐化工、精细化工等，是国民经济的重要基础产业，其中石油化工是国家支柱产业之一。石油化工是以石油、天然气为主要原料，经过多次化学加工生产各种化学品及合成材料的工业，以乙烯生产为核心。石化行业是一个技术密集、投入密集、产业链长、规模庞大的行业，其业务范围涉及上游的勘探开发、中游的储存、运输和管道管理，以及下游的冶炼、化工、销售管理等。

同其他行业相比，石油化工行业表现出以下特征：

① 与其他行业关联度高。石油化工与众多的产业部门有着密切的联系，因为它既是能源工业又是基础材料工业。

② 产业集中度高，具有明显的垄断特征。石油化工行业是资金密集型产业，需要投入巨资才能使一套石油化工装置建成投产，石油化工行业的进入成本很高，而这些成本必须通过规模的扩大才能有效地降低。同时石油化工行业又是高新技术的吸收器和技术进步的推动力。由于石油化工行业资金技术密集度高，再加上石油资源的限制和较为集中，因而产业集中度在各产业中最高，具有明显的垄断特征。

③ 周期性特征明显。石油化工行业周期性特征极为明显，表现为石油化工产品价格波动大，导致企业产量、收入、利润、现金流量、投资等方面呈现极强的周期性，而其根本的原因是石油化工是资本密集型产业。石油化工有自身的景气周期，而这种周期与世界经济周期并不完全同步。

1.4.1 石油化工行业的信息化

石油化工行业的最大特点是连续性，这决定了信息化对于该行业的重要性。

在企业内，石油化工行业的连续性表现在一天24h不间断地连续生产。这种连续性生产决定了信息化的必要性，因为相比人工，信息系统更能保证全部实时的操作和监测，包括连续操作的安全性和对意外情况的即时反应，以及监测数据的即时一致。此外，石油化工行业是一个资本密集型的规模性行业，这一点也决定了从生产过程开始到原料、采购等各个流程采用信息系统的必要性。

在企业间，石油化工行业的连续性则表现在产业链的连续上，即产业链上某个企业的产品是下一个企业的原料，上下游整体的产业链关联度非常高。比如上游乙烯的产量下降了，那么下游生产聚乙烯的原料就减少了，产业链的上下衔接因此显得十分重要，而信息化对于这一衔接和沟通的重要性则不言而喻。

2008 年，国资委公布了对中央企业信息化水平的评价结果，包括中国石油、中国石化、中国海油在内的各大石油石化企业信息化建设均处于国内先进水平，部分达到或接近世界先进水平，在信息技术的驱动下，正由传统工业向高度集约化、高度知识化、高度技术化工业转变。石油化工行业的信息化建设，正呈现高点分化态势。

目前，石油化工行业的信息化建设一般都遵循图 1 - 1 所示的美国先进制造研究中心 ARM(Advanced Manufacturing Research)所倡导的制造业信息化三层模型，即管理层、生产层、控制层三层结构框架，建立起管控一体化信息系统，相应的时间空间范围如图 1 - 2 所示。

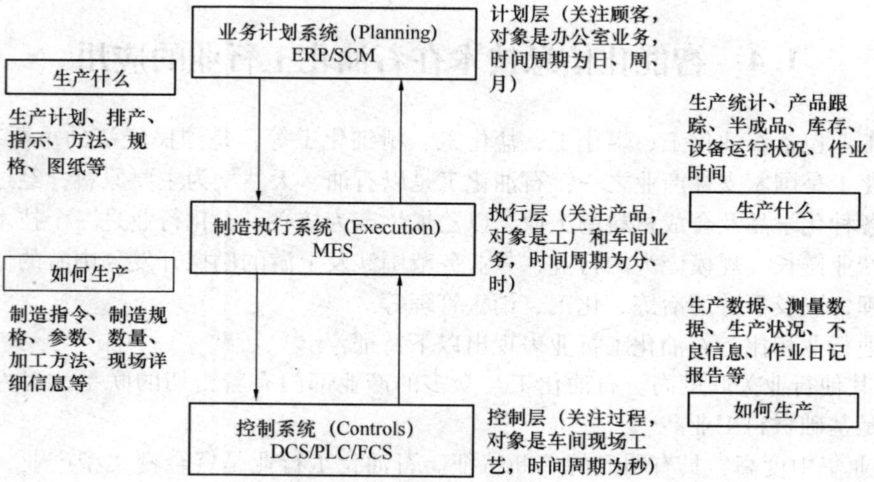

图 1 - 1　ARM 提出的制造业信息化三层模型

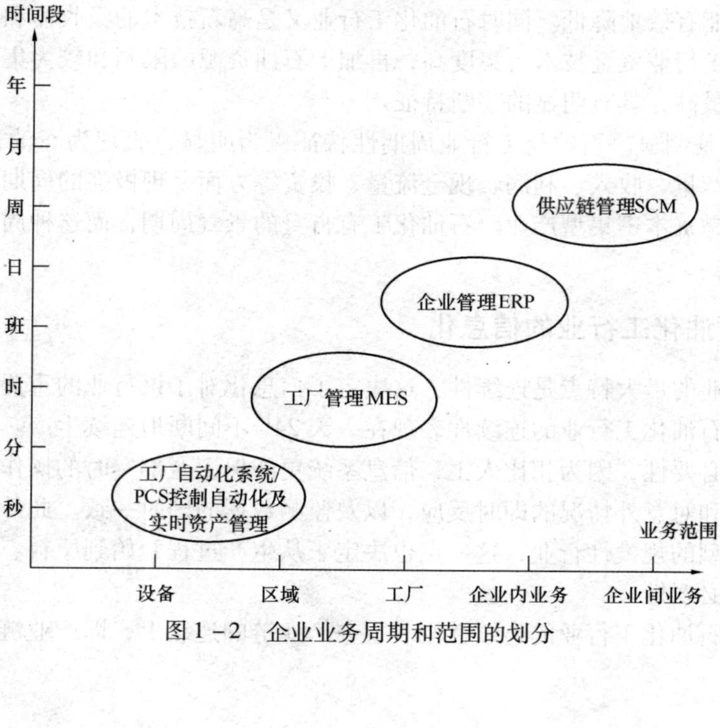

图 1 - 2　企业业务周期和范围的划分

在图 1 - 1 中，ERP/SCM 作为企业业务经营管理系统，DCS/PLC/FCS 作为过程控制系统，而 MES 则作为生产执行系统，处于 ERP/SCM 和 DCS/PLC/FCS 的中间位置。此外，在图 1 - 1 所示的三层结构中，计划层强调企业的计划，它以客户订单和市场需求为计划源，充分利用企业内部的各种资源，降低库存，提高企业效益；执行层强调计划的执行，通过 MES 将 ERP/SCM 与企业的现场控制有机集成起来；控制层强调设备的控制，如 PLC、数据采集器、条形码、各种计量及检测仪器、机械手等的控制。

(1) 控制层

控制层以产品质量、数量和满足工艺要求的设备综合管理控制为核心。

1940 年前，气动仪表(PCS)面世，即第一代过程控制系统。

1940 年后，基于电动仪表的电动单元组合式模拟仪表控制系统(ACS)面世，即第二代过程控制系统。

1970 年前后，产生了基于计算机的直接数字控制(DDC)和监督计算机控制(SCC)，统称计算机控制系统(CCS)，即第三代过程控制系统。

1975 年，美国霍尼韦尔公司推出了基于微处理器的分布式控制系统(DCS)，即第四代过程控制系统。目前 DCS 已经发展到第四代，每代 DCS 的特点分别是：第一代 DCS，具有分散控制、集中管理的过程控制和数据通信三大主要功能，以 TDC - 2000 为代表。第二代 DCS，功能增强，包括控制算法，实现常规控制、逻辑控制、批量控制的结合，即混合控制。管理范围扩大，功能增强。通信方式为总线式和环式，并支持局域网协议。以 TDC - 3000 为代表。第三代 DCS，以 FOXBORO 公司推出的 I/A S 系统为代表。主要是在局域网技术上实现 10Mbps 的宽带网和 5Mbps 的载带网，并符合 OSI 标准。另外，还增加了自适应和自整定等控制算法。第四代 DCS，主要标志是集成，其覆盖现场仪表层、控制装置单元层、工厂层和企业层四个层次。而前三代只覆盖前三层。第四代已成为过程控制和信息管理的综合信息平台。其功能包括过程控制、PLC、RTU(远程采集发送器)、FCS、多回路调节器、智能采集和控制单元等功能集成，以及组态软件、I/O 组件、PLC 单元等产品集成。还包括过程控制、逻辑控制、批处理控制，并实现混合控制。

1980 年后，出现了基于现场总线技术的现场总线控制系统(FCS)，即第五代过程控制系统。目前现场总线的标准尚未统一，正在发展过程中。现场总线的出现带来了工业控制领域的一场深刻革命。现场总线代表了一种具有突破意义的控制思想，改变了原有的控制体系结构，是模拟与数字混合的 DCS 更新换代为全数字的 FCS，解决了 DCS 的开放性问题和 DCS 与现场仪表的通信问题，真正做到危险分散、控制分散、集中监控和全数字化。

总体上，目前控制层是 DCS、PLC、FCS 三者的结合。

(2) 执行层

制造执行系统(MES)是以生产综合指标为目标的生产过程优化控制、生产运行优化操作与优化管理的技术，主要面向车间，为操作人员/管理人员提供计划的执行和跟踪以及所有资源(人员、设备、物料、客户需求)的当前状况，一方面将企业业务计划的指令传达到生产现场，另一方面将生产现场的信息及时收集、上传和处理。

MES 属于企业管理应用软件的范围，起源于离散工业，又扩展到流程工业。DCS 普及后，至今 DCS 和 MES 之间的接口还是薄弱环节。所以，在 MES 中，设计了专门系统(如 PIMS)来接收 DCS 的实时数据，实现生产绩效管理和运行数据的集成。

AMR 公司认为，MES 是公司按其经营目标对其整个资源进行管理时，为公司提供实现执行目标的执行手段，通过实时数据库连接基本信息系统的理论数据和工厂的实际数据，并提供业务计划系统与制造控制系统之间的通信功能。因此，MES 不只是工厂的单一信息系统，而且是横向之间、纵向之间、系统之间集成的系统。归结起来，MES 可以概括为一个宗旨——制造怎样执行，两个核心数据库——实时数据库、关系数据库，两个通信接口——与控制层接口和与业务计划层接口，四个重点功能——生产管理、工艺管理、过程管理和质量管理。因此，MES 的主要功能模块一般包括短期生产计划、作业排产和调度、过程控制和管理、维护管理、技术信息管理、过程优化控制等，一些特殊的需求，如数据调理和校正、运行数据统计、公用工程平衡管理、设备寿命预测、设备性能计算、罐区管理、罐区平衡、物料平衡等，也都作为 MES 的单一功能模块，并往往集成到 MES 系统中。

目前，MES 正处于建设阶段，它的进展将表示管控一体化系统取得更大的实效。

(3) 计划层

企业资源计划 ERP 是以财务分析、决策为核心的企业整体资源优化的技术，是对企业资源进行有效的、综合的计划与管理，是提高企业经营效率和效益的手段。ERP 面向企业的主要业务，包括产品订货、原材料采购、生产制造、配送、销售、会计等一系列业务流，是覆盖全公司的信息系统，其关键业务包括计划、财务会计和管理会计，还有人力资源管理等。ERP 的数据库要与实时数据库相连，提取生产过程的有关数据，ERP 又和供应链管理 SCM 集成。

SCM 是对供应链中涉及的物流、资金流、信息流进行规划、设计、管理与控制，从而提高供应链中各个成员的效率、效益和竞争能力，最终保证客户满意，即在正确的时间把正确的产品或服务送到正确的地点。它是在 ERP 的基础上，把企业的生产过程、库存系统、销售系统与供应商、零售商以及各种合作伙伴集成为一个有机体，最大限度地缩短工作周期，提高工作效率，有效利用资源，创造更大价值。

在实施管控一体化系统中，除去建立计算机网络、建立数据库等一系列基本软、硬件体系外，就是改造全企业经营管理模式，即建立以市场为导向、财务为核心的经营模式。实施方法是全面规划、分步实施，自上而下和自下而上或齐头并进几种方法相结合。所以，目前 ERP 已取得了不少应用业绩，如在中石化，镇海炼化、仪征化纤、江苏石油、天津石油等多家试点已完成，采用 SAP 公司的 my SAP. com 软件包。MES 正处于建设阶段，它的进展将表示管控一体化系统取得更大的实效。

关于设备管理，三层功能上有一定重叠，控制层注重设备监控（采用现场总线技术，则设备档案与诊断信息更丰富），执行层注重设备管理，ERP 层注重设备维修计划、备品备件、设备资产管理等。目前石化企业流行的设备管理系统（AMS），除少数是自成体系外，均为利用 DCS 的平台实现设备档案和当前状态的可视化，有的 DCS 系统把设备管理或资产管理作为一个可选的软件包，作为 DCS 的一部分，有的采用专用操作站（这里所说的设备，目前仅限于现场自动化设备，如温度变送器、压力变送器、电气阀的定位器等），目前它已在实现预测性维护、消除多余和错误的维护、减少非计划停车及大修时间，并延长大修间隔等方面发挥作用，这将使三层结构的功能提前实现。

国际上各大 DCS 公司提出其 DCS 系统具有管控一体化功能，一直从事管理软件、关系数据库、实时数据库、优化软件开发的 SAP、BANN、PEOPLE SOFT、ORACLE、GARTNER GROUP、ASPENTECH、CAMSTAR SYSTEM、MOUNTAIN SYSTEM 等公司也业绩斐然，国内金蝶、用友、和利时、浙大中控等公司也很活跃。浙大中控 SUPCON - COM 解决方案在石化方面已应用成功，其核心产品为ESP－SUP Plant Framework工厂建模平台框架。管控一体化技术经过不懈努力，将为石化企业增添光彩。

1.4.2 智能化信息技术在石油化工行业的应用

随着石油化工生产技术的不断进步，石油化工装置正朝着大型化、一体化、智能化和清洁化等方向发展。传统的企业生产过程控制系统和信息管理系统设计理念也随之发生了改变。从工厂操作、管理、维护的角度出发，要求过程控制系统和信息管理系统应具有开放性、可靠性、互操作性和易维护性。从功能和风险控制的角度出发，要求系统的设计具有安全性、可靠性、分散性和可用性。通过生产操作自动化、经营管理信息化，实现企业从原油选择、采购、生产加工过程到石油、化工产品出厂全过程的智能化管理，使企业的利润最大化。

（1）智能石油化工的概念

20世纪90年代末，美国AspenTech提出了智能化工厂（Plantelligence）的概念及解决方案，并已在Shell、BP等公司实施，随后Honeywell公司也提出了一体化业务解决方案在Exxon等公司实施，Emerson等公司也相继推出数字工厂（Digital Plant）、智能工厂（Smart Plant）、智能企业（Intelligent Enterprise）等方案。

智能石化工厂将信息技术和人工智能理论与方法相结合，是集石化业务规划决策优化、计划方案优化、调度优化和在线闭环控制优化于一身的综合技术。同时，也是信息化集成应用平台。其体系结构是灵魂，模型是核心，应用构架是关键，优化技术是企业资源合理配置的手段，而控制技术是提高产品质量降低企业成本的重要途径。

智能石化工厂到目前为止尚未有一个统一的定义，其特征是依托数字化、网络化、智能化实现石化企业生产过程和经营过程中各环节的集中计划、监控、管理和协调。

（2）智能化信息技术的主要特征

智能化信息技术是石化工业实现大型化、一体化、清洁化、高效化、国际化、现代化的需要，是石油化工技术进步的重大技术基础，总体特征为：

① 充分体现安全、健康、环保和循环经济的理念。

② 生产过程控制装备的数字化、网络化、智能化。

③ 实现设计、生产、经营管理诸环节的柔性化、敏捷化、虚拟化。

④ 科研、设计、工程、生产、经营和决策的数字化、自动化、智能化、网络化。

⑤ 生产过程自动化与企业生产、经营管理信息化的一体化、集成化。

⑥ 企业与供应商、客户、合作伙伴协同业务的网络化、全球化、智能化。

（3）智能化信息技术的发展趋势

20世纪90年代至21世纪初，是信息技术、智能化技术高速发展的时代。由于信息技术、智能化技术特有的先导性、渗透性，使其在石油化工领域的发展呈现以下特点：

① 开发开放式系统，即将专业信息系统集成为大系统，从传感器到业务系统，从供应商到客户。

② 广泛使用专家系统、智能决策和各种人工智能算法。

③ 推进工厂智能化，开发虚拟工厂，模拟装置开工、停工和故障异常处理，验证生产过程中的物料和能量平衡。

④ 大力发展智能仪表与现场总线。在高新技术推动下，自动化仪表与装置正跨入真正

的数字化、智能化和网络化时代。其技术发展主流是测量信息数字化，检测仪表智能化和控制管理一体化。

⑤ 生产制造执行系统(MES)成为近年来的研究和应用的热点。

⑥ 加强 ERP 与 MES、EAM(Enterprise Asset Management，企业资产管理系统)等系统的集成。

⑦ 重视建立生产经营管理的模型。

⑧ 从企业资源计划 ERP 应用扩展到供应链管理 SCM。

⑨ 智能商务发展迅猛。

⑩ 重视知识工程的应用。

(4) 某炼化一体化项目的智能信息化总体解决方案

下面以某中外合资大型炼油乙烯一体化项目为例，对全厂智能信息化总体解决方案加以阐述。

该炼油乙烯一体化项目主要由以下五大部分及其配套的公用工程和辅助设施组成：

① 新建 8000kt/a 炼油厂，包括常减压、轻烃回收、燃料气/液化气脱硫/脱硫醇、加氢处理、柴油加氢精制、航煤加氢精制、加氢裂化、溶剂脱沥青、含硫污水汽提、硫磺回收等装置。

② 新建 800kt/a 乙烯厂，包括乙烯装置、汽油加氢装置、聚乙烯装置、聚丙烯装置。

③ 新建 700kt/a 芳烃联合装置(PX)。

④ 新建部分氧化及汽电联产(IGCC)装置。

⑤ 现有 4000kt/a 炼油厂改造(共改造 5 套装置)。

该炼油乙烯一体化项目全厂智能信息化总体解决方案采用自动化控制系统和信息管理系统集成的管控一体化方案，如图 1-3 所示。

以过程控制系统(PCS)为代表的自动化控制系统，又称为基础自动化层，能实时监控生产操作、原材料及产品储运、公用工程和产品质量等全过程，并使生产操作安全、可靠、稳定、长周期及满负荷运行，主要包括分散控制系统/现场总线控制系统(DCS/FCS)、安全仪表系统(SIS)、火灾及气体监测系统(FGS)、储运自动化系统(MAS)、压缩机组控制系统(CCS)、机组监控系统(MMS)、设备包控制系统(PLC)、在线分析仪系统(PAS)、仪表设备管理系统(AMS)、操作员培训仿真系统(OTS)、过程控制计算机系统(PCCS)(实施先进控制 APC 和实时优化 RTO 等系统)，其核心 DCS/FCS 系统。

现场总线技术集网络技术、通讯技术、计算机技术、智能化仪表技术和自动控制技术，组成双向、多节点、全数字的开放式通讯系统。FCS 位于 PCS 网络结构的底层，并直接与过程控制对象相连接。

FCS 是继 DCS 之后的新一代控制系统，是过程控制系统发展的趋势，但暂时还不会完全取代。FCS 具有下列特点：

① 具有开放性、互操作性和互用性。

② 具有现场设备智能化和功能自治化。

③ 具有功能高度分散化。

④ 有高准确性和高可靠性。

⑤ 可节省安装材料和减少调试工作量。

⑥ 可节省维护费用，使系统生命周期成本降低。

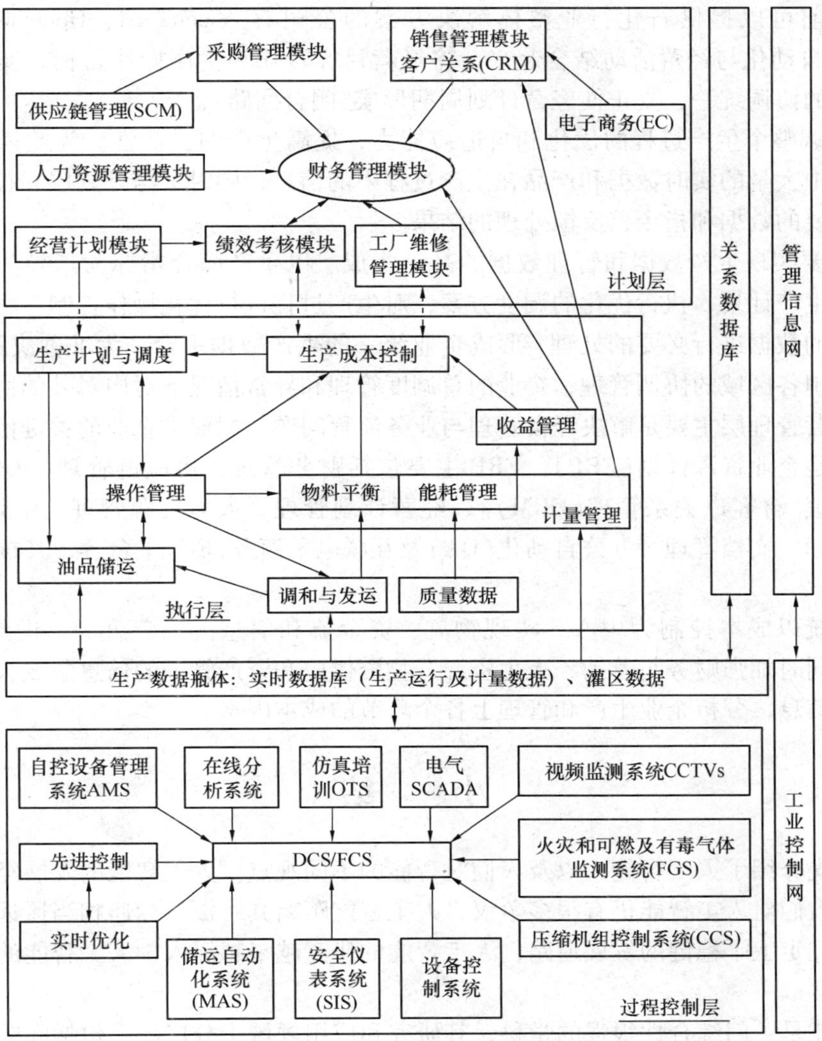

图 1-3　管控一体化方案

根据目前现场总线技术的发展趋势和应用情况，该大型炼油乙烯一体化项目采用 DCS 和 FCS 混合方案。

信息管理系统为两个层次，即生产运行管理层及生产经营管理层。

信息管理系统的目标：充分利用 CIMS 应用的已有成果和在 CIMS 建设中积累的技术、经验，引进国际上成套的成熟软件。统一生产和管理过程的数据源，实现从原料选择、采购、进厂、计量、加工、调和到出厂的全过程管理。使生产装置的稳定运转与优化操作在有效的监控下，为生产经营管理和生产优化操作提供安全可靠的信息化支撑平台，提高企业的综合竞争能力。

生产运行管理层在企业的整个信息系统中起着承上启下的作用，是企业生产运行操作信息和生产经营管理信息传送的纽带。生产运行管理层的核心是生产制造执行系统（MES）。MES 包括生产成本控制、生产计划与调度、操作管理、油品储运、油品调和与发运、物料平衡、能耗管理、计量管理、收率管理及实验室数据管理系统（LIMS）等。其核心是生产成本控制。目前可以提供石化行业整体解决方案的公司有 AspenTech、Honeywell、RIS 等。MES 将生产自动化与经营活动结合起来，将经营目标转化为生产操作目标，实现经营和生产自动化间的协调统一，真正使经营计划周期形成“闭合回路”。

MES 强调整个生产过程的优化和自适应能力，提高生产的灵活性。为此需要采集并统一生产过程中大量的实时数据和产品在生产过程中的信息，同时又与计划层和控制层双向通信，接收必要的数据和指令，反馈处理的结果。

MES 主要实现生产数据和管理数据的高度集成。以生产综合指标为指导，利用信息化手段，分解生产计划，执行优化的调度方案，对生产过程进行优化操作控制。将生产过程控制层送上来的数据进行必要的处理，形成企业统一的生产数据平台，为准确决策提供依据。同时，还承担各区域的协调管理、企业的总调度管理和异常情况下对内对外的协调工作等。

生产经营管理层主要是解决经营管理与业务流程问题，集成了企业的关键信息和核心数据，其核心是企业资源计划(ERP)。ERP 主要包括财务管理、供应链管理(SCM)、采购管理、销售管理[含客户关系管理(CRM)]、经营计划管理、人力资源管理、绩效考核管理、工厂维修管理、文档管理、办公自动化(OA)及互联电子商务(EC)平台等，其核心是企业财务管理。

ERP 系统以成本控制为中心，实现物流、资金流和信息流三流合一，做到信息透明、资源共享。同时加强财务与营销、人力资源、物资供应和资产管理的信息集成，充分合理利用各子系统信息，分析企业生产和管理上各个环节的成本因素。

小　结

本章首先介绍了人工智能，以及人们对智能的不同观点。人工智能的发展经历过曲折和坎坷。尽管人们对人工智能仍有很多争议，人工智能距离其终极目标还相当遥远。但是现在人工智能已经走上了稳健的发展道路，人工智能的研究越来越深入，人工智能的应用也越来越广泛。

人工智能是一门综合性很强的学科，其研究和应用领域十分广泛，包括问题求解、专家系统、自动定理证明、机器学习、人工神经网络、模式识别、机器视觉、自然语言处理、智能体、智能控制、机器人学和人工生命等。本书的后续章节将结合人工智能在石油化工行业的应用，分别介绍模糊推理、专家系统、人工神经网络、遗传算法以及人工免疫系统。

习　题

1. 什么是人工智能？试述你对人工智能的理解。
2. 简述人工智能的发展历史以及对人工智能研究有重要影响的思想。
3. 人工智能包括哪些内容？这些内容的重要性如何？
4. 人工智能的基本研究方法有哪几类？它们与人工智能学派的关系如何？
5. 人工智能的主要研究和应用领域是什么？
6. 查阅文献，了解人工智能的最新进展及在石化行业中的相关应用。

第 2 章　模糊逻辑和专家系统

【本章知识架构】

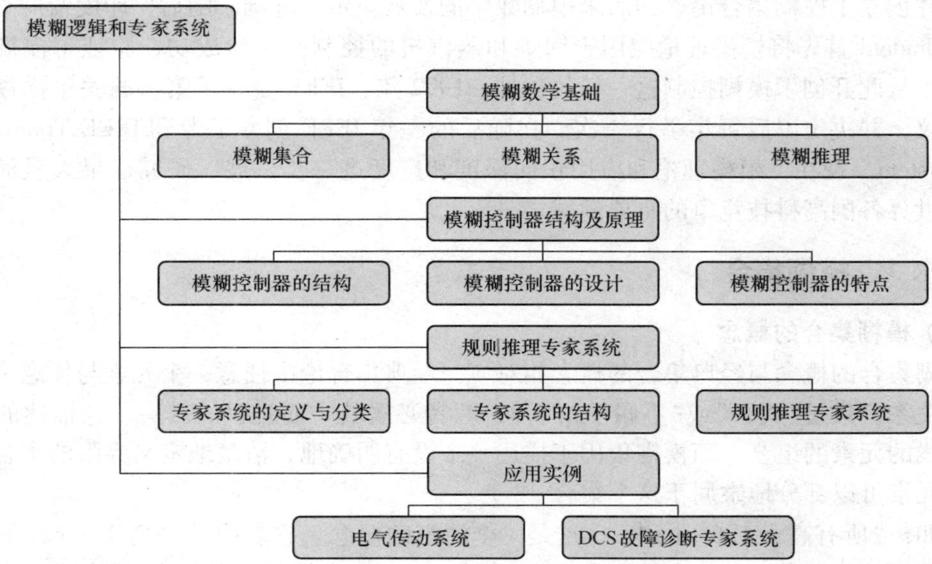

【本章教学目标与要求】

掌握模糊数学基础

掌握模糊控制器结构及原理

掌握专家系统

了解专家系统的应用实例

模糊控制系统和专家系统是人工智能的两个重要分支。自从 1965 年美国加州大学控制论专家 L. A. Zadeh 教授创立模糊集合理论和 1968 年 Edward Feigenbaum 等人成功研制出世界上第一个专家系统 DENDRAL 以来，模糊逻辑和专家系统技术得到迅速发展并日臻完善，广泛地应用于自然科学和社会科学各领域，产生了巨大的社会效益和经济效益，同时也促进了人工智能基本理论和基本技术的研究与发展，呈现出强盛的生命力和广阔的应用前景。

模糊控制系统和专家系统都是基于规则的智能系统。这两类智能系统在知识获取，知识表示，推理机制以及知识库、规则库构造等方面有许多相似之处，但它们的理论基础却不同。模糊控制系统以模糊数学为基础，专家系统来源于人工智能。这两类智能系统在应用上相互交叉，各有特点，有时结合在一起构成混合智能系统能发挥更重要的作用。

本章首先介绍模糊集合和模糊逻辑的基本知识，然后讨论模糊控制器和专家系统的类型、结构、原理及设计开发，最后以电气传动系统和化工过程系统两方面的应用例子来说明模糊控制器和专家系统的设计开发过程及广阔应用前景。

2.1 模糊数学基础

模糊数学诞生于20世纪60年代，是一种用来描述、研究和处理事物所具有模糊特征的数学，其中“模糊”指的是研究对象，“数学”指的是研究方法。“模糊数学”最早是由美国的自动控制专家L. A. Zadeh提出来的，他主张用隶属度函数(membership function)来描述模糊概念，并创立了模糊集合论，为后来模糊数学的发展奠定了基础。随后，印度裔的英国学者E. H. Mamdani首先将模糊理论应用于锅炉和蒸汽机的控制并试验成功，验证了模糊理论的有效性，从此开创了模糊控制这一新的领域。1992年，IEEE召开了第一届关于模糊系统的国际会议，并决定以后每年举行一次。在随后的一年IEEE创办了专刊IEEE Transaction on Fuzzy System。现在，模糊理论和应用正向深度和广度进一步发展，研究成果大量涌现，已经成为世界各国高科技竞争的重要领域之一。

2.1.1 模糊集合

(1) 模糊集合的概念

模糊集合的概念与经典集合的概念相对应。经典集合论中任意一个元素与任意一个集合之间的关系，只是“属于”或“不属于”两种，两者必居其一而且只居其一。它描述的是有明确分界线的元素的组合。而模糊集用于描述一个没有明确地、清楚地定义界限的集合，即它包含的元素可以部分地隶属于这个集合。

例如：“所有高于1.6m的人”，这是一个清晰的概念。它表明凡是高于1.6m的人都是该集合的成员。但是，若将上述概念改为“所有比1.6m高得多的人”，这就变成一个模糊概念了。因为无法划出严格分明的界限，使得在此界限内的人都属于“所有比1.6m高得多的人”，否则都不属于。而只能说某个人属于“比1.6m高得多的人”这个集合的程度高，另一个人属于它的程度低。因此，对于模糊概念不能仿照清晰概念用“属于或不属于”来表述。对于模糊概念，Zadeh提出了隶属度函数的概念，使元素可以部分地属于一个集合。可以认为，模糊集合是清晰集合在概念上的拓展，清晰集合是模糊集合的一种特殊形式；隶属度函数是特征函数的拓展，特征函数是隶属度函数的一个特例。下面简单介绍关于模糊数学的一些基本概念。

设U为一个离散或连续的集合，用$\{u\}$表示，U被称为论域，u为论域U的元素，模糊集合是用隶属度函数来表示的。

定义 模糊集合：论域U中的一个模糊集合A，对于论域U中的任一元素$u \in U$，都指定了$[0,1]$区间中的一个数$\mu_A(u) \in [0,1]$与之对应：

$$\mu_A : U \to [0,1];\ u \to \mu_A(u) \tag{2-1}$$

则确定了U的一个模糊子集，记作A。μ_A称为模糊集A的隶属度函数，$\mu_A(u)$表示元素u隶属于A的程度。

$\mu_A(u) = 1$，表示u完全属于A；

$\mu_A(u) = 0$，表示u完全不属于A；

$0 < \mu_A(u) < 1$，表示u部分属于A。

(2) 模糊集合的表示方法

模糊集合通常有四种表示方法：

1）Zadeh 表示法

① 当论域 U 为离散有限域 $\{u_1, u_2, \cdots, u_n\}$ 时，按 Zadeh 表示法有

$$A = \frac{A(u_1)}{u_1} + \frac{A(u_2)}{u_2} + \cdots + \frac{A(u_n)}{u_n} \tag{2-2}$$

式中，$A(u_i)/u_i$ 表示元素 u_i 对于模糊集合 A 的隶属度函数 $\mu_A(u_i)$ 和元素本身 u_i 的对应关系；“+”表示在论域 U 上，组成模糊集合 A 的全体元素 $u_i(1,2,\cdots,n)$ 间排序与整体间的关系。

② 当论域 U 为连续有限域时，按 Zadeh 表示法有

$$A = \int_U \frac{A(u)}{u} \tag{2-3}$$

这里的“$\int$”表示的是连续论域 U 上的元素 u 与隶属度函数 $\mu_A(u)$ 一一对应关系的总体集合。

2）序偶表示法

若将论域 U 中元素 u_i 与其对应的隶属度函数 $\mu_A(u_i)$ 组成序偶 $\langle u_i, \mu_A(u_i)\rangle$ 来表示模糊子集 A，则可写成：

$$A = \{\langle u_1,\mu_A(u_1)\rangle, \langle u_2,\mu_A(u_2)\rangle,\cdots,\langle u_n,\mu_A(u_n)\rangle\} \tag{2-4}$$

该方法即为序偶表示法。一般为简明起见，该方法对隶属度值为 0 的元素项可以不列入。

3）矢量表示法

矢量表示法是单纯的将论域 U 中元素 $u_i(1,2,\cdots,n)$ 所对应的隶属度函数 $\mu_A(u_i)$，按顺序写成矢量形式来表示模糊集合 A，如下所示：

$$A = \{A(u_1), A(u_2),\cdots,A(u_n)\} \tag{2-5}$$

但是值得注意的是在矢量表示法中，隶属度值为 0 的元素项不能够省略，要求必须列入。

4）函数描述法

论域 U 上的模糊集合 A 完全可以由隶属度函数 $\mu_A(u)$ 来表示。由于隶属度函数 $\mu_A(u_i)$ 本身表示元素 u_i 对模糊集合 A 的从属程度大小，因此可以用隶属度函数曲线来表示一个模糊子集 A。

（3）模糊集合的运算

设 A、B 是同一论域 U 上的两个模糊子集，隶属度函数分别为 $\mu_A(u)$ 和 $\mu_B(u)$，A、B 的各种运算是由隶属度函数来决定的。则模糊集合的运算定义如下：

1）模糊集合的“交”、“并”、“补”集

① 模糊交集

$$A \cap B = \mu_{A\cap B}(u) = \mu_A(u) \wedge \mu_B(u) = \min\{\mu_A(u), \mu_B(u)\} \quad \forall u \in U \tag{2-6}$$

② 模糊并集

$$A \cup B = \mu_{A\cup B}(u) = \mu_A(u) \vee \mu_B(u) = \max\{\mu_A(u), \mu_B(u)\} \quad \forall u \in U \tag{2-7}$$

③ 模糊补集

$$\bar{A} = \mu_{\bar{A}}(u) = 1 - \mu_A(u) \quad \forall u \in U \tag{2-8}$$

2）模糊集运算的基本定律

设 U 为论域，A、B、C 是 U 中的任意模糊子集，则下列等式成立：

① 幂等律 $A \cap A = A, A \cup A = A$ (2-9)

② 结合律 $A \cap (B \cap C) = (A \cap B) \cap C, A \cup (B \cup C) = (A \cup B) \cup C$ (2-10)

③ 交换律 $A \cap B = B \cap A, A \cup B = B \cup A$ (2-11)

④ 分配律

$$A \cap (B \cup C) = (A \cap B) \cup (A \cap C), A \cup (B \cap C) = (A \cup B) \cap (A \cup C) \quad (2-12)$$

⑤ 同一律 $A \cap U = A, A \cup \Phi = A$ (2-13)

⑥ 零一律 $A \cap \Phi = \Phi, A \cup U = U$ (2-14)

⑦ 吸收律 $A \cap (A \cup B) = A, A \cup (A \cap B) = A$ (2-15)

⑧ 德·摩根律 $\overline{A \cap B} = \bar{A} \cup \bar{B}, \overline{A \cup B} = \bar{A} \cap \bar{B}$ (2-16)

⑨ 双重否定律 $\bar{\bar{A}} = A$ (2-17)

3）模糊集合的概率和有界算子及其运算

① 定义：$\cdot$、$\hat{+}$ 为概率算子，对 $\forall a,b \in [0,1]$，有

$$a \cdot b = ab \quad (2-18)$$

$$a \hat{+} b = a + b - ab \quad (2-19)$$

由定义可知：若 $\forall a,b \in [0,1]$，则，$a \cdot b \in [0,1]$，$a \hat{+} b \in [0,1]$

② 定义：□、$\oplus$ 为有界算子，对 $\forall a,b \in [0,1]$，有

$$a \square b = \max(0, a + b - 1) \quad (2-20)$$

$$a \oplus b = \min(1, a + b) \quad (2-21)$$

容易证明：对 $\forall a,b \in [0,1]$，$0 \leqslant \max(0, a + b - 1) \leqslant 1$，$0 \leqslant \min(1, a + b) \leqslant 1$

③ 代数积

$$A \cdot B = \mu_{A \cdot B}(u) = \mu_A(u) \cdot \mu_B(u) \quad (2-22)$$

④ 代数和

$$A + B = \mu_{A \hat{+} B}(u) = \mu_A(u) + \mu_B(u) - \mu_A(u) \cdot \mu_B(u) \quad (2-23)$$

⑤ 有界和

$$A \oplus B = \mu_{A \oplus B}(u) = [\mu_A(u) + \mu_B(u)] \wedge 1 \quad (2-24)$$

⑥ 有界差

$$A \ominus B = \mu_{A \ominus B}(u) = [\mu_A(u) - \mu_B(u)] \vee 0 \quad (2-25)$$

⑦ 有界积

$$A \square B = \mu_{A \square B}(u) = [\mu_A(u) + \mu_B(u) - 1] \vee 0 \quad (2-26)$$

模糊集合的代数运算仍然满足结合律、交换律、德·摩根律、同一律和零一律，但不满足幂等律、分配律、吸收律和互补律。模糊集的有界运算也满足结合律、交换律、德·摩根律、同一律和零一律，而且满足互补律，但不满足幂等律、分配律和吸收律。

4）模糊序列运算

有 n 个模糊量 $a_i (i = 1,2,\cdots,n)$ 组成一个有序数组，并且 $\forall a_i \in [0,1]$，则称该数组为模糊序列。

① 模糊序列的直积

设有两个模糊序列 $a \in R^{1 \times m}$ 和 $b \in R^{1 \times n}$，它们的直积 $c \in R^{m \times n}$ 被定义为

$$c \underset{\text{def}}{=} \min(a_i^{\mathrm{T}}, b_j) c \underset{\text{def}}{=} \min(a_i^{\mathrm{T}}, b_j) (i = 1,2,\cdots,m; j = 1,2,\cdots,n) \quad (2-27)$$

这里 $c \in R^{m\times n}$ 表示对于同一个模糊概念映射到不同论域上可以构成不同的模糊子集，a 与 b 的直积将代表两个论域间的一种转换关系。

② 模糊序列的内积

设有两个模糊序列 $a,b \in R^{1\times n}$，它们的内积被定义为

$$r \underset{\text{def}}{=} \bigvee_{i=1}^{n}(a_i \wedge b_i^T) \tag{2-28}$$

上式表示两个不同的模糊概念在同一论域的相关程度。

③ 模糊序列的外积

设有两个模糊序列 $a,b \in R^{1\times n}$，它们的外积被定义为

$$s \underset{\text{def}}{=} \bigwedge_{i=1}^{n}(a_i \vee b_i^T) \tag{2-29}$$

外积实质上是相应序列积的对偶关系，它们间必然存在对偶性质。

④ 模糊序列的上界和下界

设模糊序列有 a 采用模糊序列的最大元素和最小元素，可以分别定模糊序列的上界和下界为 $\max(a_i)$ 和 $\min(a_i)$。

(4) 模糊集合的隶属度函数

1）确定隶属度函数的原则

① 表示隶属度函数的模糊集合必须是凸模糊集合；

② 变量所取隶属度函数通常是对称和平衡的；

③ 隶属函数要遵从语意顺序和避免不恰当地重叠；

④ 论域中每个点至少属于一个隶属函数的区域，并应属于不超过两个隶属函数的区域；

⑤ 对同一个输入没有两个隶属函数会同时有最大隶属度；

⑥ 当两个隶属函数重叠时，重叠部分对两个隶属函数的最大隶属度不该有交叉；

⑦ 当两个隶属函数重叠时，重合部分的任何点的隶属函数的和应该小于等于 1。

2）常用的隶属度函数

目前 MATLAB 的模糊逻辑工具箱中包含十多种隶属度函数类型，如双 S 形隶属度函数、联合高斯型隶属度函数、高斯型隶属度函数、广义钟形隶属度函数、Ⅱ型隶属度函数、双 S 形乘积隶属度函数、S 形隶属度函数、S 形隶属度函数、梯形隶属度函数、三角形隶属度函数、Z 形隶属度函数等。在模糊控制中应用较多的隶属度函数有以下六种：

① 高斯型隶属度函数

高斯型隶属度函数由两个参数 σ 和 c 确定，见图 2-1：

$$\mu(x) = e^{\frac{(x-c)2}{2\sigma 2}} \tag{2-30}$$

式中，参数 σ 通常为正，参数 c 用于确定曲线的中心。

② 广义钟型隶属度函数

广义钟型隶属度函数由三个参数 a，b，c 确定，见图 2-2：

$$\mu(x) = \frac{1}{1 + \left|\dfrac{x-c}{a}\right|^{2b}} \tag{2-31}$$

式中，参数 b 通常为正，参数 c 用于确定曲线的中心。

③ S 形隶属度函数

S 形函数由参数 a 和 c 决定，见图 2-3：

$$\mu(x) = \frac{1}{1 - e^{-a(x-c)}} \tag{2-32}$$

式中，参数 a 的正负符号决定了 S 形隶属度函数的开口朝左或朝右，用来表示“正大”或“负大”的概念。

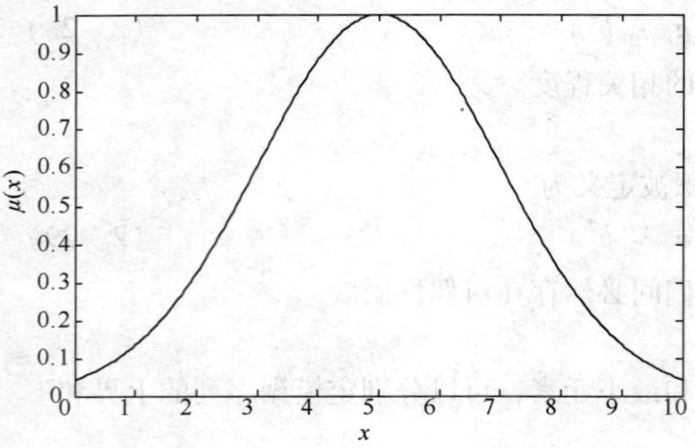

图 2－1　高斯型隶属度函数

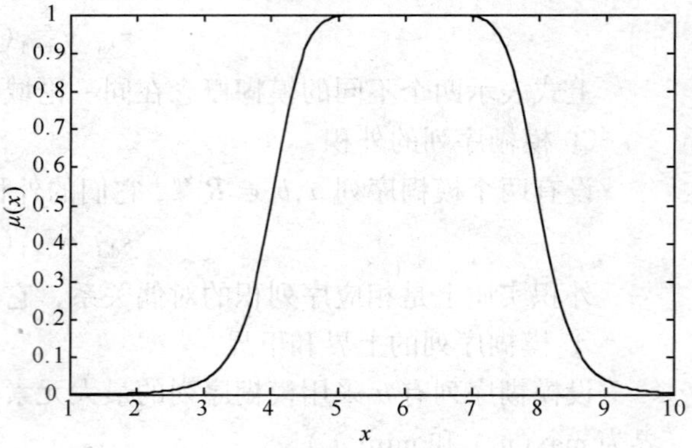

图 2－2　广义钟形隶属度函数

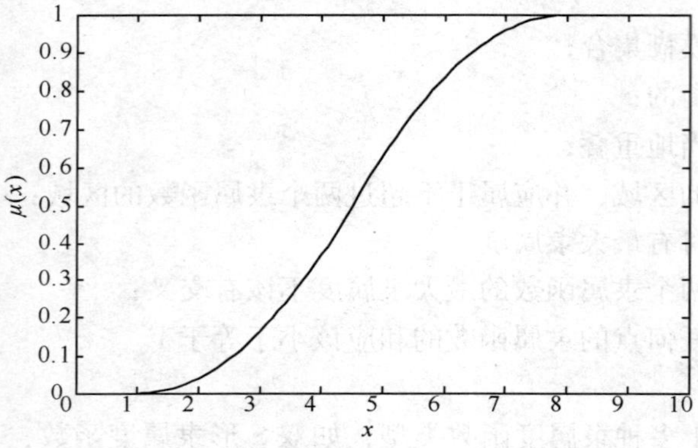

图 2－3　S 形隶属度函数

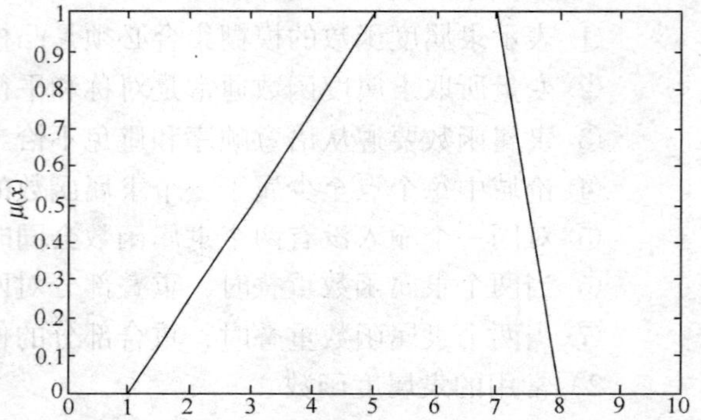

图 2－4　梯形隶属度函数

④ 梯形隶属度函数

梯形曲线可由四个参数 a，b，c，d 确定，见图 2－4：

$$\mu(x) = \begin{cases} 0 & x \leqslant a \\ \dfrac{x-a}{b-a} & a \leqslant x \leqslant b \\ 1 & b \leqslant x \leqslant c \\ \dfrac{d-x}{d-c} & c \leqslant x \leqslant d \\ 0 & x \geqslant d \end{cases} \tag{2-33}$$

式中，参数 a 和 d 确定梯形的“脚”，而参数 b 和 c 确定梯形的“肩膀”。

⑤ 三角形隶属度函数

三角形曲线的形状由三个参数 a，b，c 确定，见图 2－5：

$$\mu(x) = \begin{cases} 0 & x \leqslant a \\ \dfrac{x-a}{b-a} & a \leqslant x \leqslant b \\ \dfrac{c-x}{c-b} & b \leqslant x \leqslant c \\ 0 & x \geqslant c \end{cases} \tag{2-34}$$

式中，参数 a 和 c 确定三角形的“脚”，而参数 b 确定三角形的“峰”。

⑥ Z 形隶属度函数

这是基于样条函数的曲线，因其呈现 Z 形状而得名，见图 2-6。

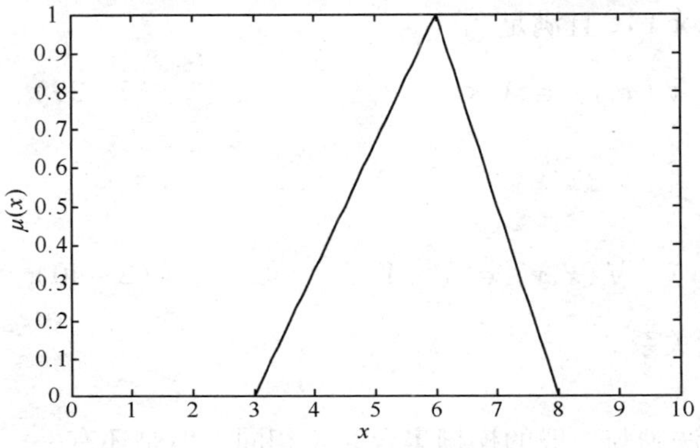

图 2-5　三角形隶属度函数图

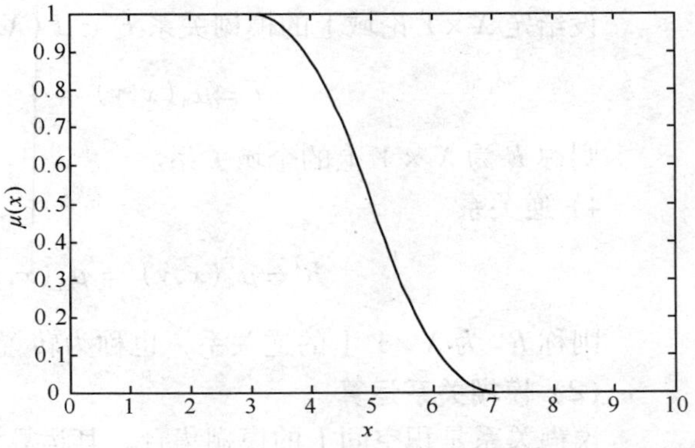

图 2-6　Z 形隶属度函数

2.1.2　模糊关系

模糊关系是普通关系的拓展，普通关系只是表示元素间是否存在关联，而模糊关系是描述元素间对于某一模糊概念上的关联程度。模糊关系在系统、控制、图像识别、推理、诊断等领域得到广泛的应用。

定义　设 $A \times B$ 是集合 A 和 B 的直积，以 $A \times B$ 为论域定义的模糊集合 R 被称为 A 和 B 的模糊关系。也就是说对 $A \times B$ 中的任一元素 (a, b) 都指定了它对模糊集合 R 的隶属度 $\mu_R(a,b)$，模糊集合 R 的隶属度函数 μ_R 可以看作是如下的映射：

$$\mu_R: A \times B \to [0,1] \tag{2-35}$$

$$(a,b) \to \mu_R(a,b)$$

当 A 和 B 皆为有限的离散集合时，A 和 B 的模糊关系 R 可用矩阵表示，称为模糊关系矩阵，即

$$R_{A\times B} = (r_{ij})_{m\times n} = (\mu_R(a_i,b_j)) \tag{2-36}$$

$$(i = 1,2,\cdots,m;\ j = 1,2,\cdots,n)$$

(1) 模糊关系的种类

模糊关系主要有以下几种基本关系。

1) 恒等关系

设给定 $X \times Y$ 论域上的模糊关系 $I \in F(X \times Y)$，且满足

$$I \Leftrightarrow \mu_A(x,y) = \begin{cases} 1 & x = y \\ 0 & x \neq y \end{cases} \quad \forall (x,y) \in X \times Y \tag{2-37}$$

则 I 为 $X \times Y$ 上的恒等关系。

2）零关系

设给定 $X \times Y$ 论域上的模糊关系 $O \in F(X \times Y)$，且满足

$$O \Leftrightarrow \mu_A(x,y) = 0 \quad \forall (x,y) \in X \times Y \tag{2-38}$$

则 O 为 $X \times Y$ 上的零关系。

3）全域关系

设给定 $X \times Y$ 论域上的模糊关系 $E \in F(X \times Y)$，且满足

$$E \Leftrightarrow \mu_A(x,y) = 1 \quad \forall (x,y) \in X \times Y \tag{2-39}$$

则称 E 为 $X \times Y$ 上的全域关系。

4）逆关系

$$R^T \Leftrightarrow \mu_A^T(x,y) = \mu_A(x,y) \quad \forall (x,y) \in X \times Y \tag{2-40}$$

则称 R^T 为 $X \times Y$ 上的逆关系，也称为转置关系。

（2）模糊关系运算

模糊关系是积空间上的模糊集合，其运算法则与一般的模糊集合完全相同，但是还有一些特殊的运算。

1）合成运算

设 P 和 Q 分别是论域 $X \times Y$ 和 $Y \times Z$ 上的模糊关系，那么 P 和 Q 的合成是论域 $X \times Z$ 上的一个模糊关系，记作 $P \circ Q$，其隶属函数被定义为

$$\mu_{P \circ Q}(x,z) = \vee_{y \in Y}[\mu_P(x,y) \wedge \mu_Q(y,z)] \quad \forall (x,z) \in X \times Z \tag{2-41}$$

如果公式中算子 $\wedge$ 代表“取小—min”，$\vee$ 代表“取大—max”运算，这种合成关系即为 max－min 合成关系，其中的“$\circ$”为合成算子。

2）幂运算

设 R 是论域 $X \times X$ 上的模糊关系，则它的模糊关系矩阵为方阵，R 的幂定义为：

$$R^2 = R \circ R$$

$$R^3 = R \circ R \circ R = R^2 \circ R$$

$$\vdots$$

$$R^n = R \circ R \circ \cdots \circ R \tag{2-42}$$

这种合成关系在有的书上也称为“sup－min 合成关系”。基于幂的定义，模糊关系矩阵的幂满足以下指数法则

$$R^m \circ R^n = R^{m+n} \tag{2-43}$$

$$(R^m)^n = R^{mn} \tag{2-44}$$

3）逆运算

设 R 是论域 $X \times Y$ 上的模糊关系，则它的逆模糊关系 R^{-1} 是 Y 到 X 的一个模糊关系，其

隶属函数被定义为

$$\mu_{R^{-1}}(y,x) = \mu_R(x,y) \quad \forall (y,x) \in Y \times Z \tag{2-45}$$

这种合成关系在有的书上也称为是“def – max 合成关系”。模糊关系的逆运算还具有以下的一些性质：

$$R_1 \subseteq R_2 \Rightarrow R_1^{-1} \subseteq R_2^{-1} \tag{2-46}$$

$$(R^{-1})^{-1} = R \tag{2-47}$$

$$(R_1 \cup R_2)^{-1} = R_1^{-1} \cup R_2^{-1} \tag{2-48}$$

$$(R_1 \cap R_2)^{-1} = R_1^{-1} \cap R_2^{-1} \tag{2-49}$$

$$(R_1 \circ R_2)^{-1} = R_1^{-1} \circ R_2^{-1} \tag{2-50}$$

(3) 模糊关系的性质

1）自反性

设 R 是论域 $X \times X$ 上的模糊关系，而且满足

$$\mu_R(x,x) = 1 \quad \forall x \in X \tag{2-51}$$

则称 R 是具有自反性的模糊关系。具有自反性的模糊关系，其所有元素 x 自身与模糊关系 R 间的隶属程度为1，若用矩阵表示，则模糊关系矩阵的主对角元素皆为1。

反之，如果设 R 是论域 $X \times X$ 上的模糊关系，而且满足

$$\mu_R(x,x) = 0 \quad \forall x \in X \tag{2-52}$$

则称 R 是具有反自反性的模糊关系，其所有元素 x 自身与模糊关系 R 间的隶属程度为0，若用矩阵表示，则模糊关系矩阵的主对角元素皆为0。

而且自反性的模糊关系具有如下的基本性质：

① 当模糊关系 P 是自反的，Q 为任意模糊关系，则有 $Q \subseteq P \circ Q$ 和 $P \subseteq Q \circ Q$ 的关系是成立的；

② 当模糊关系 P 是自反的，则 $P \subseteq P \circ P$ 成立；

③ 当模糊关系 P、Q 是自反的，则 $P \circ Q$、$P \cap Q$ 以及 $P \cup Q$ 这三个关系也是自反的。

2）对称性

设 R 是论域上 $X \times X$ 的模糊关系，而且满足

$$\mu_R(x_1,x_2) = \mu_R(x_2,x_2) \quad \forall x \in X \times X \tag{2-53}$$

则称 R 为具有对称性的模糊关系，而且其响应的模糊矩阵应该满足 $R^T = R$。

另外，当 $\mu_R(x_1,x_2) > 0$ 时，如果 $\mu_R(x_1,x_2) > 0$，则 $x_1 = x_2$；当 $x_1 \neq x_2$ 时，如果 $\mu_R(x_1, x_2) > 0$，那么 $\mu_R(x_2,x_2) > 0$，则称 R 为反对称性的，其响应的模糊矩阵满足 $R \circ R^T \leqslant 1$。

而且对称性的模糊关系具有如下的基本性质：

① 当模糊关系 P、Q 是对称的，则 $P \cap Q$、$P \cup Q$ 和 P^m 也是对称的；

② 当模糊关系 Q、Q 是对称的，且 $P \circ Q = Q \circ P$ 成立时，则 $P \circ Q$ 也应该是对称的；

3）传递性

设 R 是论域 $X \times X$ 上的模糊关系，而且满足 $R \circ R = R^2 \subseteq R$，则称 R 具有传递性。

而且传递性的模糊关系具有如下的基本性质：

① 当模糊关系 P、Q 是传递的，则 $P \cap Q$ 也是传递的，但是 $P \cup Q$ 未必就是传递的；

② 当模糊关系 P、Q 是传递的，而且 $P \circ Q = Q \circ P$ 成立时，则 $P \circ Q$ 也是传递的；

③ 当模糊关系 P 是传递的、对称的，则有 $\mu_P(x_1,x_2) \leqslant \mu_P(x_1,x_1)$；

④ 当模糊关系 P 是传递的、自反的，则 $P \circ Q = P$。

4）对比性

设 R 是论域 $X\times X$ 上的模糊关系，而且满足

$$x_1\neq x_2\rightarrow\mu_R(x_1,x_2)>0\quad 或\quad \mu_R(x_1,x_2)>0\quad\forall x\in X\times X$$

则称 R 为具有对比性的模糊关系。

2.1.3 模糊推理

常用的模糊推理方法有两种，即广义前向推理和广义反向推理，它们的推理过程分别如下：

(1) 广义前向推理(GMP)（见表 2－1）

前提 1：如果 x 为 A，则 y 为 B

前提 2：x 为 A'

结论：y 为 B'

(2) 广义反向推理(GMT)（见表 2－2）

前提 1：如果 x 为 A，则 y 为 B

前提 2：y 为 B'

结论：x 为 A'

表 2－1　广义前向推理准则

	x 为 A'（前提 2）	y 为 B'（结论）		x 为 A'（前提 2）	y 为 B'（结论）
准则 1	x 为 A	y 为 B	准则 3－2	x 为略 A	y 为 B
准则 2－1	x 为很 A	y 为很 B	准则 4－1	x 为 $\bar{A}$	y 为未知
准则 2－2	x 为很 A	y 为 B	准则 4－2	x 为 $\bar{A}$	y 为 $\bar{B}$
准则 3－1	x 为略 A	y 为略 B			

表 2－2　广义反向推理准则

	y 为 B'（前提 2）	y 为 A'（结论）		y 为 B'（前提 2）	x 为 A'（结论）
准则 5	y 为 $\bar{B}$	x 为 $\bar{A}$	准则 8－1	y 为 y	x 为未知
准则 6	y 为很 $\bar{B}$	x 为很 $\bar{A}$	准则 8－2	y 为 y	x 为 A
准则 7	y 为略 $\bar{B}$	x 为略 $\bar{A}$			

其中，x 是论域 X 的语言变量，它的值是 X 中的模糊集合 A、A'；而 y 是论域 Y 中的语言变量，它的值是 Y 中的模糊集合 B、B'。广义前向推理和广义反向推理都是通常所说的“三段论”，前提 1，即所谓的大前提是一条“if…，then…”形式的模糊规则，if 部分是规则的前提，then 部分是规则的结论。若是已知规则的前提求结论，就是广义前向推理，若是已知规则的结论求前提，则就是广义反向推理。

模糊推理中的前提 1、前提 2 和结论都是含有模糊概念的陈述句，被称为模糊命题。其中前提 2 和结论都是最简单的陈述句，如“x 为 A'”、“y 为 B'”等，被称为普通模糊命题。而前提 1 是“if…，then…”形式的条件语句，表达两个普通命题之间的因果关系，称为条件模糊命题。另外，模糊命题的真假程度称为模糊命题的“真值”，它是在范围[0，1]之间的一个实数。有普通模糊命题 R：x 为 A，x 是语言变量，它的论域为 X，A 是 X 上的模糊集合，隶属度函数为 $\mu_A(x)$。对于 X 中任何一个元素 x_t，它对 A 的隶属度为 $\mu_A(x_0)$，那么命题 R 的

真值也为 $\mu_A(x_0)$，即 $\mu_R(x_0) = \mu_A(x_0)$。

语言算子是对原隶属函数乘 α 次方，即 μ^{α}。$\alpha>1$ 是加强语气的，称为集中化算子；$\alpha<1$ 是减弱语气的，被称为散漫化算子。

设有一个条件模糊命题：令 P：x 为 A，则 Q：y 为 B。则上述的条件模糊命题可简单的写为"如果 P 为真，则 Q 为真"，即 $P \to Q$，它表示的是普通模糊命题 P、Q 之间有因果关系。因为 $\mu_P(x) = \mu_A(x)$，$\mu_Q(x) = \mu_B(x)$，$\mu_{P\to Q}(x,y) = \mu_{A\to B}(x,y)$。$A \to B$ 表示模糊集合 A、B 之间有蕴含关系。由于 A 和 B 是不同论域上的模糊集合，$A \to B$ 可以用模糊关系来描述，仿照普通集合中的蕴含运算，模糊蕴含 $A \to B$ 的隶属函数可由下式求出：

$$\mu_{A\to B}(x,y) = [\mu_A(x) \wedge \mu_B(x)] \vee [1 - \mu_A(x)] \tag{2-54}$$

若是用模糊关系矩阵 R_{A-B} 来表示：

$$R_{A-B} = (A \times B) \cup (\bar{A} \times E) \tag{2-55}$$

式中，$A \times B$ 表示的是不同论域的模糊集合的直积，它属于一个模糊关系，而 E 是 Y 上的全集。

2.2 模糊控制器结构及原理

模糊控制器的理论基础是模糊数学和模糊逻辑学，模糊控制是一类应用模糊集合理论的控制方法。一方面，模糊控制提出一种新的机制用于实现基于知识（规则）甚至语义描述的控制规律。另一方面，模糊控制为非线性控制器提出一个比较容易的设计方法，尤其是当受控装置（对象或过程）含有不确定性而且很难用常规非线性控制理论处理时，更是有效。模糊控制器也称为模糊逻辑控制器，由于其采用的模糊控制规则是由模糊理论中模糊条件语句来描述的，因此模糊控制器也被称为模糊语言控制器。

模糊控制器是模糊控制系统的核心，一个模糊控制系统的优劣，主要取决于模糊控制器的结构、所采用的模糊规则和合成推理算法以及模糊决策的方法等各方面因素，本节主要讨论模糊控制器的结构、类型与设计。

2.2.1 模糊控制器的结构

模糊控制器主要包括输入量模糊化接口、知识库、模糊推理机和输出量解模糊接口等四个部分，如图 2-7 所示，图中的 FC 是模糊控制器，模糊控制器主要实现三个功能：

① 把系统的偏差从数字量转换为模糊量（由模糊化过程、数据库完成）；

② 对模糊量由给定的规则进行模糊推理（由规则库、模糊推理机完成）；

③ 把推理结果的模糊输出量转化为实际系统能够接受的精确数字量或模拟量（解模糊接口）。

在图 2-7 中，u_t 是 SISO 被控对象的输入，y_t 是被控对象的输出，s_t 是参考输入，误差

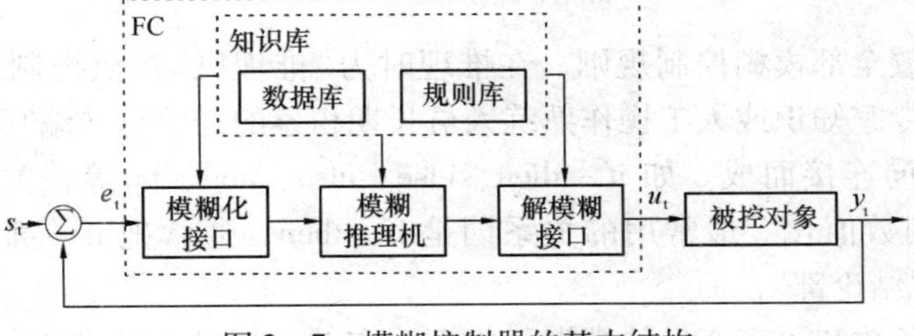

图 2-7　模糊控制器的基本结构

$e_t = s_t - y_t$。FC 根据误差信号 e_t 产生合适的控制作用 u_t，输出作用于被控对象。

（1）模糊化接口

所谓模糊化，就是通过传感器把被控对象的相关物理量转换成电量，若传感器的输出量是连续的模拟量，还要事先通过 A/D 转换器转换成数字量作为计算机的输入测量值；接着再将此输入测量值进行标准化处理，即把其变化范围映射到相应内部论域中，然后将内部论域中的该输入数据转换成相应语言变量的概念，并构成模糊集合，这样就把输入的精确量转换为用模糊集合隶属函数表示的某一模糊变量的值。由此才能用检测到的输入量作为模糊控制规则中的条件来运用模糊控制规则进行推理，完成这部分功能的模块就称作模糊化接口。

模糊化接口接收的输入一般是误差信号 e_t，由 e_t 再生成误差变化率 $\dot{e}_t$ 或误差的差分□ e_t，模糊化接口主要功能是将输入变量的精确值变化成其对应领域上自然语言描述的模糊集合，以进行模糊推理和决策。具体包括以下三项内容：

1）论域变换

对传感器的测量值进行论域变换，即将输入变量值的实际论域向相应内部论域变换的比例映射。

e_t、$\dot{e}_t$ 都是非模糊的普通变量，它们的论域是实数域上的一个连续闭区间（即实际论域），分别用 X 和 Y 代表。在模糊控制器中，实际论域要变换到内部论域 X' 和 Y'。如果内部论域是连续的，此种模糊控制器称为“连续论域的模糊控制器”（C－FC）；如果内部论域是离散的，此种模糊控制器称为“离散论域的模糊控制器”（D－FC）。对于 C－FC，X'、$Y' = [-1, 1]$；对于 D－FC，X'、$Y' = \{0, \pm 整数\}$。无论是 C－FC 还是 D－FC，论域变换后相当于乘一个比例因子，还可能有偏移。

2）模糊化

论域变化后仍然是非模糊的普通变量，再对它们分别定义若干个模糊集合，如“负大”、“负中”等，并在其内部论域上规定各模糊集合的隶属函数。在时刻输入信号的值 e_t、$\dot{e}_t$ 经过论域变换后得到 e_t^*、$\dot{e}_t^*$，再根据隶属函数的定义可以分别求出其对各模糊集合的隶属度，这样就把普通变量的值变成模糊变量的值，完成模糊化的工作。

（2）知识库

知识库中存储着有关模糊控制器的所有相关知识，它们决定着模糊控制器的性能，是模糊控制器的核心。知识库包括应用领域知识和相应控制目标的知识，由数据库和规则库两个部分组成。

1）数据库

数据库是用来定义模糊控制器中语言控制规则和模糊数据操作的，它存储着有关模糊化、模糊推理、解模糊等知识，如：模糊化中的论域变换方法、所有输入和输出变量的全部模糊子集的隶属度矢量值或隶属度函数、模糊推理和解模糊算法等。

2）规则库

规则库用来存放全部模糊控制规则，在推理时为“推理机”提供控制规则。模糊控制器的规则是基于领域专家知识或人工操作熟练人员长期积累的经验总结编写而成。模糊规则通常由一系列的关系词连接而成。如 if－then、else、also、and、or 等，关系词必须经过“翻译”才能将模糊规则数值化。最常用的关系词是 if－then，通常把 if…部分称为“前提部”，而 then…部分称为“结论部”。

规则库的规则条数和语言变量的模糊子集划分有关，这种划分越细，规则条数就越多，但是这样并不意味着规则库的知识准确程度越高，规则库的准确性还与专家的知识准确度有关。

(3) 模糊推理机

模糊推理机的主要作用是模仿人的思维特征，根据事先制定好的由专家知识或控制经验取得的若干组模糊条件语句构成的模糊控制规则，运用模糊数学理论对模糊控制规则进行计算整理，实际上是根据模糊控制规则对输入的一系列条件进行综合评估，以得到一个定性的用语言表示的决策输出量，这个结果给出某一个确定的输出范围，即所谓模糊输出量，完成这部分功能的模块就称为模糊推理机。

在模糊推理机中，模糊推理决策逻辑是核心，它能模仿人的模糊概念和运用模糊蕴涵运算和模糊逻辑推理规则对模糊控制作用的推理进行决策。模糊控制中的推理与知识工程中的模糊推理不同，模糊控制中的推理前提，即模糊控制器的实际输入不是模糊值，是需要进行模糊化的。而知识工程中使用的生产规律是允许用模糊语句来描述，表示成模糊值，而且其大多是多级推理，与模糊控制中通常是单级推理不同。

(4) 解模糊接口

模糊推理的结果因为是模糊集，不能直接用来作为被控制对象的控制量，需要将其转化为一个可以被执行机构所实现的精确量，此过程被称为解模糊，或模糊判决或精确化。解模糊过程实际上是模糊化的反过程，是模糊空间到清晰空间的一种映射，主要由模糊推理结果产生控制执行器的数值，作为模糊控制器的输出。解模糊接口主要完成解模糊和论域反变换两项工作。解模糊有多种不同的方法，用不同的方法所得的结果是不同的。常用的解模糊方法有最大隶属度函数法、重心法、加权平均法三种，还有左取大、右取大、取大平均等。

2.2.2 模糊控制器的设计

模糊控制是以控制人员的经验为基础实施的一种智能控制，当被控对象的模型不确切或难以建立数学模型时，应用模糊控制技术是非常有效的。因为模糊控制不需要精确的数学模型去描述系统的动态过程，因此，它的设计方法与常规控制器的设计方法有所不同。模糊控制器的设计，一般是先在经验的基础上确定各个相关参数及其控制规律，然后在运行中反复进行调整，以达到最佳控制效果。

模糊控制器的设计主要考虑如下几项内容：

① 确定模糊控制器的结构；

② 设计模糊控制器的控制规律及参数；

③ 确立模糊化和解模糊的方法；

④ 编制模糊控制算法的应用程序。

(1) 模糊控制器的结构设计

模糊控制器的结构设计就是要确定其输入变量和输出变量(即控制变量)。模糊控制器输入变量的个数称为模糊控制的维数。模糊控制器根据被控对象的输入输出变量的多少，分为单输入 - 单输出结构和多输入 - 多输出结构；根据控制器输入变量的多少，分为一维、二维和多维模糊控制器。这里要注意的，所谓单输入 - 单输出模糊控制结构指的是被控制对象是单输入 - 单输出系统，而多维模糊控制器指的是逻辑控制器中语言变量的多少。

在设计模糊控制器时，根据被控对象的具体情况和系统的性能指标进行选型。由于模糊控制器的控制规律是根据操作人员的控制经验提出的，而一般操作人员只能观察到被控对象的输出变量和输出变量的变化，或者观察到输出变量和输出变量的总和这两个状态，所以在模糊控制器中，一般选择误差和误差的变化率作为它的输入变量，把控制量的变化作为模糊控制器的输出变量。通常地，将偏差 e 和偏差变化 de 作为输入语言变量。

单输入 - 单输出模糊控制结构在模糊控制的实际应用是非常广泛的，如加热炉的温度控制系统、速度控制系统等经典控制理论能够处理的系统均可应用。因为系统的控制量只有一个且系统的输出量也只有一个，因此，这类控制系统是最典型又是最简单的。典型的一维模糊控制器的输入变量为系统的误差。一般情况下，一维模糊控制器用于一阶被控对象，由于这种控制器输入变量只选误差一个，它的动态控制性能不佳。目前被广泛采用的是二维模糊控制器，二维模糊控制器的输入变量为系统的误差和误差的变化，输出变量为控制量的变化。从理论上说，模糊控制器的维数越高，控制越精细；但维数越高，模糊控制规则越复杂，控制算法越难实现。所以，目前人们广泛设计和应用的都是二维模糊控制器。常见的模糊控制器结构如图 2-8 所示。

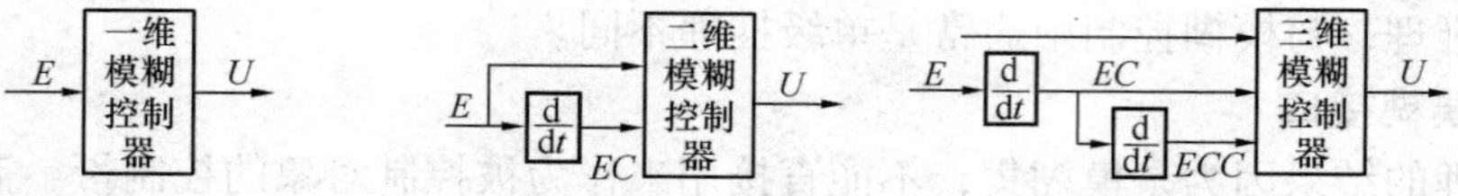

(a) 一维模糊控制器　(b) 二维模糊控制器　(c) 三维模糊控制器

图 2-8　常见模糊控制器结构

1）一维模糊控制器

一维模糊控制器是一种最简单的模糊控制器，控制器的输入输出语言变量只有一个。输入变量一般选择受控变量的实测值和给定值之间的偏差 e，如图 2-8(a)所示。假如模糊控制器的输入变量 e、输出控制量为 u，则模糊控制规则一般有以下形式：

R_1：if e is E_1，then u is U_1；

R_2：if e is E_2，then u is U_2；

⋮

R_n：if e is E_n，then u is U_n。

其中，$E_1, E_2, \cdots, E_n$ 和 $U_1, U_2, \cdots, U_n$ 为模糊控制器输入、输出论域上的模糊子集。对于上述多重模糊推理语句，其总的模糊蕴涵关系可按下式来求取：

$$R(e,u) = \cup_{i=1}^{n} E_i \times U_i \tag{2-56}$$

一维控制器的设计简单明了。它面对大多数实际控制问题是诸如跟踪控制系统、设定值控制系统等误差控制系统。但是由于此类一维控制器的规则只考虑系统的误差，只要误差相近，不管误差的变化趋势如何其控制输出的结果是相似的，其结果必然会影响模糊控制器的性能。

2）二维模糊控制器

这里的二维模糊控制器的输入变量有两个，控制器的输出变量是一个，被控对象是单输入 - 单输入系统，如图 2-8(b)所示。这类控制器的模糊规则一般可描述为：

R_1：if e is E_1 and de is DE_1，then u is U_1；

R_2：if e is E_2 and de is DE_2，then u is U_2；

⋮

R_n：if e is E_n and de is DE_n，then u is U_n。

其中，E_1，E_2，…，E_n，DE_1，DE_2，…，DE_n 和 U_1，U_2，…，U_n 分别为模糊控制器输入、输出论域上的模糊子集。对于上述多重模糊推理语句，其总的模糊蕴涵关系为：

$$R(e,\mathrm{de},u) = \cup_{i=1}^{n}(E_i \times DE_i) \times U_i \tag{2-57}$$

二维模糊控制器考虑了系统的误差和误差变化，因此在跟踪控制系统、设定值控制系统的应用中有着相当大的潜力，其控制性能明显高于一维模糊控制器。在目前大量的控制系统设计中考虑的是这一种模糊控制器。

3）多维模糊控制器

多维模糊控制器指的是控制输入个数多于两个的模糊控制器。在有些控制要求更高的场合，仅依赖系统的误差、误差变化信号还不能足以实现高精确的控制。从理论上来分析，提高控制器输入变量的个数会提高控制器的控制性能。但是，由于输入维数的增加寻致了控制规则、控制算法的复杂化。因此除非对动态特性的要求特别高的场合，一般情况下是很少采用的。多维模糊控制器中用得相对较多的是三维模糊控制器，它的三个输入量是受控变量和给定值的偏差和偏差变化以及偏差变化的变化率，图 2－8(c)所示。

(2) 模糊控制规则的选取及参数的确定

模糊控制器是模拟人类思维的一种语言型控制器，但是在客观世界中并没有这种现成的控制规则，这需要设计者根据控制器的结构，基于专家知识或人工操作熟练人员长期积累的经验，从大量的观察和实验数据中提取，形成一系列由模糊条件语句描述的语言控制规则。将所获取的用自然语言描述的知识，按输入、输出变量分类，并以模糊集合矢量表示形式存放在数据库内，同时使用模糊逻辑把这些自然语言规则描述成模糊规则，生成相应的规则库。为了使计算机能了解规则库规则的含义，必须明确定义模糊控制器的各个输入端变量模糊集的论域值和隶属度函数与输出变量的论域。此外还要合理的选择模糊控制器的量化因子和比例因子，因为它们对模糊控制器的动态、静态特性有着比较大的影响。

模糊规则通常由一系列的关系词连接而成。如 if－then、else、also、and、or 等，关系词必须经过“翻译”才能将模糊规则数值化。最常用的关系词是 if－then。如果某模糊控制系统的输入变量为 e 和 de，它对应的语言变量分别为 E 和 DE，对于控制变量 U 可以给出如表 2－3 所示的模糊规则：

R_1：if E is NB and DE is NB then U is PB;
R_2：if E is NB and DEC s NM then U is PB;
R_3：if E is NB and DE is NS then U is PM;
R_4：if E is NB and EC is NZ then U is PM;
R_5：if E is NM and DE is NB then U is PB;
R_6：if E is NM and DE is NM then U is PB;
R_7：if E is NM and DE is NS then U is PM;
R_8：if E is NM and DE is NZ then U is PS;
R_9：if E is NS and DE is NB then U is PB;
R_{10}：if E is NS and DE is NM then U is PM;
R_{11}：if E is NS and DE is NS then U is PM;
R_{12}：if E is NS and DE is NZ then U is PS;
R_{13}：if E is NZ and DE is NB then U is PM;
R_{14}：if E is NZ and DE is NM then U is PM;

R_{15}: if E is NZ and DE is NS then U is PM;

R_{16}: if E is NZ and DE is NZ then U is PZ;

⋮

表 2-3　模糊控制器规则

E \ DE	NB	NM	NS	NZ	PZ	PS	PM	PB
NB	PB		PM		PS		PZ	
NM								
NS								
NZ				PZ	NZ			
PZ								
PS	NZ			NS				
PM							NB	
PB					NM			

通常把 if…部分称为"前提部"，而 then…部分称为"结论部"，语言变量 E 和 DE 为输入变量，而 U 为输出变量。

规则库的规则条数和语言变量的模糊子集划分有关，这种划分越细，规则条数就越多，但是这样并不意味着规则库的知识准确程度越高，规则库的准确性还与专家的知识准确度有关。

(3) 模糊化和解模糊方法的确定

尽管模糊控制器的控制规则由模糊语言构成，但是经传感器采样到的输入量，以及执行机构所能接受的输出控制量都是确定的和清晰的。传感器采样到的输入量如果要应用于模糊控制，就必须用某种模糊化方法将其转化为模糊语言变量；模糊控制器的输出量在用于实际控制前必须转为清晰量才能应用，因为目前的执行机构还不能接受模糊语言指令。因此必须选择合适的模糊化和解模糊的方法。

在进行模糊化之前，首先解决模糊划分问题。模糊控制规则前提部中每一个语言变量都形成一个与确定论域相对应的模糊输入控制空间，而在结论部中的语言变量则形成模糊输出空间。一般情况下，语言变量与术语集合相联系，每一个术语都被定义在同一个论域上，那么模糊划分就决定术语集合中有多少个术语，即模糊划分就是确定基本模糊集的数目，而基本模糊集的数目又决定一个模糊控制器的控制分别率。通常用如负大(NB - Negative Big)、负中(NB - Negative Medium)、负小(NB - Negative Small)、零(ZE - Zero)、正小(PS - Positive Small)、正中(PS - Positive Medium)、正大(PB - Positive Big)来表示基本模糊集。模糊输入/输出空间的划分并非是确定的，至今还没有统一的解决方法。因而经常用启发式实验划分来找最佳模糊分区。

实际系统中对模糊化等级的划分不宜划分得过细、过密，划分过细、过密的话，不仅会失去某些信息，体现不出模糊量的长处，而且会大大增加运算与推理过程的工作量，使计算机的实现更加困难。要求在设计的复杂度和精确度上找到一个平衡点，即在达到预定控制目标的情况下尽量不要增加其复杂性和计算量。

通常情况下取等级域为$\{0, \pm 1, \pm 2, \cdots, \pm m\}$，则总等级数 $d = 2m + 1$。在这些等级

上的模糊子集划分 $A_t\{0,1,2,\cdots,2n\}$，其中的 n 可以等于 m，也可以取与 m 不同的值，如图 2－9 所示。

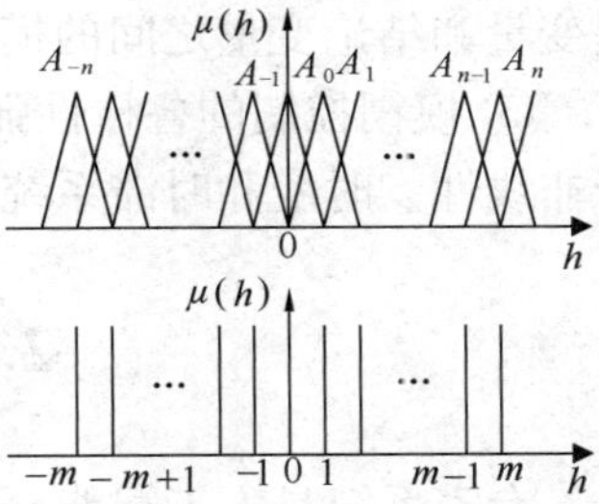

图 2－9 模糊化策略

对于一个模糊输入变量 e，其模糊子集通常可以按如下的方式划分：

① e = {负大,负小,零,正小,正大} = {NB,BS,ZO,PS,PB}

② e = {负大,负中,负小,零,正小,正中,正大} = {NB,NM,BS,ZO,PS,PM,PB}

③ e = {负大,负中,负小,零负,零正,正小,正中,正大} = {NB,NM,NS,NZ,PZ,PS,PM,PB}

④ e = {负很大,负大,负中大,负中,负中小,负小,零负,零正,正很小,正小,正中小,正中,正中大，正大，正很大} = {$NVB,NB,NMB,NM,NMS,NS,NZ,PZ,PVS,PS,PMS,PM,PMB,PB,PVB$}

它们的子集总数 S 分别是 $S=2n+1$，而且 $n=2$ 或 $n=3$；$S=2n$ 且 $n=4$ 或 $n=8$。

为了实现模糊化，还必须确定基本模糊集的隶属度函数。隶属度函数的表示方法有两种：一种是数字表示即用来表示论域是离散的；另一种函数表示即用来表示论域是连续的。隶属度函数的选择对模糊控制器的性能有重要的影响。目前大多数模糊控制器都采用简单的“实数域上模糊分布函数”，算出输入量语言值对应的一组隶属度矢量值，然后根据最大隶属度原则选择其中具有最大隶属度的函数矢量，作为相应输入量的模糊化结果。

模糊推理的结果因为是模糊集，不能直接用来作为被控制对象的控制量，必须进行解模糊。解模糊有多种不同的方法，用不同的方法所得的结果是不同的。常用的解模糊方法有最大隶属度函数法、重心法、加权平均法三种，还有左取大、右取大、取大平均等。

从理论上来讲，应该根据具体受控对象的特性，采用合适的隶属度函数确定方法，作为输入量模糊化的依据。模糊控制器的输出模糊量，应该选择包含信息量全面、丰富的解模糊方法，使模糊控制器的动态、静态性能更理想。

(4) 模糊控制软件的开发

模糊控制器通常是以运行计算机算法程序的方式体现的，由于计算机控制过程是一个离散时间的执行过程，这需要把连续时间过程离散化。因此，模糊控制器的输出往往是以增量形式出现的。在离散化的过程中，必然要涉及采样时间的选择，而且与常规的控制算法一样，采样时间的选择对控制器的性能有较大的影响。

2.2.3 模糊控制器的特点

模糊控制器具有以下几个特点：

① 模糊控制器的设计不需要知道被控对象的精确数学模型，只需要提供专家知识和熟练操作人员的经验或者现场操作数据；

② 设计中所采用的模糊推理是一种模拟人类思维过程的“不精确推理”，易于处理具有复杂性、模糊性的受控对象或系统；

③ 采用的控制规则是基于启发式的知识及语言型决策规则，这样有利于增强控制系统的自适应、自学习和自调整能力；

④ 用语音变量代替代数变量，比较容易用于知识表达和建立语言型控制规则，描述前

提变量和结论变量之间的模糊关系；

⑤ 模糊控制的鲁棒性强，可以有效减少系统干扰和参数变化对控制效果的影响，可用于非线性、时变和时滞系统的控制。

2.3 基于规则推理的专家系统

专家系统是人工智能研究中最活跃且最有成效的领域之一，是人工智能的一个重要分支。自 1968 年 Edward Feigenbaum 等人成功研制出世界上第一个专家系统 DENDRAL 以来，专家系统技术得到迅速发展并日趋成熟。目前专家系统已经广泛应用于医疗诊断、图像处理、语音识别、石油化工、地质勘探、军事气象、实时监控、金融决策、交通运输等许多领域，产生了巨大的社会效益和经济效益，同时也促进了人工智能基本理论和基本技术的研究与发展，呈现出强盛的生命力和应用前景。

本节简单介绍专家系统的定义、分类、结构、原理、设计与应用。

2.3.1 专家系统的定义与分类

(1) 专家系统的定义

专家系统目前尚无统一且精确的定义。专家系统的奠基人费根鲍姆(E. A. Feigenbaum)认为："专家系统是一种智能的计算机程序，它运用知识和推理步骤来解决只有专家才能解决的复杂问题"。也就是说，专家系统是一个智能的计算机系统；具有相关领域内大量的专家经验知识；能应用人工智能技术来模拟人类专家决策的思维过程进行推理，以领域专家的水平来解决相关领域的复杂问题。

例如：在医学界有很多医术高明的医生，他们在各自的工作领域中具有丰富的实践经验和妙手回春的绝招，如果把某一具体领域(如肝病的诊断与治疗)的医疗经验集中起来，并以某种表示模式存储到计算机中形成知识库，然后再把专家们运用这些知识诊治疾病的思维过程编成程序构成推理机，使得计算机能像人类专家那样诊治疾病，则此程序系统就是一个专家系统。

专家系统与常规的计算机应用程序有着本质的不同：专家系统所要解决的问题一般没有算法解，并且经常要在不确定、不完善和不精确的信息基础上做出决断。

(2) 专家系统的特点

专家系统一般具有如下特点：

1) 具有专家水平的专门知识

专家系统要解决只有人类专家才能解决的复杂问题，所以具有专家的专门知识是专家系统的最大特点，也是所有知识库系统的共同特点。专家系统具有的知识越丰富、质量越高，解决问题的能力就越强。

专家系统中的知识按其在问题求解中的作用可分为三个层次，即数据级、知识库级和控制级。数据级知识是指具体问题所提供的初始事实及在问题求解过程中所产生的中间结论、最终结论，也可以称为动态数据，数据级知识通常存放于数据库中。知识库级知识是指专家的知识，这一类知识是构成专家系统的基础，一个系统性能的高低取决于这种知识的质量和数量。控制级知识也可称为元知识，是关于如何运用前两种知识的知识，如在问题求解中的搜索策略、推理方法等。

2）能进行有效的推理

专家系统要利用专家知识来求解领域内的具体问题，而问题求解的过程就是一个推理过程，所以专家系统必须具有一个推理机构，能根据用户提供的已知事实，通过运用知识库中的知识，进行有效的推理，以实现问题的求解。专家系统的核心是知识库和推理机。

3）具有启发性

专家系统除能利用大量专业知识外，还必须利用经验的判断知识来对求解的问题做出多个假设。依据某些条件选定一个假设，使推理继续进行。

4）具有灵活性

在专家系统的体系结构中，知识库与推理既相互联系，又相互独立。它们之间的相互联系保证了推理利用知识库中的知识进行推理以实现对问题的求解；它们之间的相互独立保证了当知识库做适当修改和更新时，只要推理策略没变，推理部分就可以不变，使系统易于扩充，具有较大的灵活性。

5）具有透明性

专家系统一般都有解释机构，所以具有较好的透明性。人们在使用专家系统求解问题时，不仅希望得到正确的答案，而且还希望知道得出该答案的依据。解释机构可以向用户解释推理过程，回答用户提出的“为什么(why)”、“结论是如何得出的(How)”等问题。

6）具有交互性

专家系统一般都是交互式系统，具有较好的人机界面。一方面它需要与领域专家或知识进行对话以获取知识，另一方面它也需要不断地从用户获得所需的已知事实并回答用户的询问。

7）能根据不确定的知识进行推理

专家系统能运用知识进行推理，以模拟人类求解问题的过程。但是领域专家解决问题的方法大多是经验性的，这些经验性的知识表示往往是不精确的，它们仅以一定的可能性存在。此外，要解决的问题本身所提供的信息往往也不确定。专家系统的特点之一，就是能综合利用这些模糊的信息和知识进行推理，得出结论。

(3) 专家系统的分类

目前国内外已经研制成功多种专家系统，分别应用于工业、农业、地质、气象、医疗、交通、军事、教育等领域。针对不同的应用建立的专家系统在功能、设计方法及实现技术等方面都有所不同，专家系统分类的标准也多种多样，下面根据不同的分类标准对专家系统进行分类。

1）按用途分类

按用途分类，专家系统可分为：诊断型、解释型、预测型、决策型、控制型、设计型、规划型、调度型、监视型、教学型和修理型等。其中所谓的解释是对仪器仪表的检测数据进行分析、推测，并做出某种结论，例如通过对一个人的心电图波形数据进行分析，从而对该人的心脏生理病理情况作出某种结论；而所谓的规划是为完成某任务安排的一个行动序列，例如安排机器人做某事以较小的代价达到给定的目标行动计划等。

2）按知识表示和工作机理分类

可分为基于规则推理的专家系统、基于一阶谓词的专家系统、基于框架的专家系统以及基于语义网络的专家系统。当然，也存在相应的综合型专家系统。

3）按输出结果分类

① 分析型　其工作性质属于逻辑推理，其输出结果一般是个“结论”，如按用途分类中

的前四种就都是分析型的，它们都是通过一系列推理而完成任务的。

② 设计型　其工作性质属于某种操作，其输出结果一般是个“方案”，如按用途分类中的后四种就都是设计型的，它们都是通过一系列操作而完成任务的。

当然，也有分析型和设计型兼之的综合型专家系统，例如医疗诊断专家系统，诊断病症要分析、推理，开处方时要设计、操作。

4）按知识分类

知识可分为确定性知识和不确定性知识，所以专家系统又可以分为精确推理型和不精确推理型（如模糊专家系统）。

5）按技术分类

① 符号推理专家系统　它是把专家知识以某种逻辑网络（如由产生构成的显式或隐式的推理树、状态图、与或图，由框架构成的框架网络，还有语义网络等）存储，依据形式逻辑的推理规则，采用符号模式匹配的方法进行推理、搜索的专家系统。

② 神经网络专家系统　它是把专家知识以神经网络形式存储，再基于神经网络，依据神经元特性函数，采用神经计算的方法实现推理搜索的专家系统。

6）按规模分类

① 大型协同式专家系统　它是由多学科、多领域的多名专家相互配合、通力协作的大型专家系统，它一般是由多个子系统构成的一个综合集成系统，它所解决的是大型的、复杂的综合型问题，如工程、社会、经济、生态、军事等方面的问题。

② 微专家系统　它是可固化在一个芯片上的超小型专家系统，一般用于仪器、仪表、设备或装置上，完成控制、监测等功能。

7）按结构分类

可分为集中式和分布式，单机型和网络型（即网上专家系统）。

2.3.2　专家系统的结构

专家系统的结构是指专家系统各组成部分的构成方法和组织形式。从专家系统的定义可知，专家系统的主要组成部分是知识库和推理机，如图 2－10 专家系统的简化结构图所示。由于每种专家系统所需完成的任务和特点并不相同，其系统结构也可能有所不同，但一般地，一个完整的专家系统应包括人机接口、推理机、知识库、数据库、知识获取机构和解释机构 6 个部分。各部分之间的关系如图 2－11 所示。

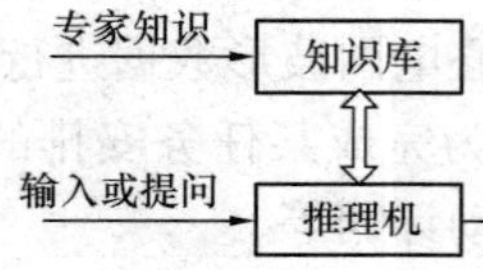

图 2－10　专家系统的简化结构

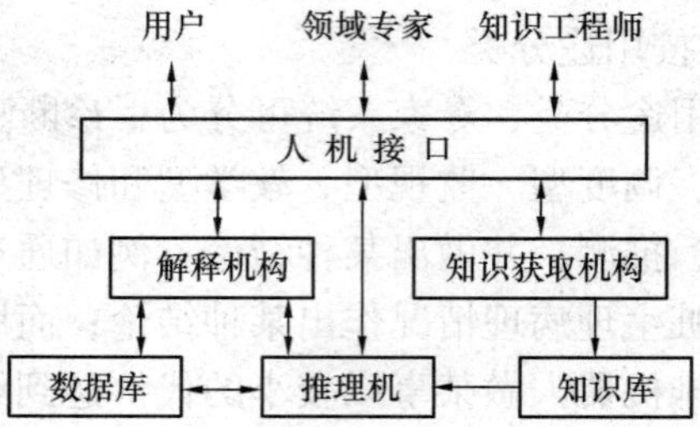

图 2－11　专家系统的一般结构

系统各个部分的作用如下：

接口是人与系统进行信息交流的媒介，是用户与专家系统进行交流的部分。一方面，接口识别与解释用户向系统提供命令、问题和数据等信息，并把这些信息转化为系统的内部表达形式；另一方面，接口也将系统向用户提出的问题、得出的结果和做出的解释以用户容易理解的形式提供给用户。

知识库用来存放领域专家所提供的专门知识。这些专门知识包括与领域相关的书本知识、常识性知识、专家在实践中所获得的经验知识以及同当前问题相关的数据信息。这些知识大多以规则、网络和过程表示。

推理机用于记忆所采用的规则和控制策略的程序，使整个专家系统能够以逻辑方式协调的工作。推理机能够利用知识进行推理和导出结论，而不是简单的搜索现成的答案。

数据库又称“黑板”，包括计划、议程和中间解三部分，是用来记录系统推理过程中用到的控制信息、中间假设和中间结果的数据库。计划记录了当前问题总的处理计划、目标和问题当前状态以及问题背景。议程记录了一些待执行的动作，这些动作大多是黑板中已有结果和知识库中规则作用而得到的。

解释器的功能是向用户解释系统的行为，包括解释结论的正确性及系统输出其他候选解的原因。为完成这一功能通常需要利用黑板中记录的中间结果、中间假设以及知识库中的知识。

知识获取主要是把用于问题求解的专门知识从某些知识源中提炼出来，并转化为计算机内的表示方式存入知识库。潜在的知识源包括专家、书本、相关数据库、实例研究和个人经验等，一般来说，主要的知识源是领域专家，所以知识获取过程需要专家、知识工程师通过反复交互，共同合作完成，通常是由知识工程师从领域专家处抽取知识，并用适当的方法把知识表达出来。

由上可知，专家系统的工作过程是根据知识库中的知识和用户提供的事实进行推理，不断地由已知的前提推出未知的结论，即中间结果，并将中间结果放到数据库中，作为已知的新事实进行推理，从而把求解的问题由未知状态转换为已知状态。在专家系统运行过程中，会不断地通过人机接口与用户进行交互，向用户提问，并向用户做出解释。

2.3.3 基于规则推理的专家系统

基于规则推理的专家系统已有数十年的开发和应用历史，是专家系统中应用最广泛的一种模式，并已被证明是一种有效的技术。

（1）基于规则推理的专家系统的特点

1）优点

① 自然表达　对于很多问题，人类应用 if – then 类型语句自然地表达他们求解问题的知识。这种易于以规则形式捕获知识的优点使基于规则的方法对专家系统设计者来说很具有吸引力。

② 控制与知识分离　基于规则专家系统将知识库中包含的知识与推理机的控制相分离。这个特征不是基于规则专家系统独有的，是所有专家系统的标志。这样就允许分别改变专家系统的知识或者控制。

③ 知识模块性　规则是独立的知识块，它从 if 部分中已建立的事实逻辑中提取 then 部分中问题有关的事实。规则的独立性便于检查和纠错。

④ 易于扩展　专家系统知识与控制分离可以容易的添加专家系统的知识所能合理解释的规则。只要坚守所选软件的语法规定来确保规则间的逻辑关系，就可以在知识库的任何地方添加新规则。

⑤ 智能成比例增长　每一个规则可以是有价值的知识块，它能从已建立的证据中告诉专家系统一些有关问题的新信息。当规则数目大增时，专家系统的智能级别也相应增加。

⑥ 相关知识的使用　专家系统只使用和问题相关的规则。基于规则的专家系统可能具有提出大量问题议题的问题规则。但专家系统能在已发现的信息基础上决定使用哪些规则来解决当前问题。

⑦ 从严格语法中获取解释　由于问题求解模型与工作存储器中的各种事实匹配的规则，故经常提供了决定如何将信息放入工作存储器的机会。因为通过使用依赖于其他事实的规则可能已经放置了信息，所以可以跟踪所用的规则来得出信息。

⑧ 一致性检查　规则的严格结构要求专家系统进行一致性检查，来确保相同的情况下不会做出不同的行为。许多专家系统利用规则的严格结构自动检查规则的一致性，并警告开发者可能存在的冲突。

⑨ 启发性知识的使用　人类专家的典型优点就是他们在使用"拇指法则"或启发信息方面特别熟练，可帮助他们高效地解决问题。这些启发信息是经验提炼的"窍门"，对他们来说这些启发信息比课堂上学到的基本原理更重要。可以编写一般情况的启发性规则，来得出结论或者高效的控制知识库搜索。

⑩ 不确定知识的使用　对许多问题而言，可用信息仅仅建立一些议题的信任级别，而不是完全正确的断言。规则易于写成要求不确定关系的形式。这种规则通过不确定因子的数字表达不确定性。在这种方式下专家系统可以建立规则结论的信任级别。

⑪ 以合用变量　规则可以使用变量改进专家系统的效率，这些可以限制为工作存储器中的许多实例，并且都通过规则测试。

2）缺点

① 必须精确匹配　基于规则专家系统要求将可用规则的前部与工作存储器中的事实进行精确匹配，即必须严格坚持一致的代码。计算机不能容忍语句语法的不同。

② 有不清楚的规则关系　规则可以放在知识库中的任何地方，规则的数目可能是很巨大的，所以要找到并跟踪相关的规则，并判断这些规则之间是怎样逻辑相关有些困难。

③ 运行慢　当推理机决定要用哪个规则时必须扫描整个规则集，如果规则数量大，处理时间会比较长。

④ 对有些问题不适用　当规则不能有效或自然地捕获领域知识的表示时，不适宜用基于规则的专家系统。

（2）基于规则的专家系统的工作模式

基于规则的专家系统是个计算机程序，该程序使用一套包含在知识库内的规则对工作存储器内的具体问题信息进行处理，通过推理机推断出新的信息。一个基于规则的专家系统采用知识库、工作存储器、推理机等核心模块来建立产生式系统的模型。其工作模式如图 2 - 12 所示。

由图可知，基于规则的专家系统的工作模式：根据知识库中的规则和存放在工作存储器中用户提供的事实，建立人的推理模型进行推理；把事实与规则的先决条件进行比较，确定被激活的规则；不断地由已知的前提推出中间结果，并将中间结果作为已知的新事实继续进行推理；在系统运行过程中，会不断地通过人机接口与用户进行交互，向用户提问，并向用户做出解释；最终把求解的问题由未知状态转换为已知状态。

基于规则的专家系统不需要问题求解的精确匹配，而能够通过计算机提供一个复制问题求解的合理模型。

（3）基于规则的专家系统的结构

一个基于规则的专家系统的完整结构如图 2－13 所示，包括知识库、工作存储器、推理机、解释器、用户界面、开发界面、外部程序等。各部分作用如下：

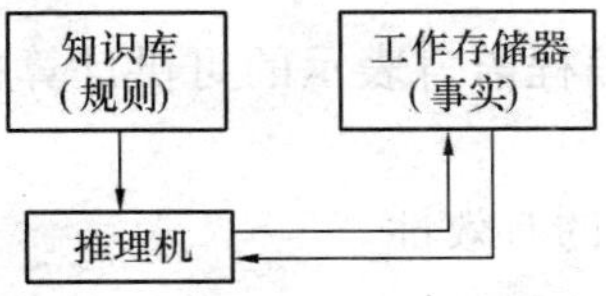

图 2－12　基于规则的工作模式

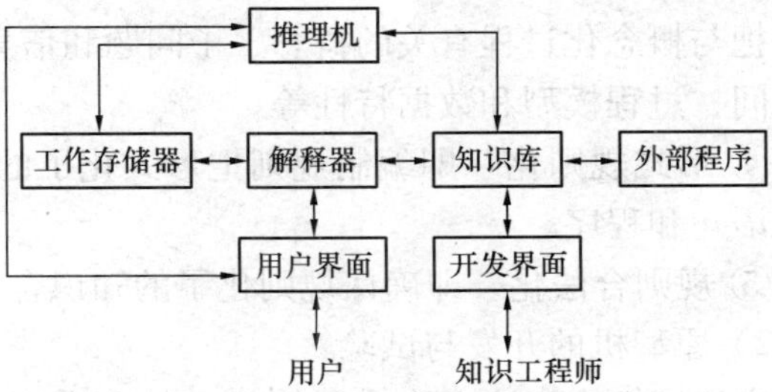

图 2－13　基于规则的专家系统的结构

① 知识库　以一套规则建立人的长期存储器模型。

② 工作存储器　建立人的短期存储器模型，存放问题事实和由规则激发而推断出的新事实。

③ 推理机　借助于把存放在工作存储器内问题事实和存放在知识库内的规则结合起来，建立人的推理模型，以推断出新的信息。推理机是产生式系统模型的推理模块，主要作用是把事实与规则的先决条件进行比较，看看哪条规则能够被激活。通过这些激活的规则，推理机把结论放进工作存储器，并进行处理，直到再没有其他规则的先决条件能与工作存储器内的事实相匹配为止。

④ 解释器　对系统的推理提供解释。它的性质取决于所选择的开发软件，大多数专家系统外壳只提供有限的解释能力。

⑤ 用户界面　用户通过该界面来观察系统，并与系统对话。

⑥ 开发界面　知识工程师通过该界面对专家系统进行开发。

⑦ 外部程序　如数据库、扩展盘和算法等，对专家系统的工作起支持作用。所有专家系统的开发软件，包括外壳和库语言都将为系统的用户和开发者提供不同的界面。用户可能使用简单的逐字逐句的指示或交互图示。在系统开发过程中，开发者可以采用原码方法或被引导至编辑器。

（4）基于规则推理的专家系统开发设计

专家系统的开发一般是从简单任务到复杂任务逐步的改善系统知识组织和表示的过程。成功建立系统的关键在于从一个比较小的系统开始，逐步扩充为一个具有相当规模和日趋完善的试验系统。建立系统的一般步骤如图 2－14 所示。

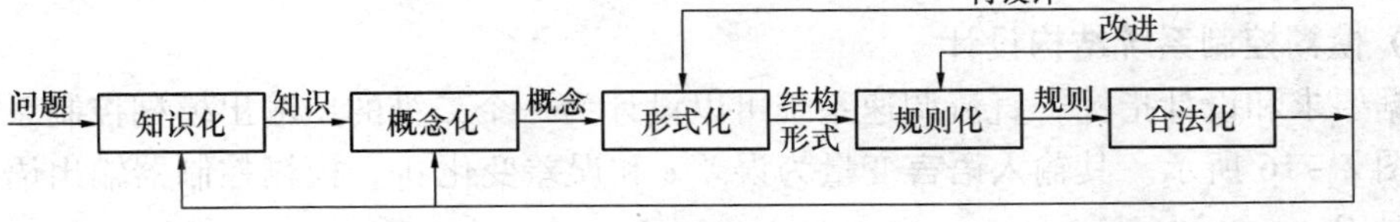

图 2－14　专家系统的开发步骤

1）建立初始知识库

知识库的建立是专家系统最重要和最艰巨的任务，其设计包括：

① 问题知识化　即辨别所研究问题的实质，如解决的任务是什么；是如何定义的；能否将它分解为子问题或子任务；及其他包含哪些典型数据等。

② 知识概念化　即概括知识表示所需要的关键概念及其关系，如数据类型、已知条件和目标、提出的假设和控制策略等。

③ 概念形式化　即确定用来组织知识的数据结构形式，应用人工智能中各种知识表示方法把与概念化过程有关的概念、子问题和信息流特性等变换为比较正式的表达，它包括假设空间、过程模型和数据特性等。

④ 形式规则化　即编制规则把形式化了的知识变换为由编程语言表示的可供计算机执行的语句和程序。

⑤ 规则合法化　即确认规则化了的知识合理性，检验规则的有效性。

2）原型机的开发与试验

在选定知识表达方法后开始建立整个系统所需要的实验子集，包括整个系统的典型知识，而且只涉及与试验有关的足够简单的任务和推理过程。

3）知识库改进与归纳

反复对知识库及推理规则进行改进试验，归纳出更完善的结果，经过长时间的努力，使系统在一定范围内达到人类专家的水平。

2.4 应用实例

2.4.1 电气传动系统：直流调速系统的模糊控制器设计

利用模糊控制理论，设计一个模糊控制器对晶闸管单闭环直流调速系统进行控制。晶闸管单闭环直流调速系统组成如图 2－15 所示，晶闸管变流器是一个滞后环节，直流电动机是一个二阶系统，其合成传递函数为：$\dfrac{e^{-0.25s}}{0.00037s^2+0.045s+1}$，要求所设计的模糊控制器转速误差不超过 ±2r/s。

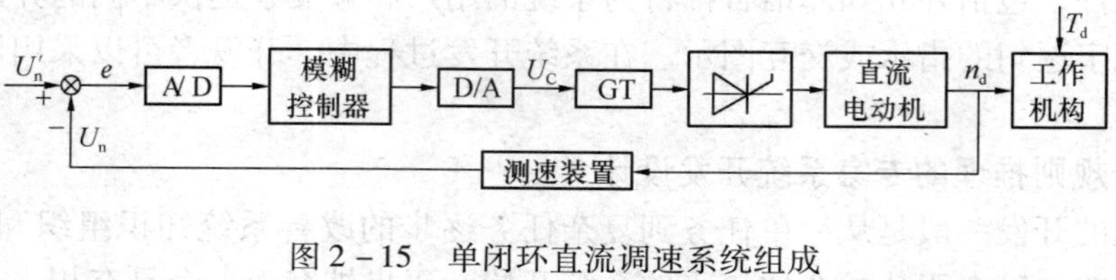

图 2－15　单闭环直流调速系统组成

设计过程：首先确定模糊控制系统结构，然后进行模糊化计算，确定模糊控制规则，最后再进行精确化计算。

(1) 模糊控制系统结构设计

根据要求和设计指标，直流调速系统可以设计为一个二维的单输出模糊控制系统，系统结构如图 2－16 所示。其输入语言变量为误差 e 和误差变化 de，模糊控制器输出语言变量为控制增量 Du。

(2) 模糊化设计

对于控制系统的三个输入输出语言变量，在各自论域内确定其语言值个数和各语言值的隶属度函数。

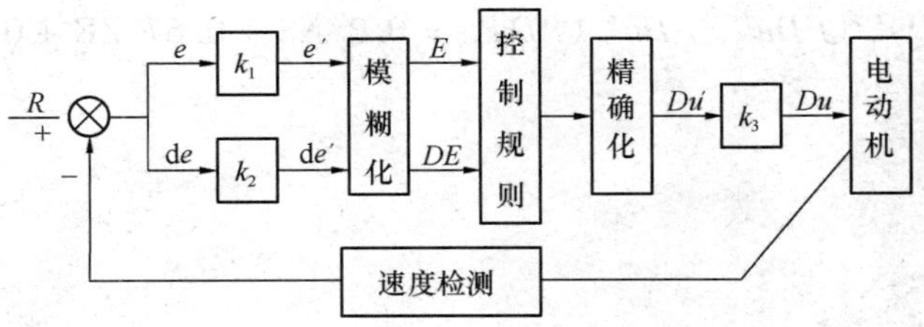

图 2－16　直流传动速度控制系统的模糊控制结构图

对于本例，一是因为系统控制精度要求不高，二是为突出重点，对于 2 个输入语言变量 e 和 de 分别取两个语言值(负变量 NZ)和(正变量 PZ)，而对于输出语言变量 Du 采用三个语言值(正增量 PS)、(零增量 ZE)和(负增量 NS)，三个变量的隶属度函数如图 2－17 所示。

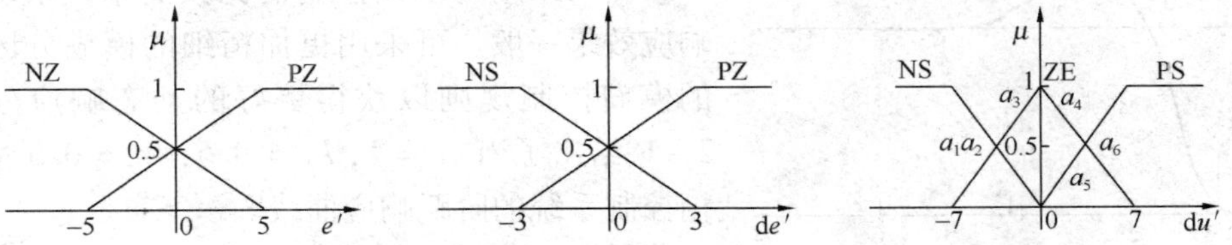

图 2－17　变量 e′、de′、Du′的隶属度函数图

(3) 控制规则设计

根据控制系统变化规律和控制经验，总结和归纳出控制系统的控制规则。控制规则的多少与被控系统精度、输入输出变量数目和相应的语言值数目有关，本系统控制规则共有四条：

规则 1　如果误差 e' 是 NZ，且误差变化 de′ 是 NZ，则控制 Du' 为 ZE；

规则 2　如果误差 e' 是 NZ，且误差变化 de′ 是 PZ，则控制 Du' 为 NS；

规则 3　如果误差 e' 是 PZ，且误差变化 de′ 是 NZ，则控制 Du' 为 PS；

规则 4　如果误差 e' 是 PZ，且误差变化 de′ 是 PZ，则控制 Du' 为 ZE；

(4) 精确化计算

由模糊控制器推理得出的模糊控制增量是一个模糊子集，它无法对精确的模拟或数字系统进行控制。必须要进行精确化计算，得出一个最佳确定值作为控制系统的控制输出。本例采用重心法进行精确化计算，把相应的值代入下式计算即可。

精确化计算公式：$Du' = \dfrac{\sum_{i=1}^{k} a_i Du_i}{\sum_{i=1}^{k} a_i}$

以某一时刻 $e' = 3$，$de' = 1$ 为例来分析模糊控制系统的设计过程。

模糊化过程

$\mu_{NZ}(3) = 0.2 \quad \mu_{PZ}(3) = 0.8 \quad \mu_{NZ}(1) = 0.33 \quad \mu_{PZ}(3) = 0.67$

模糊推理过程

第 1 条　$Du'_1 = (\mu_{NZ}(3) \wedge \mu_{NZ}(1))/ZE = 0.2/ZE$；

第 2 条　$Du'_2 = (\mu_{NZ}(3) \wedge \mu_{PZ}(1))/NS = 0.2/NS$；

第 3 条　$Du'_3 = (\mu_{PZ}(3) \wedge \mu_{NZ}(1))/PS = 0.33/PS$；

第 4 条　$Du'_4 = (\mu_{PZ}(3) \wedge \mu_{PZ}(1))/ZE = 0.67/ZE$；

输出的控制增量为四条规则推理结果的合成

$$Du' = Du'_1 \cup Du'_2 \cup Du'_3 \cup Du'_4 = 0.2/NS + 0.67/ZE + 0.33/PS$$

精确化计算

$$Du' = \frac{\sum_{i=1}^{k} a_i Du_i}{\sum_{i=1}^{k} a_i}$$

$$= \frac{0.2 \times (-7) + 0.2 \times (-5.6) + 0.67 \times (-2.31) + 0.67 \times 2.31 + 0.33 \times 4.69 + 0.33 \times 7}{0.2 + 0.2 + 0.67 + 0.67 + 0.33 + 0.33}$$

$$= 0.56$$

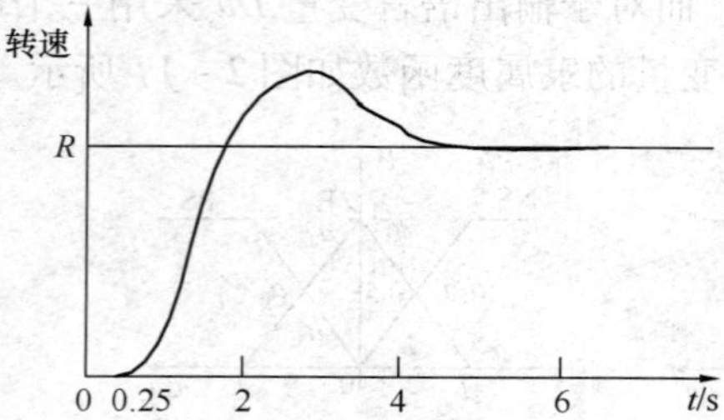

图 2－18　直流传动速度模糊控制系统运行曲线

(5) 控制系统的运行结果

由于采用的模糊控制器比较简单，系统的动态响应效果一般。可采用更加精细的模糊分区和更多的模糊控制规则以获得更好的动态响应效果。图 2－18给出了当 $k_1 = 1$，$k_2 = 0.5$，$k_3 = 0.5$ 情况下模糊控制系统的阶跃响应曲线。

2.4.2　DCS 故障诊断专家系统

在化工行业，很多重要的生产装置都采用集散控制系统(DCS)进行自动化控制。化工过程的连续性操作特点要求操作人员对系统出现的异常情况能够迅速做出正确的处理，否则，可能导致重大事故发生。采用 DCS 故障诊断专家系统作为故障诊断设施部分代替操作人员，正是改善 DCS 维护水平，提高生产装置开工率的有效措施。虽然专家系统近几年才应用于过程故障诊断领域，但目前已成为故障诊断中最有效的方法之一。

本实例是某石化厂的一套 DCS 故障诊断专家系统，应用于该厂 TDC3000、GUS 和 I/A 三套集散控制系统的故障诊断，主要是用于离线故障诊断和对维护人员培训。

(1) 开发工具与运行环境的选择

1) 软、硬件环境的选取

① 选用 VB 开发中文的知识输入界面、知识库系统维护界面以及知识库系统。

② 选用 Access 数据库系统来构造专家系统的知识库系统。

③ 可用 IBM－PC286 以上的微机及其兼容机。

2) 专家系统开发工具的选取

选取经过市场检验的专家系统开发工具，可以缩短开发周期，提高系统可靠性，而且这些开发工具中一般包括了推理机功能。本例决定采用专家系统工具 Eclipse。

Eclipse 是一种基于规则的专家系统工具，属于产生式语言；它提供了正向推理和逆向推理两种最基本的推理方法。在故障诊断时，主要采用正向推理方式；Eclipse 使用面向对象的编程语言 C＋＋编写，改善了程序的可维护性和可靠性；它还可在 WINDOWS 下使用，虽然它也不支持中文，但是利用编程技术，可以使用 Visual Basic 语言构造一个中文界面，使之为中国用户所用。

(2) 系统基本结构

专家系统的基本结构如图 2－19 所示。

1）智能用户界面

① 友好的用户界面，使用户及时了解系统的运行情况，在方便、直观和汉化的环境中使用该系统。

② 方便领域专家对知识库的查询、添加、删除和修改，从而不断完善知识库。

2）知识获取和管理

① 从用户界面获取专家提供的知识并以一定的方式进行表述，然后写入知识库。

② 提供一系列的知识库管理功能，包括知识的存储、排序、查询、添加和修改等。

3）推理机（Eclipse 提供）

根据数据库中的事实（数据）对规则库进行搜索、匹配，并激活相应的规则，产生新的事实，然后重复上述过程，直到不再有匹配的规则，得到最后的推理结果。

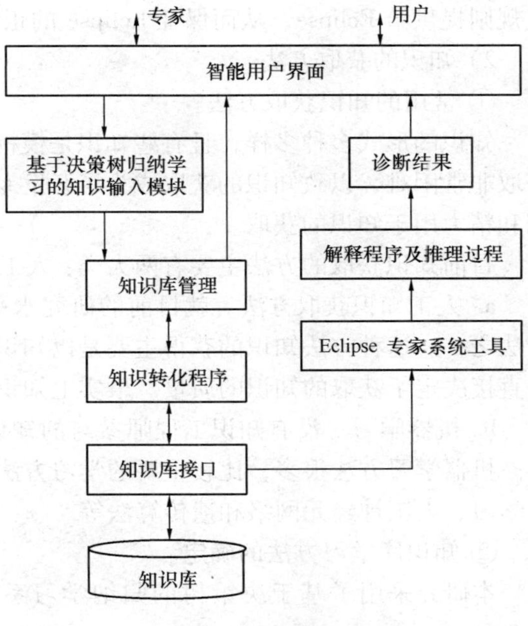

图 2－19　DCS 故障诊断专家系统结构框图

4）解释程序

① 根据一定的控制规则或是接受操作员的指令，对系统的运算进程进行管理和调度。

② 对推理机产生的最后推理结果进行分析、解释，并通过人机接口向操作员发出提示。

5）知识转化程序

以决策树来表示的知识和以规则的形式来表达的知识能相互转换，易于用户理解和确保 Eclipse 能够正常工作。

6）知识库接口

用户只需要通过这一模块修改其规则库文件的内容即可方便地进行系统移植。

（3）知识获取系统的设计

1）知识描述方法

知识表示方法是多种多样的。

① 一阶谓词表示　可表示 DCS 中存在着的事实性知识，例如：煤气管道点火前必须使用氮气吹扫 5min 以上；冷却水温度必须小于 60℃等。

② 框架表示　类似于框架形式的知识也比较普遍，因为无论是回路调节，还是联锁控制都存在多个条件要求。

③ 产生式规则　这是目前专家系统使用最广泛的知识表示方法。它有着以下的优点：自然、模块化、一致。例如规则：if 第 k 点温度测量值与其他温度值不处于同一分布，then 第 k 点温度传感器故障。

当然还有其他许多知识表示方法。考虑到化工领域通常是由专家运用经验知识来完成知识的获取。这类过程显然比较适合用基于产生式规则的专家系统进行故障诊断工作。而且 Eclipse 是基于规则的专家系统工具，所以对于知识的描述必须采用规则的形式。而日常生活中，维护人员通常习惯使用流程图形式，这与决策树表示方法最接近。故此，DCS 故障诊断专家系统采用决策树表示方法和产生式规则表示方法相结合来构造所开发的专家系统。即使用决策树表达形式进行知识输入；同时，编制一套知识转换程序自动将知识转换成产生式规则提供给 Eclipse，从而保证 Eclipse 的正常运行。

2）知识的获取方法

① 常用的知识获取方法。

知识的形式多种多样，且有些知识是模糊的。这使得知识的获取非常困难，以致知识的获取非常困难，以致知识的获取成为了开发专家系统的瓶颈，开发者往往需要花费大量的时间和精力用于知识的获取。

目前知识获取的方法主要有两大类：人工知识获取和自动化知识获取(机器学习)。

a. 人工知识获取方法　就目前的研究水平而言，仍然是成功的传统专家系统所采用的方法之一。这种方法知识的获得主要是以知识工程师和专家交谈为主，因此知识工程师的水平直接决定了获取的知识的质量。事实上知识工程师很难全面获得专家本人的决策规则。

b. 机器学习　没有知识工程师参与的知识获取方法就是自动知识获取，又称为机器学习。机器学习方法很多，比较重要的学习方法有归纳学习、类比学习、示例学习、基于解释的学习、人工神经元网络和遗传算法等。

② 知识库学习方法的确定。

本研究采用了基于决策树的归纳学习系统。并根据故障诊断的特定情况做了适当的修改。

a. 决策树归纳学习方法　ID3 算法是决策树学习的核心算法，它是在所有可能的决策树空间中一种自顶向下、贪婪的搜索方法。ID3 算法通过对一个训练例集进行学习生成一棵决策树，训练例集中的每个例子都组织成属性—属性值对的形式。ID3 核心策略是信息熵，即熵最小度量准则，就是在所有的属性熵中选择熵值 I_j 最小值对应的那一个属性进行样本分离。

对于任意一个训练集中的样本 e_i，它在第 j 个特征属性的概念或取值为 e_{ij}，则对于 e_{ij} 的不确定性计算公式为

$$I(e_{ij}) = -\{P_N(e_{ij})\log_2[P_N(e_{ij})] + P_P(e_{ij})\log_2[P_P(e_{ij})]\} \tag{2-58}$$

第 j 维或第 j 个属性的总熵值的计算公式为

$$I_j = \sum_{AP_i} P(e_{ij}) I(e_{ij}) \tag{2-59}$$

b. 知识库学习的实现　在构造完决策树后，维修专家还必须将决策树输入到知识库系统中，这样才完成学习的整个过程。将决策树输入到知识库系统的过程就是嘱咐式学习。

3）知识库系统的设计与实现

① 知识库系统的设计。

a. 设计设备表　正确存贮 DCS 与具体设备之间的从属关系，避免混淆同型号 DCS。

b. 设计推理规则表　存储故障诊断知识。在设计过程中，将父节点作为主要的数据项，为了使系统有扩展的余地，设计时设定父节点最多可以有 5 个。这样可使知识输入界面不致太拥挤，也使程序的编制更为方便。如此，数据之间就能建立起演绎关系，例如：知道了父节点名和父节点数，就可以向上查找到它的所有的父节点，以此类推直至起始节点。如果这种查询从叶节点开始，那么就可以建立一棵完整的决策树。

c. 利用 VB6.0 开发一套知识输入应用程序(智能界面)。

② 知识库的实现。

知识库实现的主要步骤包括：输入知识库名、建立规则名表；输入规则体并对知识库系统中的知识进行检验，没有错误则可进行知识转换，否则生成错误报告文件；知识库的一致

性和完整性检查。

③ 智能界面。

通过智能界面，利用编制的知识转换程序将知识转换成知识库系统所需的知识形式，并进行知识维护、编辑。

4）知识库的维护

对于知识库的维护主要包括事实的维护和规则的维护两部分，一般进行以下检查。

① 一致性检查　从规则的形式来考虑知识库的验证，检查知识库是否存在冗余规则、冲突规则、循环规则、遗漏规则、死节点。

② 完备性检查　检查是否存在未使用的属性值、不合法的属性值、不可达结论。

在决策树中，可以利用节点属性来解释许多知识库的不一致性，比如：循环规则表现在数据库中的形式是某个节点的父节点同时也是该节点的子节点；死结点表现为父节点数为0的非起始节点。因此，系统设计时要求对以下内容进行检查以达到对系统的维护：节点名的惟一性；节点名、父节点名是否合乎规范；输入的父节点数与实际数是否相符；子节点数与实际数是否相同；父节点名是否存在；父节点是否同时又是该节点的子节点；节点名与父节点名、父节点名与父节点名之间是否同名。

以上检查完成后，没有发现错误，则可对知识进行从决策树形式向规则形式的自动转换。

专家系统中知识库在使用过程中会不断增大，知识库中各知识单元的相互影响和相互关系变得越来越复杂。因此，专家系统中知识的获取和知识库的维护非常重要。

（4）系统人机界面

根据DCS故障诊断专家系统的实际应用，设计了整个系统的友好用户界面。从功能上看，DCS故障诊断专家系统可分为两部分，即专家系统部分和DCS维护管理部分。

专家系统部分包括专家系统和知识库管理两个功能模块。前者设计了一个故障查询菜单以提供故障速查功能。在DCS故障诊断的实际过程中，DCS的某些故障极为简单，系统自身的自诊断系统能够识别这些故障并提供一个故障代码，根据故障代码查阅相应的资料就可以得到处理方法，无需进行推理。因此，通过检索错误代码表的方式进行速查，也是DCS故障诊断专家系统的一种辅助手段，在DCS维护中有着很高的实用价值。后者则很好地完成了知识库管理的功能，包括知识的检验、转化、添加和删除等。

DCS维护管理部分包括数据点查询、复杂控制回路说明、维护记录、备品备件、技术文档、系统及应用软件、数据维护等7个菜单项。

（5）总结

DCS故障诊断专家系统是DCS维护的有效支持工具，可以解决目前故障处理的盲目性和单纯依靠专业技术人员经验的薄弱局面，也是作为DCS高水平运作必须配置的系统。DCS故障诊断专家系统具有以下优点。

① 适用范围广　DCS故障诊断专家系统可以支持多种主流DCS，包括TDC3000，TPS和I/A等。事实上，只要建立了相应的知识库，它可以支持各类控制设备的故障诊断与维护管理。

② 实用性强　DCS故障诊断专家系统针对DCS维护的需求而开发，采用了推理与速查两种故障诊断方式，比较符合维护人员的习惯。

③ 用户界面友好　DCS故障诊断专家系统采用Visual Basic开发用户界面，通过Agent机制调用推理机，并建立了汉化的知识库，从而使用户在方便、直观和汉化的环境中使用该系统。

④ 可用于维护人员的培训　利用DCS故障诊断专家系统可以模拟DCS故障诊断的推理过程，使维护人员能够迅速掌握DCS故障诊断的方法与步骤，有效地提高维护人员的技术水平。

习　题

1. 试阐述模糊集合的定义，模糊的表示方法有哪些？

2. 模糊集运算的基本定律有哪些，分别用哪些等式表述？

3. 试举出几种常用隶属度函数。

4. 绘出模糊控制器的基本结构图。

5. 简单阐述基于规则推理的专家系统的工作模式。

6. 工程实际应用基于规则推理的专家系统一般要注意哪些问题。

参　考　文　献

[1] 王士同．人工智能教程[M]．北京：电子工业出版社，2006.

[2] 张化光，孟祥萍．智能控制基础理论及应用[M]．北京：机械工业出版社，2005.

[3] 刘金琨．智能控制[M]．北京：人民邮电出版社，2005.

[4] 王文杰，叶世伟．人工智能原理与应用[M]．北京：机械工业出版社，2004.

[5] 韩峻峰，李玉惠等．模糊控制技术[M]．重庆：重庆大学出版社，2003.

[6] 张国良，曾静，柯熙政，邓方林．模糊控制及其MATLAB应用[M]．西安：西安交通大学出版社，2002.

[7] 蔡自兴．智能控制 [M]．北京：电子工业出版社，2004.

[8] 蔡自兴．人工智能控制 [M]．北京：化学工业出版社，2005.

[9] 佟绍成，王涛，王艳平，唐涧涛．模糊控制系统的设计及稳定性分析[M]．北京：科学出版社，2004.

[10] 蔡自兴，徐光佑．人工智能及其应用[M]．北京：清华大学出版社，2003.

[11] 汤兵勇，路林吉，王文杰．模糊控制理论与应用技术[M]．北京：清华大学出版社，2002.

[12] 王立新．模糊系统与模糊控制[M]．北京：清华大学出版社，2003.

[13] 廉师友．人工智能技术导论[M]．西安：西安电子科技大学出版社，2000.

[14] 韦巍．智能控制技术[M]．北京：机械工业出版社，2005.

[15] 顾燕萍，俞金寿．DCS故障诊断专家系统的开发[J]．化工进展，2004，23(6)：664～667.

第3章 人工神经网络

【本章知识架构】

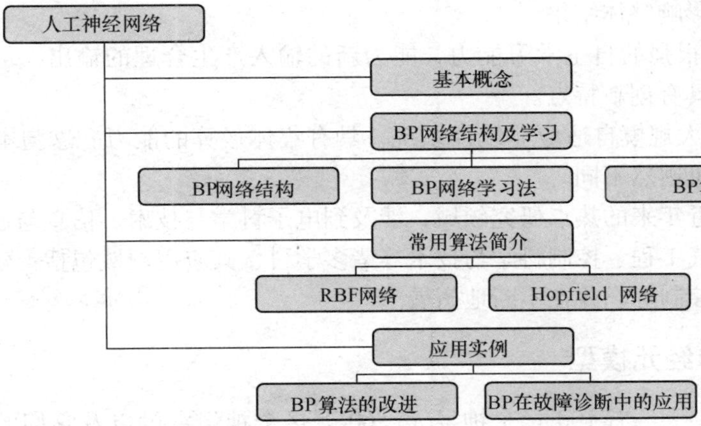

【本章教学目标与要求】

掌握人工神经网络的基本概念和模型

掌握 BP 人工神经网络结构及学习

了解常用人工神经网络

了解人工神经网络在石油化工行业中的应用

通常将通过符号推理、进行问题求解的智能称为符号智能，而以数据为基础、通过训练建立联系、进行问题求解的智能称为计算智能。人工神经网络是一种极其重要的计算智能。本章综述人工神经网络的基本概念，详细介绍 BP 网络结构及其学习算法，并扼要介绍其他常用人工神经网络，最后以两个实例介绍人工神经网络在石化行业中的应用。

3.1 人工神经网络的基本概念

3.1.1 人工神经网络简介

人工神经网络(artificial neural network, ANN)，亦称为神经网络(neural networks, NN)，是由于大量处理单元(神经元，neurons)广泛互联而成的网络，是对人脑的抽象、简化和模拟，反映人脑的基本特征。人工神经网络的研究是从人脑的生理结构出发来研究人的智能行为，模拟人脑信息处理的功能。它是根植于神经科学、数学、统计学、物理学、计算机科学及工程等学科的一种技术。

人工神经网络是由简单的处理单元所组成的大量并行分布的处理机，这种处理机具有存储和应用经验知识的自然特性，它与人脑的相似处概括为两个方面：一是通过学习过程，神经网络从外部环境中获取知识；二是内部神经元的连接权值用来存储获取的知识信息。

神经网络也经常被称为神经计算机(neural computer)，它与现代数字计算机的不同之处主要表现在以下几个方面：

① 神经网络的信息存储与处理(计算)是合二为一的，即信息的存储体现在神经元互连的连接权值上；传统计算机的存储与计算是独立的，因而在存储与计算之间存在着瓶颈。

② 神经网络以大规模模拟计算为主；数字计算机以串行离散符号处理为主。

③ 神经网络以大规模模拟计算机的鲁棒性和容错性，善于联想、概括、类比和推广，任何局部的损伤不会影响整体结果。

④ 神经网络具有很强的自主学习能力，能为新的输入产生合理的输出，可在学习过程之中不断完善自己，具有创新特点。

⑤ 神经网络是一大规模自适应非线性系统，具有集体运算的能力。这与本质上是线性系统的现代数字计算机迥然不同。

人工神经网络是近年来的热点研究领域，涉及到电子科学与技术、信息与通信工程、计算机科学与技术、电气工程、控制科学与技术等诸多学科，其应用领域包括：建模、时间序列分析、模式识别和控制等，并在不断地拓展。

3.1.2 生物神经元模型

在人类大脑皮层中大约有 100 亿个神经元，60 万亿个神经突触以及它们的联接体。单个神经元处理一个事件需要 10^{-3} s，而在硅芯片中处理一事件只需 10^{-9}s。但人脑是一个非常高效的结构，大脑中每秒钟每个动作的能量约为 10^{-16} J，而当今性能最好的计算机进行相应的操作需要 10^{-6} J。

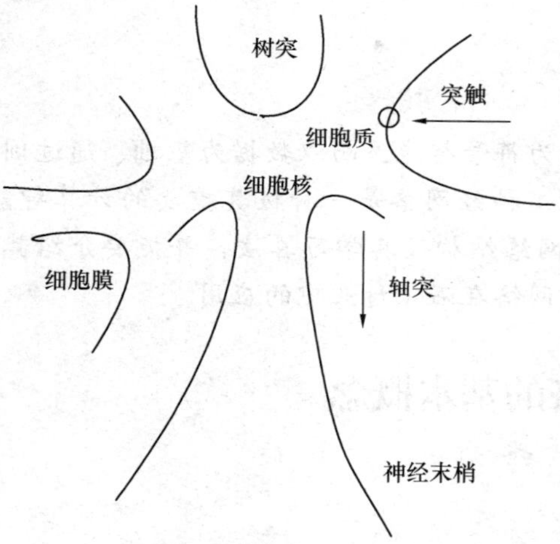

图 3－1　生物神经元模型

神经元是基本的信息处理单元。生物神经元主要由树突、轴突和突触组成，其结构示意图如图 3－1 所示。

树突是由细胞体向外伸出的，有不同规则的表面和许多短的分支。树突相当于信号的输入端，用于接受神经冲动。轴突由细胞体向外伸出的最长的一条分支，即神经纤维。相当于信号的输出电缆，其端部的许多神经末梢为信号输出端子，用于传出神经冲动。神经元之间通过轴突(输出)和树突(输入)相互联结，其接口称为突触。每个细胞约有 10^3 ~ 10^4 个突触。神经突触是调整神经元之间相互作用的基本结构和功能单元，最通常的一种神经突触是化学神经突触，它将得到的电信号转化成化学信号，再将化学信号转化成电信号输出。这相当于双接口设备。它能加强兴奋或抑制作用，但两者不能同时发生。细胞膜内外有电位差，约为 20 ~ 100mV，称为膜电位。膜外为正，膜内为负。

神经元作为信息处理的基本单元，具有以下重要的功能：

① 可塑性　反映在新突触的产生和现有神经突触的调整上，可塑性使神经网络能够适应周围的环境。

② 时空整合功能　时间整合功能表现在不同时间、同一突触上；空间整合功能表现在

同一时间、不同突触上。

③ 兴奋与抑制状态　当传入冲动的时空整合结果，使细胞膜电位升高，超过被称为动作电位的阀值(约为40mV)，细胞进入兴奋状态，产生神经冲动，由轴突输出；同样，当膜电位低于阀值时，无神经冲动输出，细胞进入抑制状态。

④ 脉冲与电位转换　沿神经纤维传递的电脉冲为等幅、编码(60~100mV)、恒宽的离散脉冲信号，而细胞电位变化为连续信号。在突触接口处进行“数/模”转换。神经元中的轴突非常长和窄，具有电阻高、电压大的特性，因此轴突可以建模成阻容传播电路。

⑤ 突触的延时和不应期　突触对神经冲动的传递具有延时和不应期的特点，在相邻的二次冲动之间需要一个时间间隔。在此期间对激励不响应，不能传递神经冲动。

⑥ 学习、遗忘和疲劳　突触的传递作用有学习、遗忘和疲劳过程。

3.1.3　人工神经网络的模型

人工神经网络是由于大量处理单元广泛互连而成的网络，是人脑的抽象、简化、模拟，反映人脑的基本特性。一般来说，作为神经元模型应具备三个要素：

① 具有一组突触或连接，常用w_{ij}表示神经元i和神经元j之间的连接强度，或称之为权值。与生物神经元不同，人工神经元权值的取值可在负值与正值之间。

② 具有反映生物神经元时空整合功能的输入信号累加器。

③ 具有一个激励函数用于限制神经元输出。激励函数将输出信号压缩(限制)在一个允许范围内，使其成为有限值。通常，神经元输出的扩充范围在[0, 1]或[-1, 1]闭区间。一个典型的人工神经元模型如图3-2所示。

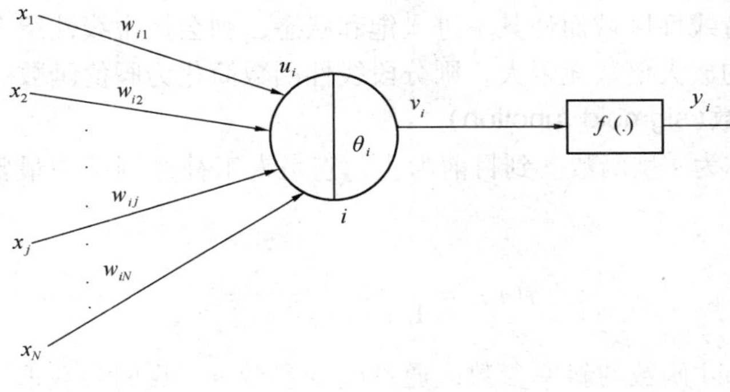

图3-2　人工神经元模型

图中$x_j(j=1,2,\cdots,N)$为神经元i的输入信号，w_{ij}为突触强度或连接权值。u_i是由输入信号线性组合后的输出，是神经元i的净输入。θ_i为神经元的阀值，v_i为经阈值调整后的值，也称为神经元的局部感应区。

$$u_i = \sum_j w_{ij}x_j \tag{3-1}$$

$$v_i = u_i + \theta_i \tag{3-2}$$

$f(.)$是激励函数，y_i是神经元i的输出。

$$y_i = f\left[\sum_j w_{ij}x_j + \theta_i\right] \tag{3-3}$$

激励函数$f(.)$可取不同的函数，但常用的基本激励函数有以下三种：

(1) 阈值函数(threshold function)

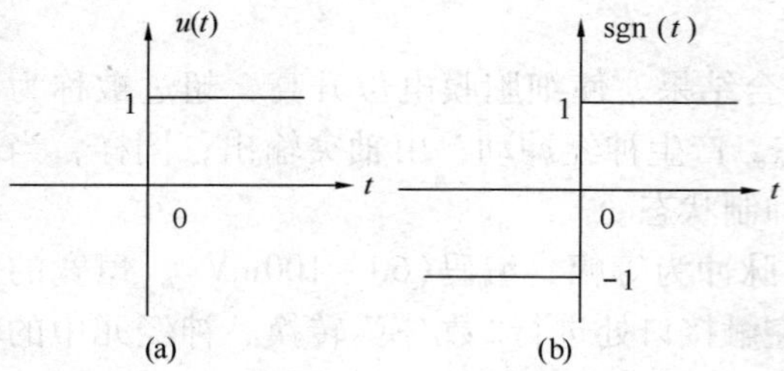

图 3-3　阈值函数

$$f(v) = \begin{cases} 1 & 若 v \geqslant 0 \\ 0 & 若 < 0 \end{cases} \tag{3-4}$$

该函数通常也称为阶跃函数，常用 $u(t)$ 表示，如图 3-3(a)所示。若激励函数采用阶跃函数，则图 3-2 所示的人工神经元模型即为 MP(McCulloch-Pitts)模型。此时神经元的输出取 1 或 0，反映了神经元的兴奋或抑制。

此外，符号函数 $\mathrm{sgn}(t)$ 也常常作为神经元的激励函数，如图 3-3(b)所示。

$$\mathrm{sgn}(v_i) = \begin{cases} 1 & 若 v_i \geqslant 0 \\ -1 & 若 v_i < 0 \end{cases} \tag{3-5}$$

(2) 分段线性函数(piecewise-linear function)

$$f(v) = \begin{cases} 1 & v \geqslant +1 \\ v & +1 > v > -1 \\ -1 & v \leqslant -1 \end{cases} \tag{3-6}$$

该函数在[-1，+1]线性区内的放大系数是一致的，如图 3-4 所示，这种形式的激励函数可看作是非线性放大器的近似，以下两种情况是分段线性函数的特殊形式：

① 若在执行保持线性区域而使其不进入饱和状态，则会产生线性组合器。

② 若线性区域的放大倍数无限大，则分段线性函数简化为阈值函数。

(3) sigmoid 函数(sigmoid function)

sigmoid 函数也称为 s 型函数。到目前为止，它是人工神经网络中最常用的激励函数。s 型函数的定义如下：

$$f(v) = \frac{1}{1 + \exp(-av)} \tag{3-7}$$

式中，a 为 sigmoid 函数的斜率参数，通过改变参数 a，我们会获取不同斜率的 sigmoid 函数，如图 3-5 所示。

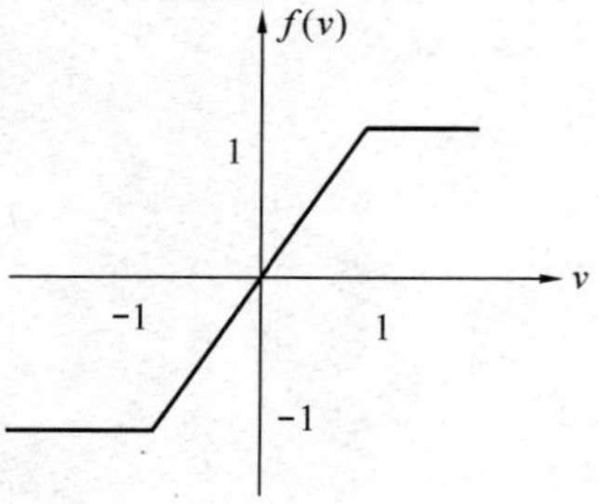

图 3-4　分段线性函数

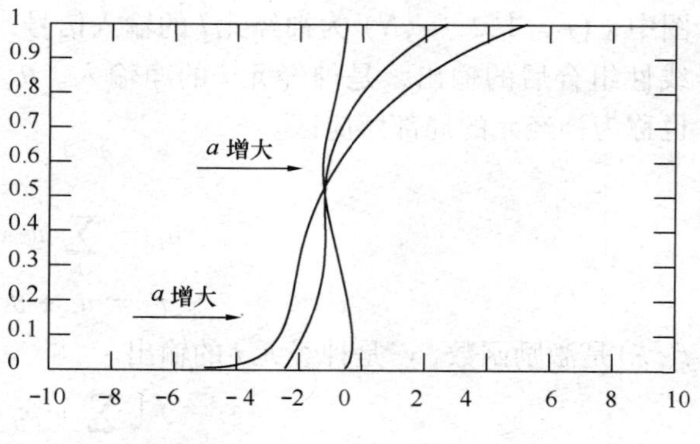

图 3-5　sigmoid 函数

当斜率参数接近无穷大时，此函数转化为简单的阈值函数，但 sigmoid 函数对应 0 到 1 一个连续区域，而阈值函数对应的只是 0 和 1 两点。此外，sigmoid 函数是可微的，而阈值函数是不可微的。

3.1.4　人工神经网络的分类

可以从不同的角度对人工神经网络进行分类，如：

① 从网络性能角度可分为连续型与离散型网络、确定性与随进性。

② 从网络结构角度可分为前向网络与反馈网络。

③ 从学习方式角度可分为有导师学习网络和无导师学习网络。

④ 按连接突触性质可分为一阶线性关联网络和高阶非线性关联网络。

本书将网络结构和学习算法相结合，对人工神经网络进行分类。

（1）单层前馈网络

所谓单层前馈网络是指拥有的计算节点（神经元）是"单层"的，如图 3－6 所示。这里的输入层不具有执行计算的功能。

（2）多层前馈网络

多层前馈网络与单层前馈网络的区别在于：多层前馈网络含有一个或更多的隐含层，如图 3－7 所示。

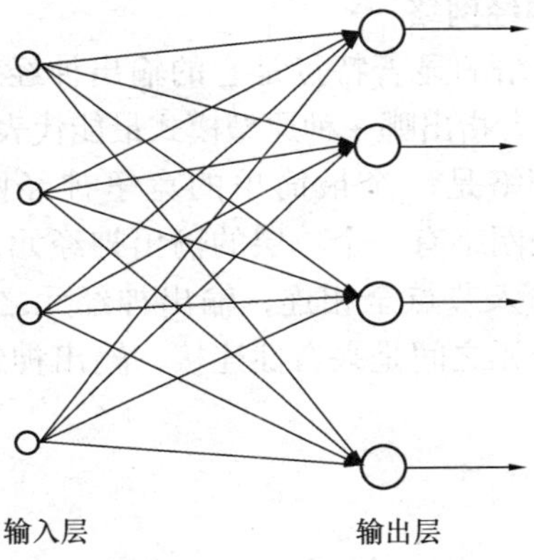

图 3－6　单层前馈网络

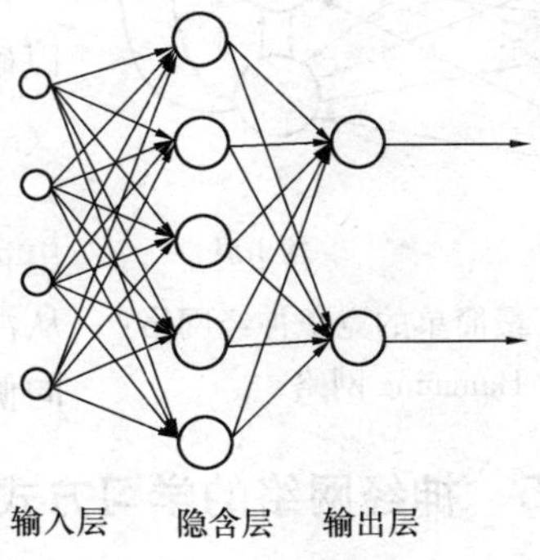

图 3－7　多层前馈网络

图 3－7 所示的多层前向网络的输入层含有四个神经元、隐含层含有五个神经元、输出层含有两个神经元。

网络输入层的输入神经元直接将输入信号传输到第二层的隐神经元，第二层的隐神经元的输出信号作为第三层的输出神经元的输入信号，其余层类似，即信号从输入层输入，经隐含层传给输出层，由输出层得到输出信号。

通过加入一个或更多的隐含层，可使网络提取出更高序的统计，尤其当输入层规模庞大时，隐神经元提取高序统计数据的能力显得格外重要。

（3）反馈网络

所谓反馈网络是指在网络中至少含有一个反馈回路的神经网络。反馈网络可以包含一个单层神经元，其中每个神经元将自身的输出信号反馈给其他所有神经元的输入，如图 3－8 所示。图中的网络结构中没有自反馈回路。自反馈是指一个神经元的输出反馈至其输入，含有自反馈的网络也属于反馈网路。

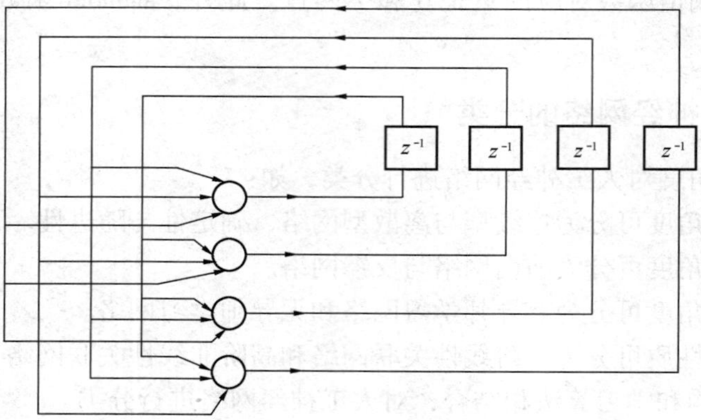

图 3－8　无自反馈和隐含层的反馈网络

(4) 随机神经网络

随机神经网络是对神经网络引入随机机制，认为神经元是按照概率的原理进行工作的，这就是说，每一个神经元的兴奋或抑制具有随机性，其概率取决于神经元的输入。

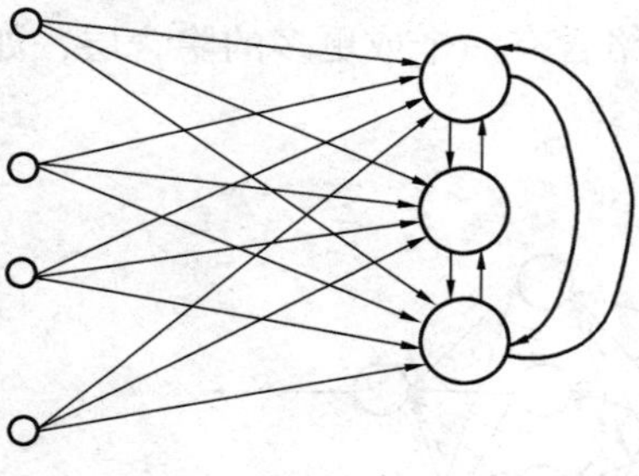

图 3－9　最简单的竞争神经网络：Hamming 网络

(5) 竞争神经网络

竞争神经网络的显著特点是它的输出神经元相互竞争以确定胜者，胜者指出哪一种原型模式最能代表输入模式。

Hamming 网络是一个最简单的竞争神经网络，如图 3－9所示。神经网络有一个单层的输出神经元，每一个输出神经元都与输入节点全相连，输出神经元之间全互联。从源节点到神经元之间是兴奋性连接，输出神经元之间横向侧抑制。

3.1.5　神经网络的学习方式

神经网络的学习也称为训练，指的是通过神经网络所在环境的刺激作用调整神经网络的自由参数(主要是神经元之间的连接权值)，使神经网络以一种新的方式对外部环境作出反应的一个过程。能够从环境中学习和在学习中提高自身性能是神经网络的最有意义的性质。神经网络经过反复学习对其环境更为了解。

学习算法是指针对学习问题的明确规则集合。学习类型是由参数变化发生的形式决定的，不同的学习算法对神经元的连接权值调整的表达式有所不同。没有一种独特的学习算法用于所有的神经网络。选择或设计学习算法时需要考虑神经网络的结构及神经网络与外界环境相连的形式。

学习方式可分为：有导师学习(learning with a teacher)和无导师学习(learning without a teacher)。

(1) 有导师学习

有导师学习又称为有监督学习(supervised learning)，在学习时需要给出导师信号。神经网络对外部环境是未知的，但可以将导师看作对外部环境的了解，由输入—输出样本集合来表示。导师信号代表了神经网络执行情况的最佳结果，即对于输入样本调整网络参数，使得网络输出逼近样本输出。

(2) 无导师学习

无导师学习包括强化学习(reinforcement learning)与无监督学习(unsupervised learning)或称为自组织学习(self-organized learning)。在强化学习中，对输入输出映射的学习是通过与外界环境的连续作用最小化性能的标量索引而完成的。在无监督学习或称为自组织学习中没有外部导师或评价来统观学习过程，而是提供一个关于网络学习表示方法质量的测量尺度，根据该尺度将网络的自由参数最优化。一旦网络与输入数据的统计规律性达成一致，就能够形成内部表示方法来为输入特征编码，并由此自动得出新的类别。

3.2 BP人工神经网络结构及学习

3.2.1 BP人工神经网络结构

BP(back propagation)人工神经网络(也称为反向传播网络，BP网络)，是一种最常用的前馈人工神经网络，其结构如图3-10所示。

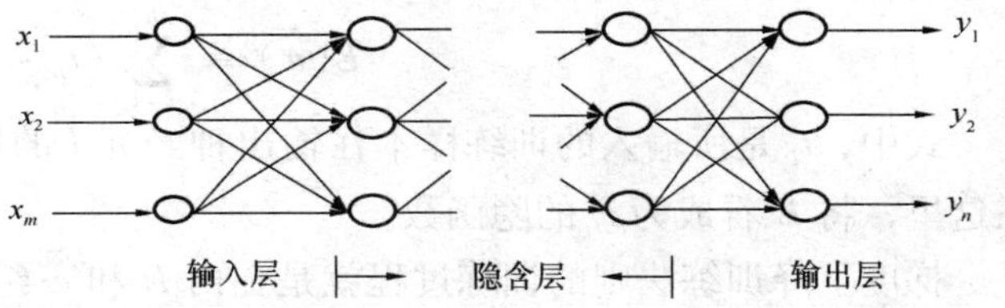

图3-10 BP网络

BP网络有一个输入层，一个输出层，一个或多个隐含层。每层上包含了若干节点，每个节点代表一个神经元；同一层上的节点之间无连接关系；前后相邻两层的节点之间采用前向的全连接。信息从输入层开始在各层之间单向传播，依次经过各隐含层节点，最后到达输出层节点。设BP网络接受的输入信号为m个，以向量x表示

$$x = (x_1, x_2, \cdots, x_m)^T \tag{3-8}$$

网络产生n个输出信号，以向量y表示

$$y = (y_1, y_2, \cdots, y_n)^T \tag{3-9}$$

则BP网络将对应有m个输入节点、n个输出节点。这样，BP网络可视为从m维输入空间到n维输出空间的非线性映射，即

$$f: R^m \to R^n, f(x) = y \tag{3-10}$$

3.2.2 BP人工神经网络学习法

(1) BP网络学习过程

BP网络的学习属于有导师的学习方式，其过程为误差反向传播过程，可描述为：

① 工作信号正向传播　输入信号从输入层经隐含层，传向输出层，在输出端产生输出信号，这是工作信号的正向传播。在信号的向前传递过程中网络的权值是固定不变的，每一层节点的状态只影响下一层节点的状态。如果在输出层得不到期望的输出，则误差信号反向传播。

② 误差信号反向传播　网络的实际输出与期望输出之间差值为误差信号，误差信号由输出端开始向前传播，这是误差信号的反向传播。在误差信号反向传播的过程中，网络的权

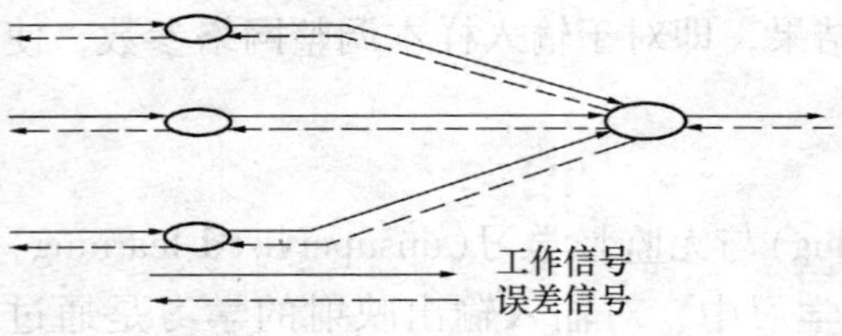

图 3-11 工作信号正向传播、误差信号反向传播示意图

值由误差反馈进行调节。通过权值的不断修正使网络的实际输出更接近期望输出。

图 3-11 为 BP 学习过程的示意图。图中有两种信号：一是用实线表示的工作信号，工作信号正向传播；二是虚线表示的误差信号，误差信号反向传播。

(2) BP 网络权值修正量学习公式的推导

BP 网络权值修正量学习公式的推导是建立在梯度下降法则和连锁法基础上的。

1）梯度下降训练法则

该法则的关键思想是使用梯度下降(gradient descent)来搜索网络的权值向量空间，以找到最佳拟合训练样本集的权向量 $\bar{w}$。为了推导 ANN 的权值学习法则，先指定一个度量标准来衡量权向量相对于训练样本集的训练误差(training error)。尽管目前有很多方法定义这个误差，一个常用的度量标准是输入训练样本，然后求取输出层每个输出单元的输出方差之和，即

$$E(\bar{w}) \equiv \sum_{l=1}^{n} (t_l - y_l)^2 \tag{3-11}$$

式中，t_l 是所输入的训练样本在输出神经元 l 的期望输出，y_l 是该神经元的实际输出。在这里，将 E 看成为 $\bar{w}$ 的隐函数。

梯度下降训练法则的训练过程就是在由 E 和 $\bar{w}$ 组成的训练误差曲面假设空间中采用梯度法搜索一个全局最优的 $\bar{w}$，使得 E 最小。为了确定全局最优的 $\bar{w}$，从一个任意的初始权向量开始，按照梯度下降搜索方式以很小的步伐反复修改这个向量，即每修改一步都沿误差曲面产生的最陡峭下降的方向修改权向量，反复这个过程直到得到全局的最小误差点。

如何才能计算出沿误差曲面产生的最陡峭下降的方向呢？可以通过计算 E 对向量 $\bar{w}$ 的导数来确定这个方向，具体可通过计算 $\bar{w}$ 的每个分量的偏导数来确定。E 对向量 $\bar{w}$ 的导数被称为 E 对向量 $\bar{w}$ 的梯度(gradient)，记作 $\nabla E(\bar{w})$，定义为

$$\nabla E(\bar{w}) \equiv \left[\frac{\partial E}{\partial w_0}, \frac{\partial E}{\partial w_1}, \ldots, \frac{\partial E}{\partial w_n}\right] \tag{3-12}$$

$\nabla E(\bar{w})$ 本身是个向量，它的每个成员是 E 对每个 w_i 的偏导数。当梯度被解释为权空间的一个向量时，它确定了使 E 最陡峭上升的方向。所以，这个向量的反方向给出了最陡峭下降的方向。

既然梯度确定了 E 最陡峭上升的方向，那么梯度下降训练法则就是

$$\bar{w} \leftarrow \bar{w} + \Delta\bar{w} \tag{3-13}$$

$$\Delta\bar{w} = -\eta \nabla E(\bar{w}) \tag{3-14}$$

这里 η 就是一个正的常数，称为学习速率，它决定梯度下降搜索的步长。这个训练法则也可以写成分量形式

$$w_i \leftarrow w_i + \Delta w_i \tag{3-15}$$

$$\Delta w_i = -\eta \frac{\partial E}{\partial w_i} \tag{3-16}$$

显然，最陡峭的下降可以按照比例 $\frac{\partial E}{\partial w_i}$ 改变 $\vec{w}$ 中的每一分量 w_i 来实现。

2)连锁法

设 y 为某些中间变量 z_i 的函数，而每个 z_i 又为变量 x 的函数，则 y 对 x 的导数为

$$\frac{\mathrm{d}y}{\mathrm{d}x} = \sum_i \frac{\partial y}{\partial z_i}\frac{\mathrm{d}z_i}{\mathrm{d}x} = \sum_i \frac{\mathrm{d}z_i}{\mathrm{d}x}\frac{\partial y}{\partial z_i} \tag{3-17}$$

上式称为连锁法。

下面以含有两个隐含层的 BP 网络为例，如图 3－12 为例，详细推导各权值修正量的学习公式。

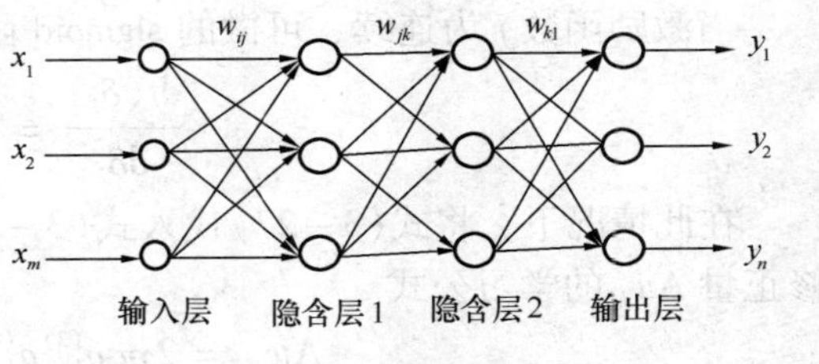

图 3－12　含有两个隐含层的 BP 网络

假设图中输入层、隐含层 1、隐含层 2 和输出层的节点数分别为 m, h_1, h_2 和 n；$w_{ij}(1 \leqslant i \leqslant m, 1 \leqslant j \leqslant h_1)$ 表示输入层的节点 i 与隐含层 1 的节点 j 的连接权值，$w_{jk}(1 \leqslant k \leqslant h_2)$ 表示隐含层 1 的节点 j 与隐含层 2 的节点 k 的连接权值，$w_{kl}(1 \leqslant l \leqslant n)$ 表示隐含层 2 的节点 k 与输出层的节点 l 的连接权值；$o_i^{(1)}$ 表示输入层的节点 i 的输出值，$o_j^{(2)}$ 表示隐含层 1 的节点 j 的输出值，$o_k^{(3)}$ 表示隐含层 2 的节点 k 的输出值，$o_l^{(4)}$ 表示输出层的节点 l 的输出值；节点的激励函数为 f。

① 隐含层 2 与输出层之间连接权值修正量 Δw_{kl} 的学习公式。

根据梯度下降训练法则的式(3－16)，隐含层 2 与输出层之间连接权值修正量 Δw_{kl} 的学习公式为

$$\Delta w_{kl} = -\eta \frac{\partial E}{\partial w_{kl}} \tag{3-18}$$

由于 w_{kl} 对 E 的作用是通过中间变量 $o_l^{(4)}$ 来实现的，应用连锁法，上式有

$$\Delta w_{kl} = -\eta \frac{\partial o_l^{(4)}}{\partial w_{kl}} \frac{\partial E}{\partial o_l^{(4)}} \tag{3-19}$$

先考虑 $\frac{\partial o_l^{(4)}}{\partial w_{kl}}$ 项。令中间变量

$$\delta_l = \sum_k^{h_2} o_k^{(3)} w_{kl} + \theta_l \tag{3-20}$$

则

$$o_l^{(4)} = f(\delta_l) \tag{3-21}$$

再次应用连锁法，有

$$\frac{\partial o_l^{(4)}}{\partial w_{kl}} = \frac{\mathrm{d}f(\delta_l)}{\mathrm{d}\delta_l} \frac{\partial \delta_l}{\partial w_{kl}} \tag{3-22}$$

由式 3－20，可得

$$\frac{\partial \delta_l}{\partial w_{kl}} = o_k^{(3)} \tag{3-23}$$

将上式代入是 3－22，进一步有

$$\frac{\partial o_l^{(4)}}{\partial w_{kl}} = o_k^{(3)} \frac{\mathrm{d}f(\delta_l)}{\mathrm{d}\delta_l} \tag{3-24}$$

接着考虑 $\frac{\partial E}{\partial o_l^{(4)}}$ 项。由式(3-11)有

$$\frac{\partial E}{\partial o_l^{(4)}} = 2(o_l^{(4)} - t_l) \tag{3-25}$$

将式(3-24)和式(3-25)分别代入式(3-19)，有

$$\Delta w_{kl} = 2\eta o_k^{(3)}(t_l - o_l^{(4)})\frac{\mathrm{d}f(\delta_l)}{\mathrm{d}\delta_l} \tag{3-26}$$

当激励函数 f 为连续、可微的 sigmoid 函数时，由式(3-7)和式(3-20)有

$$\frac{\mathrm{d}f(\delta_l)}{\mathrm{d}\delta_l} = ao_l^{(4)}(1 - o_l^{(4)}) \tag{3-27}$$

在此情况下，将式(3-27)代入式(3-26)，最终可得隐含层 2 与输出层之间连接权值修正量 Δw_{kl} 的学习公式

$$\Delta w_{kl} = 2\eta a o_k^{(3)} o_l^{(4)}(1 - o_l^{(4)})(t_l - o_l^{(4)}) \tag{3-28}$$

② 隐含层 1 与隐含层 2 之间连接权值修正量 Δw_{jk} 的学习公式。

同样根据梯度下降训练法则的式(3-16)，隐含层 1 与隐含层 2 之间连接权值修正量 Δw_{jk} 的学习公式为

$$\Delta w_{jk} = -\eta\frac{\partial E}{\partial w_{jk}} \tag{3-29}$$

由于 w_{jk} 对 E 的作用是通过中间变量 $o_k^{(3)}$ 来实现的，再次应用连锁法，上式有

$$\Delta w_{jk} = -\eta\frac{\partial o_k^{(3)}}{\partial w_{jk}}\frac{\partial E}{\partial o_k^{(3)}} \tag{3-30}$$

先考虑 $\frac{\partial o_k^{(3)}}{\partial w_{jk}}$ 项。令中间变量

$$\delta_k = \sum_j^{h_1} o_j^{(2)} w_{jk} + \theta_k \tag{3-31}$$

则

$$o_k^{(3)} = f(\delta_k) \tag{3-32}$$

再次应用连锁法，有

$$\frac{\partial o_k^{(3)}}{\partial w_{jk}} = \frac{\mathrm{d}f(\delta_k)}{\mathrm{d}\delta_k}\frac{\partial \delta_k}{\partial w_{jk}} \tag{3-33}$$

由式(3-31)，可得

$$\frac{\partial \delta_k}{\partial w_{jk}} = o_j^{(2)} \tag{3-34}$$

将式(3-34)代入式(3-33)，进一步有

$$\frac{\partial o_k^{(3)}}{\partial w_{jk}} = o_j^{(2)}\frac{\mathrm{d}f(\delta_k)}{\mathrm{d}\delta_k} \tag{3-35}$$

接着考虑 $\frac{\partial E}{\partial o_k^{(3)}}$ 项。由于 $o_k^{(3)}$ 对 E 的作用是通过输出层所有输出节点的输出值来实现的，再次应用连锁法，有

$$\frac{\partial E}{\partial o_k^{(3)}} = \sum_{l=1}^{n}\frac{\partial o_l^{(4)}}{\partial o_k^{(3)}}\frac{\partial E}{\partial o_l^{(4)}} \tag{3-36}$$

由式(3 - 20)和式(3 - 21)，再次应用连锁法，有

$$\frac{\partial o_l^{(4)}}{\partial o_k^{(3)}} = w_{kl} \frac{df(\delta_l)}{d\delta_l} \tag{3 - 37}$$

将式(3 - 37)代入式(3 - 36)，可得

$$\frac{\partial E}{\partial o_k^{(3)}} = \sum_{l=1}^{n} w_{kl} \frac{\mathrm{d}f(\delta_l)}{\mathrm{d}\delta_l} \frac{\partial E}{\partial o_l^{(4)}} \tag{3 - 38}$$

将式(3 - 25)代入式(3 - 38)，可得

$$\frac{\partial E}{\partial o_k^{(3)}} = 2\sum_{l=1}^{n} w_{kl}(o_l^{(4)} - t_l) \frac{\mathrm{d}f(\delta_l)}{\mathrm{d}\delta_l} \tag{3 - 39}$$

将式(3 - 35)和式(3 - 39)分别代入式(3 - 30)，可得

$$\Delta w_{jk} = -2\eta o_j^{(2)} \frac{\mathrm{d}f(\delta_k)}{\mathrm{d}\delta_k} \sum_{l=1}^{n} w_{kl}(o_l^{(4)} - t_l) \frac{\mathrm{d}f(\delta_l)}{\mathrm{d}\delta_l} \tag{3 - 40}$$

同样，当激励函数 f 为 sigmoid 函数时，由式(3 - 7)和式(3 - 31)，有

$$\frac{\mathrm{d}f(\delta_k)}{\mathrm{d}\delta_k} = a o_k^{(3)}(1 - o_k^{(3)}) \tag{3 - 41}$$

在此情况下，将式(3 - 41)和式(3 - 27)分别代入式(3 - 40)，最终可得隐含层 1 与隐含层 2 之间连接权值修正量 Δw_{jk} 的学习公式为

$$\Delta w_{jk} = 2\eta a^2 o_j^{(2)} o_k^{(3)}(1 - o_l^{(3)}) \sum_{l=1}^{n} w_{kl} o_l^{(4)}(1 - o_l^{(4)})(t_l - o_l^{(4)}) \tag{3 - 42}$$

③ 输入层与隐含层 1 之间连接权值修正量 Δw_{ij} 的学习公式。

同样根据梯度下降训练法则的式(3 - 16)，输入层与隐含层 1 之间连接权值修正量 Δw_{ij} 的学习公式为

$$\Delta w_{ij} = -\eta \frac{\partial E}{\partial w_{ij}} \tag{3 - 43}$$

由于 w_{ij} 对 E 的作用是通过中间变量 $o_j^{(2)}$ 来实现的，再次应用连锁法，上式有

$$\Delta w_{ij} = -\eta \frac{\partial o_j^{(2)}}{\partial w_{ij}} \frac{\partial E}{\partial o_j^{(2)}} \tag{3 - 44}$$

先考虑 $\dfrac{\partial o_j^{(2)}}{\partial w_{ij}}$ 项。令中间变量

$$\delta_j = \sum_{i}^{m} o_i^{(1)} w_{ij} + \theta_j \tag{3 - 45}$$

则

$$o_j^{(2)} = f(\delta_j) \tag{3 - 46}$$

再次应用连锁法，有

$$\frac{\partial o_j^{(2)}}{\partial w_{ij}} = \frac{\mathrm{d}f(\delta_j)}{\mathrm{d}\delta_j} \frac{\partial \delta_j}{\partial w_{ij}} \tag{3 - 47}$$

由式(3 - 45)，可得

$$\frac{\partial \delta_j}{\partial w_{ij}} = o_i^{(1)} \tag{3 - 48}$$

将上式代入式(3 - 47)，进一步有

$$\frac{\partial o_j^{(2)}}{\partial w_{ij}} = o_i^{(1)} \frac{\mathrm{d}f(\delta_j)}{\mathrm{d}\delta_j} \tag{3-49}$$

接着考虑 $\frac{\partial E}{\partial o_j^{(2)}}$ 项。由于 $o_j^{(2)}$ 对 E 的作用是通过隐含层 2 所有节点的输出值来实现的，再次应用连锁法，有

$$\frac{\partial E}{\partial o_j^{(2)}} = \sum_{k=1}^{h_2} \frac{\partial o_k^{(3)}}{\partial o_j^{(2)}} \frac{\partial E}{\partial o_k^{(3)}} \tag{3-50}$$

由式(3-31)和式(3-32)，再次应用连锁法，有

$$\frac{\partial o_k^{(3)}}{\partial o_j^{(2)}} = w_{jk} \frac{\mathrm{d}f(\delta_k)}{\mathrm{d}\delta_k} \tag{3-51}$$

将式(3-51)代入式(3-50)，可得

$$\frac{\partial E}{\partial o_j^{(2)}} = \sum_{k=1}^{h_2} w_{jk} \frac{\mathrm{d}f(\delta_k)}{\mathrm{d}\delta_k} \frac{\partial E}{\partial o_k^{(3)}} \tag{3-52}$$

将式(3-39)代入式(3-52)，可得

$$\frac{\partial E}{\partial o_j^{(2)}} = 2\sum_{k=1}^{h_2} w_{jk} \frac{\mathrm{d}f(\delta_k)}{\mathrm{d}\delta_k} \sum_{l=1}^{n} w_{kl}(o_l^{(4)} - t_l) \frac{\mathrm{d}f(\delta_l)}{\mathrm{d}\delta_l} \tag{3-53}$$

将式(3-49)和式(3-53)分别代入式(3-44)，可得

$$\Delta w_{ij} = 2\eta o_i^{(1)} \frac{\mathrm{d}f(\delta_j)}{\mathrm{d}\delta_j} \sum_{k=1}^{h_2} w_{jk} \frac{\mathrm{d}f(\delta_k)}{\mathrm{d}\delta_k} \sum_{l=1}^{n} w_{kl}(t_l - o_l^{(4)}) \frac{\mathrm{d}f(\delta_l)}{\mathrm{d}\delta_l} \tag{3-54}$$

同样，当激励函数 f 为 Sigmoid 函数时，由式(3-7)和式(3-46)，有

$$\frac{\mathrm{d}f(\delta_j)}{\mathrm{d}\delta_j} = a o_j^{(2)}(1 - o_j^{(2)}) \tag{3-55}$$

在此情况下，将式(3-55)、式(3-41)和式(3-27)分别代入式(3-54)，最终可得输入层与隐含层 1 之间连接权值修正量 Δw_{ij} 的学习公式为

$$\Delta w_{ij} = 2\eta a^3 o_i^{(1)} o_j^{(2)}(1 - o_j^{(2)}) \sum_{k=1}^{h_2} w_{jk} o_k^{(3)}(1 - o_k^{(3)}) \sum_{l=1}^{n} w_{kl} o_l^{(4)}(1 - o_l^{(4)})(t_l - o_l^{(4)}) \tag{3-56}$$

不失一般性，上面权值修正量学习公式的推导可推广到一般的 BP 网络。设激励函数 f 仍为 sigmoid 函数，并令 $\beta = \frac{\partial E}{\partial o}$，则任意权值修正量的学习公式为

$$\Delta w_{pq} = -\eta a o_p^{(P)} o_q^{(Q)}(1 - o_q^{(Q)})\beta_q \tag{3-57}$$

$$\begin{cases} \beta_q = a\sum_r w_{qr} o_r^{(R)}(1 - o_r^{(R)})\beta_r & \text{当 } Q \text{ 层是非输出层} \quad (3-58) \\ \beta_q = 2(o_r^{(R)} - t_r) & \text{当 } Q \text{ 层是输出层} \quad (3-59) \end{cases}$$

假设上面三个式子中 P，Q 和 R 是 BP 网络中相邻的三层，且信号由 P 层向前传递到 Q 层，然后由 Q 层向前传递到 R 层。

(3) BP 算法

BP 网络学习算法（简称为 BP 算法）就是根据上面所推导的权值修正量的学习公式，设计合理的算法，使得 NN 各权值在训练样本集的指导下，不断调整，最终使 E 满足要求。

相对于训练样本集，网络权值调整的基本方式有两种，即逐个处理和成批处理。所谓逐个处理，既随机依次输入样本，每输入一个样本都进行权值的调整；所谓成批处理，是在所

有样本输入后计算其总误差进行的。下面介绍逐个处理的 BP 算法过程。

1）设置 a 和 η，随机初始化各权值和阈值。

2）进行下列过程直至性能(E)满足要求为止：

① 输入一个训练样本，执行；

② 计算网络各节点输出值；

③ 按式(3-58)计算各输出层的 β 值；

④ 按式(3-57)计算网络其余节点的 β 值；

⑤ 按式(3-56)计算网络各权值的修正量；

⑥ 按式(3-15)调整网络各权值。

在实际应用中，BP 算法存在两个重要问题，即收敛速度慢和容易陷入局部极小点。因此，人们提出了不少改善 BP 算法性能的方法，详见 3.4 节。

3.3 常用人工神经网络简介

除了前一节介绍的 BP 网络外，常用的人工神经网络还有径向基函数(RBF)网络、Hopfield 网络等，本节对这两种网络作简要介绍，其他诸如自组织特征映射网络和递归神经网络的详细内容可参考文献[4，5]。

3.3.1 径向基函数(RBF)网络

径向基函数(radial basis function，RBF)网络结构如图 3-13 所示。从结构上看，它属于三层前馈网络，包括一个输入层、一个输出层和一个隐含层。输入层节点的作用是将输入数据 x_1，x_2，…，x_m 传递到隐含层的节点上。隐含层的节点称为 RBF 节点，由以高斯型传递函数为代表的辐射状函数神经元组成，而输出层节点的传递函数通常为简单的线性函数。

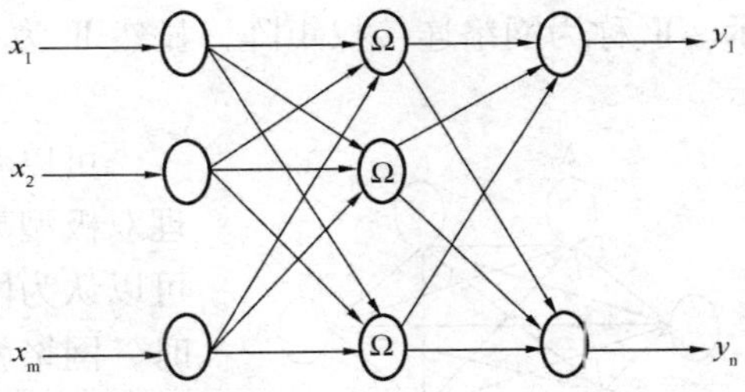

图 3-13 RBF 网络

隐含层节点的高斯核函数对输入数据将在局部产生响应，即当输入数据靠近高斯核函数的中心时，隐含层节点将产生较大的输出；反之，则产生较小的输出。高斯核函数的表达式为

$$u_j = \exp\left(-\frac{(x-C_j)^T(x-C_j)}{2\sigma_j^2}\right) \tag{3-60}$$

式中，$j=1,2,\cdots,h$；$x=(x_1,x_2,\cdots,x_m)^T$ 是 RBF 网络的输入数据向量；u_j 是第 j 个隐含节点的输出，且 $u_j\in[0,1]$；C_j 是高斯核函数的中心值；h 为隐含层 RBF 节点数；σ_j 为标准化常数。

RBF 网络的输出是隐含层节点输出的线性组合，即

$$y_i = \sum_{j=1}^{h} w_{ij}u_j - \theta_i = W_i^T U \tag{3-61}$$

$$W_i = (w_{i1},w_{i2},\cdots,w_{ih},-\theta_i)^T \tag{3-62}$$

$$U = (u_1,u_2,\cdots,u_h,1)^T \tag{3-63}$$

式中，$i=1,2,\cdots,n$。

RBF 网络的学习过程分为两个阶段。首先根据所有输入样本决定隐含层各节点的高斯核函数的中心值 C_j 和标准化常数 σ_j；当决定了隐含层的参数后，再根据样本，利用最小二乘法原则，求出输出层的权值向量 W_i。

RBF 网络和 BP 网络一样可近似任意的连续非线性函数，两者的区别在于 BP 网络中的隐含层节点使用的是 sigmoid 函数，它在输入空间无限大的范围内取非零值，而 RBF 网络中的隐含层节点使用的是高斯核型函数，其取值范围具有局部性的特征。

RBF 网络的其他内容可参考文献[4，5]。

3.3.2 Hopfield 网络

Hopfield 网络是典型的反馈型人工神经网络，分为连续型和离散型两种。本书介绍离散型的 Hopfield 网络。

Hopfield 网络的基本结构如下：$N_1,N_2,\cdots,N_n$ 表示网络的 n 个神经元，其转移特性函数为 $f_1(x),f_2(x),\cdots,f_n(x)$，阈值为 $\theta_1,\theta_2,\cdots,\theta_n$。对于离散型 Hopfield 网络，各节点一般选相同的转移特性函数，且为符号函数，即

$$f_1(x) = f_2(x) = \cdots = f_n(x) = \text{sign}(x) \tag{3-64}$$

为分析方便，选各节点门限值相等，且等于0，即有 $\theta_1 = \theta_2 = \cdots = \theta_n = 0$。同时，$x = (x_1,x_2,\cdots,x_n)^T, x \in \{-1, +1\}^n$ 为网络的输入；$y = (y_1,y_2,\cdots,y_n)^T, y \in \{-1, +1\}^n$ 为网络的输出；$v(t) = (v_1(t),v_2(t),\cdots,v_n(t))^T, v(t) \in \{-1, +1\}^n$ 为网络在时刻 t 的状态，其中 $t \in \{0,1,2,\cdots\}$ 为离散时间变量；W_{ij} 为从 N_i 到 N_j 的连接权值。Hopfield 网络是对称的，即有 $W_{ij} = W_{ji}$，其中 $i,j \in \{1,2,\cdots,n\}$，整个网络所有 n 个节点之间的连接强度用矩阵 W 来表示。W 称为网络连接权矩阵，显然 W 为 $n \times n$ 矩阵。Hopfield 网络模型可由图 3 - 14 简单表示。

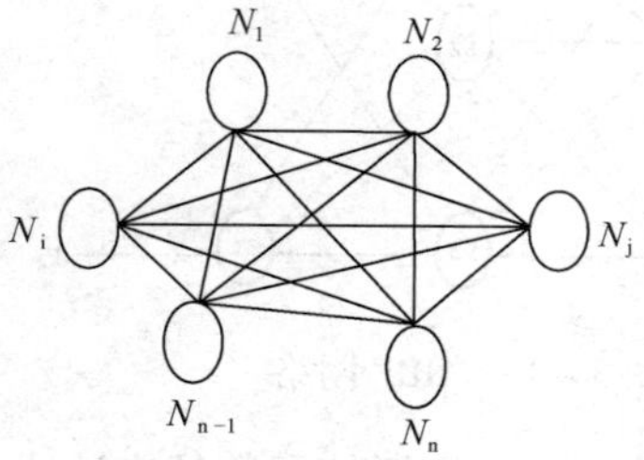

图 3 - 14　Hopfield 网络

可以看出，Hopfield 网络为一层结构的反馈网络，能处理双极型离散数据和二进制数据。当网络经过适当训练后，可以认为网络处于等待工作状态。而当网络给定初始输入 x 时，网络就处于特定的初始状态，由图 3 - 14 可以看出，网络为一层结构的反馈网络，能处理双极型离散数据(即输入 -1，+1)，以及二进制数据(0，1)。当网络经过适当训练后，可以认为网络处于等待工作状态。而对网络给定初始输入时，网络就处于特定的初始状态。由此初始状态开始运行，可得到网络输出(即网络的下一状态)。然后这个输出状态通过反馈连接会送到网络的输入端，作为网络下一阶段运行的输入信号，而该输入信号可能于初始输入信号不同。由这个新的输入可得到下一步的输出，该输出也可能于上一步的输出不同。由此下去，网络的整个运行过程就是上述反馈过程的重复。如果网络是稳定的，那么随着多次反馈运行，网络状态的变化逐渐减少，最后不再变化，达到稳态。这时由输出端可得到网络的稳定输出。用公式表达为

$$v_j(0) = x_j \tag{3-65}$$

$$v_j(t+1) = f_j\left(\sum_{i=1}^{n} W_{ij}v_i(t) - \theta_i\right) \tag{3-66}$$

式(3 - 66)中，f_j 已被定义，为方便起见，θ_i 常取0值。若有某个时刻 t，从此以后网络状

态下不再变迁，即有 $v(t+1) = v(t)$，则有输出 $y = v(t)$。

在网络运行过程中，网络神经元状态的演变有两种形式：

1）异步更新

在任一时刻 t，只有某一神经元 N_j 的状态已更新，而其余神经元保持不变，即 $v_i(t+1) = \text{sign}(\sum_{j=1}^{n} W_{ij}v_j(t))$ 对某个特定的 i。

2）全并行工作方式

即 $v_i(t+1) = \text{sign}(\sum_{j=1}^{n} W_{ij}v_j(t)), i \in \{1,2,\cdots,n\}$。

这时也可以将状态转移方程写成向量形式 $v(t+1) = \text{sign}(Wv(t))$。

下面给出几个基本概念的定义，这些基本概念与网络运行过程中状态的变迁有关。

① 网络的稳定性　若网络从初始状态 $v(0)$ 开始，经过有限时间 t 后，网络的状态不再发生变化，即 $v(t+\Delta) = v(t), \Delta t > 0$，则称网络是稳定的。

② 网络的吸引子　设 $t = 0$ 时对网络输入模式 x，网络处于状态 $v(0)$，而在时刻 t，网络到达状态 $v(t)$。若 $v(t)$ 稳定，则称 $v(t)$ 为网络的稳定吸引子。在非稳定吸引子的情况，若网络状态有规律地在某些状态之间震荡，则称网络处于有限环状态。若网络无规律地在某些状态之间震荡，则称网络处于混沌状态。

③ 吸引子的吸引域　对于某些特定的初始状态，网络按一定的运行规则最后可能稳定在同一吸引子上。称能够稳定在吸引子 $v(t)$ 的所有初始状态集合为吸引域 $v(t)$。

离散型 Hopfield 网络的其他特征以及连续 Hopfield 网络的有关原理，可参考文献[4，5]。

3.4　人工神经网络在石化行业中的应用实例

3.4.1　BP 学习算法的改进

从学习算法上讲，3.2 节介绍的标准 BP 学习算法实质上是一种最速下降寻优算法，它没有考虑到以前积累的经验，主要表现为：收敛速度慢，容易出现局部极值，难以确定隐层和隐层节点个数。针对实际需求，可对 BP 学习算法做如下改进：

(1) 启发式学习算法

标准 BP 学习算法，在修正 $\vec{w}$ 时，只考虑前一个时刻的负梯度方向进行修正，而没有考虑到以前积累的经验，即以前时刻的梯度方向，从而常常使学习过程发生振荡，收敛速度慢。启发式学习算法对式(3－13)作如下改进。

$$\vec{w}(n+1) \leftarrow \vec{w}(n) + \partial\Delta\vec{w}(n) + (1-\partial)\Delta\vec{w}(n-1) \tag{3-67}$$

(2) 自适应学习率

标准 BP 学习算法出现局部极值的一个重要原因，就是学习速率 η 选择不当。当 η 选得太大，可能修正过头；η 选得太小，导致震荡。一种解决办法就是使 η 按下式进行自适应动态调整。

$$\eta(n) = -2^{\lambda}\eta(n-1) \tag{3-68}$$

$$\lambda = \text{sign}[\nabla E(\vec{w})(n) \times \nabla E(\vec{w})(n-1)] \tag{3-69}$$

式(3-68)、式(3-69)体现了当连续两次的梯度方向相同时，学习速率 η 加倍；当连续两次的梯度方向相反时，学习速率 η 减半。

(3) Levenberg-Marguardt(列文伯格-麦夸尔特)法

Levenberg-Marguardt 算法以其漂亮简单的步骤和准确的实际结果，成为非线性最小二乘法曲线拟合的标准算法。可将 Levenberg-Marguardt 方法应用于 BP 学习算法的优化，式(3-13)作如下改进。

$$\vec{w}(n+1) \leftarrow \vec{w}(n) - (J^T J + \mu I)^{-1} J^T e \tag{3-70}$$

式中，J 为误差对权值微分的雅克比矩阵；e 为误差向量；μ 为一个标量。

依赖于 μ 的幅值，该方法光滑地在两种极端情况之间变化：即牛顿法(当 $\mu \to 0$)和著名的最陡下降法(当 $\mu \to \infty$)。采用 Levenberg-Marguardt 方法，可使学习时间更短，在实际应用中获得更好的效果。

3.4.2 神经网络在石油化工过程故障诊断中的应用

石油化工行业有着生产过程复杂、对象特性多变、间歇或半连续生产过程多、有较高的危险性及污染环境等特点。当生产系统的某个环节发生故障时，若不及时处理，就可能引起故障扩大并导致重大事故的发生。因此，建立高效的、准确的实时故障检测和诊断系统，消除故障隐患，及时排除故障，确保安全、平稳、优质的生产，已成为整个石油化工生产过程的关键所在。

神经网络用于故障诊断时不必建立严格的系统公式或其他数学模型，因此故障诊断是神经网络最有价值的应用领域：

① 通过训练，神经网络可形成和存储有关过程知识并直接从定量的历史故障信息中学习；

② 神经具有滤出噪音及在噪音情况下得出结论的能力，使神经网络适合于在线故障诊断和检测；

③ 神经网络具有分辨原因及故障类型的能力。

以文献[9]为例，介绍神经网络在化工过程故障诊断中的应用。

文献[9]以 TE 模型为背景，根据模型的特点进行故障诊断。TE(tennessee eastman)过程是 Downs 与 Vogel 于 1993 年在 Computer & Chemical Engineer 杂志上发表的一个典型的化工过程[10]，取材于美国 Tennessee Eastman 公司一个化工厂，与实际模型基本相同。TE 过程主要包括 5 个典型的反应单元：反应器、冷凝器、气液分离器、解吸塔、循环压缩机，整个生产过程有 4 个反应，生成 2 种产物。同时存在的还有一种副产物和一种惰性物。反应变量共 8 个：A，C，D，E 为原料(气体)；B 为惰性物质；F 为反应副产品(液体)；G，H 为反应产品(液体)。

气态反应物进入反应器，在催化剂的作用下，生成液态产物。反应器有一个内部的冷凝器，用来移走反应产生的热量，产物以蒸汽形式离开反应器，并伴随着尚未反应的部分反应产物，经过一个冷凝器，到达闪蒸器。不能冷却的组分通过一个离心式压缩机循环回到反应器的进料口。冷凝后的组分被输送到气提塔，以主要含 A、C 的流股作为气提流股，将残存的未反应组分分离，并从气提塔的底部，进入界区之外的精致工段。惰性物和副产物主要在闪蒸器中以气体的形式从系统中放空出来。该过程共有 12 个操作变量，41 个测量变量，20 种预先设定好的故障，6 种控制模式。文献[9]采用基本案例的控制方法[11]。

TE 过程的流程图如图 3－15 所示。

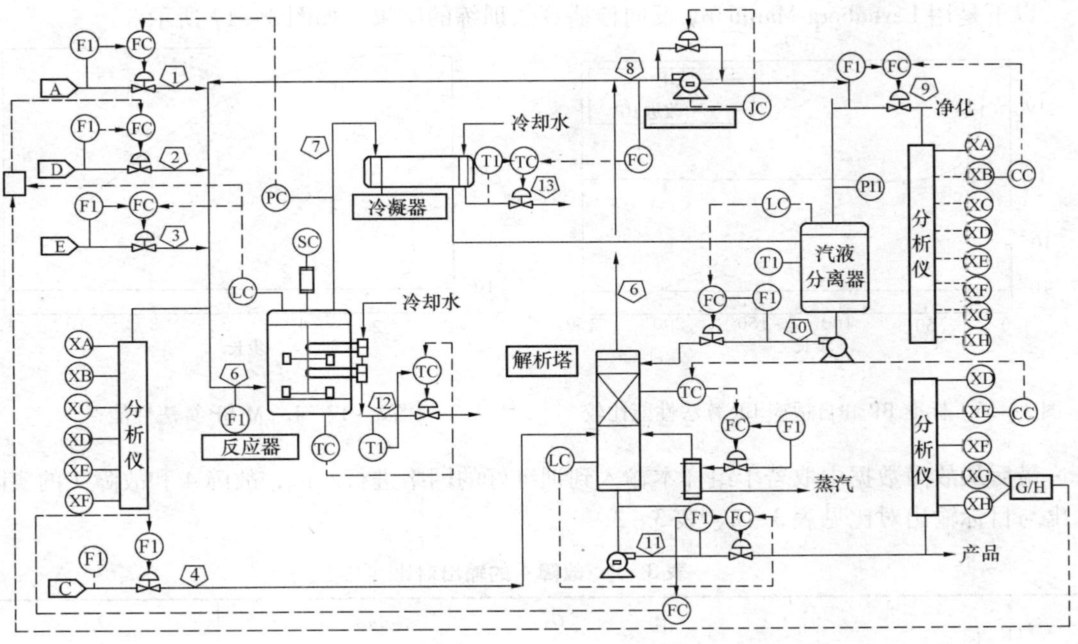

图 3－15　TE 流程图

TE 过程故障及类型见表 3－1。

表 3－1　TE 过程故障

故　　障	类　型	故　　障	类　型
1　A/C 进料比变化（成分 B 不变）	跳变	9　进料 2 温度变化	随机
2　成分 B 变化（A/C 进料比不变）	跳变	10　进料 4 温度变化	随机
3　进料 2 温度	跳变	11　反应器冷却水温度变化	随机
4　反应器冷却水温度	跳变	12　冷凝器冷却水温度变化	随机
5　冷凝器冷却水温度	跳变	13　反应动力学特性变化	漂移
6　进料 1 损失	跳变	14　反应器冷却水阀门	黏着
7　成分 C 进料压力下降	跳变	15　冷凝器冷却水阀门	黏着
8　进料 4 中 A，B，C 组分变化	随机	16　未知	未知

仿真过程中，选取 11 个操作变量。由于第 12 个操作变量在此种方案中保持恒定，因此不加以考虑。41 个测量变量作为输出使网络结构复杂，因此简化输出节点个数，用 4 维向量来表示 15 种已知故障的序号。如：向量[0 0 1 0]表示故障 2，以此类推向量[1 0 0 1]表示故障 9。神经网络为三层结构，即 11－9－4 结构。取出 500 组数据作为神经网络的训练数据，100 组作为测试数据。先让系统在正常情况下运行 24h，然后加入扰动，仿真 2 种故障。

首先采用标准的 BP 网络训练，目标误差为 10^{-4}，最大训练步长为 10000，经仿真可得 BP 网络收敛速度很慢，且由曲线的平坦程度可以判定出它已陷入局部极小值，如图 3－16 所示。

为了克服上述标准 BP 网络的缺点，采用自适应学习率法对上述同样的故障进行诊断。经过 204 步训练就达到目标误差。可见，其收敛速度明显优于标准的 BP 网络。经过测试，该网络具有很好的泛化能力，故障识别能力很高。

以下是用 Levenberg-Marquardt 反向传播算法训练的结果，如图 3－17 所示。

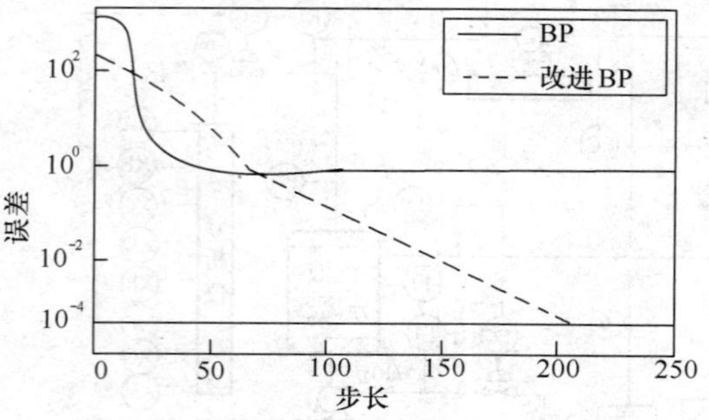

图 3－16　标准 BP 和自适应 BP 算法性能比较

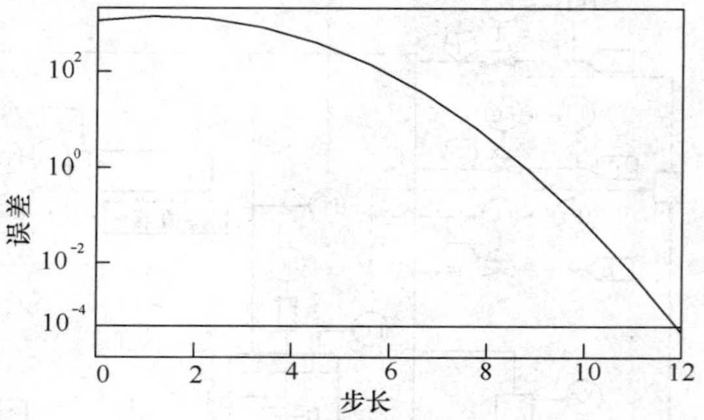

图 3－17　L－M BP 算法性能

最后从故障数据中取若干组样本输入到训练好的网络进行测试，故障 4 和故障 7 的实际输出与目标输出对比见表 3－2、表 3－3。

表 3－2　故障 4 的输出对比

目　标	O_4	O_3	O_2	O_1
	0	1	0	0
实际输出	$1.5042e^{-5}$	0.99998	0.000349	0.000153
	$6.5618e^{-6}$	0.99999	0.000379	0.000379
	$3.4110e^{-5}$	0.99985	0.000331	$8.6441e^{-5}$
	$1.6185e^{-5}$	0.99998	0.000369	0.000164
	$9.5296e^{-6}$	0.99998	0.000378	0.000129

表 3－3　故障 7 的输出对比

目　标	O_4	O_3	O_2	O_1
	0	1	1	1
实际输出	$9.6189e^{-5}$	0.99999	1	1
	$9.3445e^{-6}$	0.99999	1	1
	$7.6651e^{-5}$	0.99999	1	0.99999
	$1.3559e^{-5}$	0.99994	1	0.99999
	$4.2926e^{-6}$	0.99999	1	0.99999

从表中可见，诊断的实际结果和理论结果十分吻合。当输入变量接近训练过的样本时，诊断的成功率可达 100%。如果相差很大的话，也能够得到正确的诊断结果。

习　题

1. 神经网络与现代数字计算机有哪些不同？
2. 试绘出一个典型的人工神经元模型。
3. 试简单描绘一下多层前馈网络的工作机理。
4. *BP* 算法的流程是怎么样的，试用 *BP* 算法解决一个简单的实际应用问题。
5. 对比径向基网络和 *Hopfield* 网络，给出应用结论。

6. 尝试用神经网络解决一个数学优化问题，编写程序，提交仿真结果。

参 考 文 献

[1] 史忠植，王文杰. 人工智能. 北京：国防工业出版社，2007.
[2] 廉师友. 人工智能技术导论(第三版). 西安：西安电子科技大学出版社，2007.
[3] 高隽. 人工神经网络原理及仿真实例. 北京：机械工业出版社，2003.
[4] 焦李成. 神经网络计算. 西安：西安电子科技大学出版社，1993.
[5] 周志华，曹存艮. 神经网络及其应用. 北京：清华大学出版社，2006.
[6] 卞正岗. 石油化工工业自动化仪表及系统. 中国仪器仪表，2007，2.
[7] 林融. 智能化生产技术在炼化一体化项目上的应用策略探讨. 乙烯工业，2005，17(4).
[8] 张志檩. 21 世纪国外石油化工智能化生产技术进展. PLC & FA，2005，4.
[9] 黄道. 神经网络在化工过程故障诊断中的应用. 控制工程，2006，13(1)：6～9.
[10] Downs J J, Vogel E F. A plant - wide industrial process control problem. Com Chem Eng, 1993, 17(3): 245～255.
[11] Akbaryan F, Bishnoi P R. Fault diagnosis of multivariate systems using pattern recognition and multisensor data analysis technique. Computers and Chemical Engineering, 2001, 25(9－10): 1313～1339.

第4章 遗传算法

【本章知识架构】

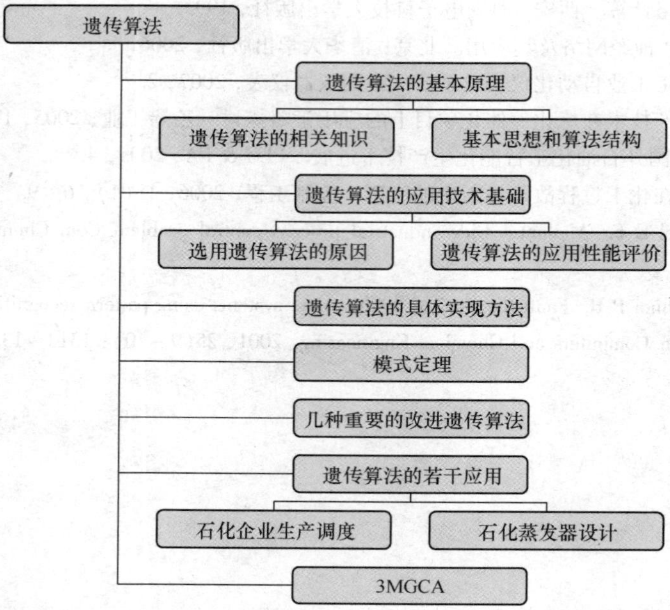

【本章教学目标与要求】

熟悉遗传算法的基本原理
掌握遗传算法的应用技术基础
掌握模式定理，理解其收敛性分析
掌握重要算子选择、交叉、变异
了解遗传算法的改进
了解遗传算法在应用实例中的变化
掌握遗传算法在应用中参数点的选择
了解 3MGCA

自然环境下，各生物群体对食物、生存空间等的竞争导致了强食弱肉的局面，只有最能适应环境的生物才能最终生存，这种自然现象叫做“物竞天择，适者生存”。胜利者的基因被保留下来，而弱者的基因则被淘汰。自然的选择留下了适合的个体，同时也留下了适应的基因。这就是遗传算法的仿生学基础。

遗传算法是源于进化论和遗传机理的一种直接搜索优化算法。它借鉴了自然界生物进化中适者生存的竞争机制，将优化问题当作一个生存环境，问题解当成生存环境中的一个个体，以目标函数或其变化形式来评价个体的生存能力，模拟种群选择过程，优胜劣汰，最终获得问题最优解，即最好的个体。

由于它不需要大量的辅助信息，同时又具有全局收敛和隐含并行性，因而具有较强的鲁棒性，尤其在较复杂的工程优化设计问题上体现出比传统优化方法更大的优势，近年来在遗传算法理论和应用方面的研究层出不穷。由于简单遗传算法(SGA)的应用性能往往不是很理想，对遗传算法的改进也在不断地发展中，有的在遗传策略上改进，有的混合其他算法，有的结合领域知识等，但从进化机制的角度上都没有脱离基因遗传的范畴。

遗传算法由于其本身固有的灵活性，因此，对工程上遇到的复杂实例，在参数上的改变和调整尤其重要，应用中对各种参数的选择直接关系到应用的成败。

最后本章介绍了两个应用实例和重要的算法改进。

4.1　遗传算法的基本原理

遗传算法(genetic algorithm，GA)利用不断迭代的机制模拟自然界的进化进程，利用染色体空间映射解空间，以各种算子模拟基因的变化，以严格的推理逻辑来衡定进化的方向，模式定理证明，这种假设在数学上是可行的。

4.1.1　遗传算法的相关知识

Holland 创建的遗传算法是一种概率搜索算法，它是利用某种编码技术作用于称为染色体的数串，其基本思想是模拟由这些组成的进化过程。算法通过有组织地然而是随机地信息交换重新组合那些适应性好的串，在每一代中，利用上一代串的结构中适应好的位和段来生成一个新的串的群体；作为额外增添，偶尔也要在串结构中尝试用新的位和段来替代原来的部分。

遗传算法是一类随机化算法，但是它不是简单的随机走动，它可以有效地利用已经有的信息处理来搜索那些有希望改善解质量的串，类似于自然进化，遗传算法通过作用于染色体上的基因，寻找好的染色体来求解问题。与自然界相似，遗传算法对待求解问题本身一无所知，它所需要的仅是对算法所产生的每个染色体进行评价，并基于适应度值来造反染色体，使适用性好的染色体比适应性差的染色体有更多的繁殖机会。

由于遗传算法是由进化论和遗传学机理而产生的直接搜索优化方法，故而在这个算法中要用到各种进化和遗传学的概念。

① 串(string)：它是个体(individual)的存在形式，对应于遗传学中的染色体(chromosome)。

② 群体(population)：多个个体的集合称为群体，串是群体的元素。

③ 群体规模(population size)：在群体中个体的数量称为群体的规模。

④ 基因(gene)：基因是串中的元素，基因用于表示个体的特征。

⑤ 基因座(gene position)：一个基因在串中的位置称为基因座，基因位置对应于遗传学中的地点(locus)。

⑥ 适应度(fitness)：表示某一个体对于环境的适应能力。

⑦ 算子(operators)：表示群体进化采用的操作，常用的算子包括交叉(crossover)、变异(mutation)、选择(select)等，分别模拟遗传机制中对应操作。

典型的遗传算法 CGA(canonical genetic algorithm)通常用于解决下面这一类的静态最优化问题：

考虑对于一群长度为 L 的二进制编码 b_i，$i=1$，…，n；有

$$b_i \in \{0,1\}L \tag{4-1}$$

给定目标函数 f，有 $f(b_i)$，并且 $0<f(b_i)<\infty$，同时 $f(b_i)\neq f(b_i+1)$，求满足下式：

$$\text{ax}\{f(b_i) \mid b_i \in \{0,1\}L\} \text{ 的 } b_i \tag{4-2}$$

很明显，遗传算法是一种最优化方法，它通过进化和遗传机理，从给出的原始解群中，不断进化产生新的解，最后收敛到一个特定的串 b 处，即求出最优解。

为了使用遗传算法来解决工程实际问题，准备工作往往分为以下四步：

确定问题解的表示方案；

确定合适的适应度函数；

确定控制该算法的策略和参数；

确定怎样指定结果及程序运行结束的标准。

4.1.2 遗传算法的基本思想和一般结构

基本思想：遗传算法 GA 把问题的解表示成"染色体"，在算法中也即是以二进制编码的串。并且，在执行遗传算法之前，给出一群"染色体"，即假设解。然后，把这些假设解置于问题的"环境"中，并按适者生存的原则，从中选择出较适应的"染色体"进行复制，再通过交叉、变异等操作过程产生更适应环境的新一代"染色体"群。这样，一代一代地进行，最后就会收敛到最适应环境的一个"染色体"上，它就是问题的最优解。

设 $p(t)$ 和 $C(t)$ 分别表示第 t 代的双亲和后代，Grefenstette 和 Baker 描述的 GA 的算法步骤可以作为遗传算法的一般结构：

```
begin
  t ← 0;
  初始化 p(t);
  评估 p(t)
  while 不满足终止条件 do
  begin
     重组 p(t) 获得 C(t);
     评估 C(t);
     从 p(t) 和 C(t) 中选择 p(t + 1);
     t ← t + 1 ;
   end
  end
```

遗传算法可以认为是一个迭代过程（即进化过程）。首先根据具体问题建立评价群体的评价函数，即适应度(fitness)。为了测试个体的适应性，可以用评价函数对染色体进行评价，也可以用目标函数的数学公式对染色体进行评价。遗传算法的描述如下：

随机选择 N 个初始点组成一个群体，群体内的每个点叫一个个体，或叫染色体。群体内个体的数量 N 就是群体规模。群体内每个染色体必须以某种编码形式表示。编码的内容可以表示染色体的某些特征，随着求解问题的不同，它所表示的内容也不同。通常染色体表示被优化的参数，每个初始个体就表示着问题的初始解。

按照一定的选择策略选择合适的个体，选择体现"适者生存"的原理。根据群体中每个个体的适应性值，从中选择最好的 M 个个体作为重新繁殖的下一代群体。

以事先给定的杂交概率 P_c 在选择出的 M 个个体中任意选择两个个体进行杂交运算或重组运算，产生两个新的个体，重复此过程直到所有要求杂交的个体杂交完毕。杂交是两个染色体之间随机交换信息的一种机制。

根据需要可以以事先给定的变异概率 P_m 在 M 个个体中选择若干个体，并按一定的策略对选中的个体进行变异运算。变异运算增加了遗传算法找到最优解的能力。

检验停机条件，若满足收敛条件或固定迭代次数则停机；若不满足条件则转(2)重新进行进化过程。每一次进化过程就产生新一代的群体。群体内个体所表示的解经过进化最终达到最优解。遗传算法的基本流程框图可参见图 4－1。

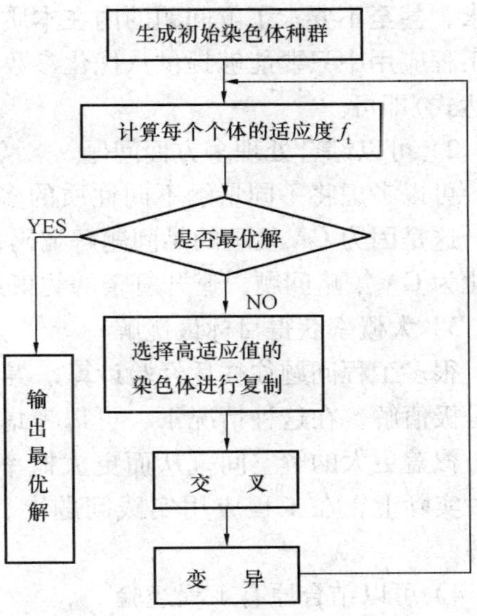

图 4－1　GA 的基本流程框图

遗传算法的原理也可以用以下形式描述：

```
choose an intial population
determine the fitness of each individual
perform selection
repeat
    perform crossover
    perform mutation
    determine the fitness of each individual
    perform selection
until some stopping criterion applies
```

这里所指的某种结束准则一般是指个体的适应度达到给定的阀值；或者个体的适应度的变化率为零。

4.2　遗传算法的应用技术基础

针对工程设计领域中各种复杂优化问题，遗传算法是浩如繁星中的工程可实现算法之一。为什么选用遗传算法是利用遗传算法解决工程问题中首先要考虑的第一步，怎么用遗传算法也即遗传算法设计问题是遗传算法应用的第二步，用的效果如何即遗传算法评价问题是遗传算法应用的第三步。以下从这三个角度分别阐述之。

4.2.1　选用遗传算法的原因

并不是所有的工程优化问题都适合用遗传算法来解决，相对于其他算法而言，遗传算法有其优势，也有其明显缺陷，使用过程中要仔细分析，以免浪费宝贵的研究时间和工作精力。

遗传算法的应用优势：

1）数学上易于实现

GA 不要求求解问题对象的导数、微分等，不要求问题对象满足连续、可微、凸等数学要求，甚至不要求了解问题的内在本质。只需要有能够衡量解质量的一个适应度函数，所以在工程应用中只要能够提供从优化参数到追求目标之间的一个计算关系(可以不是明确解析表达式)即可。

2）可以综合处理多方面问题

可以考虑将不同量纲不同性质的多个优化参数编成一个染色体，同时寻找多个参数空间，这是因为GA处理的是问题解编码，而不是问题解本身，正因如此，还可以将约束条件转化为GA策略问题，避开复杂的约束条件分析。

3）大概率获得目标最优解

很多工程问题往往凭经验计算，得到的只是估计良好解。采用局部搜索算法，得到的往往是极值解。在这种情况下，可以考虑使用遗传算法。因为GA使用的是多点并行搜索策略，覆盖更大的解空间，从而更大概率获得最优解。理论上，很多GA可以获得全局最优解，实际上，在工程应用实践问题上，由于实时性或其他的一些问题，得到的只能是较好解。

4）可以结合原有工程经验

长期的工程实践必然积累起很多有效的经验知识，这些知识对解决问题有很好的指导作用。遗传算法具有很强的灵活性，可以考虑充分利用这些知识对它进行改进，从而形成针对特定工程实践问题的有效混合算法。

遗传算法的应用缺陷：

1）计算速度上不具备优势

工程实践中已经存在很多行之有效的计算方法，这些方法往往在提供有限良好解的同时追求更快计算速度。遗传算法在实时性方面并不见得优于这些方法，而且它后期的局部爬山能力较差，常常需要改进策略或混合其他算法。当问题实时性要求很高时，就要慎重选择。

2）需要一个较长的实验过程

遗传算法本身结构并不复杂，但是它对自身策略和参数依赖性极强，甚至可以这么说，同样结构的遗传算法在参数选择和策略选择上的不同可以造成计算性能的天壤之别。这样，我们必须不断地摸索最优的参数和策略，这显然是对工程实践的有效性十分不利的。

3）缺乏通用算法和必然性

种类繁多的改进遗传算法虽然很大地丰富了我们的选择空间，但是同时也对我们的选择造成了困难。显然在工程实践中，我们不可能将所有的改进算法实验一遍，那是不可能也不经济的，我们更倾向于寻找一个较为通用的算法。而且遗传算法的理论研究至今没有达到十分深入的地步，从而造成我们的选择往往缺乏必然性。

从以上的遗传算法在工程实践上的优势和缺陷看出，我们可以在工程实践问题上仔细分析,充分利用遗传算法的优势，也避免不合适地使用遗传算法，达到最有效地解决问题的目的。

4.2.2 遗传算法的应用性能评价

实际工程应用中，优化算法的性能是以解决问题的有效性来评价的，这与理论上对算法的分析有所不同。算法的内部操作对于具体应用问题来说只是一个“黑箱”，而我们所关心的是它的输入输出特性。我们常常把优化算法的应用性能评价分为以下几个方面：

1）算法的优化解与问题目标的契合性

契合性一般分为两个角度来考虑，一个是算法所得到的解的优良程度，另一个是该解同问题空间的契合程度，即该解是否具有普遍意义。

2）算法的优化速度与实时性是否匹配

工程实践中常常考虑到设计的周期问题，因此对算法的速度一般都有要求。也就是说，评价算法的应用性能还要考虑到算法计算的速度是否满足工程要求，当然在同等优良情况下计算速度越快，说明算法的应用性能越好。

3）算法的稳定性是工程实践中非常重要的评价

这一点在工程实践中的重要性甚至于超过前面两点。这是因为，在工程实践中常常需要进行重复性的工作或类似的工作，我们不可能也没必要每次都为了追求最好的性能而重新设计算法。这往往要求算法具有强可重复性，也就是说在多次运行情况下能够保持输出优秀解的稳定性，而不是次次不同。

4）算法的鲁棒性和自适应性的强弱

实际上，工程实践问题中常常会有很多虽然不同样式甚至不同种类的问题，但是它们本质上是相通的，而且是在一起处理的。这样，我们就需要算法具有强的鲁棒性，强自适应性，能够在转换问题时保持优良的性能，而不需要重新试验调整参数。

遗传算法作为一种优化算法应用于工程实践问题，就一定要满足以上四个方面的要求，尤其是要转变在研究遗传算法理论时所抱着的精益求精的态度，而是本着工程实践中稳定快速有效的原则来构造应用遗传算法。因此常用来做算法应用评价的有以下几个指标：

平均最优解或$\overline{f_{\max}}$、平均截止代数或平均计算时间、最优解或计算时间均方差或标准差、多用途平均参数比较或变异系数等。

显然，我们评价的指标往往是统计指标，因此最常使用的数学量，有平均值、均方差或标准差、变异系数等。

$$\overline{f_{\max}} = \sum_{M} f_{\max}/M \tag{4-3}$$

$$\overline{T} = \sum_{M} T/M \tag{4-4}$$

$$S_2(f_{\max}) = \frac{\sum_{i=1}^{M}(f_{\max} - \overline{f_{\max}})^2}{M-1} \tag{4-5}$$

$$S_{\mathrm{D}}(T) = \sqrt{S_2(T)} \tag{4-6}$$

$$CV = \frac{S_D(f)}{\bar{f}} \times 100\% \tag{4-7}$$

这里面，平均数是数据的代表性，表示观察值的中心位置，并且可以代表一组数据与另一组数据相比较，借以明确两者之间相差的情况，可以用来比较算法最优解和截止代数，分析算法的输出结果和运行速度。方差和标准差能很客观准确地反映一组数据的离散程度，从而用来分析算法输出稳定性和跳出局部收敛的能力。

4.2.3 遗传算法的具体实现方法

（1）问题解的表示技术——编码

从数学角度来看，编码是问题解空间向 GA 空间的映射，而译码则是由 GA 空间向问题解空间的映射。

实际问题用遗传算法求解时，首先要把实际问题的有关参数，转换成遗传算法空间的代码串（染色体）这一转换操作称为编码（coding）。当用 GA 方法求得最优解时，还要把这个相应参数，这一逆转换操作称为译码（decoding）。编码的策略和方法对于遗传操作，尤其是交叉操作的性能有很大的影响。

编码与译码既然是映射与逆映射，为了能求得最优解，应符合以下的规则：

① 完备性：问题空间中的所有点（候选解），都能作为 GA 空间中的点（染色体）；

② 健全性：GA 空间中的染色体能对应所有问题空间中的候选解；

③ 非冗余解：染色体和候选解一一对应。

以上规则，只涉及到解的存在与否，不涉及 GA 的效率，因此缺乏指导性。为此，Dejong 又提出如下两条编码原理：

④ 有意义积木块编码规则：所定编码应当易于生成与所求问题相关的短距、低阶、高适应度的模式（成为积木块）；

⑤ 字符集编码规则所定的编码应采用最小字符集以使问题得到最简单的表示和最自然的处理。

实践中这两条规则有时并不能同时满足，根据不同的实践情况需采用不同的编码技术。

从编码字符集来说，编码技术可分为二进制编码和实数编码。二进制编码简单易行，便于用模式定理来分析，满足最小字符集规则，但是误差较大。实数编码的精度较高，表示直观，易于满足有意义积木块规则，但是操作和分析较为复杂。

从编码形式来说，又有一维染色体编码、多参数映射编码、变长度编码、树结构编码、矩阵编码等。随着应用问题越来越复杂，编码技术也越来越具有启发性，实践问题与编码技术之间的结合也越来越紧密。编码方法对遗传算法有很大的影响，采用不同的编码技术可能带来十分不同的结果，所以要结合具体问题来考虑。

(2) 问题解的衡量——适应度函数

遗传算法的优化数据和评估标准只有一个，即适应度函数。所以，适应度函数的设计直接关系到遗传算法的总体性能。由于适应度函数计算生存概率，而概率又是正值，所以对适应度函数的首要要求是它的值必须为非负值且可以表示评价个体，对适应度函数的其次要求是它能有利于个体间的竞争，对适应度函数的再次要求是计算量要小。

有两类优化问题，一是求代价函数 $g(x)$ 的最小值，另一是求效能函数 $u(x)$ 的最大值。为了保证适应度函数是非负值函数，可以采用以下几种方法（并不是唯一的办法）。

1）最大系数法

在最小值问题中，与代价函数 $g(x)$ 对应的适应度函数 $f(x)$ 为

$$f(x) = \begin{cases} c_{\max} - g(x) & 当\ u(x) + c_{\max} > 0 \\ 0 & 其他 \end{cases} \tag{4-8}$$

式中，$c_{\max}$ 是最大系数。

2）最小系数法

在最大值问题中，与效能系数 $u(x)$ 对应的适应度函数 $f(x)$ 为

$$f(x) = \begin{cases} u(x) + c_{\min} & 当\ u(x) + c_{\min} > 0 \\ 0 & 其他 \end{cases} \tag{4-9}$$

式中，$c_{\min}$ 是最小系数。

3）相对系数法

无论哪一类问题，都可以用群体中的目标函数 $d(x)$ 的相对值作为适应度函数值，对于最大值问题有

$$f(x) = \frac{d(x) - d(x)_{min}}{d(x)_{max} - d(x)_{min}} \tag{4-10}$$

对于最小值问题有

$$f(x) = \frac{d(x)_{max} - d(x)}{d(x)_{max} - d(x)_{min}} \tag{4-11}$$

式（4－10）、式（4－11）中，$d(x)_{max}$，$d(x)_{min}$ 分别是当前群体中或前 k 代群体中目标函数 $d(x)$ 的最大值及最小值。

通过对适应度函数值的变换，可以提高个体间的竞争力，称为适应度函数定标。例如可以采用线性定标来变换适应度，线性式子为 $f' = af + b$，式中，系数 a 和 b 可以有多种设定途径，也可以采用幂函数定标 $f' = f^n$ 或指数定标 $f' = e^{kf}$。定标的目的是为了扩大个体之间的竞争程度，但是不能违背适应度函数的基本原则如非负原则等。

为了计算性能，当问题解的取值空间过小或过大时，要考虑通过一定比例将其限制在某个范围，而这一点也可以常常利用在多参数编码时，虽然不同参数的取值空间不同，但是 GA 的染色体空间是统一的。考虑到其他问题，如约束条件问题，还可以进一步对适应度函数进行设计，在后面（4）中详细说明。

（3）确定控制算法的策略和参数

当问题解编码和适应度函数确定后，遗传操作的目的就是通过对群体适应度的评估优胜劣汰，不断进化群体，从而逼近问题最优解。需要注意的是，遗传操作都是随机性操作，群体向最优解的迁移是随机的，但是这种随机迁移与随机搜索不同，它是一种有组织有目的的高效迁移。

遗传算法常用的算子包括选择（selection）、交叉（crossover）、变异（mutation）。随着问题解的编码形式不同，可能采用的算子也有明显差别。表 4－1 列出了一些常见的算子。

表 4－1　有代表性的算子列表

	交　叉	变　异	选　择
二进制编码	一点交叉	普通变异	轮盘赌选择 最佳个体保留 期望值选择 排序选择 联赛选择 排挤选择
	两点交叉	自适应变异	
	多点交叉	大变异	
	一致交叉	半确定性变异	
	循环交叉	逆转	
实数编码	算术交叉	单重均匀变异	
	BLX－α 交叉	单重边界变异	
	平坦交叉	单重高斯变异	
	取大取小交叉	多重变异	
	启发式交叉	自适应变异	

选择算子的任务是把优化的个体直接遗传到下一代或通过配对交叉产生新的个体再遗传到下一代。选择操作是以个体适应度的计算为基础的，如最常用的方法——轮盘赌选择的基

本原则是：个体被选择的概率和其适应度成正比。即个体 i 被选择的概率 P_i 为

$$P_i = \frac{f_i}{\sum_{j=1}^{n} f_i} \tag{4-12}$$

算法可以描述如下：

```
begin
i = 0
        sum = 0
        Pwheel = random * SUM
        while (sum < = Pwheel & i < = size)
        {       i = i + 1
        sum = sum + f }
        selection = i
    end
```

期望值、排序、联赛等选择方法也是采取不同方式将优秀个体以更大概率保留到下一代。

这里要注意的是理论上在群体足够充分条件下最优保留策略证明是全局收敛的，最优保留策略可以分为两种，一种是最优个体参与其他操作，一种是最优个体不参与其他操作。

此外，排挤法是种特殊的选择方法，该方法排挤掉汉明距离最短的个体保持群体多样性，加强算法跳出局部收敛的能力，实际上是一种小生境技术。

交叉将两个父代个体的部分结构进行重组而生成新个体。由于交叉算子的作用，GA 的搜索能力得以大大提高，因此交叉算子是遗传算法的核心算子。交叉算子应保证前一代个体的优秀性能可以在后一代新个体中尽可能地得到遗传和继承。例如二进制编码常用的二点交叉和实数编码常用的 BLX - α 交叉。

二进制二点交叉 [10]

随机设定两个交换点，在两个交换点之间的码串相互交换，其余保持不变，即：

$$\left.\begin{matrix}\text{新个体 } A & 01 \vdots 1001 \vdots 10 \\ \text{新个体 } B & 10 \vdots 0011 \vdots 00\end{matrix}\right\} \Rightarrow \begin{matrix}\text{新个体 } A* & 01001110 \\ \text{新个体 } B* & 10100100\end{matrix}$$

对二点交叉而言，如染色体长度为 n 位，则可能有 $(n-2)(n-3)$ 种交换点的设置方案，相应地就可能有 $(n-2)(n-3)$ 种不同的交叉结果。

实数 BLX - α 交叉：

设交叉对象染色体为 X_i, X_j，交叉位置的标号形成标号集 L，交叉后的新个体为 X_p, X_q，若染色体位置 $k \notin L$ 时，有 $a_{pk} = a_{ik}, a_{qk} = a_{jk}$。若染色体位置 $k \in L$，则按以下方法交叉。

设 $a_{ik} < a_{jk}$，则

$$a_{pk} = \text{rand}[a_{ik} - \alpha \times (a_{jk} - a_{ik}), a_{ik} + \alpha \times (a_{jk} - a_{ik})] \tag{4-13}$$

$$a_{qk} = \text{rand}[a_{ik} - \alpha \times (a_{jk} - a_{ik}), a_{ik} + \alpha \times (a_{jk} - a_{ik})] \tag{4-14}$$

一般取 $\alpha = 0.5$。

编码的设计可能影响相应的交叉算子，而且在实际的应用场合可能会根据实际情况设计合适的交叉算子。收敛性主要取决于作为其核心的交叉算子。在适当的选择策略下，交叉操

作可以实现收敛趋于最优解。

变异算子的主要作用在于使遗传算法具有局部的随机搜索能力，加速向最优解收敛。变异算子在一定程度上还有维持群体的多样性的作用。例如常用的基本变异和实数编码的单重高斯变异。

基本变异操作

在染色体串中随机地挑选一个或多个基因位，并对这些基因座的基因值按变异概率 P_m 做变动。

单重高斯变异（Gaussian Mutation）：

按均匀分布随机选择一个变元 a_{ik}，然后将它加上一个服从高斯正态分布 $N(0,\sigma^2)$ 的扰动 ξ。

$$a_{pk} = \begin{cases} a_{ik} + \xi & \text{如果 } i = k \\ a_{ik} & \text{否则} \end{cases} \tag{4-15}$$

变异算子的性能与它的控制参数 p_m 有极大的关系，当需要加速向最优解收敛时，即注重局部随机搜索能力时，变异概率应取较小值。而想利用变异算子在一定程度上来接收较劣解，摆脱局部最优的话，变异概率应取较大值。自适应的调整 p_m 也即所谓自适应变异算子根据群体中个体的多样性程度来自觉调整 p_m 以达到较为良好的变异性能。

遗传算法中需要选择的运行参数主要有个体编码串长度 l、群体规模 M、交叉概率 p_c，变异概率 p_m 等。这些参数对遗传算法的运行性能影响较大，需认真选取。串长度 l 决定计算精度（二进制编码），也决定计算复杂度，一般取 $t = 10 \sim 20$，当然也可采用变长编码。群体规模 M 影响运算速度和收敛性能，一般取 $M = 20 \sim 200$。交叉概率 p_c 太小时难以向前搜索，太大则容易破坏高适应值的结构。一般取 $p_c = 0.5 \sim 0.95$。变异概率 p_m 太小时难以产生新的基因结构，太大使遗传算法成了单纯的随机搜索，一般取 $p_m = 0.005 \sim 0.05$。

（4）结束准则和约束条件

可以考虑以下两种准则：

准则一（精度准则）：当某代个体最优适应度达到满意解时，停止计算；

$f_{\max} > \zeta$，THEN STOP，其中 ζ 预先设定。

准则二（截止准则）：当达到某一预定代数时，停止计算，输出最优结果。

$L = L_{\max}$，THEN STOP，其中 $L_{\max}$ 预先设定。

实际上，考虑到算法可能不收敛或陷入局部极值，一般两种准则混合使用。其中 ζ 根据实际问题精度选定，$L_{\max}$ 根据实际问题实时性选定。

约束条件是工程实践应用中常常遇到的问题，这种限定有可能增加问题计算的难度，也限定了问题计算的范围。

在构造遗传算法中，处理约束条件的常用算法主要有如下三种。

搜索空间限定法的基本思想是对遗传算法的搜索空间的大小加以限制，使得搜索空间中表示一个个体的点与解空间中表示一个可行解的点有一一对应的关系。

可行解变换法的基本思想是在由个体基因型到个体表现型的变换中，增加使其满足约束条件的处理过程。

当目标函数约束条件很多时，常采用惩罚方法。该方法的基本思想是设法对个体违背约束条件的情况给予惩罚，在适应度函数中用惩罚函数来具体体现这种惩罚。这样，就是一个约束优化问题转化成一个带有惩罚的非约束优化问题。

这种情况适应度函数可以采用以下形式：

$$f*(x) = f(x) + \sum_i \mu_i * \Psi[g(x)] \tag{4-16}$$

式中，$f(x)$ 是指无约束时的适应度函数。μ_i 是惩罚因子，以平衡各惩罚项。$g(x)$ 是约束条件，$\Psi(t)$ 是惩罚函数。

（5）模式定理

模式定理是遗传算法的重要理论结果，1969 年，Holland 提出了一种借鉴生物计划机制的自适应及其学习方法，70 年代初，提出了奠定遗传算法研究理论基础的基本定理——模式定理。遗传算法有效性的理论依据为模式理论和积木块假设。模式定理保证了较优的模式（遗传算法的较优解）的样本呈指数级增长，从而满足了寻找最优解的必要条件

模式定理的一般数学表达式为

$$M[H(t+1)] \geqslant M[H(t)]\frac{f[H(t)]}{f(t)}\left[1-\frac{p_c d(H)}{L-1}\right](1-p_m)^{O(H)} \tag{4-17}$$

式中，$M[H(t+1)]$ 是 $t+1$ 次迭代群体中模式 H 的期望的个数；$M[H(t)]$ 是 t 次迭代模式 H 的期望的个数；p_c 是杂交概率；p_m 是变异概率；$d(H)$ 是模式 H 的长度；$O(H)$ 是模式 H 的阶；L 是每个个体编码后的长度；$f(t)$ 是整个群体的平均适应性值；$f(H)$ 是群体中模式 H 的平均适应性值：

$$f(H) = \frac{\sum_{\{i,i \in H\}} f_i}{M[H(t)]} \tag{4-18}$$

f_i 是第 i 个个体的适应性值。当误差项 $\{1-[p_c d(H)/(L-1)]\}(1-p_m)O(H)$ 很小时，如果 $f(H)$ 大于 $f(t)$，则 $M[H(t+1)]$ 增加。误差项表示由杂交和变异引起模式 H 的破坏效应，是负效应，而模式定理强调选择的作用。模式定理只对二进制编码适用，而对其他编码形式不适合。

模式定理是分析遗传算法的主要方法，一个模式 H 是指编码空间（即描述解空间区域）的编码的子集，一个模式的变化受到诸多因素的影响，如适应性函数、编码长度、群体规模、杂交率、变异率等。随着逐步迭代的模式进化可使遗传算法达到最优解（即使染色体可以获得较高的适应性值），尽管遗传算法仅作用于 N 个编码组成的种群，但这 N 个编码实际上包含 $O(N3)$ 阶个模式的信息，这一性质被称为遗传算法的隐含并行性。

4.3 几种重要的改进遗传算法

随着遗传算法在工程技术领域中的应用逐渐广泛，针对各类问题为了得到更好的搜索性能，人们在很多方面对遗传算法的改进作了深入研究，其基本途径概括起来有下面几个方面：

① 针对问题解空间对算法空间的映射，如采用特殊的编码形式、采用具有特殊性质的适应度函数等；

② 针对遗传算子的改进，如提出新的遗传算子，改变算子的操作策略等；

③ 针对遗传策略的改进，采用某种自适应技术，以动态调整算法参数等，采用排挤技术，提高群体多样性等；

④ 采用混合遗传算法，将遗传算法同其他算法结合，如 GA + FA，GA + NN 等；

⑤ 针对遗传算法的本质特性，如并行遗传算法等；

我们这里讨论的小生境技术遗传算法、混合单纯形遗传算法、粗粒度并行遗传算法正是从引入技术、混合算法、并行机制三个方面对遗传算法的行之有效的改进。

4.3.1 小生境技术遗传算法

小生境技术遗传算法是较为成熟的一种改进遗传算法，它将生物学中小生境的概念引入到遗传算法中，是一种较为成功的生物学概念融入遗传算法的范例。小生境技术遗传算法的优点是保护群体多样性，能够防止“早熟”。

生物学中，小生境是指在自然界中，往往特征、形状相似的物种相聚在一起，并在同类中交配繁衍后代。如古代人类自然形成的部落，各物种自然形成聚居地等。显然生物个体存在特定的生存环境，我们可以模拟这种生物学概念，人为在遗传算法中形成一个特定的生存环境，从而寻找更多的优秀解，这种遗传算法就称为小生境技术遗传算法。

在遗传算法中模拟小生境可以采用以下几种技术：

（1）基于预选择机制（preselection）的小生境技术

基于预选择机制的小生境技术的基本思想是：

$$\text{if}\quad f(n+1) > f(n) \quad \text{then} \quad f(n+1) \rightarrow pop(n+1)$$
$$\text{or}\quad f(n) \rightarrow pop(n+1)$$

这种机制显然让父代个体和子代个体相互竞争，比较优秀的才能进入下一代群体。由于父代个体和子代个体之间相似度较大，实际上就在一定程度上避免近亲繁殖，造就一种小生境的进化环境保持群体多样性。

（2）基于排挤机制（crowding）的小生境技术

基于排挤机制的小生境技术的基本思想是：

def CF;

select $Crowdpop(popsize = 1/CF)$;

if individual $i \in pop$ similar individual $j \in Crowdpop$

then $i \notin pop(n+1)$

这种机制形成一个规模为 $1/CF$ 的排挤子群体，排挤掉与排挤子群体中个体相似的群体个体，保持群体多样性。个体之间的相似性可用个体编码串之间的 hamming 距离来度量。随着排挤过程的进行，群体中的个体逐渐被分类，从而形成小生境。

（3）基于共享函数机制（sharing）的小生境技术

基于共享机制的小生境技术的基本思想是：

def sharingfun. $S(d_{ij}) \mid i,j \in pop$;

$S_i \leftarrow \sum_j S(d_{ij})$;

$F'_i(X) \leftarrow F_i(X)/S_i$

这种机制将群体中个体间相似度与适应度函数结合起来，与其他个体相似度较大（共享度大）的个体适应度值会成比例下降，这样算法可以自适应地调整群体中的个体间的距离，从而保持群体多样性。

这里，共享函数是表示群体中两个个体之间相似程度的一个函数，记为 $S(d_{ij})$，其中 d_{ij} 表示个体 i 和个体 j 之间的相似程度，可以是个体之间的 hamming 距离等。共享度反映了个体在群体中的共享程度，是该个体与群体内其他各个个体之间的共享函数之和，显然共享度越大，说明群体中同该个体相似的个体越多。

从以上几种小生境技术可以看出，人们采用各种手段来减少群体间相似个体的数目，是为了防止出现一种优秀个体垄断群体中大多数个体，从而造成算法未达到最优点之前就停留在某一局部最优点，这种现象称为“早熟”，是简单遗传算法（SGA）固有的缺陷，也是我们采用小生境技术改进 GA 的主要原因。通过小生境技术，我们可以有目的地调整群体的多样性，使得群体搜索空间保持多个区域并行搜索，这点尤其是对可能会有多个最优解的工程问题十分有效，算法可能同时给出一组最优解而不是局部搜索方法的一个最优解。

基于小生境技术的算子综合以上几种机制，资源共享和限制交叉两方面限制某一物种的过度扩张和维持单一物种的存活，以维持种群个体的多样性，称为生态算子。值得注意的是，这种算子虽然可以有效地达到多优解输出，但计算量颇大，不适合工程实践中实时性要求较高的场合。

该算子提供的共享函数如下式：

$$S(d_{ij}) = \begin{cases} 1 - \dfrac{d_{ij}}{\sigma_{sh}} & 若\ d_{ij} < \sigma_{sh} \\ 0 & 若\ d_{ij} \geqslant \sigma_{sh} \end{cases} \tag{4-19}$$

式中，d_{ij} 是个体 i 和个体 j 之间的 hamming decrease 如式（4－19），σ_{sh} 则是一个预定常数：

$$d_{ij} = dist(i,j) = \left(\sum_{k=1}^{m} (i_k - j_k)^2 \right)^{1/2} \tag{4-20}$$

式中，i_k 是个体 i 中第 k 个基因座。

采用该算子的小生境遗传算法的总体策略可以简单描述如下：

```
begin
def  CF、dcmin、Tmax;
initialize;
do{
select  bettersubpop;
crossover  onlywhen  dij > dcmin;
mutation → newpop;
newpop + bestsubpop → newpop;
calculate  S(newpop);
adjust  fitness;
select  bettersubpop → newpop;
T ← T + 1
}while T < Tmax;
end
```

4.3.2 混合遗传算法

如前所述，遗传算法在工程应用中存在着固有的一些缺陷如局部搜索能力低，运算时间长等，而这些缺陷往往是其他一些算法优势所在或者另一些算法具有较强的领域先验性，我们往往可以将遗传算法同这些算法结合起来，一方面保持遗传算法固有的一些如并行、全局优化等优点，另一方面通过结合其他算法达到改进性能的目的。

混合遗传算法一般有三种形式：

1）并行运行，结果共享

如遗传算法一旦搜到优秀解，就作为其他算法的初始解。

2）辅助功能，局部改进

如将某算法作为一种附加手段在遗传算法的基础上进一步搜索，然后将新解加入 GA 进化进程。

3）相互融合，结构重组

如将某算法作为遗传算法操作的新算子，改变整个 GA 的进化策略。

考虑到前节所述的对算法的工程实践要求，我们这里介绍一种简单有效的 GA + 单纯形法的混合遗传算法。这里的单纯形法指的是 Nelder-mead 单纯形法而不是线性规划的单纯形法，值得注意的是，该算法仍旧不必计算目标函数的梯度，也不是沿着某一方向进行搜索，没有影响 GA 在这方面的优势。

GA + 单纯形法的混合遗传算法的基本思想是：

在执行 GA 操作生成新群体后，以一定概率在新群体中选择个体执行单纯形算法，计算出新个体替代群体中原个体，最后得到新一代群体继续执行 GA 操作。显然这里是将单纯形法作为遗传算法的局部搜索算子来形成混合算法，即利用单纯形法加强 GA 的局部搜索能力。

所谓在 R^n 中的单纯形是指具有 $n+1$ 个顶点的多面体，若各个棱长彼此相等，则称为正规单纯形，例如，在二维空间中，三角形就是 R^2 中的单纯形，而等边三角形就是 R^2 中的正规单纯形。

Nelder-mead 单纯形法是对 N 维空间的 N + 1 个点（它们构成一个单纯形的顶点）上的函数进行比较，丢掉其中最差的点，从而构成一个新的单纯形，迭代运行后逐步逼近极小值点。

Nelder-mead 单纯形法的操作一般包括反射、扩张、收缩，反射是将函数值达到最大的单纯形点（即最高点）通过单纯形的背向面移到一个较低点。之后，单纯形法将对单纯形在某个方向上进行延伸以加大步长（扩张）。当接近极值点时，单纯形将作横向收缩或从各个方向收缩（缩边）自行拉向极值点。

设 R^n 中的单纯形含 $x_1, x_2, \cdots, x_{n+1}$ 个顶点，其中 $x_k, 1 \leqslant k \leqslant n+1$ 是最差点（最高点），α, β, γ 分别是反射因子、扩张因子、收缩因子（预定常数）。则操作针对顶点 x_k 执行。

反射：$x_r = (1+\alpha)\bar{x} - \alpha x_k$ (4 – 21)

扩张：$x_e = \gamma x_r + (1-\gamma)\bar{x}$ (4 – 22)

收缩：$x_c = \beta x_k + (1-\beta)\bar{x}$ (4 – 23)

式中，$\bar{x}$ 是去掉顶点 x_k 所剩 n 个顶点组成的单纯形的中心，即

$$\bar{x} = \frac{1}{n}\sum_{i=1(i\neq k)}^{n+1} x_i \qquad (4-24)$$

GA + 单纯形法的混合遗传算法的总体策略可以简单描述如下

```
begin
   def   T_max、T^p_max;
   initialize;
do{
   GA operators;
   select subpop;
   T^p ← 0;
do{
        Nelder-mead(subpop);
        T^p ← T^p + 1
   }while T^p < T^p_max;
   newpop ← subpop +;
   T ← T + 1
}while T < T_max;
end
```

这里 T^p 是单纯形法的迭代代数，用以控制局部搜索的时间，一般不大于5，以加快算法运行速度。其中对局部搜索子群体的选择可以依概率选择，也可以直接对最优解或次优解操作。各因子一般可以取 $\alpha=1,\gamma=2,\beta=0.5$。

4.3.3 并行遗传算法

遗传算法具有隐含的并行性，这使得对遗传算法的并行处理的进一步挖掘成为可能而且必然，而工程实践中大规模并行计算系统的发展也给并行遗传算法提供了发展的平台。并行遗传算法将并行计算机的高速并行性和遗传算法天然的并行性相结合，极大地促进了遗传算法的研究与应用。并行处理的引入不但加速了遗传算法的搜索过程，而且由于种群规模的扩大和各子种群的隔离使种群的多样性得以丰富和保持减少了“早熟”的可能性。

目前并行遗传算法的实现方案大致可分为以下几类：

(1) 全局型—主从式 (master-slave, msGA)

并行系统分为一个主处理器和若干个从处理器。主服务器存放种群，用于选种、杂交、变异算子，并将个体染色体适应度指派到从处理器上进行计算。这样就将计算开销大的适应度计算并行处理，大大减少了总的计算开销。msGA 简单有效，尤其适合适应度计算量大的情况。显然，msGA 的性能取决于主处理器和最弱从处理器。

(2) 独立型—粗粒度 (coarse-grain, cgGA)

将种群分成若干个子群并分配给多个处理器独立完成整个 GA 操作，同时定期地相互传送适应度最好的个体（迁移），从而加快满足终止条件的要求。显然迁移的方式和子群的划分是 cgGA 的性能关键。由于 cgGA 的通信开销较小，可获得接近线性的加速比，而且非常适合运行在通信带宽较低的集群系统，所以目前 cgGA 是最常用的并行遗传算法，而且研究也最深入[168]。

(3) 分散型—细粒度 (fine-grain, fgGA)

将种群中划分为微小子群（理想情况下子群只有一个个体）分配一个处理器，每个处理器进行适应度的计算，而选择、重组交叉和变异的操作仅在与之相邻的一个处理器之间互相传递个体中进行。fgGA 适合于连接机、阵列机和 SIMD 系统。

(4) 多层次并行遗传算法 (multi-layer, mlGA)

mlGA 算法分为多层，每一层的染色体和 GA 参数都与前一层的优秀染色体和 GA 参数有关。从而 mlGA 是一种自适应算法，每一层的 GA 参数都可以随进化进程而进化。显然，mlGA 更具有一般性，但是其复杂度也最高。

迁移（migration）是并行遗传算法引入的一个新的算子，它是指在进化过程中子群体间交换个体的过程，一般的迁移方法是将子群体中最好的个体发给其他的子群体，通过迁移可以加快较好个体在群体中的传播，提高收敛速度和解的精度，也有的迁移个体是随机选出的，选择适应度最高的个体迁移在短期内收敛快，解的质量提升快，但利用随机挑选的个体迁移在一段时间后能得到质量更高的解。

过多以及过频繁的迁移会破坏子群体的多样性，致使多个搜索进程集中到相同的区域，不利于提高解的质量，过少的迁移以及迁移频率过低，使各子群体不能充分利用其他子群体的信息，同样不利于提高解的质量。这使得并行遗传算法的迁移选择十分经验化，至今没有一个决定性的结论。

4.4 遗传算法的应用实例

4.4.1 遗传算法在石化企业生产调度中的应用

在流程工业生产过程中，生产是以管理和控制为核心的，生产调度是沟通生产过程控制和管理的纽带，是企业获取经济效益的所在。石化企业是典型的流程企业，具有生产过程连续、产品品种相对稳定、生产控制实时性要求高等特点。流程工业生产调度问题描述如下：

流程工业生产系统可以由资源集合（设备、人员、原料等）和产品集合表示。

① 资源集合可定义为：$R(t) = \{r_j/j = 1,\cdots,M(t)\}$，其中，$r_j$ 为生产系统的第 j 种资源，$M(t)$ 为给定 t 时间生产产品需要的资源数量。

② 产品集合可定义为：$P(t) = \{p_i/i = 1,\cdots,N(t)\}$，其中，$p_i$ 为生产的第 i 种产品，$N(t)$ 为给定 t 时间生产的产品品种数量。

生产系统是在一定时刻由可用资源集合和使用这些可用资源的产品集合组成的集合，由 $S(t) = \{R(t),P(t)\}$ 来描述，即在 t 时间生产系统的状态由资源（被占有、可用、不可用）的状态和每种产品（等待、处理、完成）的状态来描述。

生产调度就是根据资源及其属性集合、产品及其属性集合等的参数，在生产系统集合 $S(t) = \{R(t),P(t)\}$ 的约束条件下，产生调度方案，使得 t 时间生产系统的经济指标或性能指标最优。

首先，将生产调度中工序、资源的使用等编成二进制串，其中要考虑到工序的先后、资源共享等约束条件。

其次，设计适应度函数，以最小时间为适应度函数，设适应度函数为：

$F(f(x)) = \dfrac{1}{1 + c + f(x)}$，设 $f(x)$ 为时间，F 为适应度函数，c 为调整值，保证适应度函数落在计算范围。

设计遗传算法运算的步骤如下：

① 随机生成规模为 N 的初始种群。

② 计算初始种群的适应度值。

③ 对种群中的每个个体进行变异操作，随机选择互换、倒置、转移、突变四种变异操作的一种。

④ 判断每个个体在变异后是否满足优化准则，若满足则是最佳个体，不满足转⑤。

⑤ 将不满足优化准则的个体选出来，对其中的每一个个体继续进行变异操作。

⑥ 分别计算适应度值，转③。

⑦ 判断是否满足终止条件，不满足转⑤。

4.4.2 遗传算法在石化多效并流蒸发器设计中的应用

在多效蒸发器设计中常用方法是用迭代法计算。多效蒸发器设计中的迭代计算是两组交叉迭代，参数之间相互影响。初值的估计直接影响迭代的次数和收敛性。用遗传算法代替数值迭代算法，就是将设计问题转化为最优化问题。目标函数就是模拟结果与设计要求的差值。决策变量就是设备参数。目标函数达到设计精度时，作为决策变量的设备参数就是设计结果。多效蒸发器数学模型如下：

各效料液浓度 $x_i = f_1(F, x_0, w_1, w_2, \cdots, w_i)$；

末效完成液浓度 $x_n = f_2(F, x_0, w_1, w_2, \cdots, w_i)$；

各效溶液沸点 $t_i = f_3(T'_i, x_i, < ph_i >)$；

各效的焓衡算式 $w_i = f_4(Q_i, w_1, w_2, \cdots, w_{i-1}, T'_i, t_i, t_{i-1}, < ph_i >)$；

各效传热速率方程 $Q_i = f_5(K_i, S_i, \Delta t_i)$；

各效传热温差 $\Delta t_i = f_6(t_i, T_i)$；

物性数群 $< ph_i > = f_7(T'_i, T_i)$；

各效二次蒸汽饱和温度 $T'_i = f_8(p_1, p'_k)$；

各效加热蒸汽温度 $T_i = f_9(T'_i)$；

数学模型中变量或变量群的数目有 15 个。独立方程或方程群有 9 个，多效蒸发器数学模型的自由度为：15 - 9 = 6 个。

在设计问题中，赋值变量为设计给定变量、各效传热系数。对于多效蒸发器，赋值变量是：原料液流量 F，原料液浓度 x_0，末效完成液浓度 x_n，第一效加热蒸汽压强 p_1，末效冷凝器中的压强 p'_k，各效的传热系数 K_1 等六项。这些赋值变量或变量群，可使多效蒸发器的数学模型有唯一解。得到的设计结果有设备参数和其他状态变量。多效蒸发器的传统设计是两组交叉的迭代方法，参数之间相互影响，难以得到较准确的设计结果。如果将设备参数事先赋值，即将各效的传热面积 S_i 取代末效完成液浓度 x_n 作为赋值变量，其他事先赋值的变量不变，设计问题可转变为模拟问题，就可避免交叉迭代计算。将模拟计算出的末效完成液浓度 x'_n 与设计给定的末效完成液浓度 x_n 进行比较，它们的差值作为最优化的目标函数。

最优化目标函数取为：$\min J = |x'_n - x_n|$ (4-25)

各效的传热面积 S_i（$i=1, 2, \cdots, n$）为决策变量。显然此最优化问题属于求目标函数的全局最小值问题，并且目标函数始终大于零，因此遗传算法的适应度函数可以设计为：

$F = \begin{cases} D - J, & J < D \\ 0, & J \geqslant D \end{cases}$，其中 D 为精度因子，取为 1。

假设并流三效加料蒸发器，每小时将 12000kg 10% 的 NaOH 水溶液浓缩到 30%。原料液在第一效的沸点下加入蒸发器。第一效的加热蒸汽绝压为500kPa，冷凝器的绝压为20kPa。各效蒸发器的总传热系数分别为 $K_1=800\mathrm{W}/(\mathrm{m}^2\cdot℃)$，$K_2=\mathrm{W}/(\mathrm{m}^2\cdot℃)$，$K_3=600\mathrm{W}/(\mathrm{m}^2\cdot℃)$。原料液的比热容为3.77kJ/(kg·℃)。估计蒸发器中溶液的液面高度为1.2m。在三效中溶液的平均密度分别为 $1120\mathrm{kg/m^3}$，$1290\mathrm{kg/m^3}$ 及 $1460\mathrm{kg/m^3}$。各效加热蒸汽的冷凝液在饱和温度下排除，忽略热损失。

S 取值范围为：$80\mathrm{m}^2<S<110\mathrm{m}^2$。

设计遗传算法参数如下：

编码串长度为 $l=20$。

群体大小：$M=100$；交叉概率：$p_c=0.7$；变异概率：$p_m=0.002$；终止代数：$T=100$。

计算结果如表4-2所示。

表4-2　多效蒸发器设计计算结果

传统迭代方法	102.5	103.4	103.7
遗传算法	103.5	103.5	103.5

结果表明：遗传算法可完全得到三个相等的传热面积，用遗传算法求解最优化问题可避免多效蒸发器设计中的两组相互交叉的迭代计算，从而使多效蒸发器设计更加准确。此方法对化工机械中的非线性方程组的求解提供了一种新的有效方法。

4.5* 多变异拟子基因共同进化算法（3MGCA）

已经没有人对基因决定生物格局以及构造产生疑问，基因作为遗传信息的主要载体决定着生物进化的进程和特征。但是人类的研究发现，人类社会和文化的发展并不完全取决于基因。从进化意义上讲，人类及其社会的发展主要是生物进化和文化进化共同作用的结果。社会进化理论经过了漫长的发展历程，从古典的进化论、怀特的普遍进化论、威尔逊的社会生物论、理查德的拟子理论，这种研究经历了三个阶段，基因决定论，基因-文化协同进化论，拟子-基因共同进化论。

拟子被定义为“文化的基本单位，通过非遗传的方式，特别是模仿而得到传递”。拟子（meme）这个词最初源于英国科学家理查德·道金斯（Richard Dawkins）的著作《自私的基因》。道金斯认为，任何一个事物要构成一种复制因子必须具备遗传、变异和选择三个特征。meme完全具备这三个特征：

1）meme具有遗传性

meme传播的过程就是meme遗传的过程。如某种宗教信仰传播时，宗教信仰作为meme，不断地在信仰者身上遗传；

2）meme具有变异性

meme的传递过程并非都是完善的，如人们在转述一个事件时，或许会添加一些细节，或许会删减一些内容；

3）meme具有选择性

meme的传播能力是不同的，某些meme更易于被传递，另一些meme则从来得不到传播。如我们学唱歌曲时经常会发现，有些歌曲比较容易记忆，并能很快传播，有些歌曲则很

* 表示选修内容。

少被传唱。

Meme 与 gene 的区别在于 gene 是染色体中的遗传基本单位，是一代接着一代地传递下去的，而 meme 则不仅能够通过遗传物质传递给下一代，能够改变自身结构以适应新的环境，而且能够四处散播感染他人。模拟这一进化形式的算法叫 memetic 算法。

Memetic 算法的主要思想是：在对可行解进行演化操作进入下一代演化前，通过探测遗传算法得到的解的邻域空间，使得搜索朝着局部最优方向发展。

基本结构如下：

```
procedure MA;
  begin
    initialize population P of size #popsize;
    foreach individual  i ∈ P  do  i: = Local - Search (i);
   n: = 0 ;
      repeat
   for  i: = 1 to #recombination do
    select two parents  i_a, i_b ∈ P  randomly;
      i_c: = Recombine ( i_a, i_b );
      i_c: = Local - Search ( i_c );
  add individual  i_c  to P;
          endfor;
          for  i: = 1 to #mutation do
            select one parents  i ∈ P  randomly;
            i_c: = Mutate (i);
            i_c: = Local - Search ( i_c );
            add individual  i_c  to P;
          endfor;
      P: = select (P);
      n: = n + 1
  until  n = #generations;
     end;
```

多变异拟子 - 基因共同进化算法（multi-mutation meme-gene coevolution algorithms, 3MGCA）将基因进化同拟子进化结合在一起，从新的视角来重构遗传算法。

拟子进化的若干特征：

通过非遗传方式传递；

可以感染，属于群体控制；

不因基因消失而消失；

受一定规则限制，并可反作用于规则；

能够改变自身结构以适应环境变化。

基因进化的若干特征：

通过遗传方式传递；

通过改变个体完成进化；

可以组成基因组以提高自己的竞争能力；

有突变可能；

能够改变自身结构以适应环境变化。

综合以上几个特征，我们对生物进化和社会进化有了具有一定可操作性和数学性的概念。

下面针对复杂工程优化设计问题（complex engineering optimization problem，CEOP），根据以上的若干特征，抽象遗传策略。这里需要注意的是，我们不是为了模拟而模拟，而是为了求解而模拟。

复杂工程优化设计问题的数学模型常可以用下式表示：

$$\left.\begin{aligned} &\min f_m(X), X = (x_1, x_2, \cdots, x_n)^T \\ &\qquad m = 1,2,\cdots,M \\ &s.t.\quad g_i(X) \leqslant 0,\ i = 1,2,\cdots,I \\ &\qquad a_j \leqslant x_j \leqslant b_j,\ j = 1,2,\cdots,J \end{aligned}\right\} \tag{4-26}$$

式中，$f(X)$ 是优化对象函数，X 是 n 维设计变量，m 是对象数目，$g(X)$ 等为约束条件，根据情况不同可以有等式不等式约束，常量约束等，i、j 为条件数目。不妨认为 $m=1$ 为单目标优化设计问题以简化分析。

多变异拟子－基因共同进化算法（3MGCA）实际上是一种以遗传算法为基本架构，从拟子进化和基因进化的特征出发提出的整体寻优策略。在这里，针对目标是 CEOP 问题，我们寻找的是良好的寻优策略，因此将拟子文化进化概念同操作理念联系起来。

3MGCA 策略 1　每一个基因构成的染色体都有一段由拟子构成的文化信息，多个染色体的文化信息可能相同。

3MGCA 策略 2　由基因构成的染色体相互竞争产生新个体，由拟子构成的文化信息相互竞争产生新文化，但二者算子不同。

3MGCA 策略 3　基因构成的染色体群体规模可以固定，拟子构成的文化信息所拥有的群体规模总在变化。

3MGCA 策略 4　基因可能被淘汰，文化也可能消亡，当主体文化统治大多数染色体足够长代数后，引入衰老因子和文化复兴因子。

3MGCA 策略 5　基因进化可能影响文化进化，文化进化也可能影响基因进化，这个过程尤其体现在影响力强的状态。

3MGCA 遗传策略是一个模拟基因和拟子共同进化的寻优策略，它可以通过不同的操作来实现，从而形成各种可实现的算法。理论分析得出了若干有意义的结论，3MGCA 算法具有全局收敛性，对保持群体多样性有一定有利影响，新的算子不影响原有遗传算法的全局并行特点，文化算子对算法的一代时间复杂度的影响远低于 GA 策略。仿真试验结果表明 3MGCA 在应用性能上的各个评价指标优于 MGA、CGA，相对于 SGA 有较大幅度的提高，证明了文化算子的引入是合理有效的。

小　结

遗传算法是一类借鉴生物界自然选择和自然遗传机制的随机化搜索算法。模式定理是它的理论基础。相对传统的优化算法，遗传算法最主要的优点在于它的全局搜索和隐含的并行性，而且遗传算法具有很强的扩展性，在复杂优化问题比如多峰、不连续且非线性的应用场合也有很强的内在优势。遗传算法的应用技术包括编码技术、群体设定、适应度函数设计、算子设计、控制参数选择等五个方面。

遗传算法首先将问题解空间映射成染色体空间，即将所求问题的解数据以一定方式用一串代码（染色体）表示出来，从而对染色体操作就相当于更新问题解，这一过程称之为编码。为了衡量问题解的优劣，遗传算法用评估函数值作为遗传算法的依据。评估函数又称为适应度函数，它的取值与搜索问题密切相关。算法初始化形成一个由若干个体组成的染色体群体，然后采用适当的操作算子将群体进行更新进化，这一过程是一个有组织却是随机的信息处理尤其是信息交换的过程。该过程依据一定原理有效地搜索和组织那些有希望改善解质量的部分串（基因），使得适应度较高的染色体在下一代生存和繁殖的概率比那些适应度较低的染色体要大，在同时注意保持群体的多样性的情况下对染色体群体不断循环操作使之趋于全局最优解。遗传算子主要包括选择、交叉、变异。遗传算法作为一种采用随机化技术的搜索方法，并不等同于一般的随机搜索，遗传算法有着明确的搜索方向，从而使得它的效率要高得多。

在实际应用中，遗传算法的参数设置包括群体规模、迭代次数、杂交概率和变异概率等。目前对遗传算法的参数设置的合理选择还缺少相应的理论作为指导，由于参数设置关系到遗传算法的精度、可靠性和计算时间等诸多因素，并且影响结果的质量和系统性能。

由于简单遗传算法在性能上的固有缺陷，目前有众多的改进遗传算法，而且针对不同对象还衍生出更多的甚至专有的特殊遗传算法，这些算法在各自的工程领域中为解决一些复杂优化问题提供了新的思路。

习　题

1. 选择题

（1）遗传算法的交叉方式包含________。

A. 两点交叉　　B. 多点交叉　　C. 随机交叉　　D. 完全交叉

（2）下列表述中，正确的是________。

A. 遗传算法是穷搜索随机算法

B. 变异是遗传算法保存旧基因的算子

C. 遗传算法中适应度函数是唯一评价依据

D. 轮盘赌实际上是种随机挑选的过程

（3）减少变异概率可以________遗传算法的搜索空间。

A. 降低　　B. 提高　　C. 不改变　　D. 不一定

2. 填空题

（1）遗传算法是源于自然界________规律的一种仿生算法。

（2）遗传算法的编码与译码应符合________、________、________的规则，以求得最优解。

（3）*Holland* 提出的________证明了遗传算法具有向最优解搜索的趋势。

3. 问答题综合题

(1) 简述遗传算法的基本结构。

(2) 遗传算法在应用时需注意什么问题?

(3) 遗传算法与其他优化算法在搜索性能方面有何不同?

(4) 遗传算法的迭代速度和收敛性能由哪些因素决定?

(5) 试利用遗传算法编程求解函数 $f_1 = 75 - \sum_{i=1}^{3} x_i^2, x_i \in [-4.99, 4.99]$。

(6) 采用简单遗传算法实现对如下函数的最优搜索:

$$f_5 = 0.5 - \frac{\sin^2\left(\sqrt{\sum_{i=1}^{2} x_i^2}\right) - 0.5}{\left(1 + 0.01\sum_{i=1}^{2} x_i^2\right)^2}, \alpha \quad x_i \in [-100, 100]$$

调整变异概率、交叉概率等参数体会遗传算法的收敛性能变化。

参 考 文 献

[1] Goldberg D. E., Deb K. and Korb B., Messy genetic algorithms revisited: Studies in mixed size and scale. Complex Systems 4: 415 ~444, 1990.

[2] Holland J. H., Adaptation in Natural and Artificial Systems. Ann Arbor University of Michigan press, 1975.

[3] Tsutsui S. and Fujimoto Y., Forking genetic algorithms: GAs with search space division schemes. Evolutionary Computation 5(1): 61 ~80, 1997.

[4] 陈国良，王煦法，庄镇泉等. 遗传算法及其应用，北京：人民邮电出版社，1996：1 ~270.

[5] 徐宗本，聂赞坎，张文修. 父代种群参与竞争遗传算法几乎必然收敛. 应用数学学报，2002，25 (1)：167 ~175.

[6] 胡峰松，林亚平，熊仲宇，刘朝晖. 半确定性的遗传算法. 湖南大学学报，2002，129(5)：115 ~117.

[7] [日]玄光男，程润传. 遗传算法与工程设计，北京：科学出版社，2000.

[8] 李国，阮晓青. 关于简单遗传算法变异率的理论分析. 工程数学学报，2006(3)：468 ~474.

[9] 何琳. 遗传算法的理论及应用研究. 哈尔滨工程大学博士论文，1999.

[10] Kalyanmoy Deb. Multi-objective optimization of a leg mechanism using genetic algorithm [J]. Engineering Optimization, 2003, 35(5): 445 ~470.

第 5 章　人工免疫系统

【本章知识架构】

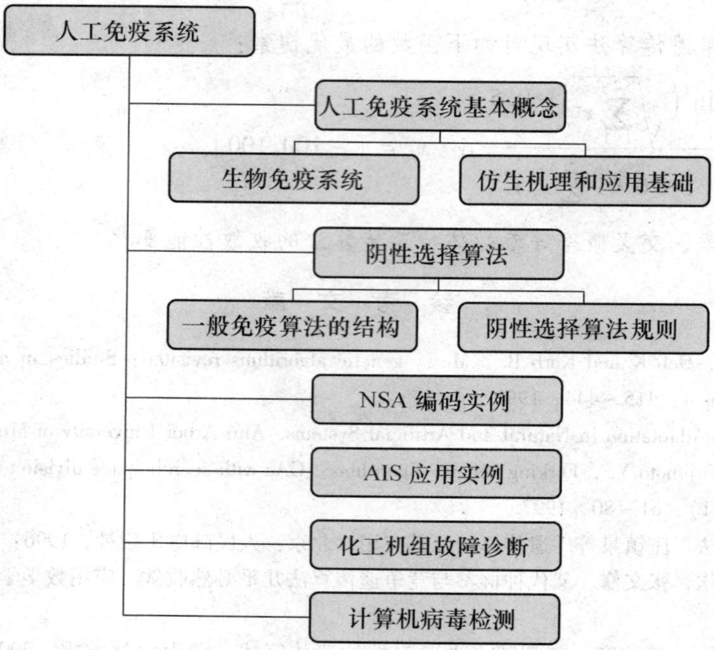

【本章教学目标与要求】

熟悉人工免疫系统的基本原理

了解人工免疫系统的仿生机理

掌握阴性选择算法

掌握阴性选择算法的重要算子

了解人工免疫系统的改进

了解人工免疫系统在应用实例中的变化

掌握人工免疫系统的应用特点

从信息处理的角度来说，免疫系统是与遗传系统、神经系统并列的人体三大信息系统之一，它具有自适应、自组织、自学习和大规模并行信息处理的特点。从生物学的角度来说，免疫系统是抵御外来有害物质侵害的防御系统，生物机理可以归纳为几点：①免疫细胞识别抗原的不完全匹配性。②免疫系统可以自主调整抗体间的 hamming 距离。③免疫细胞的识别多样性。④细胞超变异现象抵御入侵抗原变种。

正如遗传算法是源于进化论和遗传机理的一种直接搜索优化算法，人工免疫系统（artificial immune system，AIS）则借鉴了生物免疫系统的工作机理，抗原和抗体分别对应优化问题的目标函数和可行解，从初始化随机生成种群开始，采用算子操作群体，优胜劣汰，迭代循环，不断逼近问题最优解。

由于 AIS 模拟了免疫系统基于浓度的抗体繁殖策略，从而保持了优化群体的多样性，在复杂问题环境中全局收敛性的优势更加明显。

5.1 人工免疫系统的基本概念

人工免疫系统（AIS，artificial immune system）受生物免疫系统启发而来，是一种具有对复杂函数进行多峰值搜索及全局寻优能力的人工智能方法。它来源于生物免疫系统，又是对生物免疫系统的引申和抽象。

5.1.1 生物免疫系统

生物免疫系统是一个十分复杂的系统，长期以来人们一直不能对其做出全面和深入的解释。对生物免疫系统的研究（生物免疫学）也是一门相对年轻的学科，它最早起源于中国古代医师为了治疗天花患者而发现了人痘苗的过程。1796 年英国医生 Edward Jenner 用“牛痘”取代了人痘苗，然后研究停滞的状况一直延续到了 19 世纪中叶。1880 年，法国免疫学家 Pasteur 创制了狂犬病疫苗和减毒细菌疫苗，从而引发了人们研究免疫机理的兴趣。1930 年，Landsteiner 因对半抗原及血型抗原的研究而获得了诺贝尔医学奖。1958 年，澳大利亚学者，F. Burnet 提出了具有里程碑意义的克隆选择学说（clone selection theory）。该学说认为：体内存在着识别各种抗原的免疫细胞克隆，抗原通过细胞受体选择相应的克隆并使之活化和增殖，变成抗体产生细胞和免疫记忆细胞；胚胎时期与抗原接触的免疫细胞可被破坏或抑制，称为禁忌细胞株（forbidden clone）；部分免疫细胞可因突变而与自身抗原起反应。20 世纪 70 年代，Richte、Hiernaux 等人提出了抗体独特型调节网络学说。该学说认为：机体免疫系统是一个建立在识别自身抗原基础上来识别外来抗原的系统，抗体分子的可变区结构域具有双重特性，它通过抗原结合部位与抗原结合，又借助于独特性决定簇引发免疫应答。正是克隆选择学说和独特型调节网络学说为现代免疫学奠定了坚实的基础，也使得人们对生物免疫系统的研究进入了一个新的阶段。

免疫（immunity）即针对外来病原微生物产生的抗感染防御能力，也可解释为机体抵御外部入侵，使其免受病原侵害的应答反应。生物免疫系统对自我和危险信号的识别和应答，通过识别和排除抗原性异物，以维持机体内环境的生理平衡和稳定。外部有害病原入侵机体并激活免疫细胞，诱导其发生反应的过程称为免疫应答（immunity response）。免疫应答分为固有性免疫和获得性免疫两种，固有性免疫又称非特异性免疫，是个体出生时就具有的一种防御功能，可对病原进行快速清除；获得性免疫又称特异性免疫，是个体在生命过程中接受抗原性异物刺激后主动产生或接受免疫球蛋白分子（抗体）后被动获得的，能够特异性识别并清除病原体，具有特异性、记忆、区分自我与非我、多样性和自我调节等优良特性。诱导免疫系统产生免疫应答的物质称为抗原（antigen），能与抗原进行特异性结合的免疫细胞称为抗体（antibody）。有参与免疫应答过程的相关细胞，包括吞噬细胞、NK 细胞、淋巴细胞等。淋巴细胞又分为 B 细胞和 T 细胞两种。

图 5－1 是生物免疫系统的体系机构图，图 5－2 是免疫应答机理的示意图。

生物免疫系统是一个高度分布、并行和自适应的系统，它具有如下几个主要特点：

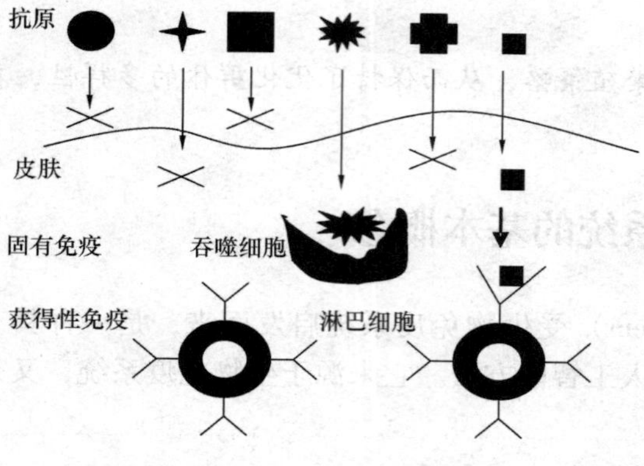

图 5－1　生物免疫系统的体系结构

(1) 多层性

生物免疫系统对外来侵害提供多层保护。例如，皮肤为第一道屏障，阻止病菌进入生物体内；第二道屏障是生理上的，通过免疫细胞识别和消灭侵入的病菌。

(2) 不完全匹配性

免疫应答是特异性的，每种抗体或受体只能识别和结合特定的抗原。同时人们又发现，体内的约 10^6 种不同的淋巴细胞能够识别出约 10^{16} 种不同的外来抗原模式。因此，抗原和抗体的匹配是不完全的，即不是一对一的。一个淋巴细胞可以对几种不同的、结构相近的抗原做出反应。

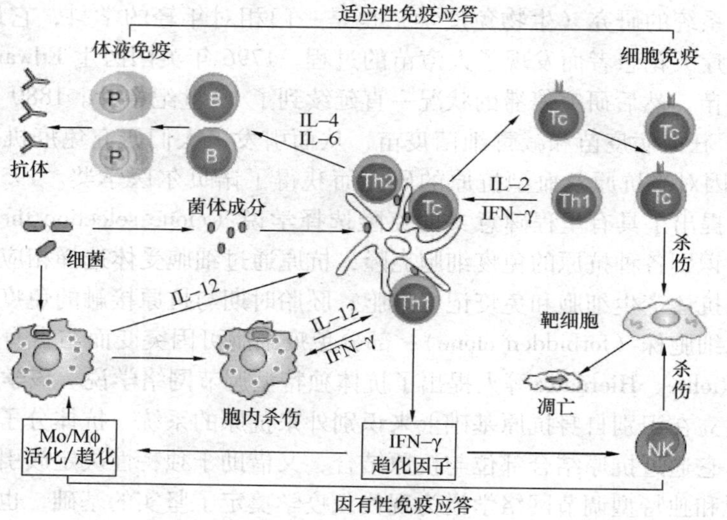

图 5－2　免疫应答机理示意图

(3) 自学习功能

如果免疫系统检测到以前未遇到过的病菌，它将经历初次免疫应答，“学习”该特定病菌的结构，并通过免疫记忆保留对新病菌的识别和反应。之后当遇到相同的病菌模式时，免疫系统将快速做出反应。

(4) 多样性

在胚胎期由于遗传和免疫细胞在增殖中发生基因突变。形成了免疫细胞的多样性。首先，有机体内免疫细胞的多样性保证：当每一种抗原侵入有机体时，都能在有机体内选择出可识别和消灭相应抗原的免疫细胞，并使之激活、分化和增殖，进行免疫应答，最终清除抗原。其次，每个个体都有一个独一无二的免疫系统，存在着群体中免疫系统的多样性。这种多样性保证：当有个体对某病菌呈现脆弱性时，不会出现所有个体都对同一病菌呈现脆弱性的情况。因此，免疫系统的多样性可大大增强个体和群体的健壮性。

(5) 分布性

免疫系统由分布在机体各个部分的细胞、组织和器官等组成。免疫系统的分布式特性首先取决于病原的分布式特征，即病原是分散在机体内部的；其次免疫系统的分布式特性有利于加强系统的健壮特性，从而使得免疫系统不会因为局部组织损伤而使整体功能受到很大影响。

（6）动态性

淋巴细胞在体内不断地循环和更新，使免疫保护呈现动态特性。通常，免疫细胞的生存期短（仅几天），它们不断地被新产生的淋巴细胞所替代，使得免疫细胞多样化。这种多样化扩大了免疫系统的免疫范围。

5.1.2 人工免疫系统的仿生机理

生物免疫系统奇妙的信息处理机制也给从事信息学研究的人们带来了启示，使他们看到了其工程应用的价值，纷纷投入到了生物免疫系统的计算机实现当中去。1986 年，Farmer J. D. 、Packard N. H. 和 Perelson A. S. 在论文“The immune system, Adaptation and Machine Learning”中首次提出了免疫网络的数学描述，开创了人工免疫系统研究的先河。1996 年，在日本举行了第一次基于免疫系统的国际专题讨论会，提出了“人工免疫系统”的概念。1997 年和 1998 年 IEEE System, Man and Cybernetics 国际会议分别组织了相关的专题讨论，并成立了“人工免疫系统及应用”分会。2002 年 6 月，IEEE Transaction on Evolutionary Computation 出版了专刊报道人工免疫系统的研究进展。2002 年至 2010 年期间，国际上举办的带有人工免疫专题的学术会议近 60 次。

于是，人工智能领域一个新的研究方向应运而生——人工免疫系统。人工免疫系统既然抽象于生物免疫系统，因此对其仿生机理的研究是必不可缺的。

图 5－3 中前四种人工免疫系统仿生机理对应于免疫系统的应答过程。免疫系统具有两种形式的应答：初次应答和再次应答，如图 5－4 所示。初次应答是指免疫系统首次遇到一种抗原，再次应答则是对已识别抗原产生的免疫应答。在免疫系统发生初次应答时，一般要经历一段较长的潜伏期，才能识别和消灭入侵的抗原。由于免疫记忆细胞的存在，当同样的抗原再次入侵时，免疫记忆细胞迅速开始大量克隆增殖，抗体浓度很快达到较高水平，所以相对于初次应答而言，再次应答来得更迅速、更剧烈。从计算科学的观点看初次应答对应于对训练数据进行学习，再次应答对应于模式聚类问题。再次应答不仅会由同样的抗原的再次侵入引起，还会由相似抗原的侵入引起，这也就是通常所说的免疫记忆具有联想性。

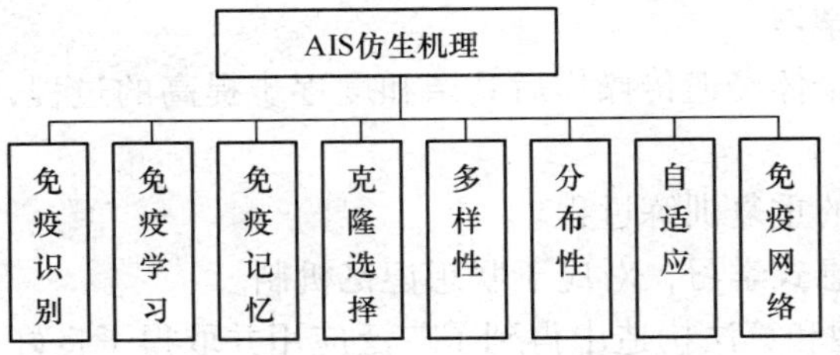

图 5－3 人工免疫系统的仿生机理

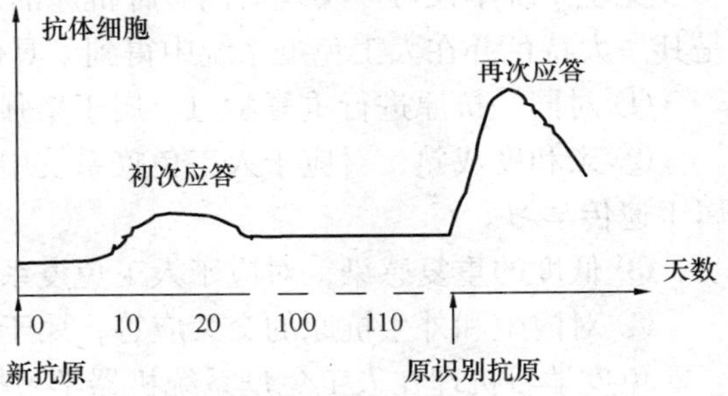

图 5－4 免疫应答示意图

免疫应答的实质是一个识别、效应和记忆的过程。下面我们分别讨论人工免疫系统经常模拟的几种仿生机理。

(1) 免疫识别

免疫识别是免疫系统的主要功能，同时也是人工免疫系统的核心之一，如果生物体内的某种免疫细胞辨别出了外来抗原，并启动机体内的免疫作用，这一过程称为免疫识别。

识别的本质是区分“自我”和“非我”。免疫识别是通过淋巴细胞上的抗原识别受体（receptor）与抗原的结合（binding）实现的，结合的强度称为亲和度（affinity）。亲和度表示的是一个抗体结合部位（V 区）与一个抗原决定簇结合的牢固性。结合越紧密其亲和力越高，不同抗体对一个抗原决定簇的亲和力上的变化是相当大的。亲和力高有利于抗体的免疫应答并清除抗原。通过记忆应答产生的抗体比在初次应答中的抗体有更高的亲和力。未成熟的 T 细胞首先要经历一个审查环节，只有那些不能与自我（即机体本身组织）发生应答的 T 细胞才可以离开胸腺，执行免疫应答的任务，从而防止免疫细胞对机体造成错误攻击。该过程称为阴性选择（negative selection），它是免疫识别的一种主要方式。

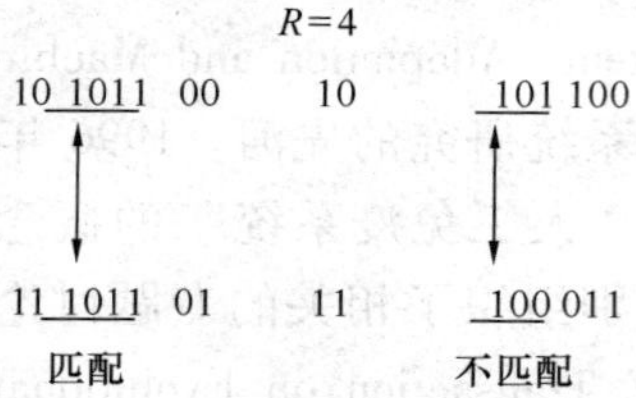

图 5-5　阴性选择的不连续匹配规则

免疫细胞对抗原的识别是通过结合（或匹配）过程实现的，相应地人工免疫系统中的抗原识别通过特征匹配来实现，其核心是定义一个匹配阈值，而对匹配的度量则采用多种方法，如 hamming 距离、euclidean 距离以及 Forrest 所提出的 r-连续位匹配方法（见图 5-5）等。阴性选择原理对应人工免疫系统中的阴性选择算法（详见 5.2），其核心是根据识别的对象特征进行编码，定义一个自我集合并随机产生一系列检测器，用于检测自我集合的变化。根据阴性选择原理，若检测集合与自我集合匹配，则完成匹配任务，免疫识别机理在图像识别、网络入侵检测、故障诊断及异常检测中得到了广泛的应用。

(2) 免疫学习

免疫识别过程同时也是一个学习的过程，学习的结果是免疫细胞的个体亲和度提高、群体规模扩大，并且最优个体以免疫记忆的形式得到保存。免疫学习大致可分为两种：一种发生在初次应答阶段，即免疫系统首次识别一种新的抗原时，其应答时间相对较长；而当机体重复遇到同一抗原时，由于免疫记忆机制的作用，免疫系统对该抗原的应答速度大大提高，并且产生高亲和度的抗体去除病原，这个过程是一个增强式学习（reinforcement learning）过程，对应于再次应答。

免疫系统不仅可以实现对同一种抗原的识别，而且可以对结构类似的抗原进行识别，这是其一大特色并在人工免疫系统中得到了具体体现。免疫学习一般有以下几种途径：

① 对同一抗原进行重复学习，属于增强式学习。

② 亲和度成熟，对应于人工免疫系统中的个体经遗传操作后其亲和度逐步提高的过程，属于遗传学习。

③ 低度的重复感染，对应于人工免疫系统的重复训练过程。

④ 对内生和外生抗原的交叉应答，属于联想式学习，对应于联想记忆机制。

免疫学习机理在人工免疫系统机器学习模型和算法构造中得到了广泛应用并取得了良好的学习效果。另外，免疫网络的进化也是一个学习的过程。

(3) 免疫记忆

当免疫系统初次遇到一种抗原时，淋巴细胞需要一定的时间进行调整以更好地识别抗原，并在识别结束后以最优抗体的形式保留对该抗原的记忆信息。而当免疫系统再次遇到相同或者结构相似的抗原时，在联想记忆的作用下，其应答速度大大提高。免疫记忆对应于再次免疫应答和交叉免疫应答，而交叉应答是免疫系统对结构相似的抗原所产生的免疫应答。

下面以免疫系统对牛痘和天花的应答为例，说明免疫记忆机制的作用（见图5－6），该过程体现了疫苗免疫的思想。经过对牛痘的初次应答后，免疫系统保存了对该病原的记忆信息，而当蛋白质结构与牛痘相似的天花病毒出现时，由于联想记忆机制的作用，免疫系统同样可以对其进行识别和效应。

免疫记忆属于联想式记忆，是人工免疫系统区别于其他进化算法的重要特性之一。Farmer首先指出免疫记忆可以看作一种联想式记忆（associative memory）模型。Smith对免疫记忆模型与稀疏分布记忆（sparse distributed memory，SDM）模型进行了对比，指出初次免疫应答对应着SDM向记忆中存储信息的过程，而再次和交叉免疫应答则可以看作是SDM读取记忆信息的过程。免疫记忆机制目前在智能优化和增强学习等方面得到了具体应用，它可以大大加速优化搜索过程，加快学习进程并提高学习质量。

（4）克隆选择

克隆选择原理最先由Jerne提出，后由Burnet予以完整阐述。其大致内容为：当淋巴细胞实现对抗原的识别（即抗体－抗原的亲和度超过一定阈值）后，B细胞被激活并增殖制产生B细胞克隆，随后克隆细胞经历变异过程，产生对抗原具有特异性的抗体。克隆选择理论描述了获得性免疫的基本特性，并且声明只有成功识别抗原的免疫细胞才得以增殖。经历变异后的免疫细胞分化为效应细胞（抗体）和记忆细胞两种，如图5－7所示。

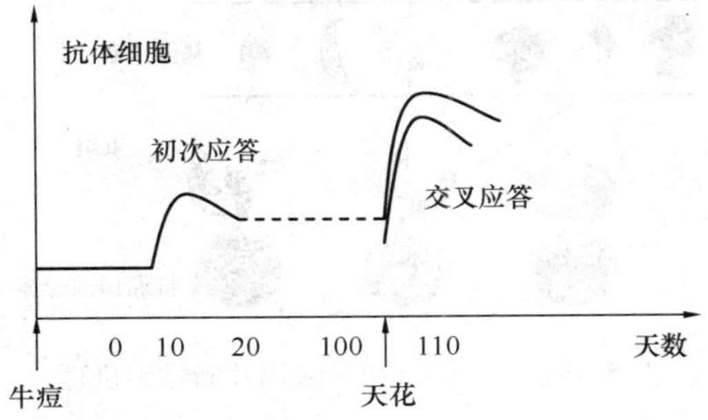

图5－6 联想记忆机制示意图

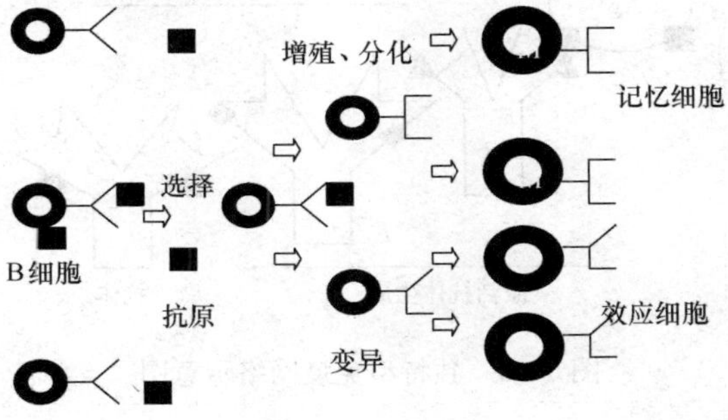

图5－7 克隆原理

克隆选择的主要特征是免疫细胞在抗原刺激下产生克隆增殖，随后通过遗传变异分化为多样性效应细胞（如抗体细胞）和记忆细胞。克隆选择对应着一个亲和度成熟（affinity maturation）的过程，即对抗原亲和度较低的个体在克隆选择机制的作用下，经历增殖复制和变异操作后，其亲和度逐步提高而“成熟”的过程。因此亲和度成熟本质上是一个达尔文式的选择和变异的过程，克隆选择原理是通过采用交叉、变异等遗传算子和相应的群体控制机制实现的。根据克隆选择原理，De Castro提出了克隆选择算法模型，并在模式识别、组合优化和多峰值函数优化中得到了验证。Kim将克隆选择原理用于网络入侵检测，其算法的核心在于增殖复制算子和变异算子，前者与个体亲和度成正比，保证群体亲和度逐步增大；后者与个体的亲和度成反比例关系，保留最佳个体并改进较差个体。

（5）免疫网络

基于细胞选择学说，Jerne开创了独特型网络理论，给出了免疫网络的数学框架。在Jerne工作的基础上，Perelson提出了独特型网络的概率描述方法。免疫网络理论对免疫细胞活动、抗体生成、免疫耐受、自我与非我识别、免疫记忆和免疫系统的进化过程等做出了系统的假设，并且将免疫系统视为由免疫细胞或者分子组成的调节网络，免疫细胞以抗体间的相互反应和不同种类免疫细胞间的相互通信为基础，抗原识别是由抗原相互作用所形成的免疫网络完成的。

独特型免疫网络理论认为，免疫细胞对识别信号（抗原或其他免疫细胞、分子）的应答有阳性反应和阴性反应两种。前者可以产生细胞增殖、细胞激活和抗体生成；而后者则导致免疫耐受或抑制，如图 5－8 所示。通过对免疫细胞或分子的数学建模，免疫网络理论可以很方便地用于描述免疫系统的突现属性，如学习和记忆等。受到免疫网络理论的启发，研究人员构造了多种人工免疫网络模型，如互联耦合网络、多值免疫网络、抗体网络等，并应用于数据聚类、数据分析、机器人控制等领域。

（6）个体多样性

根据免疫学知识，免疫系统大约含有 10^6 种不同的蛋白质（抗体是能够与抗原发生特异性结合的球蛋白），但外部潜在的抗原或待识别的模式种类有 10^{16} 之多。要实现对数量级远远大于自身的抗原识别，需要有效的多样性个体产生机制。但是免疫系统如何产生如此多的抗体，从而实现对抗原的有效识别？抗体多样性的生物机制主要包括免疫受体库的组合式重整、体细胞高突变以及基因转换等，而目前比较公认的多样性产生机制是抗原受体库的基因片断重组方法（见图 5－9），其中基因片断是抗体的组成单位之一。

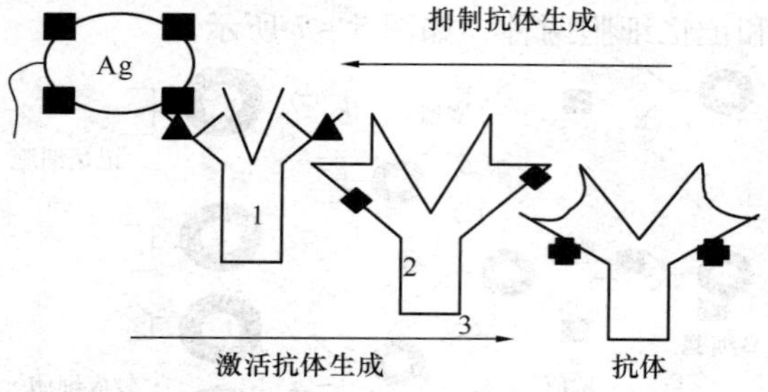

图 5－8　独特型免疫网络示意图

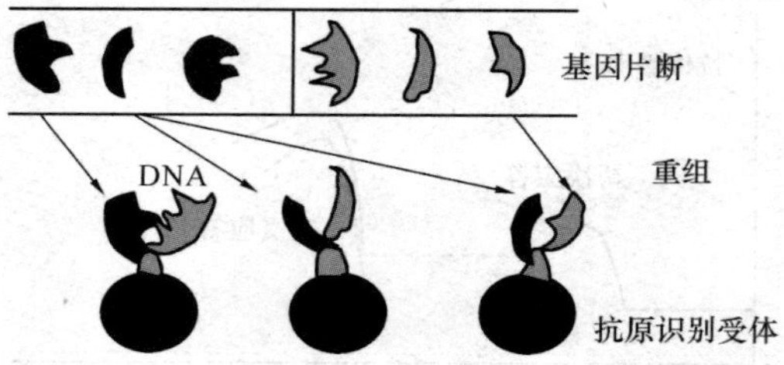

图 5－9　多样性产生的基因片断重组机理

可以看出，抗体经过基因片断的重组过程，从而产生了多样性的抗原识别受体。依据该原理，De Castro 开发了多样性产生模型 SAND，并用模拟退火算法对群体的多样化机制进行了模拟。多样性仿生机理可以广泛应用于优化搜索过程，特别是组合优化与多峰函数优化。将该多样性机理用于遗传算法中，可以有效地改善算法的局部收敛性能，从而更好地找到全局最优解，或者保留局部最优集合用于多峰值函数优化。另外，多样性产生机制可为需要多样性数据集合的研究与应用提供借鉴，如神经网络集成等。

（7）分布式和自适应特性

免疫系统由分布在机体各个部分的细胞、组织和器官等组成。免疫系统的分布式特性首先取决于病原的分布式特征，即病原是分散在机体内部的；其次免疫系统的分布式特性有利于加强系统的健壮特性（robust），从而使得免疫系统不会因为局部组织损伤而使整体功能受到很大影响。

分散于机体各部分的淋巴细胞采用学习的方式实现对特定抗原的识别，完成识别的抗体以正常细胞变异概率的 10 倍进行变异，使得其亲和度提高的概率大大增加，并通过分化为效应细胞和记忆细胞分别实现对抗原的有效清除和记忆信息保留，这个过程实际上是一个适应性的应答过程。由于免疫应答机制是通过局部细胞的交互起作用而不存在集中控制，所以系统的分布式进一步强化了其自适应特性。

分布式和自适应特性在提升系统的工作效率和故障容错能力方面得到了应用。由于工作载荷分布在不同的多个工作单元上，系统的工作效率得到有效提高；同时，其分布式特性还可以减少由局部工作单元失效所引起的对系统整体的不利影响。据此，Forrest 研究了分布式和自适应的病毒检测和网络安全入侵检测系统。

5.2 阴性选择算法

从信息处理的观点看，免疫系统是与遗传系统、神经系统并列的人体三大信息系统之一。人类从免疫系统中不断获得新的启示并创造出越来越多的智能方法，人工免疫算法就是其中之一。人工免疫算法（artificial immune algorithm，简称 AIA）的复制算子模拟了免疫系统基于浓度的抗体繁殖策略，出色地保持了解群（对应于免疫系统中的抗体）的多样性，从而克服了 GA 解群多样性保持能力不足的缺点。阴性选择算法是基于非己识别机理衍生而出的一种人工免疫算法，在 AIS 中得到广泛的应用。

5.2.1 人工免疫算法的基本思想和一般结构

目前，一般的免疫算法大多采用类似遗传算法的搜索策略，借用了 GA 的选择、交叉和变异算子（有的只用变异算子），但在群体搜索策略、解的表示和记忆单元设置等方面与 GA 有所不同。从搜索策略来讲，GA 采用适应度函数来指导搜索过程，人工免疫系统（AIS）采用亲和度（如 hamming 距离、信息熵等）等进行度量；GA 采用二进制或浮点字符串来表示一个完整的解，而 AIS 大多采用部分编码，即其个体编码只对应于解的一部分；另外，AIS 与 GA 的群体控制策略也有所不同，GA 无明显的记忆单元，而 AIS 则保存最优个体记忆信息，用于加速局部搜索或者抑制早熟收敛，从而使算法快速收敛到全局最优解。

基本思想：优化问题的目标函数视为抗原，优化问题的解视为抗体。亲和度是指可行解与目标函数之间的匹配程度，显然亲和度是算法收敛的关键性指标，同时亲和度的大小可以认定为群体多样性的衡量标准。通过计算抗体期望生存率来提高优势抗体的遗传和变异机率，用记忆细胞单元保存择优后的可行解来抑制相似可行解的继续产生，通过迭代循环不断逼近全局最优解。

我们不妨设 $A(t)$ 和 $O(t)$ 分别表示第 t 代的抗体和后代，人工免疫算法的一般结构可以描绘如下：

```
begin
  t ← 0 ;
  初始化 A(t) ;                    #产生抗体群
  评价 A(t)                        #计算亲和度
  while 不满足终止条件 do
  begin
    重组 A(t) 获得 O(t) ;          # 免疫算子
    评价 O(t) ;
    产生 A(t + 1) ;
```

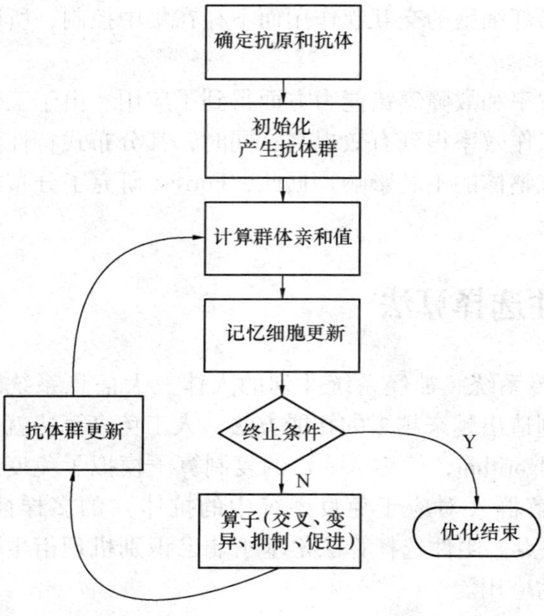

图 5-10 人工免疫算法的流程图

$t \leftarrow t+1$;

end

end

人工免疫算法基本流程如图 5-10 所示。

5.2.2 阴性选择算法

生物免疫系统主要由两类淋巴细胞组成，即 B 细胞和 T 细胞。B 细胞由骨髓产生，当检测到有抗原存在时，B 细胞将在表面产生 Y 型抗体。T 细胞也由骨髓产生，在 T 细胞产生过程中，通过伪随机基因重组过程在 T 细胞表面产生检测器。然后 T 细胞进入胸腺进行检查（称为阴性选择或反面选择），那些和机体自身蛋白质反应的 T 细胞被毁灭，只有那些不破坏自身组织的 T 细胞存活，这些成熟的 T 细胞在体内循环，它能检测出任何非己物质，执行免疫功能，保护机体免受抗原的侵袭，这就是阴性选择原理。

阴性选择原理是免疫系统的核心原理之一，受免疫系统这种自己－非己识别机理的启发，Forrest 等人于 1994 年提出了阴性选择算法，并对其在工程中的具体应用进行了相应的探讨，该算法随之在 AIS 中得到广泛的应用。

Forrest 的阴性选择算法分为两个阶段，第一阶段为检测器产生阶段，随机串由算法任意产生，并同所有“自己”串进行亲和力计算，如果同任何一个“自己”串的亲和力大于亲和力阈值，该串将被移除，否则该随机串将成为有效检测器。如图 5-11 所示。第二阶段为检测阶段，对于任何一个新串，同所有检测器进行亲和力计算，如果同其中任何一个检测器的亲和力大于亲和力阈值，该新串被检测为“非己”。如图 5-12 所示。

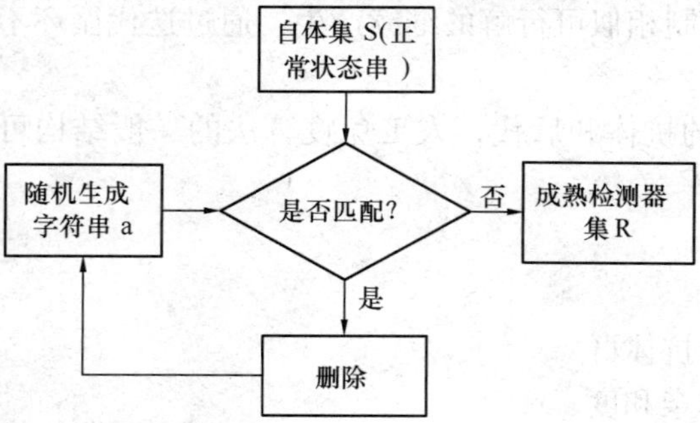

图 5-11 检测器产生阶段

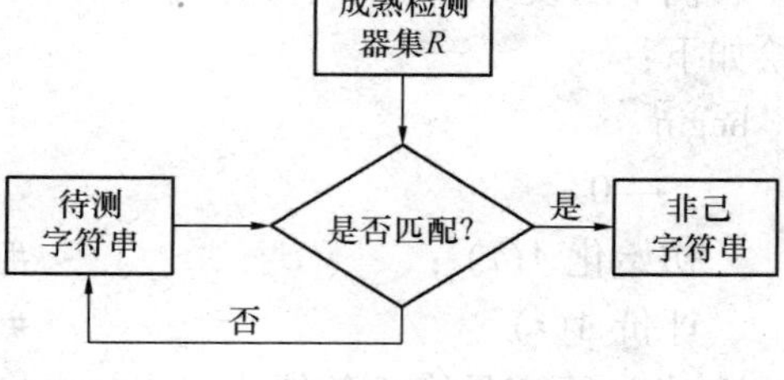

图 5-12 检测阶段

Forrest 阴性选择算法的步骤如下：

① 定义字符串集合 S（长度等于 l）表示“自体”，根据应用对象确定 S 的编码方式；

② 定义匹配规则、匹配阈值以及期望达到的系统匹配失败率等参数；

③ 随机产生长度等于 l 的字符串 a；

④ 将 a 与自体集 S 中的元素相匹配，以步骤 2 中所定义的匹配规则与匹配阈值为依据判断 a 是否与自体元素匹配，若匹配则返回步骤 3 继续产生随机字符串，若不与任何 S 中元素相匹配，则 a 成为有效检测器，加入成熟检测器集合 R；

⑤ 通过不断地将 R 中的检测器与 S 比较来起到监控 S 的目的；

⑥ 待测字符串则与成熟检测器集合 R 中的元素按规则匹配，如果匹配则为非己字符串，否则为自体字符串。

如上所述，在 Forrest 提出的阴性选择算法中，使用的是二进制编码方式，即用二进制串来表示检测器集和自己。检测器是一些简单的、固定长度的二进制字符串。通过一个简单的规则来比较两个字符串，判断是否发生了匹配。在产生检测器时，匹配规则用于判断检测器是否合格，在进行异常检测时，匹配规则用于识别是否有异常变化发生。匹配规则分为完全匹配和部分匹配。两个等长字符串的每个对应位上的字符都相等的匹配称为完全匹配。然而在生物免疫系统中，抗体和抗原的结合，更多地表现出不完全匹配特性，完全匹配只是其中的一个特例，因此人们更关心部分匹配规则。通常有许多部分匹配规则，如汉明距离规则、r – 连续位匹配规则、变种 R&T 匹配规则等。

这里提供两种最常用的部分匹配规则：

1）r – 连续位匹配规则

两个长度为 l 的二进制串 a、b，当且仅当它们在 r 或多于 r 个连续位上有相同字符时，它们在 r 连续位匹配规则下匹配。

其中 r 称为匹配阈值，显然 $0 \leq r \leq l$，极限情况下 $r = 0$ 所对应的匹配字符串集对应于整个 l 位字符串集，$r = l$ 规则对应的匹配字符串集对应于字符串本身。

例如：若 $a = 01101010$、$b = 01011100$，则当 $r = 2$ 时，字符串 a、b 在 r 连续位匹配规则下匹配。

在 r – 连续位匹配规则中，它需要根据连续匹配的位数来确定两个字符串是否匹配。r 表示了当检测器与“非己”字符串至少有 r 个连续位取值相同，才能检测出“非己”字符串。如果一个检测器能够检测到的“非己”字符串数目越多，则它的专一性越差，反之则越强。在检测器产生算法中，利用 r – 连续位匹配规则，能以较小的检测器集合，检测较大范围的“非己”字符串。

2）汉明距离匹配规则

两个长度为 l 的二进制串 a、b，当两个字符串的汉明距离不大于 $l - r$（在 r 个或多于 r 个相同位置上有相同的字符时），则称字符串 a、b 在汉明距离匹配规则下匹配。

例如：若 $a = 10010110$、$b = 01011001$，则当 $r = 2$ 时，字符串 a、b 在汉明距离匹配规则下匹配。

阴性选择算法以生物免疫系统的阴性选择原理为基础，相应的，阴性选择算法也具有一些阴性选择原理的特性：

① 每个检测器只包含“非己”的一部分，可以独立行使功能，检测器之间无需交流与协调；

② 检测器对系统的“非己”检测是概率的，并不是寻找特定的已知模式库中的元素，故可以有效地检测任何异常活动；

③ 由于字符串空间是有限的，所以在“自体”定义完整的情况下，不会有误报的产生。

同遗传算法一样，阴性选择算法的编码直接影响到算法的收敛性能，合适的编码方法不但可以直观地反应人工免疫系统的重要特性，而且有利于提高算法的运行效率。下面我们以一个例子来阐述阴性选择算法的编码方法。

例5－1　已知某旋转机组的振动槛值划分为好、较好、允许、不允许四种运行状态，其中

好：0.28～0.7

较好：0.7～1.8

允许：1.8～4.5

不允许：4.5～28

拟采用阴性选择算法来实现上述四种状态的判定，请给出一种编码方式。

解：

按阴性选择算法二进制编码方式，考虑采用6位编码，以0.28～0.7为自己空间串，其他三串按非己空间串（故障空间串）编码。若检测值小于0.28，则取为0.28；检测值大于28，则取为28。于是有编码长度为64×6＝384，每个码段为(28－0.28)÷64＝0.433125，自己空间串只占不足一个码段，为：0.28～0.713125。

单靠一个码段作为自己空间串，训练检测器效果极差。编码时可采用这样的方法：先规定自己空间串的长度，如规定两个码段，先定出每个码段的范围为：（0.7－0.28）÷2＝0.21。

则整个编码范围为下列64段：

0.28～0.49～0.7～0.91～1.12～1.33～1.54～1.75～1.96～2.17～2.38～2.59～2.8～3.01～3.22～3.43～3.64～3.85～4.06～4.27～4.48～4.69～4.9～5.11～5.32～5.53～5.74～5.95～6.16～6.37～6.58～6.79～7～7.21～7.42～7.63～7.84～8.05～8.26～8.47～8.68～8.89～9.1～9.31～9.52～9.73～9.94～10.15～10.36～10.57～10.78～10.99～11.2～11.41～11.62～11.83～12.04～12.25～12.46～12.67～12.88～13.09～13.3～13.51～13.72。

从上面可看出，这样的编码方式使得最大值为13.72，故需重新规定：若检测值小于0.28，则取为0.28；检测值大于13.72，则取为13.72。

按如上的编码方法，可知：

① 自己空间串（运行状态“好”）为：0.28～0.49～0.7；

对应的编码为：000000 000001。

② 异常串1（运行状态“较好”）为：0.7～0.91～1.12～1.33～1.54～1.75～1.96；

对应编码为：000010 000011 000100 000101 000110 000111。

③ 异常串2（运行状态“允许”）为：1.75～1.96～2.17～2.38～2.59～2.8～3.01～3.22～3.43～3.64～3.85～4.06～4.27～4.48～4.69；

对应编码为：000111 001000 001001 001010 001011 001100 001101 001110 001111 010000 010001 010010 010011 010100

④ 异常串3（运行状态“不允许”）为：4.48～4.69～4.9～5.11～5.32～5.53～5.74～5.95～6.16～6.37～6.58～6.79～7～7.21～7.42～7.63～7.84～8.05～8.26～8.47～8.68～8.89～9.1～9.31～9.52～9.73～9.94～10.15～10.36～10.57～10.78～10.99～11.2～11.41～11.62～11.83～12.04～12.25～12.46～12.67～12.88～13.09～13.3～13.51～13.72

对应编码为：010101 010110 010111 011000 011001 011010 011011 011100 011101 011110 011111 100000 100001 100010 100011 100100 100101 100110 100111 101000 101001 101010 101011 101100 101101 101110 101111 110000 110001 110010 110011 110100 110101 110110 110111 111000 111001 111010 111011 111100 111101 111110 111111

其中标示下划线的数据区间和二进制编码段，表示不同模式串存在交叉的数段，亦即表示不同模式段存在交叉的二进制编码段。原因在于无法在进行连续二进制编码，做到每一数据段均恰好具有明显的分段点。这也是任一种二进制编码方式都不可避免地存在的、影响诊断正确率的重要原因。

阴性选择算法目前广泛应用于模式识别、病毒检测、网络入侵检测、故障诊断及异常检测等。该算法并没有直接利用自体信息，而是由自体集合通过阴性选择生成检测子集，具备了并行性、鲁棒性和分布式检测等特点，在实际使用上要根据不同应用对象对算法做适当的改进。

5.3 人工免疫系统应用实例1——故障检测

人工免疫系统作为人工智能方法的一种，也具有较强的现场依赖性，需要根据不同的应用对象对算法的结构和算子做调整，可以通过训练和学习来选择最优操作策略和算子，这就是所谓改进的人工免疫系统。由于人工免疫系统的应用非常广泛，改进也五花八门，因此在应用中一定要从实际出发，因地制宜，切不可生搬硬套。下面我们举一个具体的应用实例（化工机组故障诊断）让大家了解一下人工免疫系统的应用技巧和特点。

5.3.1 应用背景和问题的提出

现代工业的特点是生产设备大型化、连续化、高度化和自动化，它在提高生产率，降低成本，节约能源和人力，减少废品率，保证产品质量等方面有很大的优势。但是从另一方面来看，由于机械设备发生故障而停工造成的损失却成比例地增加，维修费用也大幅度地上升。我国大型石化企业机组等大都采用单机、满负荷、连续性的生产操作方式，这些化工机组往往是大规模生产装置中的关键设备，一旦出现停机故障，将导致全厂停产，由此造成的经济损失将是十分巨大的。怎样才能及时发现这些事故隐患，降低事故的发生和影响呢，这就成为一个具有极大社会和经济意义的研究课题。

故障诊断技术是近20多年来国际上随着电子计算机技术、现代测量技术和信号处理技术的迅速发展而发展起来的一项新技术。应用故障诊断技术对机器设备进行监测和诊断，可以及时发现机器的故障和预防设备恶性事故的发生，从而避免人员伤亡、环境污染和巨大的经济损失。应用故障诊断技术可以找出生产系统中的事故隐患，从而对机械设备和工艺进行改造，以消除事故的隐患。应用故障诊断技术还有以下重要作用：

① 故障诊断技术在保证重要工业系统的合理安排、优化设计、设备的安全运行，预防和减少恶性事故的出现，消除故障隐患，提高生产率和降低成本等都有重要的技术上和经济上的价值。

② 故障诊断技术在工艺过程和产品质量的检验中的应用，对于提高各工业部门的生产水平，高质优产具有重要的作用。

③ 故障诊断技术在各种工程结构损伤程度确诊中的应用，对于防止重大恶性事故等同

样具有十分重大的意义。

设备故障诊断技术，其实质是了解和掌握设备在运行过程中的状态，预测设备的可靠性；确定其整体或局部是正常或异常；早期发现故障，并对其原因、部位、危险程度等进行识别和评价；预报故障的发展趋势，并针对具体情况做出实施维护决策的技术。设备故障诊断技术主要包括以下三个基本环节：信息采集、分析处理、故障诊断，如图 5 – 13 所示。

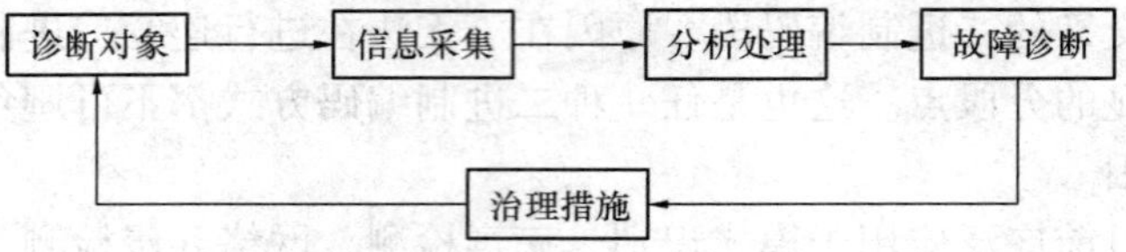

图 5 – 13　故障诊断逻辑示意图

1）信息采集

设备故障诊断技术属于信息技术的范畴。其诊断依据是被诊断对象所表征的一切有用的信息，比如振动、噪声、转速、温度、压力、流量等。没有信息，故障诊断就无从谈起。对设备来说，主要是通过传感器（如振动传感器、温度传感器、压力传感器等）来采集信息。人的感官也是一种特殊的传感器。因此，传感器的类型、性能和质量、安装方法、位置以及人的思维和判断往往是决定诊断信息是否会失真或遗漏的关键。

2）分析处理

由传感器或人的感官所获得的信息往往是杂乱无章的，其特征不明显、不直观，很难加以判断。分析处理的目的是把采集的信息通过一定的方法进行变换处理，从不同的角度获取最敏感、最直观、最有用的特征信息。分析处理可用专门的分析仪或计算机进行，一般可从多重分析域、多重角度来观察这些信息。人的感官所获得的信息，是在大脑中进行分析处理的。分析处理主法的选择、结果的准确性以及表示的直观性都会对诊断的结论产生较大的影响。

3）故障诊断

故障诊断包括对设备运行状态的识别、判断和预报。它充分利用分析处理所提供的特征信息参数，运用各种知识和经验，其中包括设备及其零件故障或失效机理方面的知识，以及设备结构原理、运动学和动力学、设计、制造、安装、运行、维修等方面的知识，对设备的状态进行识别、诊断，并对其发展趋势进行预测和预报，为下一步的设备维修决策提供技术依据。

故障诊断技术可根据不同的诊断对象、要求、设备、人员、时间、地点等具体情况，采取不同的诊断策略及实施措施。其基本实施过程如图 5 – 14 所示。

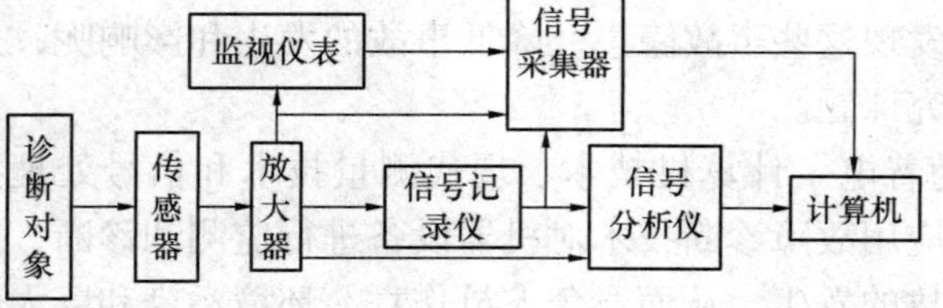

图 5 – 14　故障诊断技术参考实施过程

5.3.2　振动诊断系统设计

在大型石化企业化工机组中的汽轮机、发电机、鼓风机、压缩机等都是典型的旋转机械，它们以转子及其他回转部件作为工作的主体，是企业的核心设备。旋转机械的主要功能是由旋转动作完成的，转子是其最主要的部件。旋转机械发生故障的重要特征是机器伴有异常的振动和噪声，其振动信号从幅值域、频率域和时间域实时地反映了机器故障信息。正因为如此，我们可以考虑将振动信号中的信息作为故障诊断的依据，也就是说以系统在某种激励下的振动响应作为诊断信息的来源，通过对所测得的振动参量（振动位移、速度、加速度）进行各种分析处理，并借助一定的识别策略，对机械设备的运行状态做出判断，进而给出故障部位、故障程度及故障原因等方面的信息。由于振动诊断具有诊断结果准确可靠、便于实时诊断等诸多优点而受人们普遍关注，在机械故障诊断的整个技术体系中占主导地位。

振动检测系统包括测振传感器、数据采集与处理、特征提取、故障诊断等几部分，具体参看图5-15。

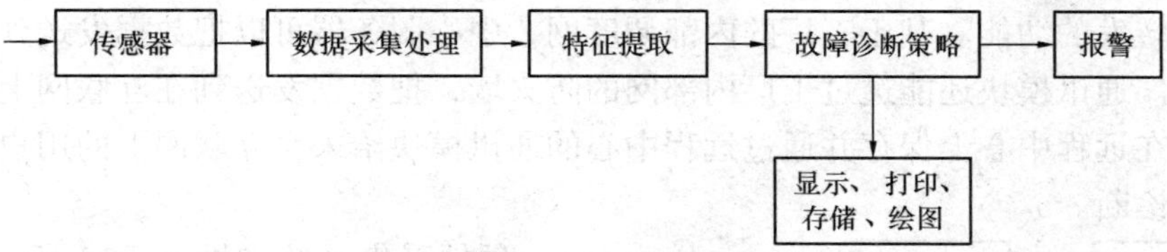

图5-15　振动检测系统示意图

我们以某化工厂的橡胶装置二线挤压脱水机（GY6204）及膨胀干燥机（GY6205）智能故障诊断系统为例，如图5-16。该智能故障诊断系统是一个集在线监测、智能诊断、远程诊断中心于一体的机组监测与诊断平台。以在线监测取代传统人工巡检，以基于免疫算法的智能诊断取代人工诊断，以跨网段的网络通讯的远程诊断中心取代传统孤立、离线的采集传输方式。

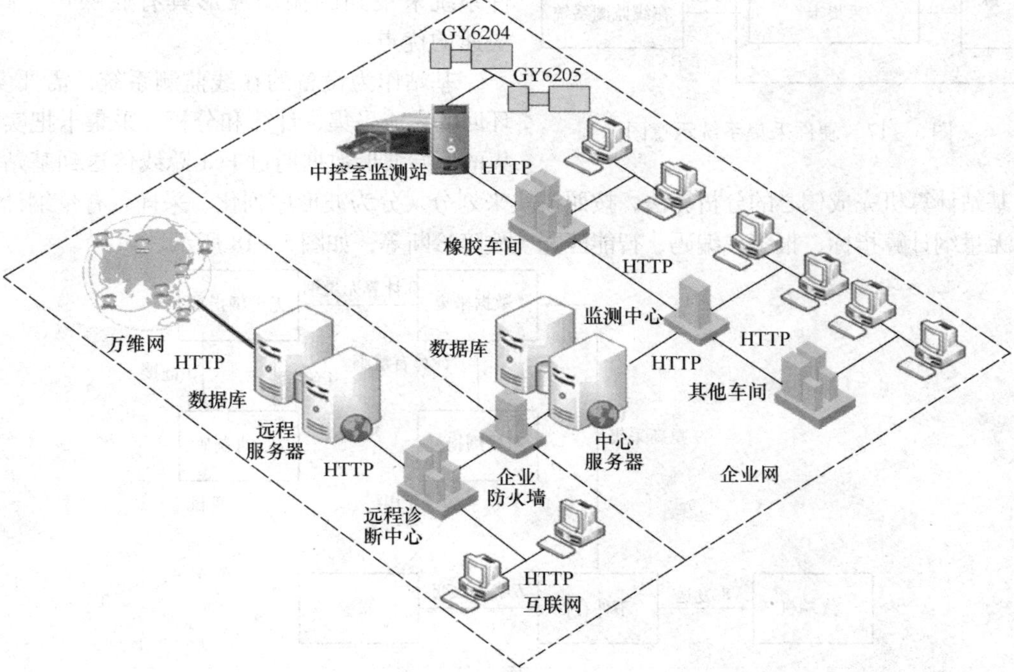

图5-16　智能故障诊断系统拓扑图

系统包括中控室的基站和互联网上的远程诊断中心，基站安装了探头、硬件采集器、软件和通讯模块，完成数据采集、分析、报警、编码、匹配、诊断等主要监测和诊断功能；中心服务器完成数据存储、查询历史数据和设置、远程控制、远程传输等功能；远程诊断中心接收中心服务器发送的数据包，实现把工厂内部网的机组数据保存到远程服务器上，使得来自互联网的用户也可以浏览机组的监测和诊断数据，实现跨网段远程监测和诊断服务。监测基站、中心服务器和远程诊断中心为工厂的设备监测和诊断提供一整套在线监测和诊断解决方案。

在机组检测端用 CTC 速度振动传感器（探头）来采集振动信号，通过电缆传输至基站的监测系统，经在线监测模块的分析和诊断后得到监测和诊断数据；通讯模块把数据压缩打包，并发送到设备监测中心的中心服务器，该服务器配置 WEB 服务和数据库服务器，实现数据存储和转发的功能。基于工厂的内部调度网，中心服务器可以把数据发送到调度网上的任意终端机。通讯模块还能透过工厂内部网的防火墙，把数据发送到在互联网上的远程诊断中心，数据在远程中心上保存并通过远程中心的通讯模块给来自互联网上的用户调用，实现远程监测和诊断。

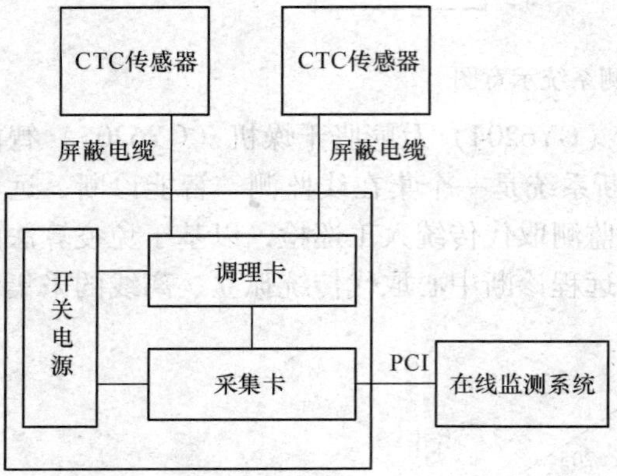

图 5－17　硬件采集系统示意图

硬件采集系统如图 5－17 所示，由探头、屏蔽电缆、调理卡、采集卡、开关电源组成。探头和调理卡之间采用屏蔽电缆，能有效减少噪声的干扰；调理卡实现对直流的过滤，保留交流信号并实现信号放大的作用；采集卡对放大后的信号实时采样和 AD 转换成数字信号，通过 PCI 总线发送的基站的监测系统。由该硬件系统采集到的振动波形具有底噪声、高频、快速的优点。

基站作为设备的在线监测系统，需要实时、环回的完成采集、计算和分析。采集卡把实时采集的原始波形数据通过 PCI 总线传送到基站计算机。基站计算机完成核心的分析算法，按照模块来划分，分为波形序列化、采样、有量纲计算指标、无量纲计算指标、报警、编码、智能匹配、故障诊断等，如图 5－18 所示。

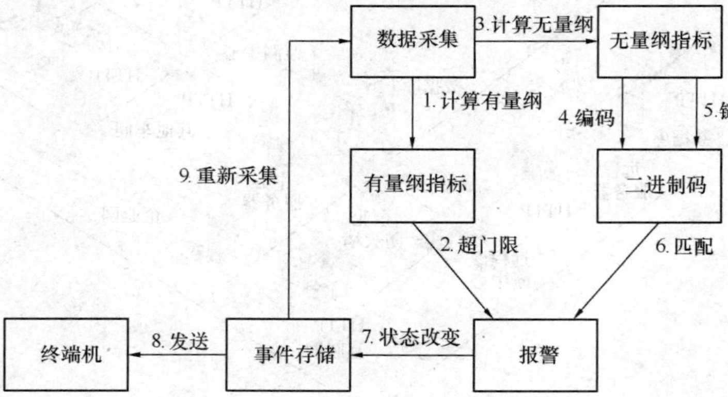

图 5－18　在线监测流程图

经过数据采集和特征量计算模块，得到在线监测所需显示的特征量值、编码值、报警状态和原始数据，这些数据会被实时的发送到中心服务器，并按照时间平均和时间存储机制把数据保存到数据库。终端机向中心服务器请求监测数据，并以各种图形和列表显示返回的结果给用户。

5.3.3 故障诊断策略

故障监测及诊断根据振动信号的时域分析来完成，在该化工厂橡胶装置二线挤压脱水机（GY6204）及膨胀干燥机（GY6205）智能诊断系统中，以时域信号阴性选择模糊匹配为诊断手段，首先是从采集的振动波形作为分析的原始数据，通过对采集的数据和故障模式的波形数据进行比较，如果数据样本与故障波形存在相同的特征，则可以判断当前数据有可能发生了故障模式相同的故障。图 5－19 中（a）和（b）显示采集数据样本和故障模式下的波形的示意图，经放大后可以发现它们存在相同的特征，如图 5－19（c）和（d）所示。

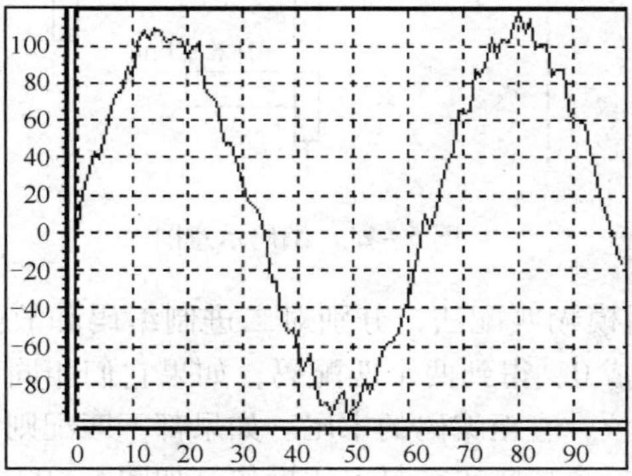

(a)数据样本

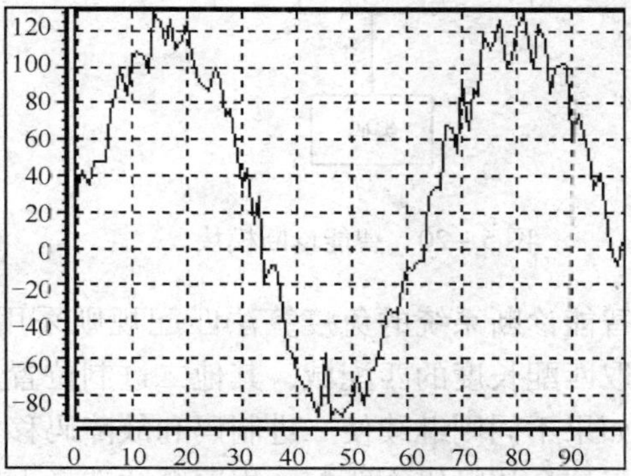

(b)故障波形

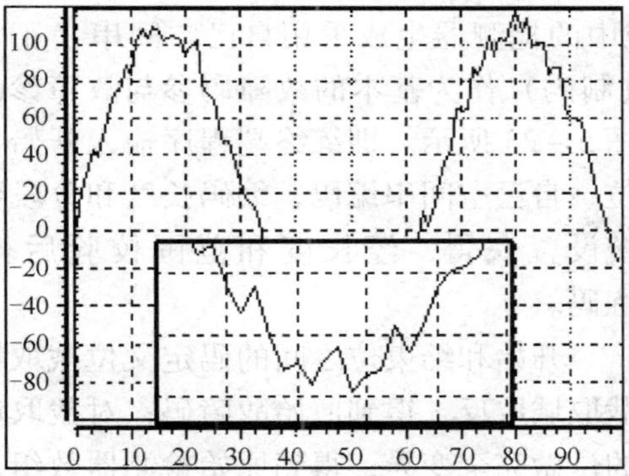

(c)数据样本

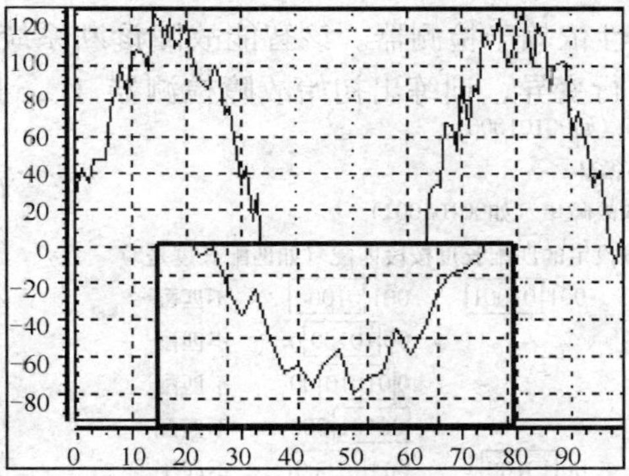

(d)故障波形

图 5－19　故障诊断振动信号比较示意图

振动信号特征常用的无量纲参数有波形指标、峰值指标、脉冲指标、裕度指标、峭度指标等。

该智能故障诊断系统采用改进的阴性选择算法利用上述的无量纲参数快速匹配和识别数据样本的故障，实现智能故障识别的功能，同时算法还具有自学习性，能够将未知故障自动添加到成熟检测集（故障集）中，从而增加系统的诊断能力。智能诊断模块如图 5－20 所示。

从 5.2 节可知，阴性选择算法的使用首先要对目标函数（抗原）和解（抗体）作编码，实例中把波形编制成二进制编码，参数为系统设置中的编码位数、分段数、指标数据范围以及数据中的振动波形。把振动波形分段，对每段分别计算出指标的特征值，按照编码位数和指标范围计算当前特征值对应的二进制编码，最后把各个段的二进制码合并和一个长码作为编码结果。编码如图 5－21 所示。

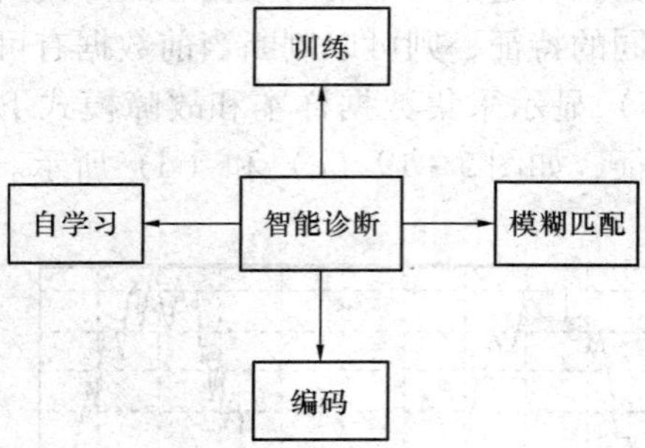

图 5－20　智能诊断模块

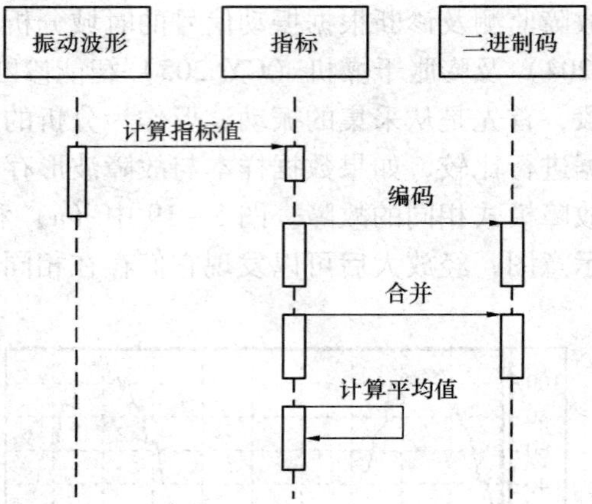

图 5－21　编码示意图

该智能诊断系统的免疫算法匹配规则采用模糊匹配法，分别对二进制编码和故障码移位，截取匹配长度的匹配域，其他二进制位置成 0，得到两个匹配码，如果它们相同则匹配成功，如果不同则继续使二进制码和故障码移位，直至编码的末尾。如果都不匹配则说明当前编码与这个故障码不匹配，程序继续选择下一个故障码重复上述操作。如图 5－22 所示。

阴性选择算法中关键的步骤是检测器的生成，故障诊断的准确性依赖于匹配，而匹配的真实性依赖于检测器。该智能故障诊断系统中的检测器生成采用自己空间串（正常模式串）进行变异，训练出初始故障检测器（二进制码）作为基本的故障码参与故障诊断，如图 5－23 所示。训练终端程序输入开始和结束位、自己空间串编码，编码长度和分段数从系统设置获得，经长度和范围校验后得到训练码。

开始和结束位之间的码定义位截取域；对截取域取反，得到原始故障码；对截取域以外的位做完全变异，得到原始检测器数组，该数组中每个检测器都带有定义的截取域的特征；

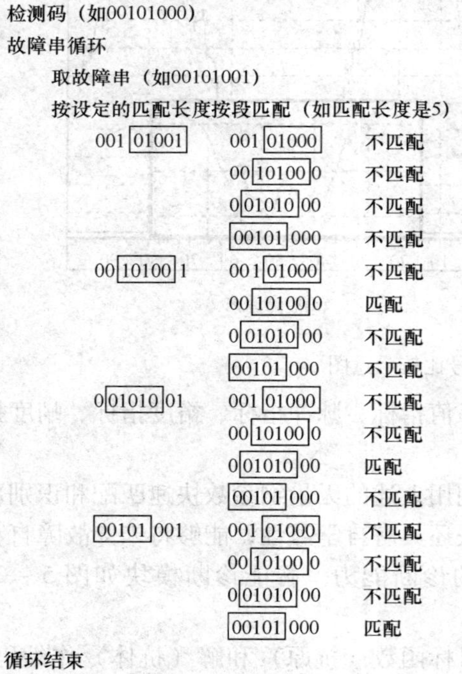

图 5－22　匹配算法样本流程图

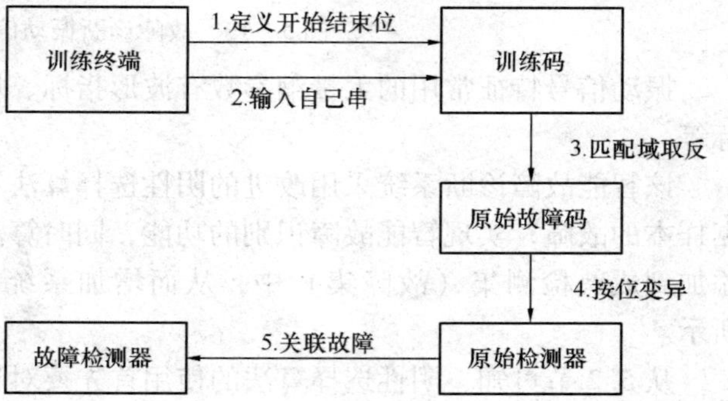

图 5－23　检测器生成示意图

原始检测器未做故障关联，自动对应到未知故障；从训练终端可以查询、编辑已经生成的原始检测器，并设定检测器对应一个或者多个故障（复合故障），该操作使检测器与某种或者多种故障关联，成为故障检测器并参与诊断运算。

智能故障诊断系统的自学习能力直接关系到系统的自适应性和鲁棒性，实例中自学习训练流程如图5－24所示，训练终端程序输入故障串、开始和结束位，经长度和范围校验后得到训练码；从定义的开始和结束位截取编码域，其他位设为0，形成原始故障码；对截取域以外的二进制码做完全变异，得到大量的带有截取域特征的故障检测器（成熟检测器）；保存后这些检测器追加到检测器数组并参与诊断运算。

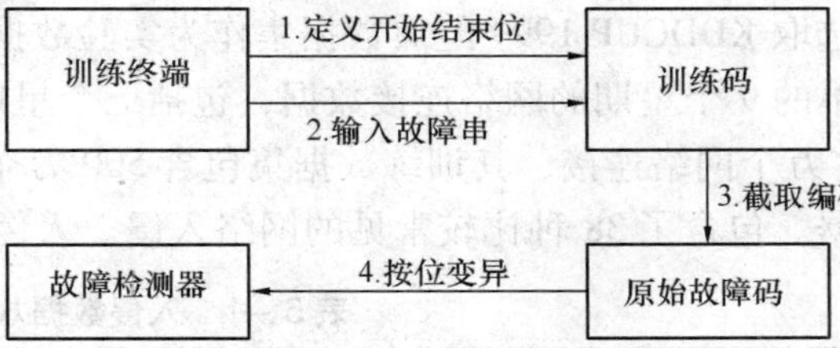

图5－24　自学习训练流程图

对于未来出现的新故障，只要记录下故障特征码，启动自学习功能，系统能学习并变异出与故障码相类似的故障检测器，并添加到检测器队列中，只要下次数据样本再次出现该特征的编码，即识别为该故障。

该智能故障诊断系统在多个大型石化企业中应用效果良好，故障诊断准确、快捷，能够实现远程监测和诊断，为化工机组故障诊断提供了良好的解决方案，也为人工免疫系统在故障诊断领域广泛应用提供了重要的实例支撑。

5.4　人工免疫系统应用实例2——计算机病毒检测

5.4.1　应用背景和问题的提出

据市场机构Infonetics一份最近市场调查报告，每年黑客攻击为美国大型机构带来的经济损失平均高达3000万美元，折合为其总营业额的2.2%。另据普华永道受英国贸易与工业部委托而进行的一项调查的结果显示，英国去年由于安全问题而导致的损失达到了180亿美元，这一水平与两年前相比增长了50%左右。而最近中国一个网络犯罪案例更是让通信公司对安全问题有了进一步的重视，某高科技公司的工程师利用互联网多次侵入某移动通信公司充值中心数据库，窃取充值卡密码并向他人销售，造成该公司370多万元人民币的损失。据预测，安全问题所造成的损失还将继续增长，越来越多的企业、用户已经意识到安全问题的严重性。从这方面，可以看到安全问题值得我们去研究和探讨。进入21世纪以来，网络和信息系统特别是互联网的安全面临着严峻的挑战，严重的网络安全事件层出不穷。面对网络安全的严峻形势，必须采取有效的机制和策略来解决这个问题。

计算机病毒检测技术是维护信息环节的一个重要环节，目前的计算机病毒检测技术主要是基于特征检测法，其基本方法是提取已知病毒样本的特征数据，并将此特征数据添加到病毒特征库中，在检测阶段通过搜索病毒特征库查找是否存在相匹配的病毒特征以发现病毒。此种办法只能用于检测已知的病毒，对于新出现的或未知的病毒的检测无能为力。为了解决这一问题，各反病毒研究机构专家都在努力探讨病毒检测的智能方法。

生物免疫系统是保护生物机体免受外部病原体危害的一种机制。它具有分布式并行处理、自组织、免疫记忆和鲁棒性等特性，这也是计算机病毒检测系统需要的。免疫系统和病毒检测系统的功能具有惊人的相似性，因此我们借鉴免疫原理来提高病毒检测系统的性能。

5.4.2 检测数据的选取

选取 KDDCUP 1999 经典数据集作为实验数据。数据集采自一个模拟的美国空军局域网上收集的 9 个星期的网络连接数据，包括七个星期的训练数据和两个星期的测试数据，共计 700 多万个网络连接，其训练数据集包含 500 万个连接数据，测试数据集包含了 200 万个连接数据。包含了 38 种比较常见的网络入侵。入侵数据的提取信息如表 5-1 所示。

表 5-1 入侵数据八个特征的信息

特　征	意 义 描 述	类　型
src _ bytes	从源主机发往目的主机的数据	连续
dst _ bytes	从目的主机发往源主机的数据	连续
count	在当前连接的两秒内，连接到同一台主机的次数	连续
serror _ rate	连接过程中具有 SYN 错误的百分率	连续
same _ srv _ rate	同一服务连接所占的百分率	连续
diff _ srv _ rate	不同服务的连接所占的百分率	连续
srv _ count	在当前连接的两秒内，属于同一个服务的连接次数	连续
srv _ serror _ rate	同一服务的连接中具有 SYN 错误的百分率	连续

此数据集归纳起来主要有以下四类：

(1) 拒绝服务攻击 (denial of service, DoS)

DoS 是指一个或多个用户占据了大量的共享资源，使得系统没有剩余的资源给其他用户使用的攻击方式。该数据集中出现了 11 种具体的 DoS 攻击。

(2) 未授权远程访问攻击 (remote to local, R2L)

R2L 攻击是指在目标主机上没有账号的攻击者通过发送数据包以获得目标主机的本地访问权限的攻击方式。R2L 攻击方式非常多样化，一些是利用网络服务程序本身的缓冲区溢出漏洞，一些是利用网络安全策略的错误配置，另外的则是通过特洛伊木马，还有一些则通过破解密码来获得本地访问权限。此数据集中就出现了这样的 14 种具体攻击。

(3) 未授权获取超级用户权限的攻击 (user to root, U2R)

U2R 攻击是指在一台机器上获得 UNIX 系统的 root 或 super user 用户权限，或者获得 Windows NT 等操作系统管理员的权限。此类攻击有七种。

(4) 探测与扫描攻击 (probing)

探测与扫描攻击是指对计算机网络或 DNS 服务器进行扫描，获取有效的 IP 地址、主机操作系统类型、活动端口号和安全漏洞等的攻击方式。攻击者往往会在攻击之前进行探测和扫描以获得尽可能多的目标主机信息。此类攻击共有六种。

KDD cup 99 经典数据集的每一条记录由 42 个属性组成，其最后一个属性是行为状态属性，由“normal”和“abnormal”两种。选取“normal”即可为自体集，方便执行。前 41 个属性分类如下：

① 基于单个网络连接的特征信息，如：duration，protocol _ type，service，flag，src _ bytes，dst _ bytes，wrong _ fragment，urgent；

② 基于单一服务的特征信息，如：hot，num _ failed _ logins，logged _ in，num _ compromised，root _ shell，su _ attempted，num _ root，num _ file _ creations，num _ access _ files， num _ outbound _ cmds, is _ hot _ login, is _ guest _ login;

③ 基于单一主机的特征信息，dst _ host _ count，dst _ host _ srv _ count，dst _ host _ same _ srv _ rate，dst _ host _ diff _ srv _ rate，land，dst _ host _ same _ src _ port _ rate，dst _ host _ srv _ diff _ host _ rate，dst _ host _ serror _ rate，dst _ host _ srv _ serror _ rate，dst _ host _ rerror _ rate，dst _ host _ srv _ rerror _ rate；

④ 综合基于主机和基于服务的连接所得到的特征信息，称作基于时间的特征信息，count，srv _ count，serror _ rate，srv _ serror _ rate，rerror _ rate，srv _ rerror _ rate，same _ srv _ rate，diff _ srv _ rate，srv _ diff _ host _ rate。

最后一个属性的“abnormal”值有以下几种情况：“buffer _ overflow”，“ftp _ write”，“guess _ passwd”，“imap”，“ipsweep”，“land”，“loadmodule”，“multihop”，“neptune”，“nmap”，“normal”，“perl”，“phf”，“pod”，“portsweep”，“rootkit”，“satan”，“smurf”，“spy”，“teardrop”，“warezclient”，“warezmaster”。

数据分布如下所示：

0. icmp. ecr _ i. SF. 8. 0. 0. 0. 0. 0. 0. 0. 0. 0. 0. 0. 0. 0. 0. 0. 0. 0. 0. 1. 1. 0. 00. 0. 00. 0. 00. 0. 00. 1. 00. 0. 00. 0. 00. 1. 1. 1. 00. 0. 00. 1. 00. 0. 00. 0. 00. 0. 00. 0. 00. 0. 00.
ipsweep. 148774

0. icmp. ecr _ i. SF. 8. 0. 0. 0. 0. 0. 0. 0. 0. 0. 0. 0. 0. 0. 0. 0. 0. 0. 0. 1. 1. 0. 00. 0. 00. 0. 00. 0. 00. 1. 00. 0. 00. 0. 00. 1. 1. 1. 00. 0. 00. 1. 00. 0. 00. 0. 00. 0. 00. 0. 00. 0. 00.
portsweep. 345836

0. icmp. tim _ i. SF. 564. 0. 0. 0. 0. 0. 0. 0. 0. 0. 0. 0. 0. 0. 0. 0. 0. 0. 0. 1. 1. 0. 00. 0. 00. 0. 00. 0. 00. 1. 00. 0. 00. 0. 00. 2. 2. 1. 00. 0. 00. 1. 00. 0. 00. 0. 00. 0. 00. 0. 00. 0. 00.
normal. 143855

0. icmp. tim _ i. SF. 564. 0. 0. 0. 0. 0. 0. 0. 0. 0. 0. 0. 0. 0. 0. 0. 0. 0. 0. 1. 1. 0. 00. 0. 00. 0. 00. 0. 00. 1. 00. 0. 00. 0. 00. 2. 2. 1. 00. 0. 00. 1. 00. 0. 00. 0. 00. 0. 00. 0. 00. 0. 00.
pod. 345952

从数据筛选分析数据来源，三种协议不同的数据包分别是 TCP、UDP 和 ICMP 三种类型。从大量的数据集中 TCP 所占的 79. 21%，所以为了便于对 TCP 连接记录进行分析，选用具有代表性能体现出状态变化的八个数据是连续的特征对样本数据进行预处理，得到长度为 32 位的二进制字符串，匹配长度 R 取值 15，匹配 r 取值 9。

5. 4. 3　基于人工免疫算法的计算机病毒检测模型

模型定义自体集、检测器集和非自体集均为字母表 m（$m=2$，即字母表是二进制）上长度为 l（取 $l=32$，即长度为 32）的位串。其中自体集是指合法的文件，而非自体集是指病毒文件和被病毒感染的文件。如图 5 – 25 所示。

5. 4. 4　病毒检测系统的工作流程

检测器的生命过程如图 5 – 26 所示，适应性是由三个不同的检测器群体相互协调实现的，它们是候选检测器、成熟检测器和记忆检测器群体。随机生成的候选检测器经历自体耐受后进化为成熟检测器；常用检测器识别病毒次数（T）达到一定的阈值 $\delta_{a'}$ 之后，进化为记忆检测器。如果成熟检测器在其生命周期 δ_T 内，没有检测到病毒或检测病毒的个数没有达到激活阈值，则检测器死亡即将其在成熟检测器集中去除；记忆检测器中的不识别病毒的次数累计到禁忌阈值 δ_t 时，将其存放入禁忌表中，禁忌表中累计的时间超过特赦阈值 δ_a 时将其重新加入到记忆表中。

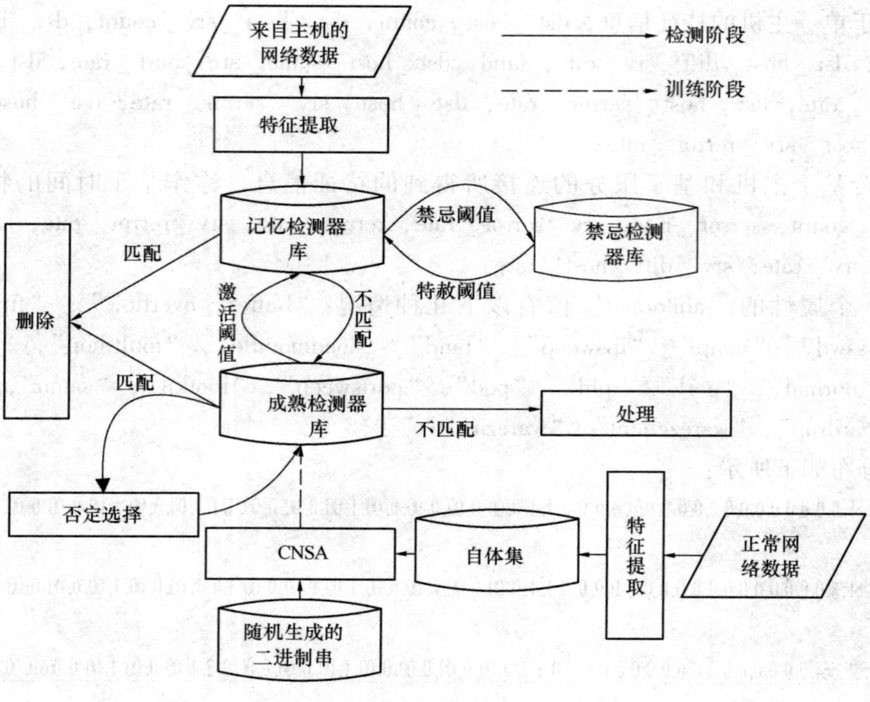

图 5－25　计算机病毒检测模型框架图

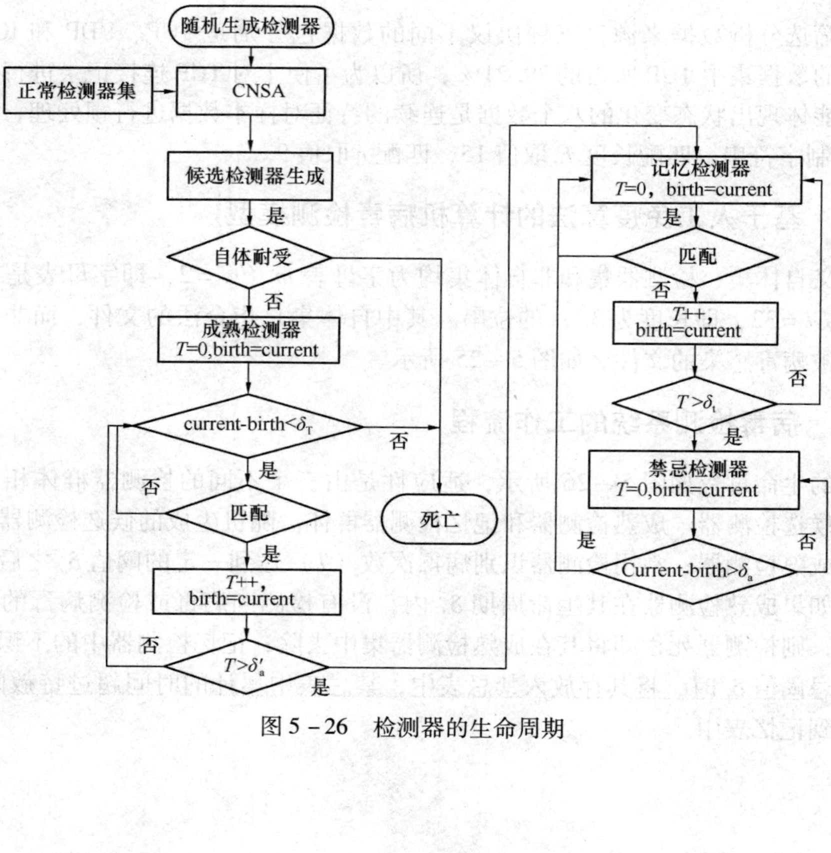

图 5－26　检测器的生命周期

免疫学习模块实现如图 5 – 27 所示，免疫学习的过程是系统初始化的过程。我们用恶意代码作为记忆检测器集，图中，检测器 i. used 表示第 i 个检测器与病毒特征码匹配的次数，$\delta_{a'}$ 表示成熟检测器要进化为记忆检测器，检测到病毒的次数 T 需达到的阈值。

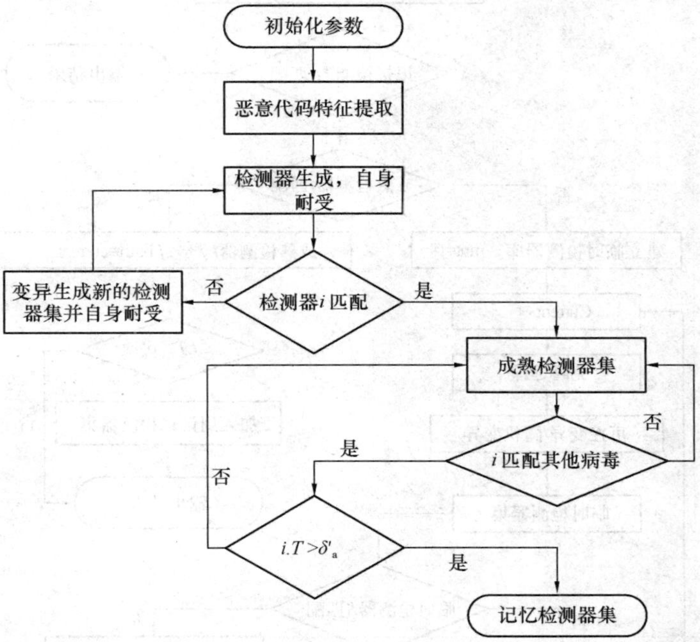

图 5 – 27　免疫学习模块流程图

病毒检测模块实现如图 5 – 28 所示，系统经过免疫学习后，具备了基本的计算机病毒检测能力。病毒检测的过程其实也是检测器变异、系统进化的过程。其中，mut 是变异次数，T 是检测器识别病毒的次数，$\delta_{a'}$ 是成熟检测器的激活阈值，病毒次数的阈值，δ_m 是最大变异次数，current 是检测器库的当前代数。

某个检测器 d_i 的克隆数目为：

$$n_i = [\theta \cdot f(d_i, v)/l]$$

式中，v 是计算机病毒特征，θ 是克隆数目的上限值，l 为 d 的长度，f 为 d_i 和 v 的匹配度。

1）可控变异

检测器可控变异按如下原则进行：随机选择 50% 的父代特征位（即 16 位）的字符作为子代的字符，另外 16 位中按照一定位上出现某字符的概率来选择。实验以 50 个病毒特征码为样本，统计了在任何一位上 0，1 出现的概率 $P_i(0)$ 和 $P_i(1)$，计算公式如下：

$$P_i(0) = N_i(0)/50$$

$$P_i(1) = N_i(1)/50$$

其中，$N_i(0)$ 和 $N_i(1)$ 分别表示 0，1 在第 i 位出现的次数，50 是恶意代码样本总数。

2）随机变异

检测器随机变异：选择 8 位父代的特征码作为子代的字符，另外 24 位随机选取。所以，随机变异得到的检测器相对于父代的差异较大，确保检测器的多样性。随机变异是为了识别新病毒而设计的。

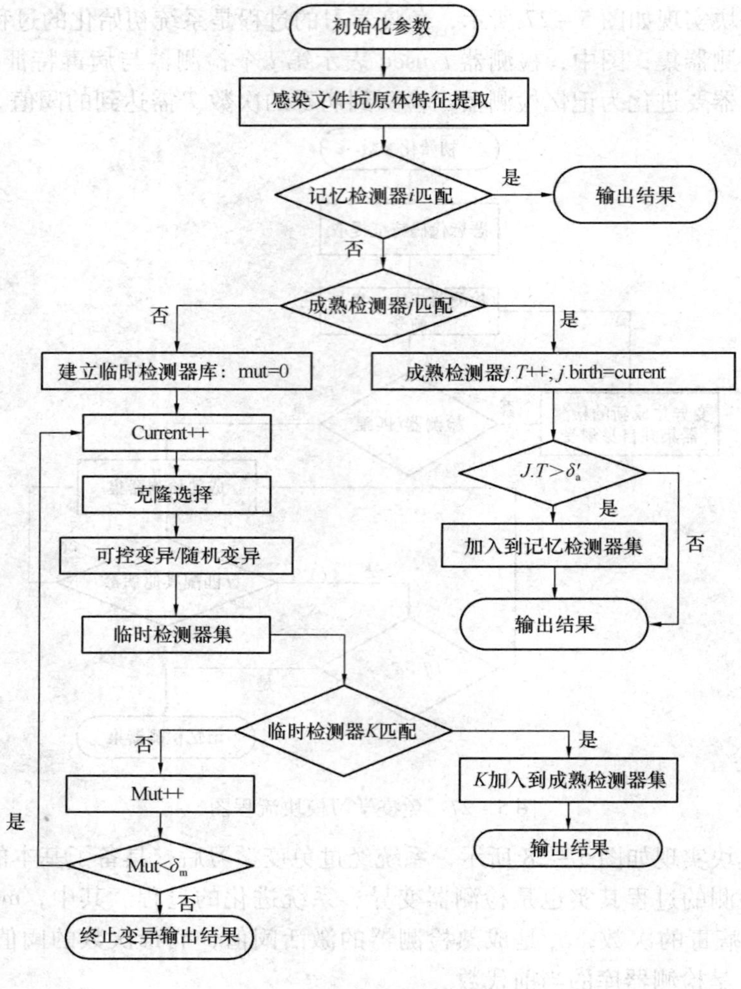

图 5－28　病毒检测模块流程图

疑似病毒处理如图 5－29 所示，检测器的状态有三种：正常、疑似、异常。有效的管理疑似数据对计算机病毒检测可以降低误报率。对疑似数据进行如下处理，使用 2 个阈值，疑似病毒周期 δ_d 和最大进化代数 δ_o，每经过一个 δ_d 调用病毒检测模块对疑似病毒检测一次。检测器 δ_d 不断进化，可能能够对文件作出最终判断。如果在疑似病毒检测最大进化代数 δ_o 内，不能确定该检测器是否为病毒，最终判断为非病毒，去掉此检测器。

5.4.5　实验结果分析

实验在 CPU：Intel®Pentium®2.8 G；内存：1G；操作系统：Windows XP 芯片的测试环境下进行。实验参数设定如下：

$\delta_T = 200$，$\delta_t = 300$，$\delta_a = 100$，$\delta_{a'} = 5$，$\delta_m = 8$，$\delta_d = 20$，$\delta_o = 400$，$R = 28$，$r = 16$，$\theta = 4$。共 209 个恶意代码。

根据数据集的分布，选取方式是以每个开头的字母为准选出 22 个，抽样选取 22 条数据作为训练数据集，异常数据为 22 条，未知数据 30 条。

① 恶意代码数据分析表 5－2：有原始数据去掉相似部分。

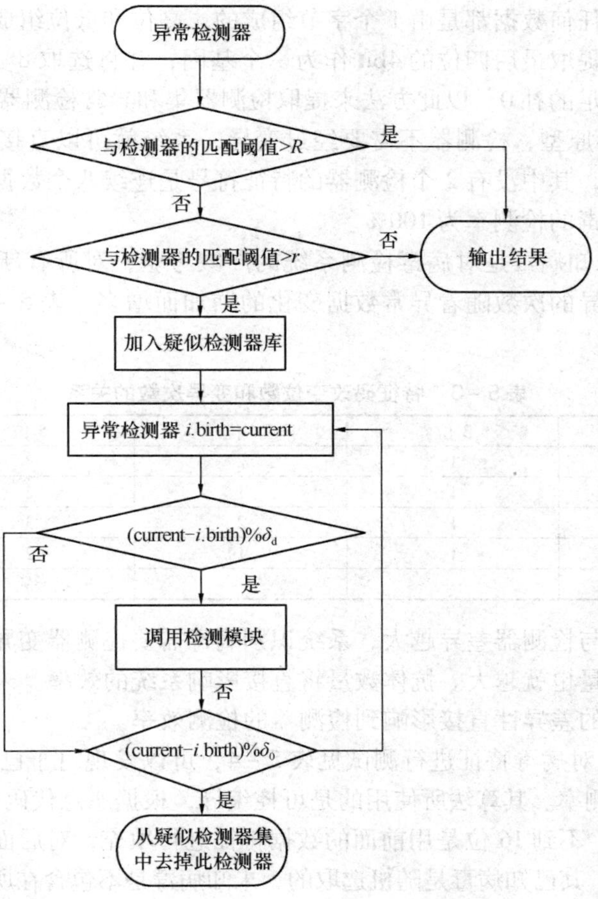

图 5－29　疑似病毒处理流程图

表 5－2　恶意代码数据分析

异常特征数据	将其转换为	二进制代码分析
Win32. Adson. 1559	Adson1559	0100 0001 0110 0100 0111 0011 0110 1111 0110 1110 0011 0001 0011 0101 0011 0101 0011 001
Win32. Aidlot	Aidlot	0100 0001 0110 1001 0110 0100 0110 1100 0110 1111 0111 0100
Win32. Akez	Akez	0100 0001 0110 1011 0110 0101 0111 1010
Win32. Alcaul. a	Alcaula	0100 0001 0110 1100 0110 0011 0110 0001 0111 0101 0110 1100 0110 0001
Win32. Aldebaran. 8365. a	Aldebaran8365a	0100 0001 0110 1100 0110 0100 0110 0101 0110 0010 0110 0001 0111 0010 0110 0001 0110 1110 0011 1000 0011 0011 0011 0110 0011 0101 0110 0001
Win32. Aliser. 7825	Aliser7825	0100 0001 0110 1100 0110 1001 0111 0011 0110 0101 0111 0010 0011 0111 0011 1000 0011 0010 0011 0101
Win32. Alma. 2414	Alma2414	0100 0001 0110 1100 0110 1101 0110 0001 0011 0010 0011 0100 0011 0001 0011 0100

从表中可以看到任何数据都是由 1 个字节组成的，高位和低位组成，字母和数的变化主要是最后四位，可以提取最后四位的 4bit 作为一个基因，并将选取 8 个这样的基因 32 位作为一个特征数据，不足的补 0。以此方法来提取检测器集和异常检测器集。

② 对于已知病毒原型，检测器不需要经过变异，系统就可以直接用记忆检测器匹配病毒，由实验数据可知，其中没有 2 个检测器的特征符号是连续八个数据相似的，所以此数据的提取方式对已知病毒的检测率为 100%。

③ 变形病毒和未知病毒是对病毒检测系统的严峻考验，对所有新病毒的识别，系统都经历了变异过程，变异的次数随着异常数据变化的增加而增多，表 5－3 记录了模型采用可控变异时的实验数据。

表 5－3　特征码改变位数和变异次数的关系

	3 位	4 位	5 位	6 位
Win32. Alcaul. a	1	2	3	4
Win32. Belial. 2609	1	1	2	2
Win32. HLLO. 52736	1	2	3	4
Win32. Eva. a	1	1	2	4
…	…	…	…	…

由实验可知病毒与检测器差异越大，系统识别病毒需要检测器变异的次数就越多。变异越多，生成的抗体数量也就越大。抗体数量将直接影响系统的效率。未知病毒的特征信息与可知病毒的特征信息的差异性直接影响到检测器的检测效率。

④ 根据算法流程对病毒特征进行测试见表 5－4，可以发现对于已知病毒的选取方式直接影响到检测器的检测率。其算法所使用的是可控编译，根据恶意代码的特征，直接思想是：选取相似的部分不变，不到 16 位是用前面的数据特征进行填充，对后面的 16 位根据 0，1 所出现比率的进行选择。其已知病毒是随机选取的，未知病毒是不包含在所选的已知病毒中恶意代码，观察期变异的次数才能发现病毒，进行系统性能分析，其中变异位数是 3。

表 5－4　未知病毒被不同检测器检测的迭代次数

	Win32. Aliser. 7825	Win32. Belial. a	Win32. Qozah. 3361	Win32. Evar. 3587
Win32. Alcaul. a	1	1	8（无法找到）	4
Win32. Belial. a	3	0	8	8
Win32. Eva. a	3	3	8	1
Win32. Jethro. 5657	8	3	8	8

从实验中可知，对于相近的病毒检测需要变异次数比较少，等匹配次数达到 8 次时，就需要随机变异来形成新的检测器，再进行对检测器的检测。

计算机病毒检测器的生成通过三个方面声称，对正常文件特征码再进行否定选择时进行切割否定选择，这个属于训练阶段，对环境要求绝对安全，在检测阶段，通过成熟检测器的可控变异和随机变异生成新的检测器，算法通过设置检测器的生命周期和设置抑制阈值对检测器进行精简，提高检测器的检测效率。

小　结

人工免疫系统是对生物免疫系统的模拟，具有强大的信息处理能力。人工免疫系统是近年发展起来非常具有应用前景的新兴学科，阴性选择算法是人工免疫系统开发出来的一种重要的仿生学算法，是目前应用 AIS 解决问题的最主要的一种算法。

生物免疫系统是一个高度分布、并行和自适应的系统，它具有多层性、不完全匹配性、自学习功能、多样性和分布性等特点。人工免疫系统的仿生机理主要对应于免疫系统的应答过程、免疫网络、分布性多样性等方面，并由此衍生出很多改进的人工免疫系统。

在工程实际应用中，针对不同应用对象往往要对人工免疫系统作相应变化，因此在很多时候要根据具体应用情况来分析和决策，选取合适的人工免疫策略。

习　题

1. 简述生物免疫系统的基本原理。
2. 生物免疫系统有哪些主要特点？
3. 简述人工免疫系统中免疫识别的仿生机理。
4. 人工免疫系统中克隆选择机制主要特征是什么？
5. 假设待测串：*10111011*，检测器串 *01011110*，r = *3*，试用阴性选择算法中 r－连续位匹配规则来判断是否匹配。
6. 尝试用一种阴性选择算法来解决某个工程应用问题，给出具体的人工免疫策略。

参 考 文 献

[1] Jerne N K, The immune system[J]. Scientific American, 1973, 229(1): 52 ~ 60.

[2] Forrest S, Hofmeyr S. Computer Immunology[C]. Communications of the ACM, 1997, 40(10): 88 ~ 96.

[3] 肖人彬，王磊．人工免疫系统：原理、模型、分析及展望[J]．计算机学报，2002，25(12)：1281 ~ 1293.

[4] 罗小平．人工免疫遗传学习算法及工程应用研究[D]．杭州：浙江大学博士论文，2002．

[5] Forrest S, Hofmeyr S A, Immunology as information processing[A]. In: Segel L A, Cohen I R. Design Principlesfor the Immune System and Other Distributed Autonomous Systems [C]. USA: Oxford University Press, 2000.

[6] 莫宏伟．人工免疫系统原理与应用[M]．哈尔滨：哈尔滨工业大学出版社，2002.

[7] 张宇．人工免疫系统中阴性选择算法的研究[M]．杭州：浙江大学硕士论文，2007.

[8] 张清华．基于无量纲指标的旋转机械并发故障诊断技术[J]．华中科技大学学报，2009.

[9] 张清华．一种采用无量纲指标免疫检测器的集成故障诊断方法[J]．噪声与振动控制，2007.

[10] 高廷玉，张清华．人工免疫系统在机组故障检测技术中的应用研究[M]．太原理工大学，2007.

[11] 赵红霞，张清华．基于新型否定选择算法的计算机病毒检测技术研究[M]．太原理工大学，2010.

第6章 人工智能的研究现状和发展趋势

【本章知识架构】

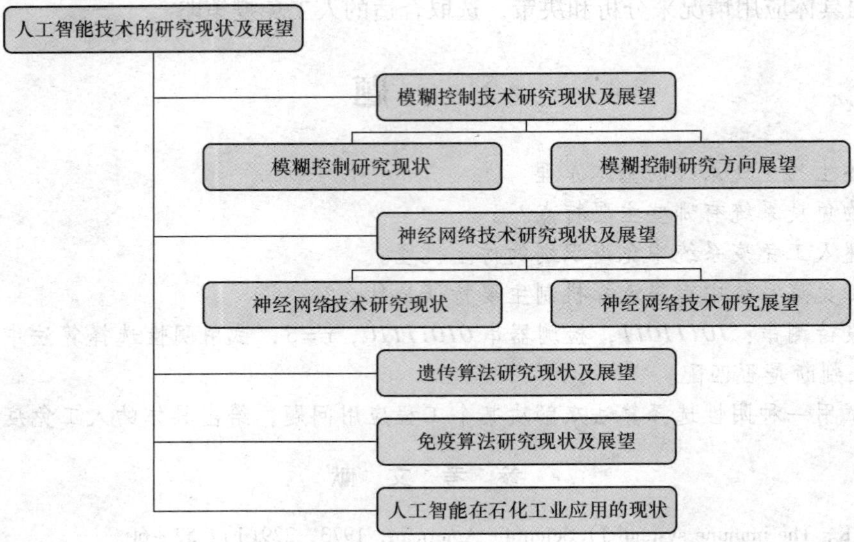

【本章教学目标与要求】

了解模糊控制技术研究现状和发展趋势

了解神经网络技术研究现状和发展趋势

了解遗传算法研究现状和发展趋势

了解免疫算法研究现状和发展趋势

了解人工智能算法在石化工业应用的现状

人工智能的发展，要依靠人智能的支持，要吸取对人自身智能机制的研究成果，同时人工智能的科技成果反过来又可直接帮助和改善人智能。按照事物发展的辩证规律，人工智能不会与人智能相对独立和平行地向前发展，而是人和“机”相互影响、相互渗透、相互交织在一起共同向前发展。只有对人的智能结构不断地作更透彻的研究了解，才可能研制更高水平的人工智能，这种技术进步的趋势，必然使人工智能领域的尖端成果具有与人智能结构越来越大的同构性和相亲性。基于人类高度关心改善自身的智能，人工智能的尖端成果必然被优先用来改善人类自身的智能。

6.1 人工智能技术的研究现状及展望

6.1.1 模糊控制技术研究现状及展望

(1) 模糊控制研究现状

模糊控制要取得良好控制效果，关键在于需要有一个完善的控制规则。但由于模糊规则是人们对过程或对象模糊信息的归纳，对高阶、非线性、大时滞、时变参数以及随机干扰严重的复杂控制过程，人们的认识往往比较贫乏或难以总结完整的经验，这就使得单纯的模糊控制在某些情况下很粗糙，难以适应不同的运行状态，影响了控制效果。常规模糊控制的两个主要问题在于：改进稳态控制精度和提高智能水平与适应能力。在实际应用中，往往是将模糊控制或模糊推理的思想，与其他相对成熟的控制理论或方法结合起来，发挥各自的长处，从而获得理想的控制效果。由于模糊规则和语言很容易被人们广泛接受，加上模糊化技术在微处理器和计算机中能很方便的实现，所以这种结合展现出强大的生命力和良好的效果。目前对模糊控制的改进方法可大致的分为模糊复合控制，自适应和自学习模糊控制，以及模糊控制与智能化方法的结合等三个方面。

1）模糊复合控制

Fuzzy - PID 复合控制：即模糊 PID 控制，通常是当误差较大时采用模糊控制，而误差较小时采用 PID 控制，从而既保证动态响应效果，又能改善稳态控制精度。如文献[1]从理论上分析了常规模糊控制器的局限性，在此基础上推导出 Fuzzy - PID 控制器消除稳态误差的原理，并以液位控制系统为例，如图 5 - 16，介绍了模糊 PID 控制器的设计方法，并用 MATLAB 工具箱对系统进行仿真试验。通过对仿真结果的分析得出：Fuzzy - PID 控制器既能消除稳态误差，又有很强的鲁棒性，对于此类非线性迟滞系统具有良好的控制性能。文献[2]将模糊控制和 PID 控制结合起来运用于发动机 - 测功机试验台测控系统中，确定模糊控制规则，并建立发动机 - 测功机传动系统动力学模型，利用 MATLAB/Simulink 对发动机的转矩、转速进行了仿真研究，结果表明：模糊 PID 控制方案有着比常规 PID 控制方案更好的控制效果。

模糊 - 线性复合控制：如模糊 - 前馈补偿控制等，实际利用了模糊控制是变增益 PI 控制器的特点，在实际系统的控制中取得了较好的效果。如文献[3]针对感应电机效率控制过程中存在的寻优速度慢以及对电机参数依赖性大等问题，基于模糊技术，提出一种新的最大效率控制策略。由电动机损耗模型选取最优磁链搜索初值，根据输入功率偏差的大小自动调整模糊控制维数，大大提高了搜索速度，同时确保了效率寻优的稳定性。采用前馈补偿方法，并引入一阶微分环节解决了效率控制中的低频转矩脉动和转矩快速响应问题。仿真和实验结果表明，所提出的控制策略是有效的。文献[4]针对飞行仿真转台系统的非线性和不确定性，提出了基于模糊神经网络补偿的复合控制器，该控制器由前馈控制器、闭环控制器及模糊神经网络补偿环节组成。前馈环节由零相差跟踪控制器及 FIR 滤波器构成，闭环控制器由 PD 控制及干扰观测器构成，补偿环节由一动态模糊神经网络实现，给出了基于 Lyapunov 函数的稳定性证明。该控制方法突出优点在于兼顾考虑了系统中的结构化不确定性和非结构化不确定性，能够在外部干扰与参数摄动并存的情况下，保证系统的稳定性和跟踪性能。

史密斯 - 模糊控制器：针对系统的纯滞后特性设计，用模糊控制器替代 PID 可以解决常规史密斯 - PID 控制器对参数变化适应能力较弱的缺陷；此外模糊推理和模糊规则的运用有利于在一定程度上适应时延的变化，在更复杂的情况下对对象的纯滞后进行有效的补偿。如文献[5]结合模糊 PID 控制与模糊自适应 Smith 预估控制的优点，提出了模糊 Smith 智能控制方法。用模糊控制方法设计了改进型 Smith 预估器的滤波时间常数，并制定了其整定规则和参数的模糊自适应调整机构。仿真研究表明，模糊 Smith 智能控制能改善参数时变的纯滞后系统的控制性能，提高系统控制时的鲁棒性与自适应性。

三维模糊控制器：一种是利用误差 E，误差变化 Ec 和误差变化速率 Ecc 作为三维变量，可以解决传统二维模糊控制器的快速响应与稳定性要求之间的矛盾；另一种方法是利用 E、Ec 和误差的累积和 ΣE，这相当于变增益的 PID 控制器，提高了模糊控制的稳态精度。文献[6]针对连续搅拌反应釜系统(CSTR)和生物反应等连续系统，采用梯度线性化，设计一种连续变增益控制器，主要思想是先利用梯度线性化方法得到非线性系统的一系列局部线性化模型，结合 H∞ 理论和极点配置得到变增益矩阵，通过拟合得到连续变增益 H∞ 控制器，再引入模糊隶属度函数，使控制器兼顾快速特性和良好的阻尼特性，保证系统始终具有较好的动态性能。仿真结果说明了此控制器设计方法的有效性。

多变量模糊控制：一般采用结构分解和分层分级结构，利用多个简单的模糊控制器进行组合，并兼顾多规则集之间的相互关系。文献[7]针对一类具有干扰和不确定性的多变量非线性系统，提出了一种自适应模糊控制方法。该多变量系统由 m 个互连子系统组成，每个互连子系统中的未知函数是非仿射的。由于不确定非仿射函数的存在和互连子系统之间的耦合，这类系统是很难控制的。通过利用均值定理、模糊系统、Backstepping 设计方法以及引入 Nussbaum 类型函数，克服了这个困难。另外，与大多数研究结果相比较，提出的方法减少了在线调节参数的数量。提出的控制方法能实现闭环系统的所有信号是有界的。仿真实验表明该控制方法的有效性。

2）自适应和自学习模糊控制

自校正模糊控制器：修改控制规则的自校正模糊控制器，从响应性能指标的评价出发，利用模糊集合平移或隶属函数参数的改变，来实现控制规则的部分或全面修正，也可通过修正规则表或隶属函数本身来进行调整；基于模糊模型的自校正模糊控制器，包括利用模糊集理论辨识系统模型的语言化方法，基于参考模糊集的系统模糊关系模型辨识方法，以及由 I/O 数据建立模糊规则模型，并以此作为自校正控制器设计的基础等。如文献[8]在常规模糊控制器的基础上，通过自适应控制优化模糊控制器的控制规则，获得了反映被控对象过程状态特征的自适应模糊控制器，并且通过 MATLAB 软件仿真实验的方法，研究了该自适应模糊控制器用于可调螺距螺旋桨系统时的控制性能，取得了比较令人满意的仿真效果。

参数自调整模糊控制：自调整比例因子的模糊控制，引入性能测量和比例因子调整的功能，在线改变模糊控制器的参数，较大地增强了对环境变化的适应能力；基于模糊推理的 PID 自整定控制，如参数自整定模糊 PD 控制，以及类似的 PI 及 PID 控制等。文献[9]针对循环流化床燃烧控制系统的特点，以主蒸汽压力为被控对象，设计了一个模糊自校正 PID 控制器并进行了仿真研究。该设计的特点是将常规的 PID 控制与模糊控制相结合，在 PID 调节的基础上，采用模糊推理的思想，根据不同的 e、ec 对 PID 的参数 KP、Ki、Kd 进行自动调节。仿真结果表明，该控制器对蒸汽压力具有良好的控制性能。

模型参考自适应模糊控制器：利用参考模型输出与控制作用下系统输出间的偏差来修正模糊控制器的输出，包括比例因子、解模糊策略、模糊控制规则等。文献[10]针对一类含延迟非线性离散系统，提出了一种直接自适应模糊控制器设计的新方案，将系统用 T-S 模糊模型来表示，并基于并行分布补偿(PDC)基本思想设计了一种具有未知参数的模糊控制器，同时采用梯度下降算法对该控制器的参数进行在线辨识，通过输入到状态稳定(ISS)方法，证明了系统输出和参考输出的误差有界且满足一定的平均性能，仿真表明本方法的有效性，文献[11]针对滴丸机定型杯石蜡油液位控制系统是一个存在非线性、参数时变性和耦合性的复杂系统。通过分析建立了该液位系统的数学模型，并且将自适应控制、模糊控制和

PID 控制结合起来，提出了一种模型参考模糊自适应 PID 控制方法。该方法无需辨识被控对象参数，实时性好，便于在线控制。仿真结果表明，该方法具有较好的动态品质和调节精度，以及很强的鲁棒性，即使当被控对象参数摄动 20% 时，依然可以获得理想的控制效果。现场运行实验结果也表明了该方法的有效性。

具有自学习功能的模糊控制：主要涉及对模糊规则、隶属度函数和尺度变换函数等部分的学习调整。包括多种对外扰影响或重复任务的性能具有自学习功能的模糊控制方法，以及自寻优模糊控制器等，其关键在于学习和寻优算法的设计，尤其是提高其速度和效率。文献[12]针对发电机组励磁与汽门的综合控制，研究了一种多模型自学习控制(MMSC)。首先，建立机组不同工况下的样本数据并归纳模糊控制器(FLC)规则，随后采用模糊聚类算法将样本约简为典型工况，并得到对应于典型工况的模型库与控制器库。MMSC 的控制量为多个 FLC 输出的加权集成，而加权系数由模型匹配程度决定。采用学习能力强的支持向量机来实现 FLC 的自学习和在线优化。仿真实验验证了 MMSC 的控制性能和效果。

自组织模糊控制器：将参考模型和自组织机制相结合的模糊模型参考学习控制，及自适应递阶模糊控制等更高级的自组织形式具有很大的发展潜力。文献[13]针对汽车行驶工况复杂多变，且其传动系统输入输出具有强耦合的特点，传统的控制算法很难满足要求，为此提出了油门 - 速比协调控制的综合模糊控制策略，设计了油门自组织模糊控制器和速比参数自调整模糊控制器，并对典型运行工况进行了仿真和分析，仿真结果表明综合模糊控制器与常规 PD 控制器相比前者具有良好的控制效果，通过整车道路试验进一步验证了所建模型的正确性，所提出的控制算法是可行和有效的，解决了动态过程中无级变速汽车动力性和经济性相协调的问题。文献[14]研究和设计了神经网络自组织模糊控制器，用于实现车辆自动驾驶系统。该控制器基于 MATLAB 软件提供的自适应神经模糊推理系统，通过网络对道路位置坐标的离线学习，获取模糊控制规则库。训练好的控制器，在对被控车辆模拟控制的过程中，在线学习和调整控制参数，优化控制器的性能，以适应在不同道路轨迹变化下控制车辆自动转向的目的。最后通过 MATLAB 软件的仿真试验，验证该控制器对于被控车辆的有效性。

3）模糊控制与其他智能控制方法的结合

专家模糊控制：专家系统能够表达和利用控制复杂过程和对象所需的启发式知识，重视知识的多层次和分类的需要，弥补了模糊控制器结构过于简单、规则比较单一的缺陷，赋予了模糊控制更高的智能；二者的结合还能够拥有过程控制复杂的知识，并能够在更为复杂的情况下对这些知识加以有效利用。文献[15]针对某钢铁焦炉集气管压力系统具有强耦合、强干扰、典型非线性的特点，提出了集气管的模糊专家控制方法，并详细介绍了新 2 焦炉集气管压力控制器的设计方法。该方法将模糊控制、前馈控制、专家控制相结合，把三种方法的简便性、可靠性、抗扰动快速性、灵活性融为一体，发挥各自的长处。实际运行结果表明，当外界因素引起集气管压力波动时，系统能迅速调节 N2 蝶阀开度使压力在 30 s 内达到稳定，保证压力稳定在工艺要求波动范围内。

基于神经网络的模糊控制：神经网络实现局部或全部的模糊逻辑控制功能，前者如利用神经网络实现模糊控制规则或模糊推理，后者通常要求网络层数多于三层；自适应神经网络模糊控制，利用神经网络的学习功能作为模型辨识或直接用作控制器；基于模糊神经网络的隶属函数及推理规则的获取方法，具有模糊连接强度的模糊神经网等，均在控制中有所应用；模糊系统与遗传算法相结合的控制器设计方法则提供了更为新颖的思路。此外，模糊预测控制，模糊变结构方法，模糊系统建模及参数辨识，模糊模式识别等的研究，也都属于较为前沿的研究方向。

(2) 模糊控制研究方向展望

模糊控制仍然是一个充满争议的领域。由于它的发展历史还不长，理论上的系统性和完善性，技术上的成熟性和规范性都还是不够的，有待人们的进一步提高。

模糊系统理论还有一些重要的理论课题没有解决。其中两个重要的问题是：如何获得模糊规则及隶属函数，这在目前完全凭经验来进行；以及如何保证模糊系统的稳定性。

大体说来，在模糊控制理论和应用方面应加强研究的主要课题为：

适合于解决工程上普遍问题的稳定性分析方法，稳定性评价理论体系；控制器的鲁棒性分析，系统的可控性和可观测性判定方法等。

模糊控制规则设计方法的研究，包括模糊集合隶属函数的设定方法，量化水平，采样周期的最优选择，规则的系数，最小实现以及规则和隶属函数参数自动生成等问题；进一步则要求我们给出模糊控制器的系统化设计方法。

模糊控制器参数最优调整理论的确定，以及修正推理规则的学习方式和算法等。

模糊动态模型的辨识方法。

模糊预测系统的设计方法和提高计算速度的方法。

神经网络与模糊控制相结合，有望发展一套新的智能控制理论。

模糊控制算法改进的研究：由于模糊逻辑的范畴很广，包含大量的概念和原则；然而这些概念和原则能真正的在模糊逻辑系统中得到应用的却为数不多。这方面的尝试有待深入。

最优模糊控制器设计的研究：依据恰当提出的性能指标，规范控制规则的设计依据，并在某种意义上达到最优。

6.1.2 神经网络技术研究现状及展望

神经网络是一门新兴交叉学科，始于20世纪40年代，是人类智能研究的重要组成部分，已成为脑科学、神经科学、认知科学、心理学、计算机科学、数学和物理学等共同关注的焦点。它模仿人脑神经网络的结构和某些工作机制建立一种计算模型。神经网络的研究已经进入更加成熟的发展阶段，其中一个很重要的标志是越来越多的心理学家、神经生理学家、医学工作者、数学家以及计算机科学家联合起来，开展跨学科的研究，以探讨神经网络的机理、功能以及相应的模型，并且尽量与应用结合。近年来，神经网络的研究有两个大的趋势：一是在理论上向更复杂的神经网络系统方向发展。表现在神经网络与模糊、进化算法的结合，神经网络与认知科学的结合，神经网络与生物医学的结合，以及各种混合神经网络的出现。二是神经网络的应用范围不断扩展，神经网络应用技术研究不断深入，它与多种学科相交叉，解决了很多传统科学解决不了的难题，为人类认识世界、开拓未知领域、提高现代科学技术研究水平进而以科技带动生产力对国民经济的增长起到了促进作用，是世界上公认的尖端前沿的技术研究领域之一。

(1) 神经网络技术研究现状

近年来，神经网络的发展日新月异。在工程应用中，人们根据不同的实际需求提出了数百种神经网络模型，并成功地应用于信号处理、动态图像处理、模式识别、保密通信以及全局优化等领域，取得了瞩目的成就。其中小波神经网络、进化神经网络、细胞神经网络、混沌神经网络是近年来出现的几种新型的神经网络模型。

1）小波神经网络

小波神经网络是20世纪90年代初结合小波分析理论和神经网络两者的优点而提出的一种前馈型神经网络。其基本思想是用小波元代替神经元，通过仿射变换建立起小波变换与网络系数之间的连接。结合小波变换良好的时频局域化性质及传统神经网络的自学习功能，使得小波神经网络具有如下特点：小波基元及整个网络的确定有可靠的理论依据，可以避免BP网络等结构设计的盲目性；网络权系数和学习目标函数的凸性，使网络从根本上避免了局部最优等非线性化问题；有较强的函数学习能力和推广能力。因此特别适合应用系统辨识、函数逼近、数据压缩等领域。文献[16]为了提高感应电动机控制的鲁棒性，提出了一种新颖的感应电动机解耦模型。基于感应电动机的解耦模型，利用滑模控制和反推控制设计电动机的虚拟转矩和磁链电压控制器。滑模开关增益的大小是造成系统抖振的关键，采用自回归小波神经网络在线估计滑模开关增益的大小可以有效降低滑模控制造成的抖振。仿真结果表明基于自回归小波神经网络在线估计滑模开关增益的滑模反推控制方案可以有效提高感应电动机控制的鲁棒性，同时降低了滑模控制造成的抖振。文献[17]将优化函数的连续型蚁群算法与小波神经网络耦合，用蚁群算法优化神经网络的权值和小波参数，找到蚁群算法中信息素更新的最佳衡量标准，建立基于蚁群优化的小波神经网络模型。研究结果表明，该模型不但计算简便，而且具有较强的逼近能力、较快的收敛速度和较好的预报精度，并且为网络模型的参数优化提供一种新方法，也为预测、预报的研究拓宽新思路。文献[18]通过构造特别的映射、整函数和BP神经网络，获得一套基于神经网络的无损数据压缩方案。由于该方案能压缩已被小波编码压缩过的数据，因此将其嵌套入一好的小波编码系统就可以获得一种基于小波与神经网络的高效图像数据压缩方案。实验证明，该高效方案对于Lenna图像的压缩比为43:1，并且恢复的图像有较好的视觉效果。

2）进化神经网络

进化神经网络的主要研究内容为：如何对神经网络的结构进行编码，即网络参数编码的确定，包括选择待编码的参数、为各参数分配串长、定义串值与参数值之间的映射关系等。文献[19]根据基本微粒群算法的特点，借鉴递阶编码的思想，构造出一种多种群协同进化微粒群算法。该算法具有种群内个体微粒自由运动特征分量与种群运动特征分量分层递阶进化的特征，克服了标准微粒群算法在多峰函数寻优时出现的微粒“早熟”现象。应用该算法进行径向基神经网络隐层结构和径向基函数参数联合自适应设计，在非线性系统辨识中显示了比较好的收敛性和训练精度，同时也使网络的泛化能力和逼近精度这一对矛盾得到了比较好的协调统一。文献[20]将免疫系统中的浓度机制和记忆机制引入进化策略，提出了一种基于免疫进化策略的神经进化算法，在优化网络拓扑结构的同时优化网络的连接权值。进一步地，用Cauchy变异算子代替传统的Gauss变异算子，以获得更为理想的全局收敛效果。理论分析和仿真结果表明，免疫进化策略能够很好地保持种群多样性，避免未成熟收敛，采用免疫进化策略设计神经网络具有良好的全局收敛性能和快速学习网络结构和网络权值的能力。

3）细胞神经网络

CNN（细胞神经网络）是由美国加州大学伯克利分校蔡少棠教授提出的一种神经网络。它与HNN（Hopfield神经网络）有相似之处，但又有不同的特点。CNN和HNN在等效电路上相似，但又不完全相同。它也由独立电流源、电压控制电流源和电阻R、电容C所组成。但是，它的电压控制电流源由两部分组成，一部分是由CNN的输入电压转换成的电流源，另一部分是由细胞的输出电压转换成的电流源，两者经过不同的转换系数(也称模板参数)变换成压控电流；其次，在HNN中神经元之间是全连接，而CNN中神经元之间是领域内相连接，也就是一个神经元只与其领域内的神经元相连接，而与领域外的细胞无连接；在HNN中神经元的输入输出特性是S形曲线，而CNN中神经元的输入输出特性呈分段(饱和)线性特性。HNN主要用于求解优化问题，而CNN主要用于图像处理。由于CNN的输出电压的稳态值只可能是+1v或-1v两种情况，所以CNN的逻辑关系类似数字电路的0、1逻辑关系，因此在黑白图像处理中得到广泛应用。当改变CNN的不同的激励电流和两种电压控制电流源参数即模板参数时，它便可具有不同的功能，如何进行方向性检测(水平方向检测、垂直方向检测或成某一角度的检测)，连通片检测、边缘检测、空穴填充、黑白颠倒、阴影检测、图像变全黑和变全白、逻辑与或非运算、去噪声，等等。文献[21]基于细胞神经网络(CNN)细胞单元的等效电路及其电学特性模型，利用SET-MOS混合结构反相器实现了模型中的激活函数电路，用耦合电容单元实现CNN细胞的系统模板，构建了SET-MOSCNN细胞硬件电路，并将其应用在图像处理中。仿真结果表明，所设计的CNN硬件电路具有结构简单、功耗低、响应速度快等特点，可用于构成各种规模的CNN电路，进一步满足大规模信号处理的需求及提高集成电路的集成度。文献[22]针对临床尿沉渣显微图像识别问题，提出了一种新的图像预处理方法和基于细胞神经网络(CNN)的分割算法。该方法通过拉伸图像中各个像素的灰度值与局部灰度值之间的差来增强图像中目标的边界，通过对局部灰度均值的非线性变换来消除图像中光照的不均匀，进而设计出合适的CNN模板来分割图像，最终利用形态学操作得到分割结果。通过对100幅临床尿液样本图像的测试，并与传统的阈值分割法相比，该方法获得了更加连续的边界和更加准确的目标分割结果，并已集成到全自动尿液粒子分析系统中，应用于临床，取得了良好的效果。

4）混沌神经网络

混沌神经网络模型中最具代表性的模型有三大类[23~25]，即：由Aihara根据动物实验提出的混沌神经网络模型；由Lnoue以及Kaneko等提出的耦合混沌神经元网络模型；由Chen和Aihara、Wang和Smith以及Hayakwa等提出的将传统的Hopfield神经网络进行适当的变换之后得到的一些具有混沌特性的神经网络模型。对于混沌神经网络的研究同其他神经网络的研究一样主要是集中在三个方面，即时理论研究、应用研究和实现研究。主要有：提出具有混沌特性的新型神经元；对现在混沌神经网络特性进行分析并加以改进；对混沌神经网络中的混沌加以控制；小尺寸混沌神经网络特性分析等。对于混沌神经网络的应用研究主要包括：混沌神经网络用于模式识别和图像处理；混沌神经网络用于优化和控制；混沌神经网络用于通信及语音处理；对于混沌神经网络的实现研究主要是研究怎样以电路的方式来实现混沌神经元和混沌神经网络。文献[23]根据生物嗅觉信息获取的原理，构造了装有传感器阵列的仿生鼻流道和控制装置，实现在嗅觉区域主动控制气体流量和气味分子浓度，提高了嗅觉灵敏度。针对人工嗅觉系统目前广泛采用的模式识别算法——人工神经网络BP算法存在的网络学习算法收敛缓慢的难题，使用更接近生物嗅觉的混沌优化神经网络算法，采用混沌算法对BP神经网络误差修正进行改进。对标准BP算法和混沌优化算法进行仿真比较，验证了混沌优化神经网络算法的优越性。最后用研究的仿生鼻对白酒进行了实验研究，最高识别率达100%。文献[24]基于混沌粒子群优化算法提出一种根据群体早熟收敛程度和个体适应值来调整惯性权重的自适应混沌粒子群优化算法，算法兼顾全局寻优和局部寻优，能够有效地避免早熟收敛。使用自适应混沌粒子群优化算法训练神经网络并建立旋转机械故障诊断模型，实验结果表明，与粒子群优化算法、遗传算法训练神经网络相比，基于自适应混沌粒子群优化算法的神经网络能够有效改善神经网络的训练效率，提高故障模式识别的准确率。文献[25]分析了三种现有的混沌神经网络模型的优化性能，针对目前混沌神经网络收敛率不高和搜索时间较长的问题提出了一种双混沌神经网络。它不同于以往的混沌神经网络改进方法，不是延长退火时间或改变混沌程度来提高网络性能，而是通过混沌迭代搜索使混沌神经网络在有限步内找到全局最优解的初值来提高收敛率与收敛速度。这种方法能使混沌神经网络在应用中具有更好的全局优化能力，并且可以缩短混沌神经网络的搜索时间，对旅行商问题求解的仿真对比和函数优化问题的仿真，说明了新方法比现有方法具有更好的收敛率和更短的搜索时间。

（2）神经网络技术研究展望

经过近半个世纪的发展，神经网络理论在模式识别、自动控制、信号处理、辅助决策、人工智能等众多研究领域取得了广泛的成功。关于学习、联想和记忆等具有智能特点过程的机理及其模拟方面的研究正受到越来越多的重视。目前神经网络研究与发展主要集中在以下五个方面：

1）神经生理学、神经解剖学研究的发展

通过神经网络研究的发展，人们对人脑一些局部功能的认识已经有所提高，如对感知器的研究，对视觉处理网络的研究，对存储与记忆问题的研究等都取得一定的成功。遗憾的是，这些成功一方面还远不够完善，另一方面，在对人脑作为一个整体的功能的解释上几乎起不到任何作用。科学家已经积累了大量关于大脑组成、大脑外形、大脑运转基本要素等知识，但仍无法解答有关大脑信息处理的一些实质问题。

整体功能决不是局部功能的简单组合而是一个巨大的质的飞跃，人脑的知觉和认知等过程是包含着一个复杂的动态系统中对大量神经元活动进行整合的统一性行动。由于人们对人脑完整工作过程几乎没有什么认识，连一个稍微完善的可令人接受的假设也没有，这造成神经网络研究始终缺乏一个明确的大方向。这方面如果不能有所突破，神经网络研究将始终限于模仿人脑局部功能的缓慢摸索过程当中，而难以达到研究水平的质的飞跃。

2）与之相关的数学领域的研究与发展

神经元以电为主的生物过程在认识上一般采用非线性动力学模型，其动力学演变过程往往是非常复杂的，神经网络这种强的生物学特征和数学性质，要求有更好的数学手段。而对解决非线性微分方程这样的问题，稍微复杂一些的便没有办法利用数学方法求得完整的解。这使得在分析诸如一般神经网络的自激振荡、稳定性、混沌等问题时常常显得力不从心，更不用说，当我们面对人脑这样的由成千上万个神经元网络子系统组成的巨系统，而每个子系统（具有某种特定功能）又可能由成千上万个神经元组成，每个神经元本身是一个基本的非线性环节。因此当今神经网络理论的发展，已经客观要求有关数学领域必须有所发展，并大胆预期一种更简洁、更完善和更有效的非线性系统表达与分析的数学方法是这一领域数学发展的主要目标之一。

3）神经网络应用的研究与发展

从神经网络发展过程看，理论研究经常走在前列，有时会超出实际使用阶段。虽然说理论研究和实际应用可以相辅相成，但实际需求总是科技发展的主要推动力。目前，在神经网络实用上，虽然有不少实际应用成果报道，如智能控制、模式识别及机器人控制等。但真正成熟的应用还比较少见。

4）神经网络硬件的研究与发展

要真正实现神经网络计算机，则神经网络芯片设计与生产技术必须有实质性的进展。目前，在单片上集成数百个神经元的制作技术已经没有困难，但这种水平与神经网络实际应用的要求尚有较大距离。神经网络硬件设计和理论研究相比，要落后很多。因此，这也是神经网络研究发展的重要方向之一。在这方面，光学技术是实现神经网络及神经计算机的一个比较理想的选择。因为光学技术具有非常好的固有特性，主要体现在：高驱动性、较高的通信带宽、以光速并行传递信息等。虽然光学神经计算机实现技术目前还不成熟，其商品化大规模实现还有待时日，但一些光学神经元器件、光电神经计算机研究已表现出广阔的发展和应用潜力，并引起相应领域的充分关注。

5）新型神经网络模型的研究

为了推动神经网络理论的发展，除了期待神经生理学等研究突破外，将神经网络与其他理论交叉结合，研究新型神经网络模型，也是神经网络研究发展方向之一。如将之与混沌理论相结合产生的混沌神经网络理论；如将量子力学与神经网络的结合，研究量子神经网络，实现功能强大的量子神经计算就是目前神经网络研究的热点之一。

我国在神经网络研究的几个主要方面处于先进水平，并有一定的特色。比如，香港中文大学的徐雷教授提出了贝叶斯阴阳调和学习理论，在国际神经网络界具有相当的知名度；在时滞神经网络的稳定性、分叉和混沌理论研究中，我国的廖晓峰教授、章毅教授、曹进德教授等做了大量卓有成效的工作。但在一些新的学术方向如神经生物学、神经网络在光学和大规模集成电路上的实现、神经网络视觉模型、神经网络与人的意识，以及认知网络等方面，我国的研究还很不够。

6.1.3 遗传算法研究现状及展望

GA 在应用方面的丰硕成果，使人们对它的发展前景充满信心。其主要应用领域在于函数优化(非线性，多模型，多目标等)，机器人学(移动机器人路径规划，关节机器人运动轨迹规划，细胞机器人的结构优化等)，控制(瓦斯管道控制，防避导弹控制，机器人控制等)，规划(生产规划，并行机任务分配等)设计(VLSI 布局，通信网络设计，喷气发动机设计等)，组合优化(TSP 问题，背包问题，图分划问题等)，图像处理(模式识别，特征提取，图像恢复等)，信号处理(滤波器设计等)，人工生命(生命的遗传进化等)。目前遗传算法的研究出现体现在如下几个引人注目的方向：

(1) 基于遗传算法的机器学习

把遗传算法从历史离散的搜索空间的优化搜索算法扩展到具有独特的规则生成功能的崭新的机器学习算法。这一新的学习机制对于解决人工智能中知识获取和知识优化精炼的瓶颈难题带来了希望。遗传算法作为一种搜索算法从一开始就与机器学习有着密切联系。分类器系统 CS21 是 GA 的创立者 Holland 教授等实现的第一个基于遗传算法的机器学习系统。分类器系统在很多领域都得到了应用。例如，分类器系统在学习式多机器人路径规划系统中得到的成功应用；Goldberg 研究了用分类器系统来学习控制一个煤气管道仿真系统；Wilson 研究了一种用于协调可移动式视频摄像机的感知 – 运动的分类器系统等。分类器系统在基于遗传算法的机器学习研究中影响很大，但具体实现方法和要解决的具体问题有关。基于遗传算法的概念学习是近几年来机器学习领域的一个较为引人注目的研究方向，由于概念学习隐含的搜索机制，使得遗传算法在概念学习中有用武之地。目前也有一些嵌入领域知识的基于遗传算法的机器学习的研究，如将概念学习中特有的操作遗传操作化，并显示出一定的优点。此外，学习分类系统的并行实现在基于遗传算法的机器学习研究中也占有相当的分量。

(2) 遗传算法与其他智能算法结合

遗传算法正日益和神经网络、模糊推理以及混沌理论等其他智能计算方法相互渗透和结合，必能达到取长补短的作用。近年来在这方面已经取得不少研究成果，并形成了“计算智能”的研究领域，这对开拓21世纪新的智能计算技术将具有重要的意义。GA的出现使神经网络的训练(包括连接权系数的优化、网络空间结构的优化和网络的学习规则优化)有了一个崭新的面貌，目标函数既不要求连续，也不要求可微，仅要求该问题可计算，而且它的搜索始终遍及整个解空间，因此容易得到全局最优解。GA与神经网络的结合正成功地被用于从时间序列的分析来进行财政预算，在这些系统中，训练信号是模糊的，数据是有噪声的，一般很难正确地给出每个执行的定量评价，如采用GA来学习，就能克服这个困难，显著提高了系统的性能。Muhlenbein分析了多层感知机网络的局限性，并猜想下一代神经网络将会是遗传神经网络。遗传算法还可以用于学习模糊控制规则和隶属度函数，从而更好地改善模糊系统的性能。文献[26]中将模糊逻辑、神经网络和遗传算法三者有机地结合起来应用于温室夏季温湿度控制中，实验结果表明得到了良好的控制效果。混沌表现出的随机性是系统内在的随机性，被称为伪随机性，它在生物进化中起着重要的作用，是系统进化与信息之源。混沌与遗传算法的结合已有人进行过尝试，如文献[27]采用多种混沌模型构造随机开关，以此控制交叉操作以改进GA的性能。文献[28]采用混沌序列构造变异算子，为遗传算法的实现开辟了新的途径。

(3) 并行处理的遗传算法

并行处理的遗传算法的研究不仅是遗传算法本身的发展，而且对于新一代智能计算机体系结构的研究都是十分重要的。GA在操作上具有高度的并行性，许多研究人员都正在探索在并行机上高效执行GA的策略。近几年也发表了不少这方面的论文，研究表明，只要通过保持多个群体和恰当地控制群体间的相互作用来模拟并执行过程，即使不使用并行计算机，我们也能提高算法的执行效率。在并行GA的研究方面，一些并行GA模型已经被人们在具体的并行机上执行了；并行GA可分为两类：一类是粗粒度并行GA，它主要开发群体间的并行性，如Cohoon分析了在并行计算机上解图划分问题的多群体GA的性能；另一类是细粒度GA，它主要开发一个群体中的并行性，如Kosak将群体中的每个个体映射到一个连接机的处理单元上，并指出了这种方法对网络图设计问题的有效性。

(4) 遗传算法与人工生命的渗透

人工生命是用计算机、机械等人工媒体模拟或构造出的具有自然生物系统特有行为的人造系统。人工生命与遗传算法有着密切的关系，基于遗传算法的进化模型是研究人工生命现象的重要理论基础。虽然人工生命的研究尚处于启蒙阶段，但遗传算法已在其进化模型、学习模型、行为模型、自组织模型等方面显示出了初步的应用能力，并且必将得到更为深入的应用和发展。人工生命与遗传算法相辅相成，遗传算法为人工生命的研究提供了一个有效的工具，人工生命的研究也必将促进遗传算法的进一步发展。

(5) 遗传算法与进化规则及进化策略的结合

遗传算法、进化规则及进化策略是演化计算的三个主要分支，这三种典型的进化算法都以自然界中生物的进化过程为自适应全局优化搜索过程的借鉴对象，所以三者之间有较大的相似性；另一方面，这三种算法又是从不完全相同的角度出发来模拟生物的进化过程，分别是依据不同的生物进化背景、不同的生物进化机制而开发出来的，所以三者之间也有一些差异。随着各种进化计算方法之间相互交流的深入，以及对各种进化算法机理研究的进展，要严格地区分它们既不可能，也没有必要。在进化计算领域内更重要的工作是生物进化机制，构造性能更加优良、适应面更加广泛的进化算法。

6.1.4 免疫算法研究现状及展望

免疫算法是人工免疫系统的重要算法，用来模拟自然界中生物免疫原理，对外界侵害进行识别、学习和防御操作，达到系统损害的最小化，从而实现系统鲁棒性、安全性和智能性的最大化。根据免疫算法的研究经验，外来侵害的检测和内部学习机制的优化成为两大难点。目前使用的外来侵害检测算法还十分简单低能，与生物体的机能差距很大，远不能满足实际应用的需要。改进免疫算法的识别模块需要利用模式识别、决策、网络入侵等方面的知识和技术。现在的免疫算法一般建立在精确的数学模型公式或进化计算的基础上。数学模型固然简单、易于实现，但功能不强，结果往往失真，智能度不高，也不便于改进。进化计算是一种比较成功也比较成熟的仿生优化算法，可以实现全局最优，也可以进行并行分布式计算，但其弱点在于效率不高，随机性不好把握。为了提高算法的效率，可进行并行处理，也可根据具体问题的信息，在免疫算法中加入问题的启发性信息，以优化算法的效率。

虽然免疫算法的发展主要有以上两个难点，但免疫算法的发展前景依然十分乐观，实际应用的召唤和成功实例大大增强了免疫算法发展的必要性和可能性。以后随着人工免疫系统的发展，免疫算法会逐步成熟，成为人工免疫系统的计算中心。免疫算法在计算机网络方面的应用将会不断增强和扩展，网络的安全性和鲁棒性将会得到实质性的提高，其智能水平也会不断提高。因为自然人工灾害时有发生，而自然免疫系统是最完美的抗灾系统之一，因此基于免疫算法的抗灾智能 Web 系统将得到大力研究，并在实际抗灾系统信息化进程中得到应用；机器人作为研究的热点，免疫机器人的提出、研究和开发将成为智能机器人的一个亮点；故障诊断的智能化是发展趋势，免疫算法在故障诊断方面的应用能大大提高其智能度，增强诊断效果。

今后免疫算法的研究重点大致集中在以下几方面：

1）免疫算法的有效性

类似于人的免疫系统的抗病能力，人工免疫系统的免疫算法必须是有效的，必须确实能够自适应性地减弱或消除外来的损害，例如杀毒。

2）自我非自我的智能化识别能力

用智能化技术增强免疫算法的异己识别能力是重点之一。

3）免疫算法的智能效果

将免疫算法引入应用系统是否能增强系统的整体智能是评价算法成败的一个重要指标。

4）并行免疫算法与网络

免疫算法与网络的并行化是算法发展的必然趋势，并正成为研究的热点之一。而自然免疫系统的潜在并行处理能力无疑为免疫算法与网络的并行化奠定了根本的生物基础。

5）免疫算法在网络、智能系统和鲁棒系统中的应用

由于免疫算法来源于基于神经网络和内分泌网络的自然免疫系统，网络和智能必将成为免疫算法发展的不可缺少的特征，也是其重要应用领域。免疫算法能增强系统的鲁棒性，而且免疫性与鲁棒性之间存在的必然联系使得免疫算法将在鲁棒系统中得到较好的应用。

6.2 人工智能技术在石化工业应用的现状

人工智能技术在石化工业应用可以分为以下四个方面。

6.2.1 数据采集、处理、软测量技术

文献[29]提出了一种组合神经网络——岭回归(SNNS－RR)建模方法，并将该方法应用于聚丙烯熔融指数软测量研究中。通过多个单一神经网络的合理组合可显著改善神经网络模型的泛化能力，而选择合适的组合权重对组合神经网络模型是否具有良好预测性能是至关重要的，因此提出了采用岭回归方法来选择合适的组合权重。通过与单一神经网络模型的预测结果进行比较，表明基于SNNS－RR的聚丙烯熔融指数软测量模型具有更佳的预测精度和鲁棒性。文献[30]将T－S模糊模型与RBF神经网络相结合，构成T－S模糊RBF神经网络，提出了一种自适应DNA免疫算法优化设计T－S模糊RBF神经网络的规则后件参数的方法。该方法采用基于抗体浓度和克隆选择的更新策略调节机制，能有效地保持抗体的多样性，避免早熟收敛。将该方法应用于延迟焦化汽油干点的软测量建模，仿真结果表明了DNA免疫遗传算法在T－S模糊神经网络系统优化设计中的有效性，并可获得较高精度的模型。文献[31]基于伞集流涡轮流量计与放射性持水率－密度计组合仪在油气水三相流流动环中的动态测量特性，建立了三相流总流量及分相含率的人工神经网络软测量模型。由于集流伞存在流体非线性漏失，集流后测量通道内流型复杂多变，在软测量模型中考虑了油水流型特性的影响。人工神经网络训练与学习采用了Levenbery－Mar－quardt非线性阻尼最小二乘算法，模型检验结果表明：对泡状流及段塞流流型，利用该模型可以实现较高精度的总流量及分相含率预测，为伞集流油气水三相流测井信息处理提供了一种有效方法。

6.2.2 石油化工复杂生产过程建模

文献[32]提出一种智能化的神经网络建模方法，建立状态变量部分不可测的间歇反应器模型。针对间歇反应是一个非线性、非稳态过程，根据化学反应的非线性分离特性，采用结构逼近式神经网络构建模型的拓扑结构。利用反应的先验知识优化网络结构，赋予网络节点实际的物理意义，并完善网络训练过程，使建模过程灰箱化；通过假想教师——人工免疫训练算法，解决不可测变量影响常规网络训练的问题；通过并行优化假想教师和网络权值，提高建模精度。以实际橡胶硫化促进剂制备的间歇缩合反应过程为实验对象，详细论述了建模和网络训练的过程，证明了方法的有效性。文献[33]提出了一种新的混合神经网络建模方法——结构逼近式混合神经网络。基于此结构建立的混合神经网络可以充分利用已知非线性系统的结构信息，使神经网络“灰盒”化，更好地解释和描述系统各变量间的因果关系，从而提高网络的建模精度和模型的可靠性。本文介绍了这类神经网络的基本特性、拓扑结构和训练方法。报告了一个典型放热液相二级平行间歇反应的建模过程；并针对间歇反应过程测量滞后的情况，与两种不同的混合神经网络模型作了比较，仿真和比较结果证明了方法的有效性。文献[34]针对铅锌烧结过程的强非线性、时变等特点，运用智能集成建模的思想，提出一种模糊分类变系数透气性状态预测方法。首先深入机理分析和工况参数相关性分析研究，采用神经网络方法建立工艺参数和时间序列透气性预测模型；然后借助于模糊组合器实现两个子模型的有机组合，设计了模糊分类变系数综合透气性集成预测模型结构，其中加权

系数由工况波动程度确定。运行结果表明：提出的集成模型具有较高的预测精度和较强的自学习能力，并且在工况波动严重的情况下，仍然具有好的预测效果，该模型具有一定的灵敏度和鲁棒性。

6.2.3 故障诊断

文献[35]鉴于多缺陷并存的故障对无量纲指标影响不明显这一特性，直接从各个单独故障的无量纲指标值诊断复合故障，得知无量纲指标值对复合故障的诊断整体不是太理想。针对这一点，先利用对单独故障比较敏感的无量纲指标结合人工免疫系统的阴性选择机制构建无量纲指标免疫检测器，再采用将复合故障特征直接生成无量纲指标免疫检测器的方法来诊断复合故障。该方法操作简单，仿真试验验证该方法的有效性。文献[36]针对赤铁矿竖炉燃烧过程机理复杂，运行工况变化频繁，使得故障易发，从而导致生产不稳定。将案例推理和软测量技术相结合，提出一种竖炉燃烧过程的智能故障预报方法。软测量模型对难以在线测量的关键工艺参数进行实时测量，基于案例检索与重用的故障预报模型根据过程数据及关键工艺参数软测量值的变化对燃烧过程的典型故障进行趋势预报，采用概率的形式表达诊断结果，并提供操作指导，可以有效避免故障的发生。将建立的故障预报系统应用于竖炉燃烧过程的生产实际中，故障发生率明显降低，表明了方法的有效性。机械设备状态监测与故障诊断技术是保证机械设备安全稳定运行的一项重要措施。由于机械设备结构越来越大型化和复杂化，依靠人自身的经验和能力难以判断其征兆与故障之间的关系。随着计算机技术在各个领域的应用，智能型的自动监测与诊断技术在机械设备中得到了广泛应用。文献[37]根据几种典型神经网络特点，选择了 CP 神经网络作为机械故障模式识别器。以大型机组典型故障的频率域特征参数作为网络的训练样本，对 CP 网络进行了训练，再将实际的一组频率域特征参数输入到模式识别器中，对故障类型进行识别。结果表明，以 CP 神经网络构筑的故障模式识别器有很强的非线性映射能力，可对机械设备故障模式进行正确分类。文献[38]依据小波神经网络技术的各种优点，提出采用三层 BP 小波神经网络构造故障诊断模型，对油泵进行故障监测和诊断。该故障诊断方法对神经网络训练、故障特征参数提取和对应神经网络状态输出等均实现了数据库管理，对油泵多种常见故障取得了满意的诊断效果，不仅具有特征自动提取以及较强的自学习和自适应功能，而且操作维护简便。研究结果表明：信号的小波分析和神经网络识别的融合将为油泵状态监测与故障诊断系统的建立提供新的方法和更简便的途径；对油库安全维护与故障诊断具有重要意义。文献[39]针对钻井过程状态监测与故障诊断是钻井系统安全运行过程中的重要保障问题，基于信息融合原理，先建立钻井过程参数子空间和子神经网络进行初级融合，形成对钻井故障辨识框架中各故障模式的证据支持，再利用 D－S 证据理论将子网络输出所形成的证据进行融合，得到各故障模式的置信区间，很好地实现了钻井状态识别。试验结果表明，基于神经网络和证据理论集成的融合算法降低了神经网络的复杂性，提高了神经网络诊断过程的效率，集成融合算法可以很好地提高钻井参数融合的准确性。

6.2.4 优化控制

文献[40]初步研究并建立了压裂方案经济优化的智能专家系统，其核心是遗传算法在压裂方案经济优选中的应用。该算法的突出特点是采用随机生成的方法，先形成几十个甚至几百个待选压裂方案（每个压裂方案包含的各种设计参数各不相同），然后，综合应用杂交和变异两种方法对诸压裂方案包括的诸多设计参数进行系统优化，经过多代遗传和变异后，最终可形成按经济净现值大小排序的压裂方案系列，从中可优选出最佳方案。此外，在智能专家系统中考虑到油价和利率在特定范围内的随机波动，因而是一个符合实际的理想模型。经现场压裂施工验证，取得了比常规压裂优化方法更为满意的效果。文献[41]针对生产计划的编制是炼油化工企业生产经营管理中的一个关键环节，然而由于市场变化的不确定性，使得企业的长远规划制定受到限制的问题。将模糊数学应用于炼厂生产计划的编制，通过模糊规划对炼油企业生产计划进行优化，使编得的生产计划在一定程度上反映市场的变化并使企业的生产效益最优，为企业管理决策者进行长期规划给予指导。给出了实例来说明该方法的可行性。文献[42]针对基于迭代学习控制的间歇过程产品质量优化控制算法难以进行收敛性分析的难题，以数据驱动的神经模糊模型为基础，提出一种新颖间歇过程的产品质量迭代学习控制方法。通过在优化算法中加入了新的约束条件，改变了最优解的搜索空间范围，从而使产品质量在批次轴上收敛，并创新性地对优化问题的收敛性给出了严格的数学证明。在理论研究的基础上，将提出的算法用于间歇连续反应釜的终点质量控制研究，仿真结果验证了本文算法的有效性和实用价值，为间歇过程的优化控制提供了一条新途径。文献[43]为了避免 BP 神经网络在训练过程中收敛于局部极小的缺陷，采用自适应交叉变异、最优保存的混合遗传算法对 BP 网络的权值和阈值进行优化，从而提出一种新的基于混合遗传算法的神经网络模型。该算法首先对一给定的网络结构，采用混合自适应交叉变异和最优保存策略，取各自的长处，用尽可能少的搜索代数找到问题的最优解，从而既防止算法陷入局部最优，又保证算法有较好的平均适应值和最佳的适应值个体。采用上述优化策略的人工神经网络可明显改善收敛的稳定性和收敛速度，并确保网络收敛于全局极小点。人工神经网络运用于物性数据的预测是一个具有潜力和有待开发的领域。运用该模型，根据有机化合物的分子量、临界密度、正常沸点和偶极矩，对其熔点进行预测。预测结果表明：提出的混合遗传算法神经网络优于其他算法神经网络，而且预测结果优于文献上已有的 Joback 方程和许氏方程的计算值。

习　题

1. 查阅文献，了解模糊控制技术研究现状和发展趋势。
2. 查阅文献，了解神经网络技术研究现状和发展趋势。
3. 查阅文献，了解遗传算法研究现状和发展趋势。
4. 查阅文献，了解免疫算法研究现状和发展趋势。
5. 查阅文献，了解人工智能算法在石化工业行业中应用的现状。

参　考　文　献

[1] 朱晓娟．工业控制中 Fuzzy－PID 控制的策略与方法[J]．西安科技大学学报，2009(1)：27～31.

[2] 王旭东，孙慧博，张道杰．测功机模糊 PID 控制动态仿真研究[J]．哈尔滨理工大学学报，2009(2)：17～21.

[3] 徐占国，邵诚．基于模糊技术感应电机最大效率控制策略的研究[J]．控制与决策，2009(5)：20～26.

[4] 徐春梅，尔联洁．飞行仿真转台模糊神经网络补偿的复合控制[J]．系统仿真学报，2008(1)：36～40.

[5] 陈以，杨启伟．模糊 Smith 智能温度控制器的设计与仿真[J]．控制工程，2007(4)：27～31.

[6] 尹燕燕，刘飞．模糊连续变增益 H－∞控制器及其在生化过程中的应用[J]．系统工程与电子技术，2009(4)：39～44.

[7] 刘艳军，王伟．一类多变量非线性系统的自适应模糊控制[J]．自动化学报，2007(11)：9～14.
[8] 徐艳，李彦．可调螺距螺旋桨的自适应模糊控制系统研究[J]．舰船电子工程，2006(6)：30～33.
[9] 权悦，孟庆金．CFB 锅炉蒸汽压力的模糊自校正 PID 控制[J]．济南大学学报，2006(4)：13～18.
[10] 姜海波，张天平．一类非线性离散系统的直接自适应模糊控制[J]．控制理论与应用，2006(6)：20～24.
[11] 彭彦卿．罗键滴丸机石蜡油液位的模型参考模糊自适应 PID 控制[J]．天津大学学报，2008(6)：9～14.
[12] 袁小芳，王耀南．发电机组的一种多模型自学习控制[J]．控制理论与应用，2008(1)：11～16.
[13] 周美兰，王旭东．无级变速汽车动力传动系统控制策略研究[J]．哈尔滨工业大学学报，2009(3)：54～58.
[14] 杨涛，杨洪森．神经网络自组织模糊控制器的设计与仿真[J]．苏州大学学报，2008(1)：19～23.
[15] 赖旭芝，周国雄．焦炉集气管的模糊专家控制方法及其应用[J]．控制工程，2006(2)：3～7.
[16] 王家军．基于自回归小波神经网络的感应电动机滑模反推控制[J]．自动化学报，2009(1)：4～8.
[17] 杨娜，付强．小波神经网络模型的改进及其应用[J]．系统工程理论与实践，2009(1)：25～30.
[18] 杨国为，涂序彦．采用小波与神经网络的高效图像数据压缩方案[J]．光电工程，2004(1)：19～23.
[19] 王俊年，申群太．基于多种群协同进化微粒群算法的径向基神经网络设计[J]．控制理论与应用，2006(2)：26～29.
[20] 李鸿儒，王晓楠．基于免疫进化策略的神经网络优化方法[J]．东北大学学报，2008(6)：8～13.
[21] 李芹，蔡理．SET－MOS 混合结构的细胞神经网络及其应用[J]．物理学报，2009(6)：90～94.
[22] 张赞超，夏顺仁．基于细胞神经网络的尿沉渣图像分割[J]．浙江大学学报，2008(12)：17～21.
[23] 石志标，左春柽．基于混沌神经网络的仿生鼻的研究及其应用[J]．哈尔滨工业大学学报，2006(11)：8～12.
[24] 仇国庆，唐贤伦，基于混沌粒子群优化的神经网络在旋转机械故障诊断中的应用[J]．中国机械工程，2008(21)：30～46.
[25] 任海鹏，陈玲娟．双混沌神经网络及其在优化问题中的应用[J]．系统工程与电子技术，2009(6)：23～26.
[26] 宫赤坤，毛罕平．温室夏季温湿度遗传模糊神经网络控制[J]．农业工程学报，2000(4)：106～110.
[27] 吴新余，孙力娟．改进交叉方式的遗传算法在求解通信网络优化问题中的应用[J]．通信学报，1997(10)：15～21.
[28] 骆晨钟，邵惠鹤．采用混沌变异的进化算法[J]．控制与决策，2000(9)：557～560.
[29] 夏陆岳，俞立．基于 SNNS－RR 的聚丙烯熔融指数软测量[J]．化工学报，2008(7)：6～10.
[30] 许光泞，俞金．自适应 DNA 免疫算法在化工软测量中的应用[J]．华东理工大学学报，2009(1)：27～33.
[31] 金宁德，赵鑫．油井伞集流油气水三相流流动参数的软测量方法[J]．化工学报，2006(12)：10～14.
[32] 李晓光，江沛．状态变量部分不可测的间歇反应器的智能建模[J]．化工学报，2008(7)：41～46.
[33] 曹柳林，李晓光．利用结构逼近式混合神经网络实现间歇反应器的建模[J]．化工学报，2008(4)：27～32.
[34] 吴敏，徐辰华．基于模糊分类变系数的铅锌烧结过程综合透气性状态预测[J]．华东理工大学学报，2006：7～19
[35] 张清华，钱宇．基于人工免疫系统的复合故障诊断技术研究[J]．噪声与振动控制，2008(3)：16～20.
[36] 严爱军，王普竖．炉燃烧过程智能故障预报系统[J]．化工学报，2008(7)：31～36.
[37] 姚钟麟，孙国平．CP 神经网络在机械故障模式识别中的应用[J]．抚顺石油学院学报，2002(4)：12～16.
[38] 赵鹏程，朱焕勤．基于小波神经网络的油泵故障诊断[J]．西南石油大学学报(自然科学版)，2008(4)：50～55.
[39] 廖明燕．基于神经网络和证据理论集成的钻井过程状态监测与故障诊断[J]．中国石油大学学报(自然科学版)，2007(5)：32～37.

[40] 蒋廷学，汪永利. 压裂方案经济优化的智能专家系统研究[J]. 石油学报，2004(1)：13～17.
[41] 李绍军，林海波. 模糊规划在炼油厂生产计划优化中的应用[J]. 石油学报，2002(1)：13～16.
[42] 贾立，施继平. 一种间歇过程产品质量迭代学习控制策略[J]. 化工学报，2009(8)：24～29.
[43] 彭黔荣，杨敏. 基于混合遗传算法的人工神经网络模型及其对有机化合物熔点的预测[J]. 化工学报，2005(10)：23～28.

中国应急管理学会蓝皮书系列

中国石油石化
安全生产与应急管理行业发展
蓝皮书
（2023—2024）

中　国　应　急　管　理　学　会
中国石油集团安全环保技术研究院有限公司
中国应急管理学会石油石化安全与应急工作委员会　组织编写
公共安全科学技术学会石油与化工安全专业工作委员会
中国职业安全健康协会防火防爆专业委员会

中国石化出版社
·北京·

内　容　提　要

《中国石油石化安全生产与应急管理行业发展蓝皮书（2023—2024）》集成中国应急管理学会、中国石油安全环保技术研究院与中国石油、中国石化、中国海油、国家管网、国家能源等集团公司的专家团队，对涉及石油石化安全应急领域行业动态和未来发展趋势的重大问题和国家政策进行深入分析，运用专业视角提出关于企业和行业发展未来需求等重大问题的分析观点。全书分为政策分析篇、行业动态篇、技术发展篇、实践探索篇、数据统计篇及附录六部分。

本书具有较强的权威性和时效性，对于理论研究者和实际工作者具有一定的参考价值。

图书在版编目（CIP）数据

中国石油石化安全生产与应急管理行业发展蓝皮书．2023-2024／中国应急管理学会等组织编写．—北京：中国石化出版社，2024.5（2024.6 重印）
ISBN 978-7-5114-7505-3

Ⅰ.①中… Ⅱ.①中… Ⅲ.①石油化工企业-安全生产-研究报告-中国-2023-2024 ②石油化工企业-安全管理-研究报告-中国-2023-2024 Ⅳ.①F426.22 ②TE687

中国国家版本馆 CIP 数据核字（2024）第 084539 号

中国石化出版社出版发行
地址：北京市东城区安定门外大街 58 号
邮编：100011　电话：（010）57512500
发行部电话：（010）57512575
http://www.sinopec-press.com
E-mail：press@sinopec.com
北京科信印刷有限公司印刷
全国各地新华书店经销
*
710×1000 毫米 16 开本 23 印张 392 千字
2024 年 5 月第 1 版　2024 年 6 月第 2 次印刷
定价：158.00 元

《中国应急管理学会蓝皮书系列》编写指导委员会

《中国石油石化安全生产与应急管理行业发展蓝皮书(2023—2024)》

编　委　会

《中国石油石化安全生产与应急管理行业发展蓝皮书(2023—2024)》编写组

主　　编：雍瑞生

执行主编：储胜利

副 主 编：王　驰　陈　硕　王　勇　陈建红　张延斌　郑文培　李云涛　栾国华　刘　义　张广文　林　辉　付　帅

成　　员(以姓氏笔画为序)：

王丽红　王林涛　王　宠　牛明勇　甘亦凡
包正东　冯若洋　毕逢东　伊其明　刘文才
李冰毅　李　佩　李　鑫　吴顺成　宋文娟
张金明　张宝森　周　扬　周宝山　庞云山
郎需庆　孟玉强　赵成斌　姜习权　姚红星
高　阳　高　楠　梅　涛　龚建华　章小华
梁玉磊　隋丰伟　韩相军

前言 PREFACE

在风云变幻的全球能源格局中，中国石油石化行业以其不可或缺的地位，承载着推动国家经济稳健前行的重任，其安全生产与应急管理水平直接关系到国家经济的稳定发展和人民生命财产的安全。鉴于此，我们编写了《中国石油石化安全生产与应急管理行业发展蓝皮书（2023—2024）》，旨在深入剖析当前中国石油石化行业在安全生产与应急管理方面的现状，探索未来趋势，为行业的可持续发展提供智力支持。

政策分析篇：紧密围绕国家安全生产与应急管理的政策法规，深入解读了国家对于石油石化行业安全生产与应急管理的战略意图和具体部署。随着国家对安全生产工作的高度重视，一系列政策法规陆续出台，为石油石化行业安全生产与应急管理提供了坚实的法治保障。本书深入解析了这些政策法规的内涵与要求，为行业内外人士提供了清晰的政策导向和行动指南。

行业动态篇：全面梳理了石油石化行业安全生产与应急管理的最新发展动态。随着科技的不断进步和创新驱动的发展理念深入人心，石油石化行业正在积极探索安全生产与应急管理的新模式、新方法。本书通过深入分析和总结行业内的典型案例和实践经验，为行业提供了宝贵的参考和借鉴。

技术发展篇：重点关注了安全生产与应急管理领域的技术创新和应用。随着数字化、智能化技术的快速发展，新技术、新设备在提升安全生产水平和应急管理能力方面发挥着越来越重要的作用。本书通过介绍井筒(井控)安全、油气泄漏监测、智能安全(应急)机器人、氢能安全等技术的现状和发展趋势，为行业提供了前沿的技术资讯和解决方案，助力行业实现安全生产与应急管理的数字化转型。

实践探索篇：通过展示石油石化企业在安全生产与应急管理方面的成功案例和实践经验，为其他企业提供参考和启示。这些案例和经验不仅反映了企业在安全生产和应急管理方面的高水平实践，也展示了企业在技术创新、人才培养等方面的积极探索和成果。

数据统计篇：通过大量的数据和图表，全面展示了石油石化行业安全生产与应急管理的各项指标和统计数据。这些指标和数据不仅反映了行业在安全生产和应急管理方面的整体水平和趋势，也为企业政策制定和企业决策提供了有力的基础支撑和科学依据。

总之，《中国石油石化安全生产与应急管理行业发展蓝皮书(2023—2024)》是一本全面反映石油石化行业安全生产与应急管理现状和发展趋势的权威报告。展望未来，我们坚信科技创新将持续引领石油石化行业安全生产与应急管理工作的进步。我们期待，通过本书的出版，为行业内外人士提供全面的信息和参考，共同推动中国石油石化行业安全生产与应急管理工作的持续改进和发展。让我们携手努力，为实现行业的健康、稳定与可持续发展贡献智慧和力量。

由于编者水平有限，疏漏之处在所难免，恳请读者批评指正。

目录 CONTENTS

政策分析篇

第一章　国家政策法规标准发布情况 / 3
第二章　国家安全监管要闻 / 13
第三章　重要政策法规专家解读 / 38
第四章　重要标准解读 / 51

行业动态篇

第一章　中国石油安全生产与应急管理工作动态 / 57
第二章　中国石化安全生产与应急管理工作动态 / 62
第三章　中国海油安全生产与应急管理工作动态 / 68
第四章　国家能源安全生产与应急管理工作动态 / 74

技术发展篇

第一章　井筒(井控)安全技术 / 83
第二章　油气泄漏监测技术 / 94

第三章　管道安全技术 / 106
第四章　工艺安全技术 / 116
第五章　炼化企业设备安全技术 / 124
第六章　氢能安全技术 / 130
第七章　石油石化智能安全(应急)机器人技术 / 140
第八章　石化企业新型消防应急技术与装备 / 149
第九章　油气行业应急管理智能化技术 / 166

实践探索篇

第一章　安全管理技术实践 / 179
第二章　油气田企业实践探索 / 198
第三章　炼化企业实践探索 / 233
第四章　管道与销售企业实践探索 / 263

数据统计篇

第一章　典型石油石化生产安全事故 / 301
第二章　国家研究课题 / 303
第三章　科技成果奖励 / 306
第四章　重要会议交流 / 319
第五章　实验平台建设 / 323
第六章　专业应急队伍建设 / 326

附录

附录 1　2023 年全国油气勘探开发十大标志性成果 / 343
附录 2　2023 年中国石化十大油气勘探成果 / 350
附录 3　2023 年中国海油十大勘探重大发现和十大勘探关键技术进展 / 353

政策分析篇

第一章　国家政策法规标准发布情况

第二章　国家安全监管要闻

第三章　重要政策法规专家解读

第四章　重要标准解读

第一章 国家政策法规标准发布情况

2023 年，国家相继出台了部门规章和规范性文件共 30 项，其中部门规章 6 项，规范性文件 24 项。2023 年 1 月 1 日起开始实施的安全生产与应急有关标准 169 项，标准分类有 GB、SY、SH、AQ、GA 等。见表 1-1 ~表 1-3。

表 1-1 2023 年安全生产与应急部门规章清单

序号	部门规章名称	文 号	发布时间
1	工业产品生产单位落实质量安全主体责任监督管理规定	国家市场监督管理总局令 第 75 号	2023. 04. 04
2	特种设备使用单位落实使用安全主体责任监督管理规定	国家市场监督管理总局令 第 74 号	2023. 04. 04
3	工贸企业重大事故隐患判定标准	中华人民共和国应急管理部令 第 10 号	2023. 04. 14
4	安全生产严重失信主体名单管理办法	中华人民共和国应急管理部令 第 11 号	2023. 08. 08
5	应急管理行政裁量权基准暂行规定	应急管理部令 第 12 号	2023. 11. 07
6	工贸企业有限空间作业安全规定	中华人民共和国应急管理部令 第 13 号	2023. 11. 29

表 1-2 2023 年安全生产与应急规范性文件清单

序号	规章制度名称	文 号	发布时间
1	应急管理部办公厅关于将“油气生产安全与应急技术”等 13 个实验室纳入应急管理部重点实验室运行序列的通知	应急厅函〔2023〕12 号	2023. 01. 11
2	关于开展中央企业安全管理强化年行动的通知	国资厅发社责〔2023〕1 号	2023. 01. 19
3	应急管理部 国家发展改革委 财政部 国家粮食和储备局关于印发《“十四五”应急物资保障规划》的通知		2023. 02. 02

续表

序号	规章制度名称	文　　号	发布时间
4	应急管理部加强精细化工反应安全风险管控国家标准《精细化工反应安全风险评估规范》发布实施		2023. 02. 17
5	应急管理部办公厅关于印发 2023 年危险化学品安全监管工作要点和危险化学品企业装置设备带“病”运行安全专项整治等 9 个工作方案的通知	应急厅〔2023〕5 号	2023. 02. 21
6	应急管理部关于废止原国家安全监管总局印发的《关于在高危行业推进安全生产责任保险的指导意见》的通知	应急〔2023〕16 号	2023. 02. 23
7	国家减灾委员会办公室关于做好 2023 年全国防灾减灾日有关工作的通知	国减办发〔2023〕5 号	2023. 03. 01
8	国家能源局关于印发《防止电力生产事故的二十五项重点要求（2023 版）》的通知	国能发安全〔2023〕22 号	2023. 03. 09
9	应急管理部办公厅关于印发《生产安全事故调查报告编制指南（试行）》的通知	应急厅〔2023〕4 号	2023. 03. 16
10	住房和城乡建设部等 15 部门关于加强经营性自建房安全管理的通知	建村〔2023〕18 号	2023. 03. 21
11	国家能源局综合司关于进一步加强发电机组检修安全监督管理的通知	国能综通安全〔2023〕29 号	2023. 03. 26
12	应急管理部 市场监管总局关于印发《安全生产国家标准制修订统筹协调工作细则》的通知	应急〔2023〕27 号	2023. 03. 29
13	国务院安委会印发《全国重大事故隐患专项排查整治 2023 行动总体方案》		2023. 04. 01
14	应急管理部关于印发《2023 年危险化学品企业安全生产执法检查重点事项指导目录》的通知	应急厅〔2023〕8 号	2023. 04. 03
15	应急管理部关于印发《危险化学品企业重大危险源安全包保责任人隐患排查任务清单的通知》		2023. 04. 26
16	国务院安委会办公室 应急管理部关于印发《2023 年全国“安全生产月”活动方案》的通知	安委办〔2023〕5 号	2023. 05. 09
17	国务院安全生产委员会关于印发《全国城镇燃气安全专项整治工作方案》的通知	安委〔2023〕3 号	2023. 08. 09

续表

序号	规章制度名称	文　　号	发布时间
18	交通运输部办公厅关于印发《道路运输企业和城市客运企业安全生产重大事故隐患判定标准（试行）》的通知	交办运〔2023〕52号	2023.09.19
19	住房城乡建设部关于印发城镇燃气经营安全重大隐患判定标准的通知	建城规〔2023〕4号	2023.09.21
20	五部委关于印发《安全应急装备重点领域发展行动计划（2023—2025年）》的通知	工信部联安全〔2023〕166号	2023.09.26
21	应急管理部关于进一步加强安全评价机构监管的指导意见	应急〔2023〕99号	2023.10.08
22	应急管理部关于进一步加强安全生产举报工作的指导意见	应急〔2023〕106号	2023.10.24
23	应急管理部关于印发《化工园区安全风险排查治理导则》的通知	应急〔2023〕123号	2023.11.14
24	国务院安委会办公室关于印发《城市安全风险综合监测预警平台建设指南（2023版）》的通知	安委办函〔2023〕145号	2023.11.19

表1-3　2023年1月1日起实施的安全生产与应急有关标准清单

序号	标　准　号	标 准 名 称	发布日期	实施日期
1	GB 19239—2022	燃气汽车燃气系统安装规范	2022.08.31	2023.01.01
2	GB 16994.7—2022	港口作业安全要求 第7部分：水泥	2022.07.13	2023.02.01
3	GB 18180—2022	液化气体船舶安全作业要求	2022.07.13	2023.02.01
4	GB 41730—2022	油船清洗舱安全作业要求	2022.07.13	2023.02.01
5	GB/T 10827.3—2022	工业车辆 安全要求和验证 第3部分：对带有起升操作台的车辆和专门设计为带起升载荷运行的车辆的附加要求	2022.07.11	2023.02.01
6	GB/T 25296—2022	电气设备安全通用试验导则	2022.07.11	2023.02.01
7	GB/T 41510—2022	起重机械安全评估规范 通用要求	2022.07.11	2023.02.01
8	GB/T 41514—2022	钢结构货架使用安全与评估规范	2022.07.11	2023.02.01
9	GB 41847—2022	港口防雷与接地技术要求	2022.08.31	2023.03.01
10	GB 55031—2022	民用建筑通用规范	2022.07.15	2023.03.01
11	GB 55036—2022	消防设施通用规范	2022.07.15	2023.03.01
12	GBZ 117—2022	工业探伤放射防护标准	2022.10.13	2023.03.01

续表

序号	标准号	标准名称	发布日期	实施日期
13	TSG D7003—2022	压力管道定期检验规则—长输管道	2022.12.02	2023.03.01
14	GB/T 9253—2022	石油天然气工业 套管、油管和管线管螺纹的加工、测量和检验	2022.12.30	2023.04.01
15	GB/T 21412.2—2022	石油天然气工业 水下生产系统的设计和操作 第2部分：非粘结挠性管系统	2022.12.30	2023.04.01
16	GB/T 29729—2022	氢系统安全的基本要求	2022.12.30	2023.04.01
17	GB/T 42097—2022	地上石油储(备)库完整性管理规范	2022.12.30	2023.04.01
18	GB/T 42177—2022	加氢站氢气阀门技术要求及试验方法	2022.12.30	2023.04.01
19	AQ/T 3010—2022	加油站作业安全规范	2022.10.01	2023.04.01
20	AQ/T 3034—2022	化工过程安全管理导则	2022.10.01	2023.04.01
21	HG/T 6005—2022	化学清洗泵站及配套设备技术规范	2022.10.20	2023.04.01
22	HG/T 6113—2022	化工工艺有机废气处理装置技术规范	2022.10.20	2023.04.01
23	TSG T7001—2023	电梯监督检验和定期检验规则	2023.04.02	2023.04.02
24	TSG T7008—2023	电梯自行检测规则	2023.04.02	2023.04.02
25	GB 50517—2010	石油化工金属管道工程施工质量验收规范(2023年局部修订)	2023.01.05	2023.05.01
26	GB/T 3836.11—2022	爆炸性环境 第11部分：气体和蒸气物质特性分类 试验方法和数据	2022.10.12	2023.05.01
27	GB/T 3836.16—2022	爆炸性环境 第16部分：电气装置的检查与维护	2022.10.12	2023.05.01
28	GB/T 3836.21—2022	爆炸性环境 第21部分：防爆产品生产质量管理体系的应用	2022.10.12	2023.05.01
29	GB/T 3836.36—2022	爆炸性环境 第36部分：控制防爆设备潜在点燃源的电气安全装置	2022.10.12	2023.05.01
30	GB/T 13749—2022	冲击式打桩机 安全操作规程	2022.10.12	2023.05.01
31	GB/T 17258—2022	汽车用压缩天然气钢瓶	2022.10.12	2023.05.01
32	GB/T 17285—2022	电气设备电源特性的标记 安全要求	2022.10.12	2023.05.01
33	GB/T 21109.1—2022	过程工业领域安全仪表系统的功能安全 第1部分：框架、定义、系统、硬件和应用编程要求	2022.10.12	2023.05.01
34	GB/T 41994—2022	工业炉及相关工艺设备电弧炉炼钢机械和设备的安全要求	2022.10.12	2023.05.01

续表

序号	标 准 号	标 准 名 称	发布日期	实施日期
35	GB/T 41999—2022	港口岸电设施术语	2022. 10. 12	2023. 05. 01
36	NB/T 10996—2022	风力发电场并网安全条件及评价规范	2022. 11. 04	2023. 05. 04
37	NB/T 10997—2022	光伏发电站并网安全条件及评价规范	2022. 11. 04	2023. 05. 04
38	SY/T 6279—2022	大型设备吊装安全规程	2022. 11. 04	2023. 05. 04
39	SY/T 6284—2022	石油企业职业病危害因素识别及防护规范	2022. 11. 04	2023. 05. 04
40	SY/T 6307—2022	浅海钻井安全规程	2022. 11. 04	2023. 05. 04
41	SY/T 6320—2022	陆上油气田油气集输安全规程	2022. 11. 04	2023. 05. 04
42	SY/T 6321—2022	浅海采油与井下作业安全规程	2022. 11. 04	2023. 05. 04
43	SY/T 6345—2022	海洋石油作业人员安全资格	2022. 11. 04	2023. 05. 04
44	SY/T 6346—2022	浅海移动式平台拖带与系泊安全规范	2022. 11. 04	2023. 05. 04
45	SY/T 6353—2022	油气田变电站(所)安全管理规程	2022. 11. 04	2023. 05. 04
46	SY/T 6354—2022	稠油注汽热力开采安全技术规程	2022. 11. 04	2023. 05. 04
47	SY/T 6360—2022	油田注聚合物、碱液、表面活性剂安全规程	2022. 11. 04	2023. 05. 04
48	SY/T 6503—2022	石油天然气工程可燃气体和有毒气体检测报警系统安全规范	2022. 11. 04	2023. 05. 04
49	SY/T 6634—2022	滩海陆岸石油作业安全规程	2022. 11. 04	2023. 05. 04
50	SY/T 6826—2022	输油管道泄漏监测系统技术规范	2022. 11. 04	2023. 05. 04
51	SY/T 6985—2022	海上石油设施助航标志	2022. 11. 04	2023. 05. 04
52	SY/T 7028—2022	钻(修)井井架逃生装置安全规范	2022. 11. 04	2023. 05. 04
53	SY/T 7664—2022	油气管道站场完整性管理体系 要求	2022. 11. 04	2023. 05. 04
54	SY/T 7668—2022	石油钻井安全监督规范	2022. 11. 04	2023. 05. 04
55	SY/T 7669—2022	气溶胶灭火系统技术规范	2022. 11. 04	2023. 05. 04
56	SY/T 7671—2022	加油加气站信息系统建设技术规范	2022. 11. 04	2023. 05. 04
57	GB/T 27699—2023	钢质管道内检测技术规范	2023. 05. 23	2023. 05. 23
58	GB/T 28055—2023	钢质管道带压封堵技术规范	2023. 05. 23	2023. 05. 23
59	GB/T 42594—2023	承压设备介质危害分类导则	2023. 05. 23	2023. 05. 23
60	GB/T 42595—2023	承压设备修理基本要求	2023. 05. 23	2023. 05. 23
61	GB/T 42605—2023	移动式压力容器修理导则	2023. 05. 23	2023. 05. 23
62	GB/T 42606—2023	固定式压力容器修理导则	2023. 05. 23	2023. 05. 23

续表

序号	标　准　号	标 准 名 称	发布日期	实施日期
63	GB/T 42615—2023	在用电梯安全评估规范	2023. 05. 23	2023. 05. 23
64	GB/T 42783—2023	成套装置完整性管理	2023. 05. 23	2023. 05. 23
65	GB 55037—2022	建筑防火通用规范	2022. 12. 27	2023. 06. 01
66	GB/T 4440—2022	活扳手	2022. 11. 08	2023. 06. 01
67	JJF 2020—2022	加油站油气回收系统检测技术规范	2022. 12. 27	2023. 06. 27
68	GB 5863—2022	内河助航标志	2022. 12. 29	2023. 07. 01
69	GB 13851—2022	内河交通安全标志	2022. 12. 29	2023. 07. 01
70	GB 15603—2022	危险化学品仓库储存通则	2022. 12. 29	2023. 07. 01
71	GB 18434—2022	油船在港作业安全要求	2022. 12. 29	2023. 07. 01
72	GB 18597—2023	危险废物贮存污染控制标准	2023. 05. 23	2023. 07. 01
73	GB 42234—2022	油船静电安全技术要求	2022. 12. 29	2023. 07. 01
74	GB 42283—2022	液化天然气燃料水上加注作业安全规程	2022. 12. 29	2023. 07. 01
75	GB/T 16895. 22—2022	低压电气装置 第 5-53 部分：电气设备的选择和安装 用于安全防护、隔离、通断、控制和监测的电器	2022. 12. 30	2023. 07. 01
76	GB/T 17799. 7—2022	电磁兼容 通用标准 第 7 部分：工业场所中用于执行安全相关系统功能(功能安全)设备的抗扰度要求	2022. 12. 30	2023. 07. 01
77	GB/T 22342—2022	石油天然气钻采设备 井下安全阀系统设计、安装、操作、试验和维护	2022. 12. 30	2023. 07. 01
78	GB/T 41962—2022	实验室废弃物存储装置技术规范	2022. 12. 30	2023. 07. 01
79	GB/T 42288—2022	电化学储能电站安全规程	2022. 12. 30	2023. 07. 01
80	T/CCSAS 042—2023	在役常压储罐检验与适用性评价技术规范	2023. 07. 25	2023. 07. 25
81	GB/T 27921—2023	风险管理 风险评估技术	2023. 08. 06	2023. 08. 06
82	GB/T 42894—2023	应急药材包装要求	2023. 08. 06	2023. 08. 06
83	AQ/T 1120—2023	煤层气地面开采建设项目安全验收评价实施细则	2023. 02. 21	2023. 08. 20
84	AQ/T 1122—2023	煤层气地面开采企业安全现状评价实施细则	2023. 02. 21	2023. 08. 20
85	GB 51456—2023	建筑物移动通信基础设施工程技术标准	2023. 05. 23	2023. 09. 01

续表

序号	标　准　号	标 准 名 称	发布日期	实施日期
86	GB/T 42440—2023	页岩气　工厂化压裂用水输送系统技术要求	2023. 05. 23	2023. 09. 01
87	GB/T 42549—2023	海洋调查船舶实验室安全管理规范	2023. 05. 23	2023. 09. 01
88	GB/T 42797—2023	二氧化碳捕集、输送和地质封存　管道输送系统	2023. 05. 23	2023. 09. 01
89	GB/T 50726—2023	工业设备及管道防腐蚀工程技术标准	2023. 05. 23	2023. 09. 01
90	GB/T 51455—2023	城镇燃气输配工程施工及验收标准	2023. 05. 23	2023. 09. 01
91	GBZ/T 328—2023	放射工作人员职业健康检查外周血淋巴细胞微核检测方法与受照剂量估算标准	2023. 03. 07	2023. 09. 01
92	GB/T 23819—2023	机械安全　火灾预防与防护	2023. 09. 07	2023. 09. 07
93	GB/T 24804—2023	提高在用电梯安全性的规范	2023. 09. 07	2023. 09. 07
94	GB/T 42991—2023	急进高原灾害应急救援队伍防护指南	2023. 09. 07	2023. 09. 07
95	GB/T 21109. 2—2023	过程工业领域安全仪表系统的功能安全　第 2 部分：GB/T 21109. 1—2022 的应用指南	2023. 03. 17	2023. 10. 01
96	GB/T 21711. 1—2023	基础机电继电器　第 1 部分：总则与安全要求	2023. 03. 17	2023. 10. 01
97	GB/T 26471—2023	塔式起重机　安装、拆卸与爬升规则	2023. 03. 17	2023. 10. 01
98	GB/T 32800. 10—2023	手持式非电类动力工具　安全要求　第 10 部分：挤压式动力工具	2023. 03. 17	2023. 10. 01
99	GB/T 32800. 11—2023	手持式非电类动力工具　安全要求　第 11 部分：冲剪机和剪刀	2023. 03. 17	2023. 10. 01
100	GB/T 32800. 1—2023	手持式非电类动力工具　安全要求　第 1 部分：非螺纹结构紧固件用装配动力工具	2023. 03. 17	2023. 10. 01
101	GB/T 32800. 2—2023	手持式非电类动力工具　安全要求　第 2 部分：切断和扣压动力工具	2023. 03. 17	2023. 10. 01
102	GB/T 42317—2023	电化学储能电站应急演练规程	2023. 03. 17	2023. 10. 01
103	GB/T 42324—2023	电气装置用电缆密封头	2023. 03. 17	2023. 10. 01
104	GB/T 42327—2023	船用固定式化学干粉灭火系统	2023. 03. 17	2023. 10. 01
105	GB/T 42368—2023	高温高压条件下可燃气体(蒸气)爆炸极限测定方法	2023. 03. 17	2023. 10. 01
106	GB/T 42456—2023	工业自动化和控制系统信息安全　IACS 组件的安全技术要求	2023. 03. 17	2023. 10. 01

续表

序号	标　准　号	标准名称	发布日期	实施日期
107	GB/T 42457—2023	工业自动化和控制系统信息安全产品安全开发生命周期要求	2023.03.17	2023.10.01
108	GA/T 2095—2023	危险化学品道路运输通行路线规划指南	2023.05.23	2023.10.01
109	GA/T 2096—2023	危险货物运输车辆道路检查规范	2023.05.23	2023.10.01
110	TSG D7002—2023	压力管道元件型式试验规则	2023.07.07	2023.10.01
111	DL/T 2555.2—2023	配电线路旁路作业工具装备 第2部分：旁路开关	2023.05.26	2023.11.26
112	DL/T 2600—2023	燃煤启动锅炉运行与维护导则	2023.05.26	2023.11.26
113	DL/T 2612—2023	电力云基础设施安全技术要求	2023.05.26	2023.11.26
114	DL/T 2615—2023	电力作业用电缆输送机	2023.05.26	2023.11.26
115	DL/T 2617—2023	20kV 配电线路带电作业技术规范	2023.05.26	2023.11.26
116	DL/T 2619—2023	压缩空气储能电站运行维护规程	2023.05.26	2023.11.26
117	NB/T 11233—2023	海上风力发电机组安全系统设计规范	2023.05.26	2023.11.26
118	NB/T 11241—2023	光伏光热一体组件技术规范	2023.05.26	2023.11.26
119	NB/T 11274—2023	加气站用压力容器及管路系统检验与评定	2023.05.26	2023.11.26
120	NB/T 11275—2023	页岩油　术语	2023.05.26	2023.11.26
121	NB/T 11282—2023	中高成熟度页岩油钻井工程设计	2023.05.26	2023.11.26
122	NB/T 11283—2023	页岩油单井评价技术规范	2023.05.26	2023.11.26
123	NB/T 11284—2023	页岩油集输设计技术规范	2023.05.26	2023.11.26
124	NB/T 11289—2023	中高成熟度页岩油采油工程设计规范	2023.05.26	2023.11.26
125	NB/T 47001—2023	钢制液化气体卧式储罐型式与基本参数	2023.05.26	2023.11.26
126	SY/T 0069—2023	原油稳定设计规范	2023.05.26	2023.11.26
127	SY/T 0071—2023	油气集输管道组成件选用规范	2023.05.26	2023.11.26
128	SY/T 0076—2023	天然气脱水设计规范	2023.05.26	2023.11.26
129	SY/T 4125—2023	钢质管道焊接规程	2023.05.26	2023.11.26
130	SY/T 5333—2023	钻井工程设计规范	2023.05.26	2023.11.26
131	SY/T 5374.2—2023	固井作业规程 第2部分：特殊固井	2023.05.26	2023.11.26
132	SY/T 5412—2023	下套管作业规程	2023.05.26	2023.11.26
133	SY/T 6804—2023	海洋平台钻机设施布置要求	2023.05.26	2023.11.26
134	SY/T 6848—2023	地下储气库设计规范	2023.05.26	2023.11.26

续表

序号	标　准　号	标 准 名 称	发布日期	实施日期
135	SY/T 6966—2023	输油气管道工程安全仪表系统设计规范	2023. 05. 26	2023. 11. 26
136	SY/T 6967—2023	油气管道数字化系统设计规范	2023. 05. 26	2023. 11. 26
137	SY/T 7022—2023	油气输送管道工程顶管法隧道穿越设计规范	2023. 05. 26	2023. 11. 26
138	SY/T 7023—2023	油气输送管道工程盾构法隧道穿越设计规范	2023. 05. 26	2023. 11. 26
139	SY/T 7677—2023	湿陷性黄土地区石油天然气工程设计规范	2023. 05. 26	2023. 11. 26
140	SY/T 7678—2023	二氧化碳驱油田站内工艺管道施工技术规范	2023. 05. 26	2023. 11. 26
141	SY/T 7679—2023	二氧化碳驱油田集输管道施工技术规范	2023. 05. 26	2023. 11. 26
142	SY/T 7683—2023	液化天然气带压密封技术规范	2023. 05. 26	2023. 11. 26
143	SY/T 7687—2023	气藏型储气库动态分析技术规范	2023. 05. 26	2023. 11. 26
144	SY/T 7688—2023	气藏型储气库老井封堵技术规范	2023. 05. 26	2023. 11. 26
145	SY/T 7689—2023	盐穴储气库腔体设计技术要求	2023. 05. 26	2023. 11. 26
146	SY/T 7690—2023	盐穴储气库造腔工程技术要求	2023. 05. 26	2023. 11. 26
147	SY/T 7691—2023	盐穴型储气库地面工程设计规范	2023. 05. 26	2023. 11. 26
148	GB 12708—2020	航标灯光信号颜色	2020. 11. 17	2023. 12. 01
149	GB 16557—2023	船用救生设备安全标志	2023. 05. 23	2023. 12. 01
150	GB/T 2900. 35—2023	电工术语　爆炸性环境	2023. 05. 23	2023. 12. 01
151	GB/T 5972—2023	起重机　钢丝绳　保养、维护、检验和报废	2023. 05. 23	2023. 12. 01
152	GB/T 9089. 2—2023	户外严酷条件下的电气设施　第 2 部分：一般防护要求	2023. 05. 23	2023. 12. 01
153	GB/T 10827. 4—2023	工业车辆　安全要求和验证　第 4 部分：无人驾驶工业车辆及其系统	2023. 05. 23	2023. 12. 01
154	GB/T 10827. 6—2023	工业车辆　安全要求和验证　第 6 部分：货物及人员载运	2023. 05. 23	2023. 12. 01
155	GB/T 20322—2023	石油及天然气工业　往复压缩机	2023. 05. 23	2023. 12. 01
156	GB/T 22513—2023	石油天然气钻采设备井口装置和采油树	2023. 05. 23	2023. 12. 01
157	GB/T 24475—2023	电梯远程报警系统	2023. 05. 23	2023. 12. 01
158	GB/T 24476—2023	电梯物联网　企业应用平台基本要求	2023. 05. 23	2023. 12. 01

续表

序号	标　准　号	标 准 名 称	发布日期	实施日期
159	GB/T 24479—2023	火灾情况下的电梯特性	2023. 05. 23	2023. 12. 01
160	GB/T 25359—2023	石油及天然气工业 集成撬装往复压缩机	2023. 05. 23	2023. 12. 01
161	GB/T 36507—2023	工业车辆 使用、操作与维护安全规范	2023. 05. 23	2023. 12. 01
162	GB/T 38121—2023	雷电防护 雷暴预警系统	2023. 05. 23	2023. 12. 01
163	GB/T 42530—2023	热喷涂 热喷涂应用指南	2023. 05. 23	2023. 12. 01
164	GB/T 42715—2023	移动式储能电站通用规范	2023. 05. 23	2023. 12. 01
165	GB/T 42855—2023	氢燃料电池车辆加注协议技术要求	2023. 08. 06	2023. 12. 01
166	GB/T 42857—2023	变压吸附提纯氢气系统安全要求	2023. 08. 06	2023. 12. 01
167	QX/T 671—2023	高温中暑气象等级	2023. 09. 05	2023. 12. 01
168	GB/T 17909. 4—2023	起重机 操作手册 第 4 部分：臂架起重机	2023. 05. 23	2023. 12. 01
169	GB/T 18453. 4—2023	起重机 维护手册 第 4 部分：臂架起重机	2023. 05. 23	2023. 12. 01

第二章　国家安全监管要闻

一、全国安全生产电视电话会议：狠抓安全生产责任和措施落实切实维护人民群众生命财产安全

2023 年 1 月 11 日，国务院召开全国安全生产电视电话会议。国务院总理李克强作出重要批示。批示指出：安全生产重于泰山，须臾不可放松。

会议要求，坚持以习近平新时代中国特色社会主义思想为指导，深入贯彻党的二十大和中央经济工作会议精神，落实李克强总理批示要求，全力做好安全生产各项工作。要更好统筹发展和安全，严格把好规划、建设、生产、运行等各环节安全关，推动安全生产治理模式向事前预防转型。压紧压实安全责任，拧紧扣牢属地管理、部门监管和企业主体责任链条。坚持安全第一、预防为主，坚持不懈落实“十五条”硬措施，深化重点行业领域专项整治，持续强化安全监管执法，夯实安全生产基层基础，不断提升本质安全水平。要针对春节、全国两会等重要时段，完善应急预案和防范措施，强化应急备勤和值班值守，坚决遏制重特大事故发生，确保岁末年初安全生产形势稳定。

二、全国应急管理工作会议：深入推进应急管理体系和能力现代化为全面建设社会主义现代化国家开局起步

2023 年 1 月 5 日，全国应急管理工作会议在京召开。会议指出，2022 年是党和国家历史上极为重要的一年，也是应急管理系统经受严峻考验的一年。在以习近平同志为核心的党中央坚强领导下，应急管理系统把为党的二十大胜利召开营造良好安全环境作为重大政治任务，坚决贯彻习近平总书记重要指示精神，严格落实疫情要防住、经济要稳住、发展要安全的要求，顶住了疫情不确定性叠加经济下行压力加大对安全生产造成的冲击，顶住了全球气候变暖背景下我国极端天气事件多发频发重发的冲击，安全风险防范取得新成效，抢险救援救灾夺取新胜利，应急管理体系和能力建设迈出新步伐，基层基础工作和国际合作再上新台阶，干部队伍建设开创新局面，取得新的历史性成绩。全国生产安全事故、较大

事故、重特大事故起数和死亡人数实现“三个双下降”，事故总量和死亡人数同比分别下降27.0%、23.6%。全国自然灾害受灾人次、因灾死亡失踪人数、倒塌房屋数量和直接经济损失与近5年均值相比分别下降15.0%、30.8%、63.3%、25.3%，因灾死亡失踪人数创新中国成立以来年度最低。

会议强调，坚定走好新时代中国特色应急管理之路，是推进应急管理事业发展前进的必由之路。必须以习近平新时代中国特色社会主义思想为根本遵循，深刻把握其精神实质和丰富内涵，与时俱进转化为新时代新征程应急管理生动实践。必须以坚持和加强党的全面领导为根本保证，健全加强党的领导制度体系，形成党领导下各方齐抓共管、协同配合的应急管理格局。必须以保护人民生命财产安全为根本任务，把人民至上、生命至上作为根本价值遵循，把保民平安作为最大政绩，把人民褒奖作为最高荣誉，构筑防范化解安全风险的铜墙铁壁。必须以安全第一、预防为主为根本方针，建立以风险治理为中心的应急管理体系，更加注重源头治本、工程治本，强化关口前移；更加注重精准治理、科学整治，优化安全监管；更加注重文化培育、多元参与，推进社会共治；更加注重发挥法治、科技、人才的保障作用，提升本质安全、主动塑造安全。必须以系统观念、守正创新为根本方法，按照建立大安全大应急框架要求，推动建立与中国式现代化要求相适应的国家应急管理体系和能力，科学统筹防范与救援、监管与服务，提高政策措施的系统性、针对性和有效性。

会议指出，2023年是全面贯彻落实党的二十大精神的开局之年，也是应急管理工作面临严峻挑战的一年，做好应急管理工作责任重大、任务艰巨。要健全完善应急管理体系。筑牢清晰严密的责任体系，明确党政领导干部安全生产和防灾减灾职责清单等，严格落实部门“三个必须”监管责任，持续强化企业主体责任。健全协同高效的应急指挥体系，建立中央地方分级指挥与队伍专业指挥相结合的指挥机制，完善部门间、军地间协调联动机制，做到统一权威高效指挥。构建系统完备的法治体系，加快推动急需法律法规制修订工作，组织修订各级各类应急预案，积极推进应急管理标准制修订工作。建强基层应急和社会共治体系，坚持大抓基层的鲜明导向，积极推广各地有关经验做法，推动构建共建共治共享的安全治理格局。要大力推动安全关口前移。制度化源头管控，科学划定灾害设防标准，进一步健全重大工程和项目安全风险评估与论证制度、部门联审联查机制，严防化工产业转移安全风险。常态化风险管控，发挥各议事协调机构职能作用，进一步健全安全形势分析研判和风险联合会商机制，结合经济社会发展态势、季节变化、重大节日和活动特点，推动有针对性落实防范应对措施。信息化监测预警，加快建设国家灾害事件、安全事故电子地图等，提升安全风险预警精准性、有效性，推进灾害风险综合监测预警，以信息化推进应急管理现代化。长效化工程治理，加快实施“十四五”国家应急体系、综合防灾减灾、安全生产等规划确定的重大工程项目，协调相关部门加快安全工程实施，强化行业本质安全，提高安全保障能力。

会议要求，要深入推进安全专项整治。聚焦重大隐患深化专项治理，全面辨识管控重大风险点，紧盯矿山、危化品、消防、工贸等行业领域持续发力；履行好安委办职责，指导重点行业领域开展高质量的安全专项整治。保持打非治违高压态势，对非法违法和违规违章行为依法精准采取停产整顿、关闭取缔、上限处罚、追究法律责任等执法措施，确保打得准、打得狠、打出成效；深入推进应急管理综合行政执法改革，提升执法效能。推动深层次矛盾问题破解攻坚，发挥有关行业部门专业优势，推动综合治理，解决顽瘴痼疾，抓紧建设重点行业重大事故防控技术支撑基地，大力加强高危行业企业从业人员安全培训。要全面提高救援处置和保障能力。建强国家综合性消防救援队伍和区域应急力量，扎实推进消防救援队伍整合改革，加快建设区域应急救援中心。支持专业救援队伍和社会应急力量建设，建强国家矿山、危化、隧道救援攻坚力量，加强应急医学救援能力建设，积极开展社会应急力量能力分级分类测评试点，形成协同救援合力。立足实战强化装备保障，坚持满足当前、适度超前原则，加强先进适用装备研发配备；健全应急管理科技创新体系，加大关键核心技术攻关力度。全力开展抢险救援救灾，加强值班值守，一旦发生灾害事故和重大险情，迅速启动应急响应，第一时间报告并开展应急处置。

三、国务院国资委、应急管理部联合召开中央企业安全生产工作视频会议

2023 年 1 月 13 日，国务院国资委、应急管理部联合召开中央企业安全生产工作视频会议，认真学习贯彻习近平总书记关于安全生产重要论述精神，贯彻落实全国安全生产电视电话会议工作部署，全面总结 2022 年中央企业安全生产工作，对 2023 年集中开展中央企业安全管理强化年活动进行动员部署。

国务院国资委党委书记张玉卓表示，2022 年国资央企认真贯彻落实党中央、国务院决策部署，统筹发展和安全，严抓全国安全生产专项整治行动落实，严抓重点领域安全生产事故专项整治，严抓安全生产投入，积极参与重大自然灾害抢险救援，推动安全生产工作取得了新成效，安全生产形势总体保持稳定。张玉卓

强调，在充分肯定工作成绩的同时，更要清醒认识问题挑战，进一步增强做好安全生产工作的责任感紧迫感。2023 年要精心组织开展中央企业安全管理强化年活动，进一步严格执行国务院“十五条”硬措施，全面加强安全生产能力建设，全面防范各类安全风险，全面提升本质安全水平。工作上要突出抓好“六个切实强化”：要切实强化安全生产思想观念，坚持人民至上、生命至上，安全生产工作坚持从零开始、向零奋斗理念；切实强化安全生产责任落实，国资委将对企业主要负责人开展安全管理能力考核，各企业要健全安全责任体系，严格落实请示报告责任；切实强化安全生产隐患治理，深入推进危险化学品、火炸药、建筑施工、矿山等领域安全整治，加强隐患源头治理，做好境外单位安全工作；切实强化安全生产机制建设，完善安全制度，开展过程评价，确保安全风险受控在控；切实强化安全生产基础能力，健全组织机构，加强队伍建设，严格分包管理；切实强化科技兴安本质安全，注重技术赋能，深入推进“机械化换人、自动化减人”，加强应急处置，做好企地联动，以中央企业安全生产稳定新局面服务构建新安全格局，以新安全格局服务保障高质量发展。

国务院安委会副主任、应急管理部部长指出，国务院国资委党委始终把安全生产工作摆在重要位置，为中央企业加强安全生产工作提供了有力指导、支持和保障。各中央企业不断提高政治站位，持续健全责任体系，加快完善安全管理体系，积极参与抢险救援，勇于担当社会责任，统筹发展和安全取得显著成效，为全国安全生产形势总体稳定向好作出了重要贡献。他强调，今年是全面贯彻落实党的二十大精神的开局之年，要深入贯彻习近平总书记关于安全生产重要论述，认真落实党中央、国务院决策部署和全国安全生产电视电话会议安排，带头统筹好发展和安全，立起各行业领域企业安全工作的标杆和典范，彰显大国重器的社会责任和政治担当。要在贯彻落实党的二十大精神上作表率，进一步完善安全管理体系、推动安全关口前移、深化安全生产专项整治、提升抢险救援处突能力，筑牢中央企业安全屏障；要在牢固树立安全发展理念和正确政绩观上作表率，始终将安全贯穿企业经营发展全过程，以高水平安全服务高质量发展，以新安全格局保障新发展格局；要在健全完善责任体系上作表率，职责划分横向到边，责任传导纵向到底，安全考核全面从严，全面落实主体责任；要在推进重点领域安全专项整治上作表率，持续深化危化品、建筑施工、煤矿和非煤矿山、能源电力、民航、航运及燃气、民爆等领域安全专项整治，聚焦重点、精准施策；要在企业安全要素提升上作表率，更加重视从业人员素质提升、技术装备水平提升和安全管理体系的创建，全面提升企业本质安全水平，切实兜牢安全生产底线红线。

四、应急管理部召开全国危险化学品安全监管工作视频会

2023年2月8日，应急管理部召开全国危险化学品安全监管工作视频会，深入学习贯彻党的二十大精神和习近平总书记关于安全生产重要指示精神，按照全国安全生产电视电话会议和国务院安委会危化品安全专业委员会全体会议部署，总结通报2022年危险化学品安全风险集中治理工作情况，分析问题，研判形势，安排部署2023年危化品安全监管重点任务。应急管理部党委委员、副部长孙广宇出席会议并讲话。

会议指出，2022年，全国危化安监系统和各有关中央企业坚决贯彻党中央、国务院决策部署，科学统筹疫情防控、经济发展、安全生产三件大事，锐意进取，迎难而上，推动危化品安全生产各方责任进一步压实，重点领域专项整治进一步深化，安全风险源头管控进一步加强，安全监管执法效能进一步提高，化工和危化行业本质安全水平进一步提升。但危化领域固有风险大，一些老大难问题尚未根治，化工行业的高风险属性没有根本改变，全国危险化学品安全生产依然处在爬坡过坎、滚石上山的关键期，各地区、各单位务必保持清醒头脑，毫不懈怠抓好安全防范各项措施落实落地。

会议强调，各地区、各有关单位要以党的二十大精神为引领，狠抓“五个坚持”，全力推进危化品安全监管工作迈上新台阶：要坚持目标导向，把坚决遏制重特大事故作为开展工作的首要目标；要坚持预防为主，把关口前移、重心下移作为抓好安全治理的行动方向；要坚持问题导向，把深化重大安全风险整治作为突出任务；要坚持斗争精神，把压实各级各方责任作为强化危化品安全监管的有力抓手；要坚持守正创新，把实现危化品安全治理体系和治理能力现代化作为终极追求，不断开创危化品安全监管工作新局面。

会议要求，2023年，各地区、各单位要继续坚持“一防三提升”总体思路，聚焦“十四五”危化品安全生产规划方案实施，固化、深化、拓展三年整治专项行动和集中治理成效，持续提升安全管理数字化、精准化、系统化水平，坚决防范重特大事故和有较大影响的典型事故，推动全国化工安全生产形势稳定好转，为经济社会发展营造安全稳定环境。

五、习近平对内蒙古阿拉善左旗露天煤矿坍塌事故作出重要指示

2023年2月22日13时许，内蒙古阿拉善盟阿拉善左旗新井煤业有限公司露

天煤矿发生大面积坍塌，截至23日5时，事故已造成2人死亡、6人受伤、53人失联。

事故发生后，中共中央总书记、国家主席、中央军委主席习近平高度重视并作出重要指示，内蒙古阿拉善左旗新井煤业有限公司露天煤矿坍塌事故造成多人失联和人员伤亡，要千方百计搜救失联人员，全力救治受伤人员，妥善做好安抚善后等工作。要科学组织施救，加强监测预警，防止发生次生灾害。要尽快查明事故原因，严肃追究责任，并举一反三，杜绝管理漏洞。全国两会召开在即，各地区和有关部门要以时时放心不下的责任感，全面排查各类安全隐患，强化防范措施，狠抓工作落实，更好统筹发展和安全，切实维护人民群众生命财产安全和社会大局稳定。

国务院总理李克强作出批示，此次事故失联人员多，要全力搜救被埋人员，保障救援安全，做好善后处置工作。同时，尽快查明事故原因，及时准确发布信息，依法依规严肃处理。全国两会召开在即，国务院安委会、应急部要督促各地全面落实安全生产责任和措施，加大重大隐患整治力度，坚决防范重特大事故发生，确保人民群众生命财产安全。

六、全国安全防范工作视频会议：深入学习贯彻习近平总书记重要指示精神　切实维护人民群众生命财产安全和社会大局稳定

2023年2月24日下午，应急管理部召开全国安全防范工作视频会议，强调要深入学习贯彻习近平总书记重要指示精神，按照李克强总理等领导同志批示要求，深刻吸取事故教训，举一反三全面排查整治重点行业领域重大安全隐患，坚决遏制重特大事故，切实维护人民群众生命财产安全和社会大局稳定，为全国两会胜利召开创造良好的安全环境。

会议指出，维护安全形势稳定，保障全国两会顺利召开，对于确保全面建设社会主义现代化国家开好局起好步至关重要。当前，能源保供压力不减，交通运输、餐饮住宿、文化娱乐等行业客流快速恢复，安全风险明显加大、隐患更为突出。此外，随着气温快速回升，凌汛、滑坡、森林火灾等灾害呈多发态势，防灾减灾压力加大。全系统各级党员干部和消防救援指战员要坚决把思想和行动统一到习近平总书记重要指示精神上来，深刻认识做好当前安全防范工作的特殊重要性，以时时放心不下的责任意识和极端认真负责的担当精神，狠抓各项责任措施落实，确保社会大局安全稳定。

会议强调，要深刻吸取内蒙古露天煤矿坍塌等重特大事故教训，主动研判、

精准辨识本地区安全风险变化，落细落实各项防范应对措施，全力以赴打好安全防范攻坚战。要严抓严管矿山安全，立即开展矿山重大安全隐患专项整治，重拳治理违反设计规定改造、灾害治理不到位、露天矿山边坡角超设计等重大风险隐患；将长时间处于整合技改、企业管理组织混乱、法人和主要负责人纳入失信人员名单等矿山纳入重点监管对象，强化安全监管；持续保持打非治违高压态势，严厉打击违法盗采、违法违规生产建设等严重违法行为。要毫不放松抓好其他高危行业领域安全，危化方面要严格落实重大危险源安全包保责任制，加强动火、堵漏等特殊作业安全管理；消防方面要组织专家全面排查辖区商场市场、宾馆饭店、大型综合体、高层建筑等火灾隐患，推动落实新兴领域消防安全监管责任；工贸方面要以冶金、机械等企业为重点，加强煤气、粉尘涉爆、环保设施等关键环节安全检查。同时，协调相关部门加强道路交通、渔业船舶行业领域监管执法，推动加大建筑、燃气、特种设备等领域隐患排查治理力度。要细之又细抓好北京和环京地区安全，北京要组织专业团队严格排查重点区域风险隐患，细化应急预案，确保第一时间有力有效应对处置；以危化品、消防、燃气、森林防火为重点，发动基层力量进行全面排查。环京地区要发挥“护城河”作用，加强前端和源头管控，严防风险输入。消防救援队伍要做好跨区域增援准备。要强化底线思维抓好防灾减灾救灾工作，针对地震等自然灾害，加强监测研判，强化实战训练和装备准备，不断提高打大仗、打硬仗能力；针对森林火险，要推动相关部门强化野外火源管控，加强重点林区巡查巡护，科学规范指挥处置，确保高效安全救援；对凌汛、雨雪、滑坡泥石流等要加强会商研判，及时发布预警信息和安全提示，确保措施落实到位。

会议要求，要认真履职尽责、加强应急值守，以实际成效展现责任担当。要狠抓工作落实，各级领导干部带头抓落实，深入一线推动压实各方责任；国务院安委会已派出20个工作组对各地督导检查，各地也要加大明察暗访力度，以强有力的跟踪问效推动工作落实。要增强斗争精神，对危及安全的各类问题都要一抓到底，典型事故要按照“四不放过”原则严肃查处，在维护人民生命安全上寸步不让。要统筹形成合力，认真贯彻落实国务院办公厅印发的《关于深入推进跨部门综合监管的指导意见》要求，充分发挥安委办职能作用，协调推动有关部门落实“三管三必须”责任，强化联合检查、联合执法，督促对单整改、限时销号，切实增强安全监管合力。

七、国务院安委会部署在全国开展重大事故隐患专项排查整治2023行动

国务院安委会近日印发《全国重大事故隐患专项排查整治2023行动总体方案》(以下简称《方案》)，部署各地区、各有关部门和单位深入贯彻习近平总书记关于安全生产重要指示精神，深刻吸取近期事故教训，全面排查整改重大事故隐患，着力从根本上消除事故隐患、从根本上解决问题，坚决防范遏制重特大事故。此次专项行动从即日起，至2023年底结束，分为动员部署、企业自查自改和部门帮扶、部门精准执法、总结提高四个阶段。

《方案》紧紧围绕“切实提高风险隐患排查整改质量、切实提升发现问题和解决问题的强烈意愿和能力水平”狠下功夫，突出煤矿、非煤矿山、危险化学品、交通运输(含道路、铁路、民航、水上交通运输)、建筑施工(含隧道施工)、消防、燃气、渔业船舶、工贸等重点行业领域，兼顾新业态新领域，聚焦可能导致群死群伤的重大事故隐患，特别是近年来重特大事故暴露出的违规动火、外包外租管理混乱、不开展应急演练、员工不熟悉逃生出口等突出问题深入开展专项排查整治行动，聚焦企业主要负责人第一责任带动全员安全生产岗位责任落实，精准严格执法，务求排查整治取得实效。

《方案》要求，要从企业、部门和地方党委政府三个层面推动开展专项行动。企业层面，主要负责人要发挥好安全生产“第一责任人”的主导作用，落实事故隐患排查整治的主体责任，研究组织本企业重大事故隐患排查整治工作，带队对本单位排查整治情况开展检查；在建立健全全员安全生产岗位责任制基础上，发挥好安全管理团队和专家作用，提高隐患排查和整改的质量；组织对动火等危险作业和电气焊设备等开展排查整治，推动落实关键岗位人员岗位责任；组织对外包外租等生产经营活动开展排查整治，纳入本企业安全生产管理体系，加强统一协调、管理；组织开展事故应急救援演练活动，切实提高从业人员应急避险意识。部门层面，国务院安委会有关成员单位要抓紧明确重大事故隐患判定标准和本次整治的重点，地方各有关部门根据实际补充完善并加强宣传解读；利用企业自查自改的时间，集中对监管执法人员开展安全生产专题培训，增强斗争精神和斗争本领；开展精准严格执法，对企业已查出隐患、按规定报告并正在采取有效措施消除的依法不予处罚，对排查整治不力的严肃查处并公开曝光；建立安全监管执法责任倒查机制，严格执行“谁检查、谁签名、谁负责”，理直气壮开展约谈通报；积极运用“四不两直”、跨部门联合执法检查等方式不断提高执法质量，

组织专家对重点地区、重点企业帮扶指导，及时提供电焊等特种作业人员培训和考核发证服务。党委政府层面，各地区要专题学习安全生产“十五条”硬措施，逐条对照狠抓落实；迅速研究制定本地区专项行动工作方案，政府主要负责同志亲自组织召开专题会议动员部署，党委政府主要负责同志定期听取进展情况汇报，动员各级安委会成员单位负责同志到企业宣讲专项行动方案；组织开展好“安全生产月”活动，在各省级主流媒体开设安全生产专题栏目，鼓励“内部吹哨人”和全社会匿名举报；加大重大事故隐患排查整改资金保障支持力度，健全市县安全监管体制，大力配备专兼职技术检查员；建立本区域重大事故隐患数据库，完善重大事故隐患整治督办制度，对存在监管执法“宽松软虚”等问题的，2023 年度安全生产考核巡查一律不得评为“优秀”。

《方案》强调，各地区、各有关部门和单位要结合本地区、本行业领域实际情况适当调整完善排查整治内容，进一步细化责任分工，建立健全工作机制，按照阶段安排有序压茬推进。国务院安委会办公室将建立调度通报、督办交办、警示建议、重点约谈等工作机制，定期调度掌握排查整治进展情况，及时协调解决存在的突出问题。

八、国务院安委办、应急管理部召开全国安全防范工作视频会议强调　狠抓责任措施落实　及时消除事故隐患　确保全国安全形势稳定

2023 年 4 月 25 日，国务院安委办、应急管理部召开全国安全防范工作视频会议，深入分析当前面临的安全形势，部署重大事故隐患专项排查整治行动和“五一”假期安全防范工作。

会议指出，近期重大事故接连发生、安全形势异常严峻，暴露出一些地方、部门和企业工作中存在思想麻痹责任悬空、汲取事故教训不深刻、隐患排查整治质量不高等突出问题。要坚决把思想和行动统一到习近平总书记重要指示精神上来，结合正在开展的学习贯彻习近平新时代中国特色社会主义思想主题教育，运用党的创新理论提高防范化解重大安全风险能力，始终以实际行动和实际效果做到“两个维护”。

会议强调，要迅速组织开展重大事故隐患专项排查整治行动，坚决扭转重特大事故多发被动局面。要压实责任、强化督导，紧密结合实际，强化针对性部署，把整治措施落到最小单元，严格落实“三管三必须”责任，充分运用考核巡查、约谈通报、公开曝光等手段，推动有关方面严格履责。要突出重点、精准排查，奔着“重大事故隐患”去，明确整改、验收等标准，确保专项整治有标

可依、有章可循；多到风险大、隐患多的地方和单位去，针对事故暴露出的问题强化整治；强化专业素养，坚持严格执法和指导服务相结合，积极帮助企业查隐患、解难题。要完善机制、盯紧整改，增强责任意识，完善闭环管理机制，建立责任倒查机制，推动真查问题、查真问题，确保整改到位、隐患消除。要长短结合、标本兼治，针对难点问题攻坚发力，严把安全准入关，大力推进科技兴安，加强安全文化建设，开展好今年“安全生产月”活动，不断提升本质安全水平。

会议要求，突出节日特点精准防控风险，确保“五一”假期安全稳定。要突出抓好节日公共安全，加强对旅游包车、长途客车、危化品运输车、客船游船等交通运输安全监管和现场执法，严厉打击“三超一疲劳”、农用车载人、冒险航行等严重违法行为，严格落实安全检查措施；加强旅游景区重点监管，对“步步惊心”、玻璃栈道等高风险项目和野景区、“网红打卡点”强化监管措施；保持矿山、危化品、消防等重点行业领域执法力度，防止各类事故发生。要增强灾害防范应对主动性，加密会商研判，做好节日期间灾害预警提示和防灾避险指引，切实加强项目施工、户外旅游等野外活动安全管控；针对洪涝灾害，要全面排查病险水库、临河村居、尾矿库和城市低洼易涝场所等安全隐患，落实包保责任，及时除险加固，出现险情果断转移避险，确保安全度汛；针对森林草原火灾，要严格管控进出森林防火区的人员车辆，坚决把人为火源拒之林外。要做好应急值守和应急处置工作，各单位安排好值班备勤，加强假期风险研判和工作调度，严格落实事故灾害信息报告制度，一旦遇到重大险情，领导干部要靠前指挥，科学高效处置；国家综合性消防救援队伍和各行业领域专业救援队伍都要提高节日期间勤务等级，在重点部位前置驻防，加强联勤联动，及时处置各类险情。

九、山东聊城鲁西化工“5·1”事故警示

2023 年 5 月 1 日 8 时 36 分许，山东聊城鲁西化工双氧水新材料科技有限公司 1 号双氧水装置发生爆炸，造成重大人员伤亡。事故原因初步分析为，双氧水装置工作液配制釜用于回收工作液时，吸入大量 70% 浓度双氧水（过氧化氢），釜内可能存在杂质造成双氧水剧烈分解，引发配制釜超压爆炸，造成现场人员伤亡，并波及相邻企业辛醇储罐及部分管线泄漏燃烧，详细原因正在调查中。

应急管理部危化监管一司作出指示：

各地区、有关企业要深刻吸取事故教训，举一反三，迅速落实重大隐患排查

治理专项行动部署，切实强化重大风险管控，坚决防范遏制重特大事故。一是聚焦双氧水工作液配制釜、氢化塔、氧化塔等重点部位和加氢、过氧化、工作液回收等事故易发环节，强化隐患排查治理，落实风险管控措施。二是严格检维修管理，节日期间原则上不得开展动火等特殊作业，确需开展的要提级管理并严格落实 GB 30871 相关要求。三是严格限制装置区人员数量，特别是存在爆炸风险的化工装置区严禁人员聚集扎堆。

地方各级应急部门要主动研判本地区危化品安全风险，全面摸排、监督落实安全措施；充分利用风险监测预警系统在线巡查、明察暗访、举报奖励等手段，及时发现查处违法违规行为，为安全生产形势平稳提供有力保障。请各地区迅速将事故警示信息传递给有关企业。

十、应急管理部：加快推进应急管理体系和能力现代化　更加有效维护和塑造有利于发展的公共安全环境(摘选)

2023 年 6 月 5 日，应急管理部召开部党委会和部务会，传达学习习近平总书记在中央政治局第五次集体学习和主持召开二十届中央国家安全委员会第一次会议时的重要讲话精神，审议《应急管理部科技项目管理办法(试行)》，分析近期安全生产形势，研究贯彻落实措施。

会议指出，当前全国上下正在紧锣密鼓开展“安全生产月”活动，要把思想和行动统一到习近平总书记关于安全生产重要指示批示精神上来，落细落实安全措施，坚决防范遏制重特大事故。要积极主动、全力以赴，确保安全生产形势稳定。推动各地各部门严格执行重大事故隐患判定标准，深入一线开展“穿透式”监管执法，深挖彻查矿山、危化品、消防、交通、建筑等重点行业领域风险隐患，严管危险物品查封、扣押、检测、销毁等环节安全。有针对性开展有限空间、电焊动火等专题警示教育，曝光典型违法案例，通过多种形式宣传活动提升公众防灾避险和自救能力，真正做到“人人讲安全、个个会应急”。要严密盯守、加强预警，有力防范应对各类灾害。会同气象、水利、自然资源等部门加强汛期极端天气监测预警和滚动研判，统筹考虑高温干旱、暴雨洪水、地震地质、森林火灾等灾害链因素，健全风险防控、抢险救援、灾后救助等联动机制，根据灾情及时下拨救灾款物，增强防抗救一体化工作合力。落实直达基层的临灾“叫应”机制，果断采取转移避险、“三停”等措施，坚决防止发生群死群伤。督促地方做好预案、力量、物资、装备等应急准备工作。

会议强调，要提高应急管理科技水平，立足解决当前应急管理工作关键问题，明确短、中、长期攻关方向，加大“揭榜挂帅”力度，加强科技项目过程管理和跟踪问效；发挥部属事业单位专业优势，打造应急管理领域科技研发中坚力量，联合高水平科研院所开展先进技术装备攻关；加强项目申报、评审、实施、验收等各环节监督管理，严格执行项目财务和审计制度。

十一、危险化学品安全研究机构交流研讨会在京召开　协商建立危险化学品安全研究机构协同支撑工作机制

2023 年 6 月 27 日，危险化学品安全研究机构交流研讨会在京召开，深入学习贯彻习近平总书记关于安全生产的重要指示精神，分析形势挑战，统一思想认识，协商建立危险化学品安全研究机构协同支撑工作机制。应急管理部党委委员、副部长孙广宇出席会议。

会议指出，危险化学品安全事关人民群众生命财产安全、能源安全、公共安全、国家安全，各单位要锚定一流定位目标，聚焦重大风险防控，用现代化手段推进危险化学品安全治理模式向事前预防转型，推动企业本质安全水平提升，保障化工行业高质量发展。建立危险化学品安全研究机构协同支撑工作机制，是构建国家危险化学品安全研究支撑体系的创新实践，是破解危险化学品安全研究机构缺少统筹交流，力量分散、合力不足的有效措施。

会议对发挥工作机制作用提出要求，一是注重资源共建共享，共用共享人才、技术、信息、实验室、研发基地等资源，构建开放式科技资源共享平台，提高资源利用效率；二是注重协同攻关创新，围绕“痛点、难点”问题，由“被动支撑”向“主动支撑”转变，采用联合攻关、揭榜挂帅等多种形式，在解决“卡脖子”难题方面取得新突破；三是注重培育壮大“生态圈”，以分工合作、协同创新为根本，以核心成员为基础，进行动态调整，形成多层次、开放式的危险化学品安全科研“生态圈”。

十二、人力资源社会保障部办公厅关于做好高温天气劳动者权益保障工作的通知

近期，全国多地出现持续高温天气，部分地区遭遇极端高温。为做好高温天气劳动者权益保障工作，2023 年 7 月，人力资源社会保障部办公厅发布通知如下：

（一）高度重视高温天气劳动者权益保障工作

高温天气劳动者权益保障事关劳动者身体健康和生命安全。各地要立即行动

起来，以时时放心不下的责任感，加强组织领导，明确责任分工，密切协同配合，压紧压实企业主体责任，抓实抓细工作落实，全力保障劳动者合法权益。

（二）指导规范高温天气工作时间规定

指导督促企业做好高温天气期间的生产组织和管理，合理安排劳动者在高温天气下的户外工作时间，尽量避开酷热时段作业，适当增加劳动者休息时间和轮换班次。地市级以上气象主管部门所属气象台发布日预报气温最高达到40℃以上时，停止安排劳动者进行室外露天作业；日最高气温达到37℃以上、40℃以下时，安排劳动者室外露天作业时间累计不得超过6h，并尽量缩短室外连续工作时间，不得安排劳动者在当日气温最高时段3h内室外露天作业；日最高气温达到35℃以上、37℃以下时，要采取换班轮休等方式，缩短室外露天作业劳动者连续工作时间，并不得安排劳动者加班。对不适宜高温天气作业的劳动者及时协商调整工作任务，不得安排怀孕女职工和未成年工在35℃以上的高温天气下从事室外露天作业及在33℃以上的工作场所作业。

（三）严格落实高温津贴待遇

根据本地区经济社会发展状况，合理确定并及时调整本地区高温津贴标准，督促企业向符合条件的劳动者发放高温津贴。指导企业合理确定高温天气下劳动者的工作量和劳动强度，不得因高温天气停工、缩短工作时间扣除或降低劳动者工资待遇。严格落实高温津贴制度，高温津贴应以法定货币形式按时足额发放给劳动者，不得以发放清凉饮料、防暑降温用品等实物或各类有价证券代替。引导平台企业对高温天气下接单的户外劳动者给予适当补贴，并可采取延长配送时间等措施，保障网约配送、出行、运输等新就业形态劳动者的生命健康安全。对因高温天气作业引发劳动者发生事故伤害或经职业病诊断机构诊断为职业性中暑的，应按规定依法认定工伤并落实相关保险待遇。

（四）加强重点时段执法检查

以室外露天作业的建筑、物流、交通等为重点行业，以快递员、外卖送餐员、环卫工等为重点群体，加大对企业遵守劳动保障法律法规情况的监督检查力度，督促企业落实高温津贴支付主体责任。畅通举报投诉渠道，对未按规定标准发放高温津贴等行为的投诉举报线索及时处置，发现一起坚决查处一起。加强因高温天气作业引发的劳动争议案件调处，畅通受理渠道，实行快立快审快结，及时有效维护劳动者合法权益。加强与应急管理、卫生健康、工会组织等部门单位的信息共享和协调配合，共同分析研判高温天气劳动安全形势，健全极端高温天气应急管理措施，不断完善高温天气劳动防护、安全生产、防暑降温、高温津贴等各项制度，在高温重点时段联合开展监督检查专项行动，督促企业全面落实《防暑降温措施管理办法》，保障劳动者身体健康和生命安全。

十三、全国安全生产电视电话会议强调　精准排查隐患　严格监管执法　全力防范化解重大安全生产风险

全国安全生产电视电话会议2023年7月30日在京召开，国务院副总理、国务院安委会主任张国清出席会议并讲话，国务委员、国务院安委会副主任王小洪主持会议。会议强调，要坚决贯彻习近平总书记重要指示批示精神，落实李强总理要求，深刻汲取近期事故教训，精准排查整治事故风险隐患，扎实做好安全生产各项工作，切实防范遏制重特大事故发生。会议强调，要牢固树立安全发展理念，杜绝“事后发力”思想，坚持眼睛向下、紧盯一线，下沉监管力量，严格监管执法，以事故多发行业领域、高风险点位等为重点，狠抓终端末梢主体责任落实、风险起底排查、隐患治本除根。要严格执行责任倒查机制，推动追责问责向前延伸，确保排查整治全面覆盖、深查真改。要全面开展燃气安全大起底、大整治，针对问题气、问题瓶、问题阀、问题软管、问题管网、问题环境等关键环节，明确责任、直捣病灶，坚决遏制燃气事故多发势头。要重拳出击“打非治违”，对性质恶劣、社会影响大、冲击人民群众安全感的事故以及瞒报谎报事故等提级调查，严查快办。要强化以科技保障安全，加快老旧设施设备安全改造，大力培育安全文化，着力夯实安全基础。

十四、国家防总办公室　应急管理部滚动会商部署海河流域暴雨洪涝灾害应对工作

为深入贯彻习近平总书记关于防汛救灾工作重要指示精神，落实李强总理等中央领导同志批示要求，2023年8月1日，国家防总副总指挥、应急管理部部长王祥喜在国家应急指挥总部指挥大厅主持防汛会商调度，与自然资源部、水利部、中国气象局联合会商研判，视频连线北京、天津、河北、吉林等省份防办，滚动分析研判雨情水情险情和灾情，安排部署重点地区抗洪抢险和救援救灾工作。

会商指出，本轮极端强降雨已经造成北京、河北等地重大人员伤亡，一些山区镇村断电、断路、断通信，抢险救援时间紧迫、任务艰巨。海河流域中部洪水正向下游演进，蓄滞洪区、分洪河道和滞洪水库相继启用，同时山丘地区山洪地质灾害风险增加，人员转移安置、防洪工程巡查抢护和救援救灾任务重、压力大。据气象预测，京津冀雨区将北抬东移且强度减弱，但西北部山区仍有中到大

雨，局地有大暴雨，当前抗洪抢险救援救灾工作依然面临很大挑战。

会商要求，要以对人民极端负责的态度全力救援被困群众，抓紧安排无人机、直升机和抢险救援力量摸清情况，尽快安全转移并妥善安置。国家防总全力支持地方做好防汛抢险救灾工作，将根据地方需要，迅速调拨人员装备物资赶赴一线。要全力做好海河流域洪水防御，落实好京津冀协调联动机制，共享监测预警信息，加强协同配合，形成流域防洪减灾合力。要加密雨情水情会商研判，精细调度防洪工程，尽最大可能减轻洪水灾害。要上足巡查抢护力量，扎实做好巡堤查险，确保险情得到及时发现并有效处置。

会商强调，要高度警惕暴雨洪涝次生灾害，对隐患排查要再部署、再落实。要群测群防，果断提前转移受威胁群众，确保人民群众生命安全。要高度重视南水北调工程、铁路干线、输气输油管道等重要基础设施的巡查防护，确保万全。要全力做好救灾救助，保障受灾群众基本生活，抓紧开展灾区基础设施恢复重建和城乡清淤消杀工作，尽快恢复正常生产生活。

十五、应急管理部专题通报部署危险化学品安全监管年度重点工作

2023 年 8 月 16 日，应急管理部召开危险化学品重大危险源企业 2023 年第一次部级督导核查通报暨危险化学品安全监管年度重点工作视频推进会，深入学习贯彻习近平总书记关于安全生产重要指示精神，对下半年危化品领域重大安全风险防范工作进行再安排再推动。部党委委员、副部长孙广宇出席会议并讲话。

会议指出，今年以来危险化学品安全生产工作经受严峻考验，各地区各单位坚持“一防三提升”工作主线，顶住压力、克服困难，围绕部党委提出的固化、深化、拓展 23 项具体措施落实，结合实际压茬推进多项务实举措，上半年各项重点工作取得积极成效。

会议强调，安全生产容不得半点形式主义，各地各单位要盯紧督导核查和中期评估发现问题，采取现场复核、约谈警示、通报曝光等多种方式，确保闭环整改、按时销号。要认真梳理年度重点工作进展，锚定目标、持续发力，学习借鉴有关地区经验做法，建立定期调度和动态晾晒体系，对进度落后、质量不高、任务艰巨的专项工作加强督促指导，确保按期高质量完成。要深刻汲取上半年有关重点行业领域典型事故教训，举一反三，保持警醒，严格落实国务院安委会“两个切实”工作要求，杜绝事后发力思想，坚决维护危险化学品安全生产形势稳定。

会议要求，部机关有关司局和各地应急管理部门要统筹谋划、挂图作战，结

合主题教育工作要求和各地区实际，加快推进化工装置带“病”运行、化工园区、高危细分领域、化工产业转移、双重预防机制数字化应用、油气储存企业、陆上油气开采、烟花爆竹企业对标改造提升等安全整治专项工作，同重大事故隐患专项排查整治2023行动有机融合，全力防控危化品重大安全风险，以高水平安全服务高质量发展。

十六、国务院安委办、应急管理部调度部署中秋国庆和亚运会期间安全防范工作

2023年9月22日，国务院安委办、应急管理部视频调度近期安全防范工作。国务院安委会副主任、应急管理部部长王祥喜主持会议并讲话，强调要深入学习贯彻落实习近平总书记重要指示精神，按照党中央、国务院决策部署，深入推进重大事故隐患专项排查整治2023行动，抓紧抓实中秋国庆假期安全防范和亚运会消防安保工作，坚决防范遏制重特大事故，确保人民群众生命财产安全和社会大局稳定。

会议指出，当前经济社会正在快速全面恢复，企业生产经营、重大项目建设、群众出行出游势头活跃，即将到来的中秋国庆是今年最长的假期，探亲流、旅游流交织叠加，安全防范将面临更大的压力。各地区、各有关部门务必保持高度警觉，进一步强化“时时放心不下”的责任感，以有力的措施、过硬的作风坚决防范化解重大安全风险，为群众平安过节和亚运会顺利举办创造安全稳定的环境。

会议强调，要切实提高政治站位，把思想和行动统一到习近平总书记重要指示精神上来，深刻认识做好当前安全防范工作的极端重要性、特殊性，主动担当、认真履责，严格落实属地管理责任和部门“三管三必须”监管责任，有针对性加强风险研判、督导检查，层层压实责任措施。要精准把握节日特点，提早行动全力防控公共安全风险：消防安全方面，要下沉力量对集中连片村寨、民宿农家乐、大型综合体、高层建筑、餐饮娱乐等重点场所消防隐患开展全面排查，坚决整治违规动火用电、易燃材料装修、锁闭阻塞逃生通道等突出问题；交通安全方面，要在事故高发路段、临街集市、景区景点周边等重点部位加强巡查执法，严厉打击交通违法行为，强化铁路、民航、轮渡客船等安全监管，确保群众平安出行；旅游安全方面，要加强人流监测和引导，落实恶劣天气、突发情况下紧急疏散避险措施，做好缆车、索道、大型游乐设施等特种设备及高风险项目安全检查，保证游客人身安全；燃气安全方面，要扎实推进燃气安全专项整治，特别是

对烧烤店、小吃摊、大排档、夜市等，要组织全面排查和巡回检查服务。

会议要求，要扎实推进专项排查整治行动，紧盯矿山、危化、工贸等重点行业领域，持续推进专项行动第三阶段“部门精准执法”，突出防控重特大事故，狠抓基层末梢、责任链条、监管执法，严防节日企业安全责任失守，通过突击检查、线上巡检等方式，督促企业主要负责人和技术管理人员必须在岗履职；严格高危作业安全管控，督促企业在节假日期间尽可能减少动火、检维修、有限空间等危险作业，严格控制高温高压、易燃易爆、有毒有害等高危区域人员数量；持续强化打非治违，依法依规对特殊行业、重点领域实行全覆盖的重点监管。要点面结合严密防控，充分借鉴北京冬奥会和成都大运会安保工作经验，紧盯关键环节和重点区域，强化网格防控和群防群治，坚决确保杭州亚运会等重大活动安保“万无一失”。

会议强调，要毫不放松抓好秋冬季防灾减灾救灾工作，狠抓预警“叫应”机制的落实和跟踪反馈，有效形成闭环，对防汛关键设施安全进行再排查，抓紧修复前期水毁工程，有力应对秋汛和今后的洪涝灾害；加强野外施工作业和生产经营安全管理，组织力量对野外工程营地和山区农家乐、民宿等重点场所开展度汛安全风险隐患排查；抓好森林防灭火工作，以重点林区、森林公园、自然保护区等为重点，加强野外露营、野炊等活动巡查，坚决管控火源进入，严防发生重特大森林草原火灾；加快推进受灾地区居民住房等修复和重建，保障群众基本生活。同时，要强化责任意识，做好应急值守和处置工作，国家综合性消防救援队伍和各类专业救援队伍要时刻保持应急状态，前置救援力量，一旦发生险情全力投入抢险救援，及时高效应对处置。

十七、全国重大事故隐患专项排查整治 2023 行动进入精准执法阶段

2023 年 9 月，国务院安委会办公室通报全国重大事故隐患专项排查整治 2023 行动进展情况。据悉，专项行动分为动员部署阶段、企业自查自改和部门帮扶阶段、部门精准执法阶段和总结提高四个阶段，目前，全国已有 29 个省份进入精准执法阶段。专项行动开展以来，各级各部门共排查重大事故隐患 19.12 万项，其中部门检查发现 11.38 万项、整改 8.84 万项，企业自查发现 7.74 万项、整改 6.45 万项，各级政府挂牌督办 3.16 万项、整改 2.12 万项，全国生产安全事故总量、死亡人数同比大幅下降，18 个省份较大事故起数同比下降或持平，取得阶段性成效。

据了解，各地各部门共派出1300余个省级工作组、320余个部级工作组开展帮扶指导和督查检查。依托全国重大事故隐患数据库，3400余个县级单位数据直报，对重大事故隐患进行闭环管理。各地均将专项行动作为年度安全生产考核重点，健全“多通报、多发督促函、多暗访”工作机制，加强日常调度、考核激励、责任倒查。共出台37项有关重点行业领域重大事故隐患判定标准和重点检查事项，比专项行动前增加68.2%。加大指导帮扶力度，共帮扶指导重点企业109万余家次。加大问题隐患曝光力度，畅通“12350”有奖举报电话等各类渠道，鼓励“内部吹哨人”和全社会匿名举报，共发放举报奖励1400余万元。

据悉，专项行动第三阶段，各地、各有关部门将精准执法作为工作重点，推动重大事故隐患判定标准应出尽出，在加大监管执法力度，强化督查考核问责，推动真查真改等方面持续发力，坚决遏制重特大事故，确保全国安全生产形势持续稳定。

十八、国家安全发展示范城市创建工作现场推进会：加快推进城市安全治理体系现代化　全面提升城市安全运行保障能力

2023年10月27日，国务院安委会办公室、应急管理部召开国家安全发展示范城市创建工作现场推进会。国务院安委会副主任、应急管理部部长王祥喜出席会议并讲话。

王祥喜指出，党的十八大以来，以习近平同志为核心的党中央高度重视城市安全，习近平总书记就此发表一系列重要讲话、作出一系列重要指示批示，为推进城市安全发展提供了根本遵循。开展安全发展示范城市创建是应对城市安全严峻形势、提升人民群众安全感的现实需要，是有效化解安全风险、保障城市安全运行的重要举措，是加快推动公共安全治理模式向事前预防转型、实现城市安全治理体系和能力现代化的重要抓手。要切实增强做好安全发展示范城市创建工作的责任感使命感，强化城市安全源头管控和全周期管理，有效解决影响城市安全的突出矛盾和问题，探索走出一条具有新时代特征的中国特色城市安全发展之路。

王祥喜要求，聚焦全链条落实责任抓示范创建，压实城市党委政府领导和社会单位责任，调动群众参与的积极性，构建起清晰完备的责任体系，建立城市安全风险化解和联防联控工作机制，推动城市安全共建共治共享。聚焦全过程安全管理抓示范创建，把安全发展理念贯穿城市管理全过程，强化源头管控，科学布局城市功能区划和产业结构；强化常态化风险管理，完善城市安全形势分析和风险研判机制；强化应急处置能力建设，建立健全科学有利的城市应急指挥体系，

加强消防救援和城市专业救援队伍建设。聚焦全覆盖风险防控抓示范创建，防范化解突出生产安全风险，加强燃气、消防、特种设备、建筑施工、自建房、危化品等行业领域安全防范工作，厘清新业态新风险安全监管责任；防范治理多发性自然灾害风险，加强重点场所隐患排查，落实地质灾害隐患早期识别和巡查预警措施，建设城市周边森林草原防火隔离带；防范化解并发链发风险，制定完善应急预案，落实力量、装备、物资等应急准备。聚焦全方位夯实基础抓示范创建，加快推进城市安全风险综合监测预警平台建设，实现对城市安全风险的“能监测、会预警、快处置”功能；加快推进燃气等市政基础设施更新改造，研究提高重要设施的地震、地质、气象等灾害设防标准；扎实开展安全宣传教育“五进”工作，增强群众安全意识和自救互救能力。

王祥喜强调，要发扬攻坚克难精神，扎实推进示范创建取得新成效。要在组织领导上聚合力，各地要将此作为“一把手工程”，压紧压实各部门创建责任，与老旧小区、城中村、管网改造等城市更新项目有机衔接、一体推进。要在重点攻坚上下功夫，锚定重点任务，围绕城市安全风险普查评估、重大事故隐患排查整治、监测预警平台建设、安全基础保障等，压茬推进、定期调度，确保各项目标落实落地。要在探索创新上做文章，在实践中要因地制宜、大胆创新，进一步细化完善实施方案，注重发挥专家作用，积极探索符合本地实际的“最优解”。

王祥喜要求，要继续全力抓好重大事故隐患专项排查整治 2023 行动，深挖细查矿山、危化、消防等高危行业领域突出问题隐患，确保全国安全生产形势稳定。要积极配合做好省级政府安全生产和消防工作考核巡查，加强统筹，对标对表提升本地区的考核巡查质量和效果。要毫不放松抓好秋冬季防灾减灾，进一步加强应急预案、力量、物资准备，发生紧急情况有力有序处置；实地核查受灾地区救灾救助和群众安置情况，保障受灾群众安全温暖过冬。要精心组织实施自然灾害应急能力提升工程，聚焦短板弱项，凝练重点项目，着力打造精品工程、廉洁工程。

十九、应急管理部：认真学习贯彻习近平总书记重要指示精神坚决遏制重特大事故发生

2023 年 11 月 17 日，应急管理部部长王祥喜在国家应急指挥总部调度当前安全防范工作，强调要认真学习贯彻习近平总书记重要指示精神，按照李强总理等领导同志批示要求，深刻汲取山西吕梁市永聚煤矿一办公楼火灾事故教训，强化底线思维，压实各方责任，针对冬季事故易发多发等情况，举一反三深入排查重点行业领

域风险隐患，坚决遏制重特大事故发生，确保年终岁尾全国安全形势稳定。

会议指出，今年以来，全国事故总量继续保持下降，但重特大事故和较大事故反弹明显，有影响的事故和重大涉险事故多发频发，安全形势依然严峻复杂。特别是山西吕梁这起事故造成重大人员伤亡，影响十分恶劣，再次警示我们安全生产工作任何时候都不能有丝毫放松。按照中央领导同志批示要求，国务院安委会决定对该起事故查处挂牌督办，并派工作组进驻山西全程督办，督促依法依规、较真碰硬查清查透事故原因，严肃追究有关人员责任。

会议强调，要清醒认识当前安全形势的严峻性复杂性，深刻汲取事故教训，迅速采取有力措施加强和改进安全防范工作，认真履职尽责、保民平安，切实担负起党和人民赋予的职责使命。要坚决贯彻落实习近平总书记重要指示精神，切实增强“时时放心不下”的责任感，狠抓基层末梢安全责任措施落实，坚决防范遏制重特大事故，以实际行动和实际效果做到“两个维护”。要突出冬季火灾风险，深入扎实开展消防安全专项整治，把工矿企业的办公楼、浴室、矿灯房、食堂、宿舍、工棚等人员密集场所纳入重点监管，严查用火用电用气安全；突出大型商业综合体、商场、餐饮店、医院学校、养老院、高层建筑等社会面消防重点单位，采取集中检查、专家会诊、异地执法等方式集中整治；加大冬季消防安全宣传力度，曝光火灾隐患和消防安全违法行为，普及安全用火用电用气知识，增强群众防火安全意识和逃生自救能力。要全面排查强力整治，坚决遏制矿山事故多发势头，组织专业力量对辖区的矿山企业逐一排查“过筛子”，既狠抓矿井重大风险，也要彻底排查地面工业广场风险隐患；紧盯重大灾害治理，继续深入扎实开展矿山领域重大事故隐患专项排查整治 2023 行动，大力推进智能化矿山建设，提升本质安全水平；保持打非治违高压态势，突出超强度超能力生产、盗采资源等严重违法行为，加大暗查暗访、突击检查力度。同时，要统筹好发展和安全，坚持严格执法和指导服务相结合。

会议要求，要举一反三严查密防，会同相关部门强化重点行业领域风险隐患治理。危化品领域要督促企业认真落实冬季防凝防冻、防火防爆措施，严格开停车、检修维修、特殊作业安全管理；烟花爆竹领域要加强生产、运输、储存、燃放等各环节安全风险管控，重拳打击“黑窝点”。对综合监管行业领域，要发挥好安委办职能作用，推动相关部门履职尽责。建筑领域要组织专业力量对各类运动场所建筑安全下功夫排查，对存在不按设计施工、载荷不达标等重大隐患的坚决停用整改；特种设备领域要推动扎实开展大型游乐设施和电梯、锅炉等安全专项整治，严格检测检验和监督检查，及时消除事故隐患；教育领域要推动加强校车、校园安全管理，强化重点部位隐患排查，合理安排学生聚集活动，保障师生安全；交通领域要协调加强急弯陡坡、临水临崖等危险路段路面管控，提前采取疏导分流措施防范应对恶劣天气。同时，持续推动各有关部门进一步深化燃气、渔业船舶等领域隐患排查治理，坚决稳控全国安全生产形势。

会议强调，要全力抓好冬季灾害防范应对，周密细致开展救灾救助和灾后重建。要做实做细救灾救助，各地特别是华北、东北等受灾较重地区要组织力量现场核查受灾群众安置、冬季取暖等情况，做好冬春救助和低保、临时救助、困难帮扶等机制的有序衔接，不漏一户安置好受灾群众；要加快推进灾后恢复重建，把房屋修缮加固重建作为头等大事，采取有力措施加快进度，争取让受灾群众早日入住；要有力应对雨雪冰冻灾害，强化多部门会商研判和预警信息发布，高度关注低温雨雪叠加对交通运输、电力、建筑施工、城市运行、农业畜牧业等领域的影响，保障正常生产生活秩序。

部党委有关同志出席会议。部机关司局、驻部纪检监察组负责人在主会场参会，国家消防救援局、国家矿山安监局，部属事业单位，各省级应急管理厅(局)、矿山安监局、消防救援总队、森林消防总队班子成员及内设机构主要负责人等在分会场参会。

二十、应急管理部：举一反三严查密防各类风险隐患　全力确保岁末年初安全形势稳定

2023 年 12 月 4 日，应急管理部组织召开部党委会和部务会，传达学习习近平总书记主持召开中央政治局会议和在中央政治局第十次集体学习时的重要讲话精神，深入贯彻国务院常务会议和全国安全生产电视电话会议要求，研究部署当前安全防范重点工作。

会议指出，习近平总书记的重要讲话，具有很强的政治性、针对性、指导性，为我们做好工作指明了前进方向、提供了根本遵循。我们要深入学习领会，结合自身职责积极抓好贯彻落实，更好服务保障党和国家工作大局。要深入分析长江流域灾害特点和防灾减灾突出短板，科学把握长江水情变化，坚持旱涝同防同治，督促沿江各地高效有序实施自然灾害应急能力提升工程项目，提升流域防灾减灾能力；指导推动长江沿江省市更好统筹发展和安全，突出矿山、尾矿库、化工、冶金等重点领域，强化源头管控，严防发生重大安全事故。要以习近平外交思想为指引，着力深化“一带一路”自然灾害防治和应急管理国际合作机制，完善国际救援应急响应机制，加强社会应急力量参与国际抢险救援规范管理。围

绕现实需求加强调查研究，健全应急管理涉外法治体系，提升领导干部涉外法治思维和依法办事能力。

会议强调，近段时间，一些行业领域重大涉险事故多发，全国安全生产形势复杂严峻。我们要振奋精神、担当履职，全力以赴抓好安全生产和防灾减灾救灾各项工作。一要以矿山、消防、危化品为重点严查密防，坚决打赢岁末年初安全防范攻坚战。以事故为镜鉴，敏锐把握苗头性风险，特别是对平时不起眼的角落，开展全覆盖、无死角排查整治，强化穿透性监管执法。抓紧修订完善煤矿浴室吊篮等相关管理制度和技术标准，厘清职责交叉和新风险领域的监管责任，严防漏管失控引发事故。紧盯不放瓦斯、水、火、冲击地压、顶板等矿山领域重大灾害，开展直插现场的专业排查，督促落实灾害治理和监控措施，加大重点地区矿山安全生产督导力度。针对冬季火灾规律特点，加强大型商业综合体、高层建筑、宾馆饭店、医院养老院等人员密集场所和“厂中厂”、劳动密集型企业、学校实验室等排查整治，坚决治理违章动火用电和封闭、占用安全出口等堵塞生命通道问题，严防群死群伤。督促危化品企业加强电气焊、开停车、检修维修等安全管理，严格储罐堆场、异常工况处置、有限空间作业和人员聚集风险管控。以国务院安委会成员单位安全生产工作考核为契机，推动相关部门抓好岁末年初建筑、道路交通、民航、铁路、燃气、特种设备、渔业船舶等领域安全防范工作。二要坚持问题导向、靶向发力，坚决纠治安全生产形式主义。深刻吸取事故教训，下更大力气深挖根源、精准施策，着力提高事故隐患排查治理的质效。指导各地加快建立本地区、本行业领域专家库，充分发挥行业专家、退休技安人员等作用，建强专兼职技术检查员队伍，进一步完善规范选拔聘用、异地互检、暗查暗访、表彰奖励等制度措施，弥补基层执法专业性不足、力量薄弱的短板。坚持常态化抓典型，定期公布执法典型案例，对考核巡查、督导检查、专家指导服务等工作中发现的严重违法行为集中曝光、严肃问责。完善“谁检查、谁签名、谁负责”的执法检查责任倒查机制，切实解决对事故隐患避而不查或避重就轻、查出却没有盯着整改等问题，着力提升监管人员发现问题和解决问题的强烈意愿和能力水平。三要高度警觉、严密应对，全力减少雨雪冰冻等灾害损失。根据今年天气气候预测和近期冷空气活动情况，立足最不利影响，将各项防范措施做在前头。“点对点”督促相关地区滚动开展会商研判，充分利用电视、广播、短信等方式发布灾害预警和避灾信息，做足各项应急准备。紧盯建筑工地、旅游景区等重点单位，确保在灾害来临之前尽早转移安置人员，防止人员伤亡。推动地方进一步整合资源力量，健全低温雨雪冰冻灾害应急指挥体系，完善应急与能源、交通等部门的联动机制，强化应急抢修和保暖物资准备。指导各地抓紧针对本地区实际情况开展演练推演，及时补齐短板漏洞，不断提高防范应对能力。督促重点地区继续做好防凌、防震减灾、森林草原防灭火等工作。

二十一、应急管理部召开高危行业安全监管数字化转型工作推进会

2023 年 12 月，应急管理部在京召开高危行业安全监管数字化转型工作推进会，深入贯彻党的二十大关于推动公共安全治理模式向事前预防转型的要求，统一思想认识，明确工作重点，启动部分典型应用场景试点建设。应急管理部党委委员、副部长王道席主持会议并讲话。

会议指出，党中央、国务院高度重视网络强国、数字中国建设，各单位要切实提高政治站位，充分认识推动高危行业安全监管数字化转型的重要意义，准确把握当前安全生产监管问题形势，顺应时代科技发展大势，充分利用数字化手段推动高危行业领域安全监管模式向事前预防转型。

会议强调，要聚焦重点任务，统筹谋划，精心组织，全面推动提升高危行业安全监管的数字化、智能化水平。要加强对高危企业的督促指导，建立完善危险作业区域、人员聚集场所的数字化管控手段。要着力提升政府安全监管数字化能力，进一步扩大企业监测联网覆盖范围，综合运用各类技术手段提升对企业违规违法生产行为的监测预警能力。要积极开展探索创新试点，深入剖析安全监管痛点难点问题症结，研提针对性数字化对策措施并开展试点探索。要健全数字化转型制度机制，从法律法规层面制定完善刚性政策依据，明确相关标准要求。要加强基础科研攻关，重点围绕危化品、矿山等行业领域安全风险防范“卡脖子”问题集中开展科研攻关。

会议要求，各单位要加强协同配合，形成工作合力，多渠道争取项目资金支持。要做好工作动态跟踪，加强对好的经验做法和成果案例的宣传推广，力争在 5 年内推动实现高危行业安全监管模式向事前预防转型的目标。

国家消防救援局、国家矿山安监局，部机关相关司局，内蒙古、辽宁、江苏、浙江、山东、广东、甘肃、新疆等 8 个试点地区应急管理部门相关负责同志参加会议。

二十二、应急管理部：认真贯彻落实中央经济工作会议精神　促进高质量发展和高水平安全良性互动

2023年12月14日，应急管理部党委书记、部长王祥喜主持召开部党委会和部务会，传达学习贯彻中央经济工作会议精神，研究部署岁末年初安全防范重点工作。王祥喜强调，要迅速把思想和行动统一到习近平总书记重要讲话精神和党中央关于经济工作的重大决策部署上来，聚焦经济建设这一中心工作和高质量发展这一首要任务，切实增强“时时放心不下”的责任感，始终保持奋发有为的精神状态，主动担当作为，深入落实安全生产责任制，防止重特大安全事故发生，以应急管理工作新成效促进高质量发展和高水平安全良性互动。

会议指出，习近平总书记的重要讲话，站在战略和全局的高度系统总结今年经济工作，科学回答了当前我国经济发展面临的一系列新的重大理论和实践问题，为做好明年和今后一个时期经济工作提供了根本遵循。我们要认真学习贯彻习近平总书记重要讲话和中央经济工作会议精神，深刻领会今年我国经济总体回升向好、成就来之不易，充分印证了以习近平同志为核心的党中央对形势判断和相关决策的正确性预见性；深刻领会新时代做好经济工作“五个必须”的规律性认识，进一步丰富和发展了习近平经济思想；深刻领会明年经济工作面临形势的科学判断，提振信心、增强底气，守好安全底线，全力保障中国经济行稳致远；深刻领会明年经济工作的部署要求，坚持稳中求进、以进促稳、先立后破，认真谋划攻坚克难的新举措，不折不扣、雷厉风行、求真务实、敢作善为抓落实。

会议强调，明年是实现“十四五”规划目标任务的关键一年，我们要认真贯彻中央经济工作会议部署，清醒认识责任如山，坚决扛起职责使命，抓基层打基础固根本，稳中求进推动应急管理事业高质量发展。要聚焦当前制约安全生产的深层次矛盾问题，强化治本举措，切实从根本上消除事故隐患、从根本上解决问题。坚持把安全贯穿经济社会发展全过程各方面，推动提升本质安全水平。要指导实施好自然灾害应急能力提升工程，围绕预警指挥、救援能力、巨灾防范、基层防灾等补短板强弱项。进一步建强各级应急指挥部体系，加强国家区域应急救援中心能力建设，提升基层防灾避险能力。要结合实际建强基层应急管理组织体系，健全应急指挥机制，构建“综合+专业+社会”基层应急救援力量体系，加强隐患排查治理和监测预警，提高公众风险防范意识和自救互救能力。要把提升政治能力作为第一位要求，巩固主题教育成果，坚持不懈用习近平新时代中国特色社会主义思想武装头脑、用训词精神凝心铸魂，大力培育堪当时代重任的高素质

专业化干部队伍。

会议指出，当前正值岁末年初，要绷紧神经、咬紧牙关、顶住压力，落实针对性责任措施，全力以赴抓好安全生产和防灾减灾救灾各项工作。一要聚焦年底突出风险严查密防。加大矿山领域“四不两直”、突击检查力度，严查超强度超能力超定员生产、不落实重大灾害治理措施、弄虚作假逃避监管等严重违法违规行为。会同有关部门严厉打击烟花爆竹非法生产、无证销售、超量储存。突出医院、养老院、学校、大型综合体和老旧小区、群租房等重点场所，集中排查违规动火用电、安全出口封闭等高风险问题，落实人防物防技防措施。督促工贸、危化品企业落实防冻、防凝、防泄漏等冬防措施。充分发挥安委办职能作用，督促有关部门加强建筑、交通等领域风险管控。二要加强冬季安全知识宣传教育。组织各地消防救援队伍和志愿者进门入户讲授家庭火险自查、应急避险、消防器材使用等基本技能，引导居民做自身安全的第一责任人。利用广播、电视、短视频、直播平台等滚动播放消防安全公益短片，强化典型火灾案例警示教育。以“一老一小”为重点开展简单易懂、寓教于乐的安全宣传教育，指导各地帮助独居老人、留守儿童等特殊群体做好安全防范。大力发动群众举报身边隐患，合力构建群防群治安全网。三要有力应对处置各类自然灾害。根据雨雪冰冻等极端天气变化情况，及时向重点地区发出预警提示，督促强化灾害风险隐患排查，落实保暖加固、抢修保通等措施。推动北方地区压实防凌责任，加强河道内浮桥、施工栈桥和滩区内留守人员安全管理。指导各地持之以恒做好防震减灾、森林草原防灭火工作。督促做好冬春救助工作，及时把资金物资发放到位，确保受灾群众安全温暖过冬。

第三章　重要政策法规专家解读

一、《企业安全生产费用提取和使用管理办法》解读(摘选)

第二章　企业安全生产费用的提取和使用

第三节　石油天然气开采企业

第十三条　石油天然气(包括页岩油、页岩气)开采是指陆上采油(气)、海上采油(气)、钻井、物探、测井、录井、井下作业、油建、海油工程等活动。

煤层气(地面开采)企业参照陆上采油(气)企业执行。

【解读】

本条是适用办法的石油天然气开采行业的属性内涵。

基于石油天然气开采与其他非煤矿山开采的作业活动、安全生产投入方向以及安全监管的差异化，本次修订将石油天然气开采单列，按照石油天然气企业安全生产许可范围表述，对其行业属性内涵重新定义。鉴于煤层气(地面开采)开采技术工艺与常规天然气相似，规定煤层气(地面开采)企业参照陆上采油(气)企业执行。

第十四条　陆上采油(气)、海上采油(气)企业依据当月开采的石油、天然气产量，于月末提取企业安全生产费用。其中每吨原油20元，每千立方米原气7.5元。

钻井、物探、测井、录井、井下作业、油建、海油工程等企业按照项目或工程造价中的直接工程成本的2%逐月提取企业安全生产费用。工程发包单位应当在合同中单独约定并及时向工程承包单位支付企业安全生产费用。

石油天然气开采企业的储备油、地下储气库参照危险品储存企业执行。

【解读】

本条是石油天然气开采企业安全生产费用的提取标准。

根据石油天然气开采单位对原油和天然气开采安全生产投入测算，调整并细化石油天然气开采企业安全生产费用分类提取标准，石油开采企业提取标准由每吨原油17元提至每吨原油20元，天然气开采企业提取标准由每千立方米原气5元提至每千立方米原气7.5元。补充钻井、物探、测井、录井、井下作业、油建、海油工程等企业提取标准，基于实务中钻井、物探、测井、录井、井下作业等油田工程技术服务企业与油田企业结算的工程总费用通常包含甲方单位提供的油套管、水泥、泥浆、陶粒、石英砂等材料费用，从工程计价角度，预算时甲方供材必须进入综合单价，但工程结算时一般由甲方直接扣款，若不剔除甲供材而直接采用项目整体工程造价测算安全生产费用，将较按照实际工程建设造价计提的比例虚高，这部分费用不应作为安全生产费用的计提基数，因此，规定钻井、物探、测井、录井、井下作业、油建、海油工程等企业按照项目或工程造价中的直接工程成本的2%逐月提取安全生产费用。工程发包单位应当在合同中单独约定并及时向工程承包单位支付企业安全生产费用。鉴于石油天然气开采企业的储备油、地下储气库安全风险高，生产运行过程中存在油气泄漏、火灾爆炸等风险，增加石油天然气开采企业的储备油、地下储气库计提安全生产费用规定，由于其物品性质及储存方式与危险品储存相似，规定参照危险品储存企业执行。

第十五条 石油天然气开采企业安全生产费用应当用于以下支出：

（一）完善、改造和维护安全防护设施设备支出（不含“三同时”要求初期投入的安全设施），包括油气井（场）、管道、站场、海洋石油生产设施、作业设施等设施设备的监测、监控、防井喷、防灭火、防坍塌、防爆炸、防泄漏、防腐蚀、防颠覆、防漂移、防雷、防静电、防台风、防中毒、防坠落等设施设备支出；

（二）事故逃生和紧急避难设施设备的配置及维护保养支出，应急救援器材、设备配置及维护保养支出，应急救援队伍建设、应急预案制修订与应急演练支出；

（三）开展重大危险源检测、评估、监控支出，安全风险分级管控和事故隐患排查整改支出，安全生产信息化、智能化建设、运维和网络安全支出；

（四）安全生产检查、评估评价（不含新建、改建、扩建项目安全评价）、咨询、标准化建设支出；

（五）配备和更新现场作业人员安全防护用品支出；

（六）安全生产宣传、教育、培训和从业人员发现并报告事故隐患的奖励支出；

（七）安全生产适用的新技术、新标准、新工艺、新装备的推广应用支出；

（八）安全设施及特种设备检测检验、检定校准支出；

（九）野外或海上作业应急食品、应急器械、应急药品支出；

（十）安全生产责任保险支出；

（十一）与安全生产直接相关的其他支出。

【解读】

本条是石油天然气开采企业安全生产费用的使用范围。

石油天然气开采过程中容易发生井喷、火灾、爆炸、中毒等事故，另外考虑到钻井平台、钻井船等海洋石油作业设施一旦失稳将会导致倾覆或设施失控漂移，容易导致群死群伤及重大经济损失；油建、海油工程包含大量现场施工作业，存在高处坠落、坍塌等事故风险。根据石油天然气开采过程中重点部位、关键环节的风险特点和各种类型事故预防措施，本次修订中进一步明确了完善、改造和维护安全防护设施设备支出内容，具体包括油气井（场）、管道、站场、海洋石油生产设施、作业设施等设施设备的监测、监控、防井喷、防灭火、防坍塌、防爆炸、防泄漏、防腐蚀、防颠覆、防漂移、防雷、防静电、防台风、防中毒、防坠落等设施设备支出。新增野外或海上作业应急食品、应急器械、应急药品支出内容，以及其他行业共性增加的支出内容。见表1-4。

表1-4　石油天然气开采企业安全生产费用支出负面清单

类　别	名　称
安全防护设施设备维护支出	1.“三同时”要求初期投入的安全设施支出； 2. 环保用防控粉尘等设施设备支出； 3. 石油天然气开采生产设施设备、工艺装置、建（构）筑物、施工作业装备等设施设备正常运行的技改维修、技术服务等支出
应急能力建设支出	1. 应急救援人员工资及劳务费； 2. 安保防恐支出、外援救护服务支出（如应急救援协议年费、外协医疗急救服务年费）以及征调参与应急抢险救援单位发生的消耗、运输等支出； 3. 生产安全事故发生后的应急处置、现场清理、人员接待、伤害赔偿与补助、抚恤金、罚款等费用
重大危险源检测、评估、监控，安全风险分级管控和事故隐患排查整改，安全生产信息化建设支出	1. 重大危险源起火、爆炸、毒气泄漏等事故发生后的救援、善后处理等费用； 2. 隐患项目治理过程中环保治理、职业病防护设施“三同时”支出； 3. 视频监控设备安装后委托第三方实时监控运营支出

续表

类　别	名　称
安全检查、评价、咨询、标准化建设支出	1. 新建、改建、扩建项目安全评价； 2. 与安全生产无直接相关的体系审核(如 ISO 9001、ISO 14001、ISO 45001)、报告审核、专家工时费用等服务支出
现场作业人员安全防护用品支出	1. 职工防寒、防暑物品以及普通工作服、洗护用品等劳保用品支出[按照《个体防护装备配备规范》(GB 39800)要求为现场作业人员配备使用的防护用品支出除外]； 2. 防疫物资购置支出
安全生产宣教培训支出	企业负责人、安全生产管理人员、特种设备作业人员参加非安全生产相关岗前培训费、考试费、办证费等费用
安全“四新”推广应用支出	“四新”(新技术、新标准、新工艺、新装备)的研究、开发等前期费用
安全设施、特种设备检测检验、检定校准支出	生产专用机械设备(如测井设备、钻井设备、采油采气设备、井下作业设备、油气集输设备、海洋钻采平台设备等及相关的配件和工具等)检测检验、检定校准费用
安全生产责任保险支出	法定安全生产责任保险之外的其他保险费用
其他直接相关支出	1. 从业人员发现并报告事故隐患奖励之外的安全生产考核奖励支出； 2. 专职或兼职安全管理人员的薪酬、社保、岗位风险津贴，保安岗位人员工资； 3. 职业病危害因素检测、职业健康体检以及职业病诊断、鉴定、治疗、康复费用； 4. 企业生产经营过程中的费用，与安全生产无直接相关的生产设备、运行成本等

注：以上清单支出范围不宜列入石油天然气开采企业安全生产费用，需要按原有费用渠道列支和管理。

第五节　危险品生产与储存企业

第二十条　危险品生产与储存是指经批准开展列入国家标准《危险货物品名表》(GB 12268)、《危险化学品目录》物品，以及列入国家有关规定危险品直接生产和聚积保存的活动(不含销售和使用)。

危险品运输适用第六节规定。

【解读】

本条是适用办法的危险品生产与储存行业的属性内涵。

本次修订了危险品生产与储存行业属性范畴，明确其适用范围不含危险品销售和使用。基于在港口领域，危险品的范畴还包括列入《国际海运危险货物规则》《国际海运固体散装货物规则》等国际公约中的物品，在原办法第四条“危险品是指列入国家标准《危险货物品名表》(GB 12268)和《危险化学品目录》的物品”表述中增加“以及列入国家有关规定危险品直接生产和聚积保存的活动”。本办法所称危险品储存企业，是指从事危险品储存活动的企业。“不含销售和使用”是指从事不储存危险品的经营企业以及危险品使用企业不属于办法要求的企业。

第二十一条 危险品生产与储存企业以上一年度营业收入为依据，采取超额累退方式确定本年度应计提金额，并逐月平均提取。具体如下：

（一）上一年度营业收入不超过1000万元的，按照4.5%提取；

（二）上一年度营业收入超过1000万元至1亿元的部分，按照2.25%提取；

（三）上一年度营业收入超过1亿元至10亿元的部分，按照0.55%提取；

（四）上一年度营业收入超过10亿元的部分，按照0.2%提取。

【解读】

本条是危险品生产与储存企业安全生产费用的提取标准。

近几年，危险品生产与储存企业重特大事故频发，2015年8月12日，天津市滨海新区天津港的瑞海公司危险品仓库发生火灾爆炸事故，死亡165人。2019年3月21日，江苏省盐城市响水县天嘉宜化工有限公司发生爆炸事故，死亡78人。危险品生产与储存企业一旦发生事故会导致群死群伤，负面影响和心理冲击巨大，根据对事故的调查分析，间接导致事故原因普遍存在安全生产投入不足。为进一步防范遏制危险品行业生产安全事故，本次修订提高了危险品生产与储存企业安全生产费用提取标准，即上一年度营业收入不超过1000万元的，安全生产费用计提标准由4%上调到4.5%；营业收入超过1000万元至1亿元的部分，安全生产费用计提标准由2%上调到2.25%；营业收入超过1亿元至10亿元的部分，安全生产费用计提标准由0.5%上调到0.55%。

超额累退计提举例说明：比如某危险品生产企业上一年度营业收入为1200万元，其中1000万元按照4.5%提取，剩余的200万元按照2.25%提取，然后相加。

计算方式如下：

$M \leqslant 1000$ 万元，按 $M \times 4.5\%$ 计提；

1000万元 $< M \leqslant 1$ 亿元，按1000万元 $\times 4.5\% + (M - 1000$ 万元$) \times 2.25\%$ 计提；

1 亿元<M≤10 亿元，按 1000 万元×4.5%+(1 亿元-1000 万元)×2.25%+(M-1 亿元)×0.55%计提；

10 亿元<M，按 1000 万元×4.5%+(1 亿元-1000 万元)×2.25%+(10 亿元-1 亿元)×0.55%+(M-10 亿元)×0.2%计提。

第二十二条 危险品生产与储存企业安全生产费用应当用于以下支出：

（一）完善、改造和维护安全防护设施设备支出（不含"三同时"要求初期投入的安全设施），包括车间、库房、罐区等作业场所的监控、监测、通风、防晒、调温、防火、灭火、防爆、泄压、防毒、消毒、中和、防潮、防雷、防静电、防腐、防渗漏、防护围堤和隔离操作等设施设备支出；

（二）配备、维护、保养应急救援器材、设备支出和应急救援队伍建设、应急预案制修订与应急演练支出；

（三）开展重大危险源检测、评估、监控支出，安全风险分级管控和事故隐患排查整改支出，安全生产风险监测预警系统等安全生产信息系统建设、运维和网络安全支出；

（四）安全生产检查、评估评价（不含新建、改建、扩建项目安全评价）、咨询和标准化建设支出；

（五）配备和更新现场作业人员安全防护用品支出；

（六）安全生产宣传、教育、培训和从业人员发现并报告事故隐患的奖励支出；

（七）安全生产适用的新技术、新标准、新工艺、新装备的推广应用支出；

（八）安全设施及特种设备检测检验、检定校准支出；

（九）安全生产责任保险支出；

（十）与安全生产直接相关的其他支出。

【解读】

本条是危险品生产与储存企业安全生产费用的使用范围。

本条基于原办法第二十条修订，扩大了危险品生产与储存企业安全生产费用使用范围。与原办法相比，增加了应急救援队伍建设与应急预案制修订、亘大危险源检测、安全风险分级管控、事故隐患排查、安全生产风险监测预警系统等安全生产信息系统建设、运维和网络安全、安全生产责任保险及从业人员发现并报告事故隐患的奖励、安全设施及特种设备检定校准等支出内容。

基于《国务院安委会办公室　应急管理部关于加快推进危险化学品安全生产风险监测预警系统建设的指导意见》（安委办〔2019〕11 号），本次修订将安全生产风险监测预警系统等安全生产信息系统建设纳入安全生产费用使用范围，以提升危险品领域安全管理信息化水平，防范化解危险品领域系统性安全风险。见表1-5。

表1-5 危险品生产与储存企业安全生产费用负面支出清单

类 别	名 称
安全防护设施设备维护支出	1."三同时"要求初期投入的安全设施支出； 2. 防爆工器具（如防爆工具、防爆掀等工具）购置支出； 3. 生产类装置及通用附件的完善、改造和维护支出
应急能力建设支出	1. 应急救援人员工资及劳务费； 2. 外援救护服务支出，如应急救援协议年费、外协医疗急救服务年费； 3. 生产安全事故发生后的应急处置、现场清理、人员接待、伤害赔偿与补助、抚恤金、罚款等费用
重大危险源检测、评估、监控，安全风险分级管控和事故隐患排查整改，安全生产信息化建设支出	1. 重大危险源起火、爆炸、毒气泄漏等事故发生后的救援、善后处理等费用； 2. 危险废弃物处置费用； 3. 隐患项目治理过程中环保治理、职业病防护设施"三同时"支出； 4. 视频监控设备安装后委托第三方实时监控运营支出
安全检查、评价、咨询支出	1. 新建、改建、扩建项目安全评价； 2. 与安全生产无直接相关的体系审核、报告审核、专家工时费用等服务支出
现场作业人员安全防护用品支出	1. 职工防寒防暑物品以及普通工作服、洗护用品等劳保用品支出[按照《个体防护装备配备规范》（GB 39800）要求为现场作业人员配备使用的防护用品支出除外]； 2. 防疫物资购置支出
安全生产宣教培训支出	企业负责人、安全生产管理人员、特种设备作业人员参加非安全生产相关的岗前培训费、考试费、办证费等费用
安全"四新"推广应用支出	"四新"（新技术、新标准、新工艺、新装备）的研究、开发等前期费用
安全设施、特种设备检测检验、检定校准支出	1. 根据环保要求需定期开展的泄漏与修复（LDAR）检测费用； 2. 压力容器反应釜清理费、叉车维修费及保养费用； 3. 生产设施、普通机械设备检测检验、检定校准费用

续表

类　别	名　称
安全生产责任保险支出	法定安全生产责任保险之外的其他保险费用
其他直接相关支出	1. 从业人员发现并报告事故隐患奖励之外的安全生产考核奖励支出； 2. 专职或兼职安全管理人员的薪酬、社保、岗位风险津贴，保安岗位人员工资； 3. 职业病危害因素检测、职业健康体检以及职业病诊断、鉴定、治疗、康复费用； 4. 企业生产经营过程中的费用，与安全生产无直接相关的生产设备、运行成本等

注：以上清单支出范围不宜列入危险品生产与储存企业安全生产费用，需要按原有费用渠道列支和管理。

二、《应急避难场所专项规划编制指南》解读

1.《应急避难场所专项规划编制指南》出台的背景是什么？

答：应急避难场所作为公共安全和应急管理的重要组成部分，在重大突发事件预警响应、抢险救援、过渡安置过程中，发挥转移避险、安置避难群众和维护社会稳定的重要作用。截至 2023 年 11 月底，我国已建成各级各类应急避难场所超过 13.7 万个，但场址选择、分级分类、功能设施等布局设计参差不齐，大多数缺乏统一规划。为认真贯彻落实习近平总书记重要指示精神和党中央、国务院决策部署，以及应急管理部等 12 部门关于加强应急避难场所建设的有关意见，我国将在 2025 年底前，全面开展省、市、县应急避难场所专项规划编制。制定本指南的目的就是加强指导和规范各地专项规划编制工作，推动科学合理规划、高标准建设城乡应急避难场所，促进构建全国多层次应急避难场所体系。

2.《应急避难场所专项规划》主要包括哪些内容？在“规划”编制过程中，需要把握哪些方向重点？

答：应急避难场所专项规划主要内容包括经济社会及应急管理发展现状、应急避难场所发展现状及分析、应急避难需求及资源分析、规划目标与指标、应急避难场所发展布局规划、应急避难场所设计要求指引、实施安排、保障措施等。

在应急避难场所专项规划编制过程中，需把握好以下方向重点：一是以社区

生活圈为基本安全单元，科学布局各级各类应急避难场所。二是充分利用各类应急避难资源合理新建、改造和指定应急避难场所，统筹防灾防疫防空等多功能兼用设计。三是加强室内型、综合性应急避难场所建设，逐步满足城乡居民对应急避难场所条件改善的需求。四是加强城镇应急避难场所标准化改造，在老旧小区（街区）和城中村等改造中完善应急避难功能，选择配建人防掩蔽场所和疏散基地，以及文化、教育、体育、旅游设施等进行平急两用改造。五是加强乡村应急避难场所建设，充分利用乡镇（街道）和村（社区）的办公用房、学校、文体场馆、公园等公共设施和场地空间合理规划。六是科学设置应急避难场所功能与设施，根据不同级别类型应急避难场所布局和适宜承担的功能，科学合理设置功能区和配置相应设施设备物资，考虑特殊群体需要进行无障碍设计。七是充分考虑高原、高寒、高温、高山峡谷等特殊条件下应急避难需要，因地制宜进行应急避难场所功能设计，并配置相应设施设备和防护物资。

3. 如何贯彻统筹资源共建共用和“平急结合、平急两用”理念，科学布局各级各类应急避难场所？

答：首先，坚持“平急结合、平急两用”理念，遵循总量够用、既有尽用、新建赋能、共建共用和区域协同的原则，结合城市发展和乡村振兴需要，统筹利用各类应急避难资源合理建设，强调既要满足各类灾害事故的应急避难需求，也要防止造成资源浪费。其次，按照分级负责、属地为主、分级响应调度资源的原则，在遵循国土空间规划、开展国土空间规划专项评估的前提下，合理规划省、市、县、乡镇（街道）和村（社区）级应急避难场所发展布局，按照建筑及场地类别、总体功能定位及避难时长、避难种类、避难面积、避难人数、服务半径和设施设备及物资配置等，科学设置室内型和室外型、综合性和单一性，以及紧急、短期、长期应急避难场所。可根据特殊需求及功能需要设置特定应急避难场所。最后，新建应急避难场所与新建城乡公共设施、场地空间和住宅小区等同步规划、建设、验收和交付；改造应急避难场所充分利用学校、文体场馆、酒店、公园绿地、广场，以及乡镇（街道）和村（社区）的办公用房、文化服务中心等公共设施和场地空间合理调整；通过政府组织评估、指定等方式，充分利用集贸市场、文旅设施、福利院、农村空旷场地等资源设置临时应急避难场所。

4. 应急避难场所专项规划与应急体系规划、国土空间规划的关系是什么样的？

答：应急避难场所专项规划是国土空间规划体系中的专项规划，需符合本级国民经济和社会发展规划、国土空间总体规划，并与应急体系、人民防空、综合防灾减灾、恢复重建等规划相衔接，是对应急避难场所空间布局、应急体系建设等要求的落实和深化，主要内容纳入国土空间详细规划，要适应建立大安全大应急框架和健全完善国家应急管理体系新任务新要求。规划期限原则上与本级国土空间总体规划保持一致。

5. 如何依托国土空间规划“一张图”实施监督信息系统做好规划衔接？

答：在规划编制过程中，应充分利用好国土空间规划“一张图”实施监督信息系统。规划编制前，自然资源主管部门应依托国土空间规划“一张图”系统，积极提供规划编制所需的相关底图底数。规划编制中，应在国土空间规划“一张图”系统上加强与国土空间规划的衔接及“一张图”的核对，协调处理空间矛盾。规划批复后，报上一级应急管理部门备案，并按照应急管理数据资源管理规定和国土空间规划成果数据汇交要求，制作应急避难场所专项规划相关数据库纳入同级应急管理大数据应用平台和国土空间规划“一张图”实施监督信息系统。

6. 发生灾害时如何使公众能够快速找到和去往应急避难场所避险避难？

答：主要通过以下四个方面来实现。一是不同级别和类型的应急避难场所都有一定的服务半径，例如紧急避难场所的服务半径为1000m以内，步行10~15min可达，这样使公众工作生活地点的周边一般都有应急避难场所。二是每个应急避难场所通常都有至少两条不同方向与外界相通的进出通道，这样即使发生灾害事故也不易出现因道路受阻而难以抵达。三是应急避难场所内、外及周边区域都应规范设置明显的指示标志，指引公众前往应急避难场所。四是利用全国应急避难场所信息平台，向公众主动公开应急避难场所分布及地址、主要功能设施、应急避难路线等信息，以便公众及时查询应急避难场所相关服务信息。

三、《海洋石油有人值守平台安全包保责任制办法（试行）》解读

（一）《海洋石油有人值守平台安全包保责任制办法（试行）》制定的背景及必要性

加强海洋石油安全生产是实现我国能源安全的重要保障。由于海洋石油开发过程风险高，台风等极端天气气候多发强发，发生事故应急救援难度大，固有风险居高不下；且随着近年来海洋石油增储上产和加快迈入深海，增量风险不断显现，安全生产方面“想不到”“管不到”等问题增多，亟须进一步压实海洋石油企

业主体责任，落实管控措施，夯实安全生产基础。为此，《应急管理部 2023 年危险化学品安全监管工作要点》鲜明提出了构建“1222”长效机制的针对性举措，即建设应用一个系统（海洋石油安全风险监测预警系统）、落实两个包保责任（有人值守平台陆地负责人和海上负责人的安全包保责任）、开展两项评估（有人值守平台安全风险评估和老龄化设施主结构安全评估）、实施两轮督导核查（海油安监办各分部每年组织两轮督导核查）。

中央企业是我国海洋石油开发的主体，也是海洋石油安全生产的“压舱石”，压实海洋石油企业安全生产主体责任，关键在于压实有关中央企业各层级、各单位的安全生产责任。其中，落实两个包保责任是结合海上平台轮班倒休制度提出的针对性措施，一是进一步强化海上平台现场负责人的直接责任，二是延伸强化陆地上一级企业领导干部的推动责任，实现安全生产“海陆共抓”，避免海上平台成为安全生产的“孤岛”。制定出台《海洋石油有人值守平台安全包保责任制办法（试行）》（以下简称《办法》），进一步明确和强化海洋石油中央企业“关键少数”的安全职责，有利于带动全员安全生产责任制落实，有利于推动解决超出海上平台自身能力的问题隐患，有利于提升海洋石油整体安全管理水平，是有效防范遏制重特大事故发生的重要举措。

（二）《办法》主要内容

《办法》主要从包保责任、管理措施、监督检查等五个方面作出规定，明确了适用范围、包保责任人、包保责任、履职管理、监督检查等要求。

（1）适用范围。《办法》适用于有人值守的海洋石油平台和设施，包括海上固定平台、移动式钻井（修井、采油）平台、浮式生产储油装置等。负责实施海洋石油开采活动的油田分公司、按照石油合同的约定负责实施海洋石油开采活动的实体和提供移动式钻井（修井、采油）平台服务的工程公司（事业部）等单位应当建立并实施安全包保责任制。

（2）包保责任人。有人值守平台包保单位应当明确其运营的有人值守平台陆地负责人和海上负责人，从综合管理和现场管理两个层面对有人值守平台进行安全包保。其中，陆地负责人应当由油田分公司领导班子成员、职能部门负责人、油田作业公司（作业区或采油厂）领导班子成员或相应职级的人员担任，移动式钻井（修井、采油）平台运营单位参照执行；海上负责人应当由海上总监（经理）等现场当班负责人担任。

（3）包保责任。海上负责人从主要负责人的法定责任角度，强调了监督检查、安全培训、隐患整改、信息化应用、应急演练等 8 项重点职责；陆地负责人从推动责任落实的延伸责任角度，明确了宣传教育、组织检查、反馈问题、督促协调等6项主要职责。

（4）履职管理。包保单位每年组织制定有人值守平台包保责任人清单，并建立包保责任人的安全包保履职记录，每年对包保责任人履职情况进行考核。建立完善安全风险监测预警机制，及时将有人值守平台预警信息推送包保责任人。有人值守平台设立包保公示牌，接受员工监督。

（5）监督检查。海油安监办各分部和区域监督处应当督促包保单位运用安全风险监测预警系统，加强对有人值守平台安全运行情况的在线巡查抽查，将有人值守平台安全包保责任制落实及考核情况纳入监督检查范畴。

（三）实施要求

海洋石油企业应当结合2023年海洋石油有人值守平台安全风险专项整治工作部署，加强培训宣贯，准确把握《办法》要求、深刻理解包保责任，明确任务分工，严格时间节点，加强包保责任人履职管理与考核，确保有人值守平台包保责任制度落地见效。

四、《交通运输部关于修改〈港口危险货物安全管理规定〉的决定》解读

（一）修订必要性

2021年，《中华人民共和国安全生产法》修订出台，将党中央、国务院有关安全生产决策部署转化为法律规定，同时进一步压实生产经营单位安全生产主体责任，建立健全安全风险预防控制体系，完善政府安全监管体制机制和责任制度，加大违法行为处罚力度等。为贯彻新修订的《中华人民共和国安全生产法》，需要对《港口危险货物安全管理规定》作相应修改。

（二）修订主要内容

此次修订主要是落实《中华人民共和国安全生产法》中关于安全生产管理新的制度要求，包括：

（1）压实安全生产主体责任。一是明确危险货物港口建设项目建设单位、港口经营人在全员安全生产责任制、投入保障、标准化和信息化建设、双重预防机制构建等方面义务。二是要求危险货物港口经营人加强危险作业现场安全管理，不得关闭、破坏直接关系生产安全设施、设备或者篡改、隐瞒、销毁相关数据信息。

（2）强化管理部门安全监管要求。一是依据《中华人民共和国安全生产法》，

将危险货物港口建设项目的安全设施验收活动和验收结果监督核查，由应急管理部门调整为港口行政管理部门。二是补充港口行政管理部门建立健全重大事故隐患治理督办制度要求，避免和减少重大事故发生。三是增加港口行政管理部门对相关举报的调查核实和违法行为的督促整改义务。四是建立重大事故隐患、重大危险源部门间信息共享机制，形成监管合力，提升监管效能。

（3）加强从业人员权益保障。一是要求危险货物港口经营人应当按照规定投保安全生产责任保险，保障从业人员因生产安全事故受到伤害后及时得到赔偿。二是要求危险货物港口经营人如实告知从业人员工作中的危险因素、防范和应急措施，并提供劳动防护用品、关注身心健康等。

（4）补充完善危险货物范围。现行《港口危险货物安全管理规定》将《国际防止船舶造成污染公约》（MARPOL 公约）中列明的散装油类纳入危险货物范围。近年来，实践中出现了新型散装油类物质，但由于公约缺乏增补机制，散装油类目录一直未做更新。国际海事组织 2021 年发布文件，强制要求各缔约国将该新型散装油类物质按照公约管理。据此，对《港口危险货物安全管理规定》中的危险货物范围予以补充完善。

第四章　重要标准解读

一、GB 15603—2022《危险化学品仓库储存通则》解读

2022 年 12 月 29 日，国家市场监督管理总局(国家标准化管理委员会)正式批准《危险化学品仓库储存通则》(GB 15603—2022)等 54 项强制性国家标准，并于 2023 年 7 月 1 日正式实施，GB 15603—1995 同时废止。

新标准规定了危险化学品仓库储存的基本要求、储存要求、装卸搬运与堆码、入库作业、在库管理、出库作业、个体防护、安全管理、人员与培训等内容，适用于危险化学品储存、经营企业的危险化学品仓库储存管理。与 GB 15603—1995 相比，GB 15603—2022 的主要变化见表 1-6。

表 1-6　GB 15603 变化一览表

标准变化内容	旧　标　准	新　标　准
标准名称	GB 15603—1995《常用化学危险品贮存通则》	GB 15603—2022《危险化学品仓库储存通则》
标准适用范围	本标准规定了常用化学危险品(以下简称化学危险品)贮存的基本要求。本标准适用于常用化学危险品(以下简称化学危险品)出、入库，贮存及养护	本文件规定了危险化学品仓库储存的基本要求、储存要求、装卸搬运与堆码、入库作业、在库管理、出库作业、个体防护、安全管理、人员与培训等内容。本文件适用于危险化学品储存、经营企业的危险化学品仓库储存管理
堆垛间距要求	(1)垛距限制 露天贮存 2≥m 隔离贮存 0.3~0.5m 隔开贮存 0.3~0.5m 分离贮存 0.3~0.5m (2)通道宽度 露天贮存 4~6m 隔离贮存 1~2m 隔开贮存 1~2m 分离贮存≥5m	6.2.5　仓库堆垛间距应满足以下要求： a)主通道≥200cm； b)墙距≥50cm； c)柱距≥30cm； d)垛距≥100cm(每个堆垛的面积不应大于 150m^2)； e)灯距≥50cm

续表

标准变化内容	旧　标　准	新　标　准
堆垛间距要求	(3)墙距宽度 露天贮存≥2m 隔离贮存 0.3～0.5m 隔开贮存 0.3～0.5m 分离贮存 0.3～0.5m (4)与禁忌品距离 露天贮存≥10m 隔离贮存不得同库贮存 隔开贮存不得同库贮存 分离贮存 7～10m	
新增内容		a. 增加了危险化学品储存信息管理系统的要求； b. 增加了数据单据保存时间要求； c. 增加了安全防护距离的要求； d. 增加了剧毒化学品、监控化学品、易制毒化学品、易制爆危险化学品的储存要求； e. 增加了装卸搬运的要求； f. 增加了堆码的要求； g. 增加了安全管理的要求
更改及删除内容	a. 更改了出入库作业的要求； b. 更改了在库管理的要求； c. 更改了个人防护的要求； d. 更改了人员培训的要求； e. 更改了附录 A《危险化学品储存配存表》 a. 删除了“露天堆放”的相关要求； b. 删除了“平均单位面积贮存量”和“单一贮存区最大贮量”的要求； c. 删除废弃物处理的要求； d. 删除了《常用化学危险品的安全贮存》和《化学危险品品名汉语拼音索引》	

二、GB/T 29729—2013《氢系统安全的基本要求》解读

2022 年 12 月 30 日，国家市场监督管理总局(国家标准化管理委员会)正式批准发布 GB/T 29729—2022《氢系统安全的基本要求》，并于 2023 年 4 月 1 日正式实施，GB/T 29729—2013《氢系统安全的基本要求》同时废止。

该标准详细介绍了氢的物理和热物理性质、燃烧特性等，包含可再生能源制

氢系统、液氢和氢浆储存系统、氢气输送系统等。该标准针对氢系统中的危险因素，分类介绍了泄漏和渗漏，与燃烧、压力、温度有关的危险因素，与固态储氢有关的危险因素，生理危害等。同时，从基本原则、设计风险控制、氢设施要求、检测要求、火灾和爆炸风险控制、操作要求、突发事件等方面规定氢系统风险控制的相关要求。该标准附件中明确了各类制氢典型系统核心设备框图。

该标准与前标准文件比较，主要技术调整包括增加了氢分压、固定式氢气储存容器、油氢增压泵、浆氢、液氢、加氢合建站等的术语和定义，增加了氢系统类别中用氢系统的相关规定，增加了氢气火焰探测要求、增加了风险控制的基本原则中关于点火源、检查报警装置的相关规定以及更改了氢泄漏检测报警仪的相关规定等。

三、AQ 3034—2022《化工过程安全管理导则》解读

2022 年 10 月 1 日应急管理部批准发布行业标准《化工过程安全管理导则》（AQ/T 3034—2022），该标准将替代《化工企业工艺安全管理实施导则》（AQ/T 3034—2010），自 2023 年 4 月 1 日起施行。

本次标准修订在结合国内化工过程安全管理现状的基础上，融入了国际先进的过程安全管理理念和最佳实践经验，以及国内有关安全生产技术要求，力求贴近企业管理实际，形成适合我国国情的化工过程安全管理体系。新标准在《化工企业工艺安全管理实施导则》（AQ/T 3034—2010）基础上，对原标准的要素内容进行了较大调整和修改，由原先的 12 个要素增加至 20 个要素，其中安全领导力、安全生产责任制、本质更安全等 8 个要素为新增项。

《化工过程安全管理导则》（AQ/T 3034—2022）以全面识别风险和管控风险为目标，每个要素都是对各类事故原因的高度概括和归纳，对于更好地指导推动化工企业加快提升过程安全管理要素管理水平，提高重大安全风险防范化解能力，推动全国化工安全生产形势持续稳定好转具有重要意义。

四、AQ 3010—2022《加油站作业安全规范》解读

应急管理部批准发布 AQ 3010—2022《加油站作业安全规范》，自 2023 年 4 月 1 日正式实施。本标准规定了在加油站内进行的卸油、加油、油罐计量、设备使用、维护和检修等作业的安全要求。本标准适用于加油站内的作业，包括加油加气或加氢合建站中涉及加油的作业。本标准不适用于橇装加油装置、水上加油站的作业。该规范从基本要求、卸油作业、加油作业、油罐计量、清洗油罐、

动火作业等方面进行了规定。标准的主要技术变化如下：

（1）增加了对使用手机支付的安全要求

加油站提供手机支付是客户的普遍需求。研究表明，加油站内因使用手机造成油气燃爆事故是一种概率较小、在可接受范围内的安全风险。我国加油站均设有油气回收系统，加油作业区可燃气体浓度已大幅降低，考虑到仍然存在潜在油气泄漏事故的可能，为加强安全风险管控，如果加油站允许客户在加油作业区进行手机支付操作，应设置可燃气体声光报警装置。当出现报警时，应立即停止使用移动通信设备和加油相关作业，按预案进行应急处置。

为便于实际执行，降低施工难度与改造成本，本标准仅对现场可燃气体报警装置的覆盖范围和安装高度提出了要求，主要参照 GB/T 50493—2019《石油化工可燃气体和有毒气体检测报警设计标准》的有关条款执行。

（2）更改了卸油前静置时间的要求

将卸油前油罐车静置时间由 15min 调整为 5min，静电风险可控，并且可提高卸油效率，避免油罐车停留时间，进一步降低安全风险。

新版标准不再规定初始流速，因为 GB 50156—2021《汽车加油加气加氢站技术标准》对进油管的设计已有防进油喷溅静电的考量。新版标准不再规定油罐车卸油后静置 5min，因为目前加油站均采用油气回收密闭卸油，风险可控。卸油结束，检查现场确认安全后，即可引导油罐车离开，减少了油罐车在加油站的停留时间，进一步降低现场风险。

（3）增加了对自助加油作业的要求

人体静电是自助加油的主要安全风险之一，静电放电容易引燃油箱口处挥发油气，故应采取措施提醒客户释放人体静电。

加油站应为摩托车客户提供安全加油服务，用加油枪为摩托车加注油品，本条与 GB 50156—2021《汽车加油加气加氢站技术标准》一致。加油前要求驾驶员和坐乘人员下车，摩托车停放平稳，预防油箱口起火对客户造成伤害。

（4）更改了清洗油罐和动火作业的要求

近年来的加油站事故多发生于油罐清洗和动火作业环节，安全风险较高，因此规定参考 GB 30871—2022《危险化学品企业特殊作业安全规范》进行管理。

（5）更改了安全标志的管理要求

现行安全标准对安全标志的设置已有明确规定，故删除原标准的相关内容。

行业动态篇

第一章　中国石油安全生产与应急管理工作动态
第二章　中国石化安全生产与应急管理工作动态
第三章　中国海油安全生产与应急管理工作动态
第四章　国家能源安全生产与应急管理工作动态

第一章 中国石油安全生产与应急管理工作动态

一、2023年度工作进展

2023年，中国石油集团公司党组带领百万石油员工，深入贯彻习近平生态文明思想和总书记关于安全生产工作的重要论述，全面落实党中央、国务院关于质量健康安全环保工作的决策部署，突出“四精”管理，强化“四全”原则，落实“四查”要求，以时时放心不下的责任感和时不我待的紧迫感，精准施策控风险，标本兼治除隐患，深化体系强基础，安全环保工作总体平稳，较好完成各项目标任务。

（一）深入贯彻安全发展理念，全员责任持续压紧压实

党组始终将安全生产作为一切工作的基础和前提，坚持“一切事故都是可以预防和避免的”“防范胜于救灾”理念，做到安全环保与改革发展同谋划、同部署。层层压实全员安全责任，从党组领导到基层岗位员工建立“一岗一清单”，组织重点企业领导班子安全生产责任清单备案评审，落实“四个坚持”要求，对新任职企业主要负责人进行述职评审，推动全系统在役危化品重大危险源全部明确管理、技术、操作三级包保责任人。大庆油田狠抓安全生产责任制落实，划定安全生产网格、各级网格管理人员，全部明确管理职责，用“小网格”兜住“大安全”。强化国际业务HSE监管，细化明晰总部部门、专业公司、海外大区公司、国别公司等各方监管职责。严格安全生产记分管理，采取警示约谈、通报批评等方式问责，有效促进全员履职尽责。组织习近平总书记安全生产重要论述宣讲活动，参与“安全生产月”线上知识竞赛活动，通过“随手拍违章、隐患曝光台”等载体，营造“人人讲安全、个个会应急”浓厚氛围。

（二）突出重点领域专项整治，本质安全水平持续提升

党组领导牵头成立工作专班，统筹推进全国重大事故隐患专项排查整治2023行动以及危险化学品、城镇燃气等专项整治。深入开展油气井井控、管道、储气库、特殊作业、重点工程和大检修五个重点领域集中整治，实施隐患治理分级管

理，国家能源局督办的长输管道外部占压隐患全部清零。甘肃燃气公司构建“政企联动、消企联动、社企联动、物企联动”的第三方破坏预防和隐患处置联动机制，实现城镇燃气安全隐患“存量清零、增量遏制”的治理目标。中油技服深入开展溢流分析，及时发现溢流全部实现成功关井。狠抓工艺安全管理，完成多套“两重点一重大”在役装置及新建项目 HAZOP 分析/SIL 评估报告的备案评审，驳回整改不合格报告，清退不合格机构。开展重点地区、重点企业专项督导检查，升级管理成都大运会、杭州亚运会、第三届“一带一路”国际合作高峰论坛等特殊敏感时段安全监管，有效确保了安全平稳受控。强化“双碳三新”业务安全风险辨识和源头风险防控，编制《新能源新材料新业态安全风险评估报告》，明确典型安全风险。完善海洋石油安全监管机制，在兄弟单位中率先在总部设立海洋安全监督处，整合三家企业海监处组建大港监督处。持续提升综合应急救援能力，强化专职消防队建设，会同地方政府举行天然气管道沧淄线泄漏着火抢险应急实战演练、东部地区井喷失控应急处置实战演练，开展专职消防队对标评估和全覆盖考核，多次参与地方抗洪抗旱抢险、获国务院国资委及地方政府高度评价。

（三）着力夯实基层基础工作，QHSE 管理体系建设持续改进

优化体系审核方式，完成 110 家企业和 19 个海外项目全覆盖审核，发现问题并在全系统通报，督促企业对涉及严重问题的人员考核问责、清退承包商队伍。印发《关于规范和强化基层岗位“两个清单”编制与运用工作的指导意见》及 HSE 风险清单、HSE 责任清单模板，推动岗位员工按单履责、照单知险、按单做事。深化基层站队 HSE 标准化建设，评选出 20 个集团公司级示范站队，91 个青年安全生产示范岗，总结推广基层 HSE 典型经验和有效做法，出版《集团公司基层站队 HSE 典型经验汇编》。开展企业安全总监专项培训和企业需求性 HSE 培训。渤海钻探以“四讲两查一考试”为抓手，丰富安全培训内容，查纠违章隐患，干部员工 HSE 技能素质不断提升。总部组织制定印发《海外业务安全文化手册》，规范员工行为安全准则。

（四）持续强化科技支撑，智能化监管水平稳步提高

落实国家“工业互联网+安全生产”战略部署，按照“114N”总体框架，统筹推进大型油气储存基地安全风险智能管控平台、海洋石油安全风险监测预警系统、炼化新材料安全风险智能化管控平台、危险化学品双重预防机制数字化建设，实现对危化品重大危险源、高风险作业、重点场所、重点设施运行状态等风险的在线监控，海洋石油预警平台得到应急管理部高度认可，重大危险源监管平台跟踪处置各类预警信息，有效防范风险发生。结合风险特点构建“安眼工程”“EISC 系统”等智能化管控平台，持续推进“智能站场”“智慧工地”建设，提升现场风险视频监控和智能预警水平。持续推进车辆动态监控系统应用，强化超速、疲劳驾驶等实时预警提醒，不安全驾驶行为得到有效遏制，百公里综合报警数量大幅下降。

二、当前面临的形势与挑战

当前，集团公司 QHSE 工作面临一些新形势、新要求、新任务。一方面，国家要求越来越高、标准越来越严，需要我们深入学习、全面贯彻。2023 年以来，习近平总书记多次对安全生产和生态文明建设作出重要指示批示，对重大事故隐患排查整治、燃气安全专项整治、推进生态文明建设、碳排放双控进行专题部署，工作要求十分明确、非常具体。国务院各部门密集开展重点领域安全环保专项整治，督导检查力度大、频次高、范围广、追责严。央企安全环保部署情况成为纪检监察政治监督的重要内容，近期开展的国务院安委会考核巡查，首次与党政领导干部高质量发展政绩考核衔接。安全环保监管态势持续趋紧、舆论监督持续加强，安全环保已成为全社会的共同行动，成为各级领导干部讲政治、讲责任的重要标志。

另一方面，集团公司自身安全生产形势复杂严峻、问题隐患依然较多，需要我们持续发力、久久为功。新老风险交织叠加的态势尚未根本扭转，安全环保严格监管的阶段性特征尚未根本改变。一些重点领域风险和隐患问题突出，特别是井控、油气泄漏爆炸着火等重大风险始终伴随。炼化领域事故反弹明显。部分炼化企业对转型升级形势下高风险作业数量增多认识不清，变更管理、作业许可等风险管控不到位。井控风险依然突出，稍有处置不当，就会造成严重后果。随着地质条件日趋复杂，以及风险探井、超深井等增多，大量直井变为水平井、大斜度井，井控风险依然是集团公司第一大安全风险。此外，各类长停井年限久远、腐蚀老化，隐患集中显现。燃气安全形势严峻。城镇燃气业务点多线长面广，管网端、客户端风险双重叠加，形势复杂多变，管控难度较大。哈中庆公司入户安检质量不高，部分商服用户燃气设施无熄火保护装置，安检隐患整改闭环不到位。新能源新业态风险管控存在空档。随着集团公司氢能、风电、地热能、太阳能等新能源、新业态不断拓展，新风险新问题逐渐显现，“四新”风险识别评估不足，缺乏行业标准和相应管理经验，存在监管空档。

三、2024 年工作思路

2024 年是新中国成立 75 周年，是公司实现“十四五”规划目标任务的关键一年，做好质量健康安全环保工作意义重大。全年工作总体思路是：以习近平新时代中国特色社会主义思想为指导，深入贯彻习近平生态文明思想和总书记关于安全生产的重要论述精神，全面落实党中央、国务院决策部署，坚持以人为本、质量至上、安全第一、环保优先，不断深化“四个坚持”“四全”“四查”认识和实践，统筹开展安全生产治本攻坚行动，扎实推动质量强企工程，协同推进减污节能降碳扩绿增长，持续推进平安、绿色、健康企业建设，以高水平 QHSE 工作促进集团公司高质量发展，为打造基业长青的世界一流企业奠定坚实基础、提供坚强保障。

四、2024 年重点工作

（一）深化 QHSE 体系建设，夯实安全环保管理基础

一是压实全员安全责任。认真落实集团公司《关于规范和强化基层岗位“两个清单”编制与运用工作的指导意见》要求，编制完成覆盖全部基层岗位的 HSE 风险清单、责任清单。从严细化量化各级安全生产目标指标，用好安全述职、安全记分、事故问责等手段，加大过程考核力度，对于安全生产记分超过规定分值的员工要脱岗培训学习，进一步压紧压实各层级安全生产责任。继续加强全员安全教育培训，开展安全环保履职能力评估，确保能岗匹配。二是深化 QHSE 体系建设。优化审核组织方式，强化专项审核，提高审核质量。开展近年审核问题系统分析和整改效果“回头看”，查找问题发生规律和趋势，强化问题系统性整改。持续推进基层 HSE 标准化站队百千示范工程，实施每年重新评定动态管理，分区域召开现场推进会，推广基层 HSE 典型经验。三是强化工艺安全管理。全面推进新改扩建项目和在役装置落实 HAZOP 分析和 SIL 评估，按规定进行评估报告备案审查。四是大力推进科技兴安。推广应用成熟实用的安全数智化技术，加快推进智能站场、智慧工地建设，实现数智化赋能安全生产。五是有效开展安全活动。强化典型示范引领和正向激励，积极构建具有中国石油特色的安全文化。

（二）狠抓关键领域，提升重点风险防控能力

一是突出治本攻坚。实施安全生产治本攻坚三年行动，持续开展重点领域安全环保风险评估和集中专项整治，油气田企业要关注重点场站、含硫化氢天然气井、停产井等，炼化企业要关注液化烃储罐区、老旧装置、带病设备等，相关企

业要加强风光热电氢和 CCUS 等新能源新业态安全风险评估和管控。二是推进安全环保隐患排查治理。优化完善各环节管控长效机制，全年实现现行国家标准下的重大隐患全部清零，年度资本化隐患治理项目完成率和投资使用率达到 95%以上。三是强化重点领域、关键环节安全监管。认真执行新修订《承包商安全监督管理办法》，落实外包项目安全主体责任，强化特殊敏感时段升级管控，加强不合格承包商队伍整顿淘汰。突出抓好海洋石油风险监测预警系统应用，严格落实海上新改扩建项目合规要求，强化钻修井井控、新平台建设、老龄化平台运行等重点风险管控。继续加强车辆运行管理，完善车辆动态监控系统，危险货物运输车辆和大、中型客车等重点一类车辆全部安装智能视频监控报警终端。强化重点生产、风险作业现场可视化监管全覆盖，加强安全监管队伍建设，加大现场监督检查力度，及时提示预警风险。四是持续强化应急能力建设。优化完善重点岗位应急处置卡，强化培训演练，提升第一岗位应急处置能力。组织开展危险化学品道路运输突发事件应急演练，对专职消防队进行逐家验收，推动专职消防队伍建设全面达标。

第二章　中国石化安全生产与应急管理工作动态

2023年，中国石化坚持以习近平新时代中国特色社会主义思想为指导，认真落实习近平总书记视察胜利油田、九江石化重要指示精神，扎实开展安全管理强化年行动、绿色企业行动和碳达峰行动，有序高效实施健康安全环保管理机构改革，安全绿色发展迈出新步伐。集团公司上报生产安全事故数量同比减半，未发生一般及以上突发环境事件。经过全体员工共同努力，安全环保形势持续稳定向好，集团公司高质量发展基础和保障能力持续提升。

一、面临的形势与挑战

以习近平同志为核心的党中央始终高度重视安全生产工作。党的十八大以来，习近平总书记站在新的历史方位，就安全生产工作作出了一系列重要指示批示，提出了一系列新思想新观点新思路，反复告诫要牢固树立安全发展理念，正确处理安全和发展的关系，坚持发展决不能以牺牲安全为代价这条红线。中国石化业务范围广、产业链条长，多数生产经营企业涉及危险化学品，火灾、爆炸等事故风险始终存在。随着社会进步和人民群众生活水平的提高，民众对于事故的可接受阈值降低，一旦发生事故极易造成负面社会影响，甚至引起中央和国家层面的关注。在当前安全生产严格监管阶段尚未跨越的前提下，集团公司安全环保形势依然严峻复杂，丝毫不可松懈。

二、2023年工作思路

深入学习贯彻党的二十大精神，坚持以习近平总书记关于安全生产的重要论述和能源安全新战略为指引，落实公司高质量发展行动要求，牢固树立安全发展理念，摆正安全环保与生产、效益、发展的关系，开展“安全生产管理提升年”行动，勇于担当，主动作为，按照转观念、转方式、转作风，提升业绩、提升形象的工作思路，重心下沉打基础，强化执行抓落实，着力促进HSE管理体系与生产经营、“三基”工作深度融合，全力防范化解重大风险隐患，全面提升本质安全水平，以一流 HSE 业绩筑牢高质量发展根基。

三、2023 年度工作进展

（一）严格对标对表，推动专职消防队伍建设

1. 完善专职消防队伍顶层设计

对照国务院安委办等三部委《关于进一步加强国有大型危化企业专职消防队伍建设的意见》，中国石化深入对标查找集团公司消防队伍在应建尽建、体制机制、装备配置等方面存在的问题，强力推动专职消防队伍建设工作。一是组织编制了《加强企业专职消防队伍建设工作方案》，集团公司党组领导亲自签批、部署落实。二是制定下发了《关于进一步加强专职消防队伍建设工作的实施意见》，进一步完善了集团公司层面对于消防队伍管理体制机制的顶层设计。三是健康安全环保管理部会同党组组织部，组织总部相关部门召开了专职消防队伍建设工作部署会，4 个事业部、2 个专业公司和 52 家油田、炼化、销售企业相关领导、消防队伍负责人参会，专题部署落实队伍建设相关工作。四是党组组织部牵头发布了《专职消防救援队伍劳动定员》标准，填补了专业空白，有效指导企业稳步推进消防业务三定及队伍建设工作。

2. 强化老旧消防装备更新

一是统筹编制了 2023—2025 年消防装备更新计划，严格落实依法合规、急用先配、适当选配高精尖装备、区域资源统筹等原则，对 46 家油田、炼化企业专职消防队伍的消防装备更新计划进行分类、逐家审核。二是统筹规划了资金渠道，结合新一轮国家专业队申报工作，统筹利用国拨资金、集团专项和企业自筹资金，落实消防装备更新计划。三是统筹协调了集团总部发展计划部、物资装备部，油田、炼油、化工等事业部和相关企业投资发展部门，建立定期协调沟通工作机制，稳步实施消防装备更新计划。

3. 优化消防队伍实战练兵

一是组织 16 个企业专职消防队伍参加了第三届全国危险化学品安全生产应急救援技术竞赛，燕山石化、胜利油田、镇海炼化、湖南石化等 4 支队伍进入团体总分十强，10 支队伍进入团体总分前二十。另外，石家庄炼化等队伍在原油储罐火灾综合处置等团体项目中获得金牌，有效实现了检阅队伍的预期目标。二是依托各联防片区组织内部技能竞赛。扬子石化、长岭炼化等区域联防组长单位牵头开展了片区技能比武，同时对片区内企业组织了应急消防专业互查。三是各队伍积极参与地方专业竞赛。中韩石化、齐鲁石化等企业消防支队参加所在省市

应急救援竞赛，获得优异成绩。安庆石化还承办了长三角危险化学品救援技术竞赛，得到当地政府高度肯定。

（二）深入检测分析，开展消防安全专项评估

2022—2023 年，中国石化共分 6 轮对 45 家油田、炼化企业开展了消防安全评估，这也是集团公司层面首次就消防专业单独开展评估工作。本次消防安全评估突出现场检查、实操测试，不拘泥于台账资料，重在帮助企业查找并解决实际问题。评估过程包括重大危险源消防安全评估、消防队伍达标评估和气防器材抽检等 3 方面内容，共安排了 8 项消防设施实测、4 项队伍实操，通过充分发挥评估组专家团队作用，全面检测分析企业消防安全管理现状，耐心提供专业咨询，查摆问题督促闭环，有效推动企业提升了消防专业管理水平，受到企业广泛好评。

1. 重大危险源消防安全评估

在重大危险源消防安全评估中，重点突出实操测试，共安排了 8 个实操测试项目，包括测试消防泵房操作人员是否掌握应急机械启动；喷淋系统是否存在喷头堵塞、缺失、损坏现象；控制室值班人员对火灾报警控制器是否会自检和主备电切换；消火栓、固定消防水炮、消防竖管各开关是否灵活，定位、转动机构操作是否困难。累计从企业现有 1916 个重大危险源中抽取了 202 个重大危险源，相应对 115 套泡沫灭火系统、56 套消防给水系统、21 套干粉系统、130 套水喷淋系统进行了评估，在评估过程中，既帮助企业发现了不少早期建设的生产装置、罐区对标新标准存在的问题，也发现了一些消防设施使用和维护保养方面的问题。

2. 消防队伍达标评估

在消防队伍达标评估中，主要对照集团公司 2021 年下发的《专职应急队伍标准化管理规范》开展评估，评估内容包括战备执勤、监护与救援行动、装备管理、业务训练管理、正规化建设等五个方面。累计抽取了 95 个基层消防队站，抽考体能技能 1440 人次、测试消防装备 210 台套、组织紧急拉动和应急演练各 45 次通过评估，进一步督促专职消防队伍规范战备管理，健全战备值班制度，细化各类灭火预案演练制度，确保所有个案至少每年轮训 1 遍；督促队伍提升演练水平，严格按照真实场景开展侦查检测，畅通现场指挥程序不畅；督促队伍夯实消防装备管理基础，全面收集整理消防车等装备技术图纸、说明书，定期更新装备档案。

3. 气防器材抽检

评估组按照5%抽检比例，抽检企业气防器具产品质量，累计检测空气呼吸器1304台，检测气体报警仪1969台。针对发现的部分气防器材不合格项，督促企业进一步加强空气呼吸器、便携式检测仪的日常维护保养和定期检测，重点关注空气呼吸器的供气阀、压力表、面罩等配件，重点关注便携式检测仪的示值误差、报警功能检查等指标。

（三）夯实专业基础，加强应急消防专业技术管理

1. 做好消防专业标准制修订工作

紧跟行业发展变化和现场应用反馈，组织制修订了《消防设施运行操作技术规范》《消防应急通信指挥系统技术规范》《泡沫灭火剂质量监督和管理要求》《空气呼吸器使用及维护技术规范》等多个技术标准。

2. 组织消防专题技术研究

先后组织企业消防队伍对危化品罐车泄漏事故救援技术、救援现场通信装备配置与升级等热点难点问题开展专题研讨，结合典型案例研究应对措施，有效提升了消防队伍专业技术管理水平。

3. 研究新能源消防安全风险管控措施

组织完成加油站增设光伏发电的消防安全对策措施，形成研究报告，推动国家相关部委对光伏与加油站合建项目出台政策法规标准。

（四）开展培训、竞赛，提升全员应急技能

1. 组织炼化企业基层应急能力竞赛

中国石化2023年6月在南京组织了炼化企业基层应急能力竞赛决赛，此次竞赛作为集团公司一类竞赛，共有39家炼化企业(含煤化工企业及油田企业的炼化部分)195名基层员工参加比赛，也是集团公司首次组织的应急类专项竞赛。竞赛决赛阶段设置基础能力验证、理论考试、视频纠错、应急实操、现场答辩等项目，贴近实际考核参赛人员应急技能。通过举办此次比赛，以赛促学、以赛促练、以赛促用，有效督促企业开展全员岗位大练兵，提升基层人员初期应急处置能力。

2. 组织2023年专职应急队伍业务能力提升培训班

按照装备管理、战训管理、气防管理、防火管理和指挥能力等5个专业分期办班，共有45个企业323人参与培训。培训班紧贴实际优化课程设计，坚持实训为主，通过新型装备、三维推演和理论授课相结合的方式，强化组织指挥能力、事故预防能力、事故应急处置能力、新型消防装备应用、综合救援能力方面的培训内容，有效提升队伍整体专业技术水平。

（五）履行央企职责，积极参与社会救援与应急处置

中国石化共建设了18支国家级安全生产应急救援队伍。我们积极响应国家部委和地方政府指令，多次参与了社会救援。2023年，胜利油田、中原油田、燕山石化、天津石化等企业消防队伍，分别参加了天津、辽宁、吉林等地的抗洪抢险工作，出色完成抢险救援任务，展现了负责任、敢担当、勇作为的央企社会形象。

此外，各企业专职消防队伍在做好企业自身安全防护工作的同时，也充分发挥危化品专业特长优势，积极参与了驻地周边地区的突发事件处置。2023年4月29日，淄博市某材料公司5000m^3苯罐闪爆着火后，齐鲁石化、青岛炼化派出消防队伍紧急驰援；12月20日，福建泉港石化园区某公司发生火灾后，福建联合石化消防支队紧急驰援；西南油气应急救援中心还多次协助地方处置山林火灾，都得到了地方政府的高度肯定。

四、2024年工作计划

（一）持续加强专职消防队伍建设

（1）全面落实集团公司《关于进一步加强专职消防队伍建设工作的实施意见》，总部相关部门建立联合工作机制，加强统筹协调，定期调度工作进展，协调解决问题，强化措施配套。全面推动消防队伍三定、消防装备更新、消防营房改建等工作。

（2）依托区域应急联防机制，组织13个应急联防片区消防队伍全员练兵备勤，有序开展业务比武竞赛和多方式多层级的演练，强力推动各联防区专业工作的共享交流，定期组织联防片区单位业务交流，进一步夯实联防联动机制，提升消防队伍战斗力。

（3）在原有中国石化2012版消防队伍统一服装、标识基础上，对照国家新要求进一步完善优化，实现各队伍在2024年统一换装，展现集团公司良好自身形象。

（二）加强消防专业技术管理

（1）组织销售企业油库应急消防专项评估。重点突出消防设施实操测试、基层岗位“135”应急技能测试，督促企业加强消防专业日常管理。

（2）完善应急消防专业管理基础。制定下发《石化企业固定式消防系统检测技术规程》《典型消防设备设施安全》等，指导企业各级管理人员和消防设施所在基层单位操作人员做好日常管理工作。

（3）做好集团公司突发事件总体应急预案和生产安全事故、突发环境事件、自然灾害等专项预案的修订换版工作。进一步研究改进应急演练，提升应急工作的精准度。

（4）持续组织开展专业培训，组织好突发事件应急处置、事故调查、应急演练、专业消防队伍建设等专业培训，推动专业队伍业务能力提升。

（三）推动应急专业“信息化赋能”

建设完善现有应急指挥信息系统，加强和改进风险预警、应急指挥、应急资源等模块功能，提升突发事件应急处置和资源保障水平。集成企业关键生产装置、油品罐区的操作温度、压力、液位等实时信息，通过数据标签的形式在AR实景地图中展示，实现生产数据可视化，为风险预警提供数据支撑。打通总部与企业的应急指挥链路，险情发生时，快速调取现场视频，建立应急会商，获取生产单位及应急资源信息，提升应急指挥效率。

第三章　中国海油安全生产与应急管理工作动态

我国是世界上自然灾害中最为严重的国家之一，灾害种类多、分布地域广、发生频率高、造成损失重。“坚持安全第一、预防为主，建立大安全大应急框架，完善公共安全体系，推动公共安全治理模式向事前预防转型。”是党的二十大报告针对提高公共安全治理水平作出的重要部署，标注出新时代应急管理工作的前行坐标、努力方向。

近年来，应急管理体系建设和能力提升工作作为国家战略在更高的层面进行部署，习近平总书记在中央政治局第十九次集体学习时强调：积极推进我国应急管理体系和能力现代化，国家“十四五”规划和2035年远景目标纲要提出“突发公共事件应急处置能力显著增强”的目标，提出“完善国家应急管理体系”的要求。

一、2023年工作思路

中国海油深入贯彻习近平总书记关于应急管理体系建设的重要论述和重要指示批示精神，在《中国海洋石油集团有限公司“十四五”发展规划》中明确提出要更加突出安全发展，坚持把防范化解重大风险摆在更加突出的位置，在落实保障国家能源安全、建设海洋强国等国家重大战略部署上展现更大作为。

中国海油优化应急管理机制，压实属地主体责任，以“属地油公司统筹、区域专业公司协同、地方社会资源补充”为原则，厘清总部和分/子公司之间的管理界面，形成了“生产单位抓总、分管部门协同、专业公司支持”的应急管理工作局面，强化应急能力建设。

二、2023年工作进展及成效

中国海油建立健全上下联动、统一指挥、综合协调的工作格局，提高防灾减灾救灾和急难险重突发公共事件处置保障能力，加强区域应急力量建设，推动完善应急管理体系，为进一步贯彻落实新发展理念，防范化解重大风险，牢固树立底线思维，统筹发展和安全，从根本上消除事故隐患。集团公司充分开展海洋石油风险分析，聚焦当前海上应急能力建设主要存在的问题，以“全面覆盖、重点突出”的理念打造公司特色应急能力，针对海上作业风险特点和救援处置难点，制定应急能力提升专项工作方案，全力做好应急管理体系建设和应急能力提升建设。

2023 年在集团公司总体部署下，有限公司、专业公司进一步提高政治站位，结合工作界面和自身特点，统一规划、协同发力、分步实施、力求实效。整体能力建设与专项能力建设同步推进，力求整体能力建设目标明确，全面提升，专项能力建设重点突出，全面覆盖。强机制、强装备、强队伍，建立了响应行动迅速，沟通联络顺畅，职责分工明确，队伍训练有素，资源保障有力，外部协作紧密的应急管理体系。

（一）制度建设能力提升工作

为与集团公司应急预案有效衔接，厘清各方工作界面，组织有限公司应急预案的修订换版工作，完成应急预案综合应急预案（修订）初稿和 11 个专项应急预案（新编）的编制，组织开展内部专家评审。有限各分公司对标集团公司新签发应急预案，结合自身情况，全面开展应急预案及溢油应急计划修订工作。

持续深化政企合作，通过签订海上溢油应急协作机制、签署应急救援战略协议、开展联合应急演练等多种形式，统筹推进区域和政企联动机制建设。

为深化渤海海域海上船舶溢油联防联控机制，提升船舶污染应急防备和应急处置能力建设水平，进一步加强与三省一市海事局、涉海单位联防联控机制，签订“2+2+3”七星联动海上溢油应急协作机制。

自生态环境部与中国海油签署合作框架协议以来，双方在海洋生态环境保护和海洋环境应急领域开启了全面战略合作。通过优势互补、资源共享、注重时效、协同创新、共同发展的原则，建立大协作、大应急的工作平台，分别挂牌成立了生态环境部海洋环境应急天津基地、上海基地和海口基地。

（二）溢油应急能力提升工作

2023 年，中国海油深入贯彻党的二十大精神，按照《中国海油海上应急能力提升方案》，深化溢油应急管理体系框架建设，加大队伍建设力度，精细设备设施管理，推进溢油应急技术研发进程，完成溢油回收能力提升至 $380m^3/d$ 的目标，特殊作业条件下的应急处置能力明显提高，基地及环保船协作能力显著增强，应急装备适用性有效提升。同时，主动融入国家应急力量建设，践行社会责任，助力中国海油建设中国特色世界一流能源公司。

利用管理标准夯实基础建设，技术标准完善装备储备能力，设备管理标准推进精细化管理，完成“中国海油溢油应急专业队伍建设标准”的编制；以“数字管理、科学配备、效率最高、成本最优”为资源配置保障目标，适度增加自有资源、最大限度获取外协资源、最低限度掌握临时资源，建立科学资源配置体系与物资保障管理程序，强化资源保障，规范物资使用流程；依托科研项目，以提升溢油回收能力、提高回收效率、填补应急场景盲区为导向，陆续推进溢油设备的补充、技改，以满足特殊作业条件溢油应急处置；开展情景构建式实战化应急演练，有效检验应急队伍处置能力和多层级协调作战能力，充分体现了中国海油应急铁军的精神风貌。加强同属地政府的应急协作，2023 年开展各类应急演练 38 次；以准军事化管理模式，打造海上应急铁军，对标国家级应急力量，以专职消防队建设为学习借鉴的榜样，制定《准军事化管理规定及执行细则》，规范队伍管理，实行应急队员倒班制，7×24h 应急值守，确保随时备战突发事件。东营溢油应急设备库暨东营市海上应急救援中心正式揭牌投入运行，进一步完善渤海油田“1+3”（塘沽基地为中心，绥中、龙口、东营 3 个设备库为支撑）溢油应急服务网，形成了渤海油田 6h 溢油应急响应圈，实现了渤海湾溢油应急响应网络全覆盖。

（三）消防应急能力提升工作

强化海上兼职消防队伍能力建设，积极推进落实海上设施油气消防取证培训全覆盖，开展有针对性的实操培训和常态化演练，强化监督考核制度，消防取证培训课程优化及开发，全部验收，完成油气消防取证 1673 人。

成立了“完善对外消防设施、提升应急反应能力”攻坚战项目组，完成海洋石油 643/645/683 三艘船舶橇装式对外消防炮的安装，提升该三艘船舶的对外消防能力，全面提高船舶在行业内的竞争力。为了保证海洋石油 643/645/683 三艘船舶对外消防应急反应的有效实施，船舶深圳作业公司编制了船舶对外消防专项应急预案，用以指导船舶对外应急消防的实施。同时，组织编制了对外消防装置操作规程，并将该操作规程纳入月度培训计划，实施对相关人员的培训。为保证设备的维护，各船将对外消防模块的维护保养纳入了 PMS 计划当中。

FIFI Ⅱ 消防等级船舶配备实现海域全覆盖，目前有限各分公司共租用 FIFI Ⅱ 船舶 10 艘，其中有限天津分公司配置 1 艘，在渤海区域主要为钻完井提供服务；有限上海分公司配置 1 艘，进一步提升东海作业支持船扑灭大火和油类火的消防能力水平；有限深圳分公司配置 3 艘，保证所有守护船都具备对外消防能力；有限湛江分公司配置 2 艘，后期将视需要新增。有限海南分公司配置 3 艘，满足深水钻井平台、深海一号消防需求。

开展海上平台应急设备设施本质安全水平优化研究，对现有的海上平台设备设施应急响应逻辑进行了13处优化提升，形成了海上平台设备设施应急响应逻辑优化提升的推荐做法文件。构建栈桥相连多平台几何模型，开发了海上多平台互连疏散路径规划与算法模型，建立栈桥相连多平台火灾情景下人员疏散行为和逃生路径算法，为提升救逃生路径设计提供技术支持，救逃生策略制定提供数据支撑。

（四）应急救援能力提升工作

中国海油高度重视兼职救援队伍建设，组织开展各类培训。督促直升机公司加强应急救援训练和能力建设。深化政企协作，持续提升海上医疗急救能力，建立远程医疗会诊制度，完成远程诊疗设备安装及医疗保障服务点建设，积极推动“空中120”应急救援机制建设、应急救援战略协议签订等事宜，开展联合医疗救助演练、应急救援演练等，为海上应急救援提供保障。

为配合海上平台的医疗急救行动，避免海上平台医疗力量出现真空，在兴城、蓬莱建设2个医疗保障服务点。与舟山医院围绕“协作加强海上一线员工医疗救助保障”内容开展交流，达成合作共识，并联合中石化海洋工程有限公司上海船舶分公司、舟山海事局、中信海直浙江分公司、舟山医院以“四不两直”方式开展“海上人员搜救联合应急演练”；同中信海直、南航通航签订粤西应急医疗救助战略合作框架协议；联合香港特区政府飞行服务队开展直升机搜救技术交流会，推动直升机应急救援能力提升，组织中信海直、香港大学深圳医院、经纬医疗联合开展“空中生命线”应急医疗救援演习；组织南航通航三亚基地进行人员医疗救助演练。

（五）井控应急能力提升工作

事故预防与风险管控工作加强，井控应急技术科研力度加大。开展中高端井控管理培训，持续推进中国海油井控管理信息系统升级项目。研发了一套自动控制压井系统，在发生复杂井控事件时，可快速进行压井模拟、压井方案制定、自动控制节流阀进行压井，为井控安全提供技术支持和保障。开展人员搜救、远程勘察、消防喷淋等井控应急专项技术演练，进一步强化队伍应急装备现场应用能力。

中国海油坚持“加快井控中心南北两个基地建设”的目标，巩固天津基地应急保障能力，协助推进海南基地基础设施建设，9月获批国家海上油气应急救援海南队资质。全国首个深海油气应急救援基地项目——国家海上油气应急救援海南基地在澄迈县老城镇海南中海石油码头有限公司正式开工，计划于 2025 年 3 月建成投用。此项目的正式开工，将填补我国深水应急救援能力的空白，打破全球深水井控应急抢险机构被欧美国家垄断的壁垒，为进一步健全国家安全生产应急救援体系，保障国家海上油气资源勘探开发安全运行，提供坚实有力保障。该基地将拥有水下勘察、化学剂水下释放、水下清障切割、水下溢油回收功能以及装备精良、反应迅速、处置有效的国家级专业应急救援力量，可进一步提升海上油气应急救援能力、推动油气增储上产，对增强海上应急救援力量，保障国家能源安全具有重要的战略性意义。该基地建成投产后，可结合已建成的天津基地，实现深浅结合、南北呼应的海上井控应急救援双基地布局，具备全海域、全水深、全工况的自主海上井控应急救援能力，完善我国海上井控应急救援体系。

（六）工程应急维修能力提升工作

中国海油修订完善了《油气输送海管泄漏专项应急预案》，各分公司建立了《油气管线破裂事故专项应急预案》，指导海管应急情况下抢维修工作，同时印发了《深水工程应急维修能力建设方案》《工程应急维修管理要求》，建立了管理组织，形成了专业公司和油公司的合作模式。以专业公司为依托，能力覆盖浅水、深水海管、管缆、锚系、水下结构、水下设施等领域，建设了一支专业的应急抢维修机构和队伍，拥有以“海洋石油 201”“海洋石油 286”为代表的 6 艘大型海管抢维修船舶，建设了基于水动力的维修模拟仿真系统。具备从方案设计、抢险作业、风险评估等“一条龙”式的作业能力，拥有专业分析软件和能力，形成了完善的海底管道维抢修技术体系，在国内海底管道应急抢险领域拥有绝对的领先地位。拥有成熟的海底管道修复技术体系，在平管起吊修复、管道水下不停产修复、水下湿式更换管段修复、封堵/补强修复及水下干式舱焊接修复等方面具有多年的工程和技术经验，并拥有专业的海管设计计算软件。

根据国家相关部委要求，完成中国海油内海上油气管道企业保障协议签署，并与中海油井控中心建立应急设备信息共享渠道。工程应急支持系统模型开发工作与管线生成测试工作全面开启。

中国海油在应急抢维修能力建设上得到了国家部委的大力支持和指导，国家应急管理部依托中国海油所属的海油工程成立了“国家油气管道应急救援深圳队”，中国海油依托海油工程建设以海管抢维修、系泊系统抢维修为重点的“深水工程应急维修中心”并于 2023 年 3 月 1 日揭牌。

三、2024 年工作计划

中国海油将压实应急管理和能力建设责任，持续推进应急能力提升工作，筑牢应急保障防线，强化事故预防与风险管控能力，做好各有限分公司以及共建单位的统筹、协调和指导工作，确保各方同向发力。紧紧围绕能力提升主线，进一步完善机制体制建设，加强应急队伍管理，提高应急救援安全裕度，优化应急指挥系统，推进系统智慧化。促进 2024 年中国海油安全生产与应急管理工作取得更加显著的成效。

以第一时间应急响应能力建设为中心，压实各所属单位、现场各生产作业单元应急管理、能力建设的主体责任，加大监督考核力度，强化各生产作业单元属地为主、充分授权，注重现场第一时间先期处置和分级响应，抓早抓小抓苗头，把突发事件控制在基层、化解在萌芽、解决在现场。

加强应急队伍建设，夯实“基本功”，突破专业壁垒，将技术与操作基本知识、基本能力和基本素质“有机”融合，全力培养“一专多能”复合型人才，具备较高实践及创新综合竞争能力，适应更多领域、复杂工况作业要求。基于各作业海区典型事故场景，深化“情景指导资源需求—广泛调研寻找目标—多措并举签订长协—不定期演练加强维护”的应急资源储备模式，在完善自有资源配置前提下，增强与目标长协资源方的联络，实现“以日常小投入维护换应急时规模化调用”的目标。

通过卫星与 MESH 传输技术等手段，在开阔海域实现快速的应急通信网络覆盖。加强海上通信网络集中统一管理，推进系统建设标准化、运维保障一体化，保障应急状态下，应急通信资源能够及时、准确调用；建设完成后勤支持与应急响应一体化的应急指挥系统。

通过对应急管理制度任务分解、体系桥接，构建指挥高效、统筹机制健全、风险防控精准、应急保障有力的片区“大应急”管理体系，充分发挥区域应急联动协同，提升区域应急管理能力。

中国海油应急能力提升工作主动融入国家区域应急力量建设，共享应急资源，践行社会责任，助力中国海油建设中国特色世界一流能源公司。作为中国海油应急管理体系的重要组成部分，海上应急体系建设和能力提升工作将为海上油气勘探开发提供重要的安全保障，为集团公司增储上产“七年行动计划”的有序开展保驾护航。

第四章　国家能源安全生产与应急管理工作动态

2023年，国家能源集团（以下简称集团公司）深入贯彻习近平总书记关于安全生产的重要指示批示精神，认真落实《关于全面加强危险化学品安全生产工作的意见》（厅字〔2020〕3号）《"十四五"危险化学品安全生产规划方案》、年度工作要点以及国务院安委会、应急管理部、国资委系列部署要求，深入推进重大事故隐患专项排查整治2023行动，围绕"一防三提升"统筹全年安全生产工作，深化开展危险化学品安全风险集中治理，扎实开展安全生产百日攻坚，防范化解重大安全风险，化工产业安全生产形势持续稳中向好，未发生三等一般及以上事故。

一、2023年工作进展及成效

（一）着力推进安全生产责任落实

围绕集团公司一号文件系统部署安排，扎实推进安全生产责任落实。组织召开化工产业年度工作会议，就化工产业高质量安全发展进行动员部署。举办"开展大学习，深化大安全，提升安全领导力"专题培训，召开化工产业安全生产座谈会及专题会，就落实应急管理部"一防三提升"、国资委"中央企业安全管理强化年"等进行部署安排。每月召开化工产业工作通报会，学习传达国家关于安全生产最新精神，认真落实集团公司部署要求，通报部署近期业务保安重点工作。

（二）全力防范重大安全风险

（1）深化开展危化品安全风险集中治理。分片区开展全覆盖、多轮次安全风险集中治理专项督导。扎实推进安全生产专项整治，开展重大事故隐患、油气储存、高危细分领域等专项检查。

（2）积极推动安全风险预控体系建设。集团公司组织修订了《化工企业安全风险预控管理体系》要求和实施指南，引领、指导化工企业立足自身实际，建立安全管控长效机制，系统、科学地开展安全管理工作。对部分单位开展风险预控体系运行效果评估，推进化工过程安全管理导则、安全生产标准化等标准规范与现行体系融合，夯实企业安全稳定运行基础。

（三）着力提升本质安全水平

全面推进技术监督工作。组织召开技术监督年度工作会议及专业培训，细化分解年度计划任务安排。聚焦工艺设备管理薄弱环节对部分单位分专业开展技术监督现场查评。对重点装置实施大检修专项查评，确保装置修后长周期稳定运行。充分依托智慧化工技术监督系统，实现重要监督指标在线实时监督，全面提升技术监督效能和质量。

（四）着力提升员工技能素质水平

（1）连续4年举办危化消防应急救援技能大赛，促进危化消防应急救援能力全面提升。

（2）连续3年举办智慧化工产业职业技能大赛，举办全员安全风险防控技能竞赛，持续提升一线员工安全技能素质水平。

（3）积极承办第三届全国危险化学品安全生产应急救援技术竞赛，集团4支参赛队伍取得两个团体综合二等奖、3个单项一等奖、1个个人全能二等奖、6个个人全能三等奖的佳绩。

（4）连续三年开展化工产业星级班组建设考评，每年组织召开班组长培训交流会，着力提升班组建设水平，培养高素质、高技能员工队伍，全面提升化工产业安全基础管理水平。

（五）着力提升信息化智能化管控水平

印发《2023年度危险化学品企业双重预防机制数字化应用提升工作方案》，完成化工产业双重预防数字化建设复核评估。认真落实应急管理部双重预防数字化建设任务要求，完成双重预防系统功能融合升级；组织召开化工产业双重预防机制数字化应用提升现场会，持续开展双重预防数字化建设运行效果评估模型优化。推动化工安全管控系统全面上线，实现特殊作业全过程线上监管和承包商、检维修作业数字化监管。

（1）双重预防数字化建设成效显著。13家企业复核评估优良率达85%，处于央企前列，建设成果受到应急管理部肯定。

（2）特殊作业管控不断加强。持续完善智慧化工安全管控系统，各单位接入高风险作业视频监控705路，特殊作业票证全部实现线上预约审批办理。

（3）智能化技术应用稳步开展。试点投用气体泄漏光谱成像及火焰监测、环境气体红外监测设施，推广泵群状态监测和APC先进控制系统，装置平稳率大幅提升，节能效果显著。

（六）着力推进安全生产体系及标准化建设

（1）编制印发《化工产业安全生产标准化管理体系基本规范及评分细则》，指导化工产业开展安全生产标准化、一体化管理工作。

（2）稳步推进安全生产标准化全面达标。2022 年 4 家单位启动行业安全生产标准化一级培植工作，2023 年至少 3 家单位接近国家安全生产标准化一级水平，力争 2025 年至少 5 家单位达到国家安全生产标准化一级水平。

（3）积极开展安全生产管理体系升级优化工作。完成化工产业安全风险预控管理体系的升级优化，组织开展化工产业作业标准优化改进，组织编制变更管理和安全生产承诺指导意见。

二、2024 年工作计划

深入学习贯彻党的二十大精神，落实《关于全面加强危险化学品安全生产工作的意见》《“十四五”危险化学品安全生产规划方案》及应急管理部 2024 年危险化学品安全监管工作要点要求，围绕“一防三提升”工作主线，实施危险化学品安全生产治本攻坚三年行动，以高水平安全保障高质量发展。

（一）扎实开展危险化学品安全生产治本攻坚三年行动

1. 坚持健全完善安全风险分级管控体系

各单位一季度完成新一轮安全风险评估诊断分级工作，并进一步完善危化品风险分布“一图一表”，落实双重预防工作机制。各子（分）公司全面掌握所属单位风险类型和数量变化，实施安全风险评估诊断分级，利用智慧化工系统动态管理。集团公司适时开展安全许可条件“回头看”全覆盖专项监察。

2. 坚持健全完善事故隐患排查治理体系

集团公司修订完善化工产业重大事故隐患判定标准。各单位以“重大事故隐患排查整治和动态清零”为着力点，常态化开展安全生产大检查。对于未开展排查或者查出后拒不整改等导致重大事故隐患长期存在的按照事故对待，查清问题并严肃追责。

（二）强化安全生产主体责任落实

坚持健全完善安全生产责任体系。动态修订完善全员安全生产责任制和“一岗一清单”。各级主要负责人切实履行安全生产第一责任人责任，带头做到“知责、履责、尽责”，各级分管负责人严格履行分管领域安全生产直线责任，切实做到安全生产领导责任全覆盖。制定对应的安全履职评价标准，机构、岗位发生变化及时组织修订。各级主要负责人定期组织对所属单位、部门、员工安全履职情况开展监督。

（三）强化安全风险预控体系有效运行

各单位在一季度健全并有效实施《化工企业安全风险预控管理体系》，制修订完善体系相关文件及配套制度规程，常态化开展体系运行效果的监督、考核、总结和持续改进。各子（分）公司将安全生产一号文件各项任务融入体系各个管理要素，每月对一号文件的完成情况跟踪落实。各子（分）公司每季度开展对本部及所属单位体系制度的建立与审查。集团公司继续开展化工企业安全风险预控管理体系运行效果评估，从集团层面系统策划推进。

（四）有效防控重大安全生产风险

1. 狠抓重大危险源安全风险管控

各单位严格梳理安全风险清单，制定管控措施和预案，常态化开展重大危险源安全风险排查和隐患治理。集团公司修订完善《危险化学品重大危险源安全管理办法》，组织开展重大危险源专项督导检查。各单位严格履行《危险化学品企业重大危险源安全包保责任制办法（试行）的通知》（应急厅〔2021〕12 号）及有关法律、法规和规章对重大危险源安全管理的关键要求，各级安全包保责任人做到照单履职。

2. 狠抓高风险作业安全风险管控

集团公司发布《化工产业高风险作业指导意见》，完善高风险作业认定标准。各子（分）公司结合生产实际，制作典型高风险作业标准化教学视频。强化高风险作业全过程视频监控，集团公司下半年将视频传输质量纳入月度考核。各单位继续严格执行《危险化学品企业特殊作业安全规范》（GB 30871—2022），建立健全危险作业安全管理制度及落实情况自查自改工作机制，上半年特殊作业全部实现联合审批办理，从严控制作业现场人数，研究减少特殊作业数量的措施方法并建立激励机制。年底前所有重大危险源企业应用安全管控系统、人员定位系统（包含人员聚集风险监测预警功能）。

3. 狠抓新业态及薄弱环节安全风险管控

制定完善集团公司加氢制氢储氢等新业态安全技术标准和管理标准，有效防范氢泄漏爆燃、新型燃料泄漏引发火灾，重点关注液化气钢瓶、油库、加油站、涉氢以及实验室和试验装置的气体泄漏聚集、危化品中毒、窒息与爆炸等安全风险，制定相应管控措施和方案，按照要求设置可燃气体和有毒气体检测报警装置。

4. 狠抓装置设备带“病”运行风险管控

各单位全面开展装置设备带“病”运行自查和评估，建立装置设备带“病”运行台账，制定整治措施，明确整治时限，限期完成分类整治。在应急抢险状态下，必须开展安全风险评估，严格落实管控措施。经过一个检修周期，做到装置带“病”运行情况清零。

5. 狠抓承包商安全风险管控

实施承包商与业主单位“五个统一”“五个一样”和“无差别、一体化”管理，加强对承包商的三级安全教育培训，开工前安全风险告知、安全技术交底；对承包商作业过程进行安全管控和监督检查，重点检查资质挂靠、人证不符、安全履约不到位等情况。开展承包商定期约谈和安全绩效评价工作。各子(分)公司建立禁止外委、限制外委项目清单。长期外包单位项目部按规定设置独立安全监管部门，配备专职安全监管人员。

（五）切实提升本质安全水平

1. 扎实推动国家标准化一级企业培植

加大国家标准化一级化工企业培植范围，各子(分)公司整合人财物资源，加大对管理薄弱单位、公用系统、厂外设施、辅助系统以及非主业项目的安全生产帮扶力度，着力消除安全管理短板。

2. 持续完善不安全行为分级分类管控机制

持续推行全员安全积分管理，建立健全员工个人安全积分档案，安全积分与绩效考核、岗位晋升、评先选优充分挂钩。采用违章自动识别、自动预警、抓拍、远程监督等方式，加大不安全行为监管力度；推广智能化新技术和智能安全穿戴设备，实现离岗检测、闯入识别、数据预警、自动防护等智能化场景的开发应用，确保作业安全。

3. 持续提升风险辨识工具运用

提升风险评估及HAZOP、LOPA、SIL等工具的应用效果，建立集团公司风险诊断评估制度，明确各级实施标准及要求，集团公司组织对HAZOP分析、安全评价、重大危险源评估等工作质量进行审查。各单位按照要求完成相关评估工作，针对报告的整改建议措施，完善主要风险整治计划，修订相关预案。

（六）提升基础保障能力水平

1. 强化安全生产体制机制建设

完善安全生产制度体系建设，持续推进安全管理制度化、制度流程化、流程表单化、表单信息化。加强技术管理体系建设，对设计施工、生产运行、检修技改等实施全过程技术监督。常态化开展全业务范围、全工作流程、全作业过程、全设备设施、全生命周期的风险辨识评估。

2. 继续完善化工产业安全监察体系

落实“三个不得”，选优配强安全监察队伍，建立安全监察人员交流任职机制，畅通安全监察人员职业发展通道，各子(分)公司一季度前完成监察中心任职交流名单。鼓励基层单位设置安全管理岗位津贴。安全分管领导和安监部门负责人应向上级主管部门履行任前报备手续。

3. 持续深化化工产业技术监督

实现全部专业、全部生产单位全覆盖，督促推进查评发现问题整改，预防重大风险。

4. 继续开展危险化学品风险预防能力提升工程

组织开展子(分)公司主要负责人安全领导力培训、安全管理人员专题培训、消防安全与应急管理提升培训；组织参加“安全总监”班和“化工安全复合型人才”高级研修班；持续举办“国家能源杯”安全风险防控技能竞赛；推动“五懂五会五能”专项行动；加快推进安全培训空间和实训基地建设；制作“化危为安”安全专题教育视频；编发化工行业典型事故及政策法规等安全信息解读月刊。

5. 继续开展消防应急能力提升工程

持续开展消防安全专项检查，重点检查办公楼、联建楼、“三堂一舍”等人员密集场所，以及消防系统合规性、投运可靠性。持续推进高层建筑重大火灾风险专项整治、消防及燃气安全风险专项整治等工作。制定火灾应急预案，定期开展消防培训和火灾疏散演练。组织开展集团公司化工产业 2024 年综合应急演练。

6. 继续开展应急救援队伍建设提升工程

落实《国家能源集团危化企业安全生产应急救援队伍建设方案》要求，危化应急救援队国家队按照国家部委要求，其他队伍按照集团公司《化工企业消防站建设要求》(Q/GN 0037—2021)、《化工企业消防站车辆及器材配备要求》(Q/GN 0038—2021)，完善设备设施，补齐装备车辆等，切实提高应急救援队伍的建设质效。组织开展专职消防队伍管理与战训标准建设及培训。举办“国家能源杯”第五届危化消防应急救援技术竞赛。

(七) 提升信息化智能化管控水平

1. 全面深化双重预防机制数字化应用提升

各生产单位要按照“五优”标准运行双重预防机制数字化系统，持续拓展系统功能，配套建立健全运用奖惩机制，细化评估标准，推动评估由线下向线上转变。各单位对照任务清单做实风险隐患排查治理，三类安全包保责任人履职情况实现自动记录。

2. 高标准推进“智慧化工”建设

加快装置智能化升级改造，不断总结典型经验做法，继续打造一批可复制可推广的应用场景。推进智能巡检、化工先进控制系统(APC)应用，围绕煤气化装置长周期运行开展技术攻关，推进关键部位腐蚀泄漏、气体泄漏监测、大机组和机泵群等设备状态监测与故障预警、设备完整性管理及预防性检维修、安全风险监测预警等系统建立。推进生产工艺报警管理、承包商管理、安全培训管理场景应用。

技术发展篇

第一章　井筒（井控）安全技术
第二章　油气泄漏监测技术
第三章　管道安全技术
第四章　工艺安全技术
第五章　炼化企业设备安全技术
第六章　氢能安全技术
第七章　石油石化智能安全(应急)机器人技术
第八章　石化企业新型消防应急技术与装备
第九章　油气行业应急管理智能化技术

第一章 井筒(井控)安全技术

张 波 郑钰山 梁 爽

(中国石油安全环保技术研究院)

一、井控与井筒完整性安全技术现状分析

随着当前勘探开发正向新领域、超深层、非常规大举进军，钻井中井控新老风险交织叠加，“超深、超陡、超窄、两难、三多、四高”等复杂井增多，欠平衡、带压作业、水平井工艺技术更加广泛应用，水平段长度也在不断增加，井控风险进一步增大，“十三五”每年溢流险情130多次，连续发生青海狮58井“11·30”、塔里木726-2X井“12·21”、西南高石001-X45井“10·20”、博孜3-1X井“6·24”等重大井控险情，油气井泄漏和火灾爆炸风险始终存在。再者，随着国内增储上产以及“双碳”目标转型的不断深入，深层非常规油气、储气库、CCUS和高温地热等成为中国石油重要的业务发展方向。与此同时，井筒所面临的服役环境日益复杂，完整性失效等井筒质量问题成为中国石油安全环保领域需要重点解决的关键问题和生产需求。深层油气方面，以塔里木油田为例，237口高温高压气井中环空异常带压井58口，存在多级屏障退化和多环空带压现象，单井维修费用及停产损失过亿元。在役的23座储气库领域，部分存在盖层段固井质量不合格和环空带压原因不明等问题。CCUS和高温地热领域则面临井筒腐蚀和泄漏等问题，一旦发生就会引起严重的社会影响。

(一) 井控安全管理发展现状

1. 井控标准规范

通过持续的建设，中国石油已初步形成包括国家要求、行业标准、集团管理制度、企业标准、企业管理制度和技术规范等的系列化、个性化的井控技术标准与制度体系，在指导各油气田企业和钻探公司的井控工作中发挥了重要作用。

近几年，中国石油持续开展井控相关技术标准的制修订工作，形成的《石油天然气钻井井控技术规范》(GB/T 31033—2014)和《钻井井控技术规范》(Q/SY

02552—2018）规定了陆上、滩海石油天然气勘探、开发钻井作业中的油气压力控制应遵守的基本准则；《井下作业井控技术规程》（SY/T 6690—2016）对井下作业高风险井井控评价与控制、井控设计、溢流的预防到井喷失控抢险等技术进行了规定。《硫化氢环境钻井场所作业安全规范》（SY/T 5087—2017）对含硫油气井钻井的设计、布置、施工作业、应急等方面的要求进行了规定。

2. 井控设计

井控风险评估为油气井井控分级管理提供了科学依据，近年来中国石油围绕钻井井控综合风险评估和高含硫气井有毒有害气体扩散风险评估开展了技术研究与应用。

井控风险综合评估技术：开发了基于模糊数学、层次分析的包含地质环境、溢流监测、井控设备、人员能力等评估模块的井控风险综合评估软件，该技术已应用于川庆钻探的井控风险分级管理实践中。

含硫天然气泄漏中毒扩散定量风险评价技术：开发了基于国内外事故数据库、三维扩散模型、适用于复杂地形高含硫气田定量风险评价的含硫天然气泄漏中毒扩散定量风险评价软件，为含硫油气井勘探开发风险管理提供了技术支撑。该技术已成功应用于西南油气田罗家寨、铁山坡、渡口河、龙王庙及高石梯等含硫气天然气区块开发的安全评价、HSE 方案编制、应急预案编制等工作中。

井身结构优化技术：针对油气埋藏深度不断增加，地质条件和盐层越来越复杂的问题，塔里木油田、西南油气田、川庆钻探等企业开展了持续的攻关研究，开发了相应的钻井工程设计软件，为控制复杂深层油气藏勘探开发中的工程风险和井控风险发挥了积极作用。西南油气田建立了地层坍塌压力和破裂压力的计算模型，逐步定型常规和非常规井身结构设计方案，形成了四开常规井身结构、五开非常规井身结构，同时储备六开非常规井身结构应对超深井不确定复杂，保障了双鱼石构造 7500m 以上超深井安全钻井需要。

井控设计技术：通过大量的实践，中国石油研究形成了一套完备的井控设计技术，建立了一系列井控设计原则，规范了井控设计流程，形成了包括压井方式、施工参数、井口压力控制装备配置等内容的井控优化设计技术，拥有配套软件多套。其中，工程技术研究院自主研发的钻井设计软件中设置了井控评估模块，该模块可动态模拟整个井控作业程序，自动生成立压控制曲线，适用于设置和评价井涌及压井作业的多种场景，包括可选的司钻压井法和工程师压井法。同时，该模块具备井口装置图的绘制及防喷器组设计功能。

3. 井控应急救援保障技术

针对油气井井喷着火抢险中存在的现场情况复杂，人员搜救难度大，带火作业恢复井口，现场障碍物多，实现快速清障、换装井口、扑灭火焰、恢复控制的难度高，作业风险突出等问题，中国石油开展了持续攻关和引进配套完善，形成了井控应急救援成套技术。

井喷抢险救援成套装备技术：基于井喷应急抢险需求，开展了井喷应急抢险装备配套技术研究与装备配置；当前中国石油井控应急救援响应中心已有切割、清障、安装井口等设备 130 余套，具备可应对“三高”井井喷失控着火的抢险能力，并在多次井喷抢险中经过实战检验。

机械化信息化井口带火重置技术：针对油气井井喷着火抢险中存在的现场情况复杂，带火作业恢复井口障碍物多，实现快速清障、换装井口、扑灭火焰、恢复控制的难度高，作业风险突出等问题，形成了一体化井口重建装置、远距离水力喷砂带火切割装置、抢险救援观测侦查系统等带火作业恢复井口技术与装备，近井口抢险 AR 辅助操作系统正在技术攻关中。

（1）井喷情景构建应急能力评估技术：基于灾变过程情景构建方法，构造各阶段突发事件应急处置工作所需的 26 项核心应急能力，研究设计应急准备评估指标体系和智能化权重设计技术，完成应急智能化审核助手软件。该技术先后在浙江油田、乌石化、克拉玛依石化等单位开展了多次技术推广应用。

（2）井喷应急抢险救援综合保障技术：中国石油依据野外井喷应急抢险需求，开展了现场监测支持、应急通信、野外后勤保障等技术研究与装备配置工作。当前“1+8”环境应急监测体系 9 家依托单位配备有较完善的环境监测仪器设备；中国石油配备了 58 台基于移动卫星通信的应急指挥车；无人机与侦测机器人视频采集系统已在井喷应急抢险中得以应用；各专职应急队伍配备了少量的后勤保障装备，如：动力水源保障、餐车、宿营车等。

（3）远程协同井喷应急抢险组织指挥技术：开展了石油石化企业突发事件应急指挥体系（P-ICS）和多角色、跨区域远程协调应急抢险组织指挥技术研究，形成了突发事件应急处置决策目录，相关技术成果已经应用到中国石油、国家管网、西南管道等企业的应急管理体系建设中。

（二）井控理论与装备发展现状

1. 井控理论发展现状

溢流、井喷发生后，需要根据地层物性、侵入介质属性、油气井工况、井控装备能力、井喷发展情况等条件，选择合适的压井方法，计算压井参数和施工单，监测压井过程，控制与调整压井参数，实现安全高效压井。

（1）水平井溢流压井期间井筒多相流理论：针对水平井溢流压井期间井筒油气水多相流动规律的复杂性，建立了水平井井筒气液两相流理论模型，分析了不同储层厚度、不同井底压差和不同裸眼段长度等条件下的水平井气侵量变化规律，形成相应的规律图板，为中国石油开展水平井的溢流压井处置提供了理论支持。

（2）深层、复杂油气藏钻井与井控安全系列技术：近年来中国石油针对深层、复杂油气藏的勘探开发持续进行了科研攻关，开展如恶性井漏防治、复杂超深井安全优快钻完井、复杂超深井固井等技术的研究与实验，研究成果已在渤海钻探、西部钻探、川庆钻探、塔里木油田、新疆油田、西南油气田、青海油田等企业进行了示范应用或推广应用。

国内外重点开展了随钻测量、控压钻井、多相流动模拟、地质工程一体化和复杂井救援应急等技术的研究。如川庆钻探重点研究井控抢险与应急技术、自动化关井技术；中石油工程院研究随钻地层压力测量工具、控压钻井、井筒堵漏、地质工程一体化技术、无源磁导向联通技术；塔里木油田研究超深井结构优化、地质卡层技术；中国石油大学（华东）研究地层压力预测、井筒多相流动、控压固井、井底参数监测、溢流早期预警与监测技术等。国外方面，斯伦贝谢研究随钻测量技术、地层前视技术；贝克休斯/斯伦贝谢研究联通井救援技术；国外公司开发有 Drillbench/OLGA 等井控多相流动模拟软件技术等。

2. 井控装备技术发展现状

（1）自动化关井技术："十二五"和"十三五"期间针对井控装备开展了持续攻关，研制形成了自动抢接钻具阀系统、自动化关井控制系统装备，填补了国内技术空白。通过在川庆钻探和渤海钻探的实验测试，实现钻进、空井 45s 一键自动关井和常规压井方法自动控制压井。

（2）全过程精细化控压钻井技术：依托中国石油"钻、测、固、完井全过程精细控压技术推广"推广专项，精细化控压技术在西南油气田、新疆油田、川庆钻探、西部钻探等企业推广应用，在控制窄压力窗口易喷易漏、减少泥浆漏失上发挥了重要作用。

（3）海洋控压钻井技术：成功研发了适用于海洋钻井作业工况的井筒压力控制装备，创新提出自动分流系统实现无泵式回压补偿，使海洋井筒压力控制技术和装备更加精细、安全。海洋控压钻井装备先后在中海油渤中、旅大、曹妃甸、蓬勃等区块实现了规模化应用，为渤海湾地区复杂油气藏安全高效钻井、降本增效作出了重要贡献。

(4) 井控设备无线远程集中控制技术：自主研发的FKDQ系列电控遥控型防喷器控制装置，采用司钻控制台的电按钮或触摸面板发出电信号，以电信号替代压缩空气进行控制，操纵三位四通转阀换向控制防喷器开关，能够通过按钮箱和HMI人机交互界面同步显示远程台阀位。在应用过程中，基于原有设计，整合液压电控，实现节流管汇和防喷器集中远程无线控制。

(三) 井筒完整性技术发展现状

1. 井筒完整性保障技术发展现状

开展了微环隙及裂隙产生机理研究，研发了耐高温、自愈合、泡沫和轻质等水泥浆体系，提出了预应力固井、分级固井、控压固井和大温差超长段固井等新固井技术，研发了气密封丝扣、高强度管柱、两级等强度屏障和清洁完井液技术，研发了105MPa和140MPa国产化井口技术，建立了井口抬升的预测方法，建立了《高温高压及高含硫井完整性指南》《高温高压及高含硫井完整性管理规范》和《高温高压及高含硫井完整性设计准则》。

环空异常带压是井筒完整性失效的首要表征和主要危害，尤其是深层天然气和非常规天然气，规模也迅速扩张。然而，气井存在环空带压比例高、数值大的问题。环空带压会导致气井停产，部分情况下诱发井口失火爆炸、浅层地下水和表层土壤污染等重大安全环保事故。塔里木油田、西南油气田、相国寺储气库、呼图壁储气库、辽河储气库等单位均存在较为严重的环空带压现象。四川盆地某地高温高压气田井筒A环空异常带压井占比达34%，B环空异常带压占比达57%，C环空异常带压占比达32%。气井井筒存在压力数值高、泄压困难或压力恢复快的问题，部分情况下出现多重环空带压现象，并超过最大允许环空压力，导致安全屏障完整性恶化、可燃气体泄漏失火和浅层地下水污染等事故，乃至诱发井控事故，造成人员伤亡。塔里木油田某气井A环空最高带压达到76.6MPa，修井历时122天，综合成本超过1亿元。美国Aliso Canyon储气库井筒环空气体积聚泄漏失火，经济损失10亿美金。墨西哥湾Pompano A-31井环空带压导致套管严重变形，造成卡钻事故。环空带压还是德国南部地热井、加拿大Peace River地区蒸汽注采井以及长宁-威远页岩气示范区套管损毁的主要原因之一。然而，传统的大修井成本高、作业难度大、次生风险高，导致环空压力控制难度大，因此如何有效避免环空超压成为井筒安全控制的关键核心问题之一。

为此，建立了"屏障维护、实时监控、异常诊断、风险评估、分级管理"五位一体精细管理技术，通过井屏障安全分析及风险评估对井进行分级，根据不同级别制定相应的响应措施。集成识别诊断、风险评估和实时预警三大功能，攻克了全生命周期井筒安全数据存储、分析评估和实时管理难题，研发了功能完备的井筒完整性安全管理软件系统。针对国际上通用的 API RP90、API RP90-2 以及 ISO 16530-2 等标准主要适用于海上油气田且未计算油套环空的最小预留压力，结合塔里木油田高压气井超深、压力高、温度高的特点，以构成环空各组件的安全性评价为基础，建立了一套适合塔里木油田环空压力控制范围计算方法。塔里木油田环空压力控制方法特点：①计算了 A 环空的最小预留压力值计算方法，避免了高压气井油管柱破裂失效；②A 环空允许压力从一个具体控制值变化成一个控制范围，大大降低了现场的操作难度；③油管校核结合单井工况(开、关井)进行校核，符合高压气井管柱受力特点，可靠性强井口作为最后一道安全屏障，确定方法考虑了套管头试压值校核，更具安全性。

2. 环空带压诊断控制技术发展现状

针对热膨胀带压机理问题国内研究取得一定进展，而油气窜流带压机理十分复杂仍需进一步探索。目前基于压力恢复特征的井筒带压地面监测诊断系统只能用于带压类型和泄漏速率诊断，不能诊断复杂的带压机理。目前的带压控制治理技术有周期性放压和环空保护液定时补充两类方法，缺乏其他有效控压降压手段。

井筒泄通道识别的目的是定位发生泄漏深度范围和屏障类型，目前检测主要是依靠声、温度、磁场、压力和流场分布等物理特征来定位泄漏点，TGT、Archer、Tecwel 和 Gowell 等公司研发出了可过油管检测多层泄漏的仪器装置。德国地热中心开发出了基于分布式光纤的地热井水泥环泄漏通道识别技术，HALLIBURTON 也用光纤泄漏通道检测技术在东南亚海域海上油气井检测油套管泄漏点。

地面检测诊断方法及装备(见表 3-1)成为研究的重点方向，主要是依据井筒泄漏后的温压、流场、声波及流体分布，判别发生泄漏的井筒屏障。R. J. Hwang 等人研究了利用不同生产时期原油成分的变化来判断油井不同完井管柱间窜漏的方法。Adam T. Bourgoyne 等人提出在环空泄压时对环空流体取样并分析其中烃类成分，与已知产层的成分进行比对，判断环空压力是否源于泄漏。基于上述原理，目前也发展出了多种技术和装备，如表 3-1 所示。除去现场操作外，中东 Adma-Opco 公司研制了 Low rate metering skid 系统，该装置主要用于测量环空的整体泄漏速率。挪威 Scanwell 公司研制的 Leakage Metering System 功能较为全面，具备检测环空压力、气体组分、泄漏速率、液面高度、示踪剂的能力，在康菲、

BP、Total、挪威石油、壳牌、埃克森美孚等国外油气企业均有应用。国内方面，中国海油和中国石油大学联合研发了海上环空带压气井地面监测诊断系统，提出了在地面检测泄漏声波定位油套管泄漏点的思路，并在中国海油所属的海上平台开展了应用。

表 3-1　地面综合诊断技术及装备

序号	方法/装备	检测参数	技术来源
1	人工诊断	环空压力、流体组分	现场操作
2	Low rate metering skid	环空压力、流体组分、泄漏速率	Adma-Opco
3	Leakage Metering System	环空压力、气体组分、泄漏速率、液面高度、示踪剂	挪威 Scanwell
4	海上环空带压气井地面监测诊断系统	环空压力、气体组分、泄漏速率、液面高度、示踪剂	中国海油 中国石油大学

中国石油安全环保技术研究院与塔里木油田合作，建立了以机理特征为依据的井筒完整性定性识别方法，构建了涵盖 6 种工况的环空异常起压机理模型，包括流体热膨胀、环空气液共存、水泥环窜流、管柱单点漏，首创了管柱多点泄漏及气液同漏起压机理模型，实现了压力、气液界面、泄漏速率和气体积聚量等 4 个关键指标的特征模拟识别，突破了国外 Archer System 只能模拟单点泄漏 1 种工况和环空压力或泄漏速率的不足，扩展了井筒完整性定性诊断的适用范围；发明了以“声波+电磁”特征为核心、声电温压多场耦合协同的井筒完整性定量诊断方法，针对信号提取、数据获取等关键环节形成了配套工艺，作业深度达到 6300m、作业温度超过 150℃。通过定性-定量递进、互为验证的方法，实现了油管泄漏、丝扣渗漏、套管泄漏、套后水泥环窜流、液面下泄漏和多重泄漏的定量检测识别。

3. 井筒安全屏障强化技术发展现状

安全屏障是封隔不同压力体系、防御井下恶劣环境的重要依托，足够强度的安全屏障可为井控复杂情况和环空异常带压的处置预留充足空间。

（1）自修复水泥技术：在特定条件下通过物理化学反应对水泥石中裂隙进行封堵。自修复的过程和机理较为复杂，涉及了物理、生物、化学和热力学等领域。目前自修复水泥主要可以分为微生物自修复、微胶囊自修复、聚合物自修复、渗透结晶自修复、液芯和空心纤维技术等。虽然自修复水泥是一种具有广阔前景的技术，然而自修复水泥技术仍然需要进一步完善。第一，自修复水泥的应用成本较高，大规模应用不利于提高经济效益。第二，修复效果的持久性。水泥环在被修复以后，必须保持长期完整性。但是，随着井内温度压力的周期性变化，修复后的水泥完整性仍然难以保持。第三，自修复水泥的适用性。自修复水泥需要在特定的条件下才能发挥作用，在井下复杂的温度压力场和地层流体的侵蚀下，自修复水泥的修复效果有待观察。第四，自修复水泥的作用机理和修复能力评价体系尚不明确和完善。柔性井筒。柔性井筒是指提高水泥环的变形能力，吸收外载产生的能力，避免水泥环本体和套管损坏，柔性井筒可使水泥环承受更大更多次数的压力循环，而不出现窜流通道：由于低弹性模量允许其产生较大的弹性变形，因此受制于保护层和水泥环之间黏结力的限制，两者不会脱离而产生微环隙。柔性井筒的主要实现方式如表 3-2 所示。

表 3-2　柔性井筒的实现方式

序号	类　型	成熟度与应用现状
1	混入空心球 通过玻璃球破裂吸收地层位移	较为成熟 加拿大蒸汽注入井应用 国内威远页岩气井筒应用多井次
2	混入微小橡胶颗粒 通过弹性变形吸收地层能量	较为成熟 国内页岩气井筒已应用，用于防止套变
3	分段固井 盐膏层不固井/预留弹性液体	部分应用 部分油田为控制局部蠕变，采取限制水泥返高措施
4	套管外包弹性体 弹性体受压变形吸收地层能量	开展了理论与实验验证，现场实际应用未见报道

（2）热激活物质封堵技术：热激活物质包括低熔点合金和热激活树脂，两者均通过相态的变化对沿水泥环运移的气体进行封堵。在合适的温度条件下，低熔点合金由固态转变固-液混合态，进而在水泥环顶部形成环状的密封圈。而热激活树脂是由液态转变为固态，实现对气体的封堵。热激活物质的难点在于精确下入指定的位置，并且要根据不同的地层及井身结构确定合理的激活温度，这一技术尚未在现场应用。聚合物凝胶。低黏度封堵物质能够较为容易地注入水泥环裂缝中，同时取得长期强力的封堵效果。因此，酸性聚合物成为封堵固井水泥环泄漏的解决方案，这种聚合物会与水泥发生中和反应形成凝胶，因为油气井筒固井常用的波特兰水泥水高碱性物质。但这一技术也存在一个巨大的缺陷。当固体凝

胶形成后，会与水泥释放出的钙离子发生脱水反应，导致固体凝胶的结构被破坏，削弱封堵效果的长期有效性。因此，三磷酸钠被用来消除脱水反应。目前，聚合物凝胶体系已经被广泛用于水泥环完整性修复，并且正在研究应用于封堵二氧化碳泄漏。硅胶。胶体二氧化硅是一种无定型二氧化物颗粒的无机水分散体，拥有像水一样的低黏度，因此容易泵送。颗粒的凝胶化可以通过加入盐或阳离子来引发，也可以通过提高颗粒浓度、提高温度和调整 pH 值来引发。无论水泥环中裂隙尺寸的大小，纳米硅分散体系均能通过这些裂缝，从而填充整个水泥环。与聚合物凝胶不同的是，不需要经过脱水反应。另外一个巨大的优势是纳米硅体系在井下的高温环境中，其凝胶化的过程会加快，水泥中的钙离子同样会加快凝胶化进程。

二、井控与井筒完整性安全技术需求分析

1. 井控安全技术需求分析

目前陆上油气井已经迈上万米深层，面临超高温超高压的挑战。在井控方面，特深/超深层、非常规储层成为油气勘探开发与增储上产主阵地，地下储能储碳的钻井需求也迅速增加，面临着多套压力体系、多相流体、断层缝洞发育等复杂储层条件，高温、高压、高产、腐蚀性组分、复杂井身结构、大规模储层改造、周期性循环注采等苛刻工况，井喷失控和井筒完整性失效风险极高。深部地层温压条件苛刻，井筒内流体流态复杂。漏喷转换速度极快、井喷失控后果严重，井漏—溢流—井喷风险演化过程机理不明，缺乏有效的溢流预警与检测手段，后期压井处置理论依据不足。

海外油气业务高速发展，已经达到亿吨油气当量规模，亟须建立与海外业务规模相当、适合海外业务特点的井控管理与技术支持体系。以中国石油为例，海外勘探工作相继取得十亿吨发现、亿吨级发现和系列重要勘探进展，有力保证了“十四五”海外业务一亿吨稳产，海外油气权益产量已经成为中国石油“三个一亿吨”格局的重要组成部分。随着海外业务的高速发展，井控需求极大。中油国际有限公司要求“推动实现井控风险从‘人防’到‘智防’的功能提升……持续提升海外应急抢险能力建设，补上部分海外项目所在资源国或周边地区无井控应急抢险资源可用的短板”。在上述背景下，2016 年，中石油海外井控应急救援技术支持中心在广汉揭牌成立。2023 年中石油川庆钻探公司（CCDC）正式启动了在伊拉克鲁迈拉油田（ROO）井控应急技术服务。中国石油（哈萨克斯坦）曼格什套公司与当地政府联合开展了井喷失火演习。

2. 井筒完整性安全技术需求分析

在井筒完整性方面，新背景下套损套变与井筒完整性失效隐患治理缺乏有效手段。超深井套变和页岩油气套变率较高，部分页岩气区块套变率在20%以上。高压气井、页岩气井环空带压问题突出，储能储碳井筒泄漏风险高。目前，亟须相关的检测与治理技术。井筒泄漏多发生于高压油气井、储气库注采井和CCUS井，存在泄漏爆燃、污染浅层水和表层土壤的安全环保风险。泄漏的安全屏障包括井口、油管柱、套管柱、水泥环和封隔器等，大修井在成本、费用和安全方面存在短板，并且成功率低，需要研发不依赖大修的井筒泄漏封堵技术。

环空带压井筒的分析与管控缺乏有力的软件工具，导致技术门槛高，仍处于依赖专业技术人员或者外部力量进行分析管理的阶段，存在成本高昂、数据外泄和标准差异大的问题。同时，环空带压现象是高压气井、非常规天然气和储气库注采井共同面临的安全挑战，对专业软件的需求极大，但存在各自为战、分散投资和资源利用率低的问题。因此，亟须开展攻关和集成，研发统一的工具软件平台，为生产企业和一线科研人员赋能，提高气井环空带压的风险管控效率。专业性工具软件可降低技术门槛，规模化推广应用。然而，软件的研发需要解决两个科学问题。一是关键机理模型的建立，二是软件架构与功能。

三、思考与建议

（一）开展超深–特深地层井筒井控安全控制理论与方法研究

超深–特深地层温压条件苛刻，压力层系复杂。井筒内的流体相态与流态复杂，地层–井筒之间的流体交互机制不明，导致井控风险的超前预警和压井决策缺乏依据，仍未彻底摆脱经验为主的处置方法，因此需要开展以井筒多相流动为基础的井控风险演化机理研究，带动压井工艺、压井决策软件和压井装备的革新。井控应急处置属于高风险作业，需要尽快向机械化信息化智能化过渡，减少高危场景下的人员现场作业，如视觉识别、管柱智能抢接、井口高效重置、管柱姿态位置自动调整、一键关井等技术。漏失是导致井控险情发生的关键因素之一，堵漏存在难度大、成功率低的问题，需要开展裸眼地层漏失定位与评价技术研究。

（二）围绕复杂井筒完整性安全管控关键核心技术开展攻关

环空压力的重点是泄漏精准定位与不动管柱堵漏。有必要研发可连续测量、不需点测、可靠性高的仪器，节约作业时间。解析不动管柱堵漏需要解决堵漏剂在井筒中的运移滞留封堵等关键机理问题。水泥环的封堵，堵漏剂需要能够进入微小裂隙并长距离运移，进而与水泥石融合形成可靠的封堵屏障，如何在不损坏管柱前提下注入堵漏剂是关键工艺技术。对于生产管柱堵漏，管柱表面的杂质会对堵漏介质的黏合产生影响，并且高压井筒中堵漏介质的承压能力也经受考验。

数字化和大数据是解决井筒环空带压与完整性的方向。研发覆盖全工况、多类型的环空异常起压模拟-评估-控制一体化工业级别模拟软件，建立数字孪生井筒，实时获取井筒屏障的状态，利用大数据超前预警、提前预防井筒产生环空高压。当前，需要对数字孪生井筒的底层模型、屏障演变规律和监测监控手段进行研究，大数据方面，需要大范围地采集入井材料参数、相应失效数据工况等，从而提供足够的样本。

（三）建立高层级专业化的井控井完整性安全技术研发平台

井控与井筒完整性是井筒服役安全的两大重要内容，涉及国计民生和国家能源安全。但井控与井筒完整性覆盖面广、涉及专业多，同时从业人员数量和结构数量多，一定程度上存在信息孤岛和研发力量薄弱的问题，并且单一的机构难以统筹井控与井筒完整性技术的全面发展，成为制约井控与井完整性安全技术发展的因素之一。因此，有必要整理研究资源，成立高层级专业化的研发机构，科学高效推进井控和井完整性安全保障技术的更新迭代。

第二章　油气泄漏监测技术

孙秉才

（中国石油安全环保技术研究院）

油套管服役环境复杂恶劣，土壤环境、内部介质的腐蚀等因素极易造成油套管性能下降甚至失效，从而导致油气井的泄漏，严重时甚至会引起井涌、井喷等事故。据统计，我国因油气泄漏引发的事故占炼油化工企业安全生产事故的60%以上。由于油气泄漏造成的直接经济损失和间接经济损失以及设备维护保养投资等加起来，约占国民经济生产总值的3%。油气泄漏不仅造成巨大的资源损耗、经济损失，还可能造成严重的环境污染问题，及时发现油气泄漏并尽可能准确地确定泄漏位置是油气实时监测技术的关键任务。

一、管道泄漏监测与检测技术

（一）基于硬件的检测方法

基于硬件的检测方法主要是利用相关设备对油气管道直接检测。

1. 检漏电缆法

检漏电缆多用于液态烃类燃料的泄漏检测。电缆与管道平行铺设，当泄漏的烃类物质渗入电缆后，会引起电缆特性的变化。在工作时给电缆加上电压，正常情况下电缆的绝缘层完整，电缆本身阻抗不发生变化，电流基本稳定；当某处发生泄漏时，电缆的绝缘层与管内输送介质发生反应，电缆的阻抗发生改变，电缆内的电流也相应发生变化。通过监测电缆内的电流变化判断管道是否发生泄漏。另一种是沿管道铺设由渗油不透水材料制成的同轴电缆。从电缆一端发射脉冲波，碰到被油浸透的电缆会反射脉冲，通过检测反射脉冲信号可检测管道泄漏位置。国外SensorComm公司研究了一种液体传感电缆应用于管道的泄漏检测，此技术是非金属的测量技术，可应用于极冷地区和高深度管道测量。

2. 红外检测法

（1）红外热成像

任何温度在绝对零度以上的物体都会辐射红外线，辐射强度与物体表面温度呈正相关。波长处于大气窗口内的红外线能够进入红外热成像仪，到达焦平面传感器并使其温度发生微变，进而改变其表面电阻。因此，红外热成像仪能够根据物体的红外辐射强度获取其表面温度信息，将人眼无法看见的目标表面温度分布转换成可视图像。根据以上原理，温度与背景不同的泄漏气体将在红外图像中呈现为与背景不同的亮度，进而被检测到。此外，管道输送的气体通常具有很高的压强。根据焦耳-汤姆逊效应（Joule-Thomson effect），高压气体失压时温度会降低（氢气和氦气除外），这一现象使得红外热成像仪能够检测到常温高压气体泄漏。

目前基于红外成像技术的气体泄漏检测已有较为成熟的产品并在石化行业得到了广泛的应用。Liu 设计了一种红外成像系统，能够在近距离检测到以 0.2L/min 速率泄漏的异丁烯，该方法依靠温度差来区分泄漏气体与背景，可使用在高温气体、低温气体和高压气体等场景的泄漏检测。

（2）红外光谱成像

红外光谱成像的成像原理与红外热成像相同，但在光路中加入了红外滤光片或微棱镜阵列，使得只有指定波长的红外光能够参与成像。当视野内存在红外吸收峰处于滤光片的通带范围内的气体分子时，感光元件所接收到的红外光线强度将减弱。若光线强度的变化大于光谱仪的灵敏度，输出图像上对应位置的亮度会降低，从而实现对气体的探测。基于光谱成像技术的气云成像摄像机在极端天气下的准确度等方面具有显著优势，适用于对河流穿越、地形地质高危区域、无人值守井场等场所进行远程监控。

基于红外吸收光谱的成像设备对指定波长范围的红外光敏感，特异性地增强了相关气体对成像亮度的影响能够有效弥补红外热成像使用场景受限的问题。目前窄带滤光片的红外光成像技术广泛应用在 SF_6 和二氧化碳的泄漏检测，可以明显地看到泄漏区域。基于红外吸收光谱的成像设备具有响应迅速、抗干扰能力强、探测距离远等优点，还可通过更换滤光片的不同气体进行检测。

3. 漏磁检测法

漏磁检测（Magnetic Flux Leakage，MFL）技术原理基于铁磁性材料的高磁导率特性，通过励磁源对被检测件局部磁化，若磁化区域的被检测件内部存在缺陷，缺陷会对磁感线产生阻隔，导致漏磁，再经过滤波等方法进行信号处理，从而实现对被测缺陷的识别分析。

金属损失产生的漏磁场是空间三维矢量场，轴向磁场是沿管道的轴向分量，该分量是最容易检测，也是缺陷漏磁场最具有代表性的分量，轴向磁场检测即检测三维漏磁场的轴向分量。轴向磁场检测技术目前应用较为广泛。如 GE PII、ROSEN 等检测公司早已开发出轴向磁场的三轴探头检测设备，并在工业现场广泛应用。传统传感器只能记录三维漏磁场的轴向分量。三轴漏磁检测器在一个探头中安装了三轴向正交霍尔传感器，可分别测量轴向、径向和周向的磁通量数据，用来确定完整的三维漏磁场矢量，以提高缺陷形状和尺寸的测量精度。

我国研发并投入使用了管道智能漏磁检测机器人。GE-PII 公司研制的基于 Magne Scan SHR 技术的三轴高清漏磁检测机器能够对管道的轴向、径向以及管道周边进行漏磁检测，能检测到 90% 的焊缝缺陷。杨理践等对裂缝宽度大于 0.2mm、深度大于管壁厚度的 10%、裂纹角度大于 25°的缺陷进行了识别检测。

4. 光纤检测法

分布式光纤传感技术是将光纤本体作为传感器，通过与解调仪连接对光纤中传输激光的各项属性进行实时分析，从而对外界信号进行监控。当管道周围地理环境中出现滑坡等地质灾害或管道发生泄漏，光纤会因拉扯而发生变形或者内部二氧化硅的密度因温度而发生变化，由此带来光化，应变、温度等中间参数的变化得以直观地在波形图上得到体现。通过对波形图的分析和判断，现场管理人员得以及时了解发生事件的类型、强度以及位置，以便及时反应和处理。根据光纤中传播的背向散射光的分布，将基于散射式的光纤传感技术分为拉曼散射、瑞利散射、布里渊散射以及部分基于干涉或其他类型的产品。

分布式光纤检测法诞生于 20 世纪 80 年代。目前哈萨克斯坦 Tengiz 油田的原油处理厂采用的 Sensa 公司的光纤温度传感系统，实现了原油处理生产线的温度跟踪监视和泄漏检测。OZoptics 公司研制的 ForesightTM 系统检测定位精度已经达到 0.5~2.0m，测量分辨率达到 10.0cm，温度检测精度达到了 0.1℃。我国学者研发了一种利用 Mach-Zehnder 光纤干涉原理的光纤，并在 35.42km 的输气管道上进行了泄漏检测定位实验。

（二）基于软件的检测方法

基于软件的检测方法主要是利用软件对现场的采集装置采集到的相关信息进行处理、识别与判断，最终确定出泄漏点的具体位置。

1. 声学方法

管线由于腐蚀、穿孔等因素破裂时，会产生一个高频的振动噪声，以应力波形式沿管壁传播，该噪声强度随传播距离按指数规律衰减。根据应力波传播理论，当应力波在介质中传播时，遇到裂纹、孔洞等界面不连续处会发生反射、折射、散射和模式转换。超声波传感器探测是沿管道安装超声波传感器，监听泄漏流场产生的噪声，并可确定泄漏量及泄漏点。

Fuchs 提出基于声学信号的相关分析进行管道泄漏检测。H. Yalcinkaya 等利用不同的声波传感器识别频域的谐振频率实现了对管道泄漏的定位，与搭载普通声发射换能器的传感器相比，利用不同的声波传感器识别频域方法的平均定位误差为 10.52%。刘迪等为探测地下油井管道，采用地面声波定位的方法实现了管道的单点多点泄漏检测，并采用一种自相关分析的声波信号提取时间的特征函数，与声速相结合的检测手段，实现了对泄漏点的精准定位，最大定位精度检测误差为 1.54%。

2. 负压波法

由于管道内外存在压力差，如果在管道的任一点发生破裂或泄漏，内容物将从破裂位点或泄漏处涌出，导致局部流体密度减小，瞬时压力降低，因此将在管道泄漏点的上游和下游流体中分别产生瞬态负压波。将传感器安装在管道内部，若管道的任一位点发生泄漏，在泄漏点处形成压降，当压降达到所设定的阈值后，在示波器上会形成一个拐点，根据负压波回传的时间点，从而计算出泄漏点的具体位置。

国外研制了负压波报警定位技术，有效降低在管道的泵、阀等设备处产生的负压波的误检率。Q. Zheng 等提出了一类基于负压波衰减定位算法的检测技术，并在实际输油管道中进行了实验测试。结果表明，其最大检测定位误差为 1.16%，最小定位误差为 0.35%，说明所提出的方法可应用于实际的输油管道检测中。Z. G. Jia 等采用应变的负压波检测方法，在实验室采用 4572mm(180in) 的 PVC 管道进行检测，此方法可检测的最小泄漏量为 5.0L/min，平均定位误差为 7.33%；再利用基于能量衰减的负压波检测方法，可以重复检测低流速的管道泄漏，整体检测定位误差为 4.30%。

3. 实时模型法

实时模型法是一种常用于检测管道微小泄漏和多点泄漏的实时检测方法，适用于原油、成品油及天然气管道。但是需要建立管道系统准确的数学模型，预设泄漏过程噪声均值、方差等先验知识。该方法通过建立管道的压力、流量等实时动态参数的仿真管道模型，直接反映管道内部状态的动态变化规律，再结合管道流体的能量守恒方程、动量平衡方程及连续性平衡方程，建立管道状态实时模型；对建立的管道模型进行状态估计，并判断管道是否发生泄漏事故。

针对实时模型监测油气泄漏的研究，孙良改进此方法提出一种采用特征值曲线法的瞬态模型管道泄漏检测技术，对管道发生泄漏瞬间的参数变化信号进行提取分析，能够在管道瞬态中检测到管道的泄漏点，极大地缩短了检测所用时间，其检测定位误差为管道全长的0.18%。基于状态估计的实时模型法主要是依靠管道的压力随时间梯度变化的拐点实现对管道泄漏点的定位，扩展的卡尔曼滤波器是常见的管道模型状态估计方法。德国KROHNE公司Pipepatrol在管道泄漏系统中仅仅在30s内成功检测出管道泄漏量为管道总量1.5%的泄漏。我国对进口土库曼斯坦的天然气管道置于瞬态模型法的管道泄漏监测系统，在60s后检测出管道流量、压力瞬间降低，系统做出泄漏报警提示。

二、储罐泄漏监测与检测技术

我国目前普遍存在储罐超期服役问题，储罐泄漏风险大。美国国家环保局统计资料表明全国约180万个地下储油罐，约28万个存在不同程度渗漏，约25%储罐泄漏直接造成土壤环境和地下水污染。

（一）常规储罐泄漏监测检测方法

1. 人工检尺测量

人工检尺测量通过罐内液位变化、盘库计算和外观检查的方式判断储罐是否泄漏，该方法受到人员操作、油品温度和液面动态变化影响，精度低、误差大，该方法只能检测油品泄漏，发现微小渗漏困难，对于收发油频繁的储罐，即使较大泄漏也难以发现。

2. 基于容积/质量测量技术泄漏检测系统

容积/质量测量系统的原则是消除与储罐泄漏无关的变量参数，测量一定时间内储罐液体量，非因变量导致的液体损害或者明显的容积/质量变化都可被认为是泄漏，可在运行条件下监测储罐的液压完整性，如统计物料平衡法是基于储运过程采集参数的检测方法，分析储罐一定时期内库存、发油、计量、温度和压力数据，评价储罐运行状态，判断是否发生渗漏，可检测到0.9L/h的渗漏量，该方法是EPA推荐的埋地储罐泄漏检测方法，适用于有效容积不超过$80m^3$的小型储罐。

3. 基于储罐基础泄漏检测方法

在新建储罐基础上设计基础检漏层方法，适用于检测长期积累的微小渗漏和较大泄漏。近年来应用了储罐基础内钻孔监测油气体积浓度的新方法，采用手工钻孔法沿罐周每 9m 弧长钻一个直达砂垫层的探测孔(直径 12mm、深度 250mm)，钻孔后用硅胶封闭，定期利用高灵敏度的光离子化油气含量检测仪(VOCPID)探测油气，判断是否发生渗漏。针对汽油储罐的判漏标准是：如探测孔近 3 次检测的油气含量不高(低于 $92.4\times10^{-6}mL/m^3$)，且没有上升趋势，可判断储罐底板无渗漏；反之判断储罐底板已渗漏。储罐基础探测孔油气含量采样频率建议每周或半月 1 次，如罐区规模大可每月 1 次，如发现探测孔油气含量逐渐增加或急剧增加，应每日监测 1 次。该方法能够快速判定储罐是否渗漏，也可应用于设计基础检漏层的储罐。

4. *双层罐底板泄漏检测法*

自 20 世纪 90 年代，国外开展双层罐底板结构立式储罐应用研究，可实现储罐泄漏在线检测。该型储罐由上下层板和支撑结构组成，可有效避免罐底板双面腐蚀，支撑结构满足储罐介质载荷强度要求，下层底板在上层底板泄漏情况下能起到防护和延迟泄漏作用。罐底泄漏后通过氮气吹扫将泄漏油气携带至外部检测系统，通过研究吹扫气体成分，实现对储罐泄漏的在线监控。目前双侧罐底板结构立式储罐在国内还处于初步试验阶段，该类型储罐的安全运行及泄漏检测精度还有待进一步验证。

5. *停运储罐泄漏检测方法*

针对停运储罐或者计划修理储罐，进行储罐清洗和通风处理后，在满足可燃气体浓度检测和人员安全的条件下，可开罐进入检查进行泄漏检测，包括以下几种方法：

(1) 目视检查：一般性检查最低照明强度条件是 5~12.5W，借助镜子、照相机可进行更大范围的目视检测，可检测到储罐底板的表面缺陷，如开裂、咬边、凹坑、未焊透等，进而确定泄漏位置。

(2) 焊缝毛细管法：该方法简单实用，可快速确定泄漏位置并进行修理。在罐体和罐底板的角焊缝一侧涂抹高渗透性油或者燃料渗透剂，保持至少 4h(最好 12h)，如焊缝存在泄漏，在毛细作用下，可观察到油或者渗透剂会渗透到焊缝另一侧。此外液体渗透剂、磁粉颗粒检测法也可用来确定焊接缺陷，如裂纹、缝隙、搭接或者对焊接表面的空隙，技术原理和操作步骤与上述方法类似。

(3) 气泡测试法——压力法：罐底内表面涂上指示溶液，利用软管将不高于 0.75kPa 的气体通过罐底钻孔注入罐底，如罐底内表面出现气泡表明存在泄漏。另一种方法是用泵注入储罐内静压力为 4.9kPa 的水柱，将不超过 2.24kPa 气体注入罐底，如罐底内出现气泡表明存在泄漏。借助气动锤可提高效果，增强底板震动幅度，使锈垢从点蚀坑中飞出，从而暴露泄漏点。

（4）气泡测试法——真空法：在可疑区域涂抹指示剂，将带有软橡胶垫圈的真空箱打开的一侧紧紧压在可疑区域上，用软管将真空泵与真空箱连接形成真空，透过真空箱玻璃观察，如出现气泡表明存在泄漏。该方法要求罐底板和防止装置的障碍物之间最小垂直间隙为150mm，并要求能够观测到被检查区域。

（5）示踪气体检测法：向储罐下注入含有示踪剂的惰性气体（一般为焊接级氦气），通过泄漏探测系统的管道系统注入气体，如储罐未安装泄漏探测系统，通过罐底钻孔注入气体。使用精度为可探测百万分之几的示踪气体检测仪器扫描整个罐底，适用于检测罐底焊缝、罐壁-罐底焊缝、环箍焊缝的缺陷。该方法优点是可随时使用罐底下的惰性气体进行补焊，且修理后能够立刻重新进行检查。该方法适合储罐底板无涂层或者未安装衬里的情形，也适用于确定疑似发生泄漏的储罐底板的准确泄漏位置。

（二）储罐泄漏监测检测新技术

1. 声发射技术

通过罐底裂缝流出的液体会产生声音，声发射方法基于对采集声信号的分析转换，可准确定位泄漏位置和判定泄漏程度。自20世纪90年代，美国物理声学公司对数千座储罐进行声发射在线检测，建立了大型常压储罐底板检测专家系统TankPac，可对储罐底板腐蚀和泄漏状况进行评估，并据此推荐储罐检查优先顺序，或确定下一次检测周期。为使声发射方法区分信号和噪声，应借助数据收集算法和信号处理算法，如全惠敏提出了一种基于广义S变换的声发射信号分析及定位算法，孙立瑛采用BP神经网络对储罐底板声发射信号进行模式识别，提供了对储罐底板腐蚀、裂纹扩展和泄漏等不同性质的声发射源的判别能力。

2. 罐基础预埋检测元件法

通过在罐底部铺设感应电缆实时监测泄漏，如美国Tyco Thermal Controls公司研发的Tracetek漏油感应电缆在发生泄漏后，将信号送至控制器，经微处理器处理后报警并显示泄漏位置。漏油感应电缆是一次性的，价格昂贵，需要在建罐前基础铺设电缆，已建储罐铺设电缆防爆要求高、难度大、成本高。除漏油感应电缆、罐基础预埋检测元件法，还有导电性粉体元件监测法、电场感应技术和光导纤维监测法等，均需预先铺设在储罐基础中，重复使用率低，维护费用高。

3. 电阻探漏法

将金属探钉埋设于土壤中，模拟油品污染物渗透到土壤中，通过测量探钉之间的电压，计算渗透油品污染物土壤的电阻率；美国Westec公司研发的电子探测系统 ELDS 在华盛顿附近罐区针对土壤电阻率与泄漏量的变化规律进行了试验，可探测到精度为 26.1L/h 的泄漏量引起的电阻变化；Praxair Service 公司研发的电子仪器 SeeperTrace 在不破坏地表情况下采集地表土壤气探测泄漏，该技术成功应用于埋地管道和地下天然气储罐的泄漏实时探测和定位。

三、油套管泄漏监测与检测技术

目前常用的油套管泄漏监测方法都是基于硬件的检测方法，在油套管发生泄漏后，环空内温度、压力、声场等会发生异常变化，针对异常变化，利用相关硬件设备检测相应的参数找到异常点即可实现对泄漏的诊断。

（一）井下检测

1. 声波测井

油套管泄漏声波测井原理和管道泄漏声波检测原理类似，油管发生泄漏时，由于压力场被破坏，天然气从油管进入环空从而产生噪声的变化，这种噪声具有相应的频率，检测其噪声的频率即可检测到泄漏的情况。早在 20 世纪就有国外学者将噪声测井应用于油田找漏工作，检测到了油管和封隔器的泄漏。国外学者还针对噪声测井的数据进行小波阈值处理后识别到了套管泄漏。国内学者运用噪声测井的方法，证明了噪声测井在渗漏量较小的情况下也能确定渗漏的位置，并且针对噪声测井的方法研究了孔道型漏失的噪声特性，并应用在气井上确定管外漏失。

2. 超声测井

超声测井是噪声测井的延伸，其检测的是泄漏时所产生的噪声的超声信号，根据超声信号的衰减特征，精准测量油套管的泄漏位置。国外超声测井已经广泛应用于油气田，并多次开展测井工作，可以识别井口、油管、油管连接处、封隔器、气举阀、生产套管泄漏等，并且也可以精确定位小泄漏孔。国内对超声测井的应用研究发现，超声测井敏感度较高，针对复杂检测环境下，超声测井也能识别管柱泄漏点。

3. 电磁测井

电磁测井基于电磁感应原理，通过向地层发射电磁波，再由第二个天线接收来自地层的电磁波的相位差和幅度比来实现探测任务。目前 Schlumberger、Baker Hughes、Halliburton 等国外油服公司已经相继推出相关产品，中国的石油公司如中国石油长城钻探工程有限公司、中国石油集团测井有限公司、中国石化胜利测控技术研究院、中国石化胜利工程公司也都开展了相关研究。另外，中国石油大学、吉林大学、西安石油大学、电子科技大学等院校的相关团队也发表了大量相关论文。

4. 井径测井

井径测井是测量井眼直径及检查套管内径变化的测井方法。油套管在发生泄漏后直径会发生变化，井径测井通过检测套管内径的变换判断是否泄漏。国外生产制造井径仪技术较为成熟，具有代表性的厂家有 Dominion E&P、Sondex、Atlas 等，其中 Sondex 开发的多臂成像仪检测到的结果以三维立体图形的形式展现出来，可以更加直观地看到泄漏损伤位置。国内常用的井径仪主要有八臂、十臂、三十六臂、四十臂、X-Y 井径仪等。

5. 光纤分布式传感器测井

分布式光纤测井目前主要是分布式温度传感和分布式声波传感。测量井温、流量等参数，通过运算可确定地热梯度、注入漏失位置。国外学者将光纤测量技术应用于套管、封隔器泄漏检测，并利用光纤压力传感器检测出多个位置处的泄漏。国内研制出可在高温高压环境下使用的光纤压力传感器，并利用光纤传感技术设计了套损检测系统。

（二）地面检测

Bourgoyne 等人通过在井口安装仪表来检测泄漏情况，这种检测方法综合了环空压力以及环空气体组分信息。Tarmoom 研制了一套综合压力、流量、组分等参数的环空泄压速率检测、检测系统，并在 Adma-Opco 进行了现场应用。挪威的 ScanWell 公司研制了一套环空带压诊断系统，比前两个系统可监测的信息更全面，且系统可模块化设置，可监测环空液面、压力、流量等参数，可以识别井下泄漏、诊断泄漏位置及泄漏程度等。中国石油大学(北京)樊建春团队设计了综合多信息的油套管泄漏检测系统，可检测温度、压力、流量参数，还可检测声波、示踪剂组分等，可在地面实现对油套管泄漏的识别、定位、定量。

四、当前技术存在的问题

（一）准确性和灵敏度

一些技术在面对小规模泄漏时准确性较低。以储气站场的油气泄漏监测传感器为例，储气站场的油气泄漏监测是点式分布，隔一段距离布置一个，只能对传感器周围气体进行监测，监测范围较小；易受环境影响。传感器主要是以化学反应为机理进行监测，而室外环境气体变化大，极易造成传感器误报，灵敏度较低，只有当大量气体泄漏时，传感器才能将其泵入进行报警，但如果液化石油气大量泄漏，将很难得到控制，火灾，爆炸将无法避免；稳定性差，由于报警器不断泵入气体，空气内的粉尘颗粒物将对报警器造成不可避免的损害。

（二）可拓展性

不同制造商的设备存在互操作性问题，不同设备的工作方式和通信协议可能不一致，这就导致可能出现扩展检测系统时设备之间无法有效通信和协同工作的情况。没有统一的技术标准可能导致监测系统中使用的不同监测设备之间存在不兼容性。缺乏一致性的技术标准使得设备整合变得更加困难，限制了监测系统的可扩展性。随着监测点数量的增加，对数据处理和传输能力的需求也相应增加。多技术融合和环境适应性也增加了可拓展性的难度，需要考虑不同技术的集成和在不同环境条件下的适应性。

（三）环境适应性

油气泄漏检测可能发生在极端的环境下，如极端温度、高海拔、沙尘暴等复杂恶劣的环境，这些条件对检测设备的稳定性和耐久性提出了更高的要求。同种设备需要综合考虑其服役环境。针对不同地形地貌，复杂的地形条件也会影响检测设备的布置和传感器的有效覆盖范围，监测死角会严重降低监测系统全面性。对于自然干扰源如风、雨、雪等也需要纳入监测设备的考虑范围内。

（四）成本问题

传感器数量的增加可以解决传感器的准确性和灵敏度问题，但相应地会增加设备的成本，高精度监测设备的成本相对较高，这就限制了监测设备在大规模范围内的广泛部署。油气对于中小型企业或资源有限的地区而言，购买和维护这些高成本的设备将会是一项负担。其次，维护和运营成本对于监测系统的长期可持续性至关重要，监测设备需要定期地维护和更新，包括软件的更新、传感器的校准及设备故障的修复，这些维护活动需要大量的人力和资金投入。

（五）法规和标准

目前国际关于泄漏监测的标准不一致。不同国家和地区制定和采用各自的监测标准，缺乏一致的国际规范。这就导致了在全球范围内存在不同的监测要求和设备运营要求，使得技术供应商、企业和监管机构在应对油气泄漏监测方面面临着不同的挑战。监测数据的判断标准不一致，由于缺乏一致的国际标准，不同地区和行业采用的检测方法和参数不一致，导致不同油气田监测数据没有可并行，使得跨境和跨行业的数据对比和综合分析变得困难，不利于监测数据的多源融合。

五、展望

（一）监测技术的展望

1. 高精度传感技术的普及

企业越发重视生产安全的需求增加，促使油气泄漏监测行业为用户提供更优质的产品，随着国际检测仪器仪表制造业向亚洲国家转移，近年来，我国涌现了大量具有先进加工设备和完善的加工工艺的厂家，新型气敏传感器已成为传感器行业的研究重点，如纳米级传感器可以探测到极微量的有害气体浓度，光谱传感技术和振动传感技术的应用以提高检测系统对不同气体的区分度，提高监测系统的准确性与灵敏度。

2. 空间技术的整合

随着无人机技术的快速发展，无人机遥感检测技术已被视为航空遥感和航天遥感后的第三代遥感技术。基于无人机遥感平台的气体监测系统可以有效弥补传统气体传感器有监测死角，对服役环境要求高等不足，是未来气体泄漏监测方面重要的发展方向。无人机遥感平台可以通过搭载大气监测设备，并依靠无人机平台的优势，可以通过定点悬停等技术手段解决高空泄漏监测问题。在空间技术方面，卫星、无人机的整合将改善监测系统的覆盖范围和响应速度。无人机技术将注重于无人机的续航能力与载荷容量的提升以适应更为复杂的任务。无人机遥感技术的综合应用使得监测系统更加全面，有助于减少监测死角。

3. 多模态数据融合

常规的油气监测往往通过单一信息进行油气泄漏检测，无法全面地反映真实情况，对于某些复杂问题的检测不够准确和完整，设计基于多模态信息融合的油气泄漏监测方法，整合分析气象数据（如天气情况、风速、风向等参数）、地形数据（如管道服役地形地貌）及传感器数据，通过人工智能和机器学习技术，融合不同来源的数据，提高对泄漏事件识别的准确性，例如结合气象数据及地形地貌可以准确地预测气体扩散的路径和速度。

4. 实时大数据分析

随着计算能力的提升，检测系统将更加强调对实时大数据的分析。利用数值模拟软件对油气泄漏进行模拟研究，针对泄漏气体临界和亚临界状态的扩散规律进行研究，并对整体泄漏扩散进行模拟计算，基于计算结果提出泄漏扩散区域预测，并将不同情况下的泄漏情况分别计算以大数据流的形式储存在后台，机器学习算法和深度学习技术将用于实时处理庞大的监测数据流。实时分析的能力是监测系统能够更迅速地识别异常模式，预测泄漏的发展趋势，进而提供更快速更准确的应对措施。

（二）监测技术应用的展望

1. 智能化

通过人工智能和机器学习技术，实现多源数据的高效集成和智能分析。机器学习算法将能够处理庞大的实时数据流，从中提取模式和趋势。数据集成的过程将不仅限于检测系统的内部数据，还包括气象数据、地形数据、历史数据等，以全方位理解监测环境。实时的数据集成和分析能力使检测系统能够更准确地辨别正常和异常数据，降低误报率。从而提高系统的可靠性。机器学习的实时决策支持通过建立泄漏模型迅速评估其严重性和可能的影响。基于实时监测数据，预测泄漏的扩散路径、影响范围和可能的经济损失。运营商和监管机构能够获得详细的建议，帮助其更快速、更有针对性地制定应对措施，最大限度减小事故的影响。

2. 即时化

随着工业网络的不断升级，实时监测和报警系统可以更加智能和灵敏。基于工业网络环境，将确保监测数据能够即时传输到相关人员，并且通过多重渠道传递报警信息，包括手机应用、电子邮件、短信等，使得监测系统能立刻将事件上报至云端，通过云平台，监管机构和企业可以远程操控监测设备、调度无人机等。远程操作能够在泄漏事件发生时，迅速启动应急响应计划，最大限度地保护人身安全与自然环境。

3. 安全化

油气泄漏监测可应用区块链技术。区块链技术具有不可篡改、去中心化和可追溯的特性，可以为监测系统的数据管理提供更高水平的安全性。单次监测的数据会形成一个区块，通过密码学算法连接在一起，形成链条，确保了数据的完整性不易失真。区块链分布式数据存储降低了数据被攻击或损坏的风险。区块链的智能合约可以自动执行合同，可用于实时验证监测数据的准确性、一致性和及时性，当监测数据符合预定条件时，智能合约可以自动触发警报或其他应对措施，加快应急响应速度。

第三章　管道安全技术

董绍华[1]　王东营[2]　魏　昊[1]　鞠慧心[1]　徐鲁帅[1]

［1. 中国石油大学(北京)；2. 国家管网集团北京管道有限公司］

油气管道作为输送国家能源的“命脉”，其安全平稳运行是关乎国计民生的大事。随着社会经济快速发展，我国的能源需求量日益增加，管道因其运输的安全性、高效性和经济性等优势，已成为油气运输的主要方式。截至 2022 年底，中国长输油气管道总里程达 18.5×10^4km，初步形成了西油东送、北油南运、西气东输、北气南下、海气登陆的“全国一张网”油气输送格局。石油、天然气因其易燃易爆特性，一旦泄漏，不仅污染环境还易造成巨大的财产损失甚至危及人民生命安全。开展油气管道的安全管理工作，深入探究石油天然气管道储运的安全管理问题，识别和解决管道储运潜在风险，可以提升油气管道安全管理水平，减少事故发生可能性。还可以为政府部门、能源公司和相关从业人员提供针对性指导，帮助制定和实施有效安全管理措施，而且对于保障能源供应安全，促进我国能源安全战略发展方面都意义重大。石油天然气管道储运的安全管理工作十分重要，应当引起高度重视。

一、面临的挑战(安全风险)

(一) 油气储运设施及储运技术中存在的问题

1. 油气管道腐蚀老化

油气管道的腐蚀老化是油气储运过程中常见的威胁油气管道安全管理的问题，油气管道腐蚀老化后，容易造成油气泄漏、火灾、爆炸事故。导致管道腐蚀老化的因素很多，随着日益趋近使用寿命甚至超过使用寿命，其出现腐蚀老化问题的可能性也是迅速提升的。随着时间的推移，防腐层可能会出现一定程度的剥落，防腐材料质量不过关也会影响管道寿命。外界环境条件如风吹、日晒、雨淋乃至地质灾害的影响，也加剧了管道腐蚀老化的速度。油气本身也具有一定的腐蚀性，且含有的一些杂质会加速腐蚀，在储运过程中与管道金属材料发生化学反应，导致管道穿孔、裂缝现象。另外管道金属表面与空气长期的接触，最终出现氧化反应，导致油气储运管道强度、完整性方面被破坏。

2. 管道选材与自身缺陷

随着油气资源需求量的持续增加，大口径、高压力、高钢级成为长输油气管道发展的必然趋势，相应地也对管材选取提出了更高的要求，而目前我国的石油天然气管道以及掺氢、输氢、CO_2管道都无关于管材选择和断裂控制方面的标准规范。管道的防腐性能也取决于管道是否能够按照施工需要选择合适的涂层材料。管道材料选取没有统一的标准和要求，也就导致了不同类型的管道在使用过程中出现了很多不合格现象，进而为油气输送埋下隐患。

随着国民经济快速增长及人口城镇化，管道受自然环境、社会活动等外部因素及自身缺陷的影响进一步加剧，近年来发生了多起高钢级管道环焊缝开裂事故，造成了严重后果。研究表明，环焊缝失效是当前高钢级油气长输管道运行的重大风险因素。以往认为管道存在的未熔合、未焊透、咬边等环焊缝缺陷是环焊缝开裂的主要原因，但是伴随技术进步和质量管理水平的提高，已经能够最大限度规避几何缺陷问题，X70、X80 等高钢级管道实现国产化并大规模应用以来，管道材料、结构等问题逐渐凸显。相对于传统低钢级管道，高钢级管道在强度匹配、焊缝韧性、缺陷容限、不等壁厚的应变集中等方面更加敏感。通过对失效管道环焊缝进行分析，发现环焊缝强度低于管道本体是管道在地层运动作用下容易断裂的重要原因之一，管道环焊缝强度匹配研究已成为分析在役管道环焊缝开裂、预防新建管道环焊缝隐患的基础性课题；高钢级管材难以依靠自身韧性止裂，有必要研究高钢级管线钢管在各种环境下的开裂行为和止裂控制技术；为了保障高钢级管道的服役安全，需要进一步控制作用在管道环焊缝上的应力，包括控制施加的应力及使应力集中最小化，因此需要积极研究复杂应力状态下高钢级管道焊缝容许的应力、应变极限状态，以及焊接的金相组织结构、焊接工艺热处理、焊缝最大失效抗力等多因素耦合的问题。

长输管道材质多为钢管或无缝钢管、球墨铸铁管、不锈钢等，城市燃气管道尤其是在中低压管道上大量使用 PE 管，PE 管敷设的工程质量控制、焊口检测、PE 管的缺陷评价方法、完整性评价等都是亟待解决的问题。在选用管道材料时应根据实际情况进行合理配置与应用。对于不同类型的管材应该采用合适的连接方式以保证其性能及使用寿命。还要注意防腐层厚度是否满足要求以及管道材料的抗腐蚀能力，同时要考虑管道材料自身特性，加强对管道材料的检查工作，避免因管道材料本身缺陷而导致事故发生，定期开展检测工作以确保其能够达到规定的指标要求。

3. 管道设计与施工质量

在管道正式进行设计与施工的过程中，可能因为设计失误或施工质量不佳，而导致此段管道的危险系数明显过高。例如管道在选线过程中，未详细进行路由踏勘和比选，未结合管道沿线的自然条件、资源分布、工业发展等情况，识别出地形起伏差异大、地质条件复杂、地质灾害频发的路由，为管道后续运行埋下隐患；在管道穿越高后果等特殊地区，由于防护设计不当或者场站工艺设计不合理留下潜在隐患；管道焊接未按照焊接工艺规程、防腐补口质量不达标、管道在施工中被磕碰破坏防腐层等施工缺陷以及没有严格的质量管理体系、人员质量意识淡薄、施工人员不负责、粗暴操作，都将会对管道的本质安全产生严重影响。

油气管道在设计施工阶段应该充分考虑长期规划建设工作，必须重视管道防腐层施工，在日常生产过程中要严格按照设计要求施工作业，避免出现偷工减料或者是违规操作等情况。施工技术人员应该主动结合油气长输管道焊接施工方案部署要求以及设计图纸内容，对管道焊接施工操作所涉及的重难点问题进行妥善处理。通过不断贯彻落实重难点问题，消除施工扰动因素带来的风险影响。对于途经高寒冻土、地形起伏大、地震活动频繁等自然环境和地质条件复杂的区域的管道，需要在多年冻土区管道选材、大落差输油管道工艺、并行管道、站场合建、抗震及地质灾害防治、水工保护、隧道及河流穿跨越、石方无细土段管道敷设、管道分段试压等方面开展创新性设计，确保管道的本质安全。

4. 油气输送工艺

随着“全国一张网”规模不断扩大，油气管网更加复杂开放。为提高能源供应安全，实现管网高效输配，需要统筹布局，优化天然气管网集中调控与运行；继续加强易凝高黏原油流动保障技术的研究与应用，开发原油管道加热处理、加剂改性、冷热交替输送等输送工艺及技术以保障原油管道安全经济运行；优化解决成品油管网碎片化问题，加强成品油管道互联互通建设，强化其辐射能力，开发适用成品油管道运输特点的低温输送技术、多品种输送质量控制及管道适应性分析技术。

5. 非常规介质输送

“四个革命、一个合作”能源安全新战略驱动下，油气储运技术在新能源输送、非常规介质输送等方面面临新的机遇和挑战。

（1）氢能管道输送大大降低了终端用氢成本，是实现氢气低成本、大规模、跨区域输送的重要手段。在纯氢/掺氢天然气管道输送方面，应尽快开展核心技术和装备攻关。积极探究管材和焊缝中渗氢的扩散和氢腐蚀机理，开展高钢级管材氢致损伤监控、开展管材和焊缝对纯氢/掺氢输送的相容性研究，研究纯氢/掺氢输送架空和埋地管道连接工艺，加快复合耐氢管材及非金属输氢管材研制；分析管道中掺氢传质输运机理，明确最大允许掺氢比，加强多级减压和调压技术、纯氢/掺氢燃气管输工艺以及掺氢设备的研发；开展纯氢/掺氢燃气管道和关键设备的安全事故特征和演化规律研究、失效后果及防护研究、完整性管理及应急抢修技术研究。

（2）“双碳”背景下，CCUS（Carbon Capture，Utilization and Storage，即碳捕集、利用与封存）技术是国际公认的大规模碳减排手段之一。目前国内有关 CO_2 运输技术的研究尚处于起步阶段，开展多相态 CO_2 管道输送工程规模试验，综合评价研究技术的工业化应用前景；开展高压、密相、超临界 CO_2 管道安全技术攻关，包括 CO_2 多相节流相变、CO_2 泄放减压波传递、裂纹扩展及止裂、高压 CO_2 泄漏扩散及风险评价；在设计理论、输送工艺、安全保障及风险评价等方面集成建立 CO_2 管道输送技术标准体系。以上都是未来实现 CO_2 大规模管输的研究重点。

（二）完整性管理

1. 完整性管理发展需求

管道完整性管理是一种以管道本质安全为目标的闭环管理理念，其思路是调动全部因素来改进管道安全性，并通过信息反馈不断完善。实施管道完整性管理是保障管道安全稳定运行的重要手段，可以为管道改造和维修提供决策基础，是应急管理体制建设的依据和重要内容，也是防范控制隐患风险的最佳模式。随着物联网、云计算、大数据、移动应用、人工智能等技术的高速发展和广泛应用，信息物理系统深度融合，工业 4.0 成为新趋势，以此为基础，管道完整性管理技术及方法也在持续发展，为管道数字化和智能化奠定了基础，推动了管道技术进步与管理水平的提升。石油和天然气管道完整性管理技术对石油和天然气管道的长期稳定和安全运行至关重要，将是我国管理石油和天然气管道未来发展的趋势。

2. 完整性管理发展现状

经过 20 余年发展，中国油气管道完整性管理取得了一些成果，已形成了“三个一”的完整性技术群，即一套技术体系、一套标准体系、一个系统平台。油气管道系统完整性技术发展到今天，基本上覆盖了从规划设计、施工建造到投产运行，从管道干线、海底管道、输油气站场、燃气和集输管网和到储罐、储气库、LNG 接收站的各个领域，已建设了较有成效的安全与完整性管理体系；在完整性专项技术方面，积极开展定量风险评价技术、地质灾害风险控制技术、管道内检测技术、有限元仿真模拟技术、泵机组、压缩机组在线检测与故障诊断技术、失效分析技术等领域的深入研究；在管道信息化方面，致力于推进完整性管理的智能化与标准化建设，搭建大数据分析平台，实现数据的深度融合及可视化决策支持，研发数字化管道漏磁内检测技术，建立面向管道完整性管理的智慧管道管理平台，形成基于业务多源数据的管道应急决策 GIS 系统。

搭建系统的完整性管理体系和组织机构，消除了大量安全隐患，解决了诸多技术问题，变革了管理决策模式，提高了管理决策的科学性、投资的针对性、维检修的有效性。

3. 完整性管理发展瓶颈

（1）法律法规体系与标准建设

2015 年，国家出台了首个高后果区国家标准《油气输送管道完整性管理规范》（GB 32167—2015），系列规范规定了长输油气管道完整性管理的目标、原则、要点和工作内容，但实施以来缺少相应的配套标准、制度等的支撑，在公共服务技术方面有所缺失，同时也不完全适用于城市燃气管道、掺氢天然气管道等的完整性管理；已颁布的《安全生产法》《石油天然气管道保护法》等法律法规中虽然有对油气管道进行预防式管理的要求，但并没有明确规定各管道必须开展完整性管理；应急管理体系方面也没有完善的事故应急及抢险救援标准、法规体系，站场完整性管理体系刚刚起步，尚未形成统一的技术标准。由于缺少强制性的法律法规要求和指导性的国家标准，管道公司开展完整性管理业务处于被动状态，各部门之间也没有明确的责任划分，致使我国完整性管理整体水平落后于欧美等国家和地区。

（2）关键技术

① 焊缝检测技术。管道焊接过程中，因工艺、设备、环境和人为因素的影响，容易在焊接位置产生各种缺陷，例如气孔、夹杂和裂纹等，经过多年的运行，由于管道自然老化、土壤沉降、落石撞击等造成管道开裂、腐蚀及磨损等缺陷。这些缺陷的存在给管道安全运行带来隐患。管道应力状态长期处于交变载荷环境，有的处于河谷地带及江河穿跨越等地段。目前高清内检测技术难以有效量化焊缝的体积型缺陷与裂纹型缺陷，需要改进的余地还很大；传统的单一无损检

测技术往往无法满足实际需求，需要发展复合检测技术；检测工具对使用环境的要求也很高，受到诸多条件限制；天然气管道缺陷内检测技术已经有了长足的发展，但针对掺氢天然气管道的内检测技术仍处于起步阶段；针对环焊缝未熔合、未焊透、裂纹、小尺寸咬边等缺陷难以进行检测的难题，需尽快研发微小缺陷检测、附加应力检测技术及设备。

② 泄漏检测技术。管道泄漏检测方法主要分为硬件检测和软件检测两类，泄漏检测方法多样，各有利弊。基于硬件的检测方法中，声波检测法虽然应用广泛，但因声波传播距离短、频率高等特点，在检测长距离管道时需要布置多个传感器，从而增加了检测成本；分布式光纤传感方法精度高、响应快，但在铺设光纤时开挖工程量较大，且需要一定埋深才能保证作业安全；其他硬件检测方法例如雷达法、热红外成像法等价格昂贵，无法大规模使用。基于软件的检测方法中，负压波法虽然成本低，维护工作量小，但对微小泄漏不敏感，且对噪声敏感，对传感器精度的依赖程度较高，不适用于短距离输送管道。计算机技术、人工智能算法、SCADA(自动化管理系统)与管道泄漏检测技术深入结合，成为未来检测技术发展趋势，以提高检测技术的准确性、灵敏性和定位精度。

③ 第三方破坏预警技术。统计分析国内已公开的管道事故可知，我国管道受第三方破坏占比高达71%，第三方破坏成为管道失效的主要原因，及时预警与有效应对第三方破坏已成为当务之急。第三方破坏导致的管道失效事故具有隐蔽性、突发性等特点，传统人工巡检容易漏检且劳动强度大成本高，随着管道向数字化、智能化发展，目前第三方破坏预警监测方法主要有：传感光纤监测、卫星监测、声波信号监测、地震检波器监测、视频图像监测。综合分析这5种监测方法性能，基于传感光纤和视频图像监测的第三方入侵预警方法综合表现最好，国内研究也最侧重，但仍存在误报率高问题，研究尚不充分。其余的几种监测方法虽已在现场应用过，但仍在灵敏度、适用性、维护成本方面存在或多或少不足。未来研究重点仍是开发满足我国油气管网实际情况的监测系统。

④ 智慧管道技术。我国的油气智慧管道建设仍处于发展初期阶段，油气管道智慧化建设离不开油气管道数字化到智能化的跃迁。智慧管道技术显著特征是大数据的深度挖掘和智慧决策。目前智慧管道建设还处于数据收集、储存阶段，管线大数据未与信息系统集成，利用不充分，数据的准确性和统一难题制约管道信息化发展。基于大数据的管道泄漏监测预警、灾害预警、腐蚀控制管理仍属空白，基于大数据的决策支持平台尚未形成，不能满足应用需求，SCADA 系统虽

已在油气管道完整性管理中应用，但在计算机网络技术、数字化系统以及应用软件体系内容上存在欠缺，未与管道完整性有机结合。随着中国油气管网规模不断扩大及网络化发展，运行管理难度日益增加，管道完整性管理面临大规模管道网络组合爆炸以及难以描述其复杂拓扑结构和子系统相互依赖关系、不能很好解决其随机性、动态性等问题。油气智慧管道建设和运行过程中也面临新的信息安全威胁问题，蓄意攻击和网络入侵将严重影响智慧管道信息安全和物理安全。

总之，智慧管道存在大数据深度挖掘基础薄弱、智慧管道成果尚不能满足需求、智慧管网信息安全亟待突破、数字孪生技术尚未普及与推广等问题。引领管道建设与运行向数字化、可视化、自动化及智能化发展，急需攻克管道数字孪生体构建、管网全方位感知、数据挖掘利用及管网智能综合决策等关键技术瓶颈，形成智慧管网建设运营核心技术和标准体系。

（3）高后果区识别与控制

油气管道高后果区可分为人口密集区、线性设施临近区域、环境敏感区，是完整性管理的重点对象。中国油气管道人口密集型和环境敏感型高后果区累计超过 1.5×10^4处，一旦发生事故，极有可能造成人员伤亡或重特大环保事件。随着城市化建设加快发展，管道周边人口密度不断增大，地区等级被动升高，人员密集场所高后果区总量逐年上升，同时管道周边自然灾害分布广且灾害频发，这些给管道安全运行带来较高风险。由于缺乏对油气管道周边土地规划利用的强制性要求和油气管道安全防护距离要求，我国油气管道普遍存在初期设计条件与当前状况不符的情况，因此有必要从管道风险出发，系统地研究管道地区等级升级问题，确定我国管道地区等级升级的必要条件，出台地区等级升级的风险评价标准与管控措施。线性设施临近区域铁路和公路与油气管道长距离并行和交叉现象普遍，设计施工时应注意管道的并行间距设置，并行风险分析、并行管道阴保干扰等内容，加强各方协调。对于地质灾害隐患区要加强监测，及时治理，提高应急响应能力。

二、安全管理优化措施

提高安全管理水平，需要在 HSE 管理体系的指导下有效识别风险因素，加强管道全生命周期质量管控，从源头消除管道失效隐患，利用大数据、互联网、全景监控等技术，精准有效识别动静态数据风险因素，定期排查隐患并及时处理，完善应急管理体系，提升事故预警和应急响应水平，明确责任主体，增强政府企业间协调沟通能力。

（一）提升管道本质安全

1. 焊缝缺陷风险防控

管道本质安全首先来自设计与施工。针对高钢级管道焊接问题，加快推进高钢级管道失效机理及开裂预防技术研究，建立管道失效数据库，开展高精度缺陷检测、应力应变内检测器装备研发，攻关设备设施风险评价、环焊缝缺陷检测及适应性评价、设备状态监测及故障诊断、管道第三方施工监测预警等检测评价技术，重视地质灾害监测与治理，降低自然灾害引发管道环焊缝开裂的可能，攻克高钢级管道环焊缝失效控制这一世界性难题，保障管道本质安全。针对环焊缝本体失效导致焊口开裂、泄漏的情况，具体可以采取的措施有：优化结构设计、减小应力集中，优化焊接工艺、应用全自动焊接技术，加强材料质量和施工管理，优化无损检测工艺，对射线底片进行数字化存档，定期开展内检测和风险评价工作。

2. 腐蚀风险防控

对于外腐蚀风险防控，首先在防腐材料选取时，要选取防腐性能好的钢材和防腐层材料，其次要定期进行防腐层漏点检测和绝缘电阻率检测，可以通过增加外涂层和阴极保护措施来保证防腐层厚度，同时定期进行开挖检测，控制补口防腐层失效。最后要强化对杂散电流干扰的防护，对高压线、电气化铁路、钢制管道交叉并行段埋设流桩或测试桩，实时监测管道阴极保护情况，施加交、直流干扰排流等防护措施。对于内腐蚀的防控，需定期进行清管作业，严格控制输送介质的含水量和腐蚀介质量，管道满足干燥合格条件后，充入氮气、干空气等保证管道处于微正压状态。定期实施管道内腐蚀、外腐蚀风险检测和评价，建立高后果区腐蚀风险管段数据库，尤其是钢制套管、管道出入土点等阴极保护屏蔽区域，加强腐蚀泄漏检测频率并及时修复防腐层破损点，确保管道腐蚀安全。

3. 第三方破坏风险防控

将人工巡检与 GIS、无人机遥感等智能巡检技术相结合，以期实现对管道全面、实时在线监测，重点检查高后果区、地质灾害点、打孔盗油和第三方施工。在管道沿线关键位置设置标志桩、警示牌，明确管道走向，开展管道警示教育宣传，向公众、第三方施工方告知油气泄漏风险和事故后果，增强公众主动防护意识和安全意识，奖励公众报告威胁管道安全的异常事件。在第三方施工频繁的区域，建立防范打孔盗油盗气的长效机制，强化对打孔盗油盗气行为的重视。通过加大科技投入、视频巡查、加强管道巡检、提高举报奖励金额、调动农民巡线员积极性等方式，及时发现可疑迹象并上报相关主管部门。以上措施有利于规避管道潜在风险，有效降低第三方破坏危害性。

（二）油气管道自动化、数字化、智能化发展

“工业互联网”时代背景下，数字化、智能化转型为管道建设质量提升和运行安全管理保障能力进一步增强提供了新的契机。积极发展数字孪生技术，充分利用机器学习、深度学习、云计算、大数据分析等手段，推进全生命周期的数据协同、整合，建立完善的数据交互平台，特别是管道运行、检测、维修维护等方面的数据。应用人工智能、物联网等先进技术，安装一体化视频监控系统、远程传感器等，实现数据自动化采集，促进管网安全水平和运行效率实现跨越式发展。未来智慧管网发展趋势是形成基于多源数据融合的全生命周期智慧管网平台，使管道建设和运行朝着数字化、自动化、可视化、智能化方向发展，为管道全方位感知、监测、运行优化、决策提供支持。

（三）“应急一张网”应急预案体系建设与优化

确保石油天然气管道储运安全，需加快构建应急响应机制和危机管理体系。首先，应制定应急预案，针对自然灾害、事故灾难、公共卫生及社会安全等不同突发事件制定相应专项应急预案，具体内容涵盖事故预警与应急准备、事故发生时的快速反应措施、事故处置流程、危险源控制策略、事后恢复和重建以及多方联动的沟通和协调机制，同时积极演练和修订完善，确保预案的适应性和可操作性。其次，建立自下而上、各司其职的应急组织体系，对事故应急进行协调指挥。组织体系应具备快速响应能力，能够实时监测管道运行情况、及时接收报警信息，并能迅速调动相关资源和人员进行事故处置。最后，应该加强专业应急救援队伍建设，重视从业人员培训和演练，提高其应急能力和应急响应效率。同时采取一些配套措施，如完善事故应急及抢险救援标准、法规体系，建立完善应急抢险机制、研制方便可靠的应急抢险装备，利用智能化技术为应急管理提供数据支持和决策支持，可以及时、有效提高应对管道突发事故的能力，尽可能减少人员伤亡和财产损失。

（四）完善多元化管理体系

政府应强化管理职能，加大监管力度，制定完备的法律法规体系，严格执法，严厉打击违法生产活动。企业是油气管道安全运营的主要负责人，企业需切实履行职责做好安全生产。石油石化企业重视安全生产管理工作，有关主管部门

结合企业实际情况制定合理、科学、健全的管理制度并严格执行，落实生产责任制，建立良好的安全保障以及激励和约束制度，加强安全教育培训，加大安全文化宣传力度，定期对工作人员进行安全知识、职业技能培训，提高从业人员安全意识和职业水平。领导层必须重视安全管理工作，实施有效监督。企业内部应当打造一支专门、高水平的安全管理队伍，明确其职责范围和职责划分，确保各部门能够尽职尽责，管理人员应切实落实安全管理人才培养工作，加大资金投入和安全生产设备升级更新，强化风险管控与排查隐患，协调企业安全生产工作开展，促进信息交流沟通，提高安全管理效率。

第四章　工艺安全技术

王春青

（劳氏船级社）

工艺安全在我国起步较晚，也正是由于这个原因，安全管理的模式还处于被动管理阶段。我们要正确地看待当前存在的问题和发展的不足，梳理好当前的同时，为应对将来的发展做好积极的准备。

一、工艺安全管理发展历史

在当前工业发展过程中，确保人员安全和人类生存环境的安全，已成为发展首要考虑的问题。工艺安全管理(Process Safety Management，PSM)是应用于过程控制工业的一种综合性方法，其主要目的是在处理危险物料过程中预防事故的发生，保护人员和环境安全，避免财产损失。

（一）起源

谈及 PSM，一般认为 PSM 实践起源于美国杜邦的火药工厂。工厂从建立开始，从工艺安全的角度考虑指导了工厂的平面布局、建筑物和设备的设计甚至工人的着装。因在冲压过程中有直接涉及火药的机械操作，而研磨过程中也涉及火药成品粉末，所以某些建筑物应与其他建筑物分开，在建筑物的布局规划上考虑使用了“谨慎的距离”。除了保持一定的物理距离之外，建筑物的设计也考虑到了发生爆炸时将伤害降低。建筑物的三面墙体为花岗岩，一面敞开面向空旷区域，比如河流，建筑物的屋顶由轻型材料建造，建筑物出口的位置能够方便工人快速逃离。工人靴子上的钉子使用木头制作，工作服无口袋，裤脚设计避免积聚可燃物质。在管理上，杜邦家族成员和高级管理者对工程的安全负责，政策要求当启动新的设备或工艺时，管理层都要在场。工厂的门口醒目位置处张贴有标语，意思为“在高层管理人员亲自操作之前，任何员工均不得进入新建或改建的厂房。”尽管还有别的更多的防护措施，然而在 1802—1921 年之间，累计发生了 288 起爆炸事故。

19 世纪 60 年代，在第一条横贯北美的铁路建设过程中，应用了“尽可能减少危险材料的运输”这一工艺安全概念。西部山脉隧道的开挖过程中，需要使用大量的硝酸甘油进行爆破。在发生了几次运输事故后，硝酸甘油被禁运，因此，硝酸甘油只能在靠近使用点附近进行生产。

（二）正式化

二战后时期发生了几起涉及氨和空分装置的重大事故，促成了 20 世纪 50 年代美国化学工程师协会(AIChE)领导举办的第一次工艺安全会议，1979 年 AIChE 成立了健康和安全分部，1985 年成立了 AIChE 化工过程安全中心(CCPS)。

（三）发展

马克・吐温曾说“所有发明家中最伟大的名字：事故”。伴随着正式的工艺安全规则的出现、工业活动的广泛化、事故报告实践的改进，以及公众对工业造成环境影响的关注度上涨，立法部门更加关注重大事故。一些工艺安全事故直接引发了立法部门和其他组织的变革，重大标志性事件包括：

（1）1976 年意大利塞维索：事故泄漏了 6t 二噁英，导致 $18km^2$ 的区域受到污染，3000 多只动物直接死亡，许多人患上了原发性神经病变和氯痤疮。该事件促进了《塞维索法案》(SEVESO DIRECTIVE)和英国《控制重大事故危害法规》(COMAH)的诞生。

（2）1984 年印度博帕尔：博帕尔农药厂泄漏物质为剧毒性物质氰化氢类，短短几天内事故导致 2500 多人直接死亡、3000 左右人员濒临死亡的边缘，125000 人员不同程度地遭到毒害，估计有 10 万人终身残疾，共计影响人数多达 50 多万，事故直接导致美国联合碳化学公司倒闭。这一事件后，美国职业安全与健康管理局(OSHA)制定了《工艺安全管理规定》(OSHA PSM)，美国国家环保局(EPA)制定了《风险管理程序规定》(EPA RMP)。由于博帕尔事故长期的环境影响，1990 年美国国会通过了《清洁空气法案》，同时，为了确保该法案的实施，授权成立了隶属于联邦政府，与各级 OSHA 和 EPA 相独立的化工安全与危害调查委员会(Chemical Safety Board，CSB)。

（3）2005 年英国邦斯菲尔德：油库发生重大火灾爆炸事故，共计 23 个大型储罐发生火灾，43 人受伤，无死亡和重伤，但经济损失和周边影响比较严重。事故发生后，英国能源协会(EI)推出 20 个要素的《高阶工艺安全管理框架》。

（4）2010 年美国深水地平线事故：墨西哥湾深水地平线钻井平台井喷，导致平台发生火灾、爆炸和墨西哥湾溢油。事故致 11 名工人死亡，深水地平线沉没、至少有 400 桶石油泄漏到墨西哥湾。这一事件后，美国内政部成立了安全与环境执法局（Safety and Environmental Enforcement），为海洋作业者制定了《井控规则》（Well Control Rule）和《安全与环境管理体系法规》（Safety and Environmental Management Systems，SEMS）。

时至今日，PSM 已经有非常成熟的制度规定，不仅限于 OSHA 的规定，相关协会和组织等陆续推出了更为详细的应用指南，如 API 750 等，很多大型国际化石油和化工企业，也陆续推出了企业级工艺安全指南。但无论 PSM 的相关要素如何变化，工艺安全技术是实现其宗旨的最重要支撑。

二、工艺安全技术及其作用

工艺危害分析（PHA）是 PSM 体系的要素之一，是一些较为简单和实用的危害分析和评估方法，也是非常狭义的工艺安全技术。这些方法的应用目的是快速地识别危害并定性或定量地衡量危害对人员、环境和资产所带来的风险，进而确定需要的预防措施或缓解措施，常用的方法包括：

① 故障假设/检查表（What If/Checklists）；
② 危险和可操作性研究（HAZOP）；
③ 故障类型和影响分析（FMEA）；
④ 故障树分析（Fault Tree Analysis）；
⑤ 风险矩阵（Risk Matrix）；
⑥ 定量风险分析（Quantitative Risk Analysis）；
⑦ 保护层分析（LOPA）等。

而理论上来讲，工艺安全技术是非常宽泛的一个概念，所有能够解决危害识别和风险控制相关问题的技术手段和方法，均可以称为工艺安全技术，综合来讲，主要包括以下几个方面：

（1）本质安全：本质安全一般是在早期阶段，从设计的角度避免危险，而不是通过工程或管理措施来控制危险，特别是注重减少有害物质的数量和危险操作。

（2）关键设备完整性：主要目的是保证整个装置中关键设备运行状态的完好性和其功能完整性。主要工作涉及设备安装、维修、检查、报废、变更、培训等内容，常使用故障模式与影响分析（FEMA）和可靠性为中心的维修（RCM）等基于风险控制的方法来组织开展。

（3）可靠性和可用性：当需要更优化成本效益的设计及运行来满足对系统高可用度和高可靠性的要求时，进行可靠性及可用性分析以便评价不同的设计/运行的比选方案，用于估计生产可用度、备件消耗、维修资源要求及维修策略。

（4）报警管理：工艺报警值设置不合理、响应不及时、响应方式不正确、报警泛滥等报警管理不当，会导致企业生产工况发生异常时不能及时纠偏，从而降低工艺过程的安全性，甚至导致事故发生。报警管理可优化工艺报警优先级的设置以及工艺报警范围的设置等，进而提高报警的可靠性。

（5）人因和工作环境：人为因素考虑心理学、生理学、人体测量学及生物力学因素在设计中的应用，以增强健康、安全、操作可用性，人因和工作环境的主要目标是通过分析工作环境和人之间的相互影响，降低人员失误行为。

（6）作业安全：是用于识别和分析具体作业过程中可能产生的危害并提出预防措施的方法，一般常见的包括作业安全分析(JSA)、交叉作业分析(SIMOP)等。

（7）数值模拟：将工程问题转化为数值方程，利用计算机来处理解决数值方程的过程称为数值模拟，一般常见的包括基于三维流体力学技术的火灾爆炸模拟、结构响应模拟、风场模拟、温度场模拟、能量场模拟等。

（8）事故调查：是在事故发生后，开展调查取证，并通过现场痕迹分析、人员访谈、图像信息分析、计算机模拟等方法，尽可能地还原事故场景，找出事故发展链条，查明事故发生的根本原因以及其他相关原因的综合技术方法。

（9）其他安全技术还包括实验技术等。

三、国内应用现状及存在的问题

我国在 PSM 的推广和落实上起步较晚，1997 年，在 API RP750 的基础上进行转化，颁布了 SY/T 6230—1997《石油天然气加工工艺危害管理》标准，并于 1998 年 3 月 1 日执行，但是该标准属于石油行业推荐标准，并没有得到推广。直到 2010 年 AQ/T 3034—2010《化工企业工艺安全管理实施导则》首次颁布，才拉开了正式推广 PSM 的大幕。2013 年原国家安全监管总局发布了《关于加强化工过程安全管理的指导意见》(安监总管三〔2013〕88 号)，2016 年国务院安委会办公室颁布《关于实施遏制重特大事故工作指南构建双重预防机制的意见(安委办〔2016〕11 号)》，这是在政策层面上进一步推动了 PSM 的落地实施。2022 年，第一次组织修订了 AQ/T 3034，AQ/T 3034—2022《化工过程安全管理导则》于 2023 年 4 月 1 日开始实施。

其间，一些工艺安全分析方法也以标准的形式推出，包括：

（1）AQ/T 3049—2013《HAZOP 分析应用导则》；

（2）AQ 3054—2015《保护层分析(LOPA)方法应用导则》；

（3）AQ/T 3046—2013《化工企业定量风险评价导则》；

（4）GB 36894—2018《危险化学品生产装置和储存设施风险基准》（2019 年 3 月 1 日实施）；

（5）GB/T 37243—2019《危险化学品生产装置和储存设施外部安全防护距离确定方法》；

（6）GB/T 41253—2022《过程工业安全监测系统有效性评估规范》；

（7）GB/T 50779—2022《石油化工建筑物抗爆设计标准》。

总体上来说，我国的工艺安全管理还处于起步发展阶段，在以下方面有待改进。

（一）技术应用的广度和深度有待提高

我国目前应用比较广泛的工艺安全技术包括检查表法（多用于法定安全评价和标准化评价等符合性评估）、HAZOP 分析、LOPA 分析、SIL 定级、QRA 分析、JSA 分析等，总体上来讲，大多数是狭义上的工艺安全分析方法，在其他更为广义的方法的应用上相对来说较少。即便是这些分析方法，目前各个工厂或装置只是按照标准规定的要求去执行相关分析，工作执行的目的是获得一份报告以通过相关部门的检查或审核，在分析的质量上存在良莠不齐，分析过程数据和结果的应用方面，也缺少相应的指导。总之，目前应用更多的是为了满足符合性的应用，而用于解决实际工程问题的技术应用较少。

（二）系统化和连续性上有待完善

目前工艺安全技术的应用，更多的是为了满足当前需求或着眼于解决当前存在的问题，并没有长远的规划，也不会太多地考虑目标对象的过去和发展，在系统层面存在片面性，也就导致了在技术应用上的连续性较差。举个例子，在役装置改扩建的 HAZOP 分析或每 3~5 年的 HAZOP 工作更新，存在以下情况：待更新内容的基础信息缺失，比如 P&ID 图纸并不能反映当前的真实信息；该更新的时候没有开展更新；新的更新和已执行的 HAZOP 分析成果没有任何联系，甚至部分内容是相悖的，这些情况，都是系统性和连续性较差的表现。

（三）体系制度较冗

对比国际大型石油公司的安全管理体系制度，一个企业乃至一个集团，从上到下一套 HSE 管理体系，员工需要填报的系统也都是唯一的，就好比在同一株树干上汲取养分绵延枝叶。而我们的大多数企业存在体系或制度较冗的现象。举个例子，我们走访过的企业，有双重预防管理系统需要填报，双重预防管理系统和公司的 HSE 管理系统是分开的不关联的，还需要再次填报公司的 HSE 管理系统，还有需要跟政府报备提交的系统等，同样的事情，企业员工需要花费几倍的精力去填报不同的系统，合资单位更麻烦，系统更是多样，需要填报的东西也是变化多样。同样一件事情的数据，这个系统需要这个格式，另一个系统需要另外的格式，各玩各的，花样是真多。最终的结果就是加重了底层企业的负担，各层级要获取准确的统计数据也非常困难。总之，可以想象，这个企业是一株很奇怪的树。

（四）在安全检查上，企业负担过重

在对一些企业执行安全辅导的过程中，我们经常能听到企业抱怨没有时间。一是政策层面，相关政策文件下达之后，省级部门转化为地方标准或相关文件落地实施，市地级也要有政策落地；二是当同行业或者是兄弟单位发生事故之后；三是每年的安全生产月、国庆春节等节假日或重大节日，企业都是如临大敌的紧张，要接待一批批的检查和汇报。基层企业，拥有最熟悉设备和环境的工人和管理人员，是对自己的危害识别和安全状态最自信和最了解的，检查要有度，过于频繁只会加重企业的负担，而让员工疲于奔命，没有时间做自己的事情。所以说，把时间还给员工，让他们多参与安全技术分析会议，长远来看，对企业的长治久安是非常有利的。

（五）在迎合新技术上跨步过大

过去的几年里，在大数据这一概念的驱使下，很多企业非常具有前瞻性地开始了自己的平台搭建，大跨步地往前推进大数据技术。面对新的技术，有没有审视一下是否具备相关的基础？思考一下，有数据吗？数据能用吗？曾经接触过某些企业，一开口就是我们有着几百家工厂能没有数据吗。厂子多并不能代表什么，结果是，一套调查表下来，几乎所有工厂交的都是空白卷。数据，不是简单的统计，是首先要解决各个基层企业的数据化问题。所以，在面对新技术和新环境的时候，勇于创新敢于尝试的思想是积极的，但是切莫过于着急，要有规划地稳步向前，至少需要先解决掉眼前的一团乱麻。

四、发展趋势

工业发展从传统模式向动态和技术化领域的过渡，对工业运营和工艺安全的发展有着直接的影响。扑面而来的人工智能（AI）、机器学习（ML）、数字孪生技术和高阶数据分析等新兴技术，有望彻底改变传统 PSM 实践。总体上来讲，工艺安全实践发展正向着“方法工具化，过程数据化，终端智能化”这一方向前进。有以下因素推进了其发展：

（1）自动化和数字化技术的进步。工业自动化的不断提高、数据收集和分析技术的进步等引领着过程工业的集成化程度提高，将来的工艺安全也将向数据驱动模式方向转变。

（2）企业声誉和社会影响。事故在造成人员安全、环境影响和经济损失的同时，还会影响到企业业务连续性和企业声誉，而声誉的恢复，往往需要更长的时间。

（3）管理理念的变化。政策法规的变化以及更为严格的合规性监管要求，促使企业转变管理理念，由滞后型事故学习转变为前瞻型的事故预防。

（4）新兴产业的发展。近年来清洁能源行业如氢能、风电、光伏、核电以及储能产业的发展，一方面是这些新兴产业自身的安全需求，另一方面是新兴产业在与传统过程工业结合的过程中出现的新的安全需求，推动着安全技术的发展。

五、企业应对策略

面对过去的负重、当前的问题以及将来的发展，我们的企业应在以下方面做好充分准备来迎接挑战。

（一）培养人才

生产是一个动态过程，再加上环境也并不是一成不变的，所以，风险是在时刻变化着的，这就需要有专业的人才能够敏锐地识别出新的危害，并且及时采取措施。人才也是企业安全自信的基础，有了自己的专业人才队伍，就可以化被动为主动，不会被外来因素过多的干扰。人才储备同时也是为将来的发展打基础。

（二）变革管理体系

HSE 管理体系和管理系统，需承上启下地一致贯通，尤其是对于大型企业来说，这点更为重要。在新的 AQ/T 3034 发布之后，我们曾经讨论过，一个企业已经有了 HSE 管理体系，是否需要建立全新的 PSM 管理体系？结论是，不需要，一个良性的企业安全管理是只能有一套体系，允许有短时间的不同体系的过渡，但是绝对不允许长久的并行。这也是避免出现信息差的最有效模式。因此，企业应重新审视一下自己的体系，避免过于烦冗。

（三）延伸技术方法应用

在满足了最基本的标准规范符合性的基础上，企业也应思考，已经执行的分析该如何应用？一个例子，隐患排查的时候，很多基层企业有着无力感，也许会抱怨哪里有这么多隐患需要天天地排查，甚至不知如何下手查。每一个企业都执行过危害识别（HAZID）或者是危险与可操作性分析（HAZOP），企业只要梳理一下分析方法执行过程中识别出来的保护措施或缓解措施，来逐个对保护措施进行检查，这就是最好的隐患排查方式。如此类推，应急预案的编制，可以基于定量风险评估(QRA)报告等。

注重方法技术应用的系统化。比如很多企业实施了安全完整性等级(SIL)定级和SIL验算，但是对于安全仪表系统的管理，并没有系统地将其从全生命周期的角度进行管理，包括SIL回路的验证和确认，SIL回路的测试等。未来企业在安全技术的系统化应用方面，还有很长的路要走，可以先从新建项目抓起，注重系统化和连续性。还应注重应用更多的技术方法，提高安全分析的全面性。

（四）做好信息建设和数字化准备

信息是数字化的基础，很多企业已经从战略高度上作出了信息建设的规划，包括资源和信息结构等，用来记录企业拥有的资源和日常的活动。对于大型企业，信息建设并不是一个容易的过程，需要不断地融合。信息建设的基础原则是确保信息的完整性和时效性。

第五章 炼化企业设备安全技术

刘文才

（中国石油安全环保技术研究院）

往复式压缩机具有变负荷、冲击大、润滑不稳定等特点，运动部件多、故障率较高。根据统计，往复压缩机的故障中大概有80%发生在主机，有15%左右在辅机，其余5%发生在阀门、管路等部分；导致往复式压缩机停机故障原因中，气阀泄漏占36%、填料密封环泄漏占17.8%、活塞环泄漏占7.1%、活塞支撑环磨损占6.8%、零部件连接松动占6.8%，润滑故障占5.4%，其中：零部件连接松动引发的安全事故占80%以上。如何高效、准确判断早期故障，避免关键部件性能劣化失效，实现精准维修、预知维修，保证压缩机安全稳定运行，具有十分重要的现实意义。

故本章以炼化企业往复式压缩机早期故障诊断技术为例进行阐述。

一、炼化企业往复式压缩机故障诊断现状

往复式压缩机是一种工业生产中广泛使用的关键机械设备，依靠在气缸内作往复运动的活塞或做旋转运动的转子的作用，使吸入气体的体积缩小而提高压力，以满足生产需要。伴随着国内石油化工能源产业的快速发展，石化企业中应用的生产设备趋于大型化、智能化发展。往复式压缩机作为炼油、化工等流程工业的核心设备，其结构复杂、易损部件较多，故障发生率一直居高不下。且由于往复式压缩机的压缩介质大多为天然气、乙烯、氢气等易燃易爆气体，一旦设备发生严重故障，这些危险性气体极易出现泄漏，进而导致着火、爆炸等恶性安全事故的发生，对人身安全造成严重威胁。

（一）往复式压缩机常见故障类型分析

1. 基本结构

往复压缩机结构主要由四部分组成：运动机构、工作机构、基础部分、辅助系统。

（1）运动机构，主要包括曲轴、连杆、大头瓦、小头瓦、十字头和活塞杆等。运动机构的基本作用是将驱动机构的旋转运动转变为活塞的往复运动，带动活塞往复做功。

（2）工作机构，主要包括气缸、支撑环和气阀等。其作用主要是对气体增压，气体通过进气阀被吸入气缸，经过活塞压缩后，压力增高，顶开排气阀，从排气管道排出。

（3）基础部分，主要包括机身、底座和中体等。

（4）辅助系统，主要包括控制系统、润滑系统和冷却系统等。

2. 常见故障

往复压缩机运动形式相对复杂，存在易损部件多、产生振动的激励源多，故障类型较难区分等问题。按照故障类型分类，往复压缩机可分为泄漏类、磨损类、断裂类、松动类、冲击类、堵塞类等故障，按照发生部位可分为气阀类、传动部件类、密封组件类故障等，如表 3–3 所示。

表 3–3　往复压缩机典型故障类型

故障类型	故障部件	故障名称
气阀故障	气阀弹簧	气阀弹簧失效
	气阀阀片	气阀阀片断裂
传动部件故障	曲轴传动轴	不平衡
	联轴器和十字头滑道	不对中
	连杆螺栓	连杆螺栓断裂
	十字头销	十字头销断裂
	活塞杆十字头紧固螺纹	活塞杆十字头紧固螺纹松动
	活塞杆活塞紧固螺纹	活塞杆活塞紧固螺纹松动
密封组件故障	支撑环	支撑环磨损
	支撑环	支撑环断裂
	活塞杆	活塞杆磨损
	活塞杆	活塞杆断裂
	活塞环	活塞环磨损
	活塞环	活塞环断裂
气缸故障	气缸缸体	撞缸
	气缸缸体	拉缸

（二）往复式压缩机故障诊断与预警方法

针对往复式压缩机，传统预警方式只针对几个简单的特征参数设置报警线，采用门限报警的方式，但由于往复压缩机故障机理复杂，故障信号存在耦合性、非线性与非平稳性，在实际应用过程中漏报、误报情况较多。与离心压缩机相比，往复压缩机故障率高，通常配置备机，在线监测系统安装的传感器非生产厂家出厂原配，现场仪表硬件维护缺乏有效管理，因此设备启停车频率较高，检维修与拆卸传感器频繁，传感器故障率高。

往复式压缩机故障诊断通常分为以下几步：一是故障机理研究，主要通过设备的力学特性来构造动力学模型，通过分析模拟发生不同故障时系统的响应来研究机组的故障特性，进而为故障的特征提取工作提供参考依据。二是信号采集，是故障诊断和预警的基础，利用传感器实时测量机组的运行状态信号，例如缸盖振动信号、曲轴箱振动信号、键相信号等。三是信号特征提取，对信号进行处理分析，提取出能够反映不同故障的特征参数，例如时域上的峰值、有效值等，频域上的傅里叶变换获得频带能量等。四是敏感特征选择，由于柴油机的信号具有强烈的非线性和非平稳性，多个特征参数之间存在冗余信号，并非完全独立的。从中提取出互不相干且对不同故障敏感度高的特征，能够更清晰地反映出机组不同的工况。五是故障诊断，目前应用最多的是人工智能诊断方法，如神经网络、支持向量机等方法；六是依据诊断结果提出对应的维修计划。

信号特征可以分为时域、频域、时频域这几个维度进行提取。常见的时域特征有峰值、峰峰值、有效值等。频域分析方法包含快速傅里叶算法、相关分析、最小方差法等。单纯的频域方法难以对所有时间点的频率成分加以分析，时频分析方法能很好地解决这个问题。典型的时频分析法有小波分析法、希尔伯特黄变换等，其中：希尔伯特黄变换依赖于经验模态分解将数据自适应地分解成本征模态函数。可以将时域频域分析技术应用于往复式压缩机活塞磨损故障诊断中，该方法对冲击、碰撞等故障诊断效果明显。JinC 等基于振动信号的有效值、峰峰值、峭度、峰值因子、小波变换能量比值等特征进行柴油机的故障诊断。李国宾等将小波包变换和奇异值分解用于柴油机振动信号的特征提取。宋震研究了柴油机的典型故障特征提取和诊断方法，分别提取振动信号的平均值与方差、偏斜度指标和峭度指标、标准差、最大值、最小值等时域参数，用于 SVM 中进行故障诊断。MoosavianA 等提出一种通过振动信号诊断内燃机活塞拉缸故障的方法。王庆锋等提出了基于活塞杆动态能量指数的故障监测诊断方法，对于活塞杆早期预警具有重要意义。

在敏感特征提取方面，常见方法有主成分分析及其系列改进算法、遗传算法、特征权重算法、流形学习算法等。其中遗传算法中交叉率等参数的选择大多依靠经验，没有很好的选择机制，而且其搜索速度很慢，效率较低。提取出敏感特征参数后，再运用于智能分类器中进行故障模式识别，实现故障诊断。其中：常见的分类器有神经网络、支持向量机等。基于往复机械振动信号的故障诊断方法综合运用了特征提取、敏感特征选择、故障分类等多个算法。吴艳文等提出基于一种特征权重算法(Relief 算法)的特征学习聚类方法但是 Relief 算法无法消除所选取特征之间的相关性。

苑宇等提出了基于 PCA 的柴油机振动信号特征提取方法，结果表明该方法能够去除柴油机振动信号局域波时频图中的冗余信息，从而更有效地反映出故障信息 *t*%。徐丰甜等采用 PCA 提取往复压缩机敏感特征。PCA 算法能弥补 Relief 系列算法无法消除特征相关性的缺点，但是如果采用主成分分析算法直接对原始的大量特征参数进行处理，过大的计算量将会降低处理效率。流形学习算法能够有效地提高往复压缩机故障诊断的准确率。曹龙汉等提出基于微分进化算法与 SVM 算法的柴油机气门故障诊断方法，提高了算法的诊断准确率。刘永斌等提出基于 PCA 和 SVM 的内燃机故障诊断方法，结果表明该方法可以有效识别内燃机不同的运行状态。Zhang C. 等提出了基于免疫小波神经网络的柴油机故障诊断方法，针对船用柴油机，提高了神经网络的诊断效率和收敛能力，从而提高柴油机的故障诊断能力。Hu Z. , Shan shirband 等将支持向量机用于柴油机的故障诊断。Xing C. H. 等提出了基于敏感特征和人工神经网络的故障诊断方法，提高了活塞杆组件故障预警的能力。

(三) 存在的突出问题

1. 尚未建立统一的分级管理标准

与离心类机组不同，炼化企业往复式压缩机一般均配有备机。炼化企业已将离心类机组列为关键机组，并逐步实现在线监测系统安装全覆盖，但将往复式压缩机列为关键机组的企业较少。炼化企业或未对往复式压缩机进行分级管理，或按照工艺位置、介质类型等进行粗略分级，缺乏统一的分级管理标准指导，无法制定针对性的监控措施和检维修方案。

2. 在线监测系统作用发挥有限

一是临氢介质往复式压缩机未能实现全覆盖。由于介质的高危特性，此类压缩机健康状态是炼化企业关注的重点。炼化企业安装在线监测系统的往复式压缩机覆盖率普遍不高，部分企业临氢介质的往复式压缩机未安装在线监测系统，无法实现设备运行状态实时监控。二是在线监测系统不具备早期故障诊断功能。现有在线监测系统仅具备报警功能，多采用门限报警方式，设置部分特征参数报警线，仅能显示设备异常，无法判定具体故障类型，且报警时故障已处于晚期，极易引发恶性事故。三是传感器故障和数据失真现象较为普遍。在线监测系统安装的传感器多为非压缩机生产厂商配置，均为外部壳体安装，无法近距离安装在关键部件部位，且启停机频率较高，检维修拆卸传感器频繁，传感器故障率偏高、现场仪表数据失真，导致漏报、误报情况较多。

3. 部分早期故障诊断技术难题有待突破

一是早期故障信号未能及时、准确识别。早期故障属于弱故障，故障信号微弱、复杂且伴随着大量的噪声，传统方法对混叠信号有效分离存在较大的局限性，导致后期诊断时效性降低。二是现有相关研究尚未实现从“零件-整机”的点面有效结合。在故障机理不清的前提下，采用 1~2 种诊断方法判定所有零件故障，准确度偏低。三是往复式压缩机专家诊断系统在国内尚处于空白。标准案例、典型案例缺失，有效的诊断知识表达方式缺乏，诊断推理效率低。现有诊断模型多采用一定假设条件和人为设置参数，仿真验证故障诊断算法较多，缺乏基于典型案例的训练方法，自动诊断误差较大。

二、建议措施

（一）强化分级管控，发挥监（检）测工具支撑作用

多轮驱动、精细管理，全面提升往复式压缩机风险防控能力。一是加强往复式压缩机分级管理。参照高危泵等相关分级管理制度，形成统一标准规范，实现分级管理，有效指导后期差异化监测和检维修方案制定。二是切实发挥在线监测系统支撑作用。结合企业实际情况，适度部署在线监测系统，配合有效离线巡检，评估机组运行状态，一旦发现进气带液等问题，及时停机。三是加强在线状态监测系统、入出口及级间分液罐等附属仪表运维管理。加强在线监测系统日常

维护，确保就地仪表和远程仪表显示准确一致，分批次开展老化服务器、损坏传感器、失真仪表等更新维修工作，保证在线监测系统及相关仪表正常运行。四是强化预知性维修。以监测诊断为基础，结合填料、活塞环等关键部件故障的历史和现状，参考运行环境及其他同类部件的运行情况，预测其劣化发展趋势，制定科学合理的检维修策略，实现精准维修。

（二）瞄准技术瓶颈，破解“监测–诊断–预警”难题

聚焦瓶颈、精准发力，加强关键技术集中攻关，逐步形成具有行业特色的技术利器。一是探索不同传感器布局对故障捕捉准确性的影响规律，改进传感器分布和安装方式，研究基于规则推理的传感器异常自检方法，提高故障监测数据的准确性与可靠性。二是结合动力学和信号学理论，研究弱故障特征增强和强噪背景下故障特征提取方法，建立故障演化过程与征兆间的映射关系，掌握早–中–晚期故障的动态演化规律，为后期故障诊断提供理论支撑。三是研究“故障–故障特征–预警参数”的对应关系，充分考虑变负荷对设备运行状态影响，提取敏感特征参数，研究基于“工艺参数+振动信号”的多源信息融合诊断方法，开发准确、快速、高效的预警工具，逐步完善在线监测系统早期故障诊断功能。四是打破各企业间的“数据保护”，建立数据共享机制，挖掘监测数据内在规律，逐步建立监测诊断案例库、故障模型库等知识库，构建多模型、分布式网络的往复式压缩机专家系统，实现故障精准判定与早期预警。

（三）突出问题导向，形成高效适用的一体化解决方案

以往复式压缩机全生命周期为主线，围绕数据采集与分析、风险评估、监测与检测、完整性评价及维护维修五个环节，在充分运用 RCM 等成型工具的基础上，关注状态监测与健康管理、设备性能测评与能耗管理、设备设施风险评价、智能巡检与作业风险管控等典型应用场景，充分运用数据监测平台与人工智能手段，实现从表象到机理、从定性到定量、从单故障到群故障、从强故障到弱故障、从部件故障到系统故障、从单一特征识别到多源信息诊断的突破，形成早期、动态、定量、智能的监测诊断技术，综合评估装备运行状态与发展趋势，开发准确、快速、高效的预警工具，提供一体化解决方案。

第六章　氢能安全技术

王雅杰

（中国石油安全环保技术研究院）

一、国内外氢能安全技术现状分析

氢能作为高效低碳的能源载体，绿色清洁的工业原料，在交通、工业、建筑、电力等多领域拥有丰富的落地场景。随着我国氢能产业的快速发展，氢安全问题的重要性也开始凸显。当下，氢能产业机遇与风险并存，监管体系不明确、审批流程不统一、产业链安全管理能力不足等问题显现，亟待提高氢能的安全技术保障能力。本报告通过对氢能全产业链的安全风险进行梳理，了解各环节存在的风险因素，并进一步明确国内外在氢能安全保障技术上的发展现状，以期为我国下一步氢安全管理体系的完善和发展提供支撑。

（一）氢能全产业链风险识别

从安全性的角度看，氢气具有易燃、易爆、泄漏、扩散和氢脆五大风险。尤其是泄漏性和爆炸性，是近年来氢气安全事故发生的主要原因，因此必须关注氢能产业链全过程的安全问题。

1. 制氢环节风险

在可再生能源电解水制氢中，电解槽、固定储氢容器等关键设备的腐蚀泄漏是主要的安全隐患，原因是电解槽、储氢容器以及管路在高压工况下加速装备本体及零部件材质的腐蚀速率，导致出现裂纹、焊缝撕裂、冲蚀磨损，更易在管阀件、垫片附近出现氢气泄漏、聚集，进而引发着火爆炸。

在化石能源制氢中，高温高压条件下的制氢工艺风险因素复杂，可能发生火灾、氢气泄漏和爆炸等安全事故。一方面，由于化石原料（甲烷、天然气、重油、煤）本身具备可燃、易燃的性质，在操作不当或工况恶劣的情形下存在火灾爆炸的风险；另一方面，制氢过程中除了产出氢气外还会产出 CO 等附加气体，通过采用“点火炬”的方式处理，在动火作业时也存在一定风险；此外，根据化石原料类型的不同，流体可能涉及多种相态转化，对工艺安全的监测及预警技术提出了较高的要求。

2. 储运环节风险

在氢储存过程中，安全隐患主要包括内胆腐蚀和氢脆、金属内胆的抗疲劳性能不足以及复合材料容器的氢气渗透问题。在高压情况下，金属内胆的复合材料容器不仅存在氢气渗透问题，而且在氢气快速充装过程中会出现显著升温，对复合材料的树脂黏合剂产生影响，从而导致其出现剥离现象，使得容器承载能力及使用安全性降低。此外，储氢罐多次重复使用，产生细微裂缝或磕碰摩擦，极易引发爆炸。

管道运输的安全风险主要来自氢气泄漏聚集引发爆炸风险，道路运输风险主要来自交通事故等第三方突发事件。氢脆和腐蚀所带来的氢气泄漏/积聚进而引发爆炸是天然气管道掺氢和纯氢管道面临的重要安全问题，同时设备运行故障以及计量误差也是重要的安全隐患；而在气氢长管拖车、液氢槽罐车输运过程中，交通状况、人员操作及周边环境多变导致随机性的突发事件是主要因素。

3. 加氢环节风险

加氢环节隐含的风险因素主要包括氢气泄漏和积聚风险、氢气升温隐患风险以及静电和明火爆炸风险。安全阀、放空阀、加氢软管、阀门、压缩机、储氢罐、加氢机、管道及管阀件间的连接处、加氢软管、隔膜和压缩机膜片等部位容易发生氢气泄漏，造成爆炸等安全隐患。此外，在高压氢气加注过程中，车载氢瓶内氢气容易快速升温，亦存在安全隐患。

4. 应用环节风险

交通领域的氢安全问题主要聚焦车载供氢系统的安全性和车辆的安全性两个方面。其中，在车载供氢系统中，安全隐患集中在氢气泄漏问题上，例如安全阀或减压阀、罐壁、氢管路以及其他零部件的氢气泄漏，泄漏点尺寸形状不规则，而供氢系统瞬间破裂还可能导致氢物理爆炸事故；车身在受到剧烈撞击、追尾等交通事故时，也可能出现氢气泄漏、控制系统失效以及电路起火等安全问题。

工业应用领域的氢安全问题来源于可再生氢耦合传统煤化工、氢冶金等工艺对产线带来的稳定性运行影响，同时也将提升设备的操作难度。以合成氨为例，可再生氢源的顺势波动性将导致产线运行负荷不稳定，给操作人员带来不可能实现的操作难度，而运行负荷的频繁改变将使压缩机等设备出现喘振等现象而造成机组损坏，同时，也可能造成相关系统联锁停车、烧瓦直至机组损坏事故。因此，可再生氢耦合化工应用中需要设备负荷保证相对稳定性，这也是改造现有煤化工工艺的前提，对氢源的稳定供应要求极高。

能源应用领域应重点关注氢能对燃气轮机、锅炉等发电设备带来的安全影响。以掺氢燃气轮机应用为例，天然气掺氢燃烧主要考虑掺氢比例的安全性问题，随着掺氢比例提高，燃料反应性会发生变化，造成火焰向上移动、燃烧时间过长等问题，不仅燃烧面临更高挑战，而且氢对管道金属材料造成的氢脆腐蚀问题也会加重，同时较高的燃烧温度也会带来较多的氮氧化物排放性问题等，对传统设备工艺进行优化设计带来挑战。

综合而言，氢气使用的安全问题贯穿于氢气的生产、储运、加注和应用各个环节，主要风险集中在氢泄漏与扩散、氢燃烧与爆炸、氢与金属材料相容性三大方面。表 3-4 为氢能产业链各环节存在的安全隐患总结。

表 3-4　氢能产业链各环节存在的安全隐患总结

所处环节		风险因素
制氢环节	可再生能源制氢	电解槽、固定储氢容器等关键设备的腐蚀泄漏
	化石能源制氢	制氢原材料(甲烷、天然气、重油、煤)的可燃易燃性带来的火灾爆炸危险；制氢副产品引起的火灾风险等
储运环节	存储	内胆腐蚀和氢脆问题；容器的疲劳寿命问题；金属内胆的复合材料容器氢渗透问题；快速充装氢气过程中对容器承载能力及寿命问题
	装卸	储氢罐裂缝和磕碰摩擦过程出现的爆炸风险；氢气装罐过程中因氢气不纯导致的易燃混合气体
	压力机制转变	临氢零部件、管路和储罐在长期的高压氢气环境中，抗氢脆性能下降，易产生氢气泄漏风险
	液化	保温层破坏引起的爆炸风险
	运输	高压氢管道氢脆风险及其产生的氢致开裂现象；管材及其焊接接头与纯氢/掺氢天然气相容性
加氢环节	加氢站	加氢站储氢瓶储存间和氢气压缩机间的氢泄漏积聚风险；关键零部件接口泄漏风险；高压氢加注过程中车载氢瓶内氢气快速升温风险；加氢站着火爆炸风险
应用环节	交通/工业/能源等领域	碰撞、追尾时的氢气泄漏问题，车载供氢系统安全阀或减压阀、罐壁、氢管路以及其他零部件的氢泄漏问题；运行负荷的频繁改变造成相关设备损坏以及相关系统联锁停车、烧瓦直至机组损坏事故等；掺氢比例提高造成火焰向上移动、燃烧时间过盈、加重金属管路腐蚀等问题

（二）国外氢能安全技术发展现状

国际上在氢能安全防护方面研究较为成熟，围绕氢泄漏扩散、氢火灾爆炸、氢与材料相容性和量化风险评估等方面建立了相对完善的相关技术体系。氢泄漏扩散方面，欧、美、日等国家和地区对高压氢气泄漏、燃爆风险评估及防控方面研究较早，开展了不同条件下受限空间内氢泄漏试验，提出了系列泄漏事故的预防和事故后果减缓措施，并以大尺度氢气泄漏燃烧及爆炸相关实验为基础开发了仿真软件，构建了氢安全事故数据库；氢火灾爆炸方面，基于引起氢火灾的原因、机理、影响因素以及传播特性提出经验公式等方法学，以明晰相关安全规律；氢与材料相容性方面，美国、日本、韩国等多个发达国家均具有氢相容性测试能力，其中日本最高试验压力可达 210MPa；量化风险评估方面，美国推出了氢安全风险评价工具，其将国家上先进的理论、模型和数据集成为一个工业化的综合性分析体系，形成了模拟方法和软件，此外，立足氢能产业发展需求，围绕氢脆测试、储氢系统安全检测以及制氢设备、燃料电池检测技术等方面形成相关技术体系。

多个国家成立了专门的研究机构和协会组织开展氢安全研究和推广，以期推动氢能安全发展。英国奥斯特大学成立了氢安全工程与研究中心，持续开展氢气安全应用与数值模拟研究；美国能源部西北太平洋国家实验室和美国化学工程师协会联合成立氢安全中心，为行业提供氢安全指导和解决方案；日本国家先进工业科学技术研究所安全与可持续科学研究中心围绕加氢站等环节开展安全风险评估；欧盟成立国际氢安全协会（HySafe），开展氢安全研究、教育和培训工作，促进氢安全发展。此外，日本氢能检测研究中心（HyTReC）、美国圣地亚国家实验室（SNL）、欧盟燃料电池和氢能联合组织（FCH-JU）、欧洲氢气安全委员会（EH-SP）、加拿大电力科技实验室（PowerTech）等都在围绕氢安全开展相关研究工作。

同时，各国政府积极开展和发布氢事故数据库，对过去的氢事故进行详细分析，为提高氢技术安全提供建议，更好地促进市场增长。例如，根据美国能源部提供的氢事故统计数据，实验室是氢事故最常见的地点，管道破裂和部件/阀门故障是主要表现。设备故障是氢相关事故的主要原因，财产损失占氢相关损失的比例最大。在死亡率方面，氢气事故的发生率是天然气事故的两倍。欧洲也在努力建立一个氢气事故数据库。他们在数据库开发方面的努力为各国政府加强安全、应急准备和土地规划提供了参考，它有助于所有利益相关者更好地了解氢气事故，积极实施预防措施，降低风险，并促进高质量的市场增长。此外，各国正在逐步加强有关氢气的法规和标准的建立。氢的标准化对提高氢的利用率、促进氢技术进入市场、推进氢的安全起着至关重要的作用。Ashari 等人是首批使用氢技术专利、出版物和标准作为氢技术创新系统评估指标的人。他们应用文献计量学方法来分析氢的标准，结果同样强调了氢安全的重要性。这不仅促进了氢的生产技术，改善了氢的基础设施，提高了氢的安全性，改进了标准，而且不断推动创新氢安全技术的研究和进展。

（三）国内氢能安全技术发展现状

我国已经开展氢安全防控技术研究和储备，初步形成相关技术体系框架和研究能力。“十三五”期间，我国对不同应用场景的氢气扩散、液氢泄漏、燃烧和爆炸等方面开展相关理论研究，建立了高压临氢部件及储氢瓶测试试验平台，初步具备临氢部件及储氢瓶测试能力以及进行了制氢设备安全监测体系研究和氢气泄漏爆炸以及防控技术的研究。同时，中国石化青岛安全工程研究院、合肥通用机械研究院、浙江工业大学、大连理工大学等多家企业和院校在氢气泄漏机理、燃爆试验、临氢部件和高压设备、液氢应用方面积累了一定的经验并探索出了一系列技术。青岛安全工程研究院围绕氢能生产、储运、加注和使用全链条的安全风险评估、安全防护装备、安全标准规范等方面开展研究，建设氢能安全试验研究与检测测试平台；中汽中心工程院开展汽车行业氢气泄漏爆炸实爆试验研究，针对氢燃料电池汽车试验及使用环境开展了氢气泄漏规律仿真研究、泄漏预警机制研究、防爆泄爆试验研究；浙江大学氢安全研究实验室在氢气泄漏爆炸、氢与材料相容性、高压氢气快充升温、车载储氢气瓶耐火性能、氢风险评价等方面开展了较为系统的研究。国家能源集团围绕氢能品质和关键装备进行了相关检测业务的布局。

我国已经形成以安全与技术为基础的氢安全标准体系，不同场景管理标准规范逐渐落实。截至 2022 年底，我国在氢安全方面已有 20 项国家标准；4 项地方标准、6 项行业标准与 18 项团体标准，各类技术标准中也对氢安全部分进行更新。2022 年，全国氢能标准化技术委员会发布 GB/T 29729—2022《氢系统安全的基本要求》，在 GB/T 29729—2013 的基础上规定了氢系统的类别、氢的基本特性、氢系统的危险因素以及其风险控制的基本要求，适用范围更广，氢的基本特性、氢系统材料、氢系统风险控制等技术指标更明确丰富，将在促进氢能技术健康发展及提高其市场和社会认可度等方面发挥积极作用。

较于日本、美国、德国等发达国家，我国氢安全研究起步较晚，对氢安全技术的系统性研究相对匮乏，主要集中在少数高等院校和科研院所，落后于产业发展的现实需求，支撑产业健康快速发展的能力尚有不足。在氢安全方面的研究相关投入较少，实际的氢能应用经验不足，造成目前氢安全的研究缺乏实际运行数据的支撑。安全检测能力滞后于氢能产业发展的需要，高压氢系统材料/整机耐久性检测技术和装备存在较大差距。相比发达国家投入了大量资源推进氢安全相关标准的制定，逐步完善了有关氢安全的标准体系，我国氢安全方面的标准尚不能满足氢能技术应用领域的需求。

（四）中国石油氢能安全技术发展情况

发展氢能是中国石油党组落实党中央决策部署，实现“碳达峰、碳中和”的重要举措。随着国内氢能行业的高速发展、绿氢需求高涨，需加快高效清洁的绿氢全流程研究，加强氢能工业体系建设，加快突破氢能核心技术和关键材料瓶颈，实现氢能全产业链良性循环和发展。中国石油在制、储、运、用氢方面均取得了部分成果，在氢能重点领域和关键环节开展了技术攻关，但整体处于跟跑水平，需持续加大攻关力度，进一步缩小与国外技术差距。而对于氢能安全技术的研究，中国石油处于起步阶段，目前在研技术主要包括氢储存及输送过程中的氢泄漏扩散及燃爆的机理研究、氢泄漏引发的喷射火机理研究、管材氢脆机理研究以及掺氢管道安全风险分析等，对于氢能全流程的重大事故风险演化与灾变机理、安全检测与监测预警、关键设施安全评估及结构完整性分析、事故应急与风险控制技术的研究还需投入大量人力、物力，并且需提升对氢安全的重视程度以及相关标准制度的建立。

二、国内氢能安全技术存在的问题

氢能产业链基础设施具有关键零部件多、系统复杂、用材特殊、加工条件严苛等特点，氢能利用安全主要研究氢制取、储运、应用和氢能基础设施的安全问题，涉及氢泄漏扩散、氢火灾爆炸、氢与材料相容性、氢风险评估、氢安全仪器设备和规范标准等。相比之下，我国氢能发展起步晚，虽然在风能、太阳能和生物质能等可再生能源制氢、固态储氢、高压储氢、输氢和加氢、先进燃料电池等关键技术方面进行了全面布局，取得了一系列研究成果，但是相关核心技术和自主化设备研究技术还较为薄弱，尤其是对氢安全保障技术上，亟须开展中大尺度的氢泄漏、火灾、爆炸试验研究，尽早实现氢能利用中从事故风险演化与灾变机理、安全评估与完整性、安全检测与监测预警、事故应急与保障机制等方面的技术难点攻关，以及突破氢能产业链成套安全关键技术和装备，形成安全技术标准体系。

现存的安全技术问题主要包括：

（一）氢制取阶段

在“灰氢”制备过程中，现有管道、容器安全监测预警技术不足以满足高温高压氢制取过程中的风险监控，容易导致反应容器完整性失效，进而引发危化品泄漏、火灾、爆炸等灾难性事故；在“蓝氢”制备过程中，在碳捕获和储存环节中由潜在二氧化碳泄漏引发的健康安全环境风险监测技术以及地址封存场所相关的安全检测技术的研究相对匮乏；在“绿氢”制备过程中，电解水和光解水制氢仍处于研究阶段，并集中于可再生能源等绿色制氢新技术、能源优化、国产制氢装备等方面的研究，在此方面存在的新兴安全风险仍缺乏系统性研究，与之相关的安全技术研究处于相对空白状态。

氢制取过程中器件极易发生腐蚀和损害，涉氢设施与材料的失效机理、损伤扩展机理以及缺陷定量评估技术的研究尚缺乏理论依据和实验支撑条件。缺乏涉氢设备、材料和部件的安全可靠性测试评估方法的检测认证技术手段，以及涉氢设备、管线、阀门、储氢罐等的缺陷评估标准与完整性管理体系。

相比于国外制氢站的风险防控与应急处置关键技术，目前并没有一套适用于我国自身环境的应急处置技术，对于多源灾害场景应急疏散过程中人员风险的系统认知也较为匮乏。

（二）氢储存阶段

储氢过程中发生泄漏扩散事故时，对于事故起因的风险因素辨识技术仍有待提高，如泄漏口形状、障碍物、氢浓度梯度及空气浮力对氢泄漏扩散的影响规律，泄漏模型优化及峰值压力预测方法，多处泄漏时不同氢射流之间的相互作用与影响的技术手段。

对于受限空间内发生氢泄漏时，根据氢气的物理特性，现有技术不能满足分布式氢存储的监测、远距离自动检测与安全大数据分析；氢能存储形式多样、环境与条件苛刻，安全操作与及时预警难以得到保障。此外，我国的氢气储存风险预防技术仍需完善和改进，需要进行更多的储氢材料相容性试验，建立更多适用于国产储氢设备的安全评估标准，为我国的储氢设备安全评估体系提供理论依据。针对人群居住密集区的氢存储设施，我国现有的应急处置技术不能及时应对氢泄漏突发事件，仍缺乏对氢泄漏及其衍生事故的全过程研究，对于储氢设施破坏形式、泄漏、扩散、燃烧或爆炸全过程的事故演变规律研究、应急维抢修风险计算模型与评估方法研究等技术手段仍需进一步加强。

（三）氢输运阶段

国际上氢气输运方式包括长管拖车气态输运、液氢罐车输运和管道输运等。利用已有相对完善的天然气管道设施，掺入一定比例的氢气进行传输，已成为欧美各国的研究热点，为传统油气行业参与氢能产业、获得效益增长点提供了宝贵机遇。然而，我国在此领域的研究尚未覆盖各项风险因素，安全保障技术缺少相应的标准规范。

此外，作为未来氢能输送的主要途径，管道输氢过程中，可以适当加大埋深，针对穿越公路、铁路、街道的埋地管道风险防控技术与装备的研究仍需持续攻关。对于已有安全监控系统的信号监测缺乏逻辑分析推理能力，过多依赖于案例支撑，智能化水平低。

对于现有的掺氢管线，国内已经开展了一些重要的探索性研究，总结了掺氢天然气与配送管道、长距离输送管道及管网其他设备的相容性，但对于临氢环境下裂纹萌生和扩展机理的研究相对较少，缺乏国际统一的氢与材料相容性试验标准、掺氢天然气储输标准。对于在运行的天然气掺氢管道，没有针对氢系统的综合风险评价方法以及氢能输运基础设施服务网络重大危险源辨识方法，亟须构建有效的事故缓解方法和应急安全响应机制等。

（四）氢利用阶段

截至 2023 年 11 月，我国已建成运营加氢站 420 座，在运营加氢站 265 座。对于密闭空间内，氢气泄漏相对于其他燃料更容易发生爆炸甚至爆轰。目前，针对氢燃料电池汽车在密闭车库内的氢泄漏事故开展了大量的研究，并确定了产生严重氢泄漏事故的失效形式。但是对于氢气在隧道、地下停车场、社区车库等受限空间的泄漏扩散规律仍需深入研究。

此外，我国目前尚不具备国外普遍使用的 FCEV（Fuel Cell Electric Vehicle）供氢系统装备的产业化能力，国外供氢系统压力普遍为 70MPa，我国用氢压力多为 35MPa，极大降低了 FVEV 的行驶里程，而未来采用 70MPa 系统是必然趋势。因此，我国亟须建立可靠的安全检验测试方法和相应的标准体系。

目前，我国 FCEV 相关的标准规定由国家标准化委员会下设的若干标准技术委员会负责，这些标准以借鉴、参考、翻译国外标准为主，缺乏足够的实验数据和必要的安全技术研究支撑，并且对于我国氢能的应用场景特点的适用性还有待商榷。因此，需根据我国自身环境，开展不同工况下氢能应用安全风险评估、测试，以及标准规范研制等工作。

三、氢能安全技术发展趋势

随着氢能源产业的快速发展，氢气安全技术将得到进一步的完善和创新。以下是氢气安全技术未来的一些可能发展趋势。

（一）氢制取设备设施安全监测预警技术突破

研究人员将继续开发高效、智能化的氢气泄漏监测预警系统，结合机器学习和人工智能技术，实现对氢气泄漏的实时监测、预警和自动控制，以最大限度地减少泄漏风险，例如制氢装备故障模式与安全风险识别、制氢设施安全隐患早期监测预警技术、涉氢设备/材料和部件的安全可靠性测试评估方法及缺陷评估标准等技术。

（二）氢储运过程中安全解决方案的全面建立

氢气储运是氢能源产业发展中的重要环节，未来的研究将关注该过程中各个环节的安全问题，包括高压压缩储氢、液态氢气运输、氢气管道输送等。例如，通过提高储存密度和减少氢气泄漏风险开发更加高效、安全的存储技术；利用物联网、云计算、人工智能等技术，构建智能化氢储运管理系统；开展氢能储运设施安全与完整性关键技术研究；推进现有掺氢管道超高清螺旋励磁检测技术；提升氢能输运基础设施服务网络重大危险源辨识方法以及氢能输运突发事件监测预警与智能应急决策。

（三）氢利用安全质量体系的不断完善

未来的研究将继续关注新型材料与器件的开发，以及智能化传感器网络的应用，为氢能源的安全应用和推广提供更好的技术支持。其研究方向主要包括：开发高灵敏度、高选择性和高稳定性的新型传感材料；继续寻求新型的氢气防爆材料和防护结构；临氢承压储氢瓶/阀门/仪表等安全检测检验方法和标准体系的完善；提升加氢站安全风险实时监测、精细化管理和预警处置技术；氢供应基础设施健康监测、设备生命周期健康评估技术的创新等。

（四）跨学科合作与国际标准统一的建立

氢气安全技术发展需要多学科融合，如材料科学、化学工程、机械工程、电子工程、安全工程等领域的专家密切合作。此外，制定统一的国际标准也是重要的方向，以保障全球范围内的氢气安全使用。例如，国际统一的氢与材料相容性试验标准、掺氢天然气储输标准、完善的氢能安全标准体系、氢能安全监管规制、氢能安全技术体系等。

在以上技术的大力发展下，全面开展可再生能源大规模制氢、储氢和输配示范，建立健全事故应急响应机制，力争有效保障氢能源产业的安全健康发展。

四、建议

（一）系统开展氢泄漏/扩散/燃爆等试验研究

开展氢泄漏、扩散、燃爆试验，为氢能生产各环节的风险评价所需模型的建立与验证提供充足的基础数据；完善金属与非金属材料的抗脆性能数据库，为我国高压临氢承载件材料选择、设计制造、安全评估、标准制定提供依据。

（二）加强氢能基础设施运行安全技术研究

针对氢的制备、储输和加氢站建设，形成氢能基础设施服务网络重大危险源辨识方法，建立氢系统风险评价模型，构建氢能全流程风险量化计算与评级指标体系，同时建立有效的事故缓解方法和应急安全响应机制，为我国氢燃料电池汽车的商业化发展提供支撑。

（三）持续完善氢安全质量体系

对于标准、计量、合格评定等方面的认定体系需持续完善，为氢能产业链各环节的安全运行提供支撑，同时组建具有第三方认证地位的氢安全检测研究中心，提升氢能装备安全检测能力，为氢能产品安全检验和认证、临氢容器设计制造、氢安全规范标准制定、氢能设施定量风险评价、进口氢能产品安全检测提供技术支持。

第七章　石油石化智能安全（应急）机器人技术

甘亦凡

（中国石油安全环保技术研究院）

石油石化为我国国民经济战略性支柱产业，具有高温、高压、易燃、易爆和有毒有害等特点，生产经营活动固有风险高，易激化和扩大，一旦发生突发事件，可能引发一系列次生、衍生事故，将造成灾难性后果，严重威胁人民生命财产安全、经济社会安全和国家能源安全，影响大国形象。据统计，每年因石油石化装置火灾爆炸事故造成的直接经济损失达数十亿元，近十年仅媒体公开报道的石油石化设施火灾爆炸事故5000余起，8000余人伤亡。

紧抓日常巡检和初期应急处置是防止石油石化事故扩大的有效对策，目前石油石化生产场所日常巡检、应急处置和运维处置等多依赖人工，工作效率低、事故发现不及时、处置难度大，可能导致事故扩大，对现场人员生命健康安全造成严重威胁。新时期新阶段，先进风险防护手段和可靠智能应急处置技术是高难度石油石化生产事故高效应急的关键，可有效提升石油石化场所安全管理与应急处置的无人化、数字化和智能化水平。

一、国内外石油石化智能安全（应急）机器人技术现状分析

（一）智能巡检机器人技术

目前，国外石油石化智能巡检机器人技术发展较快，荷兰壳牌石油公司研发一款用于执行安全巡检任务的机器人，名为"Sensabot"（图3-1），它是第一台在石油石化行业被许可用于爆炸性环境的机器人，并投入卡萨干油田使用。Sensabot配备传感器、摄像头和无线通信系统，由工人通过Wi-Fi或移动网络远程操控，引导Sensabot进行各种工作，并将巡检高清视频信息以及温度、噪声、振动以及可能存在的有毒有害和易燃气体信息实时传输至后台操作系统，Sensabot机器人性

能参数如表 3-5 所示。

图 3-1　Sensabot 巡检机器人

表 3-5　Sensabot 机器人性能参数

参　数	规　格	参　数	规　格
物理尺寸	1280mm×750mm	避障相机	前后各 3 个相机
质量	自重 365kg+50kg 负载	检测相机	1 个高分辨率云台相机
最大移动速度	5km/h	感应相机	4 个
可行走地形	碎石地面、雪地、土路等	温度传感器	非接触式红外
通信方式	Wi-Fi，5G	爆炸气体传感器	多种碳氢化合物
检测高度	1.6m 宽，2.5m 高	有毒气体传感器	硫化氢传感器
防爆等级	爆炸性环境(Zone 1 IECEX/ATEX)	震动传感器	10kHz 接触式
防尘等级	IP67	音频检测	麦克风
环境温度	-35~40℃	电池容量	2.3kW·h AGM
避障检测	激光扫描	吹扫气体	8bar* 仪表用气

* 1bar = 10^5Pa。

国内石油石化智能巡检机器人研究起步较晚，在机器人技术水平、实用化程度以及稳定性等方面，与美国、日本等国家相比都存在较大差距，巡检内容主要为读取仪表、阀门开度、设备声音、跑冒滴漏等，目前，主流石油石化智能巡检机器人厂家包括中信重工开诚智能公司、西安安森智能公司和重庆七腾机器人公司等。

中信重工轮式防爆巡检机器人由机器人本体、无线基站、自主充电装置及远程控制站组成，可应用于Ⅱ类防爆环境中，采用复合型导航形式，是机器人自主行走，具有有害气体泄漏检测、视频分析、图像采集、语音播放、智能防撞与自主避障以及数据存档功能，目前已在中石化华南销售斗门站等石油石化场所开展应用。西安安森智能公司ACR防爆巡检机器人可用于Ⅱ类爆炸环境，携带图像采集、视音频分析，全方位监控和热成像技术、声音采集分析及多传感器的系统用作，对现场情况进行实施精准检测，并可以进行异常信号报警，目前已在长庆油田第四采气厂乌审旗站场开展应用。

（二）消防机器人技术

在石油石化突发事件消防救援过程中，由于石油石化灾害事故突发性强、不易控制、救援难度大、专业性强，常危及消防人员的生命健康安全，给消防人员个人与家庭造成极大痛苦与损失；再者，石油石化行业日常巡检和应急救援往往会受巡检不到位、责任心差和个人意外等消防人员主观行为影响，引发事故灾害，给国家经济造成巨大损失。消防机器人凭借其无人化、智能化和程序化特点，可有效保障消防人员生命财产安全，并可避免消防人员主观误操作等带来的影响，有效减少事故损失。消防灭火机器人按控制智能化程度上可分为三代：第一代为程序控制的消防灭火机器人；第二代为有感知和探测功能的遥控消防灭火机器人；第三代为自主智能化消防机器人。

目前国外发达国家消防机器人研发已较为成熟，日本、美国等发达国家从20世纪七八十年代就已经开始了消防机器人的研制，特别是日本，1986年就开发出了第一代由程序控制的消防灭火机器人——彩虹5号。该机器人长宽高分别为3.8m×1.8m×2.4m，总质量4.2t，以内燃机为动力，配备履带式行驶机构，装有5000L/min流量的消防枪炮，能做俯仰和左右回转，通过电缆控制，控制距离最大为100m。美国亦是较早开展灭火机器人研究的国家而且在研发方面一直处于领先地位。美国研发的Thermite 3.0代表世界上先进水平的灭火机器人，采用履带式结构，可以通过复杂地形，该款机器人体积小，可以装配1200加仑(1加仑=3.785L)的水或者泡沫，机身采用翻盖式的机构以便于维护和修改，同时灭火机器人还配有高清模拟摄像机和红外可选FLIR。

随着无线传输技术、计算机技术和传感器技术的快速发展，国外相继研究出多种功能更丰富的第二代消防灭火机器人，并投入使用。德国施密茨公司生产的“路虎60”多功能消防机器人具有陆地和轨道两种形式，采用履带行走机构，配备高压水炮，具备喷射水雾和排烟等功能，操作人员可以在300m距离内对其进行遥控控制。在“路虎60”多功能消防机器人基础上稍作改动成为格拉曼MP60多功能消防机器人，增加了视频采集系统和机械臂，同时减小了喷嘴直径，可在灭火的基础上实现图像采集、信息无线传输以及爆破等拓展功能。意大利的TAF20多功能消防灭火机器人，机身有4个接水口，采用柴油动力系统，油箱容量为 75L，最快行驶速度可达 9km/h，既可以开启水雾模式进行降温，又可以开启喷柱模式进行远距离灭火，最大射程为 80m。澳大利亚的第一个灭火机器人 TAF 20 具有可以吹走烟雾的高功率风扇，同时可以据火源 60m 距离喷洒水雾或泡沫，喷水距离长达 90m，此外，它还有一个推土机刀片，可以在隧道事件期间清除障碍物，如汽车，或爆炸后的碎片等。

当前，一些国家正在加速研发第三代自主智能化消防灭火机器人，虽然还没有见到成熟的产品，但相关技术已经得到了深入的研究，并取得了不错的攻关应用效果。

国内对消防机器人的研究起步比较晚，自 20 世纪 90 年代初起步，1995 年，上海市科委批准了公安部上海科学研究所研制我国第一台消防灭火机器人，即自行式消防炮，可完成控制、侦检、灭火、冷却、稀释等工作，其研制的成功填补了国内相关技术领域的空白，标志着我国第一代消防机器人的正式诞生。

目前从事消防灭火机器人研发的公司和科研院所约有 50 家，涌现了一批性能出色、功能各异的第二代消防灭火机器人产品。如上海格拉曼有限公司生产的 RXR-M60D 消防灭火机器人、中信重工公司生产的 RXR-M40D 消防灭火机器(图 3-2)人和 RXR-MC200BD 消防灭火侦察机器人。RXR-M60D 由锂电池提供动力。RXR-M40D 采用履带行走结构，并自带双重水幕自喷淋降温装置，可以远程控制消防炮回转、俯仰、自动扫射，可以选配高清无线图传系统，通信距离远，在喷水灭火中可以将后坐力转化为电能。该产品具有出色的动力性能和灭火性能，体积小巧，易于操作，消防水炮兼容适用消防车和市政消防水系统。

图 3-2　中信重工 RXR-M40D 消防灭火机器人

RXR-MC200BD 型消防灭火侦察机器人采用防爆、防水双重设计，配备 200L/s 大流量鸭嘴式水炮，可以通过红外热成像对热源进行检测，并包括多路视频监控，还配备了障碍物检测传感器。其具有灵敏度高、检测距离远、网络通信强的优势，可以通过接入互联网将数据传输到指挥中心，适用于石油化工等各种领域火灾。上海强师消防装备有限公司开发了 JMX-LT50 型灭火机器人，该型号机器人整体结构由底座（轮胎型或履带型）、遥控装置、液体控制炮和电液控装置组成；消防人员使用遥控装置驱动车体，以车体水箱中的水通过液控泵或后面水带提供的水喷出并雾化，作为自我防护；灭火剂的喷射落点靠液控炮旋转及上下运动来调节；整个系统操作方便，可靠性高，适用于石油化工、油罐区、大型仓库、建筑物等高温、强热辐射、易于坍塌等危险场所（消防车辆、人员无法靠近）进行灭火、冷却及化学污染场所的洗消，可有效规避人员伤亡，提升了消防员处理恶性事故的战斗力。

（三）智能运维处置机器人技术

石油石化运维处置是及时调整事故中设备正常运行、降低事故对生产运行影响、减小设备运行故障率的有效措施。其中，关阀断料、开度调整和开阀导流等阀门旋拧作业是石油石化运维处置的关键环节，在突发事件中，为实现有效运维和应急处置，作业人员需要冒着生命危险深入作业区对手动阀门和因供电供气中断无法运转的电动/气动阀门进行阀门旋拧作业，部分电动阀门需要转动多达几千圈，耗时几十分钟，灾害事故现场态势瞬息万变，若在阀门旋拧过程中发生燃爆、爆炸等事故扩大情况，将严重威胁消防员的生命健康安全；此外，若无法按时完成阀门旋拧作业，将严重影响应急处置工作进程，导致事故扩大。如在 2010 年大连“7·16”输油管道罐区火灾爆炸事故中，火灾导致油罐阀门断电，为切断原油泄漏来源，消防队员采取手动关闭阀门的方式，可由于关一个阀门需要顺时针旋拧 80000 圈，浪费了大量应急救援宝贵时间，也错过了发起总攻最佳时间。

智能运维处置机器人是提升石油石化事故运维处置水平、保障应急处置人员生命健康安全、减小事故损失的新利器。国外在 2012 年已开展相关领域技术研究，卡内基梅隆大学团队开发了 CHIMP 机器人及其软件系统，采用单臂转动阀门，阀门的抓取策略采用 Grasp Cylinder 描述，并通过机器人水下自主抓握和转动阀门旋拧任务测试。意大利 A. Ajoudani 等采用 COMAN 机器人和 Pisa/IIT 软手转动阀门，在转动阶段结合了一种新型的双臂阻抗控制技术使得阀门与机器人软手之间建立稳定且柔顺的接触，同时能够根据阀门的摩擦产生足够的旋转力矩。日本 S. Nakaoka 等开发搭载了人机远程操作界面的人形机器人 HRP-2Kai，通过相机和激光获取区域和阀门位置信息，操作员在界面上控制机器人完成接近和转动阀门任务。美国伍斯特理工学院的 M. DeDonato 等联合波士顿动力公司设计了人形机器人 Atlas 进行关阀作业，机器人用单臂操作方法，最大力限制为 22. 24N，通过交互式视觉标记定位阀门，采用将手指插入手轮内部旋拧的方式，使用全身控制器完成关阀任务。

国内智能运维处置机器人研究起步较晚，2019 年，上海交通大学高峰团队研发了一款在行走和操作时更加稳定的六足机器人，可以适应复杂石油石化场景的运维处置任务，提出了一种仅基于六自由度力/力矩传感器的圆阀辨识方法，设计了基于六足机器人的实时轨迹规划策略。2021 年，西南科技大学李新茂提出了一种机器人转动阀门的自适应方法，通过强化学习获取末端手爪跟踪阀门手柄上标签的旋拧策略，可以在未知阀门尺寸前提下转动阀门。香港大学采用波士顿动力公司的仿人机器人 Atlas，通过激光雷达和立体视觉感知三维场景，将阀门抽象为圆盘，操作员采用交互方式获取三维数据进而推断出精确的阀门信息，采用非抓握方式，将两只手掌放在阀门手轮的两侧，对阀门手轮施加径向力，利用阀门和手掌之间的摩擦力产生转动阀轮所需的扭矩，在保证接触稳定性的同时获得了良好的旋拧响应效果。

智能运维处置机器人除石油石化生产阀门旋拧相关技术外，还涉及自动抢接井口机器人相关技术。钻井过程中一旦发生溢流井涌，及时快速有效地抢接内防喷工具是避免发生恶性井喷事故的关键。但在泥浆涌流条件下，处于高度紧张的钻井工人抢接工具和操作极易失误，迫切需要研发自动化、智能化的自动抢接井口机器人，以保障井口抢接应急处置时效和准确性。

自动抢接井口机器人目前国外市场均没有相关技术产品，但其主要执行机构——大扭矩、高自由度机械臂的相关研究已较为成熟。超过六自由度的机械臂称为“冗余机械臂”，目前七自由度机械臂为国际先进水平，七自由度机械臂可模仿人肩关节、手肘、手腕的自由度，提供更大的扭矩。目前已开发的七自由度机械臂有 KUKA LBR IIWA 7 R800 机械臂、NASA 服务卫星的 Dextre 机械臂、RE2 机械臂等。德国 KUKA 公司发布的 KUKA LBR iiwa 系列七自由度协作机械臂，采用了高转矩密度力矩电机和谐波减速器，具有高达 1∶1 的自重比，具有±2%的力矩传感器精度和最大力矩限制，具有一定的关节柔顺性。美国 Barrett Technology 公司研发的 Barrett WAM 7R 机械臂臂展 1m、有效载荷 3kg、工作空间 3. 5m^3、控制刚度 5000N/m。大扭矩、高自由度机械臂相关技术成果可为自动抢接井口机器人研发提供重要技术支撑。

国内目前自动抢接井口机器人相关技术正处于攻关阶段，在国家重点研发计划经费支撑下，中国石油集团公司所属的安全环保技术研究院、塔里木油田分公司、川庆钻探工程公司和宝石机械公司以及中国石油大学（北京）联合开展自动抢接井口机器人研发攻关，预计2025年可形成产品样机。

（四）智能作业机器人技术

石油石化场所涉及各类特种作业工作，如储罐清洗、储罐除锈、井下作业等，石油石化目前特种作业工作尚依靠人工，存在劳动强度大、施工周期长、安全性差等问题，且部分特种作业区域为受限空间，工作环境情况复杂、危害因素多，威胁作业人员生命健康安全。

以储罐清洗和储罐除锈作业为例，在储罐清洗作业方面，储罐清洗经历了传统的人工清洗、机械清洗阶段，清洗工作存在作业效率低、安全性差、污染大、成本高，无法保证进罐作业人员生命健康安全等问题。储罐清洗机器人凭借其安全、高效、无须操作人员进罐作业等优良性能受到了国内外广泛关注。国外早在20世纪80年代就开始了对储油罐清洗机器人的研究。其中，拉格比Hydro-vac工业和石油服务有限公司在1986年，研制出了一款名为水利推土机（Hydrodozer）的储罐内清洗作业机器人，该清洗机器人工作时，需在罐外将推土挡板、机械吊桶和带压喷射清洗头、行走底盘等进行拆分，分别运到罐内，再由工作人员进行组装。

近年来，英国NESL公司相继推出了多款用于储罐内、外清洗的机器人。其中技术比较成熟，具有一定代表性的设备为远程遥控小车，该设备通过液压油缸的作用带动连杆运动，使得左右行走轮、清洗喷头支架同时收缩减小整体尺寸，进入罐内后展开，准备清洗作业，目前该款成品已实现商业化，在多个国家开展储油罐清洗作业。

国内部分学者也逐渐涉足该领域，其中邓三鹏团队设计了一款用于原油储油罐清洗的机器人，如该机器人采用模块化设计，主要由左、右履带、推铲、主体和云台五大部分组成，工作时，分体运入罐内组装，采用高压水射流和推铲相结合的清洗方式，提高了清洗效率。郑霄峰等设计了用于成品油内浮顶罐罐底及罐壁清洗工作的清洗机器人，该机器人为全液压驱动，主要包括由纵梁、行走机构、液压油缸、连杆和曲柄组成的变轨距机构和由液压油缸、喷头支架和纵梁组成的举升机构。设计中采用两个液压缸分别驱动两大机构，收缩与展开，收缩时可顺利进出人孔，展开时可保证清洗工作时稳定可靠。但目前储罐清洗技术尚处于技术研究阶段，尚未形成国产成熟产品。

在储罐除锈作业方面，传统储罐除锈采用人工，借助刮刀、铲、锉刀、钢刷、电动砂轮等工具高空作业，去除罐体表面的锈迹和氧化皮，对自然环境与工人健康危害巨大，而且存在劳动强度大、施工周期长、安全性差、原油回收率低等问题。机器人除锈减轻了人类的劳动强度，降低了环境污染，能够有效地提高生产效率和生产质量，具有重大现实意义。国外除锈机器人的研究起步较早，2001 年美国的加州理工大学国家喷气推进实验室研制出一款型号为 M2000 的除锈机器人，该款除锈机器人采用永磁吸附方式，主要应用于船体除锈和船体表面锈层检测，采用高压水射流除锈系统，高压水射流除锈压力为 3000bar，同时采用超声波技术进行锈层检测。经过 20 余年发展，目前除锈机器人在除锈方式上已发展为激光、高压水射流等多种形式，且兼具吸附和回收系统，实现除锈、回收一体化，并已形成多款成熟商业产品。国内除锈机器人起步较晚，但目前已孵化出德高洁、中科智清、圣瑞、汇四方等专业除锈机器人公司，并已形成多款成熟商业产品。

二、当前存在的问题分析

（1）智能巡检机器人无法第一时间实施有效处置，易错过应急处置黄金时间。目前，石油石化领域智能巡检机器人已相对成熟，如壳牌石油公司生产的“Sensabot”机器人、安森智能公司的 ACR 巡检机器人等，智能巡检机器人在发现泄漏火灾等事故风险后，需要通过报警或指令传输等方式通知操作人员，再由操作人员开展先期处置，难以第一时间开展消防灭火和应急处置，错过火灾扑救的黄金时间，可能导致事故扩大，但集成巡检和应急处置等功能的“察打一体”机器人尚无技术储备、市场尚无同类竞品。

（2）消防机器人部分操控仍需人工控制，智能化自主灭火功能有待开发。目前，针对石油石化现场火灾爆炸消防处置，除在重点防火部位设置了固定消防设施外，部分石油石化现场配备了消防机器人，但消防机器人需要人工遥控消防机器人抵达现场，并手动将消防水带连接在消防机器人后相应位置处后实施灭火处置，一系列人工复杂操作下，浪费了火灾扑救的黄金时间，难以达到第一时间扑灭火灾的目的，可能导致事故扩大，此外，消防机器人灭火喷头需要人工遥控操作调整其灭火喷射角度，在近火场环境下，对消防救援人员的生命健康安全造成严重威胁。

（3）智能运维处置机器人定位识别精度不高，影响关阀旋拧处置有效进行。目前智能运维处置机器人相关研究大多集中在阀门旋拧操作和执行机构上，且自主程度不高。操作前阀门的定位需可视化界面进行，或提前部署检测系统、交互标记辅助，识别效率低，定位精度差。目前阀门旋拧操作部分算法仅在实验室环境下模拟的阀门上做了验证，尚未应用到实际工业阀门上，相关技术多注重于机械臂旋拧本身而忽视了旋拧过程可能对机器人自身稳定性造成的影响。

（4）智能储罐除锈机器人多依靠超高压水，造成一定的环境影响和反锈问题。目前储罐除锈机器人多依靠通过超高压水发生装置，用特定的流体运动方式和特殊形状的喷嘴，将水高速喷射到金属罐体表面，对除锈对象进行冲蚀、剥蚀、切除、打击以达到除锈目的。超高压水除锈作业虽然在高压水的帮助下避免了除掉的漆挥洒到空气中造成扬尘，但在与水混合后排放到地面或海水中不仅污染环境还浪费水资源。同时，作业之后的表面会因附着有水而反锈，为喷漆作业造成了一定的困难。

三、建议

（1）开展“察打一体”机器人技术攻关。

开展自动灭火喷射系统、智能应急处置系统等执行机构模块技术攻关，在智能巡检机器人基础上进行系统集成，若智能巡检机器人探测发现温度、烟火、易燃气体等检测异常，可第一时间进行灭火处置和应急处置，实现针对突发事件的及时发现、快速响应和有效处置。

（2）加强智能化自主灭火机器人研究。

研究基于深度学习的火情识别定位算法，在此基础上，加强具备感知功能、可自主进行消防灭火处置的智能消防机器人攻关，可实现消防机器人的自主发现火灾、自动喷射灭火与射流方式智能调节，向第三代智能消防机器人方向发展。

（3）提升智能运维处置机器人操作智能化和系统稳定性。

研究基于多自由度机械臂的旋拧执行机构及其控制算法，设计具备阀门位置跟踪定位、阻抗力矩自主适应、夹具夹持力自动调整等功能的大扭矩、多自由度阀门旋拧机械臂执行机构，并以避免旋拧过程引起机器人侧翻为目标，设计基于机器人的阀门旋拧机械臂集成控制机构，实现针对不同直径、不同类型阀门的稳定旋拧作业。

（4）开展储罐除锈机器人智能除锈方式和环境友好型除锈媒介攻关。

研究储罐除锈机器人爬壁自动行走路径规划算法，探索智能化除锈方式与回收装置，探索激光除锈新模式，优化激光除锈实际使用效率，提升储罐除锈机器人的智能化、便捷化水平和环境友好程度。

第八章　石化企业新型消防应急技术与装备

郎需庆　张广文

（中石化安全工程研究院有限公司）

一、石化行业应急消防存在的问题

随着石化领域的持续发展，石化装置逐步大型化、罐区库容也在不断扩展，所带来的火灾风险也越来越高。由于储罐等大型石化装置事故往往具有火灾持续时间长、扑救难度大、造成损失严重等特点，一直以来是防灾救灾工作的重点。目前石化行业应急消防手段还存在如下问题：

1. 处置泄漏事故缺少有效手段

近年来，石化装置泄漏造成的火灾爆炸事故时有发生，大多是由于初期泄漏事故未得到及时正确处理而逐步扩大导致。统计资料显示，约30%的危化品泄漏事故引发了火灾、中毒等二次灾害，约1/3的泄漏火灾事故案例中，消防队到达现场时火灾已燃烧10min以上，此时60%火灾已处于猛烈燃烧阶段，处置难度较大，因此，石化装置泄漏火灾事故初期处置至关重要。然而，目前国内外均无适用于石化装置危化品泄漏专用处置装备，无法实现液膜、残液、液体挥发毒害物的处置，处置效率低下且容易引发二次污染及灾害事故。

2. 对于特殊油品储罐缺乏有效灭火技术

现有的消防泡沫灭火系统仅适用于常规石油产品储罐灭火，针对低沸点易燃液体、高温重质油等特殊油品储罐没有合适的灭火处置技术。

环氧丙烷、戊烷、乙醚等低沸点易燃液体，沸点低、挥发性强，常规泡沫层对蒸气的封闭抑制效果不佳，阻止其与氧气混合的隔绝作用达不到预期，甚至部分气泡中的空气会混入较多蒸气。即使泡沫层已全部覆盖油面，但在泡沫层上方仍会不断出现闪燃情况。

高温重质油各组分的沸点范围宽、油品黏度较大，高温重质油储罐内加入过量的泡沫灭火剂可能引发沸溢或喷溅，沸溢可使重质油溅出距离达几十米，大型油罐沸溢覆盖面积可达几千平方米，从而造成火灾大面积蔓延。

3. 对于大型火灾灭火难、效率低

近些年，国内外石化领域发生了包括储罐火灾、装置区火灾和地面流淌火等多起重大火灾事故，着火面积大、多次发生复燃，泡沫消耗量巨大，灭火难度极高。以 10 万 m^3 浮顶储罐为例，灭火所需泡沫流量在 44000L/min 以上，远超企业现有消防装备供液能力的。大连“7・16”输油管道罐区火灾爆炸事故灭火时间达 80h；2021 年沧州的 5 台 2000m^3 储罐事故灭火时间 84h，且发生十多次大规模沸溢。

二、新型应急消防技术

1. 泄漏处置技术

石化企业的液漏事故较多，带来的风险不可忽视，如处置不当容易引发火灾事故。高效处置泄漏事故是避免火灾事故的基础。

（1）凝胶泡沫覆盖技术

当前我国危化品生产和储存场所均配置了各类灭火器，如干粉灭火器、水基型灭火器、二氧化碳灭火器等。这些应急处置装备仅具备灭火功能，无法满足泄漏覆盖处置的需求，急需开发有效处置液体泄漏事故的消防技术与装备，消除人员中毒、火灾的风险。

中石化安全工程研究院针对液体危化品液面长效覆盖需求，合成了凝胶泡沫，具备 1~3min 的延迟交联功能（泡沫喷射后具有良好的流动性可以充分覆盖泄漏液面，待 1~3min 形成胶膜长效覆盖抑制危化品蒸发），抑蒸覆盖时间最长可达 269min（挥发浓度低于 25%LEL）。对比普通高稳定性泡沫灭火剂，凝胶泡沫的抑蒸时间提升了 9 倍，抑蒸效果（气体挥发量降低）亦有大幅提升。见图 3-3。

开展了 3.6m 直径油罐（10.2m^2）的灭火对比测试，灭火结果如表 3-6、图 3-4 所示。凝胶泡沫灭火器的灭火能力大幅高于普通泡沫灭火器及干粉灭火器，单台 35L 即可扑灭 10.2m^2汽油火，而 3 台 25kg 干粉灭火器，2 台 50kg 干粉灭火器，2 台 135L 泡沫灭火器均无法扑灭 10.2m^2火灾。

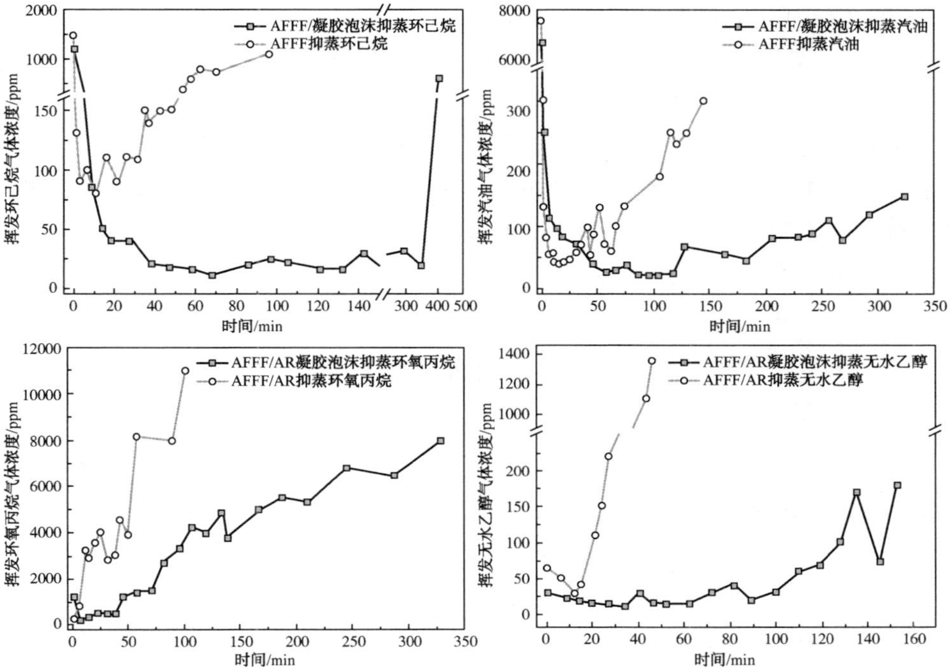

注：1ppm = 10^{-6}

图 3-3 凝胶泡沫与泡沫灭火剂抑蒸性能对比结果

表 3-6 灭火对比测试结果

灭火器种类	灭火器规格	灭火器台数	灭火结果
干粉	35kg/183B(5.75m^2)	3 台同时喷射	失败
	50kg/233B(7.32m^2)	2 台同时喷射	失败
泡沫	135L/297B(9.32m^2)	2 台同时喷射	失败
凝胶泡沫	35L/297B(9.32m^2)	1 台喷射	190s 灭火

图 3-4 灭火对比测试

（2）ChemClean 液态化学品处置技术

石化企业日常操作过程中的跑油、漏油，检修作业过程中废液、废渣处置过程，若处置不当极易引发火灾、爆炸、中毒等二次灾害。

中石化安全工程研究院开发液态化学品收集、洗消与吸附技术。收集主要是对泄漏的液体、固体类危化品进行初步处理；洗消主要是对泄漏物产生的气相组分进行深度处理；吸附是对前两段未处理完全的危害物进行深度处置，实现应急排放。系统的处置流程如图 3-5 所示。

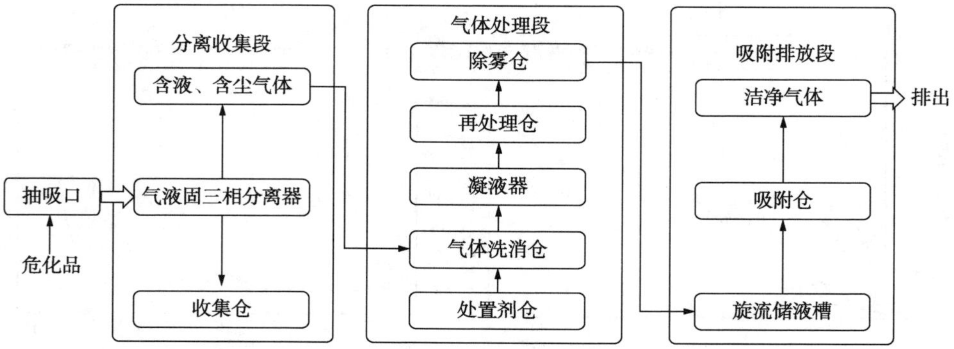

图 3-5　油品泄漏物处置流程简图

以汽油为处置对象为例，采用专用洗消剂、CTC100 型专用吸附剂，引射气量 20~60m^3/h，此气量对应的入口气量为 30~90m^3/h，图 3-6 也可以看出在测试范围内，气动一体化洗消装备对挥发油气的洗消性能随入口气量先增加后降低，在引射气量为 40m^3/h 时，洗消性能达到最佳值，整机洗消性能>85%。

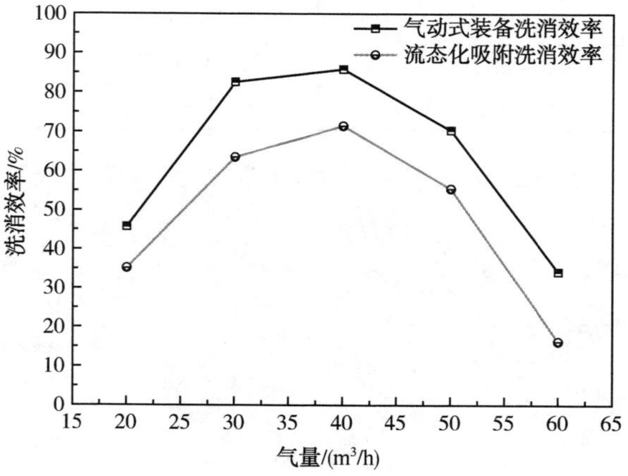

图 3-6　不同工况下的装备洗消性能测试

通过在某企业焦化焦气回收联合装置区、某企业炼油厂等进行了综合应用，可弥补焦化装置机泵、平台、装置等区域膜状及液池状残油、焦炭等固体颗粒人工清除效率低的不足。见图 3-7、图 3-8。

图 3-7　危化品残液真空收集装备在企业现场应用

图 3-8　高黏含酸危化品液体处置技术装备

2. 火灾高效处置技术

石化企业泡沫灭火系统一般都是采用吸气发泡的负压式泡沫灭火系统，通过吸入外界的空气产生泡沫，泡沫稳定性差，泡沫液消耗多，灭火过程耗水量大。从目前扑救大型储罐全面积火灾的成功案例看，绝大多数依靠移动式消防设备。目前世界上成功扑救全面积火灾的最大储罐直径达 82.4m，其成功的关键是采用了 2 台大流量泡沫炮，泡沫混合液总流量超过 40000L/min，这对现场的供水与供泡沫灭火剂提出了巨大挑战。

压缩空气泡沫是一种更高效的泡沫灭火技术，是通过空压机、高压气瓶等高压气源，主动注入泡沫液中混合发泡的正压式发泡系统，在灭火时泡沫、水用量少，灭火效率高，泡沫灭火剂的用量仅是吸气式泡沫的一半。

压缩空气泡沫需要高压气源及作为发泡气体，但因气源限制，无法满足大流量泡沫的供气发泡。一般的压缩空气泡沫消防车，受限于空压机产气量，泡沫流量仅为5~40L/s，无法满足大型火灾扑救的需要；固定式压缩空气泡沫系统，如若厂区内有合适的仪表风、氮封等气源，满足供气量，可以实现大流量泡沫的喷射。

（1）压缩空气泡沫技术应用

① 低沸点液体罐区的应用

环氧丙烷、戊烷等低沸点易燃液体，由于其本身沸点低、易挥发、燃烧剧烈、火焰温度高等特性，发生火灾时扑救难度极大。通常采用抗溶性水成膜泡沫灭火剂，但实验证明只能控火、无法灭火。

对于低沸点易燃液体储罐的泡沫灭火系统设计，目前国内只有CECS 394—2015《七氟丙烷泡沫灭火系统技术规程》规定：对于沸点低于45℃可燃液体储罐，七氟丙烷泡沫供给强度不应小于12L/(min · m^2)，连续供给时间不应小于15min。欧洲标准EN 13565(2)—2009规定“沸点低于40℃的易燃液体应采用较高的供给强度，适宜的供给强度应通过试验确定”。GB 50151—2021《泡沫灭火系统技术标准》中指出沸点低于45℃的水溶性易燃液体储罐不能用空气泡沫系统灭火，而该标准规范未提及压缩空气泡沫系统的设计参数。DB 37/T 1916—2017《压缩空气泡沫灭火系统设计、施工及验收规范》仅对普通储罐的压缩空气泡沫灭火系统设计做了要求，对沸点低于45℃的非水溶性液体，设置压缩空气泡沫系统的适用性及其泡沫混合液的供给强度应由试验确定。

工程储罐实际案例：

某企业环氧丙烷罐区共有3台2000m^3环氧丙烷固定顶储罐。环氧丙烷储罐采用微正压氮封，储罐直径15m，采用固定式泡沫灭火系统。

将压缩空气泡沫灭火装置、专用泡沫灭火剂与该罐区的供气管网及消防系统结合。两套泡沫系统相互补充，独立运行。通过独立的固定式泡沫管线将产生的泡沫输送至保护的储罐，应用方式如图3-9所示，泡沫混合液供给强度取18L/(min · m^2)，按泡沫持续供给时间30min，所需消防水引自企业稳高压消防供水系统。

② 高温重质油罐区的应用

目前，高温重质油储罐没有可靠的泡沫灭火设备和方法。因为储罐中的油品温度高于100℃，当泡沫喷射至高温重质油上面时，泡沫快速破裂析出水，水在油中下落，被加热而迅速汽化，体积增大1200倍以上，从而使高温油溢出罐外

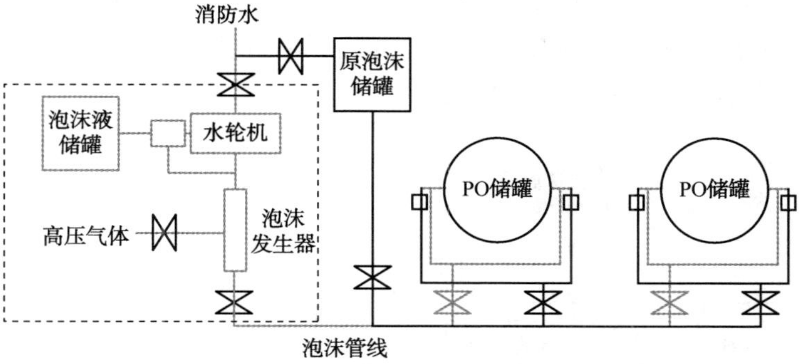

图 3-9　泡沫系统组成示意图

而发生沸溢性火灾。因此，GB 50151—2021《泡沫灭火系统技术标准》规定介质储存温度超过 100℃的储罐不宜采用泡沫灭火设备。

实验采用压缩空气泡沫灭火装置和直径 1200mm 的模拟油罐（$H=1000$mm），调节泡沫混合液流量为 4~5L/min、发泡倍数为 8~15，油品温度 160~180℃。

对于高温重质油储罐火灾，泡沫的析液速度、发泡倍数、供给强度及加入总量是最重要的灭火参数。25%析液时间越大，泡沫析液速度越慢。如图 3-10 所示，25%析液时间大于 11.5min 灭火时间趋于平稳。

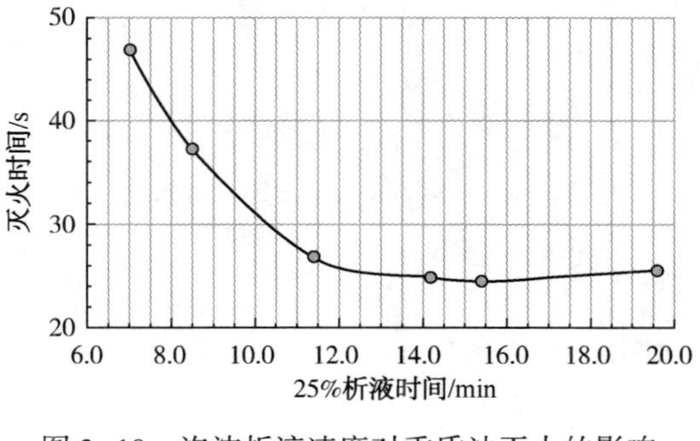

图 3-10　泡沫析液速度对重质油灭火的影响

对于高温重质油储罐，从小尺度油罐实验结果看，泡沫灭火的临界泡沫供给强度为 4.0~5.0L/(min·m^2)。为增加灭火速度、防止高温重质油沸溢的发生，在实际工程应用时增加 1.5 的安全系数，则泡沫供给强度取 7.5L/(min·m^2)。

工程储罐实际案例：某公司高温重质油罐区共有 6 台 5000m^{3}的固定顶储罐，同在一个罐组。储罐直径 21m、高 18m，罐壁无冷却水系统，采用半固定式泡沫灭火系统。原有的半固定式吸气式泡沫灭火系统继续保留，与本项目新增的压缩空气泡沫灭火系统互为备用。压缩空气泡沫灭火系统的组成与布置如图 3-11 所示。系统发泡倍数>10；25%析液时间>12min，供给强度>7. 5L/(min · m^2)。压缩空气泡沫灭火系统现场图见图 3-12。

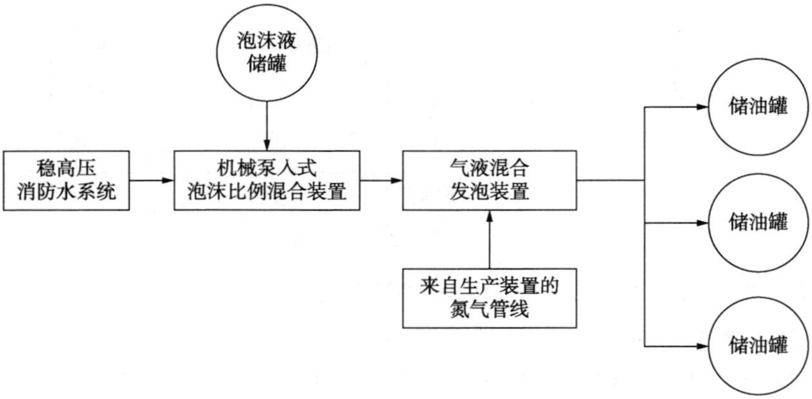

图 3-11　压缩空气泡沫灭火系统的平面布置图

图 3-12　压缩空气泡沫灭火系统现场图

（2）大流量液氮泡沫技术应用

液氮泡沫灭火系统的工作原理是液氮与泡沫混合液按一定比例经过充分换热、气化及扰流混合，形成致密稳定的泡沫。液氮气化后常压膨胀约 700 倍，而常规压缩空气的压缩比不超过 20。液氮解决了压缩空气泡沫大流量喷射所需的气源。液氮泡沫主要技术优势体现如下：

① 泡沫性能优异：液氮剧烈汽化，增强了气液混合，提升了发泡效果，泡沫均匀度更高，气泡更小。

② 氮气抑燃效果：泡沫破裂释放氮气，形成局部阻燃区。

③ 低温泡沫：液氮与泡沫混合液混合使得泡沫温度降低 3～8℃，降温效果好；普通吸气式泡沫吸入火场高温气体发泡，泡沫稳定性差。

④ 大流量正压泡沫：液氮解决了空压机供气能力有限的问题，实现了大流量压缩气体泡沫喷射。

⑤ 提升现有系统：液氮泡沫系统可直接接入现有泡沫系统，提升灭火效能。

中石化安全工程研究院研发了液氮泡沫系统(LNFS)技术，开发了大流量液氮灭火消防车(图 3-13)，泡沫混合液流量可实现 200L/s 以上。该车亦可直接向外输出大流量高压氮气，用于灭火现场的氮气惰化等消防保护作用。

图 3-13　大流量液氮灭火消防车

该大流量液氮灭火消防车的输出口可与高喷车、移动式消防炮、车载消防炮、消防机器人、泡沫枪及罐壁固定式泡沫系统等喷射设备连接喷射，应用方式灵活，适用于多种事故场景，主要应用方式如图 3-14 所示。

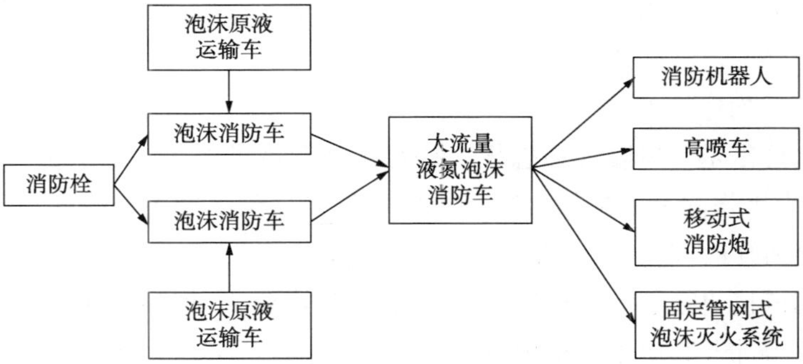

图 3-14　大流量液氮灭火消防车编组应用示意图

大流量液氮泡沫消防车与举高喷射消防车联用，在直径 26m 油盘(相当于 10000m^3 储罐)上开展了全面积火灾液氮泡沫和吸气式泡沫的对比灭火测试，如图 3-15 所示，液氮泡沫仅用时 61s 完成灭火，而普通吸气式泡沫用时 215s 且发生复燃。

液氮泡沫(61s)　　吸气式泡沫(215s)

图 3-15　大流量液氮泡沫消防车灭火实验

三、应急仿真实训技术

1. 情景构建与三维虚拟演练技术

随着危机应对的深入开展。对应急预案的科学性、可操作性、灵活性方面的要求越来越高，需要通过分析初期事故易发生部位和致灾机理，按照“情景-应对”的工作思路，开展“最坏”情景构建，并通过三维虚拟演练分析基层初期处置水平，明确不同层级的应急准备目标，完善现场处置方案和关键岗位应急处置卡，从而提升应急预案体系的科学性和可操作性，提出应急资源配备与优化建议。

（1）情景构建技术

情景构建是基于风险管理思想，针对常规管理模式无法应对的“小概率、高后果”破坏力极强的突发事件研究需要应急处置和预防准备的关键节点，分析应急处置机会窗、时间窗，梳理应对任务、分析能力差距、提出对策措施。情景构建技术纵向链接决策层、指挥层、实施层、参与层，实现各层面的交互沟通；横向链接突发事件及其次生、衍生事件，对巨灾事件的多米诺演化机理和后果耦合叠加进行分析，从而更加有效地完善应急体制、机制，打通应急流程。

近年来，中国石化依托中石化安全工程研究院开展了武汉石化、镇海炼化等 20 余家企业的情景构建工作。

（2）基于工艺的化工事故应急处置

基于工艺的化工事故应急处置是以化工工艺数据仿真为基础，面向化工灾害事故，通过对化工事故应急处置中内操（工艺仿真）、外操（三维仿真）等专业操作进行模拟，实现化工专业领域灾害事故应急处置操作的有理（原理）、有据（仿真数据）以及高效仿真。

① 物性数据建模

针对大量物性数据资料，利用化学工程、热力学、应用数学和计算机软件等多学科综合技术而建立的数据信息。不同材料有不同的物性数据，常用的物性参数有临界压力、临界温度和体积、偏心因子等，利用这些基本参数就可以计算出物料在管线输送或在各种设备内的物理化学变化。

② 工艺仿真模型运行机制

按实际过程中 1s 中物料交换量进行计算一次，即每运行一次相当于实际设备运行了 1s。人为设定工艺仿真模型 1s 中进行一次运算，即模型运行速度具有了 1：1 的实时性。

（3）基于典型情景的危化品灾害事故应急演练与推演

基于典型情景的危化品灾害事故应急演练与推演，以真实发生过或可能发生的灾害事故为仿真验证背景，以各类事故应急专业化数据为基础，分析典型事故情景要素并构建典型事故情景，开展事件分析、生成演练验证目标和演练验证脚本。见图 3–16。

图 3–16　化工事故应急三维虚拟演练系统

① 情景构建

情景是对某类事件发生的可能性、发生发展的方式和过程、可能产生的严重后果、需要采取的应对行动等做出科学的描述，但不是对未来可能发生的特定事件的准确预报，而是对该类事件在设定环境下的一种基于普遍规律的认识与表达。见图 3-17。

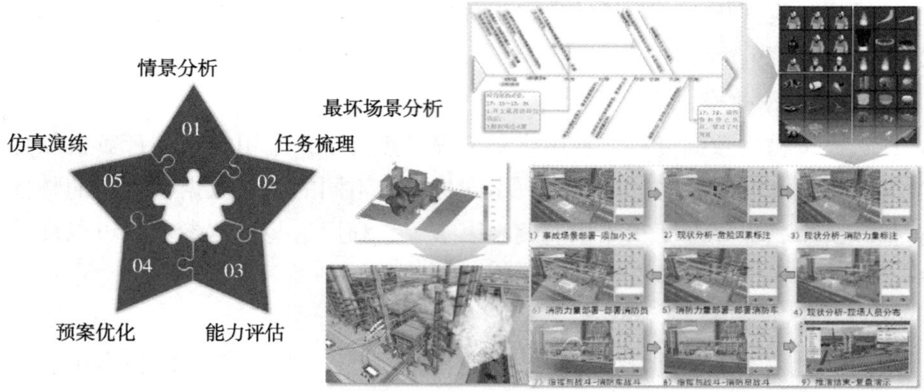

图 3-17　情景构建与三维虚拟仿真技术融合

② 灾害形态模拟

可以在场景中添加危化品事故全部火灾形态、烟雾形态、泄漏气体形态、水柱/泡沫射流/干粉射流等粒子特效，包括固体引起的火焰、喷射火灾、密封圈火灾、工业火灾、环形火灾、着火带、火焰、爆炸、漏油、漏气等灾害形态。见图 3-18。

图 3-18　真实火灾情景与三维虚拟灾害形态模拟

在国内主要以中石化安全工程研究院的情景构建与应急演练平台为代表，组织实施过 20 余家企业基于典型情景的灾害事故应急演练与推演，包括镇海炼化气相连通储罐爆炸事故应急演练等。

2. 仿真实训技术

（1）基于模拟烟火的应急技能实训

基于模拟烟火的应急技能实训是利用水及醇类等无毒无害原料，通过物理、化学反应生成无毒无污染气雾，密度与空气相似，可悬浮于空气当中，有效模拟烟雾弥漫环境、泄漏介质并营造逼真的事故现场氛围。

① 模拟火

利用彩色灯珠阵列式布置于装置表面，利用控制器进行点阵集中发散调节灯光亮暗，并通过光学玻璃将灯光发散传播于环境当中，配合仿真烟雾烘托出起火环境，利用增温设备模拟火焰高温。见图 3–19。

图 3–19　模拟烟火应急技能实训

② 网笼式应急逃生与技能模拟

将应急灾害场景利用网笼的形式呈现于有限空间内，每个网笼作为一个独立单元模拟出一系列建筑及灾害的场景布局，形成一定规模训练通道，可使受训人员在烟雾、高温、噪声等模拟火场状况条件下，按照预先设定的工作程序，完成正确使用装备、穿越各种障碍、设置临时险情、执行救援任务和个人稳定呼吸用气量测定等应急技能训练。见图 3–20。

（2）基于真火的实物仿真应急实训

基于真火的实物仿真应急实训是一种非常有效的消防训练方式，可以模拟真实火灾的各种情况和变化，例如火势的蔓延、烟雾的扩散、爆炸的威胁等，让消防员在模拟的火灾现场中进行训练和演习，提高他们的技能和应对能力。

① 真火仿真

通过燃气火、浓烟等技术配合模拟火灾灾害场景，可在模拟装置的不同部位设置模拟气体火灾、液体火灾、流淌火、地沟火、喷溅火、爆炸等多种事故场景和效果，并开展灭火技术与战术训练、协同演练和实战演习。见图 3-21。

图 3-20　网笼式应急逃生技能实训

图 3-21　真火仿真技能实训

② 基于真火的应急演练与技能训练

采用真实的材料、设备和器材来模拟真实的火灾场景和火场变化，让参与者在模拟的火灾现场中进行训练和演习，提高他们的技能和应对能力。见图 3-22。

图 3-22　基于真火的应急演练与技能训练

(3) 基于工艺驱动的半实物仿真应急实训

基于工艺驱动的半实物仿真应急实训是以化工工艺数据仿真为基础，通过构建半实物仿真装置及其 DCS 仿真界面，并通过声光电等方式模拟营造着火、毒气泄漏、爆炸、停水、停电等常见的事故场景和事故现象，让学习者置身于逼真的事故场景中并开展内外操应急处置实操训练。

① 工艺动态仿真模型

以生产装置的 PID 图(管道及仪表流程图)为基准，按照实际装置的工艺流程、化工过程原理、设备工作原理、质量平衡、能量平衡等进行定制开发，具有高仿真精度、全流程范围的机理模型，系统性逼真地模拟实际装置在开车、停车、正常生产、异常处理、应急演练过程中的工艺动态变化过程。

② 半实物仿真

按照一定比例构建工厂实物原型，建立仿真软件模拟生产数据，进而再现工厂实际生产过程，使受训人员能够生动地感受和接触真实工厂的环境和操作。同时，通过安全手段设置各类故障，使操作人员能够处理各类紧急与事故状况。见图 3-23。

图 3-23　半实物仿真应急实训

(4) 基于先验案例与情景的应急仿真实训

在充分分析同类型事故以往案例的基础上，提炼先验知识并首先通过动画、三维操作、沉浸交互等虚拟手段进行模拟操作，再通过构建具有典型事故情景与演化特征的实物或半实物仿真装置，实现基于先验案例与情景的应急仿真实操训练。

① 事故警示三维动画

将典型事故案例以三维动画方式进行呈现，通过动画、声音等方式对学生的感官形成多种刺激，激发学员的学习积极性与学习效率。

② VR 沉浸式应急处置操作

以 VR 头盔显示器及交互设备为载体，通过虚、实仿真交互操作的方式，在沉浸式虚拟环境下实现典型事故危害后果、事故应急处置的仿真操作体验及培训。

③ VR 多功能体感训练舱

通过在单人坐姿训练舱内融合 VR、振动、烟雾、热辐射等多种感知维度，搭建起近似于事故现场的体感训练环境，并结合哨兵事件故事分析与预警模型以及虚拟对象与真实环境多模态数据交互方法，实现装置级应急处置多感知仿真演练，达到增强训练人员现场代入感，提升企业人员应急响应能力的目的。见图 3-24。

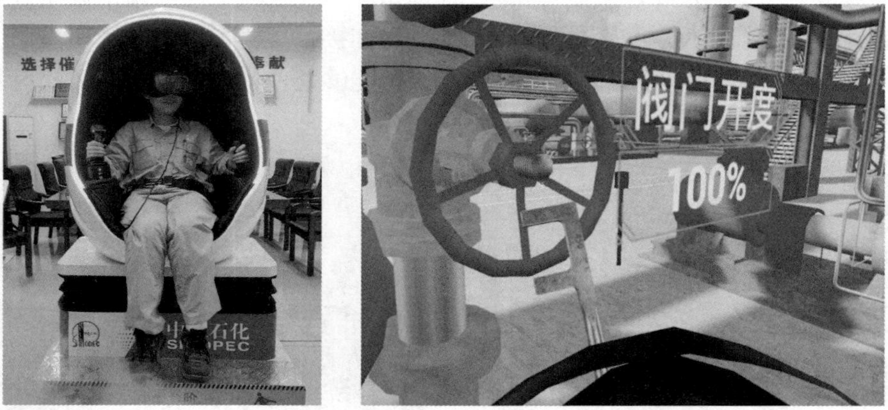

图 3-24　VR 多功能体感训练应急处置实训

四、建议

储罐区是石化企业生产物料的主要储存区域，包括原料、中间产品及成品油等，罐区往往是石化企业的重大危险源，是安全生产重点关注区域。罐区火灾处置难度大，一方面是事故现场复杂，多灾种耦合，伴随次生事故，风险高，另一方面是泡沫灭火技术与装备急需提升。

针对储罐火灾事故处置，提出如下建议：

（1）深入研究罐区火灾事故链，掌握储罐火灾爆炸事故的发展规律和事故特点，构建储罐事故预测量化模型，为事故预警提供技术支撑。

（2）利用大数据、物联网、云计算等先进技术，深度参与罐区安全生产过程，构建数字孪生罐区，实现智慧应急与消防，注重事故初期阶段防控，加强事故预警技术研究，将工艺控制、风险监控与应急消防紧密结合，打造基于风险预警与保护层理念的石化消防应急技术体系。

（3）针对新型泡沫灭火剂、新型消防技术与装备等起草相关行业标准，加快新技术新产品在石化行业消防领域的推广应用。

第九章　油气行业应急管理智能化技术

厉彦柏　严　波　丁胜奇

（中国石油安全环保技术研究院）

应急管理信息化建设是国家应急管理能力现代化建设的重要组成部分。信息技术与应急管理业务深度融合，已经贯穿应急准备、风险监测与预警、应急处置与救援、事后恢复与重建等各个环节，成为直接推动落实“两个坚持、三个转变”的支撑手段。石油石化企业应急管理信息化工作起步较早，基本完成了以应急指挥场所、应急信息系统和应急通信为主要内容的应急平台建设。随着非常规能源、新能源、新材料业务发展，石油石化行业安全生产工作呈现出新的特点，井控、油气泄漏等安全形势依然严峻，新能源、新材料、新业态的未知风险不断叠加，网络快速传播造成突发事件影响放大，各类灾害风险的隐蔽性、复杂性和耦合性增加，对企业应急响应和处置能力提出新的挑战。

在石油石化企业大力实施“数字化转型”战略背景下，聚焦企业应急管理智能化建设现状和发展趋势，研究新技术在应急领域应用的新场景，取得的新成果，解决的新问题，攻关的新方向，讨论应急管理体系数字化转型的新要求，对指导业务实践具有非常重要的价值。

一、应急管理智能化发展现状及趋势

（一）全面提升事前监测预警能力成为工作重点

国家层面强化实战导向和“智慧应急”牵引，强调事前监测预警和事中处置并重，规划开展风险防控能力提升工程，实施自然灾害监测预警信息化工程，建设国家风险监测感知与预警平台，推进城市电力、燃气、供水、排水管网和桥梁等城市生命线及地质灾害隐患点、重大危险源的城乡安全监测预警网络建设。加快完善城乡安全风险监测预警公共信息平台，整合安全生产、自然灾害、公共卫生等行业领域监测系统，汇聚物联网感知数据、业务数据以及视频监控数据，实现城乡安全风险监测预警“一网统管”。

“十四五”以来，应急管理部将石油石化行业作为高风险领域开展专项治理，按“工业互联网+安全生产”的思路，推动中国石油、中国石化、中国海油、国家管网等主要企业建设危险化学品安全生产风险监测预警系统、海洋石油安全风险监测预警系统、油气管道安全风险监测预警系统、陆上石油安全风险监测预警系统等专项工作，综合应用新型数字技术，构建快速感知、实时监测、超前预警、联动处置等新型能力体系，提升全产业链安全生产风险监测预警能力。

（二）新型数字技术为应急管理数字化转型提供新场景

应急管理相关新型数字技术，主要指5G（第五代移动通信）、卫星通信（北斗及卫星通信装备）、AI（人工智能）、物联网、VR（虚拟现实）、AR（增强现实）、智能视频识别、大数据、云计算、数字孪生，无人机、机器人等信息通信技术，覆盖感知、传输、运算、建模和分析统计等多方面。

1. 风险预防和监测预警

数字技术的应用能够大幅提升安全生产的风险监测、识别和认知能力。以危化品行业为例，重大危险源企业联网监测接入近百万个点位监测数据，实现危化品企业生产、存储、运输、使用等主要环节风险的监测。通过视频智能分析实现作业现场违规行为、异常情况等风险隐患的识别预警。北斗、UWB（无线载波通信技术）和蓝牙信标技术定位精度达到0.5m以内，广泛应用于危化品企业人员安全防控。危化品运输车辆实现行驶精准定位，驾驶安全监测报警准确性达到90%以上。云平台、边缘计算为危化品企业提供每日上亿条实时感知数据的分析计算、风险研判和预警服务，促进危化品行业风险源头治理。

自然灾害方面，基于新一代卫星通信技术，短时强降水预警可靠度达到70%，主要江河汛期预报精度超过90%。在2021年的“7·20”河南郑州特大暴雨灾害中，“依靠北斗短报文通信，救灾人员在8天时间内共接收北斗卫星数据87万余份，为暴雨洪水预警、预报、调度和抗洪抢险提供了及时准确的水文测报信息”。

2. 应急准备

以仿真推演为基础的应急演练，运用仿真网络、分布交互式仿真、聚合级仿真协议等仿真技术，模拟事件冲击和危机处置过程。三维建模模拟突发事件场景，穿戴智能设备支持角色扮演和应急救援仿真操作，数字化预案建立演练角色库、脚本库、知识库，支撑开展应急推演、关键设施设备操作演练，成为传统桌面演练和课堂式教学的重要补充。在应急物资储备和优化调度方面，应用人工神经网络和深度学习技术，根据事件情景开展应急资源预测，利用智能优化算法，限定应急物资储备、运输工具、路径等条件，能够实现应急物资调度运输效率最大化。

3. 应急响应和辅助决策

数字技术在突发事件响应处置应用上表现出更加具有协同互联、融合共享的特征。基于 GIS(地理信息系统)的应急指挥“一张图”实现应急资源、周边环境、气象信息等各类数据信息汇聚展示，支撑多角色的协同标绘和处置分析，三维模型快速模拟事发现场，支撑应急救援、协调调度方案制定。大屏幕支撑实现多级应急平台互联互通，汇聚展示灾害事故情报、事件态势、应急资源分布、应急预案流程、现场视频图像、网络舆情监测、灾害周边交通、人口分布情况和历史典型案例等信息，形成上下贯通的应急指挥体系，有力支撑统一指挥、协同处置。

应急通信、探测搜救应用数字技术实现了精准、可视和协同应用，初步形成了“空、天、地、海一体化应急通信网络”。智能终端、无人机、悬浮器等实现多手段、多角度的音视频信息采集，扩展了灾情监测、识别和评估手段，集成 AI 算法的机器人、抢险救援设备，具有自学习、自适应操作能力，能够承担更加复杂的抢险作业。

在实战应用中，无人机中继通信技术为解决通信中断问题给出了新的方案。“7・20”河南郑州特大暴雨灾害中，翼龙-2H 应急救灾型无人机系统，通过融合空中组网、高点中继等技术，实现图像、语音、数据上下贯通横向互联，定向恢复 50 平方公里移动通信，建立覆盖 1.5 万平方公里的音视频通信，恢复了巩义县米河镇受灾人员与外界联系，为阜外华中心血管病医院 5 千余名医患的及时安全转运提供了应急通信保障。在“应急使命・2022”抗震救灾演习中，“依托无线通信、卫星通信、融合通信、物联感知、仿真推演、边缘计算等新一代信息技术，构建了以智能化指挥调度系统为核心、应急战术互联网为骨干、应急物联感知网为神经的应急救援数字化战场体系”，为救援实战提供了经验参照。综合应用信息通信技术，改变了应急响应处置方式，形成了数字化、网络化、可视化、协同化的应急战时新模式。

4. 事后恢复与重建

搭载智能算法设备的无人机能够通过图像识别受灾程度，以深度学习算法为基础的计算机系统能够计算出原生灾害所造成的损失。从社会价值重建的角度看，事故调查和危机学习能够转变公众认知、政府理念和社会价值，从而推动社会系统新稳定状态的形成。人工智能技术运用于事故调查领域，能够通过全面信息和因果逻辑推断，对安全事故的原因进行追踪，向公众提供相对客观的事故调查结果。深度神经网络对既有灾害相关文献进行收集和研究，构建危机案例数据库和文献库，为危机管理主体在应对有可能发生的危机时提供经验借鉴。

（三）应急管理与生产运营一体化融合趋势日益增强

“十四五”以来，石油石化行业央企先后发布了数字化转型规划。中国石油利用自动感知实时采集油气产业链运行数据，利用全面互联广泛获取内外部数据，运用数字化技术持续优化业务执行和运营效率，建设“数智中国石油”。开展智能油田、智能炼化、智慧销售、智能工程等建设，推进以 ERP 为中心的经营管理、以 MES 和数字孪生为核心的生产运营平台和以网络安全为核心的基础设施平台建设。中国石化加快智能油气田、智能工厂、智能加油服务站、智能研究院、智能工程建设推广，聚焦系统优化、协同生产、智能运营，建设集团智能运营中心，打造中国石化智慧大脑，构建中国石化“石化智云”工业互联网。中国海油加快智能油田建设步伐，着力打造海上油气勘探开发“智慧大脑”，加快推进生产操控中心和生产指挥中心建设，逐步推进海上平台无人化、台风生产模式常态化，建成国内首个海油工程数字化技术中心，大幅提升装备作业效率和安全水平。国家管网加速建设“全国一张网”，建设数字油气储运工程，实时感知物理管网建设动态。在工程现场搭建 4G/5G、无线网、传感器网络，全面感知获取焊机工况参数、大型穿跨越设备工况参数、施工环境数据、人员位置、视频影像等数据，通过数据挖掘和 AI 分析，提升施工现场风险预警预测和智能决策水平。中化集团打造“线上中化”，化工板块致力于“打造创新型数字化精细化工企业”，基于工业互联网平台打造的创新型智慧工厂、智慧园区已初见雏形，作业自动化水平、安全环保水平、质检效率、盘点效率、统计效率等整体工厂运作水平均有大幅提升。

从企业数字化转型发展趋势来看，推动应急管理智能化建设主要体现在两个方面：

（1）应急管理与生产运营融合一体的趋势更加明确。应急管理作为企业管理层级指挥决策的组成部分，需要建立在生产运营体系数字化转型基础上发挥作用。智能油田、智能炼化、智能销售、智能管网、智能工程建设打通生产作业现场自动感知、采集、传输、存储和计算的数据链，生产、管理、安全、服务和创效的业务链，形成能源化工数字生态。应急管理智能化必须融入企业数字生态，与生产运营过程全面融合，才能发挥企业“非常态”下的应急指挥中枢作用。以中国石油为代表，已经将应急系统纳入生产运营平台进行一体化规划建设。

（2）企业生产作业数字化转型，给应急管理提供了智能化提升空间。数字化转型推动生产作业流程再造和工艺改进，也使安全风险发生转变。根据数据统计，从人员伤亡、财产损失、环境影响、企业形象、社会影响、生产影响等6个角度分析，可以概括为2高3低1新增，即事故灾难对人员伤亡、财产损失、环境影响风险将持续降低，但造成的社会影响和企业形象影响风险显著增加，新增了因网络和信息安全造成生产中断的风险。同时，综合考虑风光和地热等新能源开发、新材料生产形成的非常规、未知风险叠加，应急管理智能化建设任重道远，需要与企业数字化转型齐头并进。

二、油气行业应急管理智能化主要挑战和技术应用需求

（一）油气行业应急管理智能化主要挑战

新技术迅猛发展、生产作业场景的加速变革和公众对安全环保的高诉求，对加快应急管理技术创新提出了新要求、新任务、新挑战。

1. 应急管理智能化基础依然薄弱

主要表现为三个方面：

（1）应急管理基础薄弱。应急管理体制、机制改革创新相对新业态的发展仍然需要深化，亟待构建智能、协同、高效的新格局。企业应急管理与生产运营、安全生产的业务融合、职责衔接和协同机制整合仍然不深入。应急管理专业人才、专职救援队伍科技信息化水平总体较低，重视物资装备“硬件”资源的部署配置，轻视智能化、可视化和数字化“软件”配套问题仍然突出。

（2）事故灾难成灾机理研究重视不够。事故灾难成灾机理的基础性研究是开展应急智能化的理论基础。当前，井喷失控演化机理、高强度火灾及其衍生灾害、安全生产风险监测预警与事故防控、重大自然灾害及灾害链等基础性理论研究成果，仍不足以支撑开展重大灾害事故定量风险评估，灾害事故过程数值模拟，灾害事故风险智能感知与超前识别，多灾种耦合仿真、预测分析与评估研判数字化研发。

（3）智能化基础设施仍需加强。企业数字化转型相关智能物联网、云计算、技术服务平台、数据湖等基础设施仍处于建设过程中，建设成果以示范性或者单个业务场景为主，没有形成规模效应。支撑应急管理智能化建设的感知层、服务层、网络层、数据层等基础设施仍不健全，尤其是企业算力基础设施亟须补强。国产化芯片和操作系统仍需攻关冲卡。组织壁垒、数据烟囱，数据治理不深入阻碍信息技术融合应用，制约了应急管理智能化的推进进程和应用效果。

2. 风险精准感知和预测预警能力欠缺

风险精准感知能力不足。当前，安全风险感知网络建设仍处于“能接就接、能接尽接”阶段，距离“应接尽接、应接必接”仍有很大距离。生产作业现场风险感知设备基础参差不齐，例如，海洋石油生产作业设施等高风险区域，火灾、可燃气体、有毒有害气体探测报警设备仍普遍不具备信息采集、传输条件，仅能现场鸣响、灯光闪烁警示，无法支撑海陆一体的风险感知。油气、化工品泄漏检测，烟气排放检测，挥发性有机物泄漏检测，重点装置、关键设备的超温、超压等工艺异常场景感知，在现场传感设备、数据集成、传输网络等方面都有较大提升空间。

安全生产预测预警能力不足。针对高风险现场的风险隐患早期感知、早期识别、早期预警、早期发布能力普遍欠缺。不同生产工况场景下的风险演化规律研究不够深入，模型化的智能预警预测功能应用局限性非常大。由于现场生产运行、关键工艺和安全风险采集数据的不足，风险识别、预测预警大数据分析、深度学习等技术应用缺少支撑条件，大多数人工智能监测分析应用成果停留在限定工况场景下。

2024 年初，工信部等部门印发《原材料工业数字化转型工作方案（2024—2026 年）》，其中《石化化工行业数字化转型实施指南》指出要推动安全生产与人工智能技术深度融合，开展针对装置关键设备的超温、超压等工艺异常场景和 18 种危险工艺流程，鼓励融合专家经验与深度学习算法构建不同异常场景与工艺参数等反馈的衍生大模型，实现高危工艺安全指标趋势预测，动态推理参数的合理运行范围，识别异常并关联处置措施，提升生产过程的平稳性和安全性。

3. 应急管理决策技术应用滞后

应急管理体系的数字化转型应该包括三方面：一是技术转型，新型数字化技术成为应急管理体系的支撑；二是管理决策机制的转型，由经验型、认识型的常规传统模式，转变为基于数据分析和数据价值的新模式；三是制度和文化的转型，从行政化、中心化向扁平化、协同化转变，构建网络化、专业化、现代化的应急管理体系。其中，在管理决策机制的数字化转型，是应急管理智能化的业务需求来源，是推动技术应用关键动力。但是，因为管理决策业务部门对智能决策技术应用的信心普遍不足，限制了业务主导作业发挥，造成应急管理决策技术应用滞后。在数字化背景下，应急管理决策应该是建立在信息流和决策流之上的多元信息汇聚、分析决策、指挥调度的技术能力。但是，目前在安全风险管控和突发事件的管理决策环节，领导型、专家型的传统模式仍为主导，跨部门联动响应、多方协同仍然存在信息瓶颈，突发事件相关感知、现场动态和事态分析等多维度信息价值利用并不充分，信息传递速度和精准度距离数字化决策仍然存在差距。

（二）油气行业应急管理智能化技术应用需求

从国家“多灾种、大应急、全链条”的新时代应急管理要求出发，新型数字技术的应用和发展是实现应急管理现代化的重要支撑已经成为普遍共识。新一代数字技术为应急管理工作提供了新的管理思路，逐步形成了新的管理模式和发展路径，扩展了应急能力的外延，转变了应急管理工作方式，优化了应急管理决策方式，智能化技术应用需求日益增强。

瞄准井控、油气站库泄漏着火爆炸、装置泄漏着火爆炸、环境和自然灾害等典型突发事件核心风险和非常规、新能源勘探开发形成的应急管理新需求，立足现状、着眼未来，需要构建全新数字化、智能化的应急平台，支撑新形势下的应急管理业务发展需要。

按照感知层、边缘层、平台层、应用层和展示层的应急管理数字化转型框架结构（图 3-25），对数字技术应用需求进行梳理。

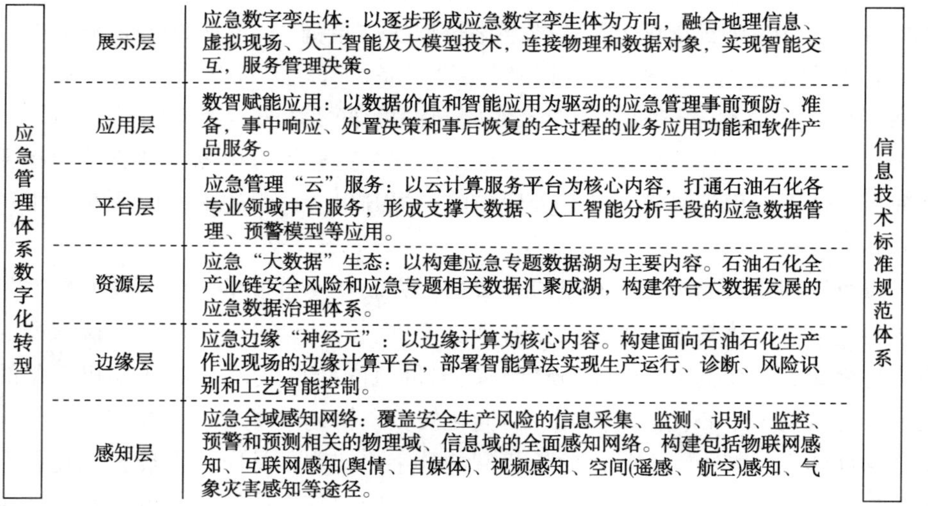

图 3-25　应急管理数字化转型框架

1. 感知层

以构建全域覆盖的应急感知网络为目的，建设安全风险紧密联系的信息采集、监测、识别、监控、预警，连接物理域和信息域的感知网络。主要感知技术需求如下：

（1）物联网技术。作为安全风险感知的主要路径，应用重点是关键风险点的全覆盖和智能物联网的升级，难点是采集数据的智能分析、诊断和预警预测。安全风险数据自动采集是核心任务，包括提高采集率、降低误报率，实现数据接入、管理、运营和共享。技术支撑主要包括传感器技术、射频识别技术、二维码技术、ZigBee 技术、NB-IoT 技术、LoRa 技术等。

（2）空间定位技术。主要是设备设施、车辆、船舶、人员及作业活动的精准定位，行为、轨迹、状态分析，环境条件（周边环境、气象）数据叠加分析等。主要技术包括北斗、UWB（无线载波通信技术）和蓝牙信标技术以及支持精准定位的国产芯片技术等。空间定位技术日益成熟的同时，应用需求也快速增加，但是技术应用成本是加快推广的障碍，一方面是要降低基站设备和标签成本，另一方面是提高覆盖范围，降低信标部署量。复杂环境下的高精度、高容量、高续航、抗干扰、轻量化施工是技术应用主要方向。空间定位数据在风险防控、应急状态下的应用场景和数据价值仍需深度挖掘，例如泄漏影响分析、人员疏散等。此外，定位标签佩戴等需要配套管理制度强制执行。

（3）视频智能识别技术。工业视频监控设备的高密度部署，人工神经网络等技术发展，使视频智能识别技术应用成为普遍需求，可以直接降低现场管控成本，提高现场管控范围。安全帽、工装穿戴等通用场景已经非常成熟。但是复杂场景下的误报率仍然偏高，例如，户外复杂作业行为分析，复杂环境烟雾和泄漏识别等，亟须提高识别算法精度，缩短现场调试矫正周期。视频智能分析技术应用成果，对现场安全检查工作替代程度，是保持管理方技术应用黏度的重要指标。人体行为多视频漫游技术是针对流程性作业行为风险识别分析的技术难题。十万以上量级的视频信号集中管控，智能轮巡策略和识别效率是石油石化企业总部级应用的难点。

（4）气象灾害预报预测技术。基于气象卫星、多普勒气象雷达、自动气象站的全方位监测系统建设，我国气象灾害预报预测的准确度持续提高。气象灾害监测预警技术在石油石化行业企业应用需求较为普遍，但仍在起步阶段，对比交通运输、电力电网行业存在较大差距。基于格点气象数据的灾害精准监测预警专属服务和单体灾害影响模型和防御措施提升是技术应用的重点。构建针对油气设施的专属气象灾害预报预警服务，能够实现灾害预警信息的精准落地，实现企业灾害影响动态监测和预警。针对油气田企业单体防灾减灾模型应用，通过结合当地气象、水文和土壤条件，建立企业、站点的灾害阈值、灾害预警模型和历史知识库，利用灾害监测预报预警动态数据进行空间插值分析，可以较为精准地分析灾害影响范围，指导做好防灾减灾措施，能够根本上扭转被动防洪防汛的困境。

（5）通信和音视频采集技术。应急状态下的音视频互联互通是应急通信保障的核心任务，即极端条件下的“三断”(断电、断路、断网)通信保障，解决“看得见、听得到、连得通”的问题。快速通信恢复技术和多功能应急通信载体是应用的主要需求。当前阶段，应急通信车、飞行器部署成本和卫星通信费用仍然比较高，由于油气田企业地区分布广，提高覆盖区域，降低到达现场的时间成本是技术应用的瓶颈。研发适合具有通信保障功能的大范围、长距离的无人机、电动垂直起降飞行器(eVTOL)、直升机等各类低空飞行器是解决问题的途径之一，同时需要开展飞行控制、智能避障、动力推进、故障诊断等关键核心技术攻关。飞行器可以结合现场需要搭载各类音视频采集、可燃气体监测设备，实现多功能应用。

企业针对事发现场的网络快速搭建，设备设施孤岛、人员受困的应急通信联通也是典型的应急通信技术应用场景，但是企业自建存在投资大、技术难度高、覆盖性差等实际困难，应加大与通信厂商的服务合作，提高应急通信保障能力。

2. 边缘层

以边缘计算为核心内容，构建面向石油石化生产作业现场的边缘计算平台，部署智能算法实现生产运行、诊断、风险识别和工艺智能控制。边缘计算的主要技术优势是低延时、低流量、低成本、分布广、安全可靠，技术难点是优化计算卸载、资源管理、计算虚拟化等。在企业应急应用层面，结合安全生产和应急业务的应用场景，明确任务类型、算力需求、软硬件和通信方式，构建风险监测、识别、诊断和应急处置的计算模型，可以提升生产作业现场的风险控制能力和应急处置能力。边缘计算是数字孪生中虚实同步的重要支撑手段，可以提升应急孪生体的计算效率，实现实时远程控制和风险监控等应用。

3. 资源层、平台层

以构建应急数据中台、技术中台为核心。应急数据中台，按照“数用分离，智能驱动”的思路，构建符合大数据发展的应急数据治理体系，开展信息资源规划，编制应急管理数据治理基础标准规范和数据资源目录，建设包括数据接入、数据处理、数据共享交换、数据应用服务的数据治理平台，接入和治理油气勘探开发、炼油化工、销售、管道等行业领域现有数据，逐步形成应急专题数据湖。

应急技术中台，建立在石油石化各领域生产运行平台基础上，构建适用应急管理新模式的智能化监管平台，搭建包括地理信息服务、视频智能分析服务、数据共享服务、数据库管理、风险评估支撑体系、事故预测模型、AI、物联网、大数据、工业互联网、融合通信等技术服务。

4. 应用层

主要是应急管理系统建设，以应急管理大数据平台为主要载体，实现大数据分析、人工智能、大模型应用，突发事件协同处置技术应用等。以数据价值和智能应用为驱动的应急管理事前预防、准备，事中响应、处置决策和事后恢复全过程的业务应用功能和软件产品服务。在应急管理业务数字化管理基础上，构建以信息为驱动的智能化决策模型。决策信息流应用需求，一方面是以往管理决策经验的知识化，实现案例、策略和模型化的调用；另一方面是围绕风险和突发事件的多元数据整合，形成“收集–处理–分析–监测–评估–预测–研判”的递进应用，形成“数据–信息–知识–智能–智慧”的螺旋升级。基于感知层、资源层、平台层，建立辅助决策应用工具、系统和智能指挥方案，实现基于多维数据的事态分析，采用可视化工具联通事发现场、指导现场操作，实现跨部门联动，“一张图”智能调度、决策指挥分析和应急方案等业务应用。

5. 展示层

以逐步形成应急数字孪生体为方向，融合地理信息、虚拟现场、人工智能及大模型技术，连接物理和数字对象，实现智能交互，服务管理决策。当前阶段，应急管理智能应用的展示层仍然以应急指挥场所、大屏幕、电脑端、移动端为主要展示界面的应急管理驾驶舱应用。石油石化企业生产运营系统的数字孪生应用需求趋势日益明确，应急数字孪生体的构建也是其重要的组成部分。数字孪生是一个连接物理和数字对象的仿真系统，以可视化、全息化的方式呈现物理对象。通过构建应急数字孪生体，为应急防控体系提供参考模型，为应急处置研判、方案演练、措施算赢、处置效果评估提供了关键载体。感知层、边缘层、资源层、平台层最终呈现为应急场景的真实再现，通过感知网络，实现应急场景的实时动态监控；利用大数据分析处理和呈现，智能决策，实现现场突发事件的闭环管理，实现应急管理的全面透彻感知、系统整体支撑、迅速精确响应，依托应急数字孪生体实现信息共享、互联互通、智能交互和形成一体化的预警防控体系。

此外，应急管理智能化技术应用需求也包括网络信息安全等相关技术，因差异化特征不强，不做赘述。

三、未来展望和发展建议

国家层面，明确了新一代数字技术赋能应急管理现代化，以“智慧应急”为引领，以实战为导向，推动形成体系完备、层次清晰、技术先进的应急管理信息化体系。智慧城市、智慧交通、智慧园区、数字乡村等信息化工程持续推进，为智慧应急的建设提供了强大的支撑。通过开放、创新、协同、服务、互动，数字技术将持续为应急管理提供支撑，为推进应急管理学科建设和科学研究提供新的路径和手段。应急管理的诸多不确定性和信息系统本身的不确定性和复杂性，也将激发技术层面努力突破“卡脖子”问题，创造新的理论和方法，推动新一代信息技术的跨越式发展；最终实现应急管理与新一代信息技术的协同演化。

企业层面，以“三大油”为主的石油石化企业实施数字化转型，以数字化、智能化推进企业高质量发展。应急管理作为企业非常态下的管控能力的综合体现，应急管理的智能化建设需要根植在智能油气田、智能工厂、智能加油服务站、智能研究院、智能工程建设进程中，瞄准典型突发事件和核心风险，持续提升智能化水平。

面向未来，石油石化行业应急管理智能化建设仍然需要持续筑牢基础设施、升级平台体系，促进技术融合，以信息技术创新推动应急管理体制、机制改革创新。

实践探索篇

第一章　安全管理技术实践

第二章　油气田企业实践探索

第三章　炼化企业实践探索

第四章　管道与销售企业实践探索

第一章　安全管理技术实践

企业应急预案管理实践

石明杰

(中国石油安全环保技术研究院)

应急预案是促进企业全面落实各项应急管理工作的重要抓手，应急预案管理的好坏程度直接影响企业应对突发事件的成效。建立以应急预案为核心内容的应急管理体系是非常有必要的。

一、应急预案编制

应急预案编制过程主要包括编制方案，成立编制工作组，资料收集，风险评估、应急资源调查、应急预案评估，应急预案编制，桌面推演，应急预案评审(技术评审和管理评审)和批准实施等9个步骤。如图4-1所示。

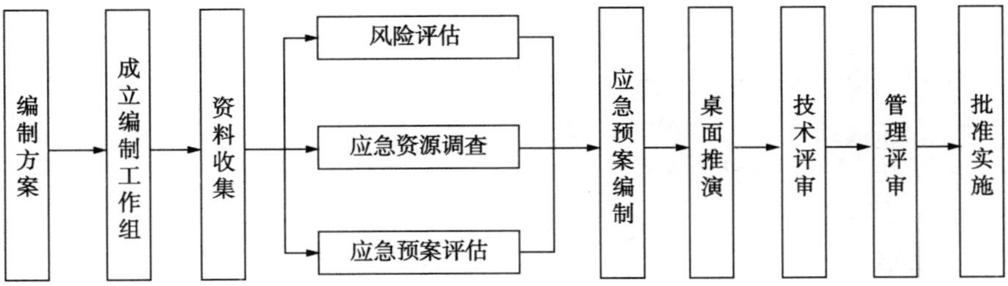

图4-1　应急预案编制步骤

1. 编制方案

开展应急预案编制前应对预案编制和发布过程进行策划，确定应急预案体系构成、编制过程控制和时间进度安排等内容，并编制应急预案制修订工作方案，进而提高应急预案编制的有效性及科学性。

××××公司应急预案制修订工作方案

一、工作目标

明确本次应急预案修订工作的目标。

二、组织与职责

（1）预案制修订指导组

明确指导组长、副组长、成员等构成，明确指导组在预案修订工作中的职责。

（2）制修订技术/工作组

明确预案修订工作组长、成员等构成，明确工作组中各部门相关人员在预案修订工作中的职责。

三、工作进度安排

序号	时间节点	任务	工作内容
1			
2			
3			

四、应急预案体系与工作安排

序号	预案名称	责任单位	工作人员
1			
2			
3			

五、其他要求

2. 成立编制工作组

成立由本组织应急领导小组主要负责人担任组长的应急预案编制领导小组，成员由各预案相关业务的分管领导及其他分管领导组成。成立由相关部门人员

（如生产、技术、设备、安全、行政、人事、财务人员、环保、新闻等）参加的应急预案编制工作组，明确工作职责和任务分工。同时，应急预案编制工作组中需包含相关救援队伍以及周边相关企业、单位或社区代表参加。某公司应急预案工作组分工情况见表 4-1。

表 4-1　某公司应急预案工作组分工情况

（一）指导（领导）组	
组长	主要负责人
副组长	各专项预案相关业务的分管负责人及其他分管负责人
工作职责	牵头组织并全面负责应急预案编制工作
	负责协调各类资源，决策解决在应急预案编制过程中的各类问题
	审批工作方案、把控应急预案编制工作进度、审批应急预案初稿
（二）工作小组	
组长	应急管理机构负责人担任
副组长	相关应急预案管理机构主要负责人担任
主要成员	相关应急预案管理机构人员等
工作职责	起草应急预案具体内容
	向领导小组汇报应急预案编制工作进展及成果
	开展相关工作
（三）技术支持组	
组长	应急管理机构负责人担任
成员	工艺、设备、安全、消防以及应急管理方面专家等人员组成
工作职责	开展技术支持工作

3. 资料收集

企业应急预案编制工作小组应收集与应急预案编制工作相关的资料，包括：适用的法律法规、部门规章、地方性法规和政府规章、技术标准、规范性文件；周边地质、地形、周边环境、气象条件、水文条件、交通条件等资料；现场功能区划分、建（构）筑物平面布置、安全距离等资料；工艺流程、工艺参数、作业条件、设备装置、危险源等生产信息资料；历史事故与隐患、国内外同行业事故资料；属地政府及周边企业、单位应急预案等。

通过收集上述资料在应急预案编制过程中作为参考，保证制定的应急预案符合相应的法律法规及规范要求，确保在实际突发状况发生时应急预案的针对性、科学性、可操作性以及与其他各级政府企事业单位的联动性。

4. 风险评估

在编制应急预案前，应组织开展风险辨识、评估工作，辨识存在的危险因素，确定可能发生的生产安全事故类别，分析各种事故类别发生的可能性、危害后果和影响范围，评估确定相应事故类别的风险等级，最终确定企业应急预案体系并编制风险辨识、评估报告。某公司风险辨识评估报告大纲见表 4-2。

表 4-2　某公司风险辨识评估报告大纲

章号	节号	主要内容
评估总则	评估目的	（略）
	评估依据	（略）
	使用范围	（略）
	评估流程	（略）
公司业务概况	（略）	
风险辨识	危险有害因素辨识	生产过程危险和有害因素共分为四大类：人的因素、物的因素、环境因素、管理因素，识别的方法可以参考《生产过程危险和有害因素分类与代码》（GB 13861—2022）等相关标准
	重大危险源辨识	按照《危险化学品重大危险源辨识》（GB 18218—2018）标准中重大危险源辨识、分级方法开展辨识
	事故风险调研	制作事故风险调研表向主要生产单位开展风险调研
事故风险分析	风险的类型	事故灾难、自然灾害、公共卫生、社会安全
	发生的可能性	
	危害后果分析	人员伤亡、财产损失、环境污染、社会关注、政治影响
事故风险评价	通过事故概率、严重程度运算得出风险等级	
结论建议	得出生产经营单位应急预案体系建设的计划建议	

5. 应急资源调查

在编制应急预案前，企业应全面调查和客观分析本单位以及周边相关单位可请求援助的应急资源状况，并编制书面报告，见表 4-3。对比分析应急资源现状与风险评估结果所需应急资源的差异，提出本单位内外部应急资源补充建议。

表 4-3　书面报告内容

序号	章节	章节内容
1	调查对象、范围与工作程序	明确调查对象与范围，明确调查工作程序
2	风险概述与应急资源分析	阐述风险评估基本情况，分析风险对应的应急资源需求
3	内部应急资源	按照应急资源的分类，分别描述相关应急资源的基本现状、功能完善程度、受可能发生的事故的影响程度(可用列表形式表述)
4	外部应急资源	描述本单位能够调查或掌握可用于参与事故处置的外部应急资源情况(可用列表形式表述)
5	应急资源调查结论	依据应急资源需求，与本单位现有内外部应急资源对比，提出本单位内外部应急资源补充建议

6. 应急预案评估

为进一步提高应急预案修订工作成效，应急预案修订前可依据《生产经营单位生产安全事故应急预案评估指南》(AQ/T 9011—2019)组织开展应急预案评估工作，分析应急预案存在的问题和不足，提出应急预案修订建议并编制评估报告。

应急预案评估可采用资料分析、现场审核、推演论证、人员访谈等方式，评估内容主要包括预案管理要求、组织机构与职责、主要事故风险、应急资源、预案衔接、实施反馈等。

××××公司应急预案评估报告大纲

1　总则

1.1　评估对象

1.2　评估目的

1.3　评估依据

2　应急预案评估内容

2.1　应急预案管理要求

2.2　组织机构与职责

2.3　主要事故风险

2.4　应急资源

2.5　应急预案衔接

2.6　实施反馈

3　应急预案适用性分析

对应急预案各个要素内容的适用性进行分析，指出存在的不符合项。

4　改进意见及建议

针对评估出的不符合项，提出相应的改进意见和建议。

5　评估结论

对应急预案作出综合评价及修订结论。

7. 应急预案编制

预案编制时，主要依据《生产经营单位安全生产事故应急预案编制导则》（GB/T 29639—2020），以应急处置为核心，体现自救互救和先期处置的特点，编制相应的综合应急预案、专项应急预案、现场处置方案以及岗位应急处置卡。

各企业应结合组织管理体系及部门业务职能划分，科学设定本单位应急组织机构及职责分工。依据事故可能的危害程度和区域范围，结合应急处置权限及能力，清晰界定本单位的响应分级标准，制定相应层级的应急处置措施。按照有关规定和要求，确定信息报告、响应分级与启动、指挥权移交、警戒疏散方面的内容，落实与相关部门和单位应急预案的衔接。

应急预案体系设计需要遵循四个原则。一是要根据组织自身管理组织层级、管理运行模式来设计预案体系。二是要根据组织要面临的具体突发事件风险来设计预案体系。三是要将突发事件风险相似、应急组织相同、应急流程相同的预案合并到一起。四是要考虑上下级预案之间的衔接与配合。

事件分级和应急响应分级应分开。事件分级基于分层管理和制度标准的要求制定，可以从人员伤亡、经济损失、环境影响、领导关注、媒体影响等进行量化分级。响应分级是事件发生后要启动哪一级别的应急预案，是针对事故危害程度、影响范围和单位控制事态的能力，按照分级负责的原则，明确应急响应的级别。通常Ⅰ级响应由企业上级组织机构组织应对，企业负责先期处置，Ⅱ级响应由企业组织应对，所属单位负责先期处置，Ⅲ级响应由所属单位组织应对。

8. 桌面推演

按照综合（总体）应急预案、专项应急预案和现场处置方案明确的职责分工和应急响应程序，结合有关经验教训，应急预案编制工作组可通过桌面演练的形式，模拟生产安全事故应对过程，逐步分析讨论并形成记录，检验应急预案的可行性，并进一步完善应急预案。桌面演练的相关要求见《生产安全事故应急演练基本规范》（AQ/T 9007—2019）。

9. 应急预案评审

预案编制完成后，通常由企业各应急预案责任部门组织内部有关部门和人员进行评审并留存评审记录；内部评审通过后由企业应急预案管理部门组织外部专家进行预案外部评审工作并形成评审意见；外部评审通过后由企业应急领导小组牵头组织开展应急预案管理评审并形成书面纪要。参加应急预案评审的人员需包括有关安全生产、应急管理方面的、有现场处置经验的专家，也可邀请上级业务部门、外部专业机构。

应急预案评审内容主要包括：风险评估和应急资源调查的全面性、应急预案体系设计的针对性、应急组织体系的合理性、应急响应程序和措施的科学性、应急保障措施的可行性、应急预案的衔接性等。综合应急预案评审要素如表 4-4 所示，应急预案评审意见见表 4-5。

表 4-4　综合应急预案评审要素

评审项目		评审内容及要求	评审意见
总则	适用范围	说明应急预案适用的范围	
	响应分级	依据事故危害程度、影响范围和生产经营单位控制事态的能力，对事故应急响应进行分级，明确分级响应的基本原则。响应分级不可照搬事故分级	
应急组织机构及职责		1. 明确应急组织形式(可用图示)及构成单位(部门)的应急处置职责。 2. 应急组织机构可设置相应的工作小组，各小组具体构成、职责分工及行动任务以工作方案的形式作为附件	
应急响应	信息报告	信息接报： 明确应急值守电话、事故信息接收、内部通报程序、方式和责任人，向上级主管部门、上级单位报告事故信息的流程、内容、时限和责任人，以及向本单位以外的有关部门或单位通报事故信息的方法、程序和责任人	
		信息处置与研判： 1. 明确响应启动的程序和方式。根据事故性质、严重程度、影响范围和可控性，结合响应分级明确的条件，可由应急领导小组作出响应启动的决策并宣布，或者依据事故信息是否达到响应启动的条件自动启动。 2. 若未达到响应启动条件，应急领导小组可作出预警启动的决策，做好响应准备，实时跟踪事态发展。 3. 响应启动后，应注意跟踪事态发展，科学分析处置需求，及时调整响应级别，避免响应不足或过度响应	

续表

<table>
<tr><th colspan="2">评审项目</th><th>评审内容及要求</th><th>评审意见</th></tr>
<tr><td rowspan="5">应急响应</td><td>预警</td><td>预警启动：
1. 明确预警信息发布渠道、方式和内容。
响应准备：
2. 明确作出预警启动后应开展的响应准备工作，包括队伍、物资、装备、后勤及通信。
预警解除：
3. 明确预警解除的基本条件、要求及责任人</td><td></td></tr>
<tr><td>响应启动</td><td>确定响应级别，明确响应启动后的程序性工作，包括应急会议召开、信息上报、资源协调、信息公开、后勤及财力保障工作</td><td></td></tr>
<tr><td>应急处置</td><td>明确事故现场的警戒疏散、人员搜救、医疗救治、现场监测、技术支持、工程抢险及环境保护方面的应急处置措施，并明确人员防护的要求</td><td></td></tr>
<tr><td>应急支援</td><td>明确当事态无法控制情况下，向外部（救援）力量请求支援的程序及要求、联动程序及要求，以及外部（救援）力量到达后的指挥关系</td><td></td></tr>
<tr><td>响应终止</td><td>明确响应终止的基本条件、要求和责任人</td><td></td></tr>
<tr><td colspan="2">后期处置</td><td>明确污染物处理、生产秩序恢复、人员安置方面的内容</td><td></td></tr>
<tr><td colspan="2">应急保障</td><td>1. 通信与信息保障：
明确应急保障的相关单位及人员通信联系方式和方法，以及备用方案和保障责任人。
2. 应急队伍保障：
明确相关的应急人力资源，包括专家、专兼职应急救援队伍及协议应急救援队伍。
3. 物资装备保障：
明确本单位的应急物资和装备的类型、数量、性能、存放位置、运输及使用条件、更新及补充时限、管理责任人及其联系方式，并建立台账。
4. 其他保障：
根据应急工作需求而确定的其他相关保障措施（如：能源保障、经费保障、交通运输保障、治安保障、技术保障、医疗保障及后勤保障）</td><td></td></tr>
</table>

表 4-5　应急预案评审意见

评审时间：	地点：
评审方式：□函审，□会议评审，□函审、会议评审结合，□其他	
评审结论：□通过评审，□原则通过但需进行修改复核，□未通过评审	
评审过程： 总体评价：	
问题清单：	
修改意见和建议：	
评审人员人数： 评审组长签字： 其他评审人员签字： 企业负责人签字： 年　月　日	

10. 批准实施

应急预案通过管理评审后，由本单位主要负责人签署，专项预案可由分管负责人签署，并以正式文件的形式发布。现场处置方案(预案)、应急处置卡由基层组织主要负责人批准实施。

二、应急预案发布与备案

应急预案经评审或者论证后，由本单位主要负责人签署，并以正式文件的形式发布，向本单位从业人员公布，并及时发放到本单位有关部门、岗位和相关应急救援队伍。专项预案可由分管负责人签署，现场处置方案(预案)、应急处置卡由基层组织主要负责人批准实施。

事故风险可能影响周边其他单位、人员的，企业应当将有关事故风险的性质、影响范围和应急防范措施告知周边的其他单位和人员。

在应急预案备案过程中，需要注意掌握好“分类管理”这项基本原则。生产安全事故类突发事件应急预案，其备案时限是应急预案公布之日起 20 个工作日内。然而，对于突发环境事件的应急预案的备案，按照《突发环境事件应急预案管理暂行办法》（环发〔2010〕113 号）其备案时限是从签署实施之日起 30 日内。此外中石油规定所属企业发布之日起 20 个工作日内，将发布文件、预案电子文本等相关信息上传至集团公司 HSE 信息系统。应急预案备案材料清单如表 4-6 所示。

表 4-6　应急预案备案材料清单

序号	材料名称	原件	复印件	电子版
1	应急预案电子文档	1	1	1
2	风险评估结果和应急资源调查清单	1	1	1
3	应急预案备案申请表	1	1	1
4	应急预案评审意见	1	1	1

三、应急预案培训与演练

应急预案发布实施后，应当将应急预案的培训纳入企业的年度培训计划，分层级、分阶段组织实施培训工作。应急预案培训要点如表 4-7 所示。

表 4-7　应急预案培训要点

序号	应急人员	应急预案培训要点	推荐的培训学时
1	应急领导小组成员、应急指挥人员	应急工作的原则、指挥决策能力、发生突发事件指挥的应急响应程序等	每年不少于 4 学时
2	应急救援人员	应急救援技能、应急处置措施等	每年不少于 10 学时
3	岗位员工（包含新上岗和转岗人员）	初期应急处置措施与技能、突发事件等级的判断与信息上报的要求、突发紧急状况下的直接处置权和指挥权等	每年不少于 10 学时

企业应急预案的培训工作形式可以是授课宣贯、团队学习、专业研讨等多种类型，组织实施应急预案的培训工作必须保留培训计划、培训课件、培训签到、培训考试试卷以及结果等记录文件，并长期保存。

应急预案发布实施后，可依据《生产安全事故应急演练基本规范》（AQ/T 9007—2019）、《生产安全事故应急演练评估规范》（AQ/T 9009—2015）等标准要求，结合实际分类分级组织开展应急预案演练工作。

应急预案演练的科目，主要可以分为预警与报告、指挥与协调、应急通信、泄漏控制、火灾消防应急、警戒与管制、工程抢维修、疏散与安置、医疗急救、环境监测、社会沟通以及其他12项，各项演练科目对应的主要演练内容及参演人员可参考表4-8。

表4-8 应急预案演练科目一览

序号	演练科目	主要演练内容	参演人员	参演单位		
				企业	所属单位	其他
1	预警与报告	向相关部门或人员发出预警信息，并向有关部门和人员报告事故情况	基层工作人员等	⊙	√	√
2	指挥与协调	成立应急指挥部，调集应急救援队伍和相关资源，开展应急救援行动	管理人员、专兼职救援人员等	√	⊙	⊙
3	应急通信	在应急救援相关部门或人员之间进行音频、视频信号或数据信息互通	专兼职救援人员、基层工作人员、管理人员等	⊙	√	√
4	泄漏控制	准确判断泄漏点，快速关断泄漏点两端的阀门，控制油品向外泄漏	专兼职救援人员、基层工作人员、管理人员等	⊙	√	√
5	火灾与消防应急	专兼职救援队伍开展火灾控制、扑救的应急处置工作	专兼职救援人员			√
6	警戒与管制	建立应急处置现场警戒区域，实行交通管制，维护现场秩序	保卫等岗位人员等	⊙	√	√
7	工程抢维修	装置及设备现场应急抢维修处置工作	专兼职救援人员、管理人员等	⊙	⊙	√
8	疏散与安置	对可能波及范围内的相关人员进行疏散、转移和安置	管理人员（综合办公等）	⊙	√	
9	医疗急救	开展医疗急救，配合专业医疗应急队伍开展紧急医学救援	基层工作人员、专兼职救援人员等	⊙	√	√
10	环境监测	对事故现场进行观察、分析或测定，确定事故严重程度、影响范围和变化趋势等	专兼职监测人员、管理人员等	⊙	√	√
11	社会沟通	召开新闻发布会或事故情况通报会，通报事故有关情况	管理人员（新闻与思想政治等）	√	⊙	⊙
12	其他	根据突发环境事件特点所包含的其他应急功能	—	⊙	⊙	⊙

"√"—表示演练科目应由该参演单位组织开展。

"⊙"—表示根据实际工作需要，参演单位组织开展演练科目。

四、应急预案评估与修订

应急预案自签署发布之日起，每三年组织一次应急预案评估工作。同时，应急预案实行动态管理、持续改进，定期开展应急预案评估工作，及时开展应急预案修订工作，确保应急预案准确、有效。有下列情形之一的，应急预案应当及时修订并归档：

（1）依据的法律、法规、规章、标准及上位预案中的有关规定发生重大变化的；

（2）应急指挥机构及其职责发生调整的；

（3）安全生产面临的风险发生重大变化的；

（4）重要应急资源发生重大变化的；

（5）在应急演练和事故应急救援中发现需要修订预案的重大问题的；

（6）编制单位认为应当修订的其他情况。

应急预案尽量采用“活页夹”的装订形式，并以受控文件的形式下发到各相关部门，涉及非关键内容的信息调整，可以及时回收受控文件，避免造成重复打印装订的资源浪费。

企业应急能力评估实践

李　娜

（中国石油安全环保技术研究院）

应急能力评估，是将评估对象（企业）看成一个相对独立的系统，对系统的全部应急能力或某一项能力开展评估的过程。应急能力评估技术作为企业应急能力建设的前提，能够以评估结论指导企业高质量和规范化开展应急准备工作，为企业应急管理提升提供科学先进的解决方案。

一、技术发展现状

美国应急准备评估体系（Capability Assessment for Readiness，CAR），是美国联邦应急管理局（Federal Emergency Management Agency，FEMA）与国家应急管理协会（National Emergency Management Association，NEMA）于1997年6月共同提出的一套用于州政府与地方政府的应急能力评估系统，目的是为美国财政单位对于州政府以及地方政府灾害应急援助金的发放提供一套评估依据。随着评估体系的不断完善，21 世纪以后，美国所有与灾害/应急管理相关的评估项目都会参考 CAR 的指标体系。

日本应急准备评估技术始于 2002 年消防部、防灾减灾委员会共同组织举办的“防灾能力及危机管理及应急评估研讨会”，研讨会的成果确定了一种用于评估地区性公共团体“防灾能力评估指标体系”，之后经过不断发展，形成现有的“防灾与危机管理对应能力”评估指标体系。

加拿大应急能力评估是由加拿大自然灾害主管部门公共安全和应急部于 2003 年，为引导和加强各政府部门的通力合作、确保不同政府部门行动计划的一致性和互补性而确定的，拟定从预防和减灾、应对和恢复方面对应急管理能力进行评估。

我国应急能力评估起源于 20 世纪初期。“十一五”期间，《国家突发公共事件应急体系建设规划》和《国务院关于全面加强应急工作的意见》都明确提出要“加强应对突发事件能力建设”，并将其作为进一步完善我国应急管理体系的重要举措。此后，国内学者围绕着城市、化工园区、企业等评估对象开展了应急能力评估的探索和研究，将检查表法、层次分析法、专家调查法等方法用于评估模型的构建，形成了自然灾害、公共卫生、事故灾难等突发事件的应急能力评估指标体系。

中国石油系统开展应急能力评估始于 2015 年集团公司组织的应急能力专项审核，应用构建的《企业应急准备能力评估指标体系》对下属 12 家企业开展专业评估。2018 年，在系统分析国内外应急能力评估研究成果的基础上，结合石化企业应急管理特点，研究人员将应急能力评估涉及的所有因素凝练划分为 6 个分项能力，并构建了一套系统的评估方法，在行业内推广应用。

二、应急能力评估技术

1. 应急能力评估要素

企业应急能力评估设置风险辨识分析能力、应急体系策划能力、资源配备管理能力、培训演练组织能力、专业队伍应急能力和人员操作实战能力等六个分项能力(要素)。

(1) 风险辨识分析能力

本项能力是指企业(或组织)准确辨识出生产经营存在的主要风险，并科学分析(或评估)风险严重程度、可能引发的突发事件类型及其后果的能力。评估范围包括企业各层级危害因素辨识报告、风险辨识评估报告、风险防控方案、应急预案风险辨识清单等材料，并通过与相关人员进行沟通或进行问卷调查予以溯源，现场考察是否存在未被识别或管控能力不足的重大风险。

（2）应急体系策划能力

本项能力是指企业（或组织）根据生产经营主要风险确定的突发事件类型，结合企业（或组织）实际策划建立科学、系统、可行的应急组织职责、应急预案、应急资源、应急程序与措施、应急管理运行机制、联动协同应急救援机制的能力。评估范围包括企业各层级应急管理制度、部门和岗位职责、应急预案（含现场处置方案和应急处置卡）、应急资源（队伍、装备、物资、专家）清单等材料，通过与相关人员进行访谈沟通了解更多情况。

（3）资源配备管理能力

本项能力是指企业（或组织）为应对突发事件风险，提前建设应急设施、配备和储备应急救援物资、建立装备设施与物资台账，并定期对装备设施与物资进行检查、维护和保养，确保处于完好可靠状态的能力。评估范围包括企业各类应急设施、应急装备和应急物资台账等资料，通过现场考察应急物资储备仓库（点）的设备设施管理情况以及完好情况。

（4）培训演练组织能力

本项能力是指企业（或组织）定期组织应急知识教育、技能培训和应急演练，帮助相关人员掌握应急法规、应急预案等应急知识和应急避险、自救互救等技能，提升突发事件下快速响应和组织应对的能力。评估范围包括培训和演练计划、企业不同层级人员的应急教育培训考核档案（如实记录教育培训的时间、地点、人员、内容、师资和考核的结果）、应急演练台账（演练方案、演练过程记录及照片、参演人员名单、演练总结、演练评估和改进记录）等资料，并通过与关键岗位人员进行访谈沟通了解更多情况。

（5）专业队伍应急能力

本项能力是指企业（或组织）按照法律、法规和制度要求，建立应急救援队伍或签订救援服务协议，并为救援队伍配备相应的人员、物资和装备，开展教育培训和业务训练，以确保救援人员具备必要的执业资质、救援技能、防护技能、身体素质的能力。评估范围包括企业专（兼）职应急救援队伍建设情况、应急救援服务协议签订、应急队伍人员资质与配备、救援人员作训与演练、应急救援专业技能以及应急联动能力，并通过实操测试、实战演练的方式来检验队伍的专业水平。

（6）人员操作实战能力

本项能力是指企业（或组织）、队伍和基层员工能够在突发事件发生后，快速启动应急响应，切实履行应急职责、有效开展协调联动、合理调配队伍资源，采取科学的应急救援措施控制危险源、疏散现场和抢救遇险人员、防止事故扩大升级的能力。评估范围主要是通过抽查、双盲实战演练和桌面演练的方式，考察企业岗位员工应急操作能力、专业应急救援队伍实战能力、企业层面协调联动应急处置能力。

2. 应急能力评估流程

(1) 成立评估小组与评估准备

遴选业务领域内应急理论水平较高、具有相关专业工作经验的专家组建评估小组，组织开展评估方法、评估方案培训和工作内容研讨，明确工作重点、职责分工和评估工作要求。

(2) 收集资料与预评估

收集评估对象企业概况、风险辨识评估、应急管理制度、应急预案等相关资料，发放评估小组成员学习，熟悉掌握评估对象应急体系情况。资料包括：

① 企业应急管理制度、规范或技术手册；

② 风险辨识清单、风险评估报告、风险分级防控报告；

③ 应急预案及相关评审、备案记录等；

④ 应急培训和应急演练计划及方案、记录档案及评估报告等；

⑤ 应急救援设施、物资和装备清单、台账等；

⑥ 生产安全事故调查报告、应急救援评估报告等；

⑦ 近 3 年内体系审核应急专业问题清单；

⑧ 其他相关资料。

(3) 现场评估与问题分析

按照评估方案开展应急能力评估。评估小组成员按照职责分工开展评估工作，并将发现的问题进行整理分析，必要时与评估对象人员沟通验证，确保问题准确或发现深层次的问题，保留问题证据(照片)。

(4)沟通与撰写报告

现场评估工作结束时，评估小组与评估对象对接确认发现的问题，针对存疑问题进行沟通或验证。问题对接完成后，评估单位组织撰写应急能力评估报告。

3. 应急能力评估方法

(1) 查阅资料法

查阅企业应急规章制度、预案，基层现场处置方案及应急操作卡，风险辨识评估清单和风险防控方案，应急培训及演练记录等，以此评估公司风险辨识能力、应急管理制度和实际执行情况。

（2）问卷调查法

以试卷的形式进行，试卷题型分为客观题和主观题，客观题旨在评估各级管理层对国家应急法律法规、公司应急制度及预案的掌握程度，主观题旨在评估各级管理人员对企业应急管理工作的理解与认识。

（3）人员访谈法

访谈对象为企业及基层现场主管应急工作的领导和重点岗位人员，以此评估应急工作与生产的结合情况和执行效果。

（4）现场检查法

检查现场应急物资储备台账和管理、应急器材和消防设施维护管理、防护装备的配备使用情况，以此评估企业应急物资的配备和管理水平。

（5）组织演练法

包括现场双盲演练和桌面演练两种形式，以此考察企业岗位员工的应急操作能力、专业应急队伍实操能力、企业协同应急处置能力等。

4. 评估结果加权赋分

（1）评估问题分级

应急能力评估发现的问题按照问题严重程度分为重要性问题、一般性问题和沟通性问题三个级别。

重要性问题是指对分项应急能力产生重要影响或合规性方面存在重大遗漏，需要研究制定具体措施改进的重点问题。

一般性问题是指对分项应急能力不构成整体影响，但会减弱具体部位应急能力的问题，需要即查即改或持续完善提升。

沟通性问题是指对应急能力影响小，有助于企业提高应急管理质量水平的细小问题，作为评估组与企业沟通商榷项，不纳入分项能力评估的评级依据。

（2）企业分项应急能力赋分

制定针对各类问题的评级规则，对各方面表现优秀、不存在重要性问题、个别一般性问题的企业给予优级评级；对存在个别重要性问题或较少数量一般性问题的企业给予良级评级；对存在较少数量重要性问题或较多数量一般性问题的企业给予中级评级；对存在重大缺陷、较多重要性问题或很多一般性问题的企业给予差级评级。

按照“优级 5 分、良级 4 分、中级 3 分、差级 2 分”的评分规则，对企业各分项应急能力进行定量赋分。

（3）企业综合应急能力赋分

$$企业综合应急能力分值=(\sum 各分项应急能力评估得分)/6$$

三、评估工作实践及应用效果

1. 企业应急能力评估实践

利用构建的企业应急能力评估方法对2家油气田企业、3家炼化企业开展应急能力评估，按照评估赋分方法，得出如表4-9所示的结果。

表4-9　企业应急能力评估分项评估结果

企业名称	总体应急能力	风险辨识能力	应急体系策划能力	应急设备设施配备与管理能力	应急救援队伍专业能力	应急演练培训组织能力	应急操作实战能力
A油田	中(3.17)	良	中	中	中	中	中
B油田	良(3.5)	中	中	中	良	良	良
C炼化	良(3.5)	良	中	中	中	良	良
D炼化	良(3.5)	中	良	中	良	良	中
E炼化	良(3.67)	良	中	优	中	良	中

2. 企业应急能力整体情况

通过开展应急能力评估实践，对企业应急能力现状有了大致了解。

（1）风险辨识评估。企业按照国家法规制度要求普遍开展了风险辨识评估工作，形成了评估报告，形式上满足要求。但企业针对重大事故风险辨识的能力不强，风险辨识和风险分级防控重点倾向于高频常规突发事件，对影响周边的次生事件风险辨识不足。此外，通过评估发现基层单位风险辨识工作开展不扎实、与业务联系不紧密，风险辨识流于表面。

（2）应急体系策划。企业层面在对国家应急法律法规、集团公司应急制度转化方面做得比较到位，应急预案制修订能够按照要求开展、资料齐全。企业所属单位、基层单位在应急制度转化、预案内容及管理方面存在较多问题，企业对所属单位、基层的应急管理工作指导监督不够。整体来看，企业层面应急体系策划能力强，下属及基层单位应急体系策划能力较弱。

（3）应急设备设施配备与管理。应急设备设施的配备与管理水平，很大程度上取决于企业领导层的重视程度和资金的投入情况。应急物资配备是否齐全、设备设施的维护保养是否有效将直接影响企业应急处置工作的顺利开展。油气田企业由于生产环境复杂、生产区域分布广，针对偏远地区重浆和压裂车等井控应急资源储备少的情况比较突出，难以满足快速应急需求。此外，很多企业都存在应急设施安全隐患多、配备种类不齐全、维护保养不及时等问题，亟待引起重视。

（4）应急救援队伍。从评估情况看，专业救援队伍存在装备配备不足、人员结构不合理等情况，严重制约企业战斗救援能力。油田企业井控应急队伍建设极端井控事故应急能力弱，队伍缺少贴近实战的训练手段；炼化企业消防队伍重点设施要害部位灭火战斗预案针对性差，指战员实战经验不足，专业化应急队伍救援能力亟待提升。

（5）应急演练培训组织。企业从上到下严格落实培训和演练要求，制定培训演练计划，按频次组织开展，做好记录及归档。但培训演练记录不规范、应急演练走过场、为应付检查记录造假等问题在企业和基层比较突出；企业领导层应急管理培训不到位，对应急指挥决策方面的培训、对企业之间应急管理经验交流的需求迫切，有必要引起重视。

（6）应急操作实战。通过组织演练，发现基层单位岗位人员在应对突发事件时往往未能有效开展正确的处置操作、存在慌乱的情况，基层站队的现场指挥人员不熟悉应急处置程序，初期应急处置能力明显不足；企业领导层在危机管理应对能力和舆情管控能力方面存在不足，企业应对“小概率、高后果”事故综合应急能力不强，与专业救援队伍的联动有待加强。

3. 企业应急能力提升建议

（1）加强企业领导层人员应急培训，强化企业危机管理与舆情应对能力。集团公司或专业板块应组织制定系统的应急规章制度标准宣贯课件和视频，定期组织应急管理、应急预案、应急案例经验交流研讨会，加强企业领导层应急意识和决策指挥能力专项培训，全面提高应急思想意识、精准掌握国家和集团管理要求、切实提高决策指挥能力。统筹考虑研究制订各类突发事件危机应对程序（手册），组织针对企业管理层人员的危机应对专项培训，设立危机攻关（专家）团队，指导和提升企业舆情管控能力，从而快速有效应对高级别危机事件。

（2）强化企业“小概率、高后果”事故情景构建应急能力评估。企业应梳理重特大事故风险，尤其是影响周边的生产安全事故风险，开展事故后果量化计算和模拟分析，强化对“小概率、高后果”事故的精准认知，开发事故后果三维视频情景，组织事故情景构建应急演练和能力评估，着力发现应急体系和应急能力的重大缺陷，指导企业完善应急体系、提升应急能力。

（3）遴选优秀管理人员强化专职管理人员履职能力，加强基层培训演练提升岗位班组先期应急处置能力。企业应遴选优秀管理人员履职应急管理岗位，合理安排岗位职责，积极参加集团公司应急管理培训和应急评估工作；加强应急规章制度的转化深度，在满足国家法规、集团公司制度的要求下，结合企业实际细化管理要求，进一步规范直属单位和基层单位的应急管理工作。企业应重点加强基层岗位、班组和专职队伍实战演练工作，提高演练难度，提升演练质量，不断提高先期应急处置能力，实现“响应迅速”“救早救小”的目标。此外，专业板块应建立企业之间的专业交流渠道，定期组织交流研讨，推广借鉴企业先进的应急管理经验。

（4）加强专职救援队伍建设，整合外部应急资源力量，提升应急救援能力。针对井控救援队伍，建设贴近实战的井控操作培训装置，攻关高压力等级三次失控应急抢险技术装备，加强承包商队伍核心关键人员井控操作培训，提高井控队伍应急能力。针对消防救援队伍，研究制定加强消防人员更新的措施，探索消防人员社会化职业化的机制方法，保障消防队伍的战斗力。同时，企业应加强与地方化工消防队伍的联动应急机制和能力建设，弥补自有消防队伍执勤能力不足的问题；加强企业外部专职应急队伍和专业应急物资调查，纳入后备应急资源清单，建立联络渠道，提高专业应急保障能力。

第二章　油气田企业实践探索

坚持统筹发展和安全，开创老牌油田安全管理新局面

吴亚滨

（大庆油田有限责任公司）

安全和发展是一体之两翼、驱动之双轮。习近平总书记指出，要“统筹发展和安全，增强忧患意识，做到居安思危”“必须坚持高质量发展和高水平安全良性互动，以高质量发展促进高水平安全，以高水平安全保障高质量发展，发展和安全要动态平衡、相得益彰”。

大庆油田业务链条长、员工总量多，生产区域点多、线长、面广，施工作业场所高度分散，加之近年来新领域新业务快速增长，新老风险交织叠加，安全风险逐年增大。面临新形势、新任务，油田党委带领广大干部员工，始终牢记习近平总书记政治嘱托，深入学习贯彻习近平总书记关于安全生产重要论述和重要指示批示精神，高擎“当好标杆旗帜、建设百年油田”的责任担当，紧密围绕抓好“三件大事”战略部署，加速上扬成长“第二曲线”，按照“识别大风险、消除大隐患、杜绝大事故”要求，刚性落实“十五条硬措施”，坚持问题导向、工程思维，狠抓全员网格化安全生产责任落实，狠抓 QHSE 管理体系和双重预防机制建设，狠抓井控、停产井、管道占压、重大事故隐患等专项整治，狠抓重复性问题治理，狠抓特殊作业、承包商作业、危险化学品等关键领域现场监管，不断在有效防范化解重大风险中巩固安全根基，不断在有力消除事故隐患中形成安全合力，不断在践行“两个至上”发展理念中积累发展动力，安全风险防控能力稳步增强，现场三违行为明显减少，本质安全水平快速提升，有力推动了安全生产形势持续稳定向好。

一、持续深化主题教育，转变观念提高思想认识

党的十八大以来，习近平总书记带领全党全国，始终把坚持“两个至上”作

为初心和使命，坚持以人民为中心的新发展思想，出台了包括新《安全生产法》在内的一系列落实人民至上、生命至上的重大举措，时刻教育引导我们，必须牢固树立人民至上、生命至上理念，把安全生产放在首要位置，与生产经营工作同谋划、同部署、同推进、同考核。油田党委更是直接指出“不安全的产量一点都不能要”，一是从高质量发展的角度，谋划推动油田完善建立高水平安全保障格局，二是从价值认同层面，促进全员全面提高安全生产意识。

2023 年，大庆油田全面、深入开展学习贯彻习近平新时代中国特色社会主义思想主题教育，充分结合“安全管理强化年”“安全生产月”“重大事故隐患专项排查整治 2023 行动”等活动，高站位做好统筹谋划，以新时代高水平党建工作，引领油田安全管理高质量提升。一是在“学深悟透”上下功夫，共组织中心组学习、集中学习以及各类宣讲培训 550 余次，各级主要负责人带领干部员工，系统学习习近平总书记关于安全生产重要论述精神以及安全生产相关法律法规，深刻领会在高质量发展进程中，抓好油田安全生产工作的重要意义和内涵。二是在“知行合一”上下功夫，明确部署“五带头”15 项重点任务，公司领导班子带头深入基层开展调研，准确把握当前安全生产工作面临的严峻形势，捋清基层安全生产管理存在的深层次问题，提出从根本上解决问题的思路和措施。三是在“实干笃行”上下功夫，推广应用“一听、二看、三协商、四总结”检查法，各级领导干部深入基层开展“服务式”检查，听基层讲安全、述风险，看现场隐患查改，协商解决办法，总结管理提升和解决问题的措施，做到全过程服务指导、协调推动、双向提升，推动基层安全管理由被动性监管向自主化管理转变。

二、持续加强网格建设，筑牢基础压实全员责任

新《安全生产法》明确要求企业应建立健全全员安全生产责任制，近年来，一系列重特大事故的发生，也警示我们，必须将安全生产主体责任层层压实到每一个人。为此，大庆油田充分借鉴“枫桥经验”先进理念，将传统管理与现代治理有机结合，构建红色网格治理模式，在划小单元中使管理更加聚焦、透明、可控。“红色网格”是以党建为引领、支部为单元、网格全覆盖、职能多角色、运行数智化的基层治理模式，主要功能是聚焦党建引领和安全环保责任夯实，实现管理定责、任务定人、行为定标。通过网格全覆盖、数字赋能，做到风险人人管、责任人人担，打通责任落地“最后一公里”，以小网格兜住大平安。

依托“红色网格”治理模式，油田自 2023 年起，全面推行安全环保网格化管

理。一是做好网格顶层设计，结合油田组织架构以及现场风险，以采油厂、作业区、班组、岗位4级“区域型”网格为基础，配套“管理型、服务型、项目型、科研型”四类网格，明确网格安全、环保、防火、监督、健康“五大”特色功能，网格属性全面包容HSE管理业务，更好适应油田多种经营特点，解决网格划分多元需求，合理匹配网格类型与经营方式，按照“4+5”网格设计原则，以油田矿权范围为界限，将油田整体划分为5452个分级管理网格，形成“横向属地管理、纵向业务主管”的四级立体化网格管理架构，管理界面更加清晰。二是筑牢网格管理基础，按照“属地管理”“分级负责”的原则，“一格一清单”明确3.4万名网格管理人员责任，全员安全生产责任、“三管三必须”责任在有形的管理网格中得到真正压实，网格穿透力持续提升。公司量化网格化管理指标，从风险、隐患和责任三个维度，设定否决性、过程性和激励性三类10项考核指标，与奖金发放、评先选优、安全生产记分挂钩，网格约束力大幅增强。2023年推行网格化管理以来，公司分级明确网格化管理分级督导责任，创新业务部室牵头的专业领域督导机制，完成2轮次全覆盖督导，解决地理界限交叉、任务分配不合理等83类共性问题，网格执行力不断提高。三是靠实网格技术保障，公司建立双重预防信息系统，促进属地网格横向业务联通，业务部门纵向管理贯通，将“风险-防控措施-隐患问题”进行关联，建立12个标准化流程，嵌入安全环保风险动态量化分析模型，构建安全环保风险管控可视化“四色图”，以网格管控效果“上色、褪色、消色”的方式，实时、动态展示网格治理水平，精准防控风险，跟踪治理隐患，配套“PC+手机”双端平台，实现风险防控和隐患排查全过程数字化管控，实现网格风险实时预警、隐患动态实时显示、管理责任逐级锁定、履职情况全程跟踪，形成了“一键穿透、一网统管、一室多能、一画成像”的网格化风险分级防控和隐患排查治理体系，截至目前，已全面管控风险94.9万条，查改隐患20余万个。通过网格化管理，公司安全生产工作与生产管理高度融合，基层治理效能不断提升，QHSE管理基础不断夯实，形成了人人“知责、明责、履责、担责”的齐抓共管氛围。

三、持续弘扬严实作风，严格监管狠抓风险防控

大庆油田是全国的标杆旗帜，这既是历史赋予的崇高荣誉，也是做好当前工作的不竭动力。立足新起点，油田党委明确了能源总当量箭头向上的“第二曲线”战略部署，古龙页岩油、川渝流转区块上产规模不断扩大，储气库、国储库等重点项目加快建设，CCUS、新能源等新产业全面布局，新工艺、新材料、新

技术广泛应用，承包商、井控、特殊作业等传统风险和新领域新业态带来的新风险交织叠加，为树牢大庆红旗增加了压力，更提供了动力。

严峻的形势要求和艰巨而光荣的任务，明确要求我们，必须以更高站位、更实作风、更严标准，突出抓好关键风险防范。一是深入实施数智化监管，紧抓数字化转型、智能化发展新机遇，加快推进实施“安眼工程”，大力推广应用“智慧工地”“‘三违’行为智能识别研究”等一批新方法、新技术应用，持续为现场监管赋新能。目前，大庆油田已部署固定视频监控摄像头 3.5 万个，移动视频监控设备 1527 个，应用 39 种 AI 智能违章识别技术，配套无人机巡查，做到特殊作业、装置检维修、承包商施工、重大危险源等现场远程监督全覆盖，现场违章问题发现率提升 300%，风险管控和事故预防能力大幅提升。二是从严实施现场监督，充分认识当前安全生产仍处于严格监管阶段实际，构建“6+6”网格化监督体系，实施“3 级+”网格化全覆盖监督模式，狠抓信息化建设、智能化升级、标准化执行、流程化管理，2023 年共监督各类重点场所 1.19 万处，覆盖率提升 1.5 倍。紧盯硫化氢、井控等关键风险和页岩油等重点项目，开展 74 项专项监督，通报典型问题 1479 个，建立业务部门和单位问题“共享”机制，34 类问题得到系统整改，实施问题“跟进式”验证，“回头看”监督，全年问题综合整改率达 97.7%，HSE 监督整体质效明显提升。三是突出管控重点领域，公司党委高度重视页岩油开发、长停井管控、川渝地区硫化氢防控等重点常规风险，以及储气库、塔东地区井控、新能源风电等新业态新领域非常规风险管控，专题研究部署关键风险分析和防范措施，从加大专项监督力量、开展安全专项评估、强化技术研究应用、形成管理应用指南 4 方面，系统推进关键风险防控。四是建立长效预警机制，油田主要领导多次在重要会议上指出，抓安全管理“预警要准”，带动油田主要从 3 方面加强预警能力建设，一是对 2010 年以来，油田发生的事故案例进行复盘总结，每月下发安全风险提示。二是结合阶段性国内事故事件情况、极端气候情况，及时发布 HSE 风险预警，双向发力，有序指导基层单位结合季节特点、生产实际以及事故教训，针对性做好防范措施。三是开展关键风险警示月活动，每年 3 月份起，根据油田复工复产实际情况，每月选取 1 项作为风险警示月主题，发动二级单位，引导全员深入辨识同类风险，扎实掌握防控措施，做到防微杜渐。

四、持续开展专项整治，狠抓落实促进本质安全

党的十八大以来，大庆油田深入学习贯彻落实习近平总书记关于安全生产重

要论述精神，牢固树立“发展决不能以牺牲人的生命为代价”安全发展理念，按照集团公司要求，公司领导牵头成立工作专班，各业务部门按照“三管三必须”要求，协同建立“周调度、月总结、季度推进会”机制，始终坚持问题导向、工程思维，统筹开展隐患专项整治，标本兼治打好安全生产保卫战。

2023 年，在公司主要领导的亲自部署下，公司所属各部门、各单位统筹推进重大事故隐患排查、重复性问题治理，以及井控、停产井、管道占压、房屋建筑物等专项整治，全面治理隐患 4 万余个。一是全面抓实重大事故隐患排查专项行动。紧盯油田生产重大风险点和低设防区域，细化 203 项隐患排查条款和领导班子 15 项“五带头”工作任务，公司领导、各专业委员会、各单位持续深入基层开展检查 2.5 万余次，整改问题 2.94 万个，扎实治理重大隐患 67 个。结合问题，公司编制印发了《重大事故隐患判定指南》，建立长效机制，深化对标落实。二是大力推进隐患治理项目实施。完善油田公司隐患治理项目管理流程，明确考核指标，实施挂牌督办，2023 年共完成隐患治理项目 262 个，高效解决了“一、二级重大危险源储油罐缺少紧急切断及液位联锁保护”“光明轻烃储罐本体开裂”等重大安全隐患。三是统筹推进重点领域专项整治。公司各相关部门积极落实国家、集团公司年度重点专项整治工作部署，统筹开展燃气、房屋建筑物、管道占压、重点井站、长停井、危化品等重点领域集中整治，扎实推进一批隐患问题得到系统治理。开展 3 轮次燃气隐患大起底、大排查、大整治，严格实施 5 类重点问题“零容忍”，闭环整改各类问题 3109 个。各级员工食堂气源隐患全部销项。开展 2 轮次既有房屋大排查大整治，对 238 处存在隐患房屋“一楼一策”落实整改措施；对 389 处大跨度重型钢结构建筑开展第三方安全评估，封停隐患建筑 24 处，深入推进房屋排查整治行动落实见效。全面压实管道占压“拆、改、关”三项措施整改责任，重点攻坚消除市政集中占压隐患，自 2022 年开展专项行动以来，管道占压隐患总量已下降 90.8%。对油田重点油气站场、井场开展 3 年滚动安全风险评估，2023 年共查改隐患问题 457 个，结合现场问题和评估细则，制作专项课件，对油田 500 余名场站管理人员进行宣贯培训，不断提高站场安全管理水平。开展两轮次长停井隐患排查整治，油田 3.6 万口长停井共发现隐患问题 3591 个，全部落实防控和治理措施。四是全力查改重复性问题。大庆油田对近年来体系审核和监督检查发现的重复性问题，进行系统梳理分析，形成油气场站、安全通用、环境保护、基建施工、井筒作业 5 类 75 项重复性问题清单，在全油田开展重复性问题系统整治行动，配套开展“强化网格责任严控重复性问题隐患”专题岗位云讲述活动，引导全员查隐患、抓整改、促提升。所属各单位积极响应，明确网格排查和整改任务及责任，严查各个领域问题隐患，自查数量稳步提升。在全员查改重复性问题的前提下，公司 HSE 监督总站排查重复性问题隐患数量逐月下降，活动开展以来公司重复性问题隐患下降 80.1%。5 类重复性问题隐患中基建施工类重复性问题隐患动态清零。75 项重复性问题隐患有 34 项问题隐患动态清零，有 35 项问题隐患降到个位数。

五、持续强化体系建设，系统改进夯实管理基础

大庆油田 1996 年引入 HSE 管理体系，1998 年发布第一版《HSE 管理手册》，2012 年起每年开展两次全覆盖审核，近三十年的 HSE 管理体系建设，极大提升了油田安全管理水平。近年来，大庆油田大力推进“专业主导审核工作模式”，质量安全环保部门统筹部署和技术支持，专业部门主导审核组织实施，HSE 专业委员会系统分析本领域问题，公司主管领导讲评通报，在落实“三管三必须”法定责任，强化业务部门 HSE 履职，完善形成齐抓共管的 HSE 管理体系格局上，取得了较大进展。

一是审核方式差异化。根据单位性质、业务特点、风险状况以及上一年度审核情况，对主要生产单位采取全要素审核，对水务、电力、新能源等业务采取专项审核，对上一年审核排在前两名的单位采取指导审核，对页岩油、川渝、塔东等新区块采取区域审核，做到业务覆盖、有的放矢。二是审核组织专业化。业务部门全程带队审核，制定并实施审核计划，突出业务领域诊断评估、风险研判，促进 HSE 重要制度、重点工作在业务系统落实落地。三是审核内容精准化。开展审核问题大数据分析，全面应用负面清单审核闭环整改验证模式，查找和分析问题产生的深层次原因，重点整治系统性、重复性典型问题，做到对症下药，做好审核“后半篇”文章。四是内部审核机制化。对所属单位内审工作进行全过程监督，全面开展审核结果质量评审，精准实施审核指导帮扶，不断提升二级单位审核质量，增强自我改进的内生循环动力。

安全生产是最大的政治，是“天字号”工程，在集团党组的带领下，在油田党委的高度重视下，大庆油田近年来安全生产工作取得长足进步，各级领导干部以主题教育为契机，大力弘扬严实作风，深入开展调研检查，针对现场安全管理难点、痛点、堵点，谋实事、出实招、求实效，不断提升安全生产引领力，让“重视安全”不再只是个口号，变成了实实在在的行动。各部门、各单位自觉履行安全生产责任制，将安全生产工作与生产经营任务同谋划、同部署、同推进、同考核，形成了齐抓共管的良好局面，不断提升安全生产保障力，

“三管三必须”在两级机关得到了深度落实。广大员工深度参与安全网格化管理，人在网中走，事在网中办，立足岗位、自觉对标，强化了“我要安全、我懂安全、我会安全”的理念，不断提升安全生产驱动力，正在快步向自主管理迈进。

面临新形势、新任务、新挑战，大庆油田全力奋进高质量发展，加速上扬企业成长“第二曲线”，发展前景广阔、形势良好。但我们深知“百年油田”前进道路不可能一帆风顺，唯有以如履薄冰的谨慎心理、居安思危的忧患意识，切实把“时时放心不下”的紧迫感转化为“事事心中有底”的行动力，主动抢得防范安全生产风险的“先手”，系统储备化解极端挑战的“高招”，在安全生产管理中打有准备之仗，为“当好标杆旗帜、建设百年油田”，不断筑牢坚实的安全生产防线。

油田数字化安全技术管控体系构建探索实践

何战友　柴　锐　刘沛华　陈　妍　高　磊

（中国石油天然气股份有限公司长庆油田分公司）

安全生产工作是石油工业企业的重中之重，直接关系到石油工业企业的可持续发展。根据国家“十四五”规划，安全与数字化发展建设，已经成为未来“加快数字化发展”“建设数字中国”的重要内容。本文从数字化安全技术管控体系构建的背景入手，结合风险预警、主动防护、应急处置等安全管理流程，构建了以油气田“井、站、线”全流程数字化安全预警系列技术、油气田生产设施监测监控主动安全防护技术”为核心的数字化安全技术管控体系，通过数字化安全技术与管理创新相互融合，全面提升长庆油田本质安全水平。

一、体系构建的必要性

1. 体系构建背景

石油天然气工业具有高温高压、易燃易爆、有毒有害、工艺复杂、生产条件苛刻等特点，属于典型的高风险行业，安全管理是油气生产的重中之重，关系到企业的生存和发展，必须树牢安全发展理念，发展决不能以牺牲安全为代价。近年来，人工智能正引领新一轮科技革命和产业变革，数字化、信息化、智能化技术的飞速发展，为油气企业改变生产组织方式、降低安全风险、提高生产效率，实现高质量发展提供了全新的进阶之路。

2. 面临形势与挑战

(1) 数字化转型符合党和国家对安全生产的要求。新的《安全生产法》《环境保护法》颁布实施，明确了经济社会发展的安全红线。当前，我国油气行业安全生产仍处于事故的多发期、易发期，每起事故都牵动百姓的利益，迫切要求油气企业加大安全管控力度，创新安全技术和管理方式，增强风险防控能力。

(2) 数字化安全技术应用是加大国内油气勘探开发力度的现实需要。作为高危行业，油气行业传统的安全管理体系庞大，管理要素繁多，安全监管人员数量不足、监督手段单一，对生产作业重大风险感知灵敏度低，重要环节难以实现全面管控，监管薄弱环节与盲点多，HSE 管理仍然处于严格监管阶段。

(3) 数字化安全技术是长庆油田实现高质量发展的重要保障。长庆油田生产安全智能化管控面临生产区域点多、线长、面广，安全管理难度大，管理方式亟待升级；设备设施多、工艺复杂，安全风险大，数字化智能化水平有待提高；管网庞大，泄漏风险高，紧急情况下的自动化智能化处置手段缺乏等难题。

二、长庆油田安全技术管控体系的构建

本文以安全生产为目标，以长庆智能化油气田建设工程为基础，通过引进、创新、集成、运用数字化、智能化技术，实施机械化换人、数字化减人、智能化管控，应用“3+1”技术体系和创新管理平台，构建了“安全预警、主动防护、紧急处置、平台管控”四位一体的长庆油田数字化安全技术体系，实现了对“井、站、线”的精准预警、生产过程的主动监控、紧急情况的远程处置、安全业务的信息化管理。

三、关键安全技术架构

1. 井站线全流程数字化安全预警系列关键技术

围绕油气田生产工艺流程，在全面实现数据自动采集与分析的基础上，研发生产现场 AI 视频智能分析、场站智能预警、管道泄漏预警等主体技术，实现了基本生产单元的本质安全。

(1) 动环境下的 AI 视频智能分析技术。通过将目标物图像切割成大量像素点进行标注，模拟神经网络建立数据计算模型，通过数据模型训练，生成目标物模型(图 4-2)，采集图像与目标物模型对比分析，实现对生产现场人员、车

辆、烟火、动物、漏油、设备、动作状态等七大类异常状态的准确识别与报警自动推送，目前已在26个作业区井、站及施工现场应用，接入高清视频3800余路。

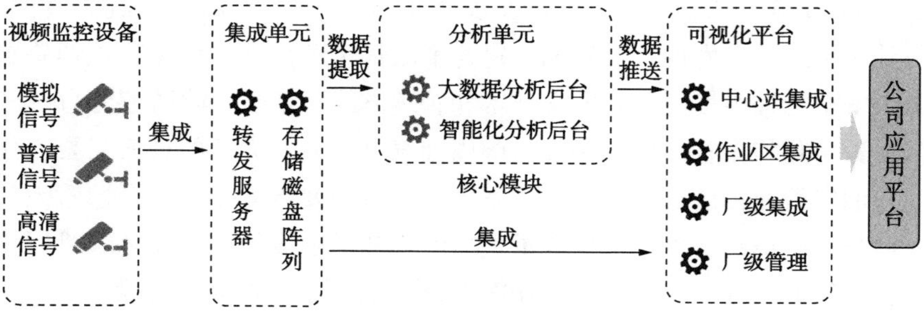

图4-2 AI视频智能分析技术架构

（2）区域性集群式油田管道泄漏监测技术。主要针对联合站以下管线数量多、管网复杂、流态不稳定的工况，通过完善油气站库传感监测系统、SCADA系统、消防自动化系统，建立智能管道数字孪生体，实时检测管线泄漏及应力变化情况，构建管道“天+地+人”立体智能协同巡护管控机制，实现对多条管线的集中监控、预警，有效提升油气管道安全管控水平。

（3）场站危险气体检测预警技术。采用数据采集与远程监控、超限报警与联锁保护技术建立控制系统PCS进行重点生产设备的安全防护；采用远程控制技术建立紧急停车系统ESD提升站场系统的安全防护；采用可燃气体和有毒气体检测技术建立火气系统F&G对站场生产场所的安全状态进行预警报警。

2. 油田生产设施监测监控主动安全防护系列关键技术

基于生产全过程安全管控，将自动采集、远程操控、自动优化调整、工况智能诊断等技术融入生产工艺，形成场站工艺一体化安全控制、设备状态智能化监测与诊断以及大型石油储罐主动安全防护技术。

（1）场站工艺一体化安全控制技术。应用自动采集、变频输油、自动排液、自动点火、预警报警、机器人巡检、远程控制等技术，实现了油气田中小场站的无人值守、大型场站的少人值守，削减了员工直接暴露于风险中的概率，减少了接触危害的时间和频次，同时大幅减少了用工数量，降低了员工劳动强度，提升了本质安全健康水平，无人值守前后井站效果对比如图4-3所示。

（2）设备状态智能监测与诊断技术。针对不同类型设备发生故障的部位、特性不同，依据分类设备故障机理，通过研究故障案例建立统一频谱标准，研究形成统一故障案例频谱标准，建立压缩机组、注水泵、输油泵、锅炉及抽油机等5大类设备故障库，建设了统一在线智能监控及诊断系统(图4-4)，结合离线手持终端精密诊断，形成了具有长庆工况属性的设备状态及诊断解决方案。

图4-3　无人值守前后井站对比图

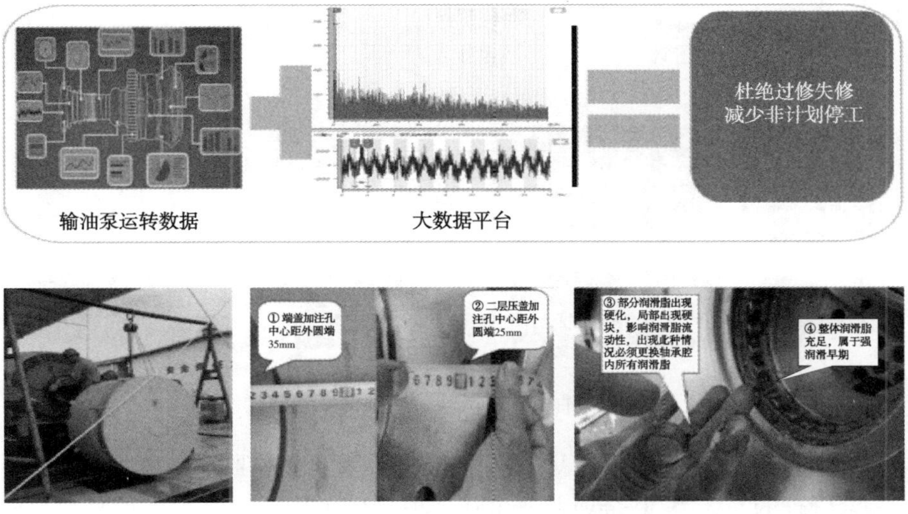

图4-4　设备智能化诊断与现场检测确认工作图

(3)大型石油储罐主动安全防护技术。针对原油储罐密封圈存在雷电静电闪爆的风险，研发了由“静电量消除器、静电位反馈器、静电参数控制器”组成的原油储罐闭环电位反馈防静电预警系统，形成了“氮气伴送超细水雾+火灾智能快速响应”的原油储罐两相微雾惰化抑爆火灾主动防护技术，率先规模应用了“自动检测浓度+超限主动注氮”的大型原油储罐主动防护技术。

3. 安全生产信息化监管系列系统

通过研发监控、监督、专项、健康系统等安全管理系统，达到安全生产监管业务流归集、数据流统一、大数据分析全覆盖、信息化集成应用的目标，实现安全生产由常规管理向一体化、信息化监管转型升级。

（1）油田安全风险应急预警系统。经过 10 年的优化完善，形成了包含设备设施安全监控、重要场所信息监控、交通安全 GPS 监控、网络安全监控、远程应急指挥等五大模块。按照公司、厂处、作业区三个管理层级，支撑智能调度、智能监控、智能预警、智能应急、智能保障/智能作业、智能导览六大应用场景，支持手机、平板、电脑、大屏一体化应用，形成智能化油气田生产运行调度及应急管理指挥应用平台，实现了智能调度、智能监控、智能预警、智能应急管理与智能处置指挥，如图 4-5 所示。

图 4-5　油田安全风险应急预警系统架构

（2）长庆油田安全生产信息化监管平台。开发了包含监控、监督、业务、专项、综合管理的 5 大类 30 余项业务 120 余项具体工作的安全生产信息化监管平台，平台集成分类监管、系统展示、业务应用、辅助决策等功能，实现了大安全业务的信息集成、大数据共享、多层级应用，平台架构如图 4-6 所示，实现 7 万员工健康数据的智能化分析、风险智能化提示、医疗资源智能化调配。

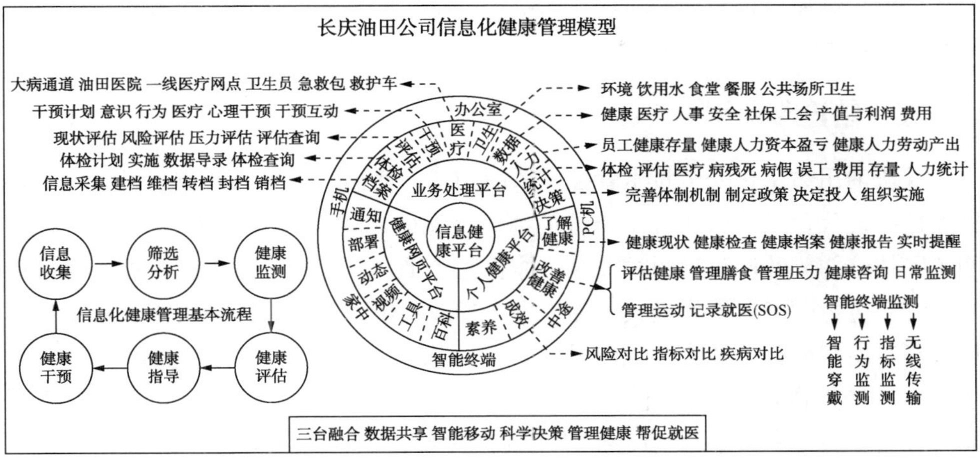

图 4-6　长庆油田员工健康信息监管平台架构图

四、适用性技术体系推广应用

1. 安全预警技术体系

AI 视频智能分析技术通过接入高清视频智能识别研判，烟火、泄漏等事件自动识别准确率98%、系统误报警率减少98.75%、人员车辆动物精准识别95%、误报警过滤率达97%。泄漏监测预警技术现场实测最快响应时间10s，最小监测报警泄漏量0.001m^3/min，实现管道泄漏精准报警，并将报警信息推送至“中心站–调度室–作业区经理”等不同层级，形成“查找问题–分析原因–制定措施–督促落实”的闭环处置流程。

2. 主动安防技术体系

实现中小型场站无人值守、大型场站少人值守，同时通过监测与智能分析，提前预警设备状态，实现关键设备在线诊断，避免因故障引发火灾、爆炸、人员中毒、机械伤害等事故，设备完好率提高到97.5%，故障率下降到0.037%。对万方以上储油罐均采用氮气主动防护技术，响应时间≤30ms，防止因静电、雷击等引发的油罐火灾、爆炸事故，有效提升油田企业大型石油储罐重大危险源等危险化学品智能化技防水平。

3. 安全信息监管系统

实现对5大安全监管领域30余项业务120余项监管要素的信息化管理，已在机关、部门、基层单位应用，其中信息化员工健康管理子系统已基本覆盖全体员工，线上健康咨询累计超 15 万人次。重大疾病及时发现率提升 80%以上，近 3 年挽救重大伤病员工 278 人。

五、结论与认识

长庆油田数字化安全技术管控体系的构建，使油气田生产变成了可以电子巡视监控的现代化工厂，实现了传统的油气泄漏防治重点依靠人防、物防向人防、物防和技防并重的转变。通过安全一体化监管平台，探索形成多级监控、远程截断、统一应急调度的工作模式，油气生产场所利用智能巡检代替人工巡检，高危作业环节由智能化设备代替人工操作，重点监控部位实现了智能值勤代替人工值守，生产异常远程自动监控、预警、处置得到实现，远程操控的安全性得到显著提升。这些技术的应用，推动了安全生产机制的不断完善和发展，促进了安全生产管理模式的变革和创新，有效降低了油气生产安全管理的成本，促进了油气生产安全管理效率的整体提升，为国内同行业安全生产管理工作提供了重要借鉴。

油田企业常态化承包商资质资格核查工作实践

牛明勇　马　曦　高　阳　徐思宁　朱海明

（中国石油天然气股份有限公司塔里木油田分公司）

一、面临的问题

塔里木油田自 1989 年成立以来，“两新两高”的工作方针助力塔里木油田走出了一条少人高效的科学发展之路，也打造了以承包商为生产建设主力军的“油公司”管理模式，700 余家约 4 万人的承包商施工队伍，其安全管理能力直接影响着油田公司的安全绩效水平。由于塔里木油田地处偏远市场不发育，散乱小承包商占比较高，承包商自主 QHSE 管理能力薄弱；现场监管缺乏统一规范可操作的检查标准，导致承包商入场把关不严不细；施工作业过程监管约束措施效力不足，高资质进门、低配置施工的情况时有发生。

为解决上述问题，塔里木油田认真落实集团公司提出的“突出加强承包商”监管的工作要求，建立了常态化承包商资质资格核查工作机制，通过不断探索实践，建立了一套承包商资质资格核查标准体系，明确各类施工作业队伍资质、关键岗位、人员配备、人员持证、人员素质、机具设备及档案编制等配套要求，现场对照核查标准开展入场核查，从源头上控制不达标的人员、设备入场，有力保障油田安全生产形势持续稳定向好。

二、采取的方法和措施

塔里木油田以培育高质量战略合作伙伴为目标，配套承包商安全生产记分、典型隐患“四查”分析和“安眼工程”等制度保障，推动形成敢管、真管、严管的承包商监管氛围，促进承包商 QHSE 管理水平提升。

1. 试点先行，逐步建立完善承包商资质资格核查标准体系

（1）建立核查标准，试点开展核查工作

2021 年，为进一步加强承包商安全管理，有效遏制和防范承包商事故，油田公司发布《承包商资质资格核查专项行动方案》，自此，塔里木油田承包商资质资格核查工作拉开帷幕。各业务领域参照《裸眼井测井队伍人员装备配套要求》《测井录井队伍人员及设备资质档案要求》等，结合集团公司、油田公司发布的承包商管理制度要求，分门别类制定了水电运维、物探现场、动态监测、钻试修现场、地面工程建设和油气生产运检维、设备维修清洗共 6 类 37 项资质资格核查标准，标准中明确了核查承包商队伍范围和依据的相关文件，对施工作业的人员配置、人员持证、人员素质、公司（队伍）资质、设备配套、设备年限、技术参数等具体的配置要求，为承包商建立人员队伍、配套设备设施提供标准规范，也为油田公司各部门、各单位开展核查工作提供有力依据。

（2）逐年提档升级，完善核查标准

2022 年，油田公司总结试点核查工作的经验成果，结合现场核查甲乙方提出的实际问题，发布了《关于完善从严承包商监管常态化机制、培育高质量战略合作伙伴的指导意见》，进一步规范资质资格核查标准编制要求，发布的标准也从业务分类细化到施工作业内容分类，如钻试修现场、地面工程建设、设备维修清洗细化至酸化压裂、无损检测、天然气压缩机维修等，截至目前，油田公司累计发布 61 项承包商资质资格核查标准，覆盖钻试修、地面建设、设备运检维等 34 类现场施工作业，并将其纳入企业管理标准，依标从严开展现场资质资格核查工作。承包商资质资格核查标准示例见图 4-7。

2. 突出重点环节，建立常态化承包商资质资格核查工作机制

（1）明确工作机制运行目标

为着力解决承包商队伍人员能岗不匹配、人员装备配套弄虚作假、关键人员

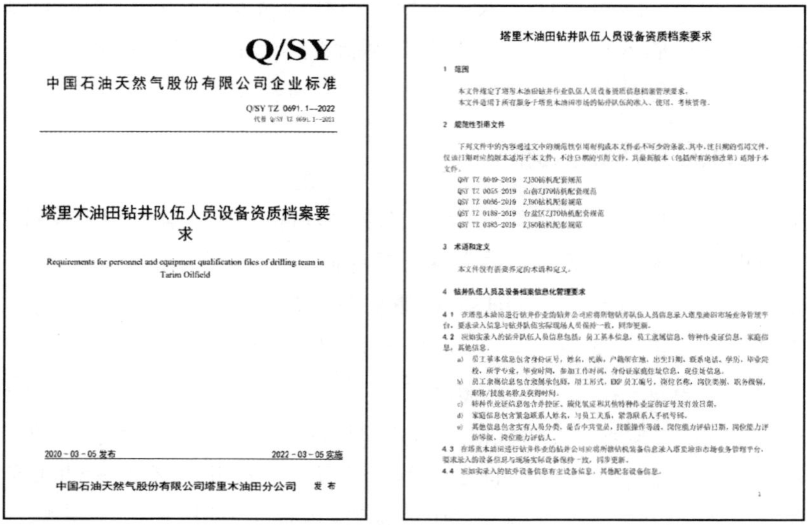

Q/SY

中国石油天然气股份有限公司企业标准

Q/SY TZ 0691.1—2022

代替 Q/SY TZ 0691.1—2021

塔里木油田钻井队伍人员设备资质档案要求

Requirements for personnel and equipment qualification files of drilling team in Tarim Oilfield

2020-03-05 发布　　2022-03-05 实施

中国石油天然气股份有限公司塔里木油田分公司　发布

塔里木油田钻井队伍人员设备资质档案要求

1 范围

本文件规定了塔里木油田钻井作业队伍人员设备资质信息档案管理要求。

本文件适用于所有服务于塔里木油田市场的钻井队伍的准入、使用、考核管理。

2 规范性引用文件

下列文件中的内容通过文中的规范性引用而构成本文件必不可少的条款。其中，注日期的引用文件，仅该日期对应的版本适用于本文件；不注日期的引用文件，其最新版本（包括所有的修改单）适用于本文件。

Q/SY TZ 0049-2019　ZJ30钻机配套规范

Q/SY TZ 0055-2019　山前ZJ70钻机配套规范

Q/SY TZ 0086-2019　ZJ90钻机配套规范

Q/SY TZ 0188-2019　台盆区ZJ70钻机配套规范

Q/SY TZ 0383-2019　ZJ80钻机配套规范

3 术语和定义

本文件没有需要界定的术语和定义。

4 钻井队伍人员及设备档案信息化管理要求

4.1 在塔里木油田进行钻井作业的钻井公司应将所辖钻井队伍人员信息录入塔里木油田市场业务管理平台，要求录入信息与钻井队伍实际现场人员保持一致，同步更新。

4.2 须如实录入的钻井队伍人员信息包括：员工基本信息，员工隶属信息，特种作业证信息，家庭信息，其他信息。

a) 员工基本信息包含身份证号，姓名，民族，户籍所在地，出生日期，联系电话，学历，毕业院校，所学专业，毕业时间，参加工作时间，身份证家庭住址信息，现住址信息。

b) 员工隶属信息包含隶属承包商，用工形式，ERP员工编号，岗位名称，岗位类别，职务级别，职称/技能名称及获得时间。

c) 特种作业证信息包含井控证、硫化氢证和其他特种作业证的证号及有效日期。

d) 家庭信息包含紧急联系人姓名，与员工关系，紧急联系人手机号码。

e) 其他信息包含实有人员分类，是否中共党员，技能操作等级，岗位能力评估日期，岗位能力评估等级，岗位能力评估人。

4.3 在塔里木油田进行钻井作业的钻井公司应将所辖钻机装备信息录入塔里木油田市场业务管理平台，要求录入的设备信息与现场实际设备保持一致，同步更新。

4.4 须如实录入的钻井设备信息有主设备信息，其他配套设备信息。

1

图 4-7　承包商资质资格核查标准示例

机具变更频繁等问题，通过有效应用油田承包商资质资格核查标准，突出“开复工前现场核查，过程中监督检查，阶段性综合考评”三个环节，结合油田承包商安全生产记分管理办法及各业务领域承包商安全生产记分实施细则，严把承包商队伍、人员、装备资质资格关，把不合格承包商拒之门外，培育高质量战略合作商，提升油田整体安全管理水平。

（2）明确重点环节各层级核查关键指标

项目开复工前现场核查。各属地单位现场核查覆盖率 100%，业务部门抽查覆盖率不低于 40%。

过程中监督检查。各属地单位季度检查覆盖率不低于 60%，业务部门季度抽查覆盖率不低于 30%。

阶段性综合考评。根据承包商考评标准，综合开复工前现场核查、过程中监督检查等情况，对承包商及队伍进行考评排序，季度落实停工整顿不低于 3%、限减工作量不低于 3%要求。年度落实停工整顿不低于 3%，末位淘汰不低于 3%要求。

3. 常态化开展承包商资质资格核查

（1）推行“三见”工作法，把好人员、设备资质关

压实属地管理责任，将承包商资质资格核查工作重心前移，切实做到现场沟通、核对、核查。

① 见人：面对面核对人员信息，面对面开展能力评估，确保人员资质证件齐全、能力满足要求。比对“作业计划书、项目合同、核查标准、工作考勤、人员档案信息、资质证书”要求，逐项核对人员配备、资质资格信息，确保人员符合性；三相结合“理论测试、访谈交流、实操评估”，综合考评人员能力达标度，从严人员能力评估，精准筛查不合格人员。

② 见设备：现场核对设备所有信息，确保现场设备与设备档案保持一致并完整完好。以隐患排查清单、岗位操作手册为依据，现场对标诊断设备及附件运行情况，从严设备性能审查，消除带病运行隐患，保障现场本质安全。

③ 见档案：以最新且完善的人员设备档案为依据，开展现场核查核对工作。对标档案建立要求，从档案信息的采集、录入、维护、利用等全过程开展现场核对，确定档案的真实性和准确性。

（2）聚焦关键环节，精准开展现场监督检查

利用监督中心深耕一线、紧贴现场优势，将承包商资质资格核查纳入过程中监督核查、专项核查的必查项，紧盯春季复工、装置检修、新进队伍等关键工序，清单化制定承包商资质资格核查标准分类检查表，明确检查要点，采取不发通知、不打招呼、不听汇报、不用陪同接待、直奔基层、直插现场的“四不两直”工作方式，切实管住高资质进门、低配置干活引发的风险隐患。

（3）开展专项抽查检查，倒逼属地责任落实

业务部门结合年度重点工作、重点环节等因素，专项开展承包商资质资格核查结果抽查检查，一是倒逼属地责任落实，防止资质资格核查工作走过场、走形式。二是杜绝承包商的“过关”思想，将从严承包商资质资格核查的监管态势贯穿现场施工全过程。定期对业务领域资质资格抽查检查结果进行统计分析，查找偏离现场实际的管理条款，研究修改完善核查标准，推动资质资格核查工作落实落地。

4. 强化制度保障

（1）严肃安全生产记分

为促进承包商资质资格核查落实落地，油田公司借鉴驾驶证每年 12 分的记分规则，制定发布安全生产记分管理办法，对资质资格核查和监督检查过程中发现的承包商典型隐患问题开展记分管理，以安全生产记分对承包商单位、队伍及人员安全生产业绩进行记录，记分结果录入油田市场业务工作平台，按照 3 分、6 分、9 分、12 分四个层级，分别对承包商队伍开展学习教育、限期整改、停工整顿、限制工作量、清出油田市场等应用，进一步从严承包商监管，倒逼承包商

主动提升自身素质能力。具体考核处理及结果应用如下：

① 记分满3分。为承包商人员的，取消当年度油田公司承包商QHSE先进个人评选资格，其所在单位对其重新进行安全生产培训教育。为承包商单位、队伍的，取消承包商单位、队伍当年度油田公司承包商QHSE先进单位、先进集体评选资格。

② 记分满6分。为承包商现场管理及操作岗位人员的，由属地单位或项目组织实施单位取消其入场许可证，重新对其进行安全培训教育，评估合格后方可入场作业。为承包商单位管理人员的，由属地单位或项目组织实施单位对其进行安全生产约谈。为承包商单位、队伍的，对承包商单位通报批评；承包商队伍停工整顿6个月，期满后由油田业务部门组织评估，合格后方可重新入场作业。

③ 记分满9分。为承包商现场管理及操作岗位人员的，由属地单位或项目组织实施单位取消其入场许可证，自处理决定之日起3个月内不得上岗作业，影响期满后由属地单位或项目组织实施单位重新对其进行安全培训教育，评估合格后方可入场作业。为承包商单位管理人员的，由其在属地单位或项目组织实施单位范围内作出深刻检查。为承包商单位、队伍的，给予承包商单位黄牌警示，一年内或其整改合格并通过评估验收前不得允许其参与投标；承包商队伍停工整顿9个月，期满后由油田业务部门组织评估，合格后方可重新入场作业。

④ 记分满12分。为承包商人员的，列入油田市场管理“黑名单”，自“黑名单”公告日起两年内并经属地单位或项目组织实施单位培训评估合格前不得在油田范围内上岗作业。为承包商单位、队伍的，列入油田市场管理“黑名单”，自“黑名单”公告日起两年内并在整改合格通过业务部门评估验收前不得准入。

（2）“四查”分析典型隐患问题

塔里木油田严格落实集团公司“四查”分析要求，是强化管理追溯的有效保障。在常态化资质资格核查工作开展期间，油田公司对属地单位核查、监督中心检查、业务部门抽查发现不满足承包商资质资格标准的典型问题，一律纳入油田“四查”分析会分析处理，通过查思想、查管理、查技术、查纪律，结合安全环保形式主义官僚主义“20种人”排查，对号入座、红脸出汗，深入剖析问题原因，切实让甲乙方员工汲取教训，引以为戒，举一反三自检自查同类问题，有效降低问题的重复发生。

（3）数字赋能核查质效提升

强化“安眼工程”应用，将视频设置作为承包商开复工的前置条件，着力推进施工作业视频在线接入油田音视讯平台，通过油田公司、二级单位两级安眼监控中心，远程对现场施工作业开展全天候、全方位、全过程的监督监管，及时提醒纠正违规违章行为，针对发现的典型隐患，每月在油田生产例会上进行通报，倒查承包商资质资格核查的开展情况，并从严处理问责。

5. 强化资质资格核查结果的应用

按照“谁能干谁来干，谁干得好谁多干”的原则，将承包商资质资格核查结果纳入承包商综合考评，对标排序、优胜劣汰，按季度在油田公司进行公示、通报，严格落实停工整顿、末位淘汰工作要求，将考评结果在招标、谈判、工作量安排中予以体现，促进承包商自主提升安全管理水平。

三、取得的经验和效果

承包商自主安全管理水平的提升，就是油田公司安全管理水平的提升，自2021年初常态化承包商资质资格核查工作开展以来，承包商监督监管依据逐步健全规范，市场结构趋于完善，推动塔里木油田安全生产形势稳定向好，为油田率先建成中国式现代化世界一流能源企业提供有力保障，高质量战略合作伙伴日益增加，主要表现在：

（1）有效杜绝承包商事故发生，事件数量保持下降态势。2021年至今未发生一般B级以上生产安全事故；2023年事件数较2021年下降70.4%。

（2）明确了各类施工作业类承包商的资质资格要求，现场核查有依据，过程核查有准绳，综合考评有力度。通过公平公正，优胜劣汰的市场化机制，进一步优化塔里木油田承包商结构，截至2023年末，承包商现有数量778家，较2021年下降3.6%。国有企业、事业单位等占比从不足30%提升至40%。

（3）将综合考评结果与招标选商直接挂钩，按排名选商分配工作量。明确依法、依规招标项目集中资格招标、框架协议招标、单个项目招标的考评结果应用规则，在工程监理、单井试采、集输施工、钻井作业的二次选商中，将考评结果纳入评选标准。

（4）推动承包商强化自我约束，压实了属地单位对承包商监管的主体责任和业务部门的直线责任。

（5）服务型甲方诚信型乙方的市场模式逐步成型。油田各级干部员工能够坚持“一家人、一盘棋”思想，践行“成就乙方才能成就甲方”的理念，在从严承包商监督监管的工作要求下，积极畅通承包商单位问题协调解决渠道，提供了良好的甲乙方合作共赢的监管氛围。

油田企业安全管理强化工程实践做法

臧传贞　伊其明　杜　鹏　郭亚冰　李亚楠　彭建福

（中国石油天然气股份有限公司新疆油田分公司）

安全事关员工生命财产安全和企业可持续、高质量发展大局，近年来国家密集开展重点领域专项整治，安全严监管、严追责态势持续加强。当前危险化学品事故社会舆论关注高，而石油石化行业安全事故尤为敏感，给企业安全管理工作提出了更高要求。新疆油田公司始终坚持问题导向、目标导向、结果导向，强化“四全”“四查”管理，深化 QHSE 体系建设，压实各级管理责任，围绕风险管控扎实推进安全管理强化工程，推动安全生产形势向好。

一、目前存在的主要问题

1. 人员管控方面

承包商层面，人员能力素质普遍较低、流动性大，尤其是关键岗位人员的流失，对现场安全管理造成较大冲击，导致安全监管难度大。

公司层面，随着改革行动不断深入，部分管理人员和基层人员的岗位也在发生变化，安全监管容易出现断档缺位、责任落实不到位的问题，带来了新的安全风险。

2. 工艺设施方面

作为开发建设了 60 余年的老油田，设备设施平均新度系数低，部分工艺装置、设备存在超期服役或腐蚀严重的问题，油气泄漏、火灾爆炸风险逐年增高，成为制约安全生产的不利因素。同时油田生产系统规模庞大、构成复杂，设备设施、作业活动风险点多、分布广，井完整性、站场和管道完整性等方面问题逐渐显现，生产现场监管难度大。

3. 生产形势方面

公司勘探目标逐步向深层进军，南缘下组合地层压力系统复杂，安全钻井密度窗口窄，溢流风险控制难度大。油气产量任务重，增储上产期间各单位检维修作业、高风险作业多，加大了施工作业现场安全监管压力。同时光伏发电的规模化应用及今后实施的煤电联营、氢能制备储存利用等新领域项目，不同于以往油气勘探、开采、集输、处理工艺，存在新的安全风险。

4. 安全管理方面

思想认识仍然存在麻痹松懈和侥幸心理，部分单位各级负责人对生产作业过程中的风险认识不到位、警惕性不高。部分单位管理责任存在落实层层衰减的现象，仍存在现场作业组织不到位、隐患排查不彻底的现象，生产现场的“低老坏”问题尚未杜绝。

二、重点开展的工作实践

（一）深化体系建设，夯实安全管理基础

1. 压紧压实管理责任

按照“三管三必须”原则，突出“强矩阵管理”的思路，根据部门、单位业务特点和风险，进一步梳理业务流程和管理流程，厘清权责界面，明晰岗位风险清单和责任清单。加大曝光力度，充分利用约谈警示、通报批评、安全生产记分等措施加大责任人追究力度，坚持过程考核与结果考核相结合，促进全员落实安全生产责任。

2. 深化安全生产考核激励

组织专班对月度/季度考核得分排序靠后的二级单位开展安全生产专项督导，并对单位安全管理中存在的问题提出改进对策建议。加大对重复性问题的考核力度，按照单位安全风险情况分类别、分频次开展目标指标过程考核及监督检查工作，确保安全生产考核力度与单位风险等级相匹配。

3. 推广安全“挣奖金”机制

建立安全挣奖金工作机制并推广实施，二级单位按照“管住风险多、安全贡献大、奖金挣得多”的原则，将业绩奖按照一定比例提取作为安全考核挂钩奖励，依据风险系数大小及风险控制程度兑现奖金，实现了“干与不干不一样、干多干少不一样、干好干坏不一样”，有效提升员工参与安全管理的积极性。

4. 开展安全管理对标分析

纵向对标 5 家国际一流能源公司、16 家油气田安全绩效指标，分析与国内、国际最佳实践的差距及其主要影响因素，研究行业内 HSE 管理方面的优秀实践做法，横向对标 36 家二级单位绩效指标，按照管理体系各个要素对公司经营管理的各个层次、业务单元及环节进行差异化分析，分析与最佳实践的差距及其原因，制定针对性的管控措施，持续推动公司 HSE 管理水平提升。

5. 强化关键环节体系审核

积极落实“一体化、差异化、精准化”审核要求，紧扣各单位风险特点，以

安全风险值为基础，突出重大风险管控、重点领域、关键岗位、薄弱环节和高风险作业的审核，加大标准化操作程序、规范化管理行为的审核，确保体系审核有的放矢。开展近年审核问题大数据统计分析和审核问题发现整改效果“回头看”，提高审核质量，促进设备设施、制度和规程、承包商管理、应急管理、危害辨识等方面短板提升。

（二）深化机制建设，提升风险防控能力

1. 推进安全生产风险研判预警

结合产能建设、生产运行及季节特点，公司每季度、各单位每月开展安全风险超前研判安全生产风险，从钻试修、地面建设、生产运行、危化品装卸等生产活动全流程研判重点关注风险并提出针对性的风险防控措施，及时发布动态预警和风险研判分析报告，强化节假日和特殊敏感时段的安全生产升级管理工作。

2. 推进作业许可风险研判预警

许可作业实现全部在线预约，当日安排的作业数量不得超过单位风险管控能力，公司、二级单位、基层站队每日通过调度会、早会、班前会等形式对当日作业进行研判预警，分级建立高风险作业管控群（微信群、掌油群），推送高风险作业信息并进行网页/电子屏公示，各级监管人员能够动态掌握风险作业，构建“线上线下双监督”的检查方式，制订特殊作业、非常规作业现场监督及视频监督要点清单及图册，确保每日所有作业能够实时监控、有效监控。

3. 推进单位/站场风险分类监管

综合地层压力、预测最高关井压力、硫化氢含量、周边环境等因素进行单井风险分级评估，按照井控细则要求匹配相应级别、能力的队伍；综合固有风险、事故事件、审核得分等内容，完成单位安全风险分类分级评估，综合处理（转输）能力、储存能力、介质火灾危险性、特种设备数量等内容，完成油气站库安全风险分类分级评估。制定安全生产分级监督检查工作管理规定，明确油田公司、二级单位、基层站队、班组四个层级监督重点。

（三）狠抓隐患治理，提升本质安全水平

1. 常态化开展事故隐患排查

按照“三管三必须”要求，业务主管部门突出抓好勘探开发重点工程、地面建设重点项目、危险化学品重大危险源、高风险装置等安全生产重点领域、关键环节隐患排查治理，根据不同场所、区域、部位，制定专项检查表，按照日、周、月、季、年逐项明确重点工艺装置、设备设施、电气仪表、安全附件等检查内容与频次，分岗位、分层级开展日常巡查、定期检查、专项排查以及“四不两直”督查。

2. 强化生产工艺系统风险评估

开展油气生产单位在役工艺安全、HAZOP、消防、职业卫生及防雷防静电安全评价与分析，针对重大危险源站库(场)开展LOPA分析与SIL评估定级，确定现有保护措施的可靠性与安全仪表系统的合理性，全面、科学地实现油气处理工艺系统的风险评估，强化评估结果运用，持续提升油气站库(场)本质安全水平。

3. 构建隐患治理一本账模式

突出问题导向、目标导向、结果导向，按照"实时收储、制定标准、批次评估、动态下达"PDCA循环管理模式，从项目建议书、可研或初设、项目批复三个层级建立集输系统、设备设施、电力系统、注采井口等12大类安全隐患治理项目池，形成业务部门技术审查和过程督导、安全部门组织排查和评估督办、属地单位具体实施的"一本账"管理模式。通过业务主导、专业支持、分级治理、全员参与，实现隐患排查治理一体化、全过程管控，一批重点领域风险隐患得到有效整治，本质安全水平进一步提升。

(四)提升技能素质，增强履职履责能力

1. 突出关键少数领导力提升

抓好单位、部门主要负责人、业务主管领导全覆盖培训，建立健全安全环保履职能力知识测试题库，通过履职能力评估、安全能力测评、述职等测试评估安全领导力，结合评估短板，开展针对性的能力提升培训和个性化的辅导。通过制定并实施个人安全行动计划，体现有感领导。

2. 强化直线部门履职能力提升

坚持集中知识测试、直线领导面对面访谈的评估机制，开展关键岗位管理和技术人员的履职能力评估，不合格不上岗。强化两级机关中级审核员队伍培养，培养专业部门懂体系的明白人，人事、运行、工程等业务部门分别牵头组织能力培训与意识、制度规程、应急管理、井筒质量、设备设施等主题审核，切实推动"管业务管安全"。

3. 提高基层员工安全素质能力

落实全员安全培训复审，推广应用"一人一档"一体化培训平台，实现证书到期、培训学时欠缺提前预警；抓好班组长、关键操作岗位员工的履职能力评估，评估不合格人员离岗培训；推进班组自主化建设，成立辅导组开展全覆盖式现场咨询辅导，采取大讲堂、小课堂等方式宣贯解读建设标准，全面提高班组员工风险意识和自主管理能力。

（五）加强承包商管控，提高安全监管能力

1. 持续开展承包商专项审核

促进承包商管理体系与公司管理体系融合，不断夯实承包商管理基础。公司层面突出问题导向、目标导向，对现场管理问题突出的承包商和行业优秀承包商，组织以属地单位审核员为主的审核组，开展针对性专项审核，通过抓两头促中间，以点带面推动承包商执行统一的 HSE 标准，提高公司范围内承包商企业整体管理能力。二级单位层面建立承包商管理指导工作组，对属地主要承包商采取一对一的方式指导，对承包商的管理进行全面深入的分析诊断，针对性提出改进建议，切实提升承包商 HSE 自主管理能力。

2. 做好项目风险分级选商

制定项目风险分级标准，根据项目风险选择对应的 HSE 等级承包商，实现项目风险大小与承包商风险管控能力相匹配。综合考虑项目固有风险和关联风险，构建项目风险分级量化（半量化）评估方法，以风险防控为核心将项目风险分级评估方法与承包商分级评估方法有机结合，建立项目风险分级评估与选商矩阵，明确不同风险级别项目所对应的承包商级别以及对不同级别承包商的监管要求。

3. 强化承包商能力评估

明确业务部门、合同经营、安全监管、属地单位等部门联合开展承包商入场前能力评估的要求，多方联动对入场作业承包商资质、人员能力、设备设施性能及施工方案进行严格把关；采取“线上培训+线下考试、理论+实操”的模式提高承包商员工的岗能匹配度，根据岗位需求，组织开展外部承包商关键岗位及高危作业人员能力评估工作，筑牢现场安全管理基础。

4. 推进承包商数智化监管

推广“工作准备前移、指挥监督前移、风险预警前移”的承包商监管模式，根据承包商作业管控需求，确保监管人员到达现场时间、监督时长、监督内容、监督频次满足现场作业需求，全面推进“安眼工程”数智化安全监管，研发应用违章智能识别算法，利用人脸识别技术逐步建立承包商人员移动门禁管理系统，突出对非常规区域、非常规队伍、施工关键环节、重点特殊时期的监督管控，敢担当、敢碰硬，通过采取降级、停工、黄牌警告、黑名单等管理手段，刚性落实集团公司不合格承包商“零容忍”要求，坚决防范承包商管不住的风险。

（六）强化应急建设，增强突发事件应对能力

1. 完善应急体系建设

依据油田勘探开发建设规划，结合高深、高压井的开发情况，依据风险评估报告、应急资源调查报告，修订完善公司应急预案，强化站库着火爆炸、环境污染等多层级应急演练，提升员工懂应急、会应急、能应急工作能力。进一步规范应急储备物资管理，结合危险化学品单位应急救援物资配备要求和应急物资配备指南对标开展应急物资储备评估工作，做好应急物资日常管理。

2. 改进应急救援队伍运行机制

依照市场化原则，在 14 家油气生产单位资产原值基础上，按照风险系数每年核算分摊消防服务费用，改变应急抢险救援中心（消防支队）成本、收入倒挂现状，实现专业消防队伍从“经费单位”向“利润中心”的转变，提升专职消防队员薪酬待遇。

3. 推进应急管理信息化建设

按照大指挥、智能化发展目标，推进建立应急指挥系统，能够在突发应急事件的事前、事中、事后实现高效管理，解决当前公司在应急准备、预警、受理、调度、处置、恢复、评估各环节短板瓶颈问题，实现安全生产与应急抢险救援有机结合，满足各级应急管理需要。

三、取得的工作成效

一是推动了运行机制升级。强化现有体系流程化管理和闭环运行，深化组织体系、标准体系、风险体系、检查体系、分委会衔接机制及例会机制，重点解决“不缺制度缺运行、缺执行、缺流程”的问题。

二是推动了管控手段升级。逐步推动管控体系实现网格化、信息化、专业化管理，把岗位责任制、现场管理、两册管理、大数据诊断等工作有机结合起来。

三是推动了专业管理水平提升。将 QHSE 工作融入日常管理中，从专业管理角度做好发现问题的追根溯源，强化风险辨识到位性、管控措施有效性、责任分解精准性，举一反三，及时消减管理深层次问题。

四是推进了风险预警全覆盖。深化每日风险预警的专业化、属地化管理机制，将风险预警关口前移至业务部门和基层一线，完善风险和责任“两个清单”，分层级建立风险管控标准和考核要求，以监督检查促进能力提升。

五是推进了安全生产专项整治。属地及专业、安全、监督等各部门齐抓共管，有序推动井场、站场、管道、老旧装置、重点工程和大检修等重点领域隐患排查治理工作，提高全员风险辨识、隐患排查、应急处置等能力，全面提升公司本质安全水平。

以“四个一”安全管理为实践
助力公司早日迈入“自主安全管理”

李冰毅　李晔舟　王　磊　刘云鹏

（中国石化华北油气分公司）

安全管理工作在促进国家经济发展、维护社会稳定中起着非常重要的支撑与保障作用。随着社会的进步和人民生活水平的不断提高，国家、行业以及企业对安全管理工作的要求和标准越来越高，出不起事故成了全员共识。党的十八大以来，以习近平同志为核心的党中央高度重视安全生产工作，亲自指挥、亲自部署，强调各级党委和政府、各行各业都要牢固树立安全发展理念，坚持人民利益至上，始终把安全生产放在首要位置，切实维护人民群众生命财产安全。

在世界500强企业中，有一家企业十分特殊，早年靠生产黑火药起家，历经两百多年的发展，不仅成为全球化工、医药等领域的佼佼者，同时也是安全生产管理领域的全球工业典范，这便是美国杜邦(DuPont)公司。杜邦公司认为：当安全成为战略商业价值的一部分时，就成为企业取得优秀经营业绩的催化剂。杜邦把安全作为衡量企业成功与否的标准，视为先进的企业安全文化。随着时代的进步和社会的发展，“杜邦安全文化”被越来越多的行业和企业所认可。

“杜邦安全文化”将安全管理大致分为四个阶段：第一阶段为自然本能反应阶段，处在该阶段时企业和员工对安全的重视仅仅是一种自然本能保护的反应；第二阶段为依赖严格的监督阶段，处在该阶段时企业已建立起了必要的安全管理系统和规章制度，各级管理层对安全责任作出承诺，但员工的安全意识和行为往往是被动的；第三个阶段为独立自主管理阶段，此时企业已具有良好的安全管理及其体系，安全获得各级管理层的承诺，各级管理层和全体员工具备良好的安全管理技巧、能力以及安全意识；第四个阶段为互助团队管理阶段，此阶段企业员工不但自己注意安全，还帮助别人遵守安全规则，留心他人，帮助别人提高安全业绩，实现经验分享，进入安全管理的最高境界。

近些年，中国石化华北油气分公司以“打造一流的安全环保队伍，创造一流的安全环保业绩”与“十四五”末实现“自主管理”为目标，安全管理工作遵循科学发展规律，从粗放到规范，从少数人参与到全员齐抓共管，管理能力持续提升，逐步形成了“四个一”的安全管理实践。

一、打造一个平台：持续建设“平安华北”学习平台

传统的安全学习培训模式面临三个突出问题：传统的学习形式单一、载体不丰富，员工学习自主性不够；“自上而下”的培训模式缺乏针对性，且培训时间地点受限；无法实现对员工学习效果的智能统计分析。

为解决传统培训模式存在问题，自 2017 年立项研究，以学习培训为核心、以能力提升为导向、以信息技术为工具，打造了集“学习、培训、考核、鉴定、激励”于一体的“平安华北”智能化平台，实现了月度 HSE 考试、年度履职能力评估、年度安全复训等功能。

平安华北历经多年的研究与实践，不断扩充丰富，从最初的知识库、能力矩阵等 2 项功能，扩充到知识库、能力矩阵、HSSE 最新动态、培训练习、积分商城、积分抽奖、知识竞赛、通知公告、隐患曝光、健康管理、安全记分、调查问卷等 14 项功能，主要解决了 4 个方面的问题：一是解决了知识获取不便的问题。使用系统之前，员工想学习法律法规、制度规范、论文，但找寻难度大；使用系统之后，员工点击知识库，通过搜索的方式快速获取海量素材。二是解决了培训针对性不强的问题。使用系统之前，员工学习内容主要为上级要求，不能有针对性地提高自己的技能；使用系统之后，员工根据自己的能力鉴定雷达图，找出短板，有目的地进行学习提高。三是解决了培训有效性不够的问题。使用系统之前，学习形式基本是读文件，大多数人对单一的学习模式缺乏兴趣，学习质量不高；使用系统之后，可以通过视频、多媒体等多种形式进行反复学习，提高学习兴趣，强化培训效果。四是解决员工学习积极性不高的问题。使用系统之前，部分员工的学习动力来自上级要求，属于被动学习，缺乏学习自主性；使用系统之后，员工在线学习的行为会被量化为学习积分，并通过积分商城兑换奖品，提高员工的学习积极性。

截至目前，平台共建成 14 个功能模块，组建试题超 5 万道，学习素材超 14000 项，用户登录超 166 万人次，日均登录人数 3300 人，员工日均学习时长 15 分钟/人；全员年度安全复训每年不少于 20 学时的法规要求；节省线下培训费用 1231. 7 万元。该项技术已申报软件著作权一项，获得华北油气分公司 2020 年度管理创新成果一等奖，荣获第四届全国安全科技进步三等奖。

二、建立一个机制：持续推行注安师激励机制

在企业安全管理人员中，有一批经验丰富、管理水平高的专业人员，他们就

是注册安全工程师。注册安全工程师是我国安全生产领域的一支新生力量，对拓宽与发展安全生产领域的工作意义重大，也是企业安全管理过程中加强专业技术人才队伍建设的重要手段。从 2002 年起，国家人社部和国家应急管理总局就已建立并逐步完善注册安全工程师执业资格制度，要求生产经营与安全生产同步发展，明确企业配备注册安全工程师要求。注册安全工程师已经于 2017 年列入准入类职业资格证，是贯彻落实党中央、国务院转变政府职能、深化行政审批制度的重要内容，更是贯彻落实《安全生产法》关于注册安全工程师法律地位的重要举措。

企业应该如何配备注册安全工程师呢？《安全生产法》第二十七条规定：危险物品的生产、储存、装卸单位以及矿山、金属冶炼单位应当有注册安全工程师从事安全生产管理工作。鼓励其他生产经营单位聘用注册安全工程师从事安全生产管理工作。《注册安全工程师管理规定》(国家安监总局第 11 号令)第六条第一款、第二款规定：从业人员 300 人以上的煤矿、非煤矿矿山、建筑施工单位和危险物品生产、经营单位，应当按照不少于安全生产管理人员 15%的比例配备注册安全工程师；安全生产管理人员在 7 人以下的，至少配备 1 名。前款规定以外的其他生产经营单位，应当配备注册安全工程师或者委托安全生产中介机构选派注册安全工程师提供安全生产服务。

为贯彻落实《中华人民共和国安全生产法》《中共中央 国务院关于推进安全生产领域改革发展的意见》和《国家职业资格目录》有关要求，不断加强公司安全生产专业技术人才队伍建设，提高企业安全管理水平，华北油气分公司自 2019 年起试行注安师激励机制，分一次性奖励和聘用奖励两种形式：考过注安后一次性奖励为 1000 元；聘用分现场操作岗/中级管理岗、高级管理岗，每月分别奖励 500 元、700 元。2021 年将注册消防工程师、注册环保工程师、环境影响评价师一并纳入激励范畴。

注安师激励机制实施以来，华北油气分公司全员报考注安师的积极性明显增加，注安师人数明显增加，截至目前，公司共有注册安全工程师 213 名，是激励机制实施前的 21 倍，安全管理队伍不断壮大，管理水平持续提升。在技术支撑方面，注安师参与岗位危险事件清单、风险清单和隐患清单确认 500 余次，为基层提供咨询和服务 100 余次，有效发挥了注安师的专业优势，为提升全员安全能力、提高安全管理水平，对公司安全管理的发展与实践，起到了非常重要的作用，主要体现在五个方面：一是提高了安全管理水平；二是提高了企业安全生产能力；三是增强了企业竞争力；四是保障了员工健康安全；五是促进了安全文化建设。

三、总结一个方法：推行“四单两能”管理法

“四单两能”管理法，为2021年公司在前期操作程序评估、岗位危险事件清单构建、能力矩阵建设等工作的基础上总结提炼而成，主要通过形成基层单位四张清单(岗位危险事件清单、设备操作规程清单、作业程序清单、现场应急处置程序清单)，提升操作人员的四项技能(风险辨识技能、设备操作技能、现场作业技能、应急处置技能)和管理人员的四项能力(风险管理能力、设备管理能力、作业管理能力、应急管理能力)，以此筑牢基层操作防护层，确保HSE管理体系在基层落实落地，提升HSE管理体系运行效率。

“四单两能”管理法，主要包括两大方面：一是建立“四张清单”。目前，华北油气分公司所有基层单位都建成了设备操作规程清单、作业程序清单、岗位危险事件清单、现场应急处置程序清“四张清单”，并通过操作程序评估，定期对“四张清单”进行更新和补充，以此保证岗位的每项操作、处置都有据可依、依据适宜。二是提升“两类人员能力”。操作人员方面，目前“平安华北”中操作人员能力矩阵已收录设备操作规程、作业程序、应急处置程序2821项，编制试题1.8万道，操作员工通过日常学习、定期评估等方式，不断提升设备操作技能、现场作业技能、风险辨识技能、应急处置技能。管理人员方面，目前“平安华北”中管理人员能力矩阵已收录各类法律法规、标准规范、各级管理制度等1648项，编制试题3.1万道，并建立激励机制对题库进行实时更新，管理人员通过针对性学习，不断提升设备管理能力、作业管理能力、风险管理能力、应急管理能力。

近些年，公司通过“四单两能”管理法，在安全管理方面主要取得了四方面阶段性成果：一是建立了HSE管理体系在基层落实落地的新模式。“四单两能”管理法是华北油气分公司结合HSE管理要求和生产经营实际，为打通体系运行“最后一公里”，保证体系在基层落实落地而形成的一种管理模式，解决了体系在基层运行不畅、制度无法有效执行的“肠梗阻”问题，通过将体系的各项管理要求转化为适合基层岗位的“清单”和试题，实现了操作标准化、能力提升精准化。二是实现了HSE管理绩效再提升。通过推广“四单两能”管理法，基层单位强化自身建设和能力提升，公司安全环保形势持续平稳，无上报中国石化集团公司级事故事件发生，连续2年获得中国石化“安全生产先进单位”荣誉称号，为下一步公司安全管理迈入“自主管理”阶段奠定了基础。三是实现了员工能力提升上台阶。“四单两能”管理法中，强调精准提升员工能力。华北油气分公司采气

一厂采气管理一区作为“四单两能”管理法的试点和推广单位，采取“集中学习为主，自学为辅”的模式，实施“每月一考”“每季一赛”，通过“平安华北”能力矩阵模块检验学习效果。采气管理区员工王文君获得第二届全国油气开发专业职业技能竞赛金牌，获得集团公司采气工技能大师称号，成为集团公司首届 49 名技能大师之一。

截至目前，公司共建成操作人员能力清单 3444 项，管理人员能力清单 1648 项，制作宣传视频 6 部，编制能力试题 4.9 万道，通过“平安华北”平台实时开展能力评估测试，形成能力矩阵，不断抓短板补弱项，有效提升了公司各级安全管理人员综合能力。

四、探索一条路径：持续探索“自主管理”之路

自主管理是一个组织的管理方式，主要通过员工的自我约束、自我控制、自我发现问题、自我分析问题、自我解决问题、通过“自主安全管理”，实现由被动安全向主动安全的根本转变，切实增强现场作业人员的安全责任和安全意识，提高安全监管的效率和效益。安全自主化管理推进过程中，不同员工的安全技能和安全水平参差不齐，安全管理单纯靠安全管理人员或安全管理机构是很难取得安全管理成效的。只有通过落实安全生产责任关键岗位，指定实行安全自主化管理的关键人物，再仔细查找原因、与员工一起分析和解决问题、尊重员工、充分调动员工的工作积极性和主观能动性。有针对性地开展员工教育培训，提高员工安全意识与操作技能，引导员工开展安全自主管理。推行安全自主管理标准化、操作标准化、现场标准化，动员全体员工参与标准化达标活动。在推进过程中采取多种不同的激励措施，实现安全自主化管理。

“自主管理”具备三个特征，即各级业务管理部门各司其职，全员具备安全能力，形成全员想安全、要安全、会安全的安全文化氛围。为满足上述特征，公司自 2021 年起逐步开展了全员“三个清单”(责任清单、能力清单、行为清单)建设，逐步实现自主管理的“可视化”：责任清单包含责任范围、考核标准、处分依据。能力清单即为上述提到的“四项清单”，管理人员能力清单包含设备管理、作业管理、风险管理、应急管理四个专业对应的管理制度、标准规范、法律法规；操作人员能力清单包括设备操作规程、作业程序、岗位危险事件、应急处置程序四张清单。行为清单包含履职行为、行为标准、考核指标。管理人员行为清单以 HSE 责任制为基础，将每项职责转化为履职行为，依据相关的管理制度，提炼、总结每项行为的工作标准，并明确每项工作标准的考核指标；操作人员行

为清单以“四按照”(按照清单描述岗位危险事件、按照规程操作设备、按照程序实施作业、按照程序处置应急事件)的格式描述履职行为，识别本岗位应掌握的危险事件、设备操作规程、作业程序、应急处置程序数量作为工作标准，并明确每项工作标准的考核指标。截至目前，责任清单、能力清单已全部建成并录入“平安华北”匹配到岗；2023 年在 6 个基层区队开展了“自主管理”建设及达标验收工作，共建成 77 名管理人员、302 名操作人员的行为清单，形成了“自主管理”范式，2023 年底，共有 379 名员工通过了逐岗位的达标验收。

近些年，华北油气分公司始终坚信“路虽远，行则将至；事虽难，做则必成”，始终保持“如履薄冰、如临深渊的危机感，牢记使命、只争朝夕的责任感”，系统防范和化解风险，坚定不移推动了安全管理工作不断打开新局面、取得新成效，牢牢守住了公司发展的底线和红线。下一步，华北油气分公司将继续以习近平总书记关于安全生产的重要论述为指导，紧盯“十四五”末实现“自主管理”的阶段目标，优化体系运行，推进业务全风险管理，开展“自主管理”达标建设，统筹科技兴安，提升本质安全水平，为公司高质量可持续发展保驾护航，为保障国家能源安全做出新的更大贡献。

油田无人平台联合作业安全管理实践

邵海波　代齐加　郭元德　施宏武

[中海石油(中国)有限公司天津分公司]

一、背景

垦利 6-1 油田作为中国海油迄今为止无人平台最多的单区块开发项目(建有一座中心平台和六座标准化智能无人井口平台)、首个开发模式实现经验模式向大数据辅助决策模式转变的油田，于 2023 年 2 月 28 日全部投入试生产。此时油田现场共有 6 条钻井船分别靠泊 6 个无人平台进行钻完井作业，2 条生活支持船提供支持服务。高峰时期，油田内生产作业设施 15 艘(座)，施工作业人数超 900 人。全新的无人平台化开发模式，给垦利 6-1 油田带来了全新的安全管理问题。油田无人平台上的联合作业，是一种涉及多个项目主体、多个作业设施的大联合作业。各作业主体之间时间和空间高度重叠、密集交叉，内部安全管理界面交织复杂。各个无人平台联合作业现场相对分散、点多面广，安全管理人员无法同时兼顾多个作业现场的监督管理。各个无人平台均无生活支持能力，安全管理人员无法在场对作业现场进行实时监控。同时，垦利 6–1 油田安全管理部门客观存在着专职安全人员少、现场管理人员少、可供借鉴经验少的“三少”困难。油田安全管理部门面临着联合作业设施多、施工作业人员多、联合管理界面多的“三多”压力。安全管理人员迎接着新技术、新标准、新要求的“三新”挑战。如何在创新思路的同时又不偏离管理基本原则，如何在打破传统的同时又不违背体系制度要求，是垦利 6–1 油田管理者需要破解的重要难题。

二、主要做法

（一）抽丝剥茧解困

垦利 6–1 油田意识到一定要摈弃因循守旧的思想、开拓创新管理思路，准确把握现场安全管理关键因素、制定有效针对措施，才能弥补“三少”缺陷、顶住“三多”压力、破解“三新”难题。面对全新的管理难题及挑战，垦利 6–1 油田制定出三条应对当前困境的措施。第一，现场各类作业设施众多，那就必须将其作为一个整体来统一进行管理。第二，专职安全管理人员偏少，那就必须使用兼职安全管理人员补充安全管理力量。第三，现场安全事务烦琐众多，那就必须采取一切可行的技术手段来提高事务处理效率。三个思考、三个设想，明晰了现场的主要矛盾冲突，把握了安全管理中的关键环节。垦利 6–1 油田就此找准了安全管理方向和现场工作的着力点，将安全管理的重点放在如何充分发挥联合作业各方合力上、放在如何增强安全管理责任落实上、放在如何提升安全事务处理效率上。

（二）联合一体管理、共享发挥合力

垦利 6–1 油田无人平台联合作业涉及油田方和钻完井方联合作业、钻完井方和配管施工方联合作业、工程建设方和生活支持船联合作业等错综复杂的局面。按照传统的做法，垦利 6–1 油田作为属地管理方，需要与各个作业主体，分别建立联合作业管理机构、分别召开作业风险分析会，逐一制定安全管理协议。然而，联合现场同时作业的设施达十余艘，依据传统做法耗时耗力，油田两名专职安全人员也显得捉襟见肘、力不从心，早日开工、早日完工、早日见产的任务要求，也使得传统做法不再可行。

垦利 6–1 油田大胆尝试创新进行统一联合布局。坚持联合作业各方协商一致、坚定落实属地管理责任、坚守 QHSE 制度体系要求。在联合作业安全管理组织建设上，成立由油田总监任组长、所有作业设施代表均参与其中的大统一联合 QHSE 管理小组，作为联合作业现场的唯一管理机构，统一对作业现场进行协调

管理。在联合作业安全管理协议上，组织联合作业各方共同编制了一套包括所有联合作业内容、涵盖所有联合作业事项、适用所有联合作业场所、格式标准统一的联合作业安全管理细则。在联合作业事务处理效率保障上，联合作业各方特别制定补充细则，对联合作业标准事务处理流程、标准规定动作、信息通报机制、资源共享原则等进行明确。

同时，垦利 6-1 油田与联合作业各方主动沟通、认真协商、积极探讨，进而达成目标一致，形成互动互查，促成资源共享。确立钻完井施工为第一主线、完井即见产为最终目标的一致意见。下设联合检查小组，执行作业开始前必查、作业进入新阶段必查、作业方案调整必查，重要节假日必查。检查范围从联合作业现场延伸到联合作业设施内部，检查内容从消防救生系统延伸到人员资质审查、设备工机具状况检查、作业安全措施落实核查。联合作业各方党支部通过组织联合党建活动等多种方式，进行联合作业各方内部安全管理经验交流分享，实现安全管理力量互相使用、船舶飞机资源通报共享。通过一系列举措，垦利 6-1 油田无人平台联合作业现场形成了良好的互动局面，为各方协调一致打好了稳定的基础，同时充分发挥联合力量和第三方视角作用，发挥了良好的合力作用。

（三）兼职安全管理人员助力，拓宽风险管控宽度

作为无人平台联合作业甲方，垦利 6-1 油田必须履行属地监管责任，避免无人平台在联合作业期间真的“真空”、真的“无人”把关。油田通过派驻现场代表作为现场的兼职安全管理人员，常驻施工作业设施，代表油田来落实属地安全监督管理责任。

在安全代表的选人用人上，垦利 6-1 油田慎重考虑如何选好代表、如何行使权利、如何发挥作用。除了考察人员知识技能、工作经验之外，更加注重对人员管理技巧和管理意愿的考量，选择安全管理意愿突出、沟通交流能力较强的人员来担任。在安全代表的授权用权上，所有现场代表代表油田工作，由油田总监授权其进行现场监督检查、行使属地管理权利、必要时可以临时终止作业。同时，通过制定绩效奖励制度，鼓励安全代表在联合作业现场大胆管理、果断干预。在安全代表作用发挥上，作为油田方和联合作业各方沟通的重要桥梁，其每天线下参加施工方工作会议，线上参加垦利 6-1 油田班前班后会，将现场的实际情况反馈给垦利 6-1 油田，使得油田管理者能够及时准确掌握联合作业现场情况。

同时，现场安全代表也是现场作业的一道重要把关口，通过现场作业前的现场检查和作业期间的监护指导，为现场施工保驾护航，截至 2023 年 8 月底，6 个无人平台的现场代表共计发现并协调处理现场问题 1000 余项，发现并纠正现场人员不安全行为500余人次。

（四）创新技术支撑，提升事务处理效率

由于垦利6-1无人平台无生活支持能力，无人平台联合作业各方人员常驻在不同的设施上，按照惯例将所有人员召集一处组织作业安全风险分析、召开日常会议的做法无法实施。油田在联合作业管理的过程中，充分利用无人平台视频监控技术、钻井船舶的云平台技术等技术手段，通过云会议组织联合作业安全风险分析，通过视频同步执行现场作业条件核查，通过云端共享进行技术交底。同时，垦利6-1油田创新制作了涵盖现场常见的热工、吊装、电气、限制空间、放射性等作业类型的《作业安全风险提示卡》，将作业现场作业安全检查要点表格化、制度化，提供安全技术指导的同时，对遏制“低老坏”、提升作业人员安全意识起到了良好的促进作用。

三、工作成效

（一）总结出一份安全管理新模板

垦利6-1油田从无人平台联合作业安全管理的关键环节着手，以弥补“三少”缺陷、顶住“三多”压力、破解“三多”难题为工作主线，以“一体管理”“发挥合力”“提升效率”为主要抓手，通过不断探索与总结，逐步将无人平台的安全管理制度化、规范化、标准化，总结出了一整套无人平台安全管理的新模板，为后续无人化开发安全管理提供了样本和参考依据。

提炼总结出了无人平台联合作业安全管理的基本原则，制定了通用的《联合作业安全管理细则》模板，为后续无人平台开发模式提供了参考依据。将无人平台联合作业管理各方QHSE责任界面划定规范化，将无人平台联合作业工作流程标准化，将无人平台联合作业各方有益互动制度化，使得联合作业各个阶段、各种不同情况下的工作流程更加明晰、更加有据可依、更加顺畅可行。将无人平台安全管理过程中的各种文档一体化，联合作业过程中涉及的管理细则、补充细则、JSA文件、技术交底文件、会议记录、联合检查记录、演习演练记录等形成一体化规划模板，为未来的智能化、无人化开发安全管理提供了标准、规范的保障。

（二）保安全、促生产，创新实践再创佳绩

在无人平台联合作业安全管理的创新实践中，垦利6-1油田向公司交出了一份合格的安全管理答卷。通过联合作业各方共同努力，截至2023年8月底，垦利6-1油田所有无人平台联合作业现场均实现零事件、零事故、零污染。在产量贡献方面，尽管遭遇避台人员撤离等不利影响，仍然完成了“完井即投产、投产即见产”的任务要求，目前油田日产原油 6000m^3 左右，占 2023 年整个渤海油田增产产量的 50%以上。

（三）交叉检查、资源共享，联合党建持续发力

联合作业期间，垦利 6-1 油田党支部持续推进党建与安全管理工作深度融合，积极尝试联合党建促生产，截至 2023 年 8 月底，油田无人平台联合作业各方共计组织联合检查和交替检查 50 余次，发现并及时处理问题 300 多项。联合作业各方充分共享交通资源和专业人力资源，减少航次降低空载，在绿色、低碳发展方面进行了有益尝试。

（四）压担子、促提升，人才梯队斩获佳绩

作为一个新组建的油田，垦利 6-1 油田将无人平台联合作业现场作为培养人才的实践课堂，将人员轮流派驻联合作业现场工作，承担油田现场代表、油井投产实操等任务，高效完成了人才培养工作。在 2023 年度新员工竞聘上岗中，垦利 6-1 油田一次性通过率、成功上岗人数，均居作业公司首位。

四、经验启示

（一）联合作业关键在于“联”字

联合作业是多个作业方在同一时空、同一区域进行的不同作业，联合作业各方的工作任务不同、计划目标不同、工作制度及方式方法不同，相互之间的资源使用、作业场地、交叉影响上可能会产生相互冲突的诉求。但同时，联合作业各方对安全管理的要求、安全管理的目标又是基本一致的，所以联合作业安全管理就是如何在一致的安全目标基础上，处理好不一致的矛盾冲突，同时将安全管理要求贯彻落实到每一项具体施工作业中。要达到这一目的，单靠一方的力量是无法实现的，安全管理的关键和重点在于一个“联”字，即如何将各方的安全管理力量联合起来，共同发力、共同协调、共同管理、共同应急，最终实现“1+N>N”的安全管理效果。

第一，权利责任明确并制度化，联合作业管理的基础在于清晰的制度支撑，必须制定清晰而明确的各方责任、管理范畴划分细则，建立起规范、完整的联合作业制度体系、运作程序体系，让联合作业管理各个方面均有据可依。第二，联合作业各方要积极互动、联动，联合作业 QHSE 管理小组必须充分发挥其中的组织和引领作用，让联合作业各方通过各种方式良性互动起来，避免各自为政的管理局面。第三，要勇于打破设施界限，让联合作业对方走进本方设施内部，做好自身的第三只眼睛的作用，发现自身角度难以发现的问题。在人员使用和资源调配上，联合作业各方应统筹协调实现资源应用效率的最大化。

（二）安全管理要对症下药

垦利 6-1 油田无人平台联合作业现场的安全管理中，现场存在的主要难题是由于专职安全管理人员不足，可能导致联合作业现场出现干预力度不足、监督管理偏弱、属地管理职责得不到有效落实的风险。针对这一情况，油田果断启用一批现场管理意愿强烈、沟通交流技巧较高的“90 后”员工，作为现场兼职安全代表补充夯实现场安全管理力量，由油田总监对其进行授权，同时给予绩效奖励，让现场安全管理代表可以放开手脚、大胆管理、深入干预。

在实际的施工作业管理过程中，垦利 6-1 油田现场安全管理人员发现，重程序轻执行的问题较为突出，而导致这一情形的原因有以下三个方面：一是个别人员的典型低老坏；二是作业人员安全技能不足；三是作业人员安全意识不强，作业纪律差。油田针对不种情况分别对症下药。针对低老坏和经验主义，严格按照“八不准”露头就打、严格考核。针对安全技能不足的情形，制定作业安全风险提示卡，主动提供安全技术指导服务。针对安全意识和纪律不强的人员，通过强化过程控制文件检查，确保既定措施有效落实。

第三章　炼化企业实践探索

以“定建抓”为思路的安全监督体系建设

孙元凯　孙永刚　王林涛　张　磊　马　技

（中国石油宁夏石化公司）

一、安全监督体系现状分析

近年来国家对石油化工行业的安全生产工作高度重视，安全工作仍需要严格监管，安全生产中的固有风险和新增风险依然突出，事故依然存在周期性特征，安全生产形势依然严峻复杂。通过对近两年事故案例的深度分析，因现场施工和检维修作业引发的事故仍占据安全生产事故的主要部分。例如：

2023 年 1 月 15 日，辽宁某化工公司对在烷基化装置水洗罐入口管道进行维修时，管道焊缝断裂，水洗罐内反应流出物大量喷出，与空气混合形成爆炸性蒸气云团，遇点火源爆炸并着火，造成 13 人死亡、35 人受伤，直接经济损失约 8799 万元。

2022 年 2 月 22 日，陕西某煤化公司在新建 6 号兰炭炉试生产调试期间，3 名维修人员在文氏塔顶违规动火作业发生闪爆，造成 3 人死亡，直接经济损失 500 余万元。

2023 年 8 月 29 日，湖南某企业废水处理设施，承包商 2 名员工在距离废水处理池大约 1m 的地方违规开展电焊作业发生火灾，造成企业设备维修人员 1 人死亡、1 人受伤。

反映出石油化工行业作业现场违章指挥、违章作业依然存在；企业主体责任及监管责任不到位、监督检查走过场；风险辨识不到位、变更管理不重视；规范执行不到位、追责考核不落实等情况依然突出。一些难以预料的新问题新风险层出不穷，这些都是企业急需解决的突出问题。

宁夏石化公司针对安全生产监督管理，以“定建抓”为思路通过定标准、建机制、抓落实全面开展安全监督体系建设工作，目前体系运转机制已初步形成，运行基本顺畅，追责考核能够落实到位。

二、安全监督体系建设实践

（一）定标准

安全生产监督管理体系的建立要以标准为根基，从安全监督机构管理制度、监督检查标准、检查流程建立等方面入手统一标准，明确要求，突出责任落实，中国石油宁夏石化公司为例。

（1）宁夏石化公司 2018 年从源头梳理制度标准，修订下发了《宁夏石化公司安全监督管理办法》，2023 年按照集团公司要求制定下发了《宁夏石化公司安全生产监督管理办法》，突出了直线管理部门责任落实，使公司安全生产监督管理工作有法可依，为安全生产监督管理体系的建立奠定基石，是安全生产监督管理工作开展的可靠依据。

（2）积极探索承包商管理的方式方法，于 2020 年制定下发公司《安全监督考核标准调整方案》，将承包商作业现场出现的违章问题，按照主体责任、直线责任、属地责任、监管责任、连带责任的权重划分，对施工单位、属地单位、直线管理部门等责任单位进行了追责考核。同时，对在检修作业过程中能够模范遵守作业规范、严格落实安全防护措施、积极探索好的安全工作方法的单位和个人进行 500~3000 元的嘉奖，将违章问题考核额度由原来的 100 元、200 元、400 元和 500 元四个档位，依次上调为 1000 元、2000 元、3000 元和 6000 元，依据该调整方案，对公司《现场安全监督考核标准》同步进行了修订下发。

（3）公司以中国石油天然气股份有限公司印发的《炼化企业岗位员工安全行为负面清单》为抓手，通过总结公司安全管理工作经验做法、安全管理工作中的教训和深刻反思，当前安全管理的“短板”与主要矛盾。经过细化与梳理，形成了《宁夏石化公司员工安全行为负面清单》，主要包含负面行为和判别标准、问责标准、专业主管部门。

判别标准突出的是对负面行为的判别的可操作性。这里面包含 3 个方面：适用范围、执行标准、行为人。

问责标准是对公司现有的责任考核体系的再明确和完善，是公司现有的责任考核体系有机组成部分，不是对现有考核体系的替代；在问责标准中进一步突出了安全记分的作用，体现了对反复出现的负面行为的考核力度。在负面清单之外的不安全行为，仍然执行公司现行的考核制度。

专业主管部门是对应的负面行为管理的主体责任部门，必须按照《宁夏石化公司员工安全行为负面清单》(以下简称《负面清单》)的判别标准和问责标准进行检查和处罚，未尽到主体责任的，将按照《负面清单》进行问责。

《负面清单》是针对公司危险作业和现场管理、运行操作、工程建设等业务活动中可能导致发生事故的直接因素，对相关岗位人员的行为提出了具体要求。列入清单的负面行为即是禁止类行为，落脚点是公司各级员工的行为，是公司当前重点监督、考核的内容。公司要把责任落实进一步从专业管理部门延伸到各基层单位，各基层单位要依据《负面清单》，狠抓人的行为管理，强化各级岗位人员履职尽责，提升全员安全意识和能力，养成良好的行为习惯和安全文化。

(4) 专项标准：在公司制定的各类安全标准基本完善的基础上，通过长时间的实践运行，发现标准要求很难做到面面俱到，仍需要制定专项标准，对一些潜在的风险或漏洞予以补充，对特殊行为或工器具管理进行专项要求，因此，公司也制定了如《宁夏石化公司电动三轮车暂行管理要求》，规范公司电动三轮车的安全管理，确保车辆能够最大限度地服务生产的同时，有效管控行车安全、防火防爆等潜在风险。《生命线搭设暂行管理要求》，加强高处作业安全管理，有效管控人员高空坠落风险等。

安全生产监督管理体系的建立定标准至关重要，标准制定得合理有效、符合实际且操作性强，将为现场安全生产监督工作提供有力的支撑，使工作开展有抓手，是体系运行根本所在。

(二) 建机制

如果说标准是安全生产监督管理体系的根基，那么机制建设就是框架，为监督管理体系的有效运行提供了方向。以宁夏石化公司为例，安全生产监督管理机制主要从管理方面和方式方法方面入手，在管理方面，着手于分类分级监管、差异化监管、监督信息沟通、监督问题分类分级、统计分析以及有效利用等内容。

1. 企业对各下属单位分类分级监管、差异化监管

监督人员按属地区域进行分工，按专业进行分工，对不同单位，不同专业进行差异化监督。对现场施工作业(人的不安全行为)，现场管理低标准(物的不安全状态)进行重点监督检查。

2. 监督信息沟通

制作安全监督周报除了在公司生产经营例会上进行通报外，还在公司网页设立了“现场监督曝光台”，同时通过监督人员工作群、承包商工作群进行公示，存在问题的单位对照通报材料进行整改和提升，没有问题的单位进行举一反三排查整改。每日监督的重点问题，会在次日早会上通报，监督信息的互通互联，对公司全员和承包商人员起到了警示教育作用。

3. 监督问题分类分级，统计分析以及有效利用

每周对作业数量、票证数量、作业类型、承包商作业占比等数据进行统计，对现场问题进行通报考核，对典型问题进行管理追溯。每月对当月监督问题进行统计汇总，按问题类型进行分类统计并列出图表，根据问题的典型性对照监督考核标准进行考核，同时还对属地违章数量、属地违章率、承包商违章数量的分布情况进行统计分析排名，梳理排名靠前的属地、承包商和特殊作业类型，依据统计情况，分析原因提出管理要求，在下月中有针对性地对属地、承包商及特殊作业类型进行监督检查。在每月的监督中还关注气候情况，对下月气候情况进行预警，依据未来气候变化对特殊作业进行重点提示，对极端天气下的特殊作业进行重点监督。

在方式方法方面，除传统现场安全监督方法手段外，还着手于智能化、可视化、数字化等监管手段方法的运用，安全监督先进技术研发推广应用，固定动火日专项管理，作业数量限制管控，“马拉松”项目治理，干部安全挂职交流、高危作业安全生产挂牌制等内容。

（1）安全监督开展的主要方法手段及成效

安全监督分日常监督和专项监督两类。日常监督以作业预约为抓手，每天对现场重点区域和风险作业项目进行统计公示，合理分配监督检查力量，形成公司、分厂、车间三级的立体监督方式。重点高危作业项目采取旁站监督，低风险及一般作业项目采取走动式监督检查，基本实现了现场作业的全覆盖。

专项监督依据公司生产经营计划和季节性特点，制定专项监督计划，每月一个主题，进行专项检查，对各单位普遍存在的问题进行调查，对各个管理环节进行梳理，找准症结所在，对存在问题的单位提出整改建议，力争做到整改一项问题，提升一类管理。

（2）智能化、可视化、数字化等监管手段方法的运用

利用安全受控平台，可以实现对公司每天的作业总数、一般作业、各类风险作业数量及在各二级单位的分布情况的监控，日常监督以大数据为抓手，每天对

现场重点区域和风险作业项目进行公示，合理分配监督检查力量，形成公司、专业、属地、承包商四级的立体监督方式。重点高危作业项目采取区长挂牌制旁站监督，低风险及一般作业项目采取走动式监督检查。

（3）安全监督先进技术研发推广应用

在大检修推行四位一体网格化监督模式。2020 年 7 月 1 日至 8 月 19 日，宁夏石化公司开展了炼油装置大检修，历时 50 天。针对此次大检修因技改内容多，参检单位人员数量多、施工作业量大、工期和场地受限、交叉作业多，再加上疫情管控、安全管理难度大的情况，公司在总结 2014 年、2017 年大检修四位一体安全监督模式的基础上，制定了四位一体网格化安全监督方案。四位一体化，是将大检修安全监督分公司、厂、项目和承包商四个层级，执行统一标准。四位一体化纵向到底，级级落实考核，解决了大检修监管人员碍于情面，监督考核不力，属地单位、检修直线管理部门互相扯皮的情况，通过压实直线管理部门责任，使检修监管不留死角。网格化，就是将车间检修装置划分为若干区块，指定区块负责人，每个区块明确责任、明确设备、明确工作量、明确检修人员，就像一张铺开的大网，横向到边全覆盖，使检修区域无死角。50 天大检修，是宁夏石化历史以来最长时间大检修，也是检修项目最多、参检人数最多一次。通过四位一体网格化模式的安全监督，实现了大检修安全无事故、绿色无污染的目标。

（4）固定动火日专项管理

管控现场动火作业风险，实施动火作业的计划性管理，实现检修资源、监管力量的优化配置，达到风险集中管控的目的，宁夏石化公司 2023 年初正式实施固定动火日专项管理，要求正常工作日周二、周三、周四为固定动火日，周一组织讨论动火作业计划，主要从风险评价及管控措施、施工作业队伍和施工力量、工器具、施工材料及作业监护力量五个方面的落实到位情况进行综合研判，周五进行动火作业的总结分析。

（5）作业数量限制管控

加强作业预约管理，通过梳理作业预约、票证办理、作业衔接等关键环节，结合内部监管和监护力量配比，压实直线部门和属地部门的责任，提前一天组织进行充分的风险研判，设法提高现场作业效率，逐步压缩现场作业时间，杜绝管控能力与施工项目数量不匹配，安排冒险作业，从根源上减少作业数量，实现作业风险的有效管控。按照预约作业最多不能超过 10 项的管控要求，出现超标的单位将按照管控要求进行追责处罚。

（6）“马拉松”项目治理

有作业就有风险，作业时间长风险就大，针对施工作业效率低、周期长的问题，对施工周期在15天以上的作业项目建立管理台账，通过每周跟踪项目进度，紧盯完工节点，提升现场作业效率，从根本上压减作业数量，消除“马拉松”项目，确保装置内施工作业风险受控。施工单位和属地单位根据工作量，预估精确的施工周期，在施工方案和开工报告中明确注明，并做好备案。项目出现超期，由项目主管部门严格兑现考核，每天500元，按日计罚。

（7）干部安全挂职交流

干部到安全监督中心挂职交流是宁夏石化公司安委会的一项重点工作，按照《干部安全挂职锻炼实施方案》的要求，挂职干部将在安全监督中心开展为期三个月的安全挂职交流。监督队伍建设和监督标准完善是构建安全监督体系的重要组成部分，有了人员保障，下一步将围绕落实落地QHSE体系要素和健全岗位责任制，重点开展现场直接作业环节、管理专项两方面的监督工作，达到管控核心风险和安全管理有效提升的工作目标。

（8）高危作业安全生产挂牌制

按照《宁夏石化公司高危作业安全生产挂牌制实施细则（试行）》。各专业部门负责督促、指导各单位高危作业安全生产挂牌制落实，并纳入过程管理绩效考核。各属地单位负责对高危作业实施安全生产挂牌制管理，为高危作业区域提供安全生产条件，保障高危作业区域安全生产职责清楚，责任落实。结合集团公司安全生产“四条红线”要求和安全风险评估分级，将评估为高风险的动火作业、试压及吹扫、临时用电及带电作业、吊装作业、机械挖掘、高处及临边作业、管线设备打开、有限空间（含坑沟内）作业、高压油气充装及装卸、高压水清洗、特殊敏感时段施工作业等以及需办理作业许可的高风险作业纳入高危作业范围。按照公司作业预约要求申报作业预约，并对高危作业项目编制作业方案，办理作业许可，落实作业风险控制措施。

在制度落实过程中为严格执行要求，确保检维修作业安全，又制定了相关补充管理要求，要求高危作业应实施旁站监督，监督人员在作业现场对作业活动关键部位或关键工序进行全过程的现场跟踪监督检查。

机制建设是构建安全监督体系的重要组成部分，行之有效的机制是体系运行的核心。

（三）抓落实

有了标准的支撑，机制的运转、落实将是考验安全监督体系成果的重要环节，宁夏石化公司主要从监督问题整改、闭环管理、管理追溯、监督人员的培训、使用、激励、问责考核等方面着手抓落实。

1. 监督问题整改、闭环管理

监督发现的问题每周一在公司生产经营例会上进行通报，能够现场整改的当场进行纠正整改，不能立即整改的，下周到现场验证整改情况，并在下周生产经营例会上对问题整改情况进行通报，对未整改单位加倍考核，持续跟踪整改，直至问题整改关闭，形成闭环管理。

2. 以问题为导向，突出直线管理问责，加大考核力度

将承包商作业现场出现的违章问题，按照主体责任、直线责任、属地责任、监管责任、连带责任的权重划分，对施工单位、属地单位、直线管理部门等责任单位进行了追责考核。同时，对在检修作业过程中能够模范遵守作业规范、严格落实安全防护措施、积极探索好的安全工作方法的单位和个人进行了嘉奖。公司各级管理部门明确了责任划分，各负其责，形成了公司上下齐抓共管承包商的良好局面。

3.“每周一个典型问题的管理追溯”促风险作业安全管理提升

安全监督以体系审核的思路，抓住作业现场的典型问题，在每周的公司生产经营例会上，开展“每周一个典型问题的管理追溯”的安全活动，以问题为导向，查有无制度要求，查有无监督检查，查有无考核追责，通过人员访谈和调查取证，分析管理原因，划分责任，指导责任单位制定管理提升措施，监督完成整改，达到了整改一项问题，提升一类管理的目标要求。

4. 监督人员的培训、使用、激励

积极组织安全监督人员参加政府、集团及其他机构组织的监督培训班；公司内部定期组织安全监督培训班，邀请第三方专业监督机构专家对公司安全监督、承包商安全监督、管理人员进行脚手架、吊装等专业知识培训，公司内部组织对安全监督人员开展作业许可培训；组织开展针对可燃有毒检测仪、防雷防静电、作业标准等的培训班。

每年组织在全公司范围评选优秀监督人员 10 名，在年终安全工作会上进行颁奖并奖励。每年推荐 2 名优秀监督人员，参与集团公司优秀安全监督评选。以《宁夏石化公司现场作业违章发现奖励实施细则》为依据，鼓励发现和纠正安全生产违章行为。

目前来看，监督工作的扎实推进，从现场发现问题在深度和广度，以及跟踪考核的持续发力，现场出现的严重违章行为大幅减少，基本杜绝，虽然一般违章

行为仍然存在，但公司上下，包括承包商人员安全施工、安全作业的观念发生了比较大的转变。

三、下一步工作建议

宁夏石化公司以“定建抓”为思路的安全生产监督管理体系建设，经过多年的实践与改进，虽然在机制运行已基本顺畅，但仍然有很大的提升空间。

（1）建设与维护企业级安全监督机构专家库。随着企业安全生产监督管理体系的运转，逐步积累安全监督人才，建立企业级安全监督机构专家库，通过机制有效的运行不断维护壮大体量，形成监督人才的循环利用，是体系运转的必要环节，是提升企业安全监督整体水平的必由之路。

（2）“互联网+监督”的建立与应用。目前检维修作业的预约、信息的采集、电子票证管理、手持终端的运用、远程监督尚处于起步阶段，实际运行情况并不理想，距离智能化、可视化、数字化的监管还有一定的差距，可以与“互联网+安全生产”进行有机结合，形成“互联网+监督”现代化监管手段，进一步提升安全生产监督管理体系机制运转效率。

（3）面对正常生产时人员紧张的现实情况，安全监督培训教育取证名额较少，无法覆盖所有安全监督人员也将是企业面临的现实问题。按照三年一轮训的要求，每年参加培训名额，不能满足培训需要，也无法覆盖全员。秉着走不出去就请进来的原则，建议在企业内部培训，可以请政府、集团或第三方机构有资质的老师来辅导，增加安全监督培训机会。

（4）明确安全监督人员职责，不能无限制扩大监督范围。目前安全监督已从作业监督慢慢扩大到专业监督，有些单位已经扩大到环保监督和工作质量监督，工程质量监督，监督人员不是万金油，啥都懂。想象可能啥都懂，啥都能监督，实际可能什么都不专，什么都监督不了。监督工作是事故保护层的最外一层，不是保护层的全部，也不能把监督当作防止事故的唯一手段，还是要从直线管理开始，减少监督的管理职能，才能强化监督考核职能。

（5）监督的奖励机制还需要继续完善。在企业内部、平级部门之间，监督作用发挥不好，监督目前只有通报考核的手段，缺少奖励的手段，监督成了企业各单位的“眼中钉，肉中刺”，还需要继续探索监督的手段，增加监督人员的奖励机制，鼓励监督人员更愿意监督，更愿意帮助各单位改善安全状况，消除安全隐患，减少生产事故。

压责任 强“三基” 抓落实 筑牢公司安全发展根基

夏取胜　许晓军　张复生　黎恺

[中韩(武汉)石化公司]

中韩(武汉)石化坚持以习近平新时代中国特色社会主义思想为指导，深入学习贯彻落实习近平总书记关于安全生产的重要论述和重要指示批示精神，健全安全管理体系，完善安全管理制度，压紧压实全员安全生产责任，不断强化“三基”工作，有效管控安全风险，持续开展隐患排查与治理，从严管控直接作业环节，推动安全管理能力提升，不断夯实企业高质量发展安全生产基础。

一、压紧压实安全生产职责，充分发挥领导引领力

一是领导班子带头抓安全，企业主要领导每周组织召开总经理办公会研究部署 HSE 工作、每月组织召开月度安全例会、每季度组织召开 HSE 委员会会议，决策 HSE 工作重要事项；党委每半年听取一次 HSE 委员会工作汇报，提出提升安全生产工作的具体要求。二是公司领导带头，各级干部员工分级签订、各业务部门与承包商负责人签订年度安全生产责任书，共 907 份；制定个人安全行动计划 126 份，统筹开展公司重大危险源包保、HSE 观察、参加基层班组安全活动、值班带班等工作，共发现问题 1354 项，已整改 1287 项，整改率 95.1%。三是完成各岗位“两个清单”编制，共 642 个岗位，2882 人次，压实全员安全责任；分层级建立 19 个一级网格、46 个二级网格、166 个三级网格，扎牢安全管理根基。

二、抓实安全培训，强化全员安全意识

一是按期完成 12 项年度 HSE 培训计划，共计 8500 多人次接受培训。按计划开展特殊工种培训取证，累计完成危险工艺、工业锅炉、高低压电工等专项培训取证工作，共 489 人次完成取证。组织 5 名中层领导参加集团公司 HSE 关键岗位人员资格证取证考试，全部通过。组织历时 2 个月的“三大员”业务竞赛，不断夯实基层管理人员专业知识和理论体系；完善“会前安全教育 5 分钟”管理措施，充分利用安全生产会议和交接班开展安全分享，进一步强化了全员的安全意识。二是紧紧围绕 6 月安全生产月“人人讲安全、个个会应急”主题开展多项工作，联合

石化社区开展了“安全环保进社区，共同缔造幸福家园”主题活动，通过活动展板、宣传手册，给社区居民讲解日常生活中的安全环保知识，组织运行部开展“我为生产保驾护航”主题安全活动，其中“全员佩戴空气呼吸器技能比武”以30s内规范正确地完成空呼的佩戴为合格标准，对参赛人员进行计时排名，“班组安全仪表报警应急响应演练”以各运行班组为单位，开展安全仪表报警应急响应演练，由各专业管理人员按照“135”处置原则执行情况对各班演练结果进行评比打分，并对得分优异的班组及个人进行相应奖励。三是联合公司团委组织开展中韩石化成立十周年“安康杯”安全消防技能竞赛，共有来自16家单位的96名选手完成了油盆灭火、空呼佩戴、担架救人、心肺复苏救人等4个项目的比赛。

三、深入推进风险管控和隐患治理，抓实源头管理

一是持续推动风险降值，2023年度11项公司级重大安全风险，经过有效管控后风险总值由289降为247，降值率14.5%。二是鼓励职工积极查找隐患，2023年，共计发现隐患避免事故1628项次，1000元以上奖励17人次，累计奖励24.63万元。三是推进危险化学品安全专项整治及安全风险治理重点工作，开展设备带“病”运行检查，共发现问题15项，已完成整改12项，剩余3项2024年大检修整改。高危细分领域安全风险专项排查问题16项，已全部完成整改。四是深化双重预防机制数智化管控平台应用，完成防爆终端配发、排查任务下发、定期检查和问题整改，完成重大危险源包保、电子巡检系统与“双防”平台的融合，双防平台自2023年8月起保持“双优”运行。五是落实重大事故隐患专项排查整治2023行动。对照评判标准开展自查，经排查，无重大事故隐患。老旧装置深度评估共排查6套装置，完成“一装置一策”编制，指定管控责任人，74项问题中，已整改完成72项。液化烃罐区风险管控，共发现71项问题，已整改54项，剩余17项需随储罐检修落实。

四、完善工艺平稳性体系建设，提升工艺管理水平

一是通过建设工艺平稳性体系1.0，实现工艺平稳性体系与工艺管理双贯通。并率先开展工艺平稳性体系2.0建设，逐步实现对工艺管理各项内容的全覆盖。目前，已将工艺平稳性体系2.0绩效指标全面应用在运行部工艺专业排名统计中，借助KPI指标引领作用进一步提升专业管理、推进体系的有效运行。目前，工艺卡片合格率99.95%，装置平稳率98.88%，各指标均保持较高水平。二

是持续加强报警及推送管理全面开展工艺、设备、安全等专业报警管理，已实现对炼油生产装置、辅助系统全维度约3.8万个仪表位号监控，不断提升报警管理信息化水平。自主开发顺序控制逻辑，实现裂解炉不同工况下报警精准屏蔽，大幅降低无效报警，裂解炉时均报警数由11次降至1次左右，得到化工事业部肯定并在系统内推广。开展报警管理KPI指标优化，逐步从管报警次数向管报警处置转变，报警处置及时率由87.93%上升至96.35%，促进了装置平稳运行。实施报警推送提升项目，优化报警推送逻辑，开展报警大屏推送和值班手机短信推送，增强夜班报警管控力度。三是推行装置开停工标准化、规范化。编制了《中韩石化装置开停工管理实施细则》，从方案编制、审批、培训、上墙、过程管理、条件确认、总结、资料存档等全过程实行表单化管理；做好盲板管理，落实能量隔离措施，严控作业风险；实行区域化管理，安排专业工程师全程跟踪指导，确保装置实现标准化、规范化开停工；每月利用工艺周检查、工艺技术月报、HSE生产分委员会等平台，对开停工要素进行日常监督和检查，保证开停工工作有序开展。

五、持续推进设备完整性管理，进一步提升设备管理体系化、精益化、信息化水平

发挥设备完整性管理系统“驾驶舱”功能，联合六家企业进行设备专业共建，开展设备完整性管理程序、流程标准化建设。设备健康管理中心专业技术工具不断创新，静设备专业泄漏预防性平台，对法兰、带压密封、小接管进行分级管理，制定电子巡检计划。深度开发“设备运行监控”模块，强化“管设备管设备运行”理念，依据5G网络配置无线感知探头，全面集成高低压集控、状态监测、离线检测等数据约13万条，工艺、设备运行数据实现互通。策略计划逐步全面化，大机组、专用专有设备“一机一策”工作有序进行。现场5S管理规范、标识齐全，建立了“5S”标杆机柜间、标杆泵区油站，引领作用显著。

六、抓牢承包商管理，落实直接作业环节管控

一是强化承包商安全管理。按计划对12家外包业务承包商进行QHSE体系审核，共查出问题73项，督促各责任单位完成整改；建设完善安全一体化管理平台，实现承包商资质、人员资质、入场培训等环节的线上审核和有效监督；对承包商关键岗位人员到岗率、在岗率进行在线统计，定期通报、考核。每月对运

行部自查率进行统计排名，落实讲评和奖惩措施，督促基层单位提升自主管理能力。坚持日检查、周通报、月讲评分析，2023 年累计发布督查周通报 43 期，累计考核承包商单位 42.41 万元，扣安全积分 4291 分，考核运行部 3.6 万元；奖励好的做法 270 条，奖励承包商安全积分 915 分，奖励运行部 6.5 万元；组织约谈严重违章承包商单位负责人 13 次，清退严重违章作业人员 13 人。二是推进现场作业标准化管理。深化厂区风险“四色图”应用，完善量化评分和动态研判标准，实时更新风险等级，实现“动态研判、分级管控、降值降级”。制订《“7+1”特殊作业标准化管理指南》，实施现场作业信息公示、作业过程检查卡、吊装作业区域硬隔离、动火作业防火花围挡等 9 类标准化管理要求。三是开展专项督查检查。持续开展视频督查、“看视频挑违章”活动、直接作业环节 SAI 观察，相关情况在月度工作会上通报。执行安全定时性工作计划，开展受限空间、高处作业、动火作业专项提升活动，开展节前安全检查、临边孔洞及易坠落部位专项检查、承包商关键岗位人员履职及新员工管理情况检查、高温天气防暑降温专项检查等，发现的问题已督促责任单位整改完毕。

七、加强事故预防，提升应急处置能力

一是承接集团公司制度，修订发布了《中韩石化生产安全事故事件、环境事件管理实施细则》，并组织集团公司、公司事故管理制度专题宣贯，共 121 人次参加；组织编制并发布《2013—2023 年度中韩石化典型生产安全事故案例汇编》，共收集案例 86 项；开展“11·22”中国石化安全生产警示日系列活动，组织各单位学习反思、应急演练，强化全员安全红线意识。二是完善现场处置方案和岗位应急处置卡，开展应急演练。组织重新编制企业《全厂停公用工程事故应急预案》《炼油厂区暴雨渍水应急预案》《瓦斯系统应急预案》等专项预案；完善处置方案 57 部、应急处置卡 721 张。三是持续开展班组、车间、公司三级事故应急演练，提高突发事件应急处置能力。班组每个月开展以应急处置卡、异常操作处置为主要内容的 3 次专项应急演练、运行部每个季度开展一次综合实战演练，企业每半年在炼油和化工厂区分别开展一次大型综合应急演练。如 2023 年 6 月 15 日联合青山区政府在储运部开展大型石油库灭火救援实战演练，6 月 20 日会同武汉市港航局等单位在油码头联合开展了溢油着火综合应急演练；6 月 25 日在原油 107#罐开展雷击着火综合应急演练。2023 年企业共开展大型综合应急演练 9 次。四是强化消气防设备设施监督检查，确保消气防设备设施完好。积极督促整改集团公司消防安全评估检查问题，同时举一反三，结合公司领导 HSE 观察问

题，修订完善企业应急管理实施细则，推进消防安全基层管理网格化，指导运行部按照“定人、定时、定检查”要求细化属地消防设施管理职责，制定消防设施主辅设备完整性台账，保障厂区应急消防设施完好备用。定期进行消防设施检查，配合运行部按照计划进行消防喷淋、消防水炮、消火栓出水测试，并对存在问题督促整改，截至2023年底，已全覆盖式地完成了厂区所有高压消防水系统上的固定消防设施出水测试操作，储罐消防喷淋出水测试4次、消防水炮出水测试2次，消火栓出水测试1次，保证消防设施运行完好。根据不同季节气候特点和重点事件、突发状况开展专项消防检查13次，分别为人员密集场所专项检查、食堂燃气场所专项检查，泡沫产生器专项检查，固定、半固定泡沫系统专项检查，化工片区雨淋阀室专项检查，化工避难间防爆门、防火门、闭门器专项检查、固定动火区专项检查、安全生产月消防设施专项检查，对检查存在问题督促责任单位及时整改。

八、提升员工健康和公共安全管理，维护安全稳定

一是坚持抓好职业病危害识别管控，保障员工健康。更新了职业病危害因素识别清单，新增监测点7个；定期开展职业病危害因素月度、季度、年度监测，检测点覆盖率100%、检测率100%，化学毒物、粉尘及电离辐射检测合格率100%；完成EOEG装置二氧化碳压缩机噪声治理项目，开展2#催化装置噪声治理，正在施工中，预计2024年1月完成。落实职业病防护设施日常维护，为职工精准配备阻燃服、防护眼镜、防护面屏等个体防护用品，配置、发放合规率100%。规范开展员工职业健康体检，体检率100%，其中3人噪声岗位职业禁忌证，已进行调岗处理，未发现疑似职业病情况；于8月份完成年度员工健康状况评估报告。二是全力以赴维护公共安全稳定。全年共处置治安、交通违章行为共206项，全部跟进落实整改，未发生上报公共安全事件。推进企业一级重点反恐单位达标建设，对照《石油石化系统治安反恐防范要求》开展全面整改提升工作，验收申请已提报湖北省公安厅。落实大件车辆入厂安全引导，全年共审核各类进厂车辆30978辆次，共查处车辆携带烟火、超速、违停、三超、擦碰、夹带物品等交各类通违章65起，累计考核36480元。

九、以定时性工作清单为抓手，推动基础工作在基层单位落实落地

生产专业针对不同岗位的职责，进一步组织开展工艺定时性事务清单的分级梳理及细化工作，先后完成生产管理部、运行部、班组等三级工艺定时性事务清

单。每项工作做到明确责任人、检查人及具体执行时间。利用 WPS 网盘功能统计定时性事务完成情况，每周开展工艺检查并在共享文件中填写完成情况，每月专人负责检查汇总和总结。设备专业通过周检查、月通报方式促进预防性计划和定时性工作执行落地，目前 5540 项预防性计划、222 项定时性工作开展正常，记录完整。通过定时性工作清单，把管理体系变成可执行的具体工作，有人做，有人检查，使体系运行真正落地。

十、实施青年员工“项目助理”培养计划

在基本功训练活动中，烯烃部自主开展“项目助理”活动，涵盖了生产、安全、工艺、设备、培训、宣传六个方面共 20 个项目，60 余名青年员工以“项目助理”的身份主动参与到活动中。通过自我学习、案例研究、情景模拟、试听技术、远程学习、团队培训、行动学习等方法开展培训和推动项目进程；利用青工讲堂、月度例会等平台进行阶段性成果展示，最终 19 个项目达到验收标准，评选出了 1 个“金牌项目助理”、6 个一等奖、6 个二等奖、6 个三等奖。建立乙烯装置机泵能效数据库，建立丙烯机组工艺模型，绘制裂解炉 SIS 重要联锁状态一览表，编制应急处理清单 68 张，发表论文 15 篇。

安全生产管理创新实践

周建军

（中海石油宁波大榭石化有限公司）

危险化学品生产经营企业由于其介质的易燃易爆有毒性，生产工艺的复杂多样性，设备的高温高压性，以及装置的越来越大型化集约化，其安全生产管理始终是安全管理领域的痛点与难点，而人作为生产劳动关系中最具有主观能动意识的要素，对人员行为的管理是安全管理的重中之重。本文通过大榭石化与人员管理相关的五个安全生产管理典型创新实践的介绍，即落实全员安全生产责任制实践、特殊作业标准化实践、安全赋星实践、岗位安全行为标准实践以及安全标志行为推广实践，梳理了人员安全责任、人员安全作业、人员安全考核、人员安全行为标准、安全标志行为、不安全行为整治等各方面关系，构建了人员安全管理体系新标准，对促进企业安全文化建设，保障企业安全生产具有重要意义。

一、落实全员安全生产责任制实践

建立健全全员安全生产责任制是企业安全生产管理的核心，是《中华人民共和国安全生产法》明确规定的企业法定要求。全员安全生产责任制应当做到定岗位、定人员、定安全责任，并明确相应的考核标准，严格落实安全生产法“三管三必须”管理责任以及集团公司安全生产“六个责任”。

1. 全员安全生产责任制制定

（1）应明确公司安全生产和环保委员会是全员安全生产责任制监督考核的领导机构，负责全面协调和处理全员责任制执行中遇到的问题。

（2）应明确公司分管安全生产副总经理（兼安全总监）是公司安全生产工作的分管领导；公司健康安全环保部是负责公司安全生产的专门管理机构，并按法规标准要求配备专职安全生产管理人员。

（3）全员安全生产责任制应当落实“党政同责”“一岗双责”“管行业必须管安全、管业务必须管安全、管生产经营必须管安全”“谁主管、谁负责”以及集团公司“六个责任”和中海炼化“六类安全”的要求，明确公司领导和各部门安全生产职责分工。

（4）公司人力资源部应负责提供公司全体部门及人员岗位职责。

（5）健康安全环保部根据岗位职责编制各部门及岗位安全生产责任制模板、责任制清单模板。

（6）各部门制定本部门及相应岗位的安全生产责任制，明确各岗位人员的责任范围，并建立责任制清单以及责任制考核标准。

（7）岗位安全生产责任制及岗位责任清单制定要落实“三见面”要求，即“跟本岗位责任人员见面、跟岗位责任人员的上下级见面、跟直接主管领导和相关方见面”。

2. 全员安全生产责任制培训

全员安全生产责任制制定以后，应开展全员安全生产责任制培训和考试，使员工熟练掌握自身岗位安全生产责任。

（1）印制岗位安全生产责任制手册，人手一册，利于员工学习。

（2）以部门为单位组织开展全员岗位安全生产责任制培训和考试，考试80分以上合格，不合格的进行补考，直至合格为止。

3. 签订安全生产目标责任书

全员签订安全生产目标责任书，所有员工与自己的直接上级签订，一式两份，员工个人持有一份，公司留存一份。

4. 责任制履职检查

每年应组织开展至少两次全员岗位安全生产责任制履职检查，上下半年各一次。履职检查发现问题纳入月度绩效考核和年底责任制考核。

5. 责任制考核

（1）责任制考核每年进行一次。部门领导对部门全体员工进行考评打分；分管领导对部门正职进行考评打分。

（2）责任制考核结果报人力资源部与年度安全绩效奖挂钩。

（3）安全生产责任制考核情况在公司安全环保委员会上进行汇报。

6. 开展履职访谈

（1）每年底公司组织开展履职访谈，由年度安全生产目标责任书签订上级对下级进行履职访谈：公司总经理对各分管副总经理进行履职访谈，各分管副总经理对各业务、运行部门经理进行履职访谈，各业务、运行部门经理在部门内部按照职级逐级开展访谈。

（2）履职访谈内容主要包括年度安全生产目标完成情况、年度安全生产责任制履职情况、工作的不足、对安全生产的建议以及下一年度的工作计划和想法等。

（3）部门副职以上领导必须进行履职访谈，部门副职以下员工按照最低不低于20%比例进行履职访谈。

二、特殊作业标准化实践

特殊作业具有作业过程风险大，事故易发、多发的特点，特别是危险化学品生产经营企业易燃易爆有毒介质多，人员工况复杂，存在边生产边施工状况，更易导致事故爆发。事实证明，特殊作业环节已经成为危险化学品企业生产安全事故发生的“重灾区”。大榭石化在严格执行 GB 30871—2022 的基础上，推行了一批行之有效的良好实践和创新做法。

1. 制定特殊作业周计划

企业提前一周制定下周全厂重要作业及安全活动计划，每周五在公司集成平台上完成审批和公示。每月对周计划执行情况进行统计，对计划执行率进行排名，列入月度考核评比内容之一，并在月度例会上进行通报。

2. 开展次日作业风险识别

每天15：00各生产运行部门组织次日作业风险识别，由生产运行部门安全工程师组织，至少一位部门副经理参加，部门工艺专业和设备专业工程师、当班班长以及承包商作业现场负责人应当参加风险识别会，对次日特殊作业开展风险识别和评估，提出针对性风险管控措施，确定措施落实人、检查确认人，做好次日作业风险识别评估记录。

3. 次日作业许可申请

每天16：00前，各生产运行部门在公司集成平台上完成次日作业许可申请，经健康安全环保部审核同意后，允许第二天发起安全作业票申请。健康安全环保部在生产运行部门组织动态风险研判的基础之上，制定次日作业许可计划，形成次日作业风险研判，并在公司集成平台和微信公众号上公示。

4. 实行特殊作业销项卡管理

在特殊作业安全作业票之外，健康安全环保部制定特殊作业销项卡，供监护人在作业开始之前和作业持续期间检查记录用。监护人在作业开始前对销项卡所有项目进行检查确认、打钩签字，方允许开始特殊作业。特殊作业期间，每2h监护人进行一次再检查再确认，并在销项卡上打钩签字。

5. 特殊作业可视化管理

（1）特殊作业全过程进行视频监控，并可远程电脑端查看，支持30天内进行监控视频回查。

（2）现场作业实行可视化管理，现场放置高风险作业告知牌，公示作业种类、风险等级、作业许可证、工作前安全分析、安全技术交底、施工方案、PID图、盲板表/图、一点一策以及施工作业人员各种特种作业操作证书、双方监护人监护证等。

（3）在公司集成平台设置特殊作业可视化看板，当日特殊作业位置、种类、级别以及作业总数多少、每个部门各占多少等信息一目了然，心中有数。

三、安全赋星实践

大榭石化为进一步规范员工安全行为，减少“三违”现象，提升公司HSE管理绩效，在前期已开展反“三违”和“不安全行为干预”，编制“反三违手册”和“安全行为正反对比手册”，开展HSE督查，实现作业风险全过程管控，完善公司信息化HSE管理平台功能，推进安全管理数字化、智能化建设的基础上，于公司范围内开展了员工（含承包商）安全赋星活动。

1. 组织机构

成立以公司分管副总经理为组长、各部门一把手为副组长、安全管理人员为成员的工作小组，负责制定安全赋星考评管理方案，组织检查、统计、考评、赋星，负责本部门员工安全积分的考核及档案数据库维护工作。

2. 安全赋星运行规则

每年每位员工赋予基础分100分，初始安全星级为四星级，各部门根据健康安全环保部各项劳动竞赛、HSE督查、各职能部门和上级单位检查、本部门安全检查等发现的问题，落实到具体责任人，按照安全赋星考评规则进行扣分，并在3个工作日内登记到HSE体系平台中。见表4-10。

表4-10 安全积分对应星级

安全积分 S/分	安全星级	上岗情况	绩效考核
$S=100$	★★★★★	正常上岗	1.1倍月度效益奖
$100>S>80$	★★★★	正常上岗	正常发放
$80\geqslant S>70$	★★★	进行部门级培训(40学时)，经考试合格上岗	0.8倍月度效益奖
$70\geqslant S\geqslant 60$	★★	进行公司级培训(80学时)，经考试合格上岗	0.6倍月度效益奖
$S<60$	★	承包商人员清除出厂，公司员工随岗学习	随岗学习期间停发奖金

安全五星级员工：取得技师、中级职称及以上资格或通过注册安全工程师考试，并且一年内未扣分、未受到公司其他形式的处罚和处分，下一年安全星级升为五星，安全积分100分不变，每月效益奖按1.1倍发放。

安全四星级员工：安全积分大于80分，正常上岗。

安全三星级员工：当安全积分小于等于80分时应暂停工作，至部门(单位)安全员处参加安全培训40学时，经考试合格后才可上岗。每月效益奖按0.8倍发放。

安全二星级员工：当安全积分小于等于70分时应暂停工作，至公司培训中心参加安全培训80学时，经考试合格后才可上岗。每月效益奖按0.6倍发放。

安全一星级员工：当安全积分小于60分时，承包商人员清除出厂，公司员工随岗学习，随岗学习期为三个月，期间停发奖金。随岗学习期满后，经考评小组评估合格后积分恢复至70分，恢复上岗；评估不合格继续随岗学习。随岗学习期跨年的，随岗学习满三个月后，经考评小组评估合格后积分恢复至100分，恢复上岗；评估不合格继续随岗学习。

3. 工作要求

(1) 培训评估做好记录并存档。

(2) 部门员工新增或离职时，所属部门及时在 HSE 体系平台中完成变动工作。

(3) 各部门安全员负责建立本部门员工安全赋星台账和员工安全帽赋星管理，每位员工将安全星级粘贴在安全帽左侧。

(4) 健康安全环保部每月将各部门安全星级低于四星的人员清单汇总至人力资源部，由人力资源部监督各部门落实考核。

(5) 安全赋星考评周期为每年 1 月 1 日至 12 月 31 日，新的周期开始，安全积分重新计算，上一年积分不作累计。

(6) 承包商员工与公司员工统一管理。

(7) 健康安全环保部监督各部门执行情况。

4. 考评规则

(1) 事故事件。C 级事故主要责任者，承包商人员清除出厂，公司员工随岗学习，次要责任者扣 30 分；D 级事故主要责任者扣 30 分，次要责任者扣 20 分；E 级事故主要责任者扣 20 分，次要责任者 10 分。

(2) 发现存在以下行为的，扣 20 分。在禁烟生产区域内吸烟；无特种作业操作资质的人员从事特种作业；无票证从事危险作业；违规排放污染物及有毒有害物料；擅自停用或拆除各类安全、环保设施和联锁系统；负责放射源、火工器材、进网电气作业的监护人员及危险化学品装卸人员擅离岗位；2 米以上高处作业不系安全带、水上作业不按规定穿戴救生衣；脱岗、串岗、睡岗、在岗饮酒、酒后上岗、擅自替换班、在岗期间赌博/打架；工作中无证或酒后驾驶机动车；不服从管理，谩骂正常行使职责的管理人员。

(3) 发现存在以下行为的，扣 10 分。虚报、瞒报、迟报险情；伪造各项技术档案资料记录；当出现报警时，操作人员未及时确认处理；未经批准擅自对工艺、设备、电器、仪表等实施变更；使用压缩空气调和、吹扫汽油、煤油等易燃易爆介质；作业票存在代签现象，作业票超范围、超时使用；动火期间距动火点 30m 内有排放可燃气体，距动火点 15m 内有排放可燃液体；在作业结束或暂停作业时，未清除火种、切断电源和气源离开；未按“一机一闸一保护”用电；违反规定运输放射源和危险化学品；受限空间作业时内部的转动设备和用电设备未停止运行并有效切断电源；受限空间内同时进行动火和刷漆作业；未按规定要求佩戴可燃或有毒检测仪、防毒面具；未按制度要求进行采样分析或化验数据有缺项；在高处进行躺、卧休息；将施工机具、杂物等从高处向下抛掷；私自拆改脚手架；超负荷使用脚手架；使用起重机械移送人员、气瓶；有载荷的情况下调整起升变幅机构的制动器，超负荷、超限报警工况下吊装；制动失灵、安全装置失灵，利用极限位置限制器停车；无指挥进行吊装；吊物没有捆绑牢靠、吊点和吊物的重心不在同一垂直线上；吊运零散件时，没有使用专门的吊篮、吊斗等器具；吊带、钢丝绳外观有裂痕、磨损等达到报废条件仍在使用；无关人员经劝告仍强行穿越警戒区；监护人擅离作业现场；不听从监护人正确指令；未经批准移动、设障阻碍消防设施、任意开挖或占用消防通道；涉及能量隔离的作业，未进行能量隔离。

（4）其他不安全行为根据安全赋星数据库扣分标准进行扣分。

5. 构建安全赋星线上体系

在公司 HSE 体系平台中开发“安全赋星”模块，与原有的日常检查、月度检查、专项检查、政府检查、不安全行为干预、劳动竞赛、督查及“低老坏”等模块关联起来，将各种类型的问题由系统自动推送至相关部门的安全管理人员，落实责任人进行安全赋星考核。

6. 形成可量化的安全赋星数据库

对不安全行为及“三违”现象进行分类梳理，并统一标准，实施量化，从辨识、评估和应对三个步骤实现安全赋星的实施路径。健康安全环保部对现有的生产作业活动进行梳理，辨识隐患，组织业务专家和安全管理人员对隐患进行评估、分级和赋分，形成了可量化的安全赋星数据库，即安全赋星考评规则。

7. 安全赋星实施效果

安全赋星活动实施以来，生产现场“三违”现象和不安全行为数量整体下降明显，两项数据分别下降 52.2%、36.7%，活动大力推动不安全行为治理和“三违”现象管控，现场作业风险得到有效控制，促进安全管理有效提升。

安全赋星促使安全管理变“封堵”为“疏通”，管理重点从“反违章”转变为“防违章”，从多角度、全方位强化员工的安全意识，实现“要我安全”到“我要安全”的蜕变，通过安全赋星及处罚给员工警示，无形之中消除员工对待事故的侥幸心理，消除员工认为细小隐患、轻微问题不会产生大影响、不会造成大事故的想法，使员工养成不怕麻烦、时刻纠正偏差的习惯。安全赋星管理作为危化品企业一种有效的新型安全管理手段，能够体现“以人为本”的安全管理思路，对约束员工不安全行为、减少违章有着重要的意义，非常值得在危化品企业中推广应用。

四、岗位安全行为标准实践

为进一步加强公司安全文化建设，规范员工安全行为，减少“三违”现象，大榭石化在延续“不安全行为干预”劳动竞赛、监护人劳动竞赛、安全标志行为推广、安全赋星等良好做法的基础上，推广实施了“岗位安全行为标准”，提升员工安全意识和安全素质，促进公司安全文化建设。

1. 编制《岗位安全行为标准》手册

通过围绕劳保着装、日常工作、异常情况处置、应急处置、安全干预、监护、交接班和其他共八个方面，组织编制员工《岗位安全行为标准》，覆盖公司10个生产运行部门，班长、内操、外操、电气、水岗、装车、包装、污水、车检、地磅、化验分析、采样等54个岗位，共印发手册1200册，岗位员工人手一册。

以运行部班长岗位为例，内容见表4-11。

表4-11 生产运行八部班长安全行为标准

序号	标准项目	标准要求
一	劳保着装标准	1. 进入生产区域必须穿戴安全帽、工作服、工作鞋，严禁打雨伞； 2. 安全帽帽带紧扣下颚不松动脱落； 3. 工作服保持袖口、下摆、领口三紧； 4. 工作裤保持裤腿盖住脚踝； 5. 进入生产装置必须携带耳塞、护目镜、防护手套； 6. 禁止用墨镜、眼镜代替防护眼镜； 7. 巡检人员必须佩戴对讲机、巡检仪、便携式硫化氢报警仪、人员定位卡等必要仪器，且检查完好性
二	日常工作标准	1. 掌握班组人员身体、精神状态，合理安排工作任务； 2. 掌握各装置的生产情况，指挥生产调整，确保生产平稳运行，完成生产指令的汇报反馈； 3. 组织对跑冒滴漏等生产异常处置的风险识别和措施落实； 4. 现场风险作业不定时检查，做好安全措施确认工作，确保作业符合规范要求； 5. 指挥内外操进行重要设备切换和流程动改工作，确保按照操作规程作业； 6. 检查内外操日常定期工作完成情况，确保工作保质保量完成； 7. 组织岗位员工技能培训，检查促进班组“六大员”工作； 8. 发现问题、隐患及时组织班员进行风险辨识后进行处理，杜绝“低、老、坏”现象

续表

序号	标准项目	标准要求
三	异常情况处置标准	1. 中班、夜班及节假日期间，部门领导及各装置工程师未在岗时，若各装置发生威胁装置安全运行的重大异常情况时，当班班长有权“先处理，再汇报”，对装置(系统)进行紧急停工； 2. 对班组发生的工艺异常、设备故障及事故，迅速实施部门既定应急预案，并及时登记上报，组织分析原因； 3. 指挥班组员工进行停开车、参数调整等操作，监督岗位员工执行岗位操作法和技术规程； 4. 紧急联锁：指挥装置调整到联锁后的安全退守状态，组织查找停车原因，开展相应处置，按程序汇报给部门管理人员； 5. 发现周围环境异常，影响安全生产和人员生命安全，立即停止作业，通知周围人员并撤离现场，汇报部门管理人员； 6. 发现人员异常(身体状况)，及时叫停作业，安排休息场所，汇报管理人员，必要时汇报公司消气防中心
四	应急处置标准	1. 接到或发现泄漏、着火、人员中毒受伤后及时组织人员撤离事故现场，现场详细情况(位置、设备、介质、人员伤亡等现场情况)，汇报部门领导和调度，必要时直接拨打消气防中心电话报警； 2. 根据事故发展情况，启动现场应急处置方案，开展应急救援工作； 3. 指挥具备应急技能的人员，穿戴好相应防护用品，首先抢救伤员，并利用现场消防物资消灭初期火灾； 4. 指挥内外操人员佩戴必要防护器具保证自身安全前提下进行隔离泄漏部位、工艺生产调整、疏散无关人员、引导消防车辆等操作，并及时给部门管理人员和生产调度反馈实时信息； 5. 待部门领导接管应急指挥工作后，听从部门领导统一指挥，不得擅自离开岗位； 6. 应急工作结束后，清点班组员工人数，清理现场，恢复生产
五	安全干预标准	1. 熟知“干预”的具体内容(参考安全赋星考评方案)； 2. 发现不安全行为要勇于制止，留好证据，当面告知被干预人员错误的做法和正确的做法； 3. 待被干预人员知悉自己的不安全行为且认可后，观察被干预人员按照正确操作进行作业，并保存证据； 4. 在 HSE 体系平台如实、准确填写干预记录，描述清楚原因和干预后的效果； 5. 干预过程如与被干预人员发生意见分歧情况，及时告知班长和安全管理人员协商处置，严禁发生冲突

续表

序号	标准项目	标准要求
六	监护标准	1. 参与作业前安全分析(JSA)，接受安全技术交底； 2. 逐项检查作业票证中各项安全措施，确认落实后，在作业票据上签字确认，如未落实及时督促相关人员落实； 3. 作业期间时刻关注作业情况，检查作业人员和监护人员履职情况，及时制止或中止作业，根据考核规定对违反规定人员进行考核，同时通知部门项目管理人员； 4. 与施工人员沟通要友善，如沟通不畅及时联系安全管理人员，避免发生争执冲突； 5. 作业完成后进行检查验收； 6. 作业结束后检查现场，确保消灭火种、切断临时电源、清理现场，做到“工完、料净、场地清”； 7. 检查作业票关闭情况，回收作业票据
七	交接班标准	1. 凡连续运行的岗位必须填写交接班日记； 2. 交接班双方必须坚持“十交”“五不接”原则； 3. 交接班会由交班班长介绍当班生产情况、工作任务完成情况，遗留或待处理问题等。接班班长及岗位人员根据接班前检查情况提出相应的问题并与交班班长进行协商处理； 4. 交接完毕后生产中发生的问题应由接班者负责。交接期间生产发生问题，以交班者为主处理，接班人员未到岗接班前，交班者不得离岗； 5. 接班日志包括：复述主要工艺操作参数、上班遗留下来待处理的问题等； 6. 本班日志包括：装置生产负荷、生产方案变更情况以及相应介质走向改变、重要阀门调整的情况，设备运行情况，运行中出现的波动、异常、故障等问题发生的原因及处理的结果，巡检中发现的问题及处理情况，联锁的投用与摘除情况，执行公司及部门领导的生产指令和工作要求情况等； 7. 交班日志包括：现行生产指令，生产方案，主要操作参数，装置的设备状况，消防、安全、卫生和工具情况等； 8. 交班前1h，生产方案、工艺条件原则上不宜作大的变动和调整
八	其他工作标准	1. 不得安排未取得上岗证的人员独立作业； 2. 检查内外操手机存放柜内，确保手机不带入生产区域； 3. 接到调度和部门领导安排的临时性任务要按照要求完成，同时在交接班本上详细记录； 4. 检查内外操室环境卫生情况，确保干净整洁； 5. 检查其他“三违”行为，及时制止，按照安全赋星考评方案进行考核记录； 6. 装置区地面干净无杂物、无积水，机泵台面整齐无杂物、无锈蚀，现场无长流水和冒气现象

2. 推广学习

岗位安全行为标准印刷成册发放至岗位后，各部门组织岗位人员进行专项培训和考试，开启安全行为标准的全面推广实施。部门间掀起了一股标准学习热潮。同时，健康安全环保部通过信息化发布系统在各外操室大屏幕循环播放“岗位安全行为标准”，广为宣传。

3. 强化执行

公司领导深入生产运行部门参加班组安全活动，对“岗位安全行为标准”实施情况进行调研，解读推行“岗位安全行为标准”重要意义，强化践行“岗位安全行为标准”和“四心”（有信心、有恒心、有耐心、有决心）教育，以良好的岗位安全行为，捍卫安全的第一道防线。

HSE部深入现场检查“岗位安全行为标准”掌握和执行情况，开展全面抽查抽问，2023年共抽查677人次，员工掌握良好率和标准执行达标率达到96%以上。

4. 取得成效

通过全面推行“岗位安全行为标准”，员工对安全行为的理解程度上升，并能应用到工作当中，全年公司不安全行为比前一年同比下降25%，安全赋星考核较前一年同比下降37.9%。

五、安全标志行为推广实践

“安全标志行为”是指在生产劳动和生活过程中提炼出的，符合组织安全文化理念、展现组织安全文化典型形象的，兼具典型性和标志性的安全行为准则、思维方式和行为模式集合。公司深入推动海油“五想五不干”安全行为准则、大榭石化“六必须”高风险作业安全标准和中国海油“安全标志行为”实施，通过倡导实施《中国海油安全标志行为》，将安全标志行为融入企业生产经营行为全过程，增强员工安全意识，规范安全行为。

1. 全面贯彻落实海油安全标志行为

《中国海油安全标志行为》结合国家法律法规和公司的规章制度，选取最基本、较突出、应执行、易感知的安全行为内容，分别从领导干部、员工、组织三个方面，提出18条日常安全标志行为，包括领导干部安全标志行为6条、员工安全标志行为6条、组织安全标志行为6条。

公司以集中培训、强化宣传、组织考试等形式倡导中国海油安全标志行为实施，将安全标志行为与公司生产活动紧密结合，领导率先垂范，员工时时铭记，互相提醒，自查自检，取得良好成效。

2. 大榭石化特色安全标志行为推广

在全面推行中国海油安全标志行为 18 条的前提下，大榭石化结合公司安全生产实际，开展大榭石化特色安全标志行为推广。公司每季度推行一个大榭石化特色“安全标志行为”，培养员工安全行为习惯，规范员工安全行为，让“安全标志行为”成为每位员工的自觉行动，促进安全理念深入人心。

2022 年和 2023 年推广的“安全标志行为”情况见表 4-12。

表 4-12　2022 年和 2023 年“安全标志行为”推广计划

“安全标志行为”主题	推广时间	巩固提升
巡检上下楼梯扶好扶手	2022 年第一季度	第二季度至第四季度
高风险作业设有规范警戒区	2022 年第二季度	第三季度至第四季度
高风险作业前落实安全技术交底	2022 年第三季度	第四季度
加强安全标识管理	2022 年第四季度	第四季度
固化 2022 年四个“安全标志行为”	2023 年第一季度	第二季度至第四季度
巡检佩戴便携式报警仪	2023 年第二季度	第三季度至第四季度
监护作业执行消项卡	2023 年第三季度	第四季度
火灾爆炸区域严禁使用非防爆电子设备	2023 年第四季度	第四季度

（1）公司通过板报、刊物、公司 OA 系统、手机微信、QQ 等多种传媒，结合班组安全活动，开展“安全标志行为”宣传。

（2）全体员工践行“安全标志行为”，通过自觉遵守、相互提醒、告知提示等方式，逐步养成规范的安全行为习惯。

（3）各部门通过各种方式推动“安全标志行为”，加强宣传教育，引导员工践行“安全标志行为”。

（4）健康安全环保部对每项“安全标志行为”在推广、实施和巩固中出现的问题进行数据收集，每季度进行问题情况对比和总结，提出改进建议，引导督促员工养成良好的安全行为习惯，促进“安全标志行为”深入人心。

六、结语

人员管理是企业安全生产管理的重点，通过人员安全责任落实、特殊作业标准化、安全赋星人员考核、岗位安全行为标准、安全标志行为推广等多方面安全管理创新实践，大榭石化在安全生产管理方面取得显著成效。结合近年来大力推动发展的信息化技术，工业互联网、大数据、人工智能(AI)等新一代信息技术与企业安全管理越来越深度地融合，相信企业安全生产管理的质量变革、效率变革、动力变革时刻即将到来。

基层单位现场应急能力建设“十步法”工作实践

郑　宇

（中国中化控股有限责任公司）

基层单位现场应急处置能力水平是第一时间控制事态发展、减轻事故危害、减少事故损失的关键。基层单位现场应急处置能力是一项综合性的能力，中国中化在建设此项能力过程中始终以“会发生什么和怎么办”为中心，围绕事故状态下应急救援成效，着力提升基层单位现场救援、救护、救治能力，从事故风险分析、事故情景构建、具体场景模拟、操作规程完善、救援方案制定、装备器材配备、人员培训实训、桌面推演模拟、现场演练实训、试点总结推广等十个方面开展具体应急准备工作。

一、充分识别事故风险

识别事故风险是判断“会发生什么”、开展应急准备建设的前提。中国中化始终坚持以“墨菲定律”和“底线思维、过度反应”为原则，分析判断“会发生什么”，组织开展应急准备建设。从应急管理的角度，我们认为只要存在 HSE 事故风险，就一定可能发生 HSE 事故，就需要“按照最严重的事故后果”研究针对性应急措施，进行应急准备建设。具体“会发生什么”，可依据事故风险辨识结果和同行业中典型事故案例进行分析判断，这个过程中要充分运用 HAZOP 分析结果，结合 HAZOP 分析辨识出的偏差和异常，识别各类具体异常情形和 HSE 风险，并预判事故情景和事故类型。

二、构建典型事故情景

情景构建是基于未来一定时期内可能发生的某种突发事件的一种科学预判。基于风险辨识结果，特别是 HAZOP 分析辨识出的初始风险高的所有“偏差”事项、偏差情形、危害后果等，结合同行业内典型事故案例，构建本单位典型事故情景，如火灾、爆炸、泄漏、冒顶、溃坝等，并进一步描述不同阶段事故特征和影响等。中国中化自2019年开始推广典型HSE事故情景构建，总部层面推动各业务板块重大HSE风险全覆盖，一线企业实现重大危险源全覆盖。通过构建典型HSE事故情景，进一步识别HSE大风险，加强防范措施，针对性加强应急准备建设。

三、细化具体事故场景

针对具体事故情景，进一步细化，将事故情景还原到具体场景中，即具体装置、具体设备、具体反应、具体物料、具体异常、具体救援任务等。针对具体事故场景，按照事故发生发展的顺序，进一步划分为异常征兆阶段、初始阶段、扩大阶段、平稳阶段、善后阶段、恢复阶段，并对每个阶段应急任务和应急处置关键点进行梳理分析，形成具体事故特征信息清单和应急工作任务清单。这个阶段始终围绕不同阶段事故特征和基层单位应急救援、救护、救治任务和能力进行推演分析。这个过程是深入开展事故风险分析的过程，输出的结果是应急准备建设的具体内容，需要车间班组一同参与。

四、完善异常操作规程

中国中化以“135”应急处置法指导车间班组现场第一时间应急处置。异常工况发生后，车间班组内外操依据岗位操作规程异常工况处置流程进行处置，做到1分钟内启动应急响应，外操、内操及时采取能量隔离、切断物料等关键操作动作，确保事态不扩大；3分钟内班组协同、退守稳态，由班长组织对现场进行安全确认和风险研判后，下达指令开展人员搜救、人员撤离、事故控制(工艺处置、设备抢险)等动作，实施退守稳态操作。针对已构建的具体事故情景和现场事故场景，基层单位对照《化工过程安全管理导则》《化工企业操作规程管理规范》，对现有操作规程中异常工况应急处置步骤进行评估完善，进一步明确班长、调度、内操、外操具体分工，明确操作程序和操作步骤，明确操作中涉及的具体设备、管道、阀门、开关和工艺参数等，确保异常工况应急操作规程的符合性、针对性和可操作性。

在异常工况应急处置规程中，要结合实际建立完善异常工况下应急处置授权决策管理机制，明确各种紧急情形和班长、调度等岗位现场应急处置权限和紧急处置措施，确保紧急情况下果断决策应对。

五、制定科学救援方案

针对现场具体事故类型和不同阶段事故特点，科学制定应急救援方案。在制定救援方案过程中，坚持“以人为本”和“底线思维”原则，始终以应急救援成效为导向，从现场救援、救护、救治三方面发力，围绕事故不同阶段特点，充分考虑现场指挥、现场侦检、消气防救援、堵漏抢险、工艺处置、疏散警戒、医疗救护、环保应急、舆情管理、综合保障等综合应急工作，充分评估承担上述应急职责的应急救援人员配备和救援人员能力情况，充分评估现场侦检、消气防救援、堵漏抢险、工艺处置的科学方法，充分评估应急救援中针对性应急装备器材，充分评估班组现场急救员配备情况和自救互救能力，充分评估中毒、灼伤等人身伤害第一时间救治所需绿色就医通道和急救药品等情况。

在现场应急处置过程中，不同的危化品、不同的化工反应过程，火灾、泄漏等不同事故类型，消气防应急处置方法不一样，需要重点研究。中国中化近年组织开展有毒有害、易燃易爆危险化学品火灾、泄漏等典型事故消气防安全施救方法研究，目前已启动涉氢氟酸、液氯、液氨、氯乙烯、光气、环氧乙烷等典型危化品火灾、泄漏事故应急救援方法研究。

六、配备适用装备器材

针对具体事故类型和不同事故场景，中国中化从应急救援实战角度出发，突出向消防科技和消防装备要战力，在满足消防“三同时”和《危化企业应急救援物资配备标准》基础上，针对性研究配备应急救援装备器材，特别是针对高毒剧毒、易燃易爆危化品泄漏、火灾等典型事故，针对性配备现场侦检设备、毒害气体稀释器材、灭火药剂、创新型多功能移动或固定消防枪炮等。中国中化鼓励推动涉“两重点一重大”生产装置、罐区周边消防栓改造为栓炮一体的消防栓。在稳高压消防水系统保障下，事故初期阶段，班组人员可开启现场消防炮建立消防救援阵地。鼓励在涉氯气、氟化氢、光气、氨气、氯化氢（含分解后产生）、氰化氢（包含不限于以上危化品）等有毒、腐蚀性气体装置、储罐、仓库等部位进一步建设消防应急水幕系统，针对性配备创新型多功能喷雾稀释消防枪炮、医疗物资和急救药品。坚持按照属地管理原则加强消防设施、应急装备器材和应急物资（含医疗）维护保养，确保完好有效。

七、应急队伍培训实训

在事故应急处置过程中，一般包括现场指挥、现场侦检、消气防救援、堵漏抢险、工艺处置、疏散警戒、医疗救护、环保应急、舆情管理、综合保障、善后恢复等综合应急救援工作。中国中化制定实施《生产经营单位应急救援人员上岗资格及培训考评指南》，明确现场应急救援行动中承担应急救援任务各岗位人员应急职责，明确应急救援人员上岗资格、能力标准、培训内容、考核标准及复训要求，并按照应急救援岗位角色开发系列专业课程，应急救援人员必须完成对应应急救援岗位必修课程，并经考试合格后方能承担应急救援工作。

在确定具体事故类型和事故场景后，基层分厂、车间进一步结合实际，组建配备当班承担全要素应急救援工作的应急救援队伍，在学习相应应急救援岗位相关专业知识基础上，结合构建的事故场景和事故特点，进一步开展现场应急处置流程、方法、措施等理论方面培训和应急救援设备设施操作等方面实操实训。

八、组织桌面推演模拟

在确定了模拟事故灾害情景，建立了应急救援队伍，制定了应急救援程序方法，开展了专项培训实训后，进一步组织开展桌面推演应急演练，组织应急救援岗位人员结合自身应急职责，按照事故异常征兆阶段、初始阶段、扩大阶段、平稳阶段、善后阶段、恢复阶段等六个阶段，结合推演模拟的异常工况和事故灾害情景，开展针对性研讨分析，进一步认识应急救援任务和关键点、学习应急流程和应急职责、研究应急处置程序和方法、磨合应急协同与配合，提升现场应急处置能力。一线班组可利用班组安全学习、班组安全活动等形式，结合岗位应急处置卡，随机开展桌面推演式应急演练，提升班组初期应急处置主体意识、综合应急处置思维和现场应急处置技能。

九、开展现场演练实训

在桌面推演模拟演练基础上，结合“135”应急处置法，分层分级组织开展现场实训演练。按照模拟事态由小到大发展趋势，从车间班组岗位应急处置、分厂车间现场应急处置，逐步扩大到企业专项或综合性应急演练，检验总指挥现场应急指挥能力、应急救援队伍现场实战能力、应急处置方案可操作性、应急装备器材适用性、应急信息传递流畅性、应急小组协调配合能力、个人防护用品穿戴等，进一步提升应急救援队伍现场感知能力和心理素质。

十、组织试点总结推广

按照企业自建、二级单位培植、总部试点的模式，中国中化率先启动针对氢氟酸、液氯、液氨、氯乙烯、光气、环氧乙烷等典型危化品企业的试点，在完成从风险分析、事故情景构建、具体场景模拟、操作规程完善、救援方案制定、装备器材配备、人员培训实训、桌面推演模拟、现场实训演练等工作步骤后，系统进行梳理总结，建立起一整套完整的场景化应急处置方案，并在同行业企业中进行推广完善，推动取得实效。

第四章　管道与销售企业实践探索

海底管道溢油模拟预测技术应用实践

黄　强[1]　李　鑫[2]

（1. 国家管网集团东部原油储运有限公司；
2. 中国石油集团安全环保技术研究院有限公司）

杭州湾海域是世界上三个海况最复杂的海湾之一，潮差大、流速急，具有典型的海洋性气候特征。东部储运公司（以下简称“公司”）在杭州湾海域建设有多条原油海底管道，海底管道受洋流长期冲刷，经常出现管道悬空、管道变形，溢油风险较大，加之杭州湾海域周边环境敏感区众多，一旦发生溢油事故会造成严重的经济损失和环境灾难。

为有效降低跨江管线溢油事故的风险概率公司开展了一系列安全管理与技术工作，在海底管线两侧安装电动截止阀、负压抽吸系统、提高管线的耐压等级、加强管线的巡线管理与压力波监测，有效提升了管道设备的本质安全等级。在突发事件的应急准备工作上，公司建立了危化品泄漏预警平台，开展了溢油模拟预测模拟工作，基于模拟结果编制了《海底管道突发事件专项应急预案》，有针对性地配备有相应的应急物资和装备，编制负压抽吸系统和顶水置换作业方案。

“海底管道溢油模拟预测”是公司为提高海底管道溢油应急准备能力科学性开展的一项典型工作，本节将以杭州湾海域某条海底管道为例，介绍本项技术工作实践效果。

一、海底管道溢油模拟预测技术介绍

1. 技术定义

溢油模拟预测技术通过模拟预测泄漏油品的漂移位置、到达时间、泄漏面

积、浓度参数，掌握应急处置关键点和时间窗，为溢油突发事件应急准备和应急处置提供决策依据。本项技术的特点是在利用粒子追踪技术对危险化学品轨迹进行模拟的同时，创新利用了溢油定位监测系统验证和校正预测结果，预测预报精度高出行业平均水平20%。

2. 技术特点

该技术依托于危险化学品水体泄漏预警模拟平台与溢油定位监测球，具备以下功能特点：由水动力模型、危化品仿真模型、危化品应急辅助决策平台三部分组成；可实现危化品轨迹预测、危化品源追溯、危化品辅助决策等功能；通过预测危化品轨迹，验证危化品应急处置方案；通过构建应急演练情景，评价应急演练效果；通过搭建危化品应急辅助决策平台，实时更新环境监测数据与模拟预测结果，提供危化品应急处置决策参考方案。

二、海底管道溢油事故风险分析与情景构建

事故情景分析明确构建溢油突发事件情景的4大类、14种核心要素，规范事故情景分析工作，为开展溢油模拟提供参数准备。

1. 风险分析

确定研究水域：确定水域边界水文数据；气象信息：风向、风速、降雨量。

环境敏感区域：自然保护区、风景名胜区、世界文化和自然遗产地、饮水水源保护区等。

泄漏源分析：泄漏原因、泄漏物质、泄漏位置、泄漏概率。

应急准备工作情况：应急预案、应急物资、应急装备等。

2. 情景设计(表4-13)

表4-13　情景设计参数表

序号	设计因素	水域类型	设计参数	求取情况
1	水动力条件	河流	最大流量(丰水期)	测量
2			最小流量(枯水期)	测量
3			模拟区间	测量
4			区间河道形状	测量
5			区间河底高程	测量

续表

序号	设计因素	水域类型	设计参数	求取情况
6	水动力条件	海域	潮位	测量
7			相位	测量
8			振幅	测量
9			……	测量
10	污染物的理化性质	不限	密度(非直接输入值)	测量
11			溶解性(非直接输入值)	测量
12			表面张力(非直接输入值)	测量
13			黏度(非直接输入值)	测量
14	泄漏模式	不限	连续泄漏(强度、泄漏时间)	假设
15			瞬时泄漏(泄漏量)	假设
16			泄漏点坐标位置	假设
17	风场情况	不限	风向	测量
18			风速(强风期、静风期)	测量

三、水动力模拟

1. 模型介绍

海上溢油模拟水动力采用FVCOM(Finite-Volume Community Ocean Model)模型，该模型由陈长胜博士领导的马萨诸塞州达特茅斯大学海洋生态动力学模型实验室与伍兹霍尔海洋学协会的比尔兹利博士合作开发，是一个无结构网格架构、有限体积、自由表面、三维原始方程的沿海洋流预测模型，该模型的控制方程包含了动量方程、连续性方程、温度方程、盐度方程以及密度方程。模型包括水质模块、生态模块、泥沙输运模块、流场-波浪-泥沙耦合模块等。模型结合了有限元法和有限差分法的优点，在水平方向上采用无结构化非重叠的三角形网格，可以对复杂的岸线和边界进行拟合，适合模拟浅海复杂边界，同时还可以进行局部加密，以满足不同需求；垂直方向上采用sigma坐标，可以更好地模拟不规则的海底地形。

2. 模型计算

模型计算区域包括了长江口、杭州湾及邻近海域(27.5°~34.8°N，119.0°~126.8°E)，重点加密溢油管道及杭州湾近岸海域，杭州湾近岸及其西北方向海域网格分辨率达 150~250m。网格分辨率由近岸逐渐向外海过渡，至开边界处网格分辨率约 50km，极大程度地平衡了计算效率及计算精度的关系。整个计算区域共有 72072 个三角单元，39579 个网格点，垂向分为 4 层。

模型水深地形采用电子海图数据。模型外海开边界由潮位去打动，计算考虑了 M2，S2，K1，O1，N2，K2，P1，Q1 共 8 个主要分潮，风场及压强数据由美国国家环境预报中心的 GFS 全球预报系统（https：//nomads. ncep. noaa. gov/）网站获得，选用精度为 0. 25°的数据集。潮位、流场验证计算时间为 2022 年 7 月 10 日—2022 年 8 月 15 日，计算结果 1h 输出 1 次，计算时间步长为 2s，模型初次计算采用冷启动，初始取 0 值，最终构建预报时长不少于 3 天的水动力预测模型。

3. 模型验证

水动力模型构建完成后，需对采用潮位数据和实测流程数据对模型结果进行验证。

模型验证潮位所采用的数据为国家海洋信息中心发布的潮位数据，潮位站分别为大戢山站（122. 173 30. 810）、滩浒站（121. 624 30. 613），验证结果如图 4-8、图 4-9所示，模型模拟结果与验证数据集的变化趋势一致，相位的模拟效果优于振幅。

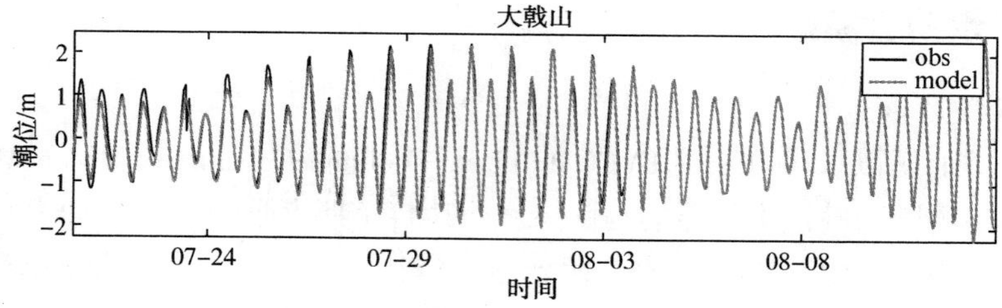

图 4-8　大戢山站潮位验证

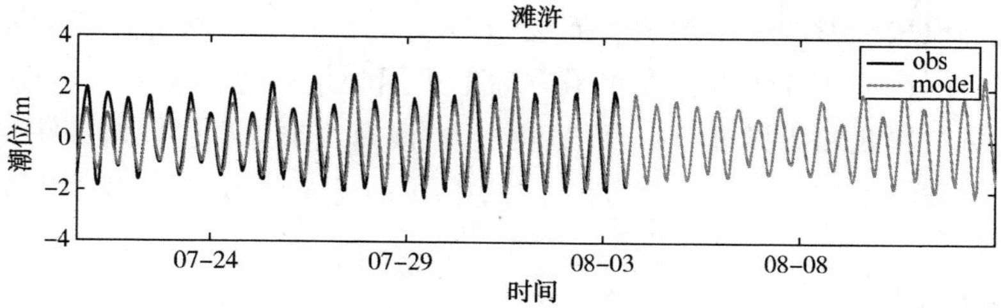

图 4-9　滩浒站潮位验证

利用实测 ADCP 流场数据，进行水动力模拟流场的验证。从流速的验证结果来看(图 4-10)，模拟与观测值较为吻合。

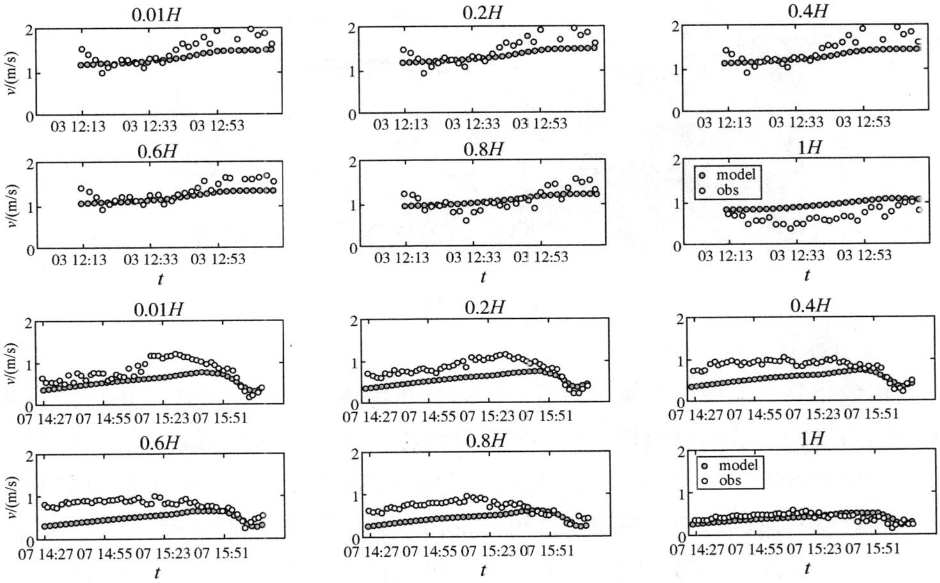

图 4-10　流速数据验证

四、溢油模拟

1. 模型介绍

采用蒙特卡罗方法模型研究受到风、浪、流等动力因素、非动力环境因素以及油品特性等多种因素支配的溢油行为和归宿过程，包括在重力、表面张力、惯性力和黏性力作用下的物理扩散，蒸发、分散、溶解、乳化、生物降解、吸附沉降和氧化等风化过程引起的化学变化，流场、风场等动力因素作用下的漂移运动以及湍流作用引起的随机性。见图 4-11。

溢油模型分为预测模型和溯源模型。预测模型可预测油膜的水面漂移轨迹，同时确定油品在水面、大气、水体和岸线等各种环境中的分布情况，油膜的风化过程遵守质量守恒。通过输入的泄漏类型、泄漏地点、泄漏时间等溢油事故信息以及风场、流场等各类环境数据，结合采取的溢油应急措施，计算溢油的运动轨迹和归宿。溯源模型根据现场监测到的海上源头未知漂油的位置和发现时间，模拟计算其可能的来源和漂移方向。

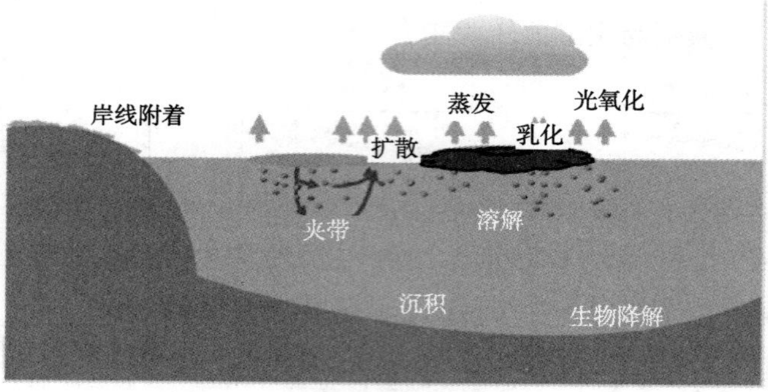

图 4-11 溢油风化过程

2. 模型计算

利用危化品溢油模拟预测平台进行实时在线构建多个不同的溢油事故情景并实现溢油污染物扩散预测模拟参数设置。系统提供溢油预测模型和溯源模型两种模型用于模型运算和溢油事故情景构建。预测模型可以预测油污未来的扩散方向、影响程度和范围。溯源模型可以追溯油污来源位置和方向。

针对实际溢油范围的不同，预测模型提供点状、线状、面状三种溢油点类型选择，溢油点位置支持在地图上直接选取的模糊定位和直接在输入框输入精确经纬度坐标的准确定位。平台支持用户根据获取的事故信息从水陆边界列表中选取发生溢油的水陆边界文件、从常用油品数据库中选择相应的油品种类、人工输入溢油事故发生时刻、溢油量、溢油时长、水温等，设定模拟时长、计算间隔、输出间隔、风速因子、岸线类型、粒子数量、水平扩散系数等模型参数信息。系统提供不同数据来源的风场和流场数据作为模型运算的驱动环境场，默认为溢油模型分配固定风场与用户流场作为环境场。地听环境数据服务提供的风场为 0. 5°×0. 5°的 GFS 风场数据，流场数据为水动力模拟提供的流场数据。完成以上设置后调用溢油模型即可完成溢油情景模拟，模拟结果将叠加展示在系统平台上。见图 4-12。

3. 溢油模型验证

利用监测平台监测溢油定位监测球的漂移轨迹，对比危化品平台所模拟预测的结果，进一步验证模拟结果。从对比结果(图 4-13)中可以看出，溢油模拟漂移轨迹与溢油球漂流轨迹的走势较为一致，从而验证了溢油模型的可靠性。

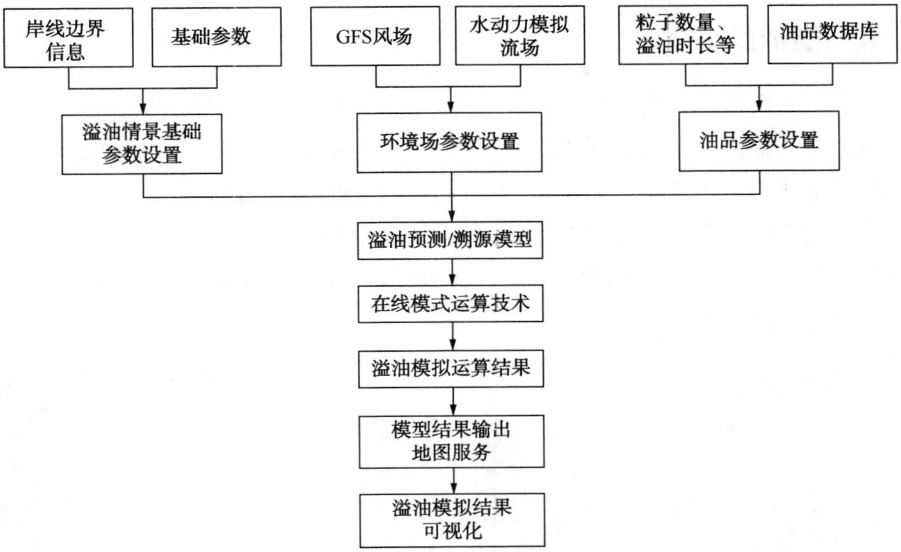

图 4-12　溢油模拟流程

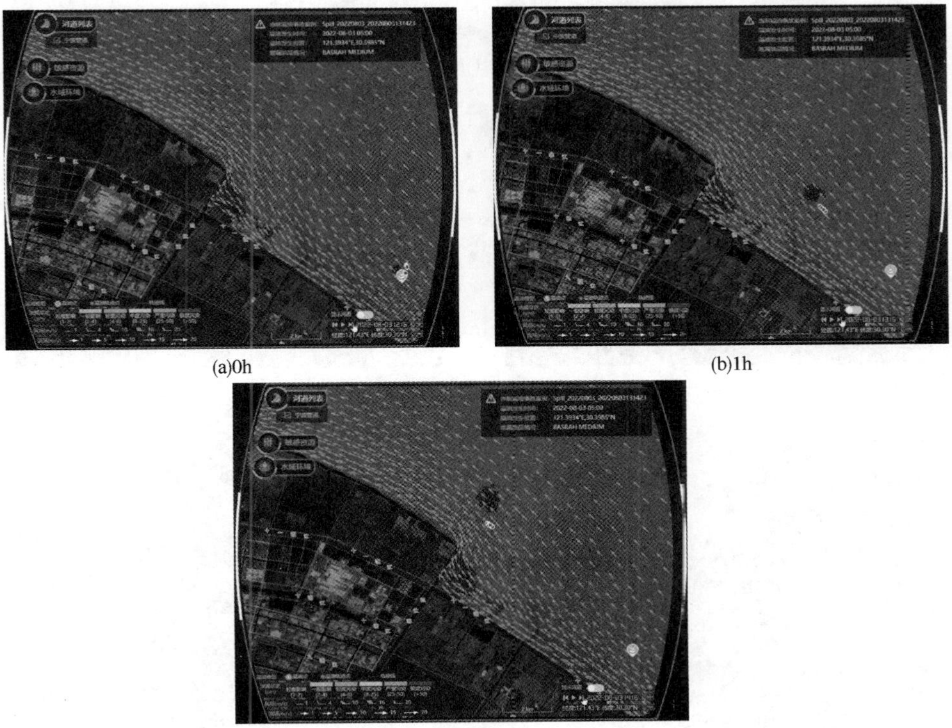

(a)0h　(b)1h　(c)2h

图 4-13　溢油模拟轨迹和溢油球实际轨迹对比

五、溢油结果展示

基于溢油模拟可以得到以下结果：一是基于特定溢油事故情景，得到溢油到达海面的时间，溢油漂移扩散路径、溢油浓度分布；二是基于20年海域洋流规律，得到溢油水体污染概率、溢油到达时间、溢油黏岸范围和质量；三是基于特定溢油事故情景，得到溢油轨迹、溢油风化规律(质量变化、浓度分布变化、影响面积变化等)、岸线(环境敏感资源)到达时间、岸线(环境敏感资源)影响范围和污染程度。见图4-14~图4-16。

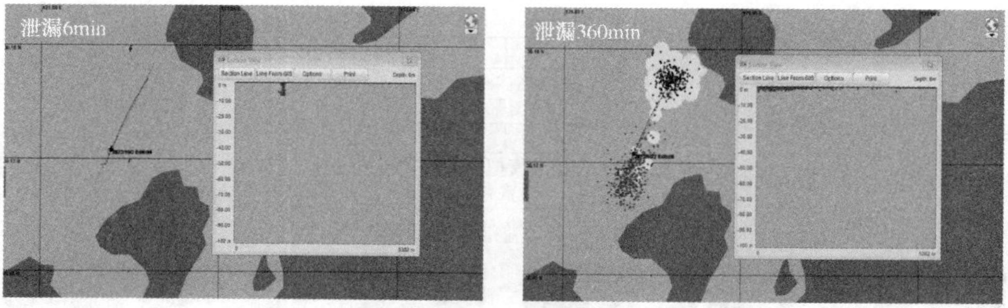

图4-14　册镇泄漏风险点海底至海面溢油模拟结果

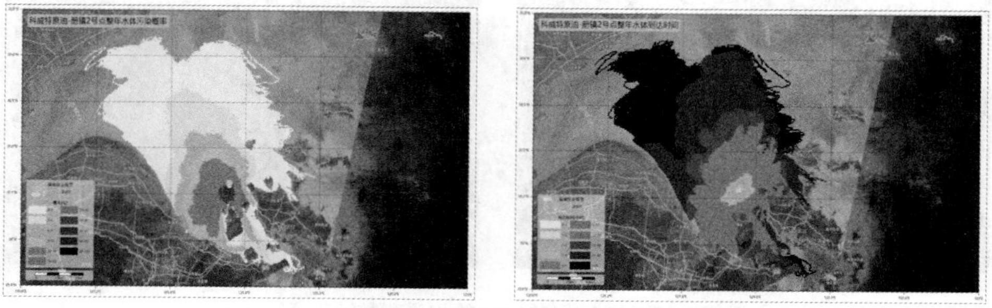

图4-15　册镇泄漏风险点海面溢油概率模拟结果

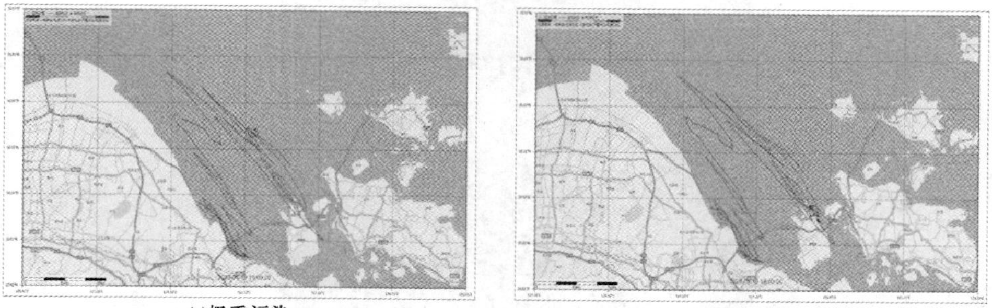

(a)极重污染　　(b)严重污染

图4-16　科威特原油-特定情景册镇风险点污染程度分析

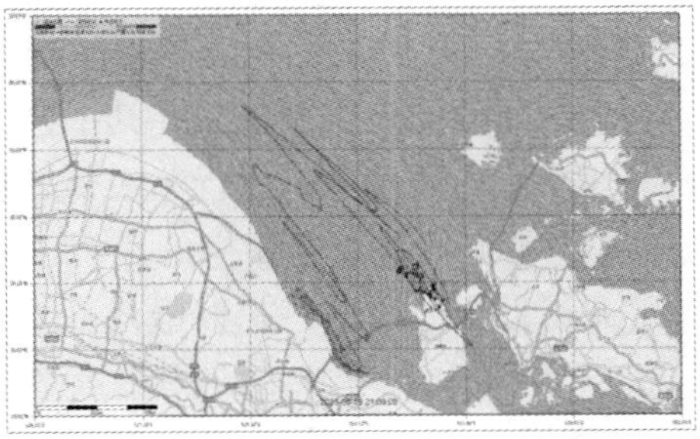
(c)中度污染

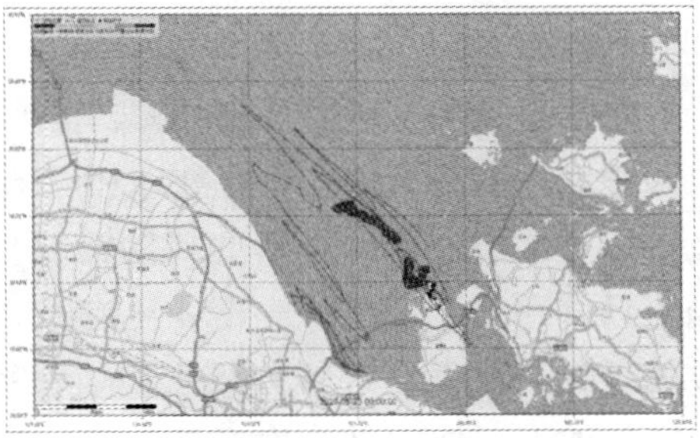
(d)轻度污染

图 4-16　科威特原油-特定情景册镇风险点污染程度分析(续)

双重预防机制在成品油销售企业的实践应用

蔡　箐　梅　涛　彭俊峰　罗　婷　邓晓寒　徐　勇

(中石油湖北销售公司)

近年来，全国重特大事故多发、频发，引起党中央、国务院的高度重视，高屋建瓴地进行了安全生产顶层设计，并先后出台了考核文件和政策文件，把开展风险分级管控和隐患排查治理双重预防工作机制建设作为提升国家安全生产治理能力，提升企业安全生产水平，保障人民生命财产安全的重要抓手。2021 年 6 月，新修正的《中华人民共和国安全生产法》将企业构建双重预防机制写入法律。随着经济的快速发展和能源需求的不断增加，成品油销售企业在迎来更多发展机遇的同时，也面临着越来越严格的安全管理要求。为了有效预防和减少事故发生，国家积极推行双重预防机制，以实现安全风险的源头控制和过程管理。本文将重点深入探讨双重预防机制在成品油销售企业中的实践应用，并通过具体案例分析，揭示其在成品油销售企业环境中的操作细节和成效。

一、双重预防机制概述

1. 双重预防机制的作用

双重预防机制是一种加强安全管理的重要措施，它的核心思想是通过预防为主、综合治理的方式，对企业安全风险进行全面掌控和有效防范。这一机制的核心在于通过系统化的风险评估和分类，将潜在的安全风险按照其严重程度和发生概率进行排序，从而实施有针对性的防控措施。同时，该机制强调对安全隐患的持续排查和及时治理，确保在风险尚未演变成实际事故之前，就能够被有效地识别和控制。

第一重指的是风险分级管控，需要建立一个全面的风险管理框架，其中包括风险识别、风险评估、风险处理和风险监控等环节。通过对风险进行分级，管理者可以更加清晰地了解哪些风险需要优先处理，哪些可以通过较少的资源来控制。具体在安全管理中，要对可能存在的风险源进行全面评估，并根据其可能导致的事故严重程度进行分级管控。一般来说，石油石化行业中存在很多高风险源，如油库、加油站、生产装置等，这些风险源随时都可能引发安全事故。因此，风险分级管控的关键是通过对这些风险源的全面评估，找出其中的薄弱环节，并根据不同环节的风险程度采取相应的控制措施。

第二重隐患排查治理是风险管理的补充和延伸，它要求组织定期或不定期地对工作环境、设备、操作流程等进行检查，以发现可能存在的安全隐患。一旦发现隐患，必须立即采取措施进行整改，防止隐患发展成为事故。对已经存在的风险源进行定期检查和整改，及时发现和解决出现的安全事故隐患。隐患排查治理是双重预防机制中的重要环节，它可以通过定期检查、专项排查、综合治理等方式，及时发现并解决潜在的安全隐患。同时，隐患排查治理还可以对风险分级管控进行不断完善和调整，提高风险管控的准确性和有效性。

风险分级防控和隐患排查治理双重预防机制是确保工作场所安全的关键环节。它不仅能够帮助组织提前识别和控制风险，还能够促进安全文化的建立，提高员工对于安全重要性的认识，从而在根本上提升整个组织的安全管理水平。它还有助于提升员工的安全意识和责任感，因为它要求每个人都参与到安全管理的过程中。这种参与感和责任感的增强，不仅能够促进员工对安全规程的遵守，还能够激发他们主动识别和报告潜在的安全隐患，为组织提供了一种全面的安全保障，确保了企业能够在面对各种潜在风险时保持韧性和稳定性。

2. 双重预防机制的特点

双重预防机制需要企业在生产经营活动中，通过风险评估和控制措施，对可能导致事故的风险进行预防和控制。这就要求我们在建设过程中，突出以下 3 个特点：

突出预防为主。双重预防机制强调从源头上预防安全事故的发生，通过对风险源的全面评估和管控，采取有效的措施消除安全隐患，避免事故的发生。

突出综合治理。双重预防机制不仅强调对风险源的管控，还注重对企业内外部环境的综合治理。通过建立健全的安全管理制度、操作规程、应急预案等体系，实现对石油安全管理的全面规范和提升。

突出持续改进。双重预防机制是一个持续改进的过程，它通过对每个阶段的风险评估和隐患排查进行总结和反思，不断完善和优化管理流程和方法，提高安全管理水平。

总之，双重预防机制是加强安全管理的重要措施，通过风险分级管控和隐患排查治理两个阶段的有机结合，实现对安全风险的全面预防和有效控制。在双重预防机制的应用中，需要加强宣传培训、完善管理制度、强化监督考核等方面的工作，以确保双重预防机制能够充分发挥作用，为企业的安全生产保驾护航。

二、成品油销售企业安全管理特点及难点

成品油销售行业是石油石化行业的重要组成部分，行业固有的油气泄漏、火灾爆炸等传统风险并不会随着经济进步和发生改变，而随着综合能源变革和绿色能源普及，加氢、加气、充电等新能源、新材料业务逐步开展，又势必带来新的安全风险，新老风险交织叠加，安全事故的链式效应增强，极易诱发蝴蝶效应，新老风险相互交织叠加放大，导致安全事故。不仅如此，成品油销售行业相比于石油石化传统行业，还存在管理成本投入不足、站点分布范围太广、员工素质参差不齐的区别，给安全管理又增加了难度。

出于成本和效益的考虑，成品油销售企业的安全管理人员往往数量有限。这意味着每位安全管理人员需要负责的范围较广，难以对每个站点进行密集的监管和指导。而加油站通常分布在广泛的地理区域，这给集中管理和监控带来了难度。每个站点所处地理位置和监管要求可能不同，往往需要个性化的安全管理措施。加上基层员工素质参差不齐，尽管公司会进行定期的安全培训，但由于基层员工的背景、教育水平和工作经验各不相同，他们的安全意识和操作技能可能存在差异。即便公司在培训和监督上投入更多的资源，也很难保证每位员工都能达到公司要求的安全标准。

这些特点要求成品油销售企业在建立并运行双重预防机制时，并不能完全照搬照抄原有的双重预防机制建设经验，要结合运行实际和库站特点，因地制宜开展风险分级防控和隐患排查治理，进一步强化风险意识，分析事故发生的全链条，抓住关键环节采取预防措施，防范安全风险管控不到位变成事故隐患、隐患未及时被发现和治理演变成事故。

三、双重预防机制运行实践

1. 成品油销售企业在双重预防机制运行中存在的问题

尽管部分公司近年来加大了对安全管理的投入，也已经逐步探索在现有条件下，开展双重预防机制建设，但整体效果不甚理想，各企业重视程度不一，双重预防机制一直停留在纸面上，一定程度上导致双重预防机制建设工作形式大于内容，与“防风险、治隐患”的目标存在一定差距。主要表现在以下4个方面：一是风险识别不全面。基层员工对每项生产活动和管理活动过程中存在多少安全风险不清楚，只是根据操作和管理经验总结出少数风险，大多数风险被遗漏，没有形成完整的系统的风险数据库，仍然凭借“习惯”操作来控制风险。基层库站未能结合实际运营业务、设备设施和周边地理环境等情况开展危害因素辨识，只是根据操作和管理经验识别出少数风险，导致开展风险辨识时缺乏针对性，例如洗车作业、尿素加注等业务和山体滑坡、洪涝灾害等特定区域的危害因素辨识，出现了漏项，一些库站为了应对HSE体系审核工作，甚至出现了库站之间相互抄袭风险防控清单的现象。二是风险分级分类不准确。危害因素辨识过程中，没有典型的风险分类、术语和危害因素描述规范，员工辨识危害因素没有统一的标准，辨识结果各有不同，同一类风险描述又各不相同，导致风险防控工作杂乱无序，标准不一。评估风险等级不准确，评价方法与参与评价人员的经验相关，历次检查中重复出现风险评分赋值不准确的现象，一些库站在评价时取值不正确，个别库站风险评价结果甚至出现需要立即停业的重大风险，与现场事实严重不符。三是风险管控措施不具体。辨识出来的风险，管控责任没有明确，仍然停留在岗位操作员工自我防控上，没有将管控责任分级。部分库站制定管控措施时笼统描述为加强培训、遵守操作规程等，未能制定有针对性风险防控措施，并融入岗位操作和管理过程中，风险管控措施流于形式。四是对隐患的理解还存在偏差。大多数分公司在开展隐患排查治理时未将人的不安全行为和管理上的缺陷纳入隐患项进行管理，影响了隐患排查治理的全面性和准确性。这种误区导致部分库站每月隐患排查结果少于2条，个别库站月度隐患排查结果甚至无隐患。在公司组织的各类检查中，较大及以上安全环保隐患屡查屡有，如隔爆封堵失效、员工未着防静电工装、以喷溅式装油方式直接向小额配送车辆和油桶加注油品等问题，并未登记在加油站及分公司隐患台账中。多数分公司隐患管理台账中，登记的隐患项目只局限于上报需要争取资金治理的设备设施，与事实严重不符。

2. 双重预防机制建设在成品油销售企业实践

双重预防机制建设是一项必须要做，而且必须做好的工作，是实现一切事故皆可预防目标的最佳手段，基层和安全专业线都存在风险防控和隐患排查概念不清、底数不明等问题，也因为参与人员多、涉及环节广的特性，建设推进将是一项长期的、艰巨的工作，为进一步提升双重预防机制建设效果，公司从以下几个方面进行探索。

(1) 风险分级防控实践

风险防控是 HSE 体系核心要素之一，是深化 HSE 管理体系建设重要手段之一，加强危害因素辨识、风险评估和控制措施过程实施，是落实风险分级防控责任、遏制重特大事故发生的有效途径，最终实现对企业重点防控风险的可控和受控。

① 信息资料收集。结合生产经营实际，从前期准备、风险管控、隐患治理、持续改进等 4 个方面，确定双重预防机制推进流程图，结合加油站运营实际，梳理加油站的组织结构、岗位设置及职责；按照加油站功能区域划分现场、油罐区、生活区等区域；梳理加油站加油、卸油、油气回收等工艺流程；整理加油站的设备设施清单。

② 生产作业活动梳理。对加油、卸油、收银等操作步骤按照操作顺序进行细分，形成生产作业活动清单，并对作业活动按照作业性质分为常规生产作业、辅助作业、非常规作业、相关方配合作业 4 个类别 23 项作业活动；在设备设施划分中，因加油站设备相对简单，且需专业人员进行拆解，未对设备进行拆分，直接按照设备独立单位进行登记，22 项设备设施涵盖加油机、油罐及附件、洗车机、光伏发电设备等主要设备；作业区域划分时，对加油站、加气站、充电桩 3 种经营类型和加油站设计图纸或平面现状布置图划分为 10 个作业区域，结合设备设施位置、操作活动范围、区域功能、岗位属地责任等划分操作活动所辖单元进行划分。

③ 危害因素辨识。为改变基层员工参与度不够，互相抄袭、辨识不全的现象，要求全员自下而上开展危害因素辨识，告知员工开展风险防控的意义，让员工明白辨识风险是保护自身安全的有效手段。员工从区域场所、设备设施、作业活动 3 个方面填写《危害因素原始调查表》，站经理汇总识别出的危害因素，提出防范措施和建议，填写《危害因素汇总表》。

④ 生产作业活动风险分析。加油站经理收集汇总各岗位危害因素原始调查表确定风险来源，描述风险性质，运用 LEC 评价法，采用定性或定量方法分析风险后果，评估风险大小，确定风险是否可以接受，并根据风险评估结果，综合

考虑职业病危害风险和生产安全事故风险，将辨识出的风险确定为重大、较大、一般和低4个等级，分别以红、橙、黄、蓝4种颜色标注，对应公司级、分公司、班组、岗位4个层级进行管控，形成《生产作业活动风险评价分级清单》。

⑤ 生产作业活动风险控制。要求站经理对汇总的危害因素采用LEC法进行初评价，分公司组织专业人员结合加油站实际情况，进行风险等级审核，填写《危害因素识别与风险评价表》，将风险分为重大、较大、一般、低4个等级，并采用红、橙、黄、蓝4种颜色进行区分，形成《生产作业活动风险防控一览表》。由公司、分公司、库站、班组4个层级进行落实对应的防控责任，并确定各层级的责任人，制定风险防控措施，确保防控责任到人到岗。通过风险分级防控措施来动态优化岗位职责、操作规程、安全检查表、应急处置程序和培训矩阵等内容，达到简单实用的目的。

⑥ 风险管控信息告知。为了让基层岗位人员了解风险分布情况，各级组织根据风险管控结果，制定了“一卡、一图、一清单”。

一卡即安全风险告知卡，将风险分级管控清单存在的重要风险及应采取的措施告知相关岗位人员；库站应根据站内员工职责和面临的风险，完善《岗位风险告知卡》。《岗位风险告知卡》应粘贴在岗位活动的主要区域，如加油员岗位告知卡应粘贴在加油机旁立柱醒目位置，前庭主管岗位告知卡应粘贴在卸油区醒目位置，站经理岗位告知卡应粘贴在办公室醒目位置。要明确各岗位主要风险、安全职责、应急处置要求等，确保所有岗位都能熟练掌握岗位风险管控技能，确保风险受控。

一图即安全风险分布图，通过目视化的图形，明确重点管控区域，提示现场操作人员关注身边风险；库站根据结合《风险管控清单》，编制《风险告知示意图》。《风险告知示意图》应明确主要风险管控措施及风险分布，粘贴在加油站现场醒目位置，告知现场作业人员。

一清单即风险分级防控清单，包含所有的危害因素、风险等级、控制措施、防控责任人等信息，用于对员工开展动态培训，持续提升安全意识。

同时在有较大及以上等级风险的生产经营场所显著位置、关键部位和有关设施设备上应当设置明显警示标志、标识，设立包括疏散路线、危险介质、危害表现和应急措施等内容的公示牌。

（2）事故隐患排查治理在成品油销售企业实践

① 隐患排查开展的重点工作

公司着重将“人的不安全行为、场所不安全因素和管理缺陷”纳入隐患排查范畴，建立库站、分公司、公司三级隐患排查体系，加油站通过综合日巡检，分公司通过安全大检查、节假日和重要敏感时段专项检查，公司通过体系审核等形式开展隐患排查工作，对排查出来的隐患建立动态管理台账，实现表单化管理，危害因素辨识和隐患排查的有效性、可操作性显著增强。

② 事故隐患和风险的关系

在我们生产经过过程中事故隐患多指不安全状态，是导致事故发生的直接原因。是一种较高的风险状态，是不可接受的风险，必须采取措施进行整改和控制。主要来源于风险管控的薄弱环节，与风险两者相互关联，来源于安全风险的管控失效或弱化，安全风险得到有效管控就会不出现或少出现隐患。

③ 隐患排查治理的方式和途径

a. 隐患排查频次。加油站岗位人员每日按规定的时间间隔进行巡检，及时发现并报告隐患。值班经理(或前庭主管)组织开展班组安全活动，每周组织一次隐患排查。加油站经理每月组织一次隐患排查。分公司每季度开展一次隐患排查。重大活动及节假日前进行一次隐患排查。主要查看制度、规程是否完善、执行是否到位；现场有无“跑、冒、滴、漏”现象；设备有无异响、发热情况；跨接、接地是否规范合理；安全警示标识是否清楚明显；当班员工是否存在“三违”行为；劳动防护措施是否到位(工作服、鞋、帽、口罩等)；设备维护保养记录、巡检记录等是否按实记录；“三级”教育、日常安全教育是否到位；消防设备及防恐应急器具是否完整好用；强制检测类设备合格证是否在有效期内等内容。

b. 隐患台账建立。成品油销售企业各层级应建立隐患治理信息台账，隐患治理信息台账应当包括隐患名称、隐患等级、治理措施、完成时限、复查结果、责任部门和责任人等内容。每次检查完毕后，在隐患治理信息台账中，如实记录隐患排查治理情况。

c. 隐患治理方式。隐患治理的核心都是通过具体的治理措施来实现的，这些措施大体上分为工程技术措施和管理措施，再加一些临时性的防护和应急措施。隐患治理的方式方法也是多种多样的，因必须考虑成本投入，尽量通过最小的代价取得最适当(不一定是最好)的结果。隐患治理遵循凡是发现的隐患必须整改或治理、凡是威胁人员生命时应立即停产停工、凡是无法及时消除的应采取防控措施、凡是事故隐患应做到闭环管理。能够解决的事故隐患，个人不推给班组，班组不推给油站，油站不推给公司，公司不推给上级。

④ 隐患治理的最终目的

一是各直线责任部门要对本专业线的隐患进行动态排查，进行分层、分类管控，切实做到底数清楚、心中有数，努力把“想不到”“不知道”的问题纳入视线。二是根据不断发展变化的新形势、新任务，不断出现的新情况、新问题，不断积累和掌握安全生产的特点和规律，有效解决安全生产中出现的新问题，做到与时俱进。三是实现设备无故障、岗位无违章、环境无不良、管理无缺陷。

⑤ 动态评估

成品油销售企业应每年至少开展一次风险管控动态评估，形成评估报告，评估结果用于指导生产计划、应急预案、安全技术措施的制定，以及安全生产管理、风险管控、隐患治理等工作。

四、结论与讨论

公司通过构建双重预防机制，强化了风险管控和隐患治理能力，按计划治理了一批影响生产安全的隐患，为筑牢“平安库站”之堤，编织了一张疏而不漏的安全大网，防范安全风险，保障生产安全。在运行过程中也积累了一些经验做法，对双重预防机制在成品油销售企业运行提出以下建议：

一是完善的制度是双重预防机制运行的工作基础。建设之初，需要因地制宜，优化顶层设计，完善制度体系，完善双重预防机制相关制度基础，明确职责，细化流程，规范步骤，统一要求，对齐风险颗粒度，明确隐患治理范围分类，确保公司上下各层级“双防”工作实现有章可循、流程统一。

二是过程管控是双重预防机制运行的工作重点。无论是风险辨识，还是隐患排查，均应以基层为主，自下而上开展。按照规定频次开展全面事故隐患排查，可以与日常管理、专项检查、监督检查、HSE 体系审核等工作相结合，全体员工实行危害因素辨识和隐患排查表单化管理。在风险评价和隐患评估时，应引入专家力量，成立以专业人员、技术骨干、业务能手、操作人员组成的风险评价和隐患评估工作组，明确每项危害因素和隐患对应的等级，明确对应处置措施和流程。风险管控措施落实要融入岗位职责、操作规程、安全检查表、应急处置卡、岗位需求培训矩阵等“五位一体”之中。隐患治理要明确治理内容、资金、期限、责任人，按计划实施。通过风险管控和隐患治理，有效排查各种潜在风险和隐患，确保各类风险和隐患得到相应的管控和治理。

三是加强培训是双重预防机制运行的工作保障。成品油销售企业库站点多面广，基层操作人员流动性大，员工对危害因素识别和隐患排查工作流程的掌握程度直接影响双重预防机制工作的推进。要注重员工培训，专项与系统培训相结合，规范一线人员操作行为，全面提升基层风险识别、隐患排查和防范能力。

总之，针对成品油销售企业的特点，如何将双重预防机制与其他风险管理手段相结合，形成综合性的安全风险管理体系。这需要我们深入了解成品油销售企业的运营特点和可能面临的风险因素，制定相应的风险管理策略。例如，我们可以将双重预防机制与企业的战略规划相结合，确保安全管理目标与企业整体战略目标一致；我们还可以将双重预防机制与HSE体系深度融合，积极开展风险防控工作，并应依据风险防控结果扎实开展隐患排查治理工作，使两者有机结合，促进企业安全生产管理水平提升。

安全诊断提升基层安全管理水平的实践与扩展

李建华　赵　苏

（中国石油江西销售公司）

成品油销售企业作为管理与经营危化品的企业，安全管理至关重要，如安全管理不到位，风险失控引发事故事件，在给企业造成巨大财产和声誉损失的同时，极易形成社会热点问题。近年来，成品油销售企业在中国石油集团公司的指导下安全管理水平得到不断提升，但在各自内部基层单位中，安全管理水平仍然参差不齐，部分单位安全管理存在明显漏洞和隐患，江西销售公司针对此类现状，借助安全诊断手段持续实践探索与扩展提升改进安全水平，取得了一定的效果。

一、安全管理存在的问题现状

（一）部分单位安全管理排名长期靠后

自江西销售组织实施QHSE管理体系量化审核以来，从对审核成绩分析来看，存在部分二级单位长期得分排名靠后，历年平均得分距离整体平均分差距较大，如某安全诊断单位A在安全诊断之前5次量化审核中，有3次排名垫底，最高排名为6名(12家单位参与排名)，历年平均得分低于整体平均分2.8分。从量化审核及安全管理评价得分看，部分二级单位安全管理迟迟得不到改善，二级单位人员思想已经习惯于安全管理长期靠后的现状，缺乏提升动力。

（二）安全管理规章制度不健全

安全管理规章制度对安全管理至关重要，安全规章制度为各级员工指明了行为准则，但部分单位存在未按要求制定自身规章制度，甚至安全管理制度存在空白现象，同时未及时按照国家、所在省的相关法律法规和上级公司最新规章制度对自身安全生产管理制度修改完善的现象也较为突出。部分单位虽然制定了管理制度，但是对相关制度的宣贯力度不足，各级管理和操作人员不了解对应制度规范。

（三）部分安全管理人员能力长期无法提高

从安全环保履职能力评估来看，部分单位安全管理人员能力意识不足，甚至出现评估不合格的现象，缺乏引领做好安全管理工作的能力，无法推动本单位安全水平持续进步。在对历年审核员得分分析中发现，部分单位审核员能力长期靠后，审核员队伍薄弱，如安全诊断单位 B 自江西销售评选优秀审核员以来，从未有审核员获得过优秀审核员称号，无法借助体系审核提升自身 HSE 管理水平。同时在省内交叉审核中，派出的审核员因能力不足，与其他参审单位派出的审核员相比承担审核任务较少，容易引发组内矛盾，影响审核效果。

（四）同类典型问题反复存在

抽取近年来审核发现问题进行对比分析，部分单位设备设施、规范操作类低水平、低标准类似的问题多次重复出现，屡查不禁，这说明部分单位、部分人员问题整改不彻底，就问题整改而整改，没有对问题进行深层次的挖掘溯源，解决问题产生的系统性原因。

二、推行安全诊断的背景

（一）安全诊断的定义及作用

安全诊断与评估是针对重点单位、重点领域和重大项目的安全风险专项开展的技术诊断或管理评估活动。安全诊断与评估的目的是评估企业安全风险总体管控情况，总结提炼 HSE 管理典型经验和有效做法，查找管理短板和漏洞，提出整改建议和措施，为解决企业当前的安全重点、难点问题提供决策支持和依据。

（二）推行安全诊断的意义

对于部分单位安全管理及审核成绩长期排名靠后、安全管理规章制度不健全、安全管理人员能力长年不提高、同类型问题反复出现等体系运行中顽疾，在安全管理中尚未找到的有效的解决办法，直接影响了企业安全管理水平的提升，急需找到一种新的方式来系统性解决这些问题。安全诊断源自集团公司安全环保专项诊断与评估，定位高、作用大，集团公司有相关制度依据支持，开展方式较为灵活，完全具备长期开展的条件。

三、安全诊断的实践运用

通过近年来安全诊断实践总结，安全诊断适用于近年来在各类 QHSE 管理体系审核中，排名靠后的单位；安全管理薄弱的单位；存在重大危险源、较大安全环保风险的单位。安全诊断流程一般分为基础管理诊断、制度建设诊断、履职评估诊断、重点工作落实诊断、诊断建议、后续提升。

（一）基础管理诊断

1. 机关诊断

对被诊断单位安全组织机构建设和安全生产责任制落实情况进行检查（图 4-17），在安全组织机构方面，重点突出安全生产（HSE）委员会及其办公室的组成、职责及日常管理要求；在安全生产责任制方面重点，重点审查“一岗双责”、安全环保责任书和安全生产责任清单，对责任制体系是否符合要求进行审查。

基础管理

□**安全组织机构建设情况。**XX分公司设立了安全生产（HSE）委员会和及其办公室，配备安全环保专职管理人员3名，组织机构建立健全。访谈和查阅资料发现，安全生产（HSE）委员会组成和职责正式下文，但未明确HSE委员会办公室组成和职责，安全组织机构建设不够严谨。

□**安全生产责任制落实情况。**XX分公司安全责任制监管网络覆盖本部和加油站，组织机关和加油站员工签订安全环保责任书和“一岗双责”，建立了责任制体系。查阅资料发现，机关部室和员工安全环保责任书内容基本一致，存在机械套用模板，未与部室和岗位实际结合现象；机关部门安全环保责任考核自9月起未开展月度考核。员工“一岗双责”描述不规范，访谈发现7名站经理一岗双责描述项数与省公司人事部门要求不符，缺少质量、反恐方面职责。

图 4-17　机关诊断结果案例

2. 对比分析

通过查阅历史数据，对被诊断单位近 3~5 年以来内外部量化审核整体得分（图 4-18）、历史问题等相关情况进行统计分析，在内外部量化审核方面，分模块对销售公司审核情况、“四不两直”检查情况、内部审核情况（又细分为整体、机关、库站、施工现场）等进行分析，根据内外部审核情况分析结果得出对比分析结论，找出管理的薄弱环节；在历史问题方面，对历年问题中的较大隐患问题、问题要素分布及典型问题进行分析，在首批安全诊断 4 家单位的分析中，共对 3316 个问题进行分析（表 4-13）。

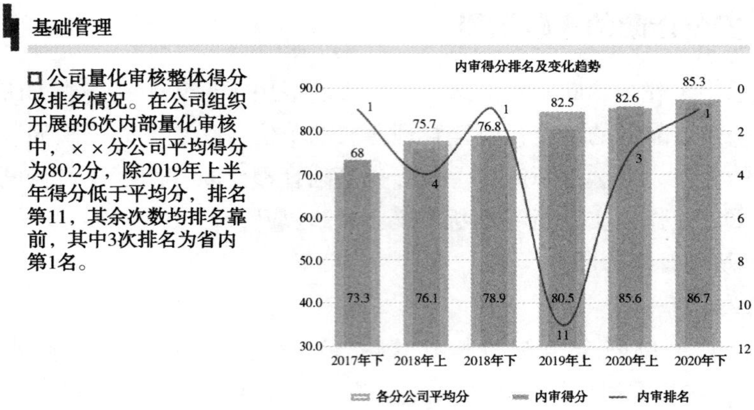

图 4-18　历史审核成绩结果分析

表 4-13　四家诊断单位历年问题分析结果

序号	诊断单位	分析结果
1	安全诊断单位 A	设备设施完整性、运行控制、应急准备及响应、承包方和供应方、作业许可、风险评价和控制措施 6 个要素问题占比较高，达 74.5%
2	安全诊断单位 B	设备设施完整性、运行控制、承包方和供应方、作业许可 4 个要素问题占比较大，达 58.9%
3	安全诊断单位 C	设备设施完整性、运行控制、承包方和供应方、应急准备及响应 4 个要素问题占比较高，达 60%
4	安全诊断单位 D	设备设施完整性、运行控制、应急准备及响应、污染防治、风险评价和控制措施 5 个要素问题占比达 73%，其中前两个主题问题占比达 53.5%

3. 现场诊断

指派专家对被诊断单位不少于 6 座加油站（如诊断单位为储运分公司，则油库全覆盖）开展安全管理现场诊断，诊断重点突出设备设施、生产运行和应急准备与响应等重点要素，整理问题清单进行对比分析，从中提炼典型问题和共性问题，找寻基层库站管理中的薄弱环节。如某安全诊断单位 C，在对其现场不同类型的 6 座加油站现场诊断中发现 103 个问题，平均单站 17.2 项，发现较大及以上隐患问题 11 个。其中，设备设施完整性类问题 58 项、运行控制类问题 20 项、应急准备与响应类问题 14 项，这 3 个要素问题占比达 89.3%。通过对设备设施完整性问题进行分析，58 项设备设施完整性问题里面，静电接地及跨接类问题达到 31 项，占比达到 53.5%。

4. QHSE 体系运行诊断

在这部分重点关注被诊断单位审核员培养建设、内部审核实施、审核参与度和审核问题整改。在审核员培养建设方面，关注被诊断单位审核员队伍是否满足江西销售要求的分公司、专业线按照规模大小分别组建 2~3 组内部审核队伍，每组不少于 3 人的人员数量，以及历年优秀审核员获奖情况；在内部审核实施方面，检查被诊断单位内审是否规范开展与实施，是否存在以迎审前自查、加油站帮扶代替内部审核的现象；在审核参与度方面，查看被诊断单位机关部门是否按要求参与内部审核；在审核问题整改方面，对审核问题整改情况进行抽查验证。

（二）制度建设诊断

1. 制度的发布与评审

查看被诊断单位制度归口管理部门的职责落实情况，是否严格履行了“意见征集—制度评审—经理办公会审议发布”的工作流程。

2. 制度的完整性和适用性

根据被诊断单位制度清单，检查被诊断单位发布的 HSE 制度是否满足日常安全环保管理需求，根据需要抽查对应制度适用性是否满足要求(表 4-14)。

表 4-14　被诊断单位制度典型问题

序号	诊断单位	审查制度	典型问题
1	安全诊断单位 A	47	缺少施工现场管理类制度，超过 3 年制度未定期开展修订和评审，部分制度与实际管理要求不符，导致加油站日常生产安全运行缺乏针对性管理办法
2	安全诊断单位 B	26	分公司下发制度规程 26 项，其中安全环保部门 0 项；规章制度大多为机关与加油站运行管理、业绩考核方面，分公司未对任何安全环保管理进行相关分析和编制，均沿用江西销售安全环保规章制度，导致加油站日常生产安全运行缺乏针对性管理办法
3	安全诊断单位 C	68	检查发现，制度中缺少施工现场管理类制度，个别已经废止制度仍然出现在制度台账中，标明有效
4	安全诊断单位 D	12	制度汇编共收录制度 229 项，属于分公司正式发布的制度仅 12 项，通过工作群发布电子版管理制度多达 9 项，制度的严肃性、权威性大打折扣，基层无法落实到位

3. 库站操作规程建设

对被诊断单位操作规程的评审下发、管理评审的规范性进行审查，对新兴类设备设施是否制定操作规程进行判断，对操作规程适用性进行审核。

（三）履职评估诊断

1. 第三方评估情况

总结分析被诊断单位近年来在江西销售组织的第三方机构或公司组织的安全环保履职能力中的评估结果，重点关注库站经理（主任）和机关部门正副职等关键岗位人员评估结果和评估发现问题。如安全诊断单位 C 在江西销售组织的第三方机构对两级机关和库站关键岗位人员履职能力评估中，评估结果显示加油站经理安全环保履职能力平均得分 75.7 分，排名全省最后，站经理安全环保履职能力明显不足；机关部门关键岗位员工安全环保履职能力平均得分 79.7 分，排名第 7，处于全省中等偏下水平，关键岗位履职能力明显不足。

2. 专业知识测试

组织被诊断单位关键岗位员工进行专业知识测试，测试人员范围包含被诊断单位不低于 50%库站经理（主任），机关各部门正副职管理人员，业务、投建及安全等部门全体员工，测试内容以加油站（油库）设计规范、加油站（油库）管理手册为基础，突出日常工作和现场管理，包括专业知识和工作思考，根据被诊断单位测试成绩情况进行深层次分析（表 4-15）。

表 4-15　专业知识测试分析

诊断单位	整体分析	理论知识分析	工作思考分析	机关关键岗位分析	加油站关键岗位分析
安全诊断单位 B（机关 13 人、加油站负责人 23 人）	综合平均得分 52.1 分，最高 71 分，最低 37 分，34 人未满 60 分，整体得分偏低	涉及工艺流程、设备设施、生产运行和应急管理等内容，平均得分为 52.5 分，最高 70 分，最低 38 分，32 人不满 60 分	涉及加油站巡检和日常操作面临的主要风险和管理短板的认识与思考，平均得分为 50 分，最高 78 分，最低 9 分，26 人不满 60 分	机关 13 人综合平均得分 51.5 分，最高 64 分，最低 37 分，12 人不满 60 分（进入公司年限 10 年以上 9 人）	加油站 23 人综合平均得分 52.4 分，最高 71 分，最低 41 分，22 人不满 60 分（进入公司年限 10 年以上 13 人）

3. 开展人员访谈

组织被诊断单位不低于 50%库站经理（主任），机关各部门正副职管理人员，业务、投建及安全等部门全体员工进行访谈，了解被访谈人员在履职过程中存在的能力意识短板(图 4-19)。

履职评估

□加油站管理岗位人员访谈情况。组织12名加油站负责人进行安全环保访谈。访谈发现，加油站在生产运行、设备管控、教育培训方面存在不足，主要表现为：

1.生产运行： 人员未能识别加油站着火爆炸、罩棚坍塌等重大安全风险，风险管控存在欠缺；应急演练主要以桌面推演为主，人员未良好掌握应急演练开展流程，存在流于形式的现象。

2.设备管控： 人员不清楚加油站设备设施完好性标准，排查停留在设备设施表明，无法发现真正重大隐患。

3.教育培训： 加油站日常培训主要依赖分公司开展，未定期开展站内员工安全教育培训。

图 4-19　加油站关键岗位访谈结果

4. 需要了解的其他方面

根据需要抽取新投运设备培训、事故事件管理、隐患治理推进情况等进行检查或访谈，掌握相关结果，运用于诊断结果分析。

(四) 重点工作落实诊断

梳理上级公司和企业在近三年期间，安排的部分具有代表性的重点专项工作，以及近年来执行力检查得分情况，通过访谈和查阅资料逐项核对被诊断单位重点工作完成情况(图 4-20)。

重点工作落实

□ 工作执行能力排名情况。公司交叉中连续开展重点执行力检查并打分：

1.第一次执行力检查：执行力得分65分，排名倒数第1。距平均分84.2分少19.2分，距最高分98分少33分。

2.第二次执行力检查：执行力得分78分，排名第7。距平均分77.8分多0.2分，距最高分88分少10分。

□重点工作落实整体情况。梳理板块和公司在近三年 安排的重点专项工作共18项，通过访谈和查阅资料发现，基本能按要求组织开展，并及时反馈，其中，全部完成5项、部分完成10项，未开展1项，存在执行力不强，工作质量相对不高和隐患问题未能建立闭环整改管理机制的情况。

图 4-20　重点工作落实诊断结果

（五）诊断建议

针对基础管理、制度建设、履职评估和重点工作落实诊断发现的问题，针对性提出管理提升建议，管理建议要注重顶层设计、系统解决和全面覆盖，真正落实"举一反三"，切忌"头痛医头、脚痛医脚"，就事论事。

（六）后续提升

诊断结束后组织被诊断单位召开安全诊断通报会，指导被诊断单位编制提升方案和提升运行大表(表 4-16)，提升方案至少要包含组织机构、提升目标、提升内容、时间节点和相关要求等内容，提升运行大表至少要将提升方案中每项需提升内容进行细分，明确时间节点，上级公司按照时间节点对被诊断单位的提升结果进行复核验收。

表 4-16　×××公司安全管理提升运行大表

序号	活动内容	活动事项	日期	工作要求	主要责任部门/人员
1	基础管理方面	组织机构建设	5 月 31 日前	通过正式文件发布分公司安全生产(HSE)委员会组成及职责	综合办公司/罗××
2		安全生产责任制	6 月 10 日前	各岗位自行梳理"一岗双责"和"安全环保责任书"，经部门主任签字确认后报投资工程与质安部	各部门/各部门主任
3			6 月 20 日前	对各岗位"一岗双责"和"安全环保责任书"审核把关，提出修改意见，并提交安委会审定	投资工程与质安部/李×
4			6 月 30 日前	下发员工"一岗双责"和"安全环保责任书"	投资工程与质安部/李×
5			8 月 10 日前	对各部人员 7 月份"一岗双责"和"安全环保责任书"落实情况进行考核	投资工程与质安部/李×
6	QHSE 体系运行	新增内审员	6 月 5 日前	新增 3 名审核员	投资工程与质安部/李×
7		内审管理和优秀审核员管理办法	6 月 10 日前	制定完成分公司 QHSE 内市管理办法和优秀审核员管理办法	投资工程与质安部/李×
8		量化审核培训	6 月 20 日前	组织内审员和所有加油站经理开展一次 QHSE 体系量化审核内审工作	投资工程与质安部/李×

续表

序号	活动内容	活动事项	日期	工作要求	主要责任部门/人员
9	QHSE 体系运行	量化审核内审	7 月 20 日前	组织开展各部门和佳缘走全覆盖 QHSE 体系量化审核工作	投资工程与质安部/李×
10		量化审核问题整改	8 月 10 日前	完成主要审核发现问题整改，确无法整改的问题制定防范措施	投资工程与质安部/李×
11	制度建设方面	制度梳理	6 月 5 日前	梳理完善需要制修订的安全管理、加油站日常管理等各类办法	各部门/各部门主任
12		制度修订	6 月 30 日前	修订完成各类制度	各部门/各部门主任
13		制度下发	7 月 10 日前	严格履行“意见征集—制度评审—经理办公会审议发布”流程，下发各类制度并开展培训	各部门/各部门主任
14		制度检查	8 月 10 日前	对下发的相关管理制度落实情况开展一次检查	各部门/各部门主任
15	履职评估方面	考核管理办法	6 月 5 日前	制定分公司 QHSE 履职能力评估考核办法及成立安全环保履职考核领导小组	投资工程与质安部/李×
16		履职能力培训	6 月 10 日前	对安全部门和业务部门全体、其他部门主任、所有加油站站经理开展一次培训	投资工程与质安部/李×
17		履职能力考试	6 月 30 日前	组织一次安全环保履职考试，对考试不及格人员进行严肃考核	投资工程与质安部/李×
18			7 月 30 日前	组织一次安全环保履职考试，对考试不及格人员进行严肃考核	投资工程与质安部/李×
19		防汛工作	6 月 5 日前	成立防汛突击小组，提前落实防范应对措施	投资工程与质安部/李×
20		重点工作方案	6 月 10 日前	建立专项重点工作和阶段性重点工作目标责任管理推进落实机制	投资工程与质安部/李×

四、实施效果

通过持续开展安全诊断，被诊断单位的审核得分(表 4-17)和安全管理水平得到大幅提升，在内部审核中审核得分平均提升 5.15 分，重点工作执行力得到强化，帮助江西销售公司安全管理根基不断夯实，安全管理水平和内部 QHSE 管理体系审核排名持续上升，安全形势持续向好，保障公司连续 22 年保持安全生产事故为零，分别于 2020 年和 2022 年荣获中国石油集团公司质量健康安全环保节能先进企业称号。

表 4-17　审核得分提升效果举例

序号	单位	诊断前审核得分	诊断后审核得分	提升分值
1	安全诊断单位 A	82.6	90.17	7.57
2	安全诊断单位 B	85.1	90.68	5.58
3	安全诊断单位 C	86.7	90.31	3.61
4	安全诊断单位 D	86.4	90.22	3.82
平均		85.2	90.35	5.15

五、安全诊断扩展运用

（一）落实减轻基层负担要求

安全诊断与体系审核作为集团公司要求企业开展的两项规定动作，如同时组织，统筹为一项工作进行推进，在实现工作目标的同时，符合当前给基层减负的大形势背景要求。江西销售自 2021 年以来，都将安全诊断与同年度上半年 QHSE 管理体系审核一同开展，原则上在一个审核周期内完成管理提升工作，通过下半年的 QHSE 管理体系量化审核，验证管理提升效果。

（二）探索扩展诊断形式

1. 专项安全诊断

专项安全诊断适用于验证重点工作开展情况、典型设备设施隐患排查效果等情形。专项安全诊断分为资料复核诊断、人员访谈诊断、现场执行诊断、诊断建议和后续强化。如江西销售近两年以来坚持对静电接地、紧急切断系统、加油机剪切阀、油气泄漏四类隐患开展专项诊断，通过两年专项安全诊断，四类问题得到大幅消除，有效助力公司“四个标准化加油站”和基层库站“百千示范工程”建设。

2. 重点区域安全诊断

重点区域安全诊断适用于对特定区域进行全面或重点的安全诊断，特定区域根据所需诊断的需求特定，一般以行政区域划分，如沿江区域、邻省区域等，重点是验证所在区域重要风险管控情况。重点区域安全诊断分为风险防控方案诊断、现场防控措施诊断、人员风险意识诊断和巩固提升。如江西销售在 2023 年杭州亚运会、亚残运会期间，在整体做好安保防恐工作的同时，组织对临近浙江的重点区域的上饶、鹰潭、景德镇和抚州四家地市分公司开展重点区域诊断，深度督导相关重点区域安保防恐六条禁令、安保防恐风险隐患自查自纠等情况，为杭州亚运会、亚残运会期间公司生产平稳运行打下坚实的基础。

六、结语

安全诊断是成品油销售企业提升两级单位及基层库站安全管理工作的一项重要手段，也是对当前 QHSE 管理体系审核工作的一项重要补充，将在今后成品油销售企业的安全管理中发挥重要作用，如结合实际充分利用，安全诊断必然成为推动和实现企业 QHSE 管理体系持续改进的一项重要 HSE 手段和工具。

成品油销售企业安全管理实践

万　波　甘玉生　王新义　公丕成

（中国石油山东销售公司）

中国石油山东销售公司（以下简称“公司”）是中国石油天然气集团有限公司的下属分公司，负责山东地区成品油销售业务，下属加油站 800 余座，油库 4 座。作为危险化学品销售企业，公司一直高度重视安全管理工作。多年来，公司始终坚定落实国家法律法规、山东省政府及上级公司有关工作要求，立足销售业务特点及企业发展大局，充分辨识公司转型发展中面临的新风险、新问题，从问题导向出发，锚定核心风险，实现了安全稳定发展。曾荣获“山东省安全生产工作先进单位”称号，并多次被评为中国石油天然气集团有限公司“质量健康安全环保节能先进企业”。

一、牢固树立安全发展理念，持续压实安全生产责任

公司始终坚持把安全业绩作为企业综合管理水平的集中体现，持续巩固安全稳定的经营局面。多年来，公司党委将习近平总书记关于安全生产重要论述纳入

中心组学习计划，定期学习落实；坚持每季度召开安全生产委员会例会，研究部署安全生产工作。将安全案例分享、政策法规培训纳入日常周例会议程，开展常态化警示教育培训；公司领导班子逢会必讲安全，定期到现场开展隐患排查活动，督导解决各类隐患问题，以上率下，构建了良好的安全氛围。公司构建了覆盖所属各单位、部门、岗位和员工的安全生产责任体系，并按照山东省有关要求，编制了岗位安全生产责任清单，实现了安全责任纵向到底、横向到边，全员全覆盖。按照中国石油天然气集团有限公司规定，推进落实全员安全生产“记分制”、高危作业“区长制”、领导干部“承包制”有关要求，把安全责任落实到岗位、落实到人头，积极推进全员履职。同时，定期组织二级单位主要负责人、安全总监进行安全述职，开展履职能力评估，严格安全绩效考核，狠抓领导干部这一“关键少数”责任落实，为公司安全发展奠定了坚实基础。

二、针对销售业务特点，严控关键环节风险

收集成品油销售企业有关事故案例进行分析，针对销售企业事故主要涉及承包商施工作业、员工超范围作业的特点，坚持把管控重点放在施工检维修作业与员工不安全行为的风险管控上。一是狠抓承包商安全监管。严格落实安全准入、考核评价及两个“3%”要求，从承包商内部管理制度、人员资质能力、设备技术标准等方面做到与公司“三观一致”、令行禁止，确保承包商管得住、管得好。二是狠抓特殊作业管控。全面推行电子作业票，利用其对现场开票的刚性控制作用，督导审批人抓好安全措施的核验。将作业票抽查确定为“规定动作”，坚持每周抽查作业票并在公司例会进行通报，确保特殊作业全面受控。三是狠抓员工行为控制。印发了《加油站十大风险解析与防控措施》，引导员工牢牢守住安全底线，严禁员工超范围作业。常态化组织事故案例警示教育活动，强化检维修作业“六条禁令”及“六问六不干”要求的落实，用好案例分享这一工具，总结提炼出加油站、油库、施工检维修三大作业各20个典型案例进行反复学习，并创新开展全覆盖电话抽查工作，直接与基层员工面对面交流，保障学习效果，有效提升全员安全意识。

三、针对内外监管形势，推进基层精准减负

近年来，各级政府检查频次日趋增多，而加油站人员相对较少，导致部分基层迎检压力较大。为此，公司从基层现场实际出发，为基层减负，让基层员工有更多的精力投入关键风险的防控上。一是认真研究政府检查要点，编制《加油站QHSE外部迎检指导意见》，统一管理要求、工作标准，最大限度提升工作效率

与效果。二是深化政企标准融合。认真研究国家法律法规及地方标准，结合上级公司要求，在内容上从严从紧，在形式上合并从简，进一步优化了库站安全管理体系，编制加油站政企融合模板 92 项，涵盖基础资料、制度规程、应急预案等十大方面，最大限度精确各类记录表单填制内容，统一印制格式化表格，让员工多做判断题，切实减轻工作负担。三是全面精简文山会海。针对当前安全管理文件多、会议多的现状，对各类文件、方案不搞层层转发、层层制定方案，直接提炼要点、提出具体要求直通基层。除特殊情况外，公司安全管理方面的公文主要集中在风险提示函、预警通知、案例分享、近期重点工作明白纸等四类，坚持文章总篇幅不超 1 页，精准落实，靶向施策。四是开展减负式体系审核。充分融合减轻员工负担与提升审核绩效的需求，结合核心风险点、政府关注点、当期工作重点，将体系审核标准分为每期连续审核、三期滚动审核、定期抽样审核 3 类，结合实际选择性使用，实现精准管控与基础提升的统一，审核末次会只通报问题分析、改进措施，减轻基层迎审负担。

四、针对新生业态发展，实现风险辨识延伸

按照中国石油天然气集团有限公司要求，系统内部车用加气终端向属地销售企业整合，再加充电站、换电站、光伏发电等新能源项目的快速推进，公司面临的风险也在不断变换。公司坚持业务拓展到哪里、安全工作就延伸到哪里、安全风险就辨识到哪里、安全培训就覆盖到哪里的要求，主动补位，绝不缺位。一是开展“危害因素辨识月”活动，结合管理规范变更及光伏、加气、充换电等新业务开展情况，完善各级《风险分级管控清单》，制定并落实风险防控措施。二是规章制度先行，编制了《新能源及加气业务 HSE 风险防控手册》《LNG、CNG 危害因素辨识与风险评价》《LNG、CNG 加气站 HSE 操作标准化手册》，明确了安全操作要点、设备巡检标准、应急处置措施等 8 个方面的具体要求，全面强化风险管控。三是压紧压实新能源新业态安全生产主体责任。完善公司安全生产责任制，各级主要负责人、各业务部门要统筹新能源新业态发展与安全生产，强化直线责任与属地责任。针对不同加气站类型，分类分级编制风险防控分册，分岗位编制应知应会手册。四是切实提升新能源和加气业务管理能力素质。组织开展了新能源与加气业务培训班，两级公司中层以上管理人员全部参加。针对站级负责人、操作人员的工作特点，制定了不同的培训方案和计划，并组织开展机关人员到加气站驻点学习活动，全面提升新业态安全监管能力。

五、针对企业发展实际，打造专业监管队伍

针对近年来组织机构优化、安全管理队伍变动频繁的情况，公司结合实际优化监管体系。一是提高政府监管参与度。鼓励两级公司人员融入政府监管体系，共有 10 人纳入省市两级安全环保专家库，有 9 人到省市两级应急管理部门挂职，进一步畅通了与政府监管部门的沟通渠道。二是密切各级联系。督促专业线员工坚守为公司发展强保障、为基层员工办实事的初心，通过支部共建、挂点帮扶等形式锤炼政治品质，提升服务基层的能力。三是加强对分公司安全总监和安全管理人员专业能力培养。开展“安全总监讲安全”系列大讲堂，每期设定一个小专题，由各单位安全总监轮流开展 1h 左右的视频授课，强化自我学习与共同提升。鼓励更多员工参加注册安全工程师考试，以制度形式明确了奖励措施。四是构建务实高效的稽查体系。督促专业线人员实施定期轮换分片包干，年度实现基层检查全覆盖；联合邻近兄弟单位力量，开展常态化“四不两直”互检互查；建立电话抽查长效机制，针对风险和预警提示、案例警示，机关直接电话到库站，验证各单位落实情况。五是实施严明有效的问责考核。把问题整改的效率和质量作为分公司考核的重要依据，将涉及“负面清单”、严重违反公司规章制度的问题，与所属地市分公司月度控制类考核、年度安全先进单位评选挂钩。强化全员安全记分管理，年度内累计达到一定分数的，按照制度要求实施待岗培训。

六、针对员工健康风险，聚焦健康企业建设

随着公司员工平均年龄的增长，患有三高、心脑血管疾病等疾病的员工日趋增多，公司坚决加快健康企业建设，对员工实施全面的健康干预和健康指导，严控非生产亡人事件。一是建立健全健康企业运行机制。整合公司质安部、党群工会、后勤等部门的健康管理职能，建立了员工健康工作领导小组，明确各职能部门健康管理职责，加大健康管理资金投入和资源保障。在公司机关设置健康小屋，配置健康监测一体机等设备设施，定期由专业机构提供健康检查、视频问诊、健康理疗服务。在库站推广健康角，打造集健康指标监测、心理辅导、体育锻炼、休闲娱乐和健康知识学习于一体的健康驿站。二是全面实施健康干预。在强化员工健康体检全覆盖的同时，根据个人年龄和身体状况提供个性化体检项目。建立全员健康档案，努力做到一人一档，开展员工健康大数据分析，关注员工指标变化趋势。建立员工健康风险评估机制和分级健康管理机制，推行以预防心脑血管疾病为主的健康干预计划，对肥胖、高血压、糖尿病、高血脂、高尿酸等慢性病人群进行管理。定期开展健康监测，进行科学合理的饮食生活方式指

导。在各公司食堂推广健康食谱，定期开展减脂竞赛、健康达人评选。三是建立员工心理健康服务体系。定期开展心理健康测评、心理访谈、心理咨询以及心理健康教育。与一人一事的思想政治工作相结合，做好重点岗位、关键时期(岗位调整、职级升降、偏远站、夫妻站员工)员工心理健康的干预，认真解决基层员工队伍反映强烈的突出问题，经常关注其家庭变化，切实为员工分忧解难，持续提升全体员工的心理健康水平。

严格精细务实恒心多管齐下
以网格思维促油库管理提升

丁 晨 章小华 李晓彤

(中国石化浙江石油分公司)

中国石化浙江石油分公司目前下辖20座综合性油库，总库容160万 m^3，2023年全年吞吐量为4100余万吨。这两年，浙江石油不断深化油库用工制度改革，大力推广油库综合大班组运行模式，持续提升人均劳效，并取得了阶段性的成果。但随着改革的深入推进，也出现了一些安全管理现状及部分人才队伍培养等方面的不足。其间，浙江石油从油库管理架构层面进行系统性的思考，针对管理难点与现场症结，制定统一、有效的提升方案，切实提升了各基层的主动管理水平，进一步激发出浙江石油油库人的单兵作战能力与团体协作能力，降低了全省油库安全环保运行风险。以下为浙江石油油库网格化管理实践经验。

一、以问题为导向，找出实践路向

2022年末，在浙江石油改革走深走实的大背景下，通过前期现场实调，发现部分油库对于综合大班组运行模式，仍存在“掉头慢”“不适应”等现象，且员工们的“一人多岗”能力亟须提升，“三基”工作还须抓实抓细。根据以上管理难点，浙江石油积极聆听各层级员工的意见，组织多次研讨，学习系统内外优秀案例，不断总结提炼同行的安全管理经验，最终摸索出了一套适合浙江石油油库现状的网格化管理模式。该模式首先在6座油库进行试点，对原实施方案进行完善后，进行全省推广，运行至今。

1. 统一思想，明确油库网格化管理目的

一是提高员工工作积极性。不仅是浙江石油，这是一个摆在大多数企业面前都适用的关注点，我们通过落实网格责任，兑现网格考核，表彰优秀网格员、网格班组，对勤勤恳恳的员工给予实实在在的“尊重”，对平常表现不那么优秀的员工给予真真切切的“推动”。二是提升现场设备设施专业化管理。通过梳理每个网格区诊断标准，制定现场标准化工作职责，实现网格区之间的比学赶帮超，以点带面，进而涌现出一批懂专业、会动手的实践型专家人才。三是打通岗位用工，人随业务走。通过提高员工单兵多岗能力，促使当班大班组人员之间的互相补位，挖掘员工更多的可能性，打破岗位局限。

2. 固化措施，规范油库网格化具体工作

（1）建立油库网格组织架构

由油库主任担任总网格长，综合大班组的班长担任网格长，每一位员工都是网格员。省、分公司负责监督油库网格执行与考核兑现，并提供技术服务。

（2）网格区域划分

根据我省油库特点，实行“三区赋能”，即将油库划分为信息系统区、生产作业区、辅助设施区。三区又共细分出16类网格，即中控室、油罐区、发油作业区、码头作业区、铁路作业区、油气回收区、油污水处理区、油泵区、消防泵房、雨污水区、配电区、事故池、危废间、应急物资、门禁及后勤食堂。各油库结合自身业务模式、人数配备、场地范围、工作量等实际情况，参照省公司划分方式，将油库整体划定成若干网格区域，实现“每平方土地都要有人管”，将责任落实到人。

二、以实践检验油库安全管理网格化成效

虽然省公司前期在油库网格搭建、网格职责等方面做了大量的工作，并为基层制定了标准化范本，但我们发现各油库在网格化运行初期，仍存在一些实际问题，需要省公司将理论化管理与实际性操作进一步融合，优化网格化管理执行方案，问题可以简单概括为以下四项矛盾：一是网格员阶段性在库与油库全天候运作的矛盾；二是网格区域风险各异与网格日常管理职责不清的矛盾；三是各网格区考核标准不一与网格员执行不实的矛盾；四是网格员专业能力与网格区职责要求不匹配的矛盾。针对实际运行过程中存在的问题，我们秉持通过“用在基层发现的办法，去解决在办公室碰到的问题”的工作方式，将以上矛盾逐一解决。

1. 运用动态网格、静态网格双重管理模式，实现油库全区域的全过程管控

（1）静态网格

为网格员分配各自网格责任区，确保油库每个区域均由固定的人负责，网格职责具有周期性的特点。

首先由省、分公司风险管理专家，指导各油库结合岗位风险和设备风险，对

油罐区、发油作业区等16类网格区，逐一进行风险识别，制定管控措施，做到“一区一策”。例如，发油作业区一般具有中毒、油品泄漏、火灾爆炸、物体击打、数质量及设备故障引起脱销等风险，我们通过收集系统内外发油区的异常事件，吸取经验教训，并对引发异常原因进行分析归纳，对照发油区风险可能引发的后果，逐条制定针对性的管控措施，让网格员清晰地明白自己的网格区有哪些风险，平常要关注的哪些节点。然后油库将所有区域网格划定给各综合大班组，网格长根据员工能力、特点，划定各区域的网格员。网格员经培训、考核合格后，方能上岗。为便于网格员牢记网格风险，履行网格管理责任，我们将员工身份磁卡与其网格区合并，定制“一人一卡”。最后在油库各网格区，进行网格员现场挂牌公示，受内、外部人员监督。

（2）动态网格

首先是填补了静态网格员不在库时，网格区存在的管理空档，其次是落实每天网格区的常态化运行及异常情况处理，网格职责具有常规性的特点。

当班主任在晨会交接班期间，将油库各网格区划分给当班人员，实现将库区全覆盖。通过做实每日交接班工作，促使网格员对自己当天网格区域现状摸排清楚。我们要求动网格员在网格区进行现场交接，由前一班人员交设备状态后，摘牌“下岗”，后一班人员核验接收后，挂牌“上岗”。与该区域静网格员相比，当班的动网格员的管理面积更大，但动网格员对设备维保专业性要求降低，设备设施异常由当班主任派单处理解决。

通过动、静网格双重管理，让油库时时有管理，事事有落实，件件有痕迹，人人扛责任，有效解决了网格员阶段性在库与油库全天候运作的矛盾和网格区域风险各异与网格日常管理职责不清的矛盾。

2. *充分发挥考核指挥棒作用，以考促干，以考见优*

要使网格化真正落地，离不开过硬的考核，同时，考核也不能仅停留在面上的，而是要抓到点上，真正做到“一是一，二是二”，不能模棱两可，让员工切身感受到这是一项具有严肃性、长期性的工作。

（1）优化油库考核方案

首先，由省公司将总部油库现场标准化管理要求和动、静网格管控措施与职责进行整合，并分区梳理，对16类网格区逐一制定考核细则。然后，各油库成立考核领导小组，根据省公司考核细则，结合油库实际，制定考核内容，做到“一区一标准”，让各网格员对于要做什么以及不这么做的后果“一眼明”。最后，将网格区按管理难度进行赋分，管理难度越大，起评分越高，考核收入与分数挂钩。

(2) 实行考核过程管理

浙江石油通过现场实调，与基层员工多次圆桌讨论，对于考核执行达成一致意见：一是由油库考核领导小组结合日常巡检、专项排查、季节性检查等工作，化整为零，将网格考核与每日工作相融合。二是运用上级检查与政府检查成果，验证各油库网格化管理运行情况。若存在属于员工网格履职不到位情况，其网格长负连带责任；若是油库考核检查已发现该类型问题，且未造成一定后果，并已兑现三级考核，则省、分公司的一级和二级考核应免除其二次处罚。

(3) 严格考核兑现

网格化考核领导小组每月对油库网格区域进行现场全覆盖检查，对各网格区和网格员履职情况进行打分，每月评选优秀网格综合班组、网格员，将评比与考核绩效挂钩，拉开同岗位属性员工的薪酬差距，实现多劳多得。同时，将考核在《网格化考核与平面管理看板》进行公示，为油库树立正面标杆，作为班组、员工评先评优的先决条件。通过一系列物质奖励与精神激励举措，打通油库原有岗位间桎梏，充分调动油库全员的积极性和主动性，激发岗位活力，强化员工责任意识，将网格化职责落实到每个人。

通过贯穿考核见真章的工作理念，浙江石油从各油库优秀的网格员中发掘出了一个又一个的闪光点，不仅大大充实了公司人才队伍，还有效解决了各网格区考核标准不一与网格员执行不实的矛盾。

3. 从网格员角度出发，换位思考，服务基层

网格运行过程中，我们发现存在部分网格员技能水平不足、各油库网格执行标准不统一等实际问题。为切实解决此类问题，提升网格管理水平，浙江石油组织专家组，对各油库涉及的十大关键网格区进行网格标准化视频制作，让员工直观感受到“做什么”“怎么做”“何时做”。每个视频中都分别包含了网格区工作原理、网格工作频次、具体操作步骤及风险和网格区常见问题，最终形成 13 个标准化视频，结合“班前五分钟”，供基层网格人员对照学习，查漏补缺。

浙江石油通过网格化管理，潜移默化地向员工传达了标准化操作的工作精神，进一步夯实我省油库的“三基”工作，为解决员工专业能力与职责要求不匹配的矛盾提供了新的思路。

三、聚焦重点网格区，以点带面，贯彻油库专业化、标准化、数智化管理理念

通过比对系统内外油库异常事件，我们发现油库主要出现异常的场所与根源

主要集中在中控室、发油作业区、油气回收装置、油罐区等网格区域，需要企业通过一系列务实的举措，提升这类重点网格区的安全性。

1. 减少案头工作，聚焦现场，发挥中控室的“核心大脑”作用

一是立废并改，开展油库台账的优化工作。省公司将各油库原先的50项左右台账优化至19项，并统一格式和模板，减少了日常冗余、无效的记录工作，让员工腾出更多的精力去关注作业现场。主要内容是将所有台账分为生产类台账和管理类台账，其中，生产类台账由各网格员跟踪记录，当班主任负总责；管理类台账由油库综合岗跟踪记录，非当班的主任室成员负总责。二是建立中控室人员履职流程表。其功能相当于当天油库生产运行情况总目录，其余生产类台账都能与其关联，目的是确保直接作业现场和所有进出油库生产区的人员都由中控室远程监管，及时发现现场异常、制止人员违章行为，起到实时纠偏的作用。三是建立浙江石油态势感知平台。态势感知平台解决了油库报警设备多、型号多、生产厂家多、报警点分散且不利于集中管理的问题，将每座油库现有的所有报警信息集成至中控室大屏，任一装置发生报警，都会在平台端显示，省、分公司也能同步开启后台监管模式，可以获取油库第一手的报警信息及处理情况，该平台还会自动生成各项KPI指标，便于管理部门制定管理对策。四是发挥当班主任(网格长)监督作用最大化。浙江石油将当班主任办公地点设置在油库中控室，若无现场类工作任务，当班主任一律在中控室开展工作。当班主任除了派发工单、跟踪闭环外，还负责监督中控室履职尽责情况，并亲身参与远程监管补位工作。通过主动拉近主任与员工们的距离，实时互通油库各区域作业活动情况，不断强化油库远程与现场的协同作业能力，降低差错率。

2. 运用网格思维，利用技术手段，朝着“机器换人”方向实践

自网格化管理运行以来，虽然通过大面积地提升员工技能，将责任落实到人，促使我省系统内油库各类现场异常事件次数显著下降。但从实际出发，将设备及操作流程的本质安全进行自动化、信息化提升，有效规避人为误操作风险，是提升企业安全管理水平的必由之路。网格化管理运行一年多以来，浙江石油对高风险网格区开展的主要技术提升工作简要如下。

(1) 发油作业区

在该区域安装《发油流程控制器》和《仓位识别装置》，前者是根据油库发油作业流程，开发出一套过程控制系统，其中任一步骤出错，都无法进行下一步骤，且会在后台释放报警信号，助力现场安全监管。后者是在发油鹤管和油罐车安装信号装置，根据后台数据，自动识别出油鹤管和油罐车舱位品种的一致性，

再释放是否发油的信号，大大降低了发油作业区当班网格员现场监管压力。

（2）油气回收装置

若油气回收系统故障或回收率低将直接影响油库的正常运行，属于核心装置。为解决油气处理装置不稳定、换活性炭频繁等问题，我们对现有油气回收处理工艺进行升级改造，将原有的“活性炭吸附–吸收工艺”改为“低温吸收–高效聚结–吸附级配”，目前，已推广应用至6座油库。同时，浙江石油为进一步提升油气回收装置安全运行工况，于2023年立项了两个相关科技课题，分别是《油库油气回收系统换热器优化设计及性能研究》和《油库油气回收系统工艺参数研究》，旨在通过优化设计油气回收工艺流程中的换热系统和装置运行参数，对风险源头进行物理控制。

（3）油罐区

在该区域，浙江石油除了严格按要求设置各类自控及报警系统外，我们还将注意力聚焦于油罐清罐高风险作业，并于2023年底，完成《油罐清罐作业流程化管理系统》的开发与应用。该系统对审批、人员管控、机具验收、状态监测、结束验收等过程控制五大关键环节进行流程化控制，同时，利用现场图像识别和智能传感器等物联终端，实现油库储罐清洗作业流程中人员和设备的智能化管控，为作业过程提供实时的环境监测信息和安全保障。该项目通过互联网平台及智能移动终端的集成应用，分解、分级落实全员安全生产责任制，实现了储罐清洗作业全过程信息化、流程化、规范化管理。

（4）其他网格区

网格化管理关键是做好设备管理，浙江石油库试点并完成了《油库设备管理平台项目》的开发与应用。该平台囊括了设备电子台账档案、设备检维修保养管理、设备缺陷管理、备品备件管理、强制检定管理、巡检管理、人员证照管理、变更管理、设备知识库、公共信息设置、系统基础设置、KPI绩效考核和看板功能，并将网格员职责与平台操作流程进行融合，具有记录保存、事件跟踪、事项提醒等多个实用功能，大大降低了人为差错风险，随着普及应用，其已作为各油库落实网格化管理的一个重要的技术工具。

自浙江石油探索并实践油库网格化管理模式以来，一直以基层使用人员为核心，以提升油库安全环保运行为本，齐心协力，不断从实践中总结经验，踏踏实实地打好管理类和技术类补丁，以网格化管理为抓手，为实现油库专业化、标准化、数智化的目标而砥砺前行。

数据统计篇

第一章　典型石油石化生产安全事故

第二章　国家研究课题

第三章　科技成果奖励

第四章　重要会议交流

第五章　实验平台建设

第六章　专业应急队伍建设

第一章　典型石油石化生产安全事故

2023 年国内典型石油石化生产安全事故详见表 5-1。

表 5-1　2023 年国内典型石油石化生产安全事故

序号	事故名称	事故概况
1	山东泰汶盐化工有限责任公司“1·7”中毒事故	2023 年 1 月 7 日山东泰汶盐化工有限责任公司 PVC 车间氯化氢合成装置氯气输送阀门爆裂，造成氯气泄漏，造成 2 人死亡、1 人受伤。 事故原因：三氯化氮排放不当导致其在管道阀门低处富集，作业时仪表风阀门开启过大导致压力快速升高，系统压力不平衡加剧气流对底部积存液相的扰动，引起三氯化氮分解爆炸，造成自控阀及前后管道爆裂、氯气缓冲罐出口管道焊缝及新旧合成装置氯气连接截止阀阀门开裂，导致氯气泄漏
2	辽宁盘锦浩业化工有限公司“1·15”重大爆炸着火事故	2023 年 1 月 15 日辽宁盘锦浩业化工有限公司，在烷基化装置水洗罐入口管道带压密封作业过程中发生爆炸着火事故，造成 13 人死亡、35 人受伤。 事故原因：事故管道发生泄漏，在带压密封作业过程中发生断裂，水洗罐内反应流出物大量喷出，与空气混合形成爆炸性蒸气云团，遇点火源爆炸并着火
3	河北黄骅市信诺立兴精细化工公司“3·8”爆炸事故	2023 年 3 月 8 日黄骅市信诺立兴精细化工股份有限公司在硫酸钠废水罐更换进料管道作业过程中，在罐顶违规动火作业，引发废水储罐闪爆，造成 3 人死亡。 事故原因：废水储罐气相空间内存在挥发性的有机废气，形成爆炸性空间，作业实施人及监护人违规改变动火地点，在罐顶使用角磨机进行打磨作业，作业过程中产生火花，引发废水储罐闪爆
4	安徽金星钛白集团有限公司“3·10”中毒窒息事故	2023 年 3 月 10 日，安徽金星钛白集团有限公司粗品一部黑渣压滤车间在维修 1 号泥浆桶内蒸汽盘管时发生一起中毒和窒息事故，造成 5 人死亡，1 人受伤。 事故原因：作业人员违反受限空间作业安全管理规定，在未采取有效安全隔离措施、未进行有效通风、未进行气体检测、未按标准要求佩戴个体防护装备的情况下，进入 1 号泥浆桶内作业，因吸入硫化氢等有毒气体导致事故发生；施救人员在未做好个体防护的情况下盲目施救，造成伤亡扩大

续表

序号	事故名称	事故概况
5	山东聊城鲁西化工“5·1”爆炸着火事故	2023年5月1日聊城鲁西双氧水新材料科技有限公司1号双氧水装置发生爆炸，造成10人死亡、1人受伤。 事故原因：双氧水装置工作液配置釜用于回收工作液时，吸入大量70%浓度双氧水，釜内可能存在杂质造成双氧水剧烈分解，引发配置釜超压爆炸，造成现场人员伤亡，并波及相邻企业辛醇储罐及部分管线
6	江西九江金久再生资源有限公司“5·23”中毒窒息事故	2023年5月23日江西九江金久再生资源有限公司裂解车间3名工人在进入裂解炉清渣过程中发生一起中毒窒息事故，造成3人死亡。 事故原因：该企业在受限空间作业未经审批、安全防护措施不到位的情况下，擅自组织作业人员进入裂解炉内作业，造成2人晕倒在炉内。车间主任在无任何防护措施的情况下盲目施救，导致事故扩大
7	浙江中蓝新能源材料有限公司“8·15”较大爆炸事故	2023年8月15日浙江中蓝新能源材料有限公司在停产后第一次投料时，高氯酸锂堵塞配制釜进料切断阀，疏通过程中高氯酸锂分解爆炸，造成3人死亡
8	内蒙古鄂尔多斯亿鼎生态农业开发有限公司“9·7”重大高压气体泄漏事故	2023年9月7日内蒙古鄂尔多斯亿鼎生态农业开发有限公司气化车间发生高压气体泄漏事故，造成10人死亡、3人受伤。 事故原因：气化B炉点火启动后，在对粗煤气外送阀门压盖进行拆除检查过程中，管道内高压气体喷出，将外送阀压盖、检修作业人员和现场管理人员从五楼顶部一起吹落至厂区地面，造成人员伤亡
9	河北唐山龙泉化学助剂有限公司“9·13”爆炸事故	2023年9月13日河北唐山龙泉化学助剂有限公司四甲基哌啶醇生产车间废水蒸馏罐发生爆炸，造成2人死亡、1人受伤
10	宁夏鲲鹏清洁能源有限公司“10·24”火灾事故	2023年10月24日宁夏宁东能源化工基地鲲鹏清洁能源有限公司一固定污水储存罐起火，造成4人死亡。 事故原因：擅自改变储罐用途存放污水，承包商作业人员在罐区违规动火

第二章　国家研究课题

一、国家重点研发计划“公共安全风险防控与应急技术装备”

重点专项面向公共安全保障的国家重大战略需求，重点围绕公共安全共性基础科学问题、国家公共安全综合保障、社会安全监测预警与控制、生产安全保障与重大事故防控、国家重大基础设施安全保障、城镇公共安全风险防控与治理、综合应急技术装备等重点方向不同重点任务的关键科技瓶颈问题，开展基础理论研究、技术攻关、装备研制和应用示范，旨在大力提升我国公共安全预防准备、监测预警、态势研判、救援处置、综合保障等关键技术水平，为健全我国公共安全体系、全面提升我国公共安全保障能力提供有力的科技支撑。

二、国家重点研发计划“重大自然灾害防控与公共安全”

2021—2023 年国家重点研发计划项目见表 5-2。

表 5-2　2021—2023 年国家重点研发计划项目

（石油石化安全与应急方向，不完全统计）

年份	项目方向	项目名称
2021	危险化学品和化工园区安全关键技术与装备	精细化工危险化学品生产安全关键流程再造技术及示范
		化工园区重大风险智能感知与预警技术及示范
	危险化学品和化工园区安全关键技术与装备	超设计使用年限服役承压设备安全智能预警关键技术及示范
	现场保障技术与装备	救援现场次生灾害检测预警关键装备
2022	特大洪涝干旱灾害精准监测与风险防范技术与装备	流域性大洪水场景推演与智能指挥决策技术
		山洪灾害信号早期识别与准确预警技术装备
	危险化学品和化工园区安全技术与装备	氯碱化工生产装备损伤检测与安全风险防控关键技术及示范应用
		典型危险化学品燃爆抑制与泄放技术及装备

续表

年份	项目方向	项目名称
2022	矿山安全风险智能监测预警和防控技术与装备	陆上超深油气井井喷防控关键技术装备及示范应用
	城市建设与运行安全风险监测和防控技术	城市燃气设施泄漏事故防控关键技术及装备
	火灾高效预防与扑救关键技术	高稳定性环保泡沫灭火剂研发与示范应用
	特种设备安全风险监测预警与事故防控技术	高温承压类特种设备损伤精准检测技术装备研发及示范应用
		高风险工业管道损伤智能检测技术装备研发及示范应用
	抢险救援技术与装备	环境友好型高效洗消材料
	救援人员安全防护技术与装备	高集成救援人员个体防护装备
		抗冲击抢险救援防护服
	综合支撑装备与应急服务技术	适用于低温低压环境的监测技术装备及示范应用
		火灾爆炸事故精准溯源技术及装备
2023	特大洪涝干旱灾害精准监测与风险防范技术与装备	跨区域跨流域洪涝灾害风险协同应对与备灾
		山洪灾害风险防控区划与全过程监测防范关键技术
	危险化学品和化工园区安全技术与装备	典型危化品生产装置主动安全防护技术及装备
		典型危化品装运安全监测与泄漏应急处置技术及装备
	矿山安全风险智能监测预警和防控技术与装备	陆上超深油气井井喷防控关键技术装备及示范应用
	火灾高效预防与扑救关键技术	火灾烟雾与可燃气体早期精准智能探测技术
		生物基材低值长效防火阻燃技术及应用示范
		新型高效洁净气体灭火剂及灭火系统
	特种设备安全风险监测预警与事故防控技术	复合材料移动式承压设备损伤检测与安全评价技术
		高风险工业管道损伤智能检测技术装备研发及示范应用
	现场保障技术与装备	基于通信大数据的灾害监测预警与灾情信息获取关键技术装备
		水下灾情信息感知与应急指挥通信装备

续表

年份	项目方向	项目名称
2023	抢险救援技术与装备	激光破拆关键技术与装备
		室内灭火机器人、救援机器人及作业指挥平台
		自动举高喷射灭火装备
		微小型生命搜救装备
		消防员自主伴随运输装备
		高压大口径油气管道泄漏应急处置技术与装备
		基于锚阵生根-阻拦协同的堤防大溃口快速封堵技术装备
		基于多源信息融合的大范围大埋深生命精准搜索关键技术装备
	救援人员防护技术与装备	轻质长效高等级化学防护装备
	生命救护技术与装备	应急救援移动式生命维持关键技术与装备
		重大灾害事故现场应急手术关键技术与装备
	综合支撑装备与应急服务技术	典型事故防控数字孪生技术研究
		安全应急知识图谱构建及安全培训演练应用研究

第三章　科技成果奖励

为掌握近年来石油石化安全与应急方向重点科学技术成果研发情况，对2018年至2023年国家、中国石油和化学工业联合会、中国职业健康协会以及中国安全生产协会科学技术奖励情况进行统计。

一、国家科学技术奖励

2017—2023年(2021年以来未进行国家科学技术奖励评选工作)，共有7项与石油石化安全应急相关的项目获得国家科学技术奖励，其中国家技术发明奖2项，国家科技进步奖5项；一等奖1项，二等奖6项，如表5-3所示。

表5-3　2017—2023年国家科学技术奖励情况

序号	奖励类别	年份	获奖项目名称	获奖单位	获奖等级
1	国家技术发明奖	2018	油气管道系统完整性关键技术与工业化应用	中国石油大学(北京)、中油管道检测技术有限责任公司等	二等奖
2		2020	海洋深水钻探井控关键技术与装备	中国石油大学(华东)、中海油研究总院有限责任公司等	二等奖
3	国家科技进步奖	2018	水中典型污染物健康风险识别关键技术及应用	华中科技大学、中国疾病预防控制中心环境与健康相关产品安全所等	二等奖
4		2019	工业园区有毒有害气体光学监测技术及应用	中科院合肥物质科学研究院、中国科学技术大学等	二等奖
5		2019	炼化含硫废气超低硫排放及资源化利用成套技术开发与应用	中国石油化工股份有限公司齐鲁分公司、中原油田普光分公司等	二等奖
6		2019	易燃易爆危险物质爆炸防控关键技术与装备	北京理工大学、中煤科工集团重庆研究院有限公司等	二等奖
7		2020	工业烟气多污染物协同深度治理技术及应用	清华大学、中冶长天国际工程有限责任公司等	一等奖

二、中国石油和化学工业联合会科学技术奖励

2018—2023年，共有29项与石油石化安全应急相关的项目获得中国石油和化学工业联合会科学技术奖励，其中国家科技进步奖27项、国家技术发明奖2项，如表5-4所示。

表5-4　2018—2023年中国石油和化学工业联合会科学技术奖励情况

序号	奖励类别	年份	获奖项目名称	获奖单位	获奖等级
1	科技进步奖	2018	化工安全技术与工程及其在绿色制造中的应用	沈阳化工研究院有限公司、沈阳科创化学品有限公司等	一等奖
2		2018	石化企业安全水平量化评估和风险动态智能管控技术	中石化青岛安工院	二等奖
3		2018	典型石化过程工艺异常诊断及安全优化运行关键技术	中石化青岛安工院、华东理工大学等	二等奖
4		2018	高含硫气田净化装置腐蚀与监测关键技术研究与应用	中石化中原油田普光分公司、甘肃蓝科石化高新装备股份有限公司等	二等奖
5		2019	危险化学品泄漏源定位技术与系统	清华大学、北京化工大学等	一等奖
6		2019	深水钻井隔水管系统安全高效作业关键技术及其工业化应用	中国石油大学(华东)、中海油深海开发有限公司等	一等奖
7		2019	危险化学品输送管道健康诊断及事故预警关键技术研究及应用	常州大学、南京工业大学等	二等奖
8		2019	进口原油质量与安全关键技术研究及标准体系的建立	农博出入境检验检疫局检验检疫技术中心等	二等奖
9		2019	海上油田安全高效井筒故障处理关键技术研究与应用	中国石油大学(北京)、中海油田服务股份有限公司	二等奖
10		2020	典型危险化工过程本质安全关键技术体系创建及应用	南京工业大学、中石化青岛安工院等	一等奖
11		2020	炼油装置腐蚀预测与监测控制一体化技术及应用	西安交通大学、中国石油兰州石油化工有限公司研究院等	一等奖

续表

序号	奖励类别	年份	获奖项目名称	获奖单位	获奖等级
12	科技进步奖	2020	油气开采业危险废物分类豁免与污染防治技术研究及应用	中石油安全环保院、中石油勘探与生产分公司等	二等奖
13		2020	石油钻机安全评价体系建立及关键技术研究	中石油川庆钻探工程有限公司、西南石油大学等	二等奖
14		2021	深海油气输送管道长效防腐保温复合涂层关键技术及应用	南京大学、南通大学等	二等奖
15		2021	复杂服役环境天然气管道安全运维关键技术及工业化应用	中国石油天然气股份有限公司、西南油气田分公司输气管理处等	二等奖
16		2022	化工园区危化品管道事故次生衍生致灾风险防控与应急技术	常州大学、南京工业大学等	一等奖
17		2022	高压盐水层井筒安全控制钻井成套技术装备及工业应用	中国石油集团工程技术研究院有限公司、中国石油大学(北京)等	一等奖
18		2022	海底管道多相流腐蚀机理和腐蚀控制关键技术与装备	北京科技大学、中海油研究总院有限责任公司等	一等奖
19		2022	油气高效节能精细化回收与安全管理技术协同创新及应用	常州大学、常州一烃环保科技有限公司等	二等奖
20		2022	南海深水浅层水合物钻采安全风险演化机理及调控方法	中国石油大学(华东)、海油研究总院有限责任公司等	二等奖
21		2022	危险化学品及包装安全评价技术及标准体系的建立与应用	青岛海关技术中心	二等奖
22		2023	油气田集输管网服役安全关键技术与工业化应用	中国石油天然气股份有限公司规划总院、中国石油天然气股份有限公司油气和新能源分公司	一等奖
23		2023	石化储运计量与安全监测关键技术研究及装备研制	舟山市质量技术监督检测研究院、中化兴中石油转运（舟山）有限公司等	二等奖
24		2023	高效安全油气钻完井工作液关键技术及工业化应用	长江大学、中海油研究总院有限责任公司等	二等奖

续表

序号	奖励类别	年份	获奖项目名称	获奖单位	获奖等级
25	科技进步奖	2023	页岩油气水平井地面井下一体化协同安全高效钻井关键技术及工业应用	北京石油机械有限公司、中国石油集团工程技术研究院有限公司等	二等奖
26		2023	化工安全生产多维智能管控技术与应用	杭州电子科技大学、武汉工程大学、杭州言实科技有限公司等	二等奖
27		2023	复杂环境油气管道安全一体化动态管控技术及应用	西南石油大学、中国石油工程建设有限公司西南分公司等	二等奖
28	技术发明奖	2020	海上钻井井筒压力精细控制关键技术与装备	中国石油集团工程技术研究院有限公司、中国石油大学(华东)	二等奖
29		2021	河流溢油应急处置技术研究及集成应用	中国石油集团安全环保技术研究院有限公司等	三等奖

三、中国职业健康协会科学技术奖励

2018—2023 年，共有 57 项与石油石化安全应急相关的项目获得中国职业健康协会科学技术奖励，其中特等奖 4 项、一等奖 25 项、二等奖 28 项，如表 5-5 所示。

表 5-5　2018—2023 年中国职业健康协会科学技术奖励情况

序号	年份	获奖项目名称	获奖单位	获奖等级
1	2018	城市燃气管网及其相邻空间燃爆风险监测预警技术研究与应用	清华大学合肥公共安全研究院、北京理工大学等	一等奖
2	2018	受限空间危化品泄漏负压处置技术装备	中石化青岛安工院、国家安全生产监督管理总局化学品登记中心等	一等奖
3	2018	石化企业安全水平定量诊断和风险动态预警与管控技术	中石化青岛安工院、国家安全生产监督管理总局化学品登记中心等	一等奖
4	2018	基于 VR 技术的安全生产典型场景隐患排查实训系统研发及应用	北京市安全生产科学技术研究院、中华安邦(北京)安全生产技术研究院股份有限公司	二等奖
5	2018	炼化企业粉尘作业岗位职业病危害风险控制研究	中石化青岛安工院	二等奖

续表

序号	年份	获奖项目名称	获奖单位	获奖等级
6	2018	用于应急救援的钢结构安全防护技术	四川川交路桥有限责任公司	二等奖
7	2019	管道腐蚀阵列超声导波无损检测关键技术及仪器研发	中国特种设备检测研究院、中北大学等	一等奖
8	2019	河流溢油应急处置技术及应用	中石油安全环保技术研究院、中石油管道分公司等	一等奖
9	2019	高风险油气管道安全保障磁测关键技术与装备	中国特种设备检测研究院、合肥中大科技有限公司等	一等奖
10	2019	输油管道环境敏感区风险评估关键技术及应用	中石油安全环保技术研究院、中石油管道有限责任公司西部分公司等	二等奖
11	2019	压力管道风险识别与评价关键技术研究	中国特种设备检测研究院、江苏省特种设备安全监督检验研究院等	二等奖
12	2020	职业健康风险评估理论与方法研究及应用	中国矿业大学（北京）、清华大学等	一等奖
13	2020	外浮顶储罐密封圈主动安全防护技术及应用	威特龙消防安全集团股份有限公司、中国石油安全环保技术研究院	一等奖
14	2020	基于城镇脆弱性的油气管道风险评估技术研究及应用	中国安全生产科学研究院、东北大学等	二等奖
15	2020	城市底下燃气管网泄漏事故风险防控技术研究与应用	重庆科技学院、中国人民解放军陆军勤务学院等	二等奖
16	2020	化工园区大型油气火灾灭火技术及装备研发	中石化青岛安工院、新兴重工湖北三六意义机械有限公司等	二等奖
17	2021	城镇燃气管道完整性管理关键技术及应用	中国石油大学（北京）、深圳市燃气集团股份有限公司等	一等奖
18	2021	城市燃气作业场所风险监控技术研究及应用	北京市科学技术研究院城市安全与环境科学研究所等	一等奖
19	2021	炼化企业 HSE 管理咨询研究与应用	中国石油集团安全环保技术研究院有限公司、中国石油天然气集团有限公司等	一等奖
20	2021	长庆油田数字化安全技术体系及若干智能技术	中国石油天然气股份有限公司长庆油田分公司	一等奖

续表

序号	年份	获奖项目名称	获奖单位	获奖等级
21	2021	危险品道路运输事故演化过程与风险防控技术及应用	南京工业大学、中国安全生产科学研究院等	一等奖
22	2021	高钢级大口径管道服役安全关键技术及规模应用	中国石油天然气股份有限公司管道分公司、中国石油天然气集团公司管材研究所等	一等奖
23	2021	井喷失控全过程带火抢险救援关键技术与装备	中国石油集团川庆钻探工程有限公司、中国石油集团油田技术服务有限公司	一等奖
24	2021	炼化装置关键承压设备损伤量化分级与选材优化及应用	中国特种设备检测研究院、北京航空航天大学	一等奖
25	2021	低温绝热气瓶设计与安全性能试验关键技术研究及应用	中国特种设备检测研究院、大连理工大学等	一等奖
26	2021	承压设备基于大数据的宏观安全风险防控和应急技术	中国特种设备检测研究院、中国矿业大学(北京)等	一等奖
27	2021	城镇燃气管网安全风险控制与应急技术	昆仑能源有限公司、中石油昆仑燃气有限公司燃气技术研究院	二等奖
28	2021	中国石油生产安全风险分级防控机制建设研究与实践	中国石油集团安全环保技术研究院有限公司、中国石油集团质量健康安全环保部等	二等奖
29	2021	化工行业既有建筑物抗爆能力提升技术研发与应用	中石化安全工程研究院有限公司	二等奖
30	2021	石油化工关键装置腐蚀检测及防护技术研究与应用	中国石油集团安全环保技术研究院有限公司	二等奖
31	2021	基于人工智能的危险化学品多维数据融合和监测预警技术研究及应用	应急管理部通信信息中心等	二等奖
32	2021	大庆油田生产安全风险一体化动态管控研究	大庆油田质量安全环保监督评价中心、大庆油田信息技术公司	二等奖
33	2021	石化装置典型动设备在役质量完整性评价技术研究	中国特种设备检测研究院、浙江大学等	二等奖
34	2021	工艺安全管理在塔里木油田的探索与实践	中国石油天然气股份有限公司塔里木油田分公司	二等奖

续表

序号	年份	获奖项目名称	获奖单位	获奖等级
35	2021	企业安全生产主体责任落实及评估研究及应用	北京市顺义区应急管理局、北京市应急管理局等	二等奖
36	2021	大型装备微小故障诊断关键技术及应用	广东石油化工学院、杭州电子科技大学等	二等奖
37	2022	油气钻采典型环节安全及完整性监控预警关键技术与工业化应用	中国石油大学(北京)	特等奖
38	2022	海底油气管道安全保障关键技术研究及应用	中海石油(中国)有限公司、中海油能源发展装备技术有限公司	特等奖
39	2022	石化系统典型过程与装备运行安全的检测与预防关键技术及应用	广东石油化工学院、清华大学	一等奖
40	2022	基于风险动态管控的城市型炼厂安全高质量发展策略应用研究	中国石油大学(华东)、青岛欧赛斯环境与安全技术有限责任公司等	一等奖
41	2022	高压直流干扰下油气管道腐蚀规律研究及智能防控设备研制	浙江浙能技术研究院有限公司、北京科技大学等	一等奖
42	2022	典型危化品运输车辆健康监测及智慧应急技术研究与应用	南京市锅炉压力容器检验研究院、南京工业大学等	一等奖
43	2022	煤与共伴生油气资源协调开采理论与关键技术	安徽理工大学、河南理工大学	二等奖
44	2022	城市综合管廊运行安全及应急管理关键技术研究及应用	北京市科学技术研究院、北京市新技术应用研究所有限公司	二等奖
45	2023	城市典型易爆物爆炸机理与事故防控技术及应用	北京理工大学、清华大学合肥公共安全研究院等	特等奖
46	2023	海洋油气钻井重大安全事故防控技术创新及应用	中海油研究总院有限责任公司、中海石油深海开发有限公司等	特等奖
47	2023	典型市政管线内生安全保障与灾害防御关键技术及装备	北京无线电计量测试研究所、北京市燃气集团有限责任公司	一等奖
48	2023	油气管道安全风险量化评估与事故应急决策技术及应用	中国安全生产科学研究院、国家石油天然气管网集团有限公司	一等奖
49	2023	高硫高盐恶劣环境下油气集输系统防腐涂层技术研发与应用	重庆交通大学、中国石油化工股份有限公司西北油田分公司等	一等奖

续表

序号	年份	获奖项目名称	获奖单位	获奖等级
50	2023	化工装置高精度动态化工艺安全一体化系统平台与应用	中国特种设备检测研究院、北京化工大学	二等奖
51	2023	大型常压储罐底板腐蚀的在线精准检测和评价技术	中国特种设备检测研究院、东北石油大学	二等奖
52	2023	大型 LNG 储罐关键设施应急抢修技术与应用	国家石油天然气管网集团有限公司液化天然气接收站管理分公司	二等奖
53	2023	碳纤维全缠绕高压储氢气瓶安全检测与评价关键技术及应用	华南理工大学、广东省特种设备检测研究院	二等奖
54	2023	老龄油气管道安全可靠性及动态风险评估理论与技术	西安建筑科技大学、中国石油集团工程材料研究院有限公司	二等奖
55	2023	石油钻机安全评价体系及关键技术研究	中国石油川庆钻探工程有限公司安全环保质监督检测研究院	二等奖
56	2023	三维可视化的管道泄漏监测预警与安全风险管控技术研究与应用	辽河油田（盘锦）储气库有限公司、北京华科合创科技发展有限公司	二等奖
57	2023	油气田钢质管道内腐蚀预知性维修关键技术研究及应用	中国特种设备检测研究院、北京工业大学	二等奖

四、中国安全生产协会科学技术奖励

2020—2023 年（2020 年首次组织评奖），共有 61 项与石油石化安全应急相关的项目获得中国安全生产协会科技进步奖，其中一等奖 16 项、二等奖 45 项，如表 5-6 所示。

表 5-6　2020—2023 年中国安全生产协会科学技术奖励（科技进步奖）情况

序号	年份	获奖项目名称	获奖单位	获奖等级
1	2020	油品静电在线监测与智能消除技术及装备	中国石油化工股份有限公司青岛安全工程研究院、中国石化销售有限公司山东石油分公司等	一等奖
2	2020	深海钻井井喷重大安全事故预防技术研究及应用	中海油研究总院有限责任公司、中海石油（中国）有限公司等	二等奖

续表

序号	年份	获奖项目名称	获奖单位	获奖等级
3	2020	在役油气管道及压力容器监(检)测评估关键技术应用研究	中国石油化工股份有限公司胜利油田分公司、清华大学等	二等奖
4	2020	LNG低温储罐制造、检验、风险评估及LNG储罐站应急处置关键技术	上海市安装工程集团有限公司、上海市特种设备监督检验技术研究院等	二等奖
5	2020	石油化工装置建筑物抗爆设计研究	中国石化工程建设有限公司、中国石油化工股份有限公司北京燕山分公司等	二等奖
6	2020	危化品重大事故演化过程动态研判及辅助决策关键技术	中国石油化工股份有限公司青岛安全、工程研究院应急管理部化学品登记中心	二等奖
7	2020	基于物联网的重大危险源智能风险感知与监测预警技术研究及应用	成都鼎安华智慧物联网股份有限公司	二等奖
8	2020	智慧化工园区安全风险防控及应急辅助决策关键技术研究及应用	江苏海内软件科技有限公司、南京邮电大学等	二等奖
9	2020	发电企业典型安全事故情景构建与应急能力建设关键技术研究及应用	中国华能集团有限公司、华能长春热电厂	二等奖
10	2021	新型阻燃剂研制及其阻燃电缆安全评测技术	中国安全生产科学研究院、中国地质大学(武汉)等	一等奖
11	2021	典型有毒气体泄漏处置关键技术与装备研发	北京邮电大学、北京市劳动保护科学研究院等	一等奖
12	2021	基于机器视觉与大数据分析的安全生产风险管控关键技术研究及应用	国家电网有限公司、南瑞集团有限公司等	一等奖
13	2021	危险化学品生产、储存装置外部安全防护距离确定方法制定及应用研究	中国安全生产科学研究院	一等奖
14	2021	国家危险化学品安全生产风险监测预警体系构建与关键技术	中石化青岛安工院、应急管理部化学品登记中心	一等奖

续表

序号	年份	获奖项目名称	获奖单位	获奖等级
15	2021	油气输送管道泄漏综合监测及定位系统研发及应用	中国安全生产科学研究院、中国石油大学(北京)	二等奖
16	2021	基于风险管理的隐患排查治理研究与应用	北京华科合创科技发展有限公司、中国石油辽河油田油气集输公司	二等奖
17	2021	危险化学品道路运输动态风险评估预警技术与安全防护装备研究与应用	中安广源检测评价技术服务股份有限公司、南京工业大学等	二等奖
18	2021	安全生产预警系统开发与应用	中国化学品安全协会	二等奖
19	2021	复杂因素下埋地油气管道腐蚀致因、致灾评估与防控关键技术	中国石油大学(北京)、国家管网集团西南管道有限责任公司	二等奖
20	2021	城镇油气管道泄漏风险防控一体化技术	中国安全生产科学研究院、中石化大连石油化工研究院	二等奖
21	2021	石化企业重特大安全生产事故应急处置辅助决策系统关键技术及装备	中国矿业大学、北京凌天智能装备集团股份有限公司等	二等奖
22	2021	安全生产风险监测预警关键技术研究与示范应用	江苏省安全生产科学研究院	二等奖
23	2021	海上应急救援装备体系研究	中国船舶重工集团公司第七一四研究所	二等奖
24	2021	原油储罐腐蚀技术评估技术研究与应用	中国石油集团安全环保技术研究院	二等奖
25	2021	化工装置泄漏次生衍生重大火灾爆炸事故链风险防控关键技术及应用	南京工业大学、常州大学	二等奖
26	2022	爆炸性危险化学品分级关键技术与应用	南京理工大学、上海化工研究院、南京工业大学、西安近代化学研究所、中北大学、江苏省安全生产科学研究院	一等奖
27	2022	城市管网安全监测预警关键技术与装备	北京无线电计量测试研究所、北京市燃气集团有限责任公司	一等奖

续表

序号	年份	获奖项目名称	获奖单位	获奖等级
28	2022	典型灾害事故环境下个体防护原理与系列化救援防护装备研发	清华大学、清华大学合肥公共安全研究院等	一等奖
29	2022	海底管道检测与定位装置研制	中石化胜利石油工程有限公司	一等奖
30	2022	加氢站、油气氢合建站安全防控研究与工程应用示范	中国石化工程建设有限公司、中国石油化工集团有限公司等	一等奖
31	2022	危化品重大生产安全风险感知通信预警关键技术及应用	北京邮电大学、中兴通信股份有限公司等	一等奖
32	2022	CO_2 驱安全注气与油井防腐技术研究	中国石油化工股份有限公司胜利油田分公司	二等奖
33	2022	安全生产风险预控体系研究	中国安全生产科学研究院等	二等奖
34	2022	安全生产领域大数据应用关键技术研究	中国安全生产科学研究院、中国劳动关系学院等	二等奖
35	2022	高含硫气田生产运行安全控制关键技术	中国石油化工股份有限公司中原油田分公司	二等奖
36	2022	海上高含酸性油气藏安全高效钻井关键技术研究及应用	中海油研究总院有限责任公司等	二等奖
37	2022	海上固定平台模块钻机自动化和安全技术创新及应用	中海油研究总院有限责任公司、中海油能源发展装备技术有限公司	二等奖
38	2022	基于系统危害因素辨识的 LNG 接收站风险管控培训与考试系统	国家管网大连液化天然气有限公司、北京华科合创科技发展有限公司	二等奖
39	2022	企业安全管理体系重构理论研究、模型设计与实例验证	中国安全生产科学研究院、北京科技大学等	二等奖
40	2022	危险化学品事故风险监测预警与应急救援关键技术及应用示范	中山大学、广东石油化工学院等	二等奖

续表

序号	年份	获奖项目名称	获奖单位	获奖等级
41	2022	危险化学气体泄漏红外成像遥测系统研究与应用	北京环境特性研究	二等奖
42	2022	应急管理规划体系设计与能力现代化建设策略研究	清华大学、中国安全生产科学研究院等	二等奖
43	2023	深水复杂油气田安全钻探与测试生产关键技术创新与实践	中海油研究总院有限责任公司、中海石油(中国)有限公司湛江分公司等	一等奖
44	2023	液化烃储罐区安全提升技术研究与工程示范	中国石化工程建设有限公司、中国石油化工集团有限公司等	一等奖
45	2023	易燃液体危险化学品移动和固定设施危险源阻隔防爆安全防护技术	军事科学院系统工程研究院军事新能、源技术研究所等	一等奖
46	2023	油气管网周边地质和气象灾害风险感知与预警关键技术研究及应用	中国工业互联网研究院等	一等奖
47	2023	北部湾港原油过驳风险管控关键技术与实践	交通运输部水运科学研究所等	二等奖
48	2023	港口危险货物集中区域储罐与管道安全风险评估预警技术研究及应用	天津东方泰瑞科技有限公司、交通运输部天津水运工程科学研究所等	二等奖
49	2023	工业场所安全生产风险动态评估模型研究及应用	浙江图讯科技股份有限公司	二等奖
50	2023	基于催化剂检测评估的锅炉 SCR 脱硝设备安全运行技术及其应用	苏州西热节能环保技术有限公司、西安热工研究院有限公司等	二等奖
51	2023	普光酸性气田地灾评估与隐患治理技术研发与应用	中国石油化工股份有限公司中原油田分公司	二等奖
52	2023	区域危险气体精准监测预警关键技术与应用	江苏省安全生产科学研究院、南京大学等	二等奖

续表

序号	年份	获奖项目名称	获奖单位	获奖等级
53	2023	三峡危险货物船舶过闸动态风险预警与管控关键技术研究	交通运输部水运科学研究所、长江三峡通航管理局等	二等奖
54	2023	滩浅海油田勘探开发安全环保风险评估和管控技术研究与应用	中国石油集团安全环保技术研究院有限公司、福州大学等	二等奖
55	2023	危险化学品云数联动智能实时管控技术研究与示范	上海市安全生产科学研究所、中国科学院上海微系统与信息技术研究所等	二等奖
56	2023	应急信息资源管理平台	应急管理部大数据中心、杭州数梦工场科技有限公司等	二等奖
57	2023	油气管道无人值守站安全关键技术与智能管控平台研发及应用	中国石油天然气管道工程有限公司、北京市科学技术研究院城市安全与环境科学研究所等	二等奖
58	2023	油气-煤叠置区安全协同开采关键技术与装备	中国石油集团安全环保技术研究院有限公司、塔里木油田分公司油气工程研究院等	二等奖
59	2023	油气钻井工序节点安全智能管控平台开发与应用	中国石油集团长城钻探工程有限公司、中国石油集团油田技术服务有限公司等	二等奖
60	2023	中俄东线天然气管道安全运行保障与智能化技术研究与应用	国家管网集团北方管道有限责任公司	二等奖
61	2023	综合管廊智能监控信息化平台及配套产品研究与应用	中国二十冶集团有限公司、上海智大电子有限公司	二等奖

第四章　重要会议交流

据不完全统计，2020—2023 年，各有关单位机构组织应急重要会议交流 17 次，如表 5-7 所示。

表 5-7　重要应急会议交流（不完全统计）

序号	年份	会议名称	组织单位	简介
1	2020	第十五届国际应急管理论坛	中国优选法统筹法与经济数学研究会应急管理专业委员会、中国科学院大学等	作为国内应急管理领域举办最早、时间最长、影响力最大的国际会议，本论坛已经成功举办了十四届；会议面向应急管理领域的重大需求，关注应急管理领域前沿科学问题，聚集应急管理领域专家、领导与青年学者，致力于应急管理理论、方法与技术创新，为政府、企事业单位科学应对突发性事件提供决策依据，进而促进国家应急管理与公共治理水平提升、促进社会应急能力建设。本届会议旨在探讨新型冠状病毒发生后应急管理领域出现的问题及建议，进而促进国家公共卫生突发事件应急管理与公共治理水平提升、促进社会应急能力建设
2	2020	中国安全应急产业发展大会	公共安全科学技术学会、中国消防协会等	本届大会以"促安全应急产业发展，筑人民美好和谐生活"为主题，重点围绕优化应急产业链、整合及协调产业资源、提升产业技术创新能力、加速科技成果发展和商业化运用等方面，共同探讨数字智能技术引领转型升级和应急救援装备信息化、智能化、网络化等课题，深入探索安全应急产业健康有序发展新路径
3	2020	国际安全和应急博览会	北京朗泰华科技发展中心	本届安全应急博览会，旨在充分发挥企业、行业组织、科研机构，社会媒体等各方的重要作用，积极推动安全和应急产业高质量发展，为相关管理部门做好生产安全和公共安全风险防范工作提供科技装备和经验理念等方面的支撑。举办安全应急博览会，聚焦先进适用装备、关键技术、管理理念、专业服务四大领域，充分发挥会议、展览、培训等活动的平台效应和宣传推广作用，优化整合各类科技资源，促进安全和应急技术装备研发和应用，依靠科技推进安全和应急的科学化、专业化、智能化、精细化水平；分享交流世界各国有效的安全管理理念、经验，推动企业提高安全生产、应急救援水平，做好安全咨询、培训工作，创新媒体应用，普及安全知识，培育安全文化

续表

序号	年份	会议名称	组织单位	简介
4	2020	应急管理创新国际论坛	中共中央党校（国家行政学院）、中共中央对外联络部等	本届论坛旨在深入贯彻落实党的十九届五中全会精神，统筹发展和安全，推动新时代应急管理体系和能力建设，促进应急管理领域的国际交流合作。此次论坛分设防范化解重大风险、健全完善应急管理体系、提升应急处突能力、突发公共卫生事件应急管理、应急管理科技装备与应急产业发展、“一带一路”安全发展与应急管理等六个主题模块
5	2020	公共安全与应急管理信息化研讨会	中国信息协会	本届会议以新型基础设施建设为契机，提升公共安全与应急管理科学化、专业化、智能化、精细化水平的思考；在数字中国引领下，建设智慧城市、平安城市，为保障城市安全有序运行、提升社会治理能力提供保障；互联网+政务、政务大数据支撑新冠疫情防控经验，后疫情时代公共安全、应急管理体系建设的机遇与调整；云计算、大数据、物联网、人工智能、卫星互联网、地理信息、5G 等在防灾减灾、应急救援方面的案例
6	2020	全国石油石化安全与应急技术交流大会	中国应急管理学会石油石化安全与应急工作委员会	本届大会以“创新安全与应急技术，推动行业高质量发展”为主题，聚焦石油石化安全与应急管理基础理论、创新技术、产业规划、发展趋势等，进行广泛研讨和交流互鉴。通过主题探讨、展示推广、交流推介、企业对接，架设石油石化企业合作对接的高效通道，促进新技术、新产业、新业态的有机融合，搭建产业最新动态发布、行业前沿技术展示、总结推广良好实践、结交高端客户和人脉资源的精准合作平台，推动企业交流共享，实现合作共赢
7	2021	中国国际应急救灾装备技术展览会	山西省应急管理厅、中国北方工业有限公司	本展会紧密围绕国家“大应急、大安全”的应急工作思路，聚拢应急全行业资源为政府、行业组织及应急产业从业者提供国家级应急产业对接交流平台。以“新时代共享新契机新平台展现新应急”的理念，加快推进应急管理体系和能力现代化建设，提升应急技术创新发展，促进应急行业产学转化
8	2021	中国国际应急与消防安全博览会	北京朗泰华科技发展中心、中国机械国际合作股份有限公司等	本届博览会以“整合国际科技资源，服务中国安全（应急）产业创新应用”为主题，围绕安全生产、防灾减灾救灾、应急救援三大版块，聚焦适用装备、关键技术、管理理念、专业服务四大领域，搭建应急管理科技装备和专业服务的交流和推广应用平台。博览会特设智慧应急、个体防护、工业防爆科技装备、安全生产及生产事故应急装备、安全智慧城市、消防装备、防灾减灾救灾装备、应急物资储备、公共卫生防疫及医疗救援等九大展区，十余场专业会议及七场同期活动

续表

序号	年份	会议名称	组织单位	简介
9	2021	中国国际应急管理展览会	应急管理部国际交流合作中心	本届应急展主要展示智慧应急、防灾减灾救灾、安全生产、消防安全、城市安全、应急医学救援等6个方面的技术装备
10	2021	中国安全应急产业大会	工业和信息化部、应急管理部等	本届大会展示了自然灾害应急救援、事故灾难预防与保障、公共卫生事件预防和应急、城市公共安全四个板块最前沿的产品和最先进的技术
11	2022	中国安全及应急技术装备博览会	徐州市人民政府、江苏省工业和信息化厅、江苏省应急管理厅	本届安博会以“融创产业科技、智汇安全应急”为主题，包含“一展一会六论坛”和多场培训演练与供需对接活动。“一展一会”，即展览和开幕式暨全体大会；“六论坛”包括城市公共安全与生命线安全科技论坛、化工安全科技论坛、5G时代智能矿山科技论坛、“一带一路”与“走出去”企业安全发展论坛、地下轨道交通安全科技论坛、安全应急产业投融资高峰论坛
12	2022	中国石油石化安全与应急管理科技信息峰会	中国石油和石化工程研究会等	本届峰会重点围绕云计算、大数据、物联网、人工智能、移动互联、IPv6、虚拟现实（VR）、增强现实（AR）等新一代信息技术与安全应急管理业务深度融合的发展需求，聚焦石油石化企业安全与应急救援技术及关键装备数字化、轻型化、信息化、智能化、模块化等科学问题
13	2023	中国公共安全大会安全产业论坛	公共安全科学技术学会等	本届论坛主题是“中国公共安全产业发展新格局·新财富”，聚焦公共安全领域安全产业发展新格局，梳理网络安全领域的发展现状和趋势，把脉网络安全助力上市公司高质量发展的作用和未来网络安全产业的发展趋势
14	2023	中国安全应急产业大会	工业和信息化部、应急管理部等	本届论坛通过探讨安全应急产业集聚和技术创新的发展现状、经验做法、未来趋势，推动政产学研用深入交流和合作，更好贯彻落实《安全应急装备重点领域发展行动计划（2023—2025年）》要求，共画安全应急产业高质量发展蓝图
15	2023	中国应急管理创新论坛（2023）暨中国应急管理学会智库论坛	中共中央党校（国家行政学院）、公安部、生态环境部等	本届论坛分设了“统筹发展和安全，防范化解重大风险”“推进应急管理体系现代化”“进一步提高应急管理能力”“‘一带一路’建设与全球风险治理”“应急管理科技与应急产业发展”五个分论坛

续表

序号	年份	会议名称	组织单位	简介
16	2023	中国国际应急管理展览会	应急管理部国际交流合作中心	本届展览会依托“一带一路”自然灾害防治和应急管理国际合作机制，旨在发挥扩大开放、深化合作、引领创新的重要平台作用，开展互学互鉴、资源共享、供需对接、国际合作，推动政、产、学、研、用协同创新，助推应急管理科技装备创新和安全应急产业发展
17	2023	第三届石油石化安全与应急技术交流大会	公共安全科学技术学会、中国应急管理学会等	本届大会以“科技创新赋能石油石化安全发展”为主题，围绕安全与应急技术、消防救援技术展开研讨，致力促进新技术、新工艺、新方法和新装备在石油石化行业的推广应用，构建共享、高效、智慧的安全应急管理体系，推动石油石化行业科技创新和高质量发展

第五章　实验平台建设

一、国家重点实验室

我国石油石化领域国家重点实验室情况见表 5-8。

表 5-8　石油石化领域国家重点实验室简介

序号	名称	简介
1	化学品安全控制国家重点实验室	实验室是在整合中国石化青岛安全工程研究院化学品安全领域优势资源的基础上建立起来的，于 2007 年 7 月开始筹建，于 2011 年 1 月 18 日通过了国家科技部组织的专家验收，是第一批通过验收的 18 家企业国家重点实验室之一。实验室重点从以下三个方向开展工作：(1) 化学品危险特性与致灾机理研究。围绕化学品特征危害性质，研究化学品事故的机理、临界条件、关键影响因素、危害后果等。(2) 化学事故与模拟技术研究。对化学事故进行统计分析，归纳事故规律和发展态势，选取关键问题进行模拟研究和专题研究。(3) 化工过程安全与预防控制技术研究。重点开展风险评估技术和风险控制技术研究，形成成套的事故防控技术方案。上述方向互相关联、互为因果、相互促动，共同集成了“危险化学品安全与事故防控”这一总研究方向
2	环境模拟与污染控制国家重点实验室	实验室依托清华大学、中国科学院生态环境研究中心、北京大学、北京师范大学 4 个单位共同建设，是中国环境科学与工程领域规模最大的国家重点联合实验室，于 1989 年筹建，于 1995 年 10 月正式通过验收。联合实验室的主要研究方向如下：(1) 污染物在环境中的迁移转化规律、行为效应及生态与健康影响。(2) 环境生态系统的模拟及污染控制的新理论新技术。(3) 大气污染物的变化传输规律及全球性区域性大气环境问题的控制对策。(4) 可持续发展与解决重大环境问题的策略
3	石油石化污染物控制与处理国家重点实验室	实验室由国家科技部于 2015 年 9 月 30 日批准建设，依托单位为中国石油集团安全环保技术研究院有限公司，主管部门为国务院国有资产监督管理委员会。实验室共建单位有中国石油天然气股份有限公司石油化工研究院、中国石油大学(北京)、中国石油大学(华东)、西安石油大学。实验室的主要任务是面向社会和石油天然气行业未来发展需求，开展石油石化污染控制与处理领域的应用基础研究和竞争前共性技术研究，研究制定国际标准、国家和行业标准，聚集和培养优秀人才，引领和带动行业技术进步。实验室的主要目标是研究制定国际标准、国家和行业标准，成为石油石化行业生产全过程污染防治和废物资源化领域的重要“智库”，建成具有国际一流水平的、开放合作的石油石化污染物控制与处理技术创新与转化基地

续表

序号	名称	简介
4	污染控制与资源化研究国家重点实验室	实验室依托于同济大学、南京大学，1989 年获国家计委批准，1995 年通过国家验收。实验室瞄准国家重大需求和国际发展前沿，围绕《国家中长期科学和技术发展规划纲要(2006—2020 年)》，以我国快速的经济发展和城市化进程中重大共性环境污染问题为导向，坚持以“基础研究与应用结合、污染控制与资源化结合、理工结合”的科学方法为指导，在环境污染过程机制与效应、污染控制与资源化理论与方法上开展跨学科的创新性应用基础研究；在城市污水深度处理、工业废水治理与资源化、生活垃圾处理处置与资源化、环境修复与流域污染控制等工程技术方面，研发出一批具有自主知识产权的污染控制与资源化技术，为我国有效控制日益严重的环境污染和有限资源循环利用提供理论支撑与技术储备
5	海洋污染国家重点实验室	实验室 2009 年底经国家科学技术部批准建立，由香港城市大学领衔，与香港浸会大学、香港中文大学、香港理工大学、香港科技大学、香港大学及香港教育大学共同组建。实验室将致力研究创新的化学、生物及工程技术，以求早期侦测、评核、预测及控制影响海洋环境污染。此外，实验室将研究关于有毒化学品污染、水体缺氧、生物毒素、水生病原菌等复杂环境问题，还将致力于污染监察科技研究、海洋生态系统影响研究、风险评估以及污染控制与生物修复。实验室将与厦门大学近海海洋环境科学国家重点实验室保持合作
6	火灾科学国家重点实验室	实验室依托中国科学技术大学，利用世界银行贷款和国内配套投资兴建的我国火灾科学基础研究领域唯一的国家级研究机构。1989 年通过立项论证，1995 年通过国家验收。研究方向：(1)可燃物热解及着火规律。(2)室内火蔓延规律及突变(轰燃、回燃、滚燃等)形成机理。(3)建筑(如大空间、高层、隧道、地铁等)内的火灾发展及烟气流动规律与控制技术。(4)紧急条件下人员疏散规律。(5)建筑火灾安全评估及性能化设计方法

二、应急管理部重点实验室

为加快推进应急管理科技支撑能力建设，应急管理部批准挂牌组建“煤矿灾害预防与处置”等 9 个重点实验室，其中石油石化领域重点实验室 1 个；首批创建“煤矿智能化与机器人创新应用”等 13 个重点实验室，其中石油石化领域重点实验室 6 个；综合考虑应急管理业务发展需要和科技支撑体系布局需求，对具备较强科研实力但尚未达到创建条件的 9 个重点实验室进行重点培育，其中石油石化领域重点实验室 6 个。见表 5-9。

表 5-9 石油石化领域石应急管理部重点实验室简介

序号	名称	依托单位
应急管理部重点实验室挂牌组建名单		
1	危险化学品安全风险预警与智能管控技术	应急管理部化学品登记中心、中国石油化工股份有限公司青岛安全工程研究院、沈阳化工研究院有限公司建设
应急管理部重点实验室首批创建名单		
1	油气生产安全与应急技术	中国石油大学(北京)、应急管理部国家安全科学与工程研究院
2	重大危险源与化工园区系统安全	中国安全生产科学研究院、中国石油大学(华东)
3	工业与公共建筑火灾防控技术	应急管理部天津消防研究所、中国安全生产科学研究院、中国消防救援学院
4	灭火救援技术与装备	应急管理部上海消防研究所、江苏大学
5	应急指挥通信技术应用创新	急管理部通信信息中心、北京邮电大学、西安电子科技大学
6	工业互联网+危化品安全生产	南京工业大学、中国安全生产科学研究院、中国工业互联网研究院
应急管理部重点实验室重点培育名单		
1	智能装备	浙江大学、新兴际华(杭州)智能装备有限公司、应急管理部国家安全科学与工程研究院
2	大数据与人工智能应用创新	应急管理部通信信息中心、清华大学合肥公共安全研究院、北京百度网讯科技有限公司
3	灾害链监测评估与风险防范	应急管理部国家减灾中心、武汉大学、中国科学院地理科学与资源研究所
4	防火阻燃技术	应急管理部四川消防研究所、四川大学、同济大学
5	工业安全事故分析与监测预警	华北科技学院、中国科学院合肥物质科学研究院
6	无人机应急救援技术	中国消防救援学院、中国科学院工程热物理研究所、深圳市大疆创新科技有限公司

第六章　专业应急队伍建设

一、国家“十四五”应急救援力量建设规划

做好应急管理工作，必须建设一支专常兼备、反应灵敏、作风过硬、本领高强的应急救援队伍。安全生产专业应急救援队伍是国家综合性常备应急骨干力量的重要组成部分，《“十四五”应急救援力量建设规划》(应急〔2022〕61 号)中明确了关于安全生产专业应急救援队伍建设目标与建设内容。

1. 队伍建设指标

“十四五”时期主要指标见表 5-10。

表 5-10　“十四五”时期主要指标

序号	指标	预期值
1	地震和地质、洪涝灾害高风险地区国家级专业应急救援队伍覆盖率	≥90%
2	森林(草原)火灾高风险地区国家级专业应急救援队伍覆盖率	≥90%
3	安全生产高风险行业、区域国家级专业应急救援队伍覆盖率	≥90%
4	国家级专业应急救援队伍装配配备达标率	≥90%
5	县级以上专业应急救援队伍培训演练率	100%
6	国家级专业应急救援队伍接到指令后到达救援现场时间	≤8h
7	省级灾害事故专业应急救援队伍布局完成率	100%
8	重点地区社会应急力量现场协调机制覆盖率	≥95%
9	基层应急救援力量到达灾害事故现场时间	≤20min

注：队伍覆盖率=救援队伍以 500km 为半径形成的圆形区域与灾害事故重点区域的交叉面积/灾害事故重点区域面积。

2. 重点任务

重点任务一：加强国家级自然灾害工程应急救援力量，强化工程抢险专业能

力建设；支持各地区结合实际建设洪涝灾害应急救援力量。在高危地区和重点林区有序推进区域性森林(草原)火灾机械化扑救专业力量建设，提高力量投送速度和扑救成效；支持地方因地制宜建设基层森林(草原)火灾专业扑救队伍。遴选一批地震和地质灾害救援队伍，建设成为国家级专业救援队伍，加强地震易发高发及地质灾害高风险地区应急救援队伍建设，提升第一时间救援救助能力。

重点任务二：调整优化现有国家级安全生产应急救援队伍规模、结构、布局。针对空白领域新建一批国家级安全生产应急救援队伍。加快推进关键装备转型升级，推进国家级安全生产应急救援队伍正规化建设、专业化救援、科学化管理水平。支持各地区加强化工园区、产业园区、重大项目实施等安全生产应急救援力量建设，完善综合救援基地，推动政府和企业联合建立专职应急救援队伍，指导高危行业企业依法加强专职安全生产应急救援队伍建设。

3. 重点工程项目

(1) 应急救援中心建设工程

国家和区域应急救援中心建设项目。建设完成国家应急指挥总部和华北、东北、华中、东南、西南、西北等6个国家区域应急救援中心，在实战救援中发挥“尖刀拳头”作用，引领地方应急救援力量体系和能力建设发展。

省级综合性应急救援基地建设项目。支持中西部地区、灾害事故多发地区依托、整合现有自然灾害、生产安全事故应急救援队伍等资源，建设完善省级综合性应急救援基地。建设综合指挥调度平台，配备先进适用专业装备，完善训练设施，开展专业技战术、装备实操、特殊灾害环境等训练，提升灾害事故快速响应、高效救援能力。

(2) 安全生产应急救援力量建设工程

国家级安全生产应急救援队伍建设项目。强化矿山排水、矿山(隧道)救生通道构建、大流量远程灭火系统等特种救援装备配备，增配地震和地质灾害救援、抗洪抢险等自然灾害应急救援装备，加快推进队伍转型升级。建设国家海上和陆上油气开采应急救援队伍，配备消防冷却、侦测监控、井控抢险等救援装备，提升我国深海和陆上油气勘探、开发、储运应急处置能力。建设完善国家矿山应急救援队，满足专业排水以及高寒高海拔恶劣环境下矿山救援需要；建设完善国家危险化学品应急救援队，提升大型储罐、水上危险化学品、煤化工、危险化学品物流等救援保障水平；建设完善国家隧道应急救援队，加强雄安新区、西部地区交通基础设施建设和运行安全保障能力。建设国家安全生产综合实训演练基地和矿山、危险化学品(大型油罐灭火)、隧道、油气管道、油气井控等实训演练基地，提升指挥协调和实战能力。

地方专业安全生产应急救援队伍建设项目。各地区加强安全生产应急救援队伍建设，配备专业应急救援装备，提高生产安全事故快速响应和应急处置能力；指导中型以上高危行业企业，建设企业专兼职应急救援队伍，配备应急救援装备，满足企业安全风险防范和事故抢险救援需要。

二、石油石化领域国家应急救援队伍

全国现有安全生产专业应急救援队伍 1193 支 6.87 万余人，其中参与石油石化企业应急救援工作的队伍包括危险化学品救援队 560 支和油气管道救援队 36 支及其他专业救援队。

1. 国家危险化学品应急救援队伍(表 5-11)

表 5-11　国家危险化学品应急救援队伍

序号	队伍名称	队伍简介
1	国家危险化学品应急救援大庆油田队(国家危险化学品应急救援实训演练大庆基地)	队伍位于黑龙江省大庆市让胡路区，1960 年伴随大庆油田开发组建，2018 年 1 月国家安全生产应急救援指挥中心命名为国家危险化学应急救援大庆油田队(国家危险化学应急救援实训演练大庆基地)。主要担负大庆油田、大庆炼化、东北销售大庆分公司、中油管道大庆输油气分公司等单位消防安全检查、火灾扑救及社会抢险救援任务，以及东北地区重大危险化学品事故救援任务。队伍机关设 8 个部室，下辖 22 个基层消防队(24 座消防站)、7 个大队级后勤辅助单位，员工总数 1971 人。拥有大跨度举高喷射、三项射流、远程供水等各类消防车辆 167 台，防护、破拆、救生、堵漏、洗消等各类抢险救援装具器材 6600 余件(套)
2	国家危险化学品应急救援长庆油田队	队伍依托中国石油长庆油田公司建设，驻地为陕西省西安市，始建于 1970 年长庆油田会战时期，2018 年 1 月国家安全生产应急救援指挥中心命名为国家危险化学品应急救援长庆油田队。队伍下辖 8 个大队、50 个中队，指战员 1800 余人。配备有 2 套远程消防供水系统、1 套油气井灭火装置、190 台主战车辆、26 台辅战车辆、1429 套(件)抢险救援器材，满足危化品应急救援和油气田灭火救援需求。辖区横跨陕甘宁蒙四省(区)，主要承担长庆油田公司及区域内中国石油相关单位火灾扑救、应急救援、戒备监护、消防监督、防火宣传、中国石油第四联防区消防联防等任务，以及重特大地震灾害救援支援任务，参与驻地周边火灾扑救和抢险救灾任务

续表

序号	队伍名称	队伍简介
3	国家危险化学品应急救援新疆油田队	队伍依托中国石油天然气股份有限公司新疆油田分公司建设，驻地位于新疆维吾尔自治区克拉玛依市。队伍始建于1957年9月，2018年1月国家安全生产应急救援指挥中心命名为国家危险化学品应急救援新疆油田队。主要承担新疆油田公司所属单位的消防监督检查、火灾扑救、油田动火现场监护、油气井压裂现场监护以及井喷、管线泄漏等各类抢险救援任务，以及克拉玛依市周围地区社会抢险救灾任务。队伍现有指战员550人，下辖6个基层大队、9个中队，有13个执勤点，辖区面积13万平方千米。配备有重型泡沫、举高喷射、消防云梯、通信指挥等消防执勤车90余辆，以及各类侦检、破拆、救生等专业救援装备器材1246件(套)
4	国家危险化学品应急救援大庆石化队	队伍依托中国石油大庆石化公司建设，始建于1961年，2018年1月国家安全生产应急救援指挥中心命名为国家危险化学品应急救援大庆石化队。主要承担大庆石化公司所属厂区、生活区的消防安全监督、现场监护、抢险救援、气防监护、消防宣传等任务，以及东北片区重特大危险化学品事故区域联防救援任务。队伍现有指战员420人，设5个职能科室，下辖4个基层大队、1个消防站，配备了举高喷射消防车、重型泡沫消防车、泡沫水罐车、涡喷消防车、化学洗消车、灭火机器人、移动消防炮、大流量拖车消防炮，以及红外热成像仪、生命探测仪、便携式工业有害气体检测仪等专业救援装备器材
5	国家危险化学品应急救援吉林石化队	队伍依托中国石油吉林石化公司建设，始建于1981年，2018年国家安全生产应急救援指挥中心命名为国家危险化学品应急救援吉林石化队。主要负责吉林地区危险化学品事故应急救援和吉林石化公司消防管理工作，以及东北地区中国石油所属企业消防区域联防任务。队伍下设5个机关职能科室，下辖5个消防大队、1个特勤大队，现有指战员428人，其中指挥员和专业技术人员71人，战斗员和岗位操作、保障人员357人。配有各类战斗执勤车辆59台，各类应急救援装备3万余件(套)
6	国家危险化学品应急救援抚顺石化队	队伍依托中国石油抚顺石化公司建设，始建于2002年，2018年1月国家安全生产应急救援指挥中心命名国家危险化学品应急救援抚顺石化队。主要负责抚顺石化公司23家直属企业、76套主要生产装置和100余套辅助及配套装置防火监督检查、消防监护、灭火救援等消防保卫任务，以及东北地区重特大危险化学品事故应急救援任务。队伍现有指战员488人，设作战训练部、防火安全部、消防装备部、财务部、人事组织部、党群工作部和综合办公室等7个部室，辖4个大队、2个分队，共计23个中队，分布在抚顺石化公司各主要生产厂及仓储油库的9个消防站点。配备了水罐、泡沫、干粉、高喷、运兵、供气、宿营、洗消、抢险救援、火场指挥、卫星通信、平台举高等战备值勤车辆55台

续表

序号	队伍名称	队伍简介
7	国家危险化学品应急救援兰州石化队	队伍依托中国石油兰州石化公司建设，始建于1956年3月，2018年1月国家安全生产应急救援中心命名为国家危险化学品应急救援兰州石化队。主要承担兰州石化公司、中石油驻兰企业，以及国家管网公司储备库、部分输油管线防火检查、消防灭火、安全监护、事故救援等任务。队伍现有指战员462人，设五科一室，下辖8个基层大队。配备了重型泡沫车、干粉车、72m高喷车、56m高喷车、50m大跨度高喷车、42m举高车、32m高喷车、25m三向射流车、18m/16m多功能泡沫车、涡喷车、大型移动充气车、大型抢险车、大型洗消车、应急通信车等消防车辆57台以及各类抢险救援装备
8	国家危险化学品应急救援乌鲁木齐石化队	队伍依托中国石油乌鲁木齐石化公司建设，驻地位于新疆维吾尔自治区乌鲁木齐市。队伍始建于1976年，2018年1月被国家安全生产应急救援指挥中心命名为国家危险化学品应急救援乌鲁木齐石化队，主要承担新疆地区危险化学品事故灾害应急救援任务。队伍现有125人，设机关综合办、战训科、设备材料科，以及4个执勤中队。队伍实行准军事化管理，中队轮流24h昼夜值班备勤。配备有高喷消防车、涡喷消防车、重型泡沫消防车、干粉联用车、抢险救援车、洗消车、供气车等消防救援车辆32辆，装备了无齿锯、液压撑顶器、便携式等离子弧切割机等救援器材和重型防化服、佩戴式防爆照明灯等安全防护装备和应急抢险特种装备器材505件，首次出警可一次性携带42t泡沫、62t水、3t干粉投入灭火救援战斗任务
9	国家危险化学品应急救援大连队	队伍依托大连港集团建设，2013年7月组建完成，2018年1月国家安全生产应急救援中心命名为国家危险化学品应急救援大连队。主要承担大连大孤山化工园区、能源港区、全市危险化学品企业事故应急救援工作，并承担省、市及中国北方区域危险化学品事故救援工作。队伍现有指战员54人，其中指挥人员3人，战斗员47人，其他保障人员4人，大连港应急保障中心负责业务指导。针对大孤山地区危险化学品企业的特殊性、危险性，设立了远程供水系统取水点3个，配备了举高喷射消防车、涡喷消防车、移动消防炮车、大流量拖车消防炮，以及侦检仪器等专业装备器材
10	国家危险化学品应急救援广西石化队	队伍依托中国石油广西石化公司建设，驻地位于广西壮族自治区钦州市钦州港经济技术开发区，2008年6月建队，2018年1月国家安全生产应急救援指挥中心命名国家危险化学品应急救援广西石化队。主要承担广西石化厂区、库区、码头等单位灭火救援、防火检查、安全监护任务，以及周边地区危险化学品事故救援支援任务。队伍现有指战员108人，配备举高喷射车、水罐泡沫车、干粉车、干粉泡沫联用车、涡喷车、抢险救援车、通信车、供气车、气防车、危化品救援车、指挥车、运兵车等执勤战备车辆23台，以及抢险救援和防护装备器材

续表

序号	队伍名称	队伍简介
11	国家危险化学品应急救援四川石化队	队伍依托中国石油四川石化公司建设，驻地位于四川省成都平原西北方向，彭州市石化基地工业园区，始建于2012年9月建队，2016年12月，四川省联合四川石化向应急管理部申请建设国家危险化学品应急救援成都基地，次年8月获批。2020年基地重新选址建设，并于当年底落成，2021年6月投用。主要负责四川石化园区火灾扑救、抢险救援、气体防护、现场监护和消防安全监督等，担负周边地区事故灾害救援支援任务。队伍设置四个科室及三个基层消防大队，人员编制221人。配备了包括举高喷射、重型泡沫、抢险救援及各类辅战车辆48台，灭火、救援、防护、侦检、破拆、照明、输转等器材7大类668件(套)
12	国家危险化学品应急救援燕山石化队	队伍依托中国石化燕山石化公司建设，驻地位于北京市房山区，成立于1973年8月，2018年1月国家安全生产应急救援指挥中心命名为国家危险化学品应急救援燕山石化队。主要承担燕山石化公司安全生产及燕山地区消防安全工作，担负火灾预防、火灾扑救、抢险救灾、气体防护、山林防火等任务，履行燕山石化公司气体防护站及山林防火办公室的职责。队伍现有指战员223人，下设战训科、综合(党群)科、防火科、气防科等4个职能科室和5个基层中队。配备同步载有静中通卫星通信及5G通信系统的大型通信指挥车、化学洗消车、供气车、16~72m高喷车、54m登高平台车、涡喷车、大功率消防车、拖车炮、灭火机器人、卢卡斯破拆工具组红外成像仪等先进救援装备
13	国家危险化学品应急救援齐鲁石化队	队伍依托中国石化齐鲁石化公司建设，驻地位于山东省淄博市临淄区辛化路2706号，始建于1966年10月，2018年1月国家安全生产应急救援中心命名为国家危险化学品应急救援齐鲁石化队。主要承担齐鲁石化公司灭火救援、消防管理、气防管理、管廊巡护、现场监护等抢险救援任务，以及山东省周边危险化学品事故应急救援任务。队伍现有指战员438人，设有3个科室、6个基层队大队。配备了云梯消防车、高喷消防车、奔驰泡沫车、德国曼消防车、优迪狮泡沫车、干粉消防车、多功能抢险救援车、气防车等各类执勤车辆82台，以及专业救援设备器材
14	国家危险化学品应急救援天津石化队	队伍依托中国石化集团天津石化分公司建设，驻地位于天津市滨海新区大港，2018年1月被国家安全生产应急救援指挥中心命名为国家危险化学品应急救援天津石化队，担负天津石化、中沙(天津)石化、天津商储库区等7家重点消防单位消防战备执勤和京津冀地区危险化学品应急抢险救援任务。队伍现有280人，设战训装备科、消防管理科、气防管理科、119应急救援中心、党群工作科(综合科)等5个科室和大港一大队、大港二大队、南港一大队、南港二大队等4个大队。配备有各种消防救援车辆48辆和无人机、机器人、远程供水系统、生命探测仪等多种先进智能应急救援装备

续表

序号	队伍名称	队伍简介
15	国家危险化学品应急救援扬子石化队	队伍依托原中国石化扬子石化消防中心组建，驻地位于江苏省南京市，1989年4月组建。2018年1月被国家安全生产应急救援中心命名为国家危险化学品应急救援扬子石化队。主要承担周边半径300km范围内江苏、安徽两省危险化学品事故灾害应急救援工作。队伍现有280人，设4个机关科室(防火室、战训室、应急管理室、综合室)、1个气体防护站、4个基层大队。配备有泡沫消防车、高喷消防车、三相射流消防车、大流量拖车消防炮、远程供水车组、抢险救援车、化学洗消车、气体防护急救车等消防战斗车辆76台，以及大流量灭火机器人、灭火排烟机器人、灭火侦检机器人、无人机、移动炮、融合指挥通信设施设备等专业救援装备
16	国家危险化学品应急救援镇海炼化队	队伍依托中国石化镇海炼化公司建设，驻地位于浙江省宁波市镇海区蛟川街道炼化路226号，2018年1月国家安全生产应急救援指挥中心命名为国家危险化学品应急救援镇海炼化队，是中国石化应急区域联防第六片区组长单位。担负镇海炼化和相关企业消气防保障任务，以及周边化工企业事故救援任务，应急救援范围辐射浙沪两地半径400km。队伍设战训装备室、消气防室、综合管理室三个科室，下辖一中队、二中队、三中队、港储中队等四个中队。编制指战员285人。配备了高喷射、水罐泡沫、气防、指挥、抢险救援、运兵等各专业救援车73辆，以及破拆、侦检、排烟、机器人、智能空呼、无人机等各类应急抢险特种装备器材
17	国家危险化学品应急救援广州石化队	队伍依托中国石化广州石化公司建设，始建于1994年6月，2018年1月国家安全生产应急救援指挥中心命名为国家危险化学品应急救援广州石化队。主要担负广东省及周边地区重特大危险化学品事故应急救援任务。队伍现有指战员231人，设战训室、防火监督室、气防室和3个消防大队，实行准军事化管理，执行24h战备执勤制度。配备了举高喷射消防车、重型泡沫消防车、泡沫水罐车、涡喷消防车、泡沫补给车、干粉消防车、多功能抢险救援消防车、举高三相射流消防车、化学洗消车等各类消防救援车36辆，以及移动消防炮、大流量拖车消防炮、红外气体成像仪、有害气体检测仪等先进救援装备器材，储存水成膜泡沫180多吨、抗溶性泡沫10t、干粉15t

续表

序号	队伍名称	队伍简介
18	国家危险化学品应急救援重庆川维队	队伍依托中国石化重庆川维化工公司建设，驻地位于重庆市长寿区，始建于1970年，2018年1月被国家安全生产应急救援中心命名为国家危险化学品应急救援重庆川维队。主要担负川维公司安全风险防范、应急救援职责，同时承担周边300公里范围危险化学品事故灾害应急救援任务。队伍现有94人，设有1个大队部、1个战训组、1个后勤组、1个综合管理组、1个气体防护站、3个基层中队，实行准军事化管理，24h战备执勤。配备有泡沫消防车、高喷消防车、三相射流消防车、抢险救援车、化学洗消车、通信指挥车、排水车、气体防护车等消防战斗车辆30台，履带式消防机器人3个、侦检无人机2架；红外线测温仪、热成像仪、生命探测仪、漏电探测仪、手持式拉曼红外光谱仪、红外成像气体检漏仪；避火服、重型防化服、空呼监控系统；移动式防爆无线遥控消防炮、水力自摆炮；以及应急指挥系统、桌面事故推演和模拟救灾演练系统、数字化应急处置培训系统、多媒体电教设备、基础理论知识和应急抢险技能教学培训系统等
19	国家危险化学品应急救援石家庄炼化队	队伍依托中国石化石家庄炼化公司建设，驻地位于河北省石家庄市循环化工园区，成立于1979年，2018年1月国家安全生产应急救援指挥中心命名国家危险化学品应急救援石家庄炼化队。主要担负石家庄炼化公司及京津冀地区危险化学品等生产安全事故应急救援任务。队伍现有指战员166人，设防火、气防、战训、电讯4个专业组，下辖6个中队。配备了移动充气车、多功能抢险车、化学洗消车、大功率泡沫车、72m高喷车、泡沫供给车、卫星通信车、54m举高平台车等执勤车辆26台，以及消防灭火机器人，消防排烟机器人等先进救援装备器材
20	国家危险化学品应急救援武汉石化队	队伍依托中国石化武汉分公司建设，成立于1974年11月，2018年1月国家安全生产应急救援指挥中心命名为国家危险化学品应急救援武汉石化队。主要担负中国石化武汉分公司生产厂区和周边生活区应急综合救援任务，以及周边300千米范围内危险化学品事故应急救援任务。队伍现有指战员205人，其中管理人员19人、救援队员186人，下辖3个危险化学品应急救援中队。配套建设有应急指挥、移动应急指挥、桌面推演与数字化应急处置培训、数字化应急处置培训、多媒体电教、体能及心理素质培训、消防技战术综合训练平台、管理调度等8大系统，配备了灭火及抢险设备、侦检设备、洗消救护及个体防护设备、通信指挥及应急辅助决策设备、培训设备等五大类救援装备器材，其中各类灭火抢险和综合应急救援车辆57辆（含拖车9辆）、水力自摆炮20门、移动式防爆无线遥控消防炮30门、消防机器人9台、事故现场侦检设备2套、无人机2套，以及避火服、重型防化服、空呼监控系统等防护器材

续表

序号	队伍名称	队伍简介
21	国家危险化学品应急救援海南炼化队	队伍依托中国石化海南炼化公司建设，驻地位于海南省儋州市洋浦经济开发区，2018 年国家安全生产应急救援指挥中心命名为国家危险化学品应急救援海南炼化队。主要承担海南岛范围内危险化学品企业重特大事故及相关灾害应急救援任务。队伍现有指战员 100 人，设有作训室、后勤保障室，辖 3 个执勤中队，配备了各类消防车辆 24 台和无人机、机器人、事故侦检设备、移动无线防爆遥控炮、应急指挥系统、应急辅助决策系统等高精尖救援装备，建有培训、训练演练等设施
22	国家危险化学品应急救援青岛炼化队	队伍依托中国石化青岛炼化公司建设，队伍始建于 2007 年 4 月，2018 年 1 月国家安全生产应急救援中心命名为国家危险化学品应急救援青岛炼化队。主要担负青岛地区危险化学品事故应急救援任务，以及跨区域重特大危险化学品事故应急救援支援任务。队伍现有指战员 73 人，配备了高喷车、重型泡沫车、干粉联用车、泡沫运输车、通信指挥车、运输保障等各类消防救援车辆 19 台，建设了 7 座泡沫站，储存泡沫液 300 多吨
23	国家危险化学品应急救援中原油田队（国家危险化学品应急救援实训演练濮阳基地）	队伍依托中国石化中原油田分公司建设，驻地位于河南省濮阳市，始建于 1978 年 8 月，2018 年 1 月被国家安全生产应急救援指挥中心命名为国家危险化学品应急救援中原油田队（国家危险化学品应急救援实训演练濮阳基地）。主要承担河南濮阳中原油田总部、四川普光气田、内蒙古探区，以及恒逸文莱、上海石化、海南炼化、北海炼化、天津 LNG、青岛 LNG 等 18 个消防技术服务项目的应急救援任务，具备中高级消防指挥员、消防战斗员、防火检查员、企事业单位消防安全管理人员和易燃易爆重点岗位员工专业培训资质。队伍现有 1336 人，设有 7 个职能科室、5 个直属科级单位、12 个应急救援大队，执勤力量分布于全国 12 省（直辖市、自治区）20 余个市（县区），配备各类抢险救援器材 10 大类 317 种（套）3 万余件、应急救援车辆 175 辆
24	国家危险化学品应急救援普光队	队伍驻地位于四川省达州市，依托中国石化中原油田分公司组建，2018 年 1 月，被国家安全生产应急救援指挥中心命名为国家危险化学品应急救援普光队；作为中国石化第十一联防区组长单位，主要承担普光气田以及中国石化集团公司驻西南地区 9 家企业的消防、气防、应急值守、环境监测、泥浆配送、医疗救护、维稳处突等 7 大任务，以及川、渝地区社会救援任务。普光队现有队员 235 名，设有 5 个职能科室和 7 个基层队站。配备通信指挥、消防坦克、强风等抢险车辆 65 台，救援器材 400 余种 3 万余套（件）。队伍实行军事化管理、一体化管控

续表

序号	队伍名称	队伍简介
25	国家危险化学品应急救援惠州队	队伍于2014年9月建成并投入使用，2018年1月国家安全生产应急救援指挥中心命名为国家危险化学品应急救援惠州队。主要担负广东省及周边地区危险化学品事故和自然灾害抢险救援任务，为企业提供预防性检查、应急培训演练、前置备勤和高风险作业监护等服务。惠州队编制39人，设置队长1人、副队长3人、危化救援技术专家5人、战斗员30人。配备了72m举高喷射消防车、56m举高喷射消防车、25m举高喷射三相消防车、大流量泡沫消防车、多功能抢险救援车、涡喷消防车等灭火抢险救援车辆10辆，以及灭火机器人、无人机、RDK气体检测系统、红外气体成像仪、有毒有害气体检测仪、易燃易爆气体检测仪、堵漏工具、洗消装备等专业抢险器材，具备堵漏、洗消、灭火、侦检、气体防护等处置能力
26	国家危险化学品应急救援神华鄂尔多斯队	队伍依托中国神华煤制油化工公司鄂尔多斯煤制油分公司建设，驻地位于内蒙古鄂尔多斯市伊金霍洛旗乌兰木伦镇。2007年建队，2018年1月国家安全生产应急救援指挥中心命名为国家危险化学品应急救援神华鄂尔多斯队。主要承担鄂尔多斯煤制油公司煤直接液化项目消防安保任务，以及周边蒙、陕、晋250km范围内危险化学品事故和社会消防救援任务。队伍现有指战员56名，设战训、防火2个业务组，2个执勤中队。配备了举高喷射、重型泡沫、干粉等主战消防车辆15辆，通信指挥、气防救护车、供液等辅助车辆7台，以及灭火、侦检、破拆、堵漏、抗洪、驱烟、高空救援等7大类400余种应急救援器材，建设了培训、指挥及辅助决策系统平台3套，常年储备抗溶泡沫、水成膜泡沫、干粉、超细干粉、火冰等各类灭火药剂100t以上
27	国家危险化学品应急救援神华宁东队	队伍依托国家能源集团宁夏煤业公司建设，驻地位于宁东煤化工基地。2007年5月建队，2018年1月被国家安全生产应急救援指挥中心命名为国家危险化学品应急救援神华宁东队，与国家矿山应急救援神华宁煤队共同负责宁夏煤业公司各生产矿井及外协矿井、煤制油化工板块各单位的预防性安全检查、事故灾害救援及安全技术工作，承担宁夏回族自治区危险化学品生产、储存、运输等环节事故灾害应急救援任务。危化救援神华宁东队和矿山救援神华宁煤队两支国家专业队同属宁煤应急救援中心管理，宁煤应急救援中心现有指战员400余人，设有7个职能科室、3支矿山救护中队、3支危化救援中队和1支特种装备队，配备有个人防护、侦检、破拆、堵漏、转输、钻孔、洗消、照明排烟、灭火、通信等矿山、危化专业救援装备

续表

序号	队伍名称	队伍简介
28	国家危险化学品应急救援泉州石化队	队伍依托于中化泉州石化有限公司建设，驻地位于福建省泉州市惠安县东桥镇，成立于2013年4月1日，2018年1月国家安全生产应急救援指挥中心命名为国家危险化学品应急救援泉州石化队。主要担负中化泉州石化有限公司生产厂区和周边生活区综合救援任务，以及福建省全境和广东、江西、浙江部分区域危险化学品事故应急救援任务。队伍现有指战员160人，下设战训、防检、气防、综合4个职能部门，辖炼油项目2个消防大队、乙烯项目2个消防大队、1个国家危化品应急救援大队。现有各类执勤消防车辆45辆，配备了举高喷射消防车、大跨度举高喷射消防车、大流量拖车炮、远程供水系统、化学洗消车、应急供电车、通信指挥车、三项射流举高喷射车、移动供气车，以及生命探测仪、四合一气体检测仪、红外热成像仪等专业救援装备器材
29	国家危险化学品应急救援中化舟山队	队伍依托中化集团舟山仓储基地建设，驻地位于浙江省舟山市，2016年9月原国家安全监管总局批复建设，2018年1月被国家安全生产应急救援指挥中心命名为国家危险化学品应急救援中化舟山队。主要承担大型储罐全液面火灾扑救，以及驻地周边陆地、海上危险化学品事故灾害救援任务。队伍现有专业救援队伍16支、400余人，分布在浙江舟山、温州、镇海，江苏连云港，广东东兴、惠州等地，配备了应急保障船、大流量远程灭火系统、重型消防车、应急指挥系统等先进救援装备，全天候24h为各石油仓储、炼化、危险化学品道路运输、核电、精细化工等企业保驾护航
30	国家危险化学品应急救援中煤榆林队	队伍依托中煤陕西公司建设，驻地位于陕西省榆林市，成立于2013年，2018年1月国家安全生产应急救援指挥中心命名为国家危险化学品应急救援中煤榆林队。主要负责中煤陕西公司消防安全和厂区安防工作，承担陕甘宁蒙晋危险化学品事故和灾害救援支援任务。中煤榆林队编制142人，下设1个119值机室和4个执勤中队，每个中队设3个执勤班组，实行24h消防气防安防备勤；配置1辆通信指挥车、7辆高喷车、4辆重型泡沫/水联用消防车、2辆大型水罐车、1辆涡喷车、1辆多功能抢险救援车、1辆充气车、1辆照明车等30辆各类应急抢险车辆，以及4台灭火机器人、1台侦检机器人、2架无人机和侦检、逃生、破拆、灭火、堵漏、照明、防毒、排烟、洗消等专业救援装备器材

续表

序号	队伍名称	队伍简介
31	国家危险化学品应急救援青海盐湖队	队伍依托青海盐湖工业股份有限公司建设，2018 年 1 月国家安全生产应急救援指挥中心命名为国家危险化学品应急救援青海盐湖队。主要承担察尔汗工业园区及周边地区的现场消防管理、防火检查、消防安全培训、应急救援任务，以及青海省重大复杂危险化学品事故应急救援任务，具备危险化学品应急救援人才储备、技术储备、装备储备和救援人员培训与演练训练等功能。队伍现有指战员 123 人，设综合装备科、战训科、消防检查科，下辖 2 个大队、1 个消防站。配备了 72m 高喷消防车、重型泡沫消防车、侦检灭火机器人、侦检无人机及大流量拖车炮等先进救援装备。现有执勤战备车辆 32 台，执勤消防装备器材 12 类 250 种 7000 余件，储存泡沫液 55t、干粉灭火剂 26t
32	国家危险化学品应急救援云南石化队	队伍依托中国石油云南石化公司建设，驻地位于云南省昆明市安宁市草铺镇石化路 1 号，成立于 2014 年 7 月，2019 年 4 月应急管理部批复建设国家危险化学品应急救援昆明基地。承担中国石油在滇企业及周边区域应急抢险救援、中石油第四联防区 9 家炼化企业跨地区应急救援和增援任务，负责云南石化公司火灾扑救、抢险救援、消防监督管理、预防性防火检查、动火、有限空间作业、装置开停工等应急救援和安全监护工作。队伍现有指战员 100 人，设置战训、装备、综合、防火安全等 4 个专业管理部门，下辖 2 个执勤队、16 个班组，实行准军事化、扁平化管理。配备了泡沫、干粉、水罐、举高喷射、登高平台、通信指挥、抢险救援、气防、人员救护等 9 类 17 台消气防救援车，以及泡沫液、干粉、空气呼吸器、水力自摆移动消防炮、无线遥控移动消防炮、水幕发生器、直流喷雾自保水枪、侦检、破拆、个人防护等各类灭火抢险救援器材 17 大类 126 个品种 3280 余件(套)。国家危险化学品应急救援基地建设项目配备各类消防车辆、装备器材 24 大类 207 台(套)，拟新增定员 68 人，增置 2 个执勤队
33	国家危险化学品应急救援茂名石化队	队伍依托中国石化集团茂名石化公司建设，始建于 1958 年，2019 年 4 月，国家安全生产应急救援中心依托茂名石化队开展了国家危险化学品应急救援茂名石化基地项目建设。茂名石化队主要担负茂名石化及其相关企业消气防保障、驻地周边化工企业事故救援任务，应急救援范围辐射粤桂两地 400km。茂名石化队设防灾减灾室、救援救护室、装备管理室、综合管理(党群)室 4 个科室，下辖炼油中队、特勤中队、乙烯中队、水东中队、北山岭中队、湛江中队、金塘中队、高端碳消防站等 8 个中队(站)，分别驻守在广东省茂名、湛江两市 4 区的炼油化工生产厂区、储运码头、原油罐区及液化气站，现有指战员 302 人，配备了举高喷射、水罐泡沫、远程供水、三相射流等抢险救援车和指挥车 75 辆，以及破拆、侦检、排烟、堵漏、机器人、智能空呼、无人机等各类应急抢险特种装备器材 1732 件

续表

序号	队伍名称	队伍简介
34	国家危险化学品应急救援安庆石化队	队伍始建于1975年3月，2019年4月国家安全生产应急救援中心依托安庆石化队开展国家危险化学品应急救援安庆石化队建设，2021年12月该项目通过中国石化总部验收。主要担负安庆石化区域内防火、灭火、气体防护以及突发事故抢险救援任务，承担辐射半径400km范围内的危险化学品应急救援任务。危化救援安庆石化队现有223人，设战备科、防火科、综合管理科和2个大队(4个执勤中队)。配有大功率消防车、举高喷射车、抢险救援车、通信指挥车、运兵车、气防车等各种抢险救援车辆50辆，以及破拆、堵漏、侦检器材、消防灭火机器、消防侦检无人机、大流量排烟设备和各种防护装备等应急救援器材和装备
35	国家危险化学品应急救援七台河队	队伍位于黑龙江省七台河市新兴化工园区七桦路与宝泰隆路交汇处，2021年11月建设项目通过验收。主要负责七台河市各类危险化学品事故灾害处置，为企业提供预防性检查、制定应急救援措施、应急培训、预案演练等服务，承担黑龙江省东部地区危险化学品企业重特大事故应急救援任务。队伍占地面积4.4万m^2，总建筑面积1.6万m^2，建有特勤消防站、物资储备库、消防训练塔、综合实训楼、体能训练馆等设施。现有56人，设置综合协调、作战训练、装备管理、宣传培训等内设机构，实行准军事化管理，24h担负值班备勤任务。配备了56m大跨度举高消防车、多功能重型泡沫消防车、重型泡沫消防车、水干粉联用消防车、抢险运兵车、供气消防车、泡沫原液补给车、重型水罐消防车、重型水罐消防车、抢险救援车、多功能危险化学品监测车、化学洗消车、通信指挥消防车、清障车等20辆(台)应急救援车辆，配套配置了侦检、通信、抢险、堵漏、灭火、洗消及个体防护等国内外先进救援装备，应急储备物资库储备各类应急救援装备及物资5000余件。同时，七台河队积极整合区域内森林防火、防汛抗旱、矿山排水等救援装备，具备重特大危险化学品事故应急处置能力

2. 国家油气管道应急救援队伍(表 5-12)

表 5-12 国家油气管道应急救援队伍

序号	队伍名称	队伍简介
1	国家油气管道应急救援乌鲁木齐队	队伍依托国家管网西部公司建设，2018 年 11 月组织建设，2019 年 3 月成立西部管道公司乌鲁木齐应急抢险中心，与国家油气管道应急救援乌鲁木齐队“一个机构、两块牌子”。主要担负新疆地区长输油气管道应急抢维修任务。管道救援乌鲁木齐队编制 106 人，现有 73 人，设综合办公室、计划财务科、设备管理科、质量安全环保科、抢修技术科(抢修技术研究所)5 个科室，下辖抢修队、封堵队和维修队。配备各种规格型号电焊机、切管、对口、封堵类夹具、发电机、空压机、风机、移动照明、蒸汽清洗机等抢修设备 530 台(套)，各类抢险车辆 38 台，以及大型车辆快速越障桥、边坡合成孔径雷达、无损开挖设备、高压水射流设备、移动制氮设备、事故现场探测机器人等高精尖应急救援装备
2	国家油气管道应急救援昆明队	队伍依托中国石油西南管道公司建设，驻地位于云南省昆明市经开区，是集大型管道抢修、溢油回收、开孔封堵、站场改造、管道改线、动火连头、抢修队伍培训与技术研发为一体的专业救援队伍。2013 年 4 月在昆明筹备组建，2018 年 1 月国家安全生产应急救援指挥中心正式命名为国家油气管道应急救援昆明队，是西南地区唯一一家专业油气管道应急抢修国家队。2020 年 9 月转隶国家管网集团，依托单位变更为昆明应急救援中心。管道救援昆明队现有指战员 192 人，设 7 个机关科室、4 个基层单位，主要担负陕、甘、宁、滇、黔、桂、川、渝八省市区域内国家管网干线 10000 多公里油气管道应急抢险任务。为适应西南地区山高谷深、地灾频发、河流纵横的特殊环境，配备了 $\phi50\sim\phi813$ 开孔封堵、断管焊接、发电照明、溢油回收等抢险救援装备 1400 余台(套)，以及性能优良装备齐全的抢险工程车和通信、吊装、运输等特种作业车辆 45 辆
3	国家油气管道应急救援廊坊队	队伍依托中国石油管道局工程有限公司建设，驻地位于河北省廊坊市经济技术开发区。队伍始建于 1992 年，是中国最早成立的油气管道维抢修公司。2011 年被中国石油天然气集团有限公司命名为中国石油管道应急救援响应中心。2016 年被原国家安全监管总局命名为国家油气管道应急救援(华北)基地，成为国内首批挂牌的应急救援基地。2018 年 1 月被国家安全生产应急救援指挥中心命名为国家油气管道应急救援廊坊队，2019 年 7 月明确为跨国(境)生产安全事故应急救援常备力量。管道救援廊坊队现有队员 595 名，设有应急救援管理办公室、工程技术部、经营管理部等 18 个管理部门，国内 2 个大队 12 支中队，国际设有非洲、中东 2 个分中心。队伍常备应急装备 3100 余台(套)，救援能力覆盖 1422mm 以下、12MPa 以内的各类介质的油气管道，包括因自然灾害、第三方破坏、施工缺陷、管道运行问题和管道本体缺陷造等造成的管道破裂、泄漏、卡堵等油气管道事故，为 28 个省、直辖市 100 余家油气管道企业，总里程 6 万余公里的油气管道提供应急产品设计制造、体检保驾、抢险维修服务

续表

序号	队伍名称	队伍简介
4	国家油气管道应急救援沈阳队	队伍依托东北石油管道有限公司建设，队伍机关部室位于辽宁省沈阳市皇姑区，队伍驻地位于辽宁省铁岭市银州区，2018年1月被国家安全生产应急救援指挥中心命名为国家油气管道应急救援沈阳队。主要担负黑龙江、吉林、辽宁、内蒙古区域油气管道应急抢险任务。队伍现有345人，设抢险工程、维检修工程、抢险保驾等7个基层站队，配备有管道切割、管道开孔封堵、管道清洗、注氮吹扫、焊接、照明发电、无人机、应急救援车等各类救援装备709台(套)。具有石油化工工程施工总承包二级、长输压力管道带压封堵甲级、工业清洗A级等资质，能独立完成$\phi100\sim\phi1422$口径油气管道带压开孔及$\phi114\sim\phi1016$口径油气管道不停输带压封堵动火施工，具备10000km油气管道应急抢险保驾能力，可进行每小时20000m^3液氮转换量的氮气吹扫，同时具备每年300万m^3储罐机械清洗和100万m^3储罐大修能力
5	国家油气管道应急救援徐州队	国家油气管道应急救援徐州队与国家管网集团东部原油储运有限公司抢维修中心是一个机构两块牌子，驻地位于江苏省徐州市泉山区翟山新村。抢维修中心成立于2000年9月，称“华东管道工程有限公司”，2012年8月更名为“中国石油化工股份有限公司管道储运分公司抢维修中心”，2016年9月原国家安全监管总局批复依托中国石化管道储运有限公司抢维修中心建设国家油气管道应急救援华东(徐州)基地，2018年1月国家安全生产应急救援指挥中心命名为国家油气管道应急救援徐州队。主要承担华东区域内重特大、复杂油气管道抢险的社会应急救援任务，同时负责东部储运公司遍布14个省市34条7800余公里输油管道维抢修任务，实现油气储运设施运行维保业务全覆盖。管道救援徐州队设应急抢险队、应急特种机械作业队、应急运输队、SCADA系统维护中心、消防自控维保中心、机泵阀维护中心、电气技术作业队、油气管道抢维修技术研究所等9个基层站队，现有员工200余人。配备有现场侦检、应急抢修、通风照明、动力发电、应急指挥、不停输封堵、断管焊接、无损开挖、后勤运输保障等九大类装备500余台(套)
6	国家油气管道应急救援深圳队	队伍依托中国海油深圳海油工程水下技术有限公司建设，驻地位于广东省深圳市南山区后海滨路3168号海油大厦，2018年1月国家安全生产应急救援指挥中心命名为国家油气管道应急救援深圳队，是国内唯一一支以海底油气管道为救援对象的专业维抢修机构，担负中国南海、东海海域油气田海底管道应急维抢修任务，覆盖水深从0~2000m。管道救援深圳队设指挥联络部、应急技术装备部和应急作业部三个部室，编制指战员22人，在中国海油内部建立了41名技术专家组成的后备技术力量，为海底油气管道应急救援提供强有力的技术支持。配备了1套应急指挥系统、5艘深水多功能作业船舶、17套各型号水下机器人(ROV)设备、1套300m饱和潜水系统、1套2000m海底管道维修系统等，为海底油气管道应急救援提供强有力的装备保障

附录

附录1　2023年全国油气勘探开发十大标志性成果

附录2　2023年中国石化十大油气勘探成果

附录3　2023年中国海油十大勘探重大发现和
十大勘探关键技术进展

附录1　2023年全国油气勘探开发十大标志性成果

一、全国油气产量当量创历史新高

2023年，国内油气产量当量超过3.9亿t，连续7年保持千万吨级快速增长势头，年均增幅达1170万t油当量，形成新的产量增长高峰期。

原油产量达2.08亿t，同比增产300万t以上，较2018年大幅增产近1900万t，国内原油2亿t长期稳产的基本盘进一步夯实。海洋原油大幅上产成为关键增量，产量突破6200万t，连续四年占全国石油增产量的60%以上。页岩油勘探开发稳步推进，新疆吉木萨尔、大庆古龙、胜利济阳3个国家级示范区及庆城页岩油田加快建设，苏北溱潼凹陷多井型试验取得商业突破，页岩油产量突破400万t再创新高。陆上深层-超深层勘探开发持续获得重大发现，高效建成多个深层大油田，2023年产量1180万t，我国已成为全球陆上6000m以深超深层油气领域引领者。

天然气产量达2300亿m^3，连续七年保持百亿立方米增产势头。四川、鄂尔多斯、塔里木三大盆地是增产主阵地，2018年以来增产量占全国天然气总增产量的70%。非常规天然气产量突破960亿m^3，占天然气总产量的43%，成为天然气增储上产重要增长极。其中，致密气夯实鄂尔多斯、四川两大资源阵地，产量稳步增长，全年产量超600亿m^3；页岩气新区新领域获重要发现，中深层生产基地不断巩固，深层持续突破，全年产量250亿m^3；煤层气稳步推进中浅层滚动勘探开发，深层实现重大突破，全年生产煤层气超110亿m^3。

二、塔里木盆地深地工程成功打造增储上产大场面

塔里木盆地深层油气勘探开发持续发力，塔北西部寒武系取得系列重大油气发现，富满、顺北、博孜-大北等主力油气田快速上产，油气增储上产向地球深部进军步伐不断加快。

塔北西部寒武系新领域取得重大突破。两口风险探井托探1、雄探1井分别

在5700m、6700m井段获得高产，取得库车南斜坡寒武系陆相油气勘探重要突破，迎来塔北西部上寒武统白云岩海相油气首次发现，落实亿吨级规模油气藏，证实了库车南斜坡多目的层系巨大的勘探潜力，开辟了塔里木盆地新的十亿吨级战略接替领域。

富满、顺北超深层大油气田勘探开发持续推进。富满油田持续深化油藏富集规律认识，加快推进集中建产、规模上产，全年油气产量当量快速增长至400万t，年均增长76万t。顺北油气田锚定富油气区集中部署，高效落实了两条亿吨级油气富集主干条带，新增油气探明储量2564万t、675亿m^3，全年油气产量127万t、22亿m^3。其中，顺北84斜井刷新亚洲最深商业油气藏记录至垂深8937m，跃进3-3XC完钻井深达9432m，刷新亚洲最深井斜深和超深层钻井水平位移两项纪录。

博孜-大北超深层大气田加快产建节奏，先后攻克清洁完井、井完整性、高压长距离混输等关键工程技术瓶颈，天然气百亿立方米上产踏点运行，克深气田“控-调-排”协同治水保稳产，库车地区超深层天然气产量达180亿m^3。

三、海洋油气勘探开发再获新突破

我国海上油气勘探开发持续发力，通过创新成盆成凹机制、油气成藏模式认识，在渤海海域、南海深水领域再获亿吨级油气勘探新发现，开辟深水、深层、隐蔽油气藏、盆缘凹陷等勘探新领域，支撑海洋强国建设能力进一步增强。

渤海南部发现全球最大太古界变质岩渤中26-6油田，渤海湾负向潜山钻获最高日产油气325t、33万m^3，累计探明和控制地质储量超2亿t油当量。渤海浅层秦皇岛27-3油田明下段测试喜获高产，探明石油地质储量超过1亿t。南海东部深水获亿吨级油气发现，珠江口盆地开平南油田钻获日产超千吨高产油流井，累计探明地质储量超1亿t油当量。

渤海首个大型整装千亿立方米渤中19-6凝析气田一期开发项目顺利投产，气田累计探明天然气地质储量超2000亿m^3、凝析油地质储量超2亿m^3，由我国自主设计、建造、安装及生产运营，海上深层潜山油气藏开发迈入新阶段。渤海亿吨级油田群垦利6-1油田群全面投产，日产原油突破8000t，当年贡献原油增量245万t。近年来，渤南、陆丰、流花、恩平等油气田群成为海上油气产量增长点，我国海上已建成渤海3000万吨级、南海东部2000万吨级两个大型油气生产基地。

四、非常规油气勘探开发取得重要突破

页岩油气国家级示范区建设持续推进、新区新领域不断获得重要发现，深部煤层气勘探开发取得重大突破，非常规油气产量持续增长，成为全国油气增储上产的重要支撑。

（一）页岩油产量突破 400 万 t 再创新高

新疆吉木萨尔陆相页岩油示范区发展建立咸化湖盆页岩油富集模式，通过技术和管理双向发力，“黄金靶体”钻遇率从 43.4%提升至 83.6%，资源动用程度由 50%提高至 89%，钻井、压裂引入市场化竞争模式，单井综合投资降至 4500 万元。2023 年页岩油产量 63.5 万 t，实现了效益建产。

胜利济阳陆相页岩油示范区建设稳步推进，实现“五个洼陷、三种岩相、两套层系、多种类型”的全面突破，博兴、渤南多类型页岩油取得重大突破，牛庄洼陷顺利投产，22 口井累产油过万 t，3 口井过 3 万 t，新增页岩油三级储量超 9 亿 t，年产量突破 30 万 t。

大庆古龙页岩油示范区建设形成了以“精确甜点预测与靶层优选、立体开发井网设计与排采制度优化、水平井优快钻完井、缝控体积改造 2.0”为核心的地质工程一体化技术体系，单井初始产量提高 46%，单井 EUR 提高 17%，落实探明地质储量超 2 亿 t。

长庆庆城油田加大长 7 页岩油研究攻关力度，围绕新类型纹层型页岩油开展试验，5 口水平井压裂试油均获成功。创新布井模式，形成了“短闷、强排、控采”全生命周期技术，开发效果稳步提升，储量动用程度由 50%提升到 85%。2023 年页岩油产量 207 万 t，连续五年保持 30 万 t 增长。

（二）页岩气发展向深层跨越，突破迈进新层系

页岩气国家级示范区建设稳步推进。长宁-威远页岩气田精细划分开发单元，针对性制定调整措施，钻获威 215、自 208 等一批评价井，展示外围区良好潜力，有力支撑长宁-威远区块全年稳产超 95 亿 m^3。涪陵页岩气田立体开发提高采收率技术持续提升，焦石坝区块形成“中北区三层立体开发、南区中上部气层联合开发”模式，有利区采收率最高可达 44.6%，实现储量效益动用，年产量超 85 亿 m^3。

页岩气持续纵深发展，积极探索新区新层系。随着中国石化的金石 103 井、中国石油的资 201、威页 1 井先后在寒武系筇竹寺组地层获高产工业气流，揭开寒武系超深层页岩气万亿级规模增储的新阵地。普光二叠系大隆组海相深层页岩

气部署实施的雷页1HF井，完钻井深5880m，率先在四川盆地实现二叠系深层页岩气勘探重大突破，评价落实资源量1727亿m^3。红星二叠系茅四段、吴二段千亿立方米规模增储阵地进一步落实，培育形成"两层楼"勘探新场面。

（三）煤层气突破深度禁区实现重要突破

鄂尔多斯盆地东缘突破煤层气勘探开发地质理论"深度禁区"实现跨越式发展，在大宁-吉县、神府、大牛地等区块均获重要进展，深层煤层气探明地质储量超3000亿m^3，成为我国非常规天然气重要突破点。

大宁-吉县地区深层煤层气先导试验年产量超10亿m^3。部署实施的风险探井纳林1H、佳煤2H井均获高产，纳林河-米脂北地区新增探明地质储量1254亿m^3，大吉-石楼地区新增探明地质储量1108亿m^3，落实了国内首个深层煤层气万亿立方米大气区。

神府地区探明千亿立方米深层煤层气田。通过创新深煤层成藏机理认识、储层改造和差异化排采工艺，鄂尔多斯盆地东缘发现神府深层煤层气田，探明地质储量超1100亿m^3，展示盆地东缘深部煤层气藏勘探开发广阔前景。

大牛地煤层气田落实千亿m^3资源潜力。部署实施的深层煤层气阳煤1HF井压裂试获日产10.4万m^3，实现2800m深层煤层气重大突破，新增预测储量1226亿m^3，进一步证实大牛地气田富集高产规律和深层煤层气资源潜力。

五、老油区深挖潜再次刷新我国陆上原油产量纪录

大庆、胜利等老油区深化精细勘探开发，强化大幅提高采收率技术攻关应用，开发态势持续向好，原油累计产量再次刷新纪录，到达重要节点。

大庆油田狠抓新一轮精细油藏描述、水驱精准挖潜和三次采油提质提效，连续九年保持3000万t稳产，累计生产原油突破25亿t，占全国陆上原油总产量的36%。通过创新化学驱提高采收率技术，助推三次采油产量累计突破3亿t，建成了全球规模最大的三次采油研发生产基地。得益于特高含水后期精准油藏描述、调整及化学驱技术的高效应用，油田开发形势持续向好，主力油田标定采收率持续攀升达到48.2%。

胜利油田打造海上、低渗、页岩油等产量增长点，连续七年稳产2340万t以上，累计生产原油超13亿t，占全国陆上原油总产量的19%。持续攻关低品位未动用储量效益建产模式，大力推广特高含水期精细注水调整技术，创新形成低渗油藏压驱注水开发技术，攻关突破海上、高温高盐、稠油油藏化学驱大幅提高采收率技术，其中海上埕岛老油田应用新型二元复合驱油技术，大幅提高采收率

14.2%，技术整体达到国际先进水平。

六、四川盆地天然气千亿方生产基地建设稳步推进

四川盆地聚焦天然气战略突破和规模增储上产，针对川中古隆起海相多层系、老区气田、川南页岩气、陆相致密气等领域，推动勘探开发多点开花，天然气年产量突破 660 亿 m^3，“天然气大庆”产能基地建设稳步推进。

常规天然气形成盆地震旦系潜力区、二三叠系新区、老气田三大常规气稳产上产新局面。德阳-安岳大兴场地区大探 1 井灯影组获高产工业气流，开辟了震旦系规模增储新阵地；合川-潼南地区、八角场-南充地区茅口组获多项重要发现，展现超 3000 亿 m^3 规模勘探大场面；首个特高含硫整装大气田铁山坡气田建成产能超 13 亿 m^3，进一步掌握高含硫气藏安全清洁高效开发核心技术。

致密气在川西合兴场、巴中气田落实千亿立方米探明储量，高效规模建产。川西合兴场深层须家河组 9 口致密气井试获高产，探明地质储量 1330 亿 m^3，年产气快速突破 10 亿 m^3。四川盆地北部侏罗系凉高山组致密油气勘探取得重大突破，巴中 1HF 井首次在凉高山组河道砂岩试获日产超百吨稳定油气流，评价落实超亿吨资源量。

七、12000m 钻机助力万米科探“双子星”鸣笛开钻

塔里木盆地和四川盆地是目前我国油气资源最丰富的两大盆地，也是未来油气发现的重要潜力区域。经反复地质论证，伴随我国自主研发的 12000m 特深井自动化钻机研制成功，两口万米科探井先后在塔里木、四川盆地鸣笛开钻，开启我国深层油气勘探开发地下万米“长征”，助推我国油气资源探索发现迈入“中国深度”。

2023 年 5 月，我国首口万米科探井——深地塔科 1 井开钻，设计井深 11100m，面临特深、超高温、超高压、超重载荷、高应力等多因素地质挑战，预计钻井周期 457 天，该井立足科学探索与预探发现双重定位，寻找万米超深层战略接替领域。2023 年 7 月，四川盆地第一口万米深井——深地川科 1 井开钻，设计井深 10520m，7 项工程难度指标位居世界第一，该井旨在揭示万米深部地层岩石和流体物理化学特征，验证工程技术装备适应性，探索川西北万米超深层灯影组含气性。

两口万米井均装备使用我国自主研发的全球首套 12000m 特深井自动化钻机进行作业，通过创新研发耐 220℃超高温工作液、五开井身结构等技术，在钻井

技术、装备制造、工程材料等多领域实现突破，为我国深层油气资源勘探开发提供装备保障，成功打造油气领域国之重器。

八、旋转导向高端钻井技术装备实现跨越发展

旋转地质导向钻井系统作为油气勘探开发工程保障的核心利器，长期为国外垄断。经过多年自主攻关，目前我国已研发形成系列产品并成功应用于钻井作业，我国高端钻井技术装备实现跨越发展。

“璇玑”系统实现海上规模化应用，累计作业超 1600 井次，进尺超 150 万 m，一次入井成功率达 95%。“璇玑”2.0 运用最新一代井下控制算法，集成垂直钻井、防托压、稳斜等多项智能模式，采用双活塞独立液压模块，配合新一代液压驱动电路，系统功耗明显下降、导向力输出大幅提升，为国产自研设备高难度定向井作业应用开创新局面。

CG STEER-150 系统稳定性、可靠性和寿命进一步提升，研制了高温高造斜旋转地质导向钻井系统样机，形成了“导向模块结构设计与制造”等六项关键核心技术，各项指标迈入前列。在川渝、长庆等地区的页岩油气、致密油气完成超 230 口井全井段导向作业，累计进尺 36.6 万 m，自主生产率 94.9%，实现了旋导工具国产化有效替代。

经纬旋转地质导向系统突破静态推靠模式下高造斜率、高可靠性、精准轨迹控制等 9 项核心技术，国产化率 94.5%，累计应用百余口井、进尺近 20 万 m，助力胜利页岩油国家级示范区建设和川渝页岩气勘探发现。

九、深水油气工程装备自主设计制造取得重大突破

海洋油气工程装备瞄准发展需求，坚持自主创新，加快数字化、智能化技术应用，攻克自主设计、建造、海上安装等技术难题，推动我国深海油气勘探开发关键核心技术装备研制取得重大突破。

我国自主设计建造的亚洲首艘圆筒型海上油气加工厂——“海洋石油 122”浮式生产储卸油装置完成主体建造，相对传统船型，具有体积小、储油效率大幅提高、抵御恶劣海况能力强等优势。与国际上同等规模的圆筒型 FPSO 相比建设周期缩短一半，船体主尺寸精度达到世界先进水平，填补国内多项海洋工程行业技术空白，有效推动我国更多深水油田高效开发。

我国自主设计建造的深水导管架“海基二号”建设完工。“海基二号”导管架总高 338m，总重达 3.7 万 t，均刷新亚洲纪录，将与“海洋石油 122”共同服役于

我国首个深水油田流花 11-1/4-1 油田，标志我国海洋深水油气装备设计建造能力实现稳步提升。

我国自主研发的海洋地震勘探拖缆采集装备“海经”系统，顺利完成 3000m 以深超深水海域油气勘探作业，通过现场数据处理，成功完成首张由我国自主装备测绘的 3000m 深水三维地质勘探图，使我国成为全球第三个掌握全套海洋地震勘探拖缆采集装备的国家。

十、油气勘探开发与新能源融合发展推动绿色低碳转型

立足统筹推进油气供应安全和绿色发展，油气开发企业在切实做好稳油增气、提升油气资源自主保障能力的基础上，加快与新能源融合发展步伐，在推动传统油气生产向综合能源开发利用和新材料制造基地转型发展，持续推动能源、生产供应结构转型升级等领域涌现出一批亮点成果。

胜利油田建成油气领域首个具有自主知识产权的源网荷储一体化能源系统。立足油田清洁用能需求，建立包含清洁供能体系、多源互联电网、柔性生产负荷、多元储能系统在内的源网荷储一体化智慧能源管控平台，已建 430MW 光伏、4.2 亿 kW · h 自发绿电全量消纳，有效支撑胜利油田生产用电绿电占比突破 17%，年节约标煤 29 万 t，年减排二氧化碳约 73 万 t，开启了全产业链“控能、降本、增绿、减碳、提效”新实践。

吐哈油田源网荷储一体化项目投运。围绕油田绿电需求，依托油区太阳能资源，大力开展清洁替代，利用油田电网建成 120MW 源网荷储一体化项目，每年为油田提供清洁电能 2.27 亿 kW · h，全部自消纳，将油田总用能中新能源占比提高到 21%，年节约标煤 6.9 万 t，年减排二氧化碳约 13.1 万 t，探索构建油气光电储高度融合、清洁低碳安全高效的新型电力系统发展路径。

我国首座深远海浮式风电平台“海油观澜号”成功并入文昌油田群电网，正式为海上油气田输送绿电。投产后，年均发电量将达 2200 万 kW · h，全部用于油田群生产，每年可节约燃料近 1000 万 m^3 天然气，年减排二氧化碳 2.2 万 t。平台工作海域距海岸线 100km 以上，水深超过 100m，为我国风电开发从浅海走向深远海作出积极探索。

附录2 2023年中国石化十大油气勘探成果

一、塔里木盆地顺北中部超深凝析油气新领域勘探取得重大突破

加快建设“深地一号”——顺北油气田基地，集中部署顺北中部富油气区，接连打出了13口高产井，高效发现了两条亿吨级和四条千万吨级富油气断裂带，风险勘探断裂间新领域喜获千吨高产，成功打造了顺北中部“整体富集、含油连片”的大场面，累计探明地质储量石油2.76亿t、天然气2093亿m^3，建成300万t油当量产能阵地。特深层高效钻完井工程技术取得新突破，跃进3-3XC井刷新超深大位移纪录，进一步夯实了“向万米深地进军”的能力。

二、济阳坳陷利津洼陷新区页岩油勘探取得重大突破

持续加强济阳陆相页岩油国家级示范区建设，2023年东营凹陷利津洼陷利页101井压裂试获日产油201t，实现页岩油新区、黏土质混积岩相新类型勘探重大突破，新落实了一个亿吨级资源阵地。目前济阳陆相页岩油已在“五个洼陷、三种岩相、两套层系、多种类型”实现全面突破，22口井累产油过万吨，3口井过3万t，实现了储产量的快速增长。

三、鄂尔多斯盆地大牛地气田深层煤层气勘探取得重大突破

深化鄂尔多斯盆地深层煤层气选区评价，首选太原组海陆过渡相深部煤层作为战略突破方向，在大牛地气田论证部署风险探井阳煤1HF井，太原组8号煤层压裂试获日产气10.4万m^3，实现了2800m深层煤层气的重大突破，证实深层煤层气含气量高，游离气占比20%~25%，新增预测储量1226亿m^3，目前投产254天，累产气1748万m^3，对中国石化超万亿立方米深层煤层气资源的勘探开发意义重大。

四、四川盆地北部陆相致密油气勘探取得重大突破

系统开展川北陆相三叠系-侏罗系致密砂岩评价，巴中1HF井首次在四川盆地侏罗系河道砂岩领域压裂试获日产超百吨稳定油流，评价落实川北地区凉高山组河道砂岩资源量超亿吨，开辟了新的规模增储阵地；部署元陆2HF井开展须二段孔隙型储层提产攻关，压裂试获日产气50万 m^3，标志着须家河组基质型储层产能攻关获得重大突破，致密油气资源升级动用能力迈上新台阶。

五、四川盆地普光二叠系大隆组海相深层页岩气勘探取得重大突破

积极践行页岩气勘探“走出志留系”的战略构想，针对普光地区二叠系大隆组部署实施的风险探井雷页1井，压裂试获日产气42.6万 m^3，率先在四川盆地实现二叠系海相深层页岩气勘探重大突破，落实资源量1727亿 m^3，有望培育一个普光气田稳产支撑的新领域。

六、苏北盆地阜二段页岩油勘探取得重大突破

苏北盆地页岩油勘探场面持续扩大，2023年在海安、溱潼、高邮凹陷成功取得多项重大突破。海安凹陷风险探索新区中低演化程度页岩油，海页1HF井压裂试获日产油50.7t，新增预测储量2551万t。溱潼凹陷分区开展不同井型实验，5口单井累产均超万吨，新增控制储量3003万t。高邮凹陷向深层中高成熟度新类型页岩油拓展，花页7HF井阜二段压裂试获日产油52.3t、日产气1.04万 m^3，新增控制和预测储量5212万t。

七、准噶尔盆地哈山山前带风城组勘探取得重大突破

攻关准西北缘哈山山前带构造建模技术，厘定了“多期逆掩，逐级叠置”的推覆构造模式，取得“山下有盆”新认识，发现玛湖东北次洼—哈山洼陷，部署哈山5井在风城组准原地系统压裂试获日产油95.8m^3、日产气6869m^3，首次在准噶尔盆地山前逆掩带下取得重大突破，新增预测储量超3063万t，有望开辟新的亿吨级增储阵地。

八、鄂西-渝东红星地区二叠系页岩气勘探取得重大突破

聚焦深水陆棚相页岩地质研究，加大新层新类型页岩气勘探技术攻关，红页茅1HF、红页茅2HF井茅四段压裂分别试获日产气6.4万 m^3、6万 m^3，率先在

茅口组页岩气实现重大突破，评价资源量超 5000 亿 m^3。红页 7HF、红页 3-2 井在吴二段压裂试获日产气均超 20 万 m^3，突破了 4500m 以深商业产能关，目前红星地区已有 6 口井稳定试采达商业开发标准，培育形成了川东二叠系吴二段、茅四段“两层楼”的勘探新场面。

九、川西合兴场须二段新类型致密气勘探取得重大突破

针对四川盆地须家河组普遍含气，但低孔低渗、单井产能差异大的难点，提出“断缝体”等富集新模式，部署思路由“占高点、找裂缝”转变为“古今高点叠合、裂缝基质富集”，开展地质-工程双甜点评价，在合兴场-丰谷部署实施的丰谷 110、丰谷 113、新盛 202 等井试获高产气流，揭示了“近东西向早期断裂富气，近南北向晚期断裂最优，基质及微裂缝发育区亦能高产”的富集规律，高效落实探明储量 1330 亿 m^3，推动了川西深层须家河组致密气规模增储建产。

十、松辽盆地长岭断陷新区勘探取得重大突破

立足松辽盆地南部富油气断陷新区新领域勘探，转变思路、积极探索，重新解剖长岭断陷达尔罕断凸带，创新提出“拆离滑脱控制断陷成盆”的新模式，风险探井达深 1 井获得突破，钻探扩大了生烃洼陷范围，新增天然气资源量 500 亿 m^3；在长岭西斜坡部署的北 12 井、北 1201 井发现受火山地貌控制的非典型拉张湖盆，首次揭示长岭断陷西部发育有效烃源岩，落实天然气资源量 1809 亿 m^3，有望培育一个新的增储上产阵地。

附录3　2023年中国海油十大勘探重大发现和十大勘探关键技术进展

一、十大勘探重大发现

（一）南海深水深层首次获得开平南亿吨级油田重大发现

南海珠江口盆地开平凹陷历经四十余年两轮勘探未获突破。“十四五”以来，系统研究凹陷结构与成盆机制、烃源分布与潜力、成藏模式与富集规律等基础问题，大幅提升凹陷资源潜力，明确开平南带油气富集规律，2022年获勘探领域突破。2023年，继续以发现大中型油气田为目标持续攻关深水深层，聚焦四大油气汇聚脊，高效集束评价，储量规模不断扩大，古近系单井测试日产超千吨，刷新南海东部深层测试纪录，有望建成国内首个深水深层亿吨级轻质油田。

（二）渤海浅层岩性油藏获得秦皇岛27-3亿吨级油田重大发现

2011年秦皇岛33-1南油田发现后，渤海湾盆地石臼坨凸起经十余年多轮探索均未获得规模性发现。2023年，通过解放思想，创新提出斜坡区浅层油气富集模式，开展浅层规模型岩性油气勘探，实现了秦皇岛27-3油田高效评价。明下段测试日产油超400m^3，是渤海中北部第一个亿吨级岩性油气田。该油田的发现为渤海油田上产稳产4000万t提供了坚实的物质保障。

（三）渤海渤中26-6隐蔽型潜山获得两亿吨油气储量重大发现

渤南低凸起西段历经43年勘探，潜山一直未取得商业性发现。“十四五”以来，通过解放思想，提出“韧剪成岩、差异封堵”糜棱岩侧封成圈机制，建立潜山“一山多圈”发育模式，进一步明确了勘探方向。继2022年获得突破之后，2023年展开评价，探井平均单井油层厚超100m，测试最高日产油324.7m^3、气32.4万m^3，成为全球最大变质岩油田。

（四）南海获得涠洲11-6大中型油田重大发现

涠西南凹陷中浅层勘探程度高、挖潜难度大，深层勘探程度相对较低，但圈闭落实与储层预测难度大、油气富集规律不清。2023年，通过创新思路和技术攻关，提出“湖侵、高位席状砂叠置连片”的构造-岩性复合圈闭发育模式，突破了断陷湖盆成藏规律认识局限。涠洲 11-6 经过一体化部署钻探，实现了南海北部湾盆地最大整装油田发现，开辟了涠西南新的勘探领域，也为其他海上断陷湖盆老油区发展走出一条新路。

（五）鄂尔多斯盆地神府地区获得全国首个千亿方深煤层天然气田重大发现

陆上神府煤层气田位于鄂尔多斯盆地东北缘。2023 年，通过加强深部煤层气成藏机理研究，创新提出致密气与煤层气“互补式”“立体式”勘探新理念，加强储层改造和排采工艺研究，实现“老井新用”“一井多用”，大幅降低了勘探成本，有效地加快了深煤层勘探进程。单井最高日产量达 2.9 万 m^3，成功申报我国首个千亿 m^3 深煤层气田，展示了鄂尔多斯盆地东缘深部煤层气藏勘探开发的前景。

（六）南美洲圭亚那超深水深层勘探再获得亿吨级重大发现

2023 年，运用储层描述技术和烃类检测技术精细研究深层目标并推动钻探，先后钻探 4 口井均获得发现，其中 2 口针对深层测试日产均超千 m^3。该超深水深层的油气发现为后续区块勘探开辟了更广阔的空间。

（七）珠江口盆地惠州凹陷深层获得惠州 26-6 北大中型油田重大发现

南海珠江口盆地成熟探区——惠州凹陷，经过系统攻关，突破了恩平组新层系难以规模成藏的传统认识，深化了成藏理论认识，复杂相带找优质储层，实现了惠州 26-6 北恩平组大型扇三角洲沉积体系的勘探突破，进一步拓展了中深层勘探潜力，夯实了珠江口盆地浅水深层油气储量规模。

（八）南海珠江口盆地番禺凹陷深层首获番禺 10-6 大中型油田重大发现

2023 年，勘探人员打破传统思维，创新提出恩平组富砂背景下区域湖泛泥岩+局部海侵钙质砂岩封盖模式，大胆创新、小心求证，恩平组测试日产 516m^3，取得珠江口盆地番禺 4 洼深层首个大中型油田发现，为老油区新层系的勘探开发奠定了坚实基础。

（九）渤海中生界超深层潜山渤中 8-3 南天然气勘探获重大突破

海湾盆地太古界、古生界均已获突破，但中生界储层复杂、非均质性强，早年经过多轮探索，始终未获得规模性油气发现。通过转变思路，积极创新地质认识，主动从早期凸起区、斜坡区转向近源凹陷区。2023 年，优选渤中 8-3 南作为渤海中生界火山岩勘探突破口，钻探获重大突破，在 5000m 超深层成功探获 125m 气层，测试获日产天然气 16.7 万 m^3、凝析油 84m^3，实现了渤中凹陷中生界潜山天然气勘探重大发现，打开了渤海中生界潜山勘探新局面。

（十）南海琼东南盆地超深水超浅层天然气勘探获重大突破

2023年，通过进一步解放思想，创新建立超深水超浅层天然气规模成藏模式，研发关键技术，形成超浅层优快作业评价体系，引领勘探科学高效部署，推动该领域开闭路结合钻探6口井全部获得成功，均为高饱和度纯烃气层，有望获得大型气田发现，展现了南海超深水超浅层广阔的勘探前景。

二、十大勘探关键技术进展

（一）ESCOOL全系列超高温高压电缆测井装备

ESCOOL是中国海油自主研发的新一代超高温高压电缆测井系统，实现了从常温到高温、从中高渗到低渗的全覆盖测量，随着中国油气勘探开发向深地进军，ESCOOL将成为油气增储上产的攻坚利器。

（二）“海脉”海底节点物探采集成套装备

“海脉”海底节点地震勘探成套装备作业水深可达700m，其成功研制和投产标志着我国在海底地震勘探装备技术上迈出关键一步。

（三）海上超低频全方位混叠高效采集处理技术

国内海上首次研发超低频全方位混叠高效地震采集处理技术，为中国海油深层/超深层勘探提供有力技术支撑。

（四）双孔介质储层全能域脉冲中子流体识别技术

解决了传统岩电模型难以评价双孔介质储层流体的难题，为双孔介质储层流体评价提供了新思路。

（五）超高温深层潜山裸眼精细分层产能评价技术

首创超高温长裸眼井测试技术，解决了超高温深层潜山产能精细评价难题，为深层潜山勘探提供了有力技术支撑。

（六）拖缆双船大偏移距宽频地震采集技术

创新拖缆双船“深浅组合+接力式”采集模式，拓展了拖缆地震采集技术体系。

（七）古生物及岩石薄片智能鉴定系统

自主研发中国海油首套古生物及岩石薄片智能鉴定系统，实现了“自动采集、智能鉴定”的实验生产方式全新变革。

（八）EGAS电缆测井阻卡风险防控技术

实现了电缆测井作业前风险评估及设计优化，作业中风险预警和分级应对，作业后模型迭代升级，填补了海上电缆测井作业安全防控技术空白。

（九）海上受限空间薄互层多段压裂测试技术

实现了海上受限空间“百方砂千方液”的压裂规模，为低孔渗油气田勘探开发提供了技术借鉴。

（十）超深水弱成岩优快作业关键技术

在陵水 36-1 气田成功应用，有力支撑了琼东南盆地超深水超浅层天然气勘探重大突破。